Kozatsas
Hegels Kritik am Empirismus

jena-sophia

Studien und Editionen zum deutschen Idealismus
und zur Frühromantik

Herausgegeben von Christoph Jamme und Klaus Vieweg

Abteilung II – Studien
Band 15

2016

Jannis Kozatsas

Hegels Kritik am Empirismus

Wilhelm Fink

Gedruckt mit freundlicher Unterstützung
des Förderungs- und Beihilfefonds Wissenschaft
der VG WORT

Bibliografische Information der Deutschen Nationalbibliothek

Die Deutsche Nationalbibliothek verzeichnet diese Publikation in der Deutschen Nationalbibliografie; detaillierte bibliografische Daten sind im Internet über http://dnb.d-nb.de abrufbar.

Wilhelm Fink GmbH & Co. Verlags-KG, Jühenplatz 1, D-33098 Paderborn

Internet: www.fink.de

Einbandgestaltung: Evelyn Ziegler, München
Printed in Germany
Herstellung: Ferdinand Schöningh GmbH & Co. KG, Paderborn

ISBN 978-3-7705-6095-0

Danksagung

Die vorliegende Arbeit wurde der Friedrich Schiller Universität Jena im Dezember 2013 als Dissertation vorgelegt und mit summa cum laude benotet.

Meinem Betreuer, Herrn Prof. Dr. Klaus Vieweg, schulde ich meinen herzlichsten Dank für die intensive Unterstützung während des langen und schwierigen Verlaufs dieses Promotionsschreibens. Von ihm habe ich in der Behandlung philosophischer Probleme und im Umgang mit dem Denken Hegels viel mehr erfahren, als in dieser Arbeit zum Ausdruck kommt. Er ist für mich nicht nur ein akademischer Betreuer, sondern vielmehr ein wirklicher *Doktorvater*, der mich mit ehrlicher und väterlicher Sorge auf einem großen Stück Weg meines Lebens und Studiums in Jena begleitet hat.

Mein besonderer Dank gilt auch Herrn Prof. Dr. Andreas Schmidt, der die Zweitbeguntachtung meiner Dissertation übernahm und mir durch die Einbeziehung in das DFG-Projekt „Monographie zum Begriff der Existenz in seiner semantischen, ontologischen und epistemischen Dimension" die Möglichkeit eröffnete, die Abschlussphase meiner Promotion zu finanzieren.

Gleichsam danke ich Herrn Prof. Dr. Christian Illies aus der Otto-Friedrich-Universität Bamberg, der als Drittgutachter meine Arbeit in Augenschein nahm.

Für die großzügige finanzielle Unterstützung meiner Promotion von 2009 bis 2012, die diese nicht bloß erleichtert, sondern wirklich ermöglicht hat, sei dem Deutschen Akademischen Austauschdienst aufrichtig gedankt.

Ein ganz besonderer Dank gilt der Verwertungsgesellschaft WORT für die großzügige Finanzierung der Publikation meiner Arbeit.

Meiner Familie, meinen Eltern Anastasia und Gerasimos sowie meinem Onkel Thanasis Stagiannos, bin ich mehr als dankbar für alles, was sie für mich getan haben. Ohne sie wäre ich nicht nach Deutschland gekommen und hätte niemals diese Promotion begonnen. Ihre sorgenvolle Liebe hat mich während meines langen Aufenthaltes im Ausland begleitet.

Meinen Freunden Thodoris Dimitrakos und Eleni Vlachou bin ich zu Dank verpflichtet für all die produktiven Streitgespräche, die unser philosophisches Denken angeregt und vorangetrieben haben. Erst durch unsere unaufhörlichen Debatten während der letzten fünfzehn Jahre haben sich meine eigenen philosophischen Fragen herauskristallisiert.

Vor allem möchte ich mich bei Maria Choleva bedanken, einer Freundin, mit der ich seit über zehn Jahren mein Leben teile. Ohne ihre Liebe und ohne ihre Inspiration wäre ich nie so weit gekommen. Mir fehlen die Worte, um ihr meine unermessliche Dankbarkeit zum Ausdruck zu bringen.

Danken möchte ich auch meinem Lehrer Prof. Dr. Giorgos Faraklas, bei dem ich Ende der 90er Jahre zum ersten Mal Hegel studiert habe. Die Begeisterung dieser Zeit gab den ersten Anstoß für die lange Reise in das stürmische Meer der Hegelschen Dialektik und Giorgos hat diesen Weg entscheidend eröffnet.

Für Diskussionen, Anregungen und Hinweise bin ich mehreren Kommilitonen dankbar, von denen ich nur folgende erwähnen möchte: Folko Zander, Ralf Beuthan, Axel Ecker, Claudia Wirsing, Stella Synegianni, Suzanne Dürr, Johannes Korngiebel und Andreas Sandner.

Meinem Vater

Inhalt

Siglen

Im Text verwendete Siglen

a) Werkausgaben

GW	*G. W. F. Hegel. Gesammelte Werke*, in Verbindung mit der Deutschen Forschungsgemeinschaft hrsg. von der Rheinisch-Westfälischen Akademie der Wissenschaften, Hamburg: Meiner, 1968 ff.
SW	Fichte, J. G., *Sämtliche Werke*, Berlin: Verlag von Veit und Comp., 1845 ff.
TWA	*G. W. F. Hegel. Werke in zwanzig Bände. Theorie Werkausgabe, auf der Grundlage der Werke von 1832-1845 neu editierte Ausgabe*, Redaktion E. Moldenhauer & K. M. Michel, Frankfurt am Main: Suhrkamp, 1969 ff.
Vorlesungen	*G. W. F. Hegel. Vorlesungen. Ausgewählte Nachschriften und Manuskripte*, Hamburg: Meiner, 1983 ff.

b) Schriften

Abhandlung	Berkeley, G., *Eine Abhandlung über die Prinzipien der menschlichen Erkenntnis*, Stuttgart: Reclam, 2005.
Alciphron	Berkeley, G., *Alciphron oder der kleine Philosoph*, Hamburg: Meiner, 1996.
Aphorismen	Bacon, F., „Aphorismen über die Interpretation der Natur und das Reich des Menschen“, in: G. Gawlik, (Hrsg.), *Geschichte der Philosophie in Text und Darstellung*, Bd. 4: *Empirismus*, Stuttgart: Reclam, 2005: 23-49.
Diff	Hegel, G. W. F., „Differenz des Fichteschen und Schellingschen Systems der Philosophie“, (TWA Bd. 2: 8-138).
Drei Dialoge	Berkeley, G., *Drei Dialoge zwischen Hylas und Philonous*, Hamburg: Meiner, 2005.
EIP	Reid, T., *Essays on the intellectual powers of man*, Edinburg: Edinburg University Press, 2002.
Elemente	Hobbes, T., *Elemente der Philosophie. Erste Abteilung: Der Körper*, Hamburg: Meiner, 1997.
Enz	Hegel, G. W. F., *Enzyklopädie der philosophischen Wissenschaften*, (TWA Bde. 8-10).
Essai	Condillac, E. B. de, *Essai über den Ursprung der menschlichen Erkenntnisse*, Leipzig: Reclam, 1977.

Fragm	Hegel, G. W. F., „Fragmente über Volksreligion und Christentum“, (TWA Bd. 1: 9-103).
GdPh	Hegel, G. W. F., *Vorlesungen über die Geschichte der Philosophie*, (TWA Bde. 18-20).
GdPh-Mich	Hegel, G. W. F., *Vorlesungen über die Geschichte der Philosophie*, Bd. 3., hrsg. von K. L. Michelet, Stuttgart: Frommanns, 1928.
GrPSk	Sextus Empiricus, *Grundriß der pyrrhonischen Skepsis*, übers. von M. Hossenfelder, Frankfurt am Main: Suhrkamp, 1985.
GrSkept	Kirsten, J. F. E., *Grundzüge des neuesten Skeptizismus in der theoretischen Philosophie*, Jena: Göpferd, 1802.
GuW	Hegel, G. W. F., „Glauben und Wissen oder die Reflexionsphilosophie der Subjektivität in der Vollständigkeit ihrer Formen als Kantische, Jacobische und Fichtesche Philosophie“, (TWA Bd. 2: 287-433).
JacHume	Jacobi, F. H., *David Hume über den Glauben oder Idealismus und Realismus*, in: *F. H. Jacobi, Werke. Gesamtausgabe*, hrsg. von W. Jaeschke, Hamburg: Meiner; Stuttgart-Bad Cannstatt: Frommann-Holzboog, 2004, Bd. 2: 6-100.
JSE	Hegel, G. W. F., *Jenaer Systementwürfe*, 3 Bde, hrsg. von R.-P. Horstmann, Hamburg: Meiner, 1982 ff.
KrV	Kant, I., *Kritik der reinen Vernunft*, Stuttgart: Reclam, 2003.
KthP	Schulze, G. E., *Kritik der theoretischen Philosophie*, 2 Bde., Hamburg: Carl Ernst Bohn, 1801.
Leviathan	Hobbes, T., *Leviathan*, London: Routledge, 1994.
Logik	Hegel, G. W. F., *Wissenschaft der Logik*, (TWA Bde. 5-6).
Maschine	La Mettrie, J. O. de, *L'homme machine – Die Maschine Mensch*, Hamburg: Meiner, 1990.
Meditationes	Descartes, R., *Meditationes de prima philosophia*, Hamburg: Meiner, 2008.
MetaphGr	Kant, I., *Metaphysische Anfangsgründe der Naturwissenschaft*, in: Kant, I., *Schriften zur Naturphilosophie*, Frankfurt am Main: Suhrkamp, 1996.
Metaphysik	Aristoteles, *Metaphysik*, übers. und hrsg. von F. F. Schwarz, Stuttgart: Reclam, 2000.
Methoden	Krug, W. T., *Über die verschiednen Methoden des Philosophierens und die verschiednen Systeme der Philosophie in Rücksicht ihrer allgemeinen Gültigkeit. Eine Beylage zum Organon*, Meissen, 1802.
Natur	d' Holbach, P.T., *System der Natur oder von den Gesetzen der physischen und der moralischen Welt*, Frankfurt am Main: Suhrkamp, 1978.
NuH	Hegel, G. W. F., *Nürnberger und Heidelberger Schriften*, (TWA Bd. 4).
Organon	Krug, W. T., *Entwurf eines neuen Organon's der Philosophie oder Versuch über die Prinzipien der philosophischen Erkenntniß*, Meissen/Lübben, 1801.
Phän	Hegel, G. W. F., *Phänomenologie des Geistes*, (TWA Bd. 3).

PhdR	Hegel, G. W. F., *Grundlinien der Philosophie des Rechts*, (TWA Bd. 7).
Skept	Hegel, G. W. F., „Verhältnis des Skeptizismus zur Philosophie. Darstellung seiner verschiedenen Modifikationen und Vergleichung des neuesten mit dem alten", (TWA Bd. 2: 213-272).
Traktat	Hume, D., *Ein Traktat über die menschliche Natur. I. Buch: Über den Verstand*, Hamburg: Meiner, 1989.
Untersuchung	Hume, D., *Eine Untersuchung über den menschlichen Verstand*, Stuttgart: Reclam, 2006.
Versuch	Locke, J., *Versuch über den menschlichen Verstand*, Hamburg: Meiner, Bd. 1 1988, Bd. 2 2006.
WphK	Hegel, G. W. F., „Einleitung. Über das Wesen der philosophischen Kritik überhaupt und ihr Verhältnis zum gegenwärtigen Zustand der Philosophie insbesondere", (TWA Bd. 2: 171-187).

Prolog

1. *Zur bisherigen Hegel-Forschung in Bezug auf die Frage des Empirismus und zum Zweck der vorliegenden Arbeit*

Die Hegelforschung hat sich bis jetzt wenig oder nur beiläufig mit der Beziehung Hegels zur empiristischen Tradition befasst, obwohl das geistige Milieu, worin sich das Denken Hegels entwickelt hat, ihm zu einer vielfältigen Auseinandersetzung mit dem Empirismus genötigt hat[1]. Auch das 19. Jahrhundert gibt nur marginale und ganz allgemeine Bezugnahmen von Hegelianern wie Michelet auf die Frage, wie Hegel bzw. der Begriff der Dialektik mit dem Empirismus zusammenhängen, ohne irgendeinen besonderen systematischen Bezug.[2] Die Diskussion in Deutschland bleibt während der Wende des 19. zum 20. Jahrhunderts weit von einer Auseinandersetzung mit dem Empirismus entfernt. Und dies obwohl von England ausgehend sich der Bruch mit dem (Neu)-Hegelianismus, geleitet hauptsächlich von G.E. Moore und B. Russell, in Richtung einer Wiederbelebung des Empirismus und direkten Realismus vollzieht. Aber auch das gesamte 20. Jahrhundert, während dessen das empiristische Denken in der Form des Neupositivismus in der globalen Philosophie vorherrschte, legt eine ebenso marginale und schlaffe Beschäftigung mit der Frage einer systematischen Kritik am Empirismus vom Standpunkt der Dialektik und der Frage, wie eine solche Kritik im Werk Hegels selbst zu verorten ist, an den Tag. Lediglich zwei Aufsätze und eine Dissertation aus den 30er Jahren geben in Deutschland einen kleinen Hinweis über die schlaffe und hypotonische Debatte zwischen der Hegelschen und der empiristischen Tradition zumindest in der ersten Hälfte des 20. Jahrhundert.[3]

Erst in den letzten Jahrzehnten sind einige Arbeiten zum Thema ‚Hegel und Empirismus' erschienen. Sie betreffen jedoch in der Regel nur Teilaspekte und begrenzte Abschnitte der Auseinandersetzung Hegels mit dem

1 Rosenkranz 1972; Vieweg 1999.

2 Michelet 1861a; Michelet 1861b; Michelet 1873.

3 Höhne 1931; Forster 1934; Stäbler 1935. 1964 findet sich ein kleiner Aufsatz von Nádor mit dem Titel „Hegel über den Empirismus" (Nádor 1964).

Empirismus,[4] sodass dieser als Hauptfrage und Moment des Hegelschen Systems, als strukturelles Problem der Philosophie des Absoluten noch immer weitgehend unerforscht bleibt. Was Höhne 1931 bezüglich der geringen Forschungsbemühungen um die Beziehung Hegels zu England hervorhebte, nämlich dass sich „die Hegelforschung bisher“ dadurch auszeichne, „an dem Problem Hegel und England vorbeizugehen“[5], könnte mit der Ausnahme von gewissen Arbeiten auch für die heutige Forschung diagnostiziert werden. So erkannte auch Westphal 1998, sei es auch noch in Bezug auf Hume, dass „die große Bedeutung Humes für Hegel [...] noch weitgehend unerforscht bleibt“,[6] während Heidemann 2007 (und sich auf Höhnes Feststellung von 1931 beziehend) wiederholt, dass „die Forschung [...] sich der inhaltlichen Auseinandersetzung Hegels mit den Hauptvertretern des britischen Empirismus bisher kaum gewidmet“ habe.[7] Obwohl die Osmose zwischen analytischer Philosophie und Hegelscher Dialektik in den letzten Jahrzehnten ständig voranschreitet, haben die Hegelianer nicht versucht, die systematische Kritik Hegels am Empirismus aus seinem eigenen Werk zu rekonstruieren.

Von der Zeit Höhnes bis 2007, als Heidemann seinen kleinen Artikel „Hegel und der Empirismus“ verfasste, wirkt dieselbe schiefe oder voreingenommene frühere Ansicht fast ungeändert, nach der Hegel auf den Empirismus einen immer pejorativen Akzent gelenkt habe. Damit ist die Feststellung verbunden, dass er im Gegensatz zum Rationalismus das Werk und das Denken der Empiristen überhaupt verachte.[8] Höhne diagnostiziert zwar z.B., dass die frühere „kritische Einstellung“ Hegels gegenüber dem Empirismus sich „am Ende seines Lebens bis zur Antipathie steigerte“,[9] aber auch wenn es stimmt, dass Hegel sich den Rationalisten näher fühlt, bedeutet das ja nicht, dass seine Befassung mit dem Empirismus den Ton einer völligen Ablehnung desselben hat. „Locke erfährt eine völlige Verurteilung“, stellt Höhne fest, und weiter: „Hegel macht sich oftmals über ihn lustig und geißelt die Oberflächlichkeit seiner Lehre, besonders den Versuch, aus der Erfahrung heraus eine Metaphysik vermittels allge-

4 Vgl.: Berry 1982; Hondt 1988; Waszek 1985; Waszek 1988; Suchting 1990; Westphal 1996; Mun 1997; Westphal 1998a; Westphal 1998b; Vieweg 1999; Westphal 2000; Heidemann 2002c; Nuzzo 2003; Westphal 2003a; Westphal 2005; Heidemann 2007a; Asmuth 2010.

5 Höhne 1931: 301.

6 Westphal 1998b: 9.

7 Heidemann 2007a: 133.

8 Heidemann 2007a: 131.

9 Höhne 1931: 317.

meiner Abstraktionen aus den Einzeldingen herauszuschaffen.“[10] Es wäre interessant gewesen, wenn Höhne gezeigt hätte, an welchen Stellen Hegel eine so abfällige Position gegen den Empirismus einnimmt, ob er vielmehr, dass er eine wirklich abfälligere Stellung gegen den Empirismus nimmt als z.B. gegen Kant oder Fichte, die er mehrmals in seinem Werk mit ziemlich harten Worten und Bezeichnungen belegt.

Man kann kaum alle Stellen aufzählen, an denen sich Hegel mit dem Empirismus, mit dem ‚Prinzip des Empirismus‘ und der Wichtigkeit der Sinnlichkeit und Erfahrung befasst. Gegen alle Ansätze, die dem Denken Hegels ein nur zweitrangiges Interesse am Empirismus bescheinigen, bietet selbst die *Enzyklopädie* (und zwar die reifere Form derselben, die *Enzyklopädie* von 1827 und 1830) eine klare Gegenstellung. So ergibt sich – gegen Höhne – die These, dass der Empirismus im Laufe des Lebens Hegels eher emporgehoben als abgewertet wird. In der *Enzyklopädie* wird der Empirismus zu einem unerlässlichen und wesentlichen Moment der Philosophie, wenn nicht vielmehr zum Geburtsort des reflektierenden Denkens der Moderne überhaupt. Er zeigt sich als eine wesentliche Gestalt, die die Philosophie nicht entbehren, nicht ignorieren, nicht ablehnen, sondern nur dialektisch *aufheben* kann. Er ist nicht ein zweitrangiges Moment, sondern stellt, wie wir im Weiteren sehen werden, eines jener ‚Hauptmomente‘ oder ‚Knotenpunkte‘ dar, in dem die Harmonie und der Zusammenfall von *System* bzw. *Logik* und *Geschichte* exemplarisch veranschaulicht werden.

Wie gut kannte Hegel aber den Empirismus, wie lange hat er sich mit seinen Schriften befasst und was versteht er eigentlich unter dem Kollektivnamen ‚Empirismus‘? Auf diese Fragen hat die jüngere Forschung versucht, etwas Licht zu werfen.

Der Empirismus hat in Deutschland über zwei verschiedene Wege gewirkt: einmal unmittelbar, durch die Einführung von Werken der englischen, französischen und schottischen Hauptvertreter des empiristischen Denkens des 17. und 18. Jahrhunderts, und zweitens mittelbar, durch die Bildung einer besonderen philosophischen Tradition im Deutschland des 18. Jahrhunderts, einer eigenartigen Philosophie des ‚gesunden Menschenverstandes‘, die den Skeptizismus und den schottischen direkten Realismus (wenn nicht auch den Kantianismus) zusammenbringen wollte. Eine detaillierte Betrachtung dieser komplexen Beziehungsgeflechte ist bisher von der Forschung wenig erbracht wurden. Allein die Untersuchung Viewegs von 1999 bietet eine ausführliche Darstellung der Wirkungsgeschichte der empiristischen Manier (vor allem der Humesch-skep-

10 Höhne 1931: 323.

tischen und der direkt-realistischen) in die philosophischen Debatten in Deutschland, die Hegel in seiner Entwicklung aufnahm und mit denen er sich auseinandersetze.[11] Ansonsten gibt es nur einige Arbeiten, die sich aber lediglich mit der Rezension Humes in Deutschland und jedenfalls nicht vordergründlich mit der Rezeption des Humeschen Denkens durch Hegel beschäftigen.[12]

Wie Rosenkranz informiert, machte sich Hegel besonders in seiner ersten Universitätszeit in Tübingen mit dem Denken der Empiristen vertraut. Dasselbe bestätigt auch Vieweg anhand zusätzlicher Quellen und betont dabei, dass der britische Empirismus und die Philosophie des gesunden Menschenverstandes als zwei Formen der empiristischen Denkmanier sowohl im Zentrum der „philosophischen Hauptdebatten der 90er Jahre" als auch im Mittelpunkt der „geistigen Entwicklung" Hegels standen.[13] Indem Hegel 1789 und 1790 Vorlesungen zur „Geschichte der Philosophie" bei Rösler und zur „Metaphysik und natürliche[n] Philosophie" bei Flatt hörte, fing er zugleich an, immer umfangreichere Exzerpte aus philosophischen Büchern von Locke, Hume und Kant anzusammeln.[14]

Man kann nicht mit Sicherheit sagen, ob Hegel die Hauptwerke des britischen Empirismus schon in dieser Zeit im Original liest.[15] Die Möglichkeit einer frühen Kenntnis Hegels der englischen Sprache bezweifelt jedenfalls Waszek, der aber die Möglichkeit nicht völlig ausschließt. Für Waszek besteht jedoch kein Zweifel daran, dass Hegel schon in seinen „early Jena years"[16], d.i. schon 1804, gut Englisch konnte, während er bis in seine Berliner Zeit noch hatte improvisieren musste.[17] Hegel hat also ständig den Blick nach England gewendet, das neben Frankreich sowieso das zweite Herz des ökonomischen und politischen Lebens Europas des 18.

11 Vieweg 1999.

12 Gawlick und Kreimendahl 1987; Brandt und Klemme 1989; dazu s. auch Giovanni 1998, der sich aber nur auf die Beziehung von Hume, Jacobi und Common sense beschränkt.

13 Vieweg 1999: 24.

14 Rosenkranz 1972: 14, 25; vgl. auch Westphal 1998b: 10 und Vieweg 1999: 44-5, die aber beide dazu auch ‚Berkeley' anführen, obwohl Rosenkranz selbst nichts über ihn erwähnt.

15 Unter den englischen Büchern in der Bibliothek Hegels findet sich allein Lockes „An Introduction into the Human Understanding" (Waskez 1983: 26), allerdings stellt das Verzeichnis eher den Zustand seiner Bibliothek am Ende seines Lebens dar, sodass nicht davon ausgegangen werden kann, dass Hegel das Buch auch schon früher besessen hat.

16 Waszek 1983: 11.

17 Waszek 1983: 9.

und 19. Jahrhunderts darstellte. Er verfolgt die angelsächsische Presse und alle Entwicklungen in England und fertigt lange Exzerpte aus den Zeitungen.[18] Was seine Französisch-Kenntnis betrifft, weiß man vergleichsweise wenig, außer dass Hegel wohl keine besondere Kompetenz in der französischen Sprache hatte und Französisch nur ziemlich schlecht sprach.[19]

Die Tiefe und Vollständigkeit der Lektüre Hegels von Schriften der Empiristen ist also kaum mit Sicherheit in alle Richtungen zu bestimmen. Aber auch wenn diese Fragen wichtig für die philosophische Forschung wären, würden sie eher einen philologischen als einen philosophisch-systematischen Wert aufweisen. Der Versuch Westphals zu klären, ob Hegel Humes *Traktat* sich selbst zur Lektüre vorgenommen hat oder nicht,[20] ist zwar völlig berechtigt, wird aber für die inhaltliche Argumentation Hegels und für die Rekonstruktion seiner Kritik am Empirismus nur von geringerem Belang sein. Auch wenn Hegel keine ausführliche Kenntnis der Werke Berkeleys hatte[21] und ihn entsprechend (auch wegen Geringschätzung und Verachtung) bei einigen seiner Vorlesungen über die Geschichte der Philosophie vernachlässigte[22], konnte er eine sehr subtile und ins Innigste des idealistischen Empirismus gehende Kritik üben, wie wir im Folgenden sehen werden.[23] Hegel zeigt sich also in seinem gesamten Werk völlig imstande, sich mit dem Empirismus aller Richtungen auseinanderzusetzen, die Thesen der verschiedenen ‚Empirismen' wiederzugeben, ihre prinzipi-

18 Höhne 1931; Waszek 1983.

19 Vermeren 2007: 44.

20 S. auch weiter die Anm. 1040 in der vorliegenden Arbeit.

21 Wie Stäbler (1935: 85, 94) erwähnt, sollen Hegels Kenntnisse über Berkeley eher aus Sekundärquellen stammen, eventuell aus Buhles ‚Geschichte der Philosophie'; der Auffassung Stäblers schließt sich auch Heidemann (2007a: 143) an. Man kann jedoch annehmen, dass Hegel dennoch über eine zureichende Kenntnis der Philosophie Berkeleys verfügte. Darüber hinaus war Berkeley keine unbedeutende Figur des 18. Jahrhunderts, insofern er sich am heftigsten für einen (sei es auch empiristischen) Idealismus eingesetzt hatte. Kant selbst verbindet mit dem ‚Wort' Idealismus vor allem Berkeley und setzt sich mit ihm im Kapitel über die „Widerlegung des Idealismus" in der ersten *Kritik* auseinander (KrV: B274-279).

22 Michelet publiziert 1928 eine aus verschiedenen Studentenheften hervorgebrachte Sammlung der Hegelschen *Vorlesungen über die Geschichte der Philosophie*, in der in einer Anmerkung zum Berkeley-Abschnitt Folgendes erwähnt wird: „Übergangen [der Abschnitt „Berkeley" – *JK*] in den Vorlesungen von 1825/26 und 1829/1830; in beiden folgt Hume erst auf die schottische und französische Philosophie und steht unmittelbar vor Kant; in den Vorlesungen von 1825/26 geht auch noch die französische Philosophie der schottischen voraus." (GdPh-Mich: 488)

23 S. weiter unten Kapitel II.5.

elle Einheit (als ‚Empirismen') hervorzuheben und ihre unterschiedlichen besonderen Sub-Prinzipien (innerhalb des ‚großen Prinzips des Empirismus') kritisch einzuordnen. Wie Heidemann zeigt, ist die Feststellung Höhnes, dass Hegel sich durch seine Unkenntnis empiristischer Theorien auszeichnet, kaum haltbar.[24]

Hegels Bekanntschaft mit dem Empirismus bleibt jedoch durch eine besondere Form desselben vermittelt. Er begegnet ihm im Rahmen der heftigen philosophischen Debatten des 19. Jahrhundert über den Skeptizismus und die Möglichkeit der Fundierung der Philosophie auf dem angeblich sicheren Boden des direkt-realistischen gesunden Menschenverstandes. Er lernt den Empirismus also kennen und bildet sich dessen Inbegriff, indem er sich auf die aktuelle philosophische Diskussion in Deutschland einlässt und sich mit Ansichten von Philosophen wie Schulze, Krug, Kirsten, Reihnhold, Niethammer oder Jacobi, die vom Englischen Empirismus und seinen späteren Schottischen Vertretern der Common-Sense-Philosophie beeinflusst waren, vertraut macht.[25] Dieser Weg führte Hegel allerdings unvermeidlich zu den Quellen der empiristischen Tradition. Durch die Kritik an den Einstellungen des gemeinen Menschenverstandes nähert er sich schon früh dem Denken Lockes und Humes[26]. Der Kern aller dieser Ansätze, der auch den Angelpunkt der Hegelschen Kritik ausmacht, besteht in der Annahme der unleugbaren Existenz fertiger, fester, unmittelbar gegebener Entitäten wie die sogenannten ‚Tatsachen des Bewusstseins' (nach der Sprache der Zeit) – das also, was Locke, Berkeley oder Hume unter Eindrücken bzw. Ideen verstanden. Der Empirismus lebt als eine zu kritisierende Hauptform des modernen Denkens im ganzen Werk Hegels. Seine Motive werden in allen seiner Jenaer Aufsätze unter die Luppe genommen und der Empirismus findet seine höchste Anerkennung, als Hegel ihn in der *Enzyklopädie* von 1827 zu einer Hauptform des Reflexion und zur Grundmoment der Geschichte des Denkens und damit der Philosophie überhaupt erhebt.

Der Zweck dieser Arbeit liegt daher darin: die Kritik Hegels am Empirismus *systematisch* zu rekonstruieren. Eine bloße Ansammlung aller kritischen Stellen im Werk Hegels reicht dafür gewiss nicht aus. Die *systematische* Kritik Hegels am Empirismus rekonstruieren, bedeutet daher, den

24 Heidemann 2007a: 131.

25 S. nochmal Vieweg 1999.

26 S. dazuauch die Auskünfte über Hegels ‚Specimen' der Stuttgarter Zeit unter dem Titel *Über das Urteil des gemeinen Menschenverstandes über Objektivität und Subjektivität der Vorstellungen*, die K. Vieweg in seinem *Philosophie des Remis* überliefert (1999: 48-9).

Empirismus selbst *einzuordnen*, seine *Stelle* als ein *Moment* der spekulativen Philosophie zu bestimmen. Ein solches Einordnen der philosophischen Systeme ist der tiefste *geschichtliche* und *systematische* Wunsch Hegels. Unabhängig von der Frage, ob dies tatsächlich gelingt, durchdringt diese Idee sein ganzes Werk und zeigt sich als konstitutiv für die ‚absolute Philosophie' selbst. Wenn nicht jedes partielle philosophische System in die absolute Philosophie eingetragen werden kann, dann bliebe sie so wenig ‚absolut' als jede andere. Auf der anderen Seite bedeutet, eine andere Philosophie in die eigene einzunehmen, sie einzustufen, ihr eine besondere Stelle zu bestimmen, so dass ihre Geschichtlichkeit zugleich in Einklang mit der Systematik der absoluten Philosophie steht. Dieses ‚Ideal' Hegels zeigt sich allerdings zu optimistisch und wird wohl kaum mit den historischen Fakten in all ihren Details verträglich sein, obwohl im Allgemeinen die Idee einer *Entwicklung* der Philosophie attraktiv scheint und *in groben Zügen* Bestätigung durch die Geschichte finden könnte. Man könnte daher versuchen, vielleicht antikes und modernes Denken, antike und moderne Philosophie überhaupt zu betrachten und beide gemäß ihrer allgemeinsten unterschiedlichen Prinzipien voneinander zu trennen, umso mehr man aber in die einzelnen Systeme hinuntergeht, desto unplausibler erscheint die Idee einer immanenten Einstufung des Gedankens in die Entwicklung der ganzen Menschheit.

Hegel aber gibt diese seine Idee nie preis und meint es ernst, wenn er die verschiedenen Philosophien mit besonderen logischen Momenten und systematischen Elementen seiner Philosophie verknüpft. Besonders der Empirismus, als ein Kollektivname oder eine ‚Musterform' einer Reihe von besonderen empiristischen Positionen, taucht eben als paradigmatischer Fall des Hegelschen Versuchs auf, eine Äquivalenz zwischen *Geschichte* und *System* zu etablieren.

Die vorliegende Arbeit will also dieser Idee Hegels folgen und insoweit es möglich ist, die Kritik Hegels am Empirismus aus einer *systematischen Sicht* zu rekonstruieren. Ein Teil des Hegelschen Werks soll also durchlaufen werden nicht mit dem Ziel einer Ansammlung von ‚Thesen' oder Zitaten. Im Mittelpunkt der ganzen Problematik steht vielmehr die systematische Auseinandersetzung Hegels mit dem Empirismus in den ersten zwei Kapiteln der *Phänomenologie des Geistes*, worin die Frage der sinnlichen Erfahrung am intensivsten dargestellt und untersucht wird. Dadurch werden zwar nicht alle Teilaspekte des Empirismus diskutiert aber vor allem sein *Prinzip* und seine *Methode*. Die basale Idee ist dabei, dass im Mittelpunkt jedes Empirismus eine sinnliche Welt steht, die sich auf dem Standpunkt einer sinnlich organisierten Ganzheit befindet und durch die *Analyse* auf ihre elementaren Bausteine zurückgeführt wird. Ein *Prinzip* und eine *Methode* machen den Empirismus selbst als eine Denkweise oder besser: Weltanschauung aus. Von der Wahrnehmung zurück in die sinnliche Gewissheit: das ist der Weg aller empiristischen Ansätze, von den epistemologischen Fragen bis hin zur Ästhetik und Rechtsphilosophie. Die Welt ist nichts mehr als die Summe der elementaren und damit fundamentalen *Tatsachen* und der Weisen ihrer Verknüpfung im organisierten Ganzen.

2. Zur Gliederung des Textes

Der Text wird in drei Hauptkapitel geteilt.

Das erste Kapitel soll als ein methodologischer und quasi legitimierender Versuch der ganzen Arbeit dienen und vor allem ihr Anliegen, die Kritik Hegels am Empirismus als einen *systematisch* eingeordneten Prozess anzusehen, darlegen. Es wird dabei die Ansicht Hegels über die Einheit der Geschichte der Philosophie und vor allem ihre Konformität zur Philosophie als solcher, zum *System* oder zur Logik selbst diskutiert. Weiterhin wird die Haltbarkeit der These Hegels und ihr methodologischer Belang für jegliche Forschung geprüft, die sich mit der Frage der Kritik Hegels an einem anderen philosophischen System befassen will, nämlich dass die *Kritik* immer *immanent* geübt wird und nur als wesentliche *Einstufung* eines jeden Systems in die spekulative Philosophie selbst zu verstehen ist.

Das zweite Kapitel erstreckt sich auf die Frage der Bestimmung des allgemeinen Standpunkts, der *Epoche*, des Empirismus, des Standpunkts der Moderne und der Reflexion. Der Empirismus stellt unzweifelhaft ein kruzielles Moment der Philosophie der Reflexion dar. Wenn man ihn verstehen will, muss man zuerst den allgemeinen geistigen Rahmen betrachten, dessen Ausdruck und Aspekt er ist. Außer dieser Frage betrachtet die Diskussion zudem das Problem der Beziehung zwischen der Pluralität der besonderen geschichtlichen Formen des Empirismus und dem *Empirismus als solchem*, wie er zuallererst für Hegel selbst auftritt, sowie die Frage der Bestimmung einiger basaler Punkte, denen die Darstellung des Problems ‚Empirismus' in ihrer systematischen Form begegnet. Darüber hinaus untersucht das zweite Kapitel kurz ein Problem, das direkt aus dem allgemeinen Reflexionsrahmen des Empirismus hervorgeht, nämlich des Gegensatzes von *Realismus* und *Idealismus*, sowie die Behandlung der Bezeichnung der *Konsequenz* und *Inkonsequenz* für ein philosophisches Systems – eine Bezeichnung, die Hegel häufig gebraucht und im Falle des Empirismus quasi zu einem Kriterium für die Bewertung der unterschiedlichen ‚Empirismen' heranzieht.

Das dritte Kapitel stellt sozusagen das Herz der vorliegenden Arbeit dar. Im Mittelpunkt dieses Kapitels befindet sich die systematische und kritische Darstellung des *Prinzips* und der *Methode* des Empirismus, wie sie von und durch Hegel dargelegt werden. Folgende fünf Teile machen es aus.

In den ersten zwei Teilen (III.1. und III.2.) werden einige Probleme dargelegt, die unmittelbar mit der Frage der Primärliteratur zu tun haben. Im Laufe der Entwicklung des Denkens Hegels kommen ähnliche Themen und Begriffe, wie ‚Bewusstsein', ‚Logik', ‚Phänomenologie', ‚Anschauung' usw. mehrmals auf – allerdings in verschiedenen Kontexten. Darüber hinaus verändert sich auch das Verständnis Hegels und sein Gesichtspunkt gegenüber den verschiedenen Fragen im Laufe seiner Entwicklung, so dass die Frage der Kompatibilität der anscheinend ‚ähnlichen' Begriffe sich von selbst stellt. Das Problem erweist sich prekär insofern es unmittelbar mit der Frage des Standpunkts des Empirismus selbst und somit seiner systematischen Behandlung zu tun hat.

Im dritten Teil (III.3.) wird der für den Empirismus zentrale Begriff der *Analyse* untersucht. Zu diesem Zweck wird seine Geschichte in Werken der Naturwissenschaften und einiger der Hauptvertreter des englischen, französischen und schottischen Empirismus dargelegt. Parallel dazu wird die Hegels Rezeption des empiristischen Begriffs der Analyse diskutiert und vor allem seine kritische Bemerkung, dass *jede Analyse eine Abstraktion sei*, dass man keinen formalen Unterschied zwischen Analyse (als bloße Unterscheidung oder Separation) und Abstraktion machen könne, denn die Analyse zeigt sich als ein abstrahierender Übergang, als ein Übergang vom Konkreten zum Abstrakten, was eine entscheidende Bedeutung für seine Kritik der Grundannahme des Empirismus spielen wird.

Im vierten Teil (III.4.) wird der Begriff der Wahrnehmung der *Phänomenologie des Geistes* diskutiert, insofern er sich mit der Frage des Empirismus intim befasst. Dabei werden auch die aus der empiristischen Auffassung der Wahrnehmung bezüglichen Probleme diskutiert, wie etwa die zentrale empiristische Idee der ‚Assoziation der Vorstellungen'. Anhand der vorherigen Hegelschen Interpretation der Analyse als ‚Abstraktion' und als ‚Übergang' zeigt sich nun die Analyse im Inneren der Wahrnehmung als ein solcher Übergang und zwar als ein ‚Rückfall' von der Welt der in sich artikulierten Dinge in die an-sich-seienden Einzelheiten der sinnlichen Gewissheit. Die ‚Wahrnehmung' der *Phänomenologie des Geistes* und ihr dialektischer Gang bietet eine systematische philosophische Auslegung und Legitimierung der Methode der Analyse der Wahrnehmungen.

Der fünfte Teil des dritten Kapitels (III.5.) ist der sinnlichen Gewissheit als die nächste Sphäre des Bewusstseins gewidmet, in dem das Prinzip der Sinnlichkeit und somit die empiristische Denkweise überhaupt ausführlich geprüft wird. Es wird dabei versucht, die drei Hauptphasen der sinnlichen Gewissheit mit den drei Hauptformen des Empirismus (nämlich mit dem Realismus, dem Idealismus und dem neuzeitlichen Skeptizismus) inhaltlich zu verknüpfen. Darüber hinaus wird der Hegelsche Begriff der ‚Allgemeinheit', wie er in der sinnlichen Gewissheit der *Phänomenologie* auftritt, dargelegt. Am Schluss wird eine Auslegung der Rolle der Sprache in dem Phänomenologie-Kapitel über die sinnliche Gewissheit geboten. Es wird dabei die empiristische Sprachauffassung des 18. Jahrhunderts diskutiert sowie eine Lesart vorgeschlagen, nach der die Sprach-Argumente der sinnlichen Gewissheit als eine Auseinandersetzung Hegels mit der empiristischen Sprachphilosophie, die zugleich Seiten seiner eigenen Sprachauffassung darstellt, interpretiert werden können.

Um eine exhaustive Diskussion des Empirismus geht es in der vorliegenden Arbeit sicherlich nicht. Alleiniger Zweck ist es, das, was Hegel unter dem ‚Prinzip des Empirismus' versteht, an den Tag zu bringen, die inneren Momente dieses Prinzips durch die Methode der ‚Analyse' zu verstehen und dadurch die immanente und systematische Kritik Hegels am Empirismus im Wesentlichsten zu konturieren.

I. Die Geschichte der Philosophie

I.1. Einheit der Geschichte, Einheit der Philosophie

Im Falle Hegels erhält die Geschichte der Philosophie eine Bedeutung, die sie zuvor nie gehabt hatte. Bei Hegel kann nicht einfach gefragt werden, ob und inwieweit er durch das Werk seiner Vorgänger oder Zeitgenossen beeinflusst worden ist. Eine solche *äußerliche* Beziehung auf die vergangenen Theorien ist das übliche Verfahren in der Philosophie, nach dem jedes System sich durch sein kritisches Entgegenstellen zu anderen Systemen und das Zurückweisen ihrer Grundannahmen bewährt. Die Hegelsche Stellungnahme gegen die Geschichte der Philosophie tritt mit einer originellen und radikalen Forderung auf, nämlich die ganze Geschichte als einen in sich notwendigen genetischen Prozess, und sich selbst als das vernünftige Resultat des ganzen geschichtlichen Verlaufs zu verstehen. Das Zusammentreffen von Geschichte und Philosophie kulminiert zweifach: entweder in der Gestalt einer Geschichte der Philosophie, die schon *philosophisch* ist, oder in der Gestalt einer Philosophie, deren Kategorien eine eigene *Geschichte* haben und keinen fertigen Vorrat des Geistes ausmachen. Das ist die wahrhafte bzw. spekulative Identität von Geschichte und Philosophie, wie Hegel sie denkt. Die Philosophie Hegels stellt sich auf den Standpunkt der Vervollkommnung dieses Verlaufs. Sie ist das bewusste Erblicken der ganzen Geschichte der Philosophie, die sie in sich aufnimmt.

Die absolute Reflexion des Hegelschen Philosophierens erlaubt keinem Teil des menschlichen Denkens außer Acht zu lassen. Hegel versteht die Fortbewegung des Wissens als einen absoluten *progressiven* Prozess, sowohl im Geschichtlichen als auch im Systematischen, eine absolute Entfaltung, oder umgekehrt als das In-sich-selbst-zurückkehren und dadurch Selbst-Erkennen des Geistes: „Das Fortschreiten des Geistes ist *Entwicklung*, insofern seine Existenz, das *Wissen*, in sich selbst das an und für sich Bestimmtsein, d.i. das Vernünftige zum Gehalte und Zweck hat, also die Tätigkeit des Übersetzens rein nur der formelle Übergang in die Manifestation und darin Rückkehr in sich ist.“[1] Dasselbe wird Hegel in einem einleitenden Stück seiner *Vorlesungen über die Geschichte der Philosophie*

1 Enz III: 234.

mit Emphase wiederholen: „Lassen Sie uns *gemeinschaftlich die Morgenröte einer schöneren Zeit begrüßen*, worin der bisher nach außen gerissene Geist in sich zurück[zu]kehren und zu sich selbst [zu] kommen vermag und für sein eigentümliches Reich Raum und Boden gewinnen kann, wo die Gemüter über die Interessen des Tages sich erheben und für das Wahre, Ewige und Göttliche empfänglich sind, empfänglich, das Höchste zu betrachten und zu erfassen."[2] Alle Phasen des Weltprozesses machen die Momente der Entwicklung dieses absoluten Geistes aus, worin er sich zu dem macht, was er schon *an sich* ist.[3]

Hegel bildet die Konzeption einer *selbstbewussten Kritik* der Philosophie, einer *sich reflektierenden Kritik der Geschichte*, die so sich selbst in den Blick nimmt. „Der Bezug auf die eigenen geschichtlichen Bedingungen ist [...] konstitutiv für das philosophische Wissen als solches."[4] Dass die ganze Geschichte der Philosophie eine kritische Entgegensetzung von philosophischen Systemen und ihren Prinzipien darstellt, ist eine allgemeine historische Wahrheit, eine bloße historische Tatsache, die bereits Kant in seiner *Kritik der reinen Vernunft*[5] hervorgehoben hat und die die Skeptiker als einen der Gründe für ihren Angriff gegen die Philosophie erklärt haben. Wie Hegel bemerkt: „Aus der Geschichte der Philosophie wird vornehmlich ein Beweis der Nichtigkeit dieser Wissenschaft gezogen".[6] Was aber die Philosophie bis Hegel sich nicht vergegenwärtigt hat, das ist, dass durch dieses Negieren jede Philosophie dem Negierten verhaftet und dadurch bedingt bleibt. Das Negierte muss schon *philosophisch strukturiert* sein, wenn man es philosophisch widerlegen will. In diesem Sinne bemerkt K. Vieweg, der dieselbe Hegelsche Idee bei Schlegel ortet: „Philosophische Fragen können nicht ‚außerphilosophisch' ausgemacht werden"[7]. Die Negation eines Systems ist zugleich Affirmation seiner wahrhaften Form, seines Geltendmachens *als Philosophie*. Hinter der historischen Mannigfaltigkeit ist „Einigkeit in den Prinzipien vorhanden"[8] und alle verschiedenen Philosophien haben „dies Gemeinschaftliche [...], Philosophien zu sein"[9]. Im Falle, dass ein philosophisches System ein anderes als *falsches überhaupt* aufweisen wollte, sollte es schon seine eigene Gültigkeit, seine eigenste

2 GdPh I: 13.
3 Vgl. GdPh I: 39-40; auch Phän: 25-6, 72.
4 Klotz 2006: 11.
5 KrV: A IX.
6 GdPh I: 15.
7 Vieweg 1999: 104.
8 Skept: 216; vgl. GdPh I: 37; GdPh III: 472; Enz I: 59.
9 Vorlesungen 6: 19.

Wahrheit preisgegeben haben, es sollte sich nun als *keine* Philosophie verstehen – aber dann könnte es ebenfalls gar keine Philosophie bedrohen und vielmehr widerlegen. Das Ideal des Neupositivismus im 20. Jahrhundert, die Philosophie abzuschaffen, hat diesen – im Gegensatz zu seinem Anliegen – in die *philosophische* Diskussion selbst verwickelt und letztlich in den krassesten unreflektierten Dogmatismus und Empirismus hineingeworfen. Um also etwas Philosophisches zu beanstanden, muss man *Philosophie treiben* – alles andere ist dem zu kritisierenden Philosophischen gleichgültig, geht es nicht an.

Die Philosophie als ein negatives Verhalten gegen das Vorgefundene bleibt aber so in der Bestimmung des bloßen *Fürsichseins*, behauptet ihre *Wahrheit* im Gegensatz zur der *Unwahrheit* aller anderen Philosophien, die so als *falsche* herabgesetzt werden. Dadurch beweist sich indes dieselbe als eine nur *besondere*. Ihr Prinzip ist ein *endliches* und kein absolutes, insofern es die Form des endlichen *Bestimmens*, des *Ausschließens*, der *Begrenzung* hat. Das Wesen jeder Philosophie ist die *Endlichkeit*. Ihre eigene Bedingung, ihre eigenste Bestimmung liegt außer ihr (im Anderen, im Vergangenen, im Ausgeschlossenen).[10] Sie reflektiert nicht auf ihre eigene Beziehung auf Anderes, schließt es nicht ein, sondern verbannt das Andere als etwas Fremdes, Uneigenes, bloß Heterogenes von der Wahrheit, die nur sie selber ausspricht. Eine solche Philosophie hat insofern *für sich keine Geschichte*. Das Geschichtliche gehört ihr nur *an sich* oder als Feststellung einer äußeren Reflexion an, die *wir* machen. Die systematische Stellungnahme gegen die Geschichte der Philosophie bildet für es keine Aufgabe, es besteht *für dieses Philosophieren* keine Geschichte der Philosophie.

Hegel bildet seine eigenartige Auffassung der Geschichte der Philosophie und der Form der philosophischen Kritik auf der Basis seiner grundlegenden Konzeption des Begriffs der *bestimmten Negation* aus, indem er die Gültigkeit der Umkehrung des Spinozistischen Prinzips „determinatio est negatio" in „negatio est determinatio" aufzeigt.[11] Nach diesem Begriff führt nun jedes Zurückweisen immer notwendigerweise zu einem Nichts von einem besonderen, positiven Inhalt, nämlich zu einem Nichts erfüllt mit dem Inhalt des Negierten.[12] Die Negation bildet nach Hegel eine Reihe negativ aufeinander sich beziehender Formen. Durch ihr negatives Verhalten bezieht sich die Philosophie auf ihre eigene Vergangenheit und bewahrt sie als aufgehobene in sich auf. Ohne dieses Negieren wäre der

10 Fulda 2007: 8.
11 Vgl. Vieweg 2006: 204.
12 Phän: 57, 74.

Gang der Philosophie ein gleichgültiges Nebeneinanderstellen getrennter und bloß an sich existierender Denkformen. Die Negation konstruiert die *innerliche Verbundenheit* des Verlaufs des Denkens. Das *Negieren*, nämlich in Form der *Kritik*, erweist sich als das innigste Wesen und die Daseinsweise der Philosophie selbst, als die existenzielle Voraussetzung des Philosophierens als solches. Das Bestimmtsein jeder Philosophie liegt insofern im vorgefundenen Material.

Aus dieser Sicht ist der jeweils aktuelle Standpunkt der Philosophie allein das „Resultat der Entwicklung des ganzen Menschengeschlechts“[13], jede Philosophie ist letzten Endes das Resultat ihrer Vorläufer[14] und als geschichtlich bestimmt repräsentiert sie unmittelbar den Geist eines Volkes und einer Zeit.[15] Jede Philosophie ist „ganz identisch [...] mit ihrer Zeit“, kann nicht über ihrer Zeit stehen, sondern ist „Wissen des Substantiellen ihrer Zeit“[16], oder „ihre Zeit in Gedanken erfaßt.“[17] Und zwar erscheint die der Zeit nach letzte Philosophie immer als „die entfalteste, reichste und konkreteste“[18] und macht einen „Spiegel der ganzen Geschichte der Philosophie“[19] aus. Das philosophische Nachdenken ist völlig durch die Geschichte (durch *seine* Geschichte) bedingt. *Philosophie studieren* bedeutet also notwendigerweise zugleich *Philosophie treiben.*

Die Form der Abhängigkeit von der Geschichte, von den stattgefundenen und vorhergehenden Tatsachen erweist sich als der *wesentliche* Kern jeder Philosophie und insofern auch derjenigen Hegels selbst. Die absolute Philosophie befindet sich nicht jenseits der Sphäre der Endlichkeit sondern geht dialektischerweise über sie hinaus. Als Philosophie ist sie ebenso ein *thetisches* Philosophieren, das so folglich eine *kritische*, *negative Stellung* gegen die anderen Philosophien einnimmt. Das Moment der Negation macht einen substantiellen Moment der absoluten Philosophie aus und demnach ist die Philosophie ebenso ihrer Vergangenheit unterworfen und von ihr bestimmt. In diesem Sinne betont Hegel: „Was wir produzieren, setzt wesentlich ein Vorhandenes voraus; was unsere Philosophie ist, existiert wesentlich nur in diesem Zusammenhang und ist aus ihm mit Notwendigkeit hervorgegangen“[20]. Das Befassen mit dem vorgefundenen

13 GdPh I: 21.
14 GdPh I: 22, vgl. Enz I: 58.
15 GdPh I: 64, 73-75; vgl. PhdR: 26-28.
16 GdPh I: 74.
17 PhdR: 26.
18 Enz I: 58; vgl. GdPh I: 61.
19 GdPh I: 61.
20 GdPh III: 466.

Stoff ist „unsere und jedes Zeitalters Stellung"[21]. Aber die Hegelsche ‚Stellung' unterscheidet sich von jeder anderen philosophischen Stellung durch einen speziellen Unterschied. Die Aufgabe, die Hegel der Philosophie stellt, ist die Überwindung des Behaftetseins mit der Negation, die Überwindung der Endlichkeit. Es reicht nicht einer endlichen Philosophie unser genauso endliches Prinzip entgegenzustellen. Die Philosophie, die es geschafft hat, hinter den zersplitterten Episoden der denkenden Vernunft die *Einigkeit*, die *negative Einheit* der Philosophie selbst einzusehen und alle jene als Teile *einer Geschichte* darzustellen, kann sich selbst über diese Endlichkeit erheben. Die Einigkeit der Philosophie kann nur von einem *absoluten System*, nämlich von einer philosophischen Instanz, von einer Philosophie gesetzt werden, die die wahrhafte Synthese aller Philosophien, aller *Wahrheiten* ausmacht. Die Darlegung der Einheit der Philosophie macht dabei eine philosophische Aufgabe aus und kann nur philosophisch erfüllt werden. Wie C. Iber über diese innere Einordnung der Geschichte der Philosophie von der Philosophie selbst betont: „Philosophiehistorie setzt nach Hegel also immer schon die Erkenntnis der Wahrheit voraus. Das aber bedeutet, daß für Hegel die Explikation der Vernunftwahrheit letztlich nicht geschichtlich ist. Sie gehört daher auch nicht in die Theorie der Philosophiegeschichte, sondern in die spekulative Logik".[22]

Die wahrhafte Philosophie muss sich von der Besonderung befreien und sich die Form der konkreten Allgemeinheit geben, d.h. *absolut* werden. Die von Hegel geforderte absolute Philosophie soll nicht nur ihre Vergangenheit negieren. Sie ist dahingegen diejenige, die ihre eigene Geschichte in sich aufnimmt, d.h. diejenige Philosophie, die auf ihren Hintergrund reflektierend sich über den Gegensatz erhebt und die Form des Selbstbewusstseins, die Form der Vernunft, des Geistes gibt. Sie ist die *Reflexion auf ihr Bezogensein*, auf ihre Besonderung, und insofern auf ihre endliche Geschichtlichkeit. Die Philosophie wird so *an und für sich*, macht sich wahrhaft zum absoluten System.[23] Und wahrhaft systematisch kann nur eine solche Philosophie sein, die sich bewusst auf ihre Geschichte bezieht und die Prinzipien ihrer Vorgänger in sich als aufgehobene beinhaltet. Wie Hegel bemerkt: „Unter einem System wird fälschlich eine Philosophie von einem beschränkten, von anderen unterschiedenen *Prinzip*

21 GdPh I: 22.

22 Iber 1998: 247.

23 Dazu vgl. auch Phän: 24-28: „das Wahre ist nur das Ganze, und stellt sich allein als Resultat vor, es ist erst am Ende, was es in Wahrheit ist; das Wahre, als ein solches Ganzes, stellt sich letztendlich nur in der Form des Systems dar, das Wissen ist *wirklich* nur als Wissenschaft oder als System."

verstanden; es ist im Gegenteil Prinzip wahrhafter Philosophie, alle besonderen Prinzipien in sich zu enthalten."[24] In diesem Sinn behauptet Hegel, dass seine eigene „Bearbeitung der Philosophie" als „die einzig wahrhafte" anerkannt werden darf.[25] Das Enthalten der vorhergehenden Prinzipien ist nicht mehr das unreflektierte Verhalten gegen das Unwahre, hat nicht mehr die Form eines unbewussten Behaftetseins an dem Negierten. Die Philosophie zeigt sich als die Rückkehr zu sich von ihrem Anderssein, nimmt die Form des Geistes, der „Herausgehen, Sichauseinanderlegen und zugleich Zusichkommen"[26] ist, reflektiert nicht auf die Unwahrheit des Anderen, sondern auf ihre eigene negative Tätigkeit und macht sich so zur wahrhaft konkreten Allgemeinheit. Sie spiegelt nicht nur ihre Vergangenheit wider, sondern erkennt ihre *innere notwendige Verbundenheit* mit ihr. Das Selbsterkennen des Geistes vervollständigt sich in der Form der absoluten Philosophie, die sich auch als ein unendliches Selbsterkennen bewährt – ihr Gegenstand ist kein Fremdes, sondern ihre *eigene* Geschichte; sie ist „historisch objektivierte Subjektivität".[27] *Ihren Gegenstand findet die Philosophie in der Form von sich selbst.*

Die Philosophie wird auf diese Weise absolut, unendlich. Das Verbundensein, das das unbewusste Produkt der negierenden Tätigkeit des Philosophierens war, hat sich zu einer positiven, *selbstbewussten Einheit* der Philosophie mit ihrer Geschichte entwickelt. Die Endlichkeit der Philosophien ist die *objektive Voraussetzung* für die Unendlichkeit und Absolutheit der Philosophie selbst. Das Bedingtsein der besonderen Systeme macht den Grund für die innerliche Notwendigkeit der Philosophie und ihres Unbedingtseins, des *Unbedingtseins des Ganzen* aus. Das, was zunächst als bloß negatives Verhalten beschrieben wurde, erhält nun seine positive Bedeutung erst im Ganzen und nur vom *Standpunkt des Ganzen* aus. Der Geist erkennt die *Geschichte seiner Bildung* als die *eigene*. Die Philosophie hat nicht mehr eine Geschichte nur *an sich* oder *für uns* (eine trockene Historiographie), sondern sie erkennt ihre eigene Geschichte, ist *geschichtlich für sich* selbst, wird sich ihrer Geschichte bewusst und nimmt sie in sich auf als Moment ihrer systematischen Verfassung. „Die Philosophie ist [...] imstande, ihre eigene Entstehung innerhalb der geistigen Realität zu fassen, und sich in jeder inadequäten Erscheinung ihrer selbst zu wissen, anzuerkennen: kurz, die neuere Philosophie als die Philosophie der sich

24 Enz I: 60; vgl. auch WphK: 177-8, über die Erhebung eines besonderen und untergeordneten Prinzips eines Zeitaltes zum System.

25 Enz I: 11.

26 GdPh I: 41.

27 Requate 1997: 69.

wissenden Idee schließt die Möglichkeit der (philosophischen) Geschichte der Philosophie in sich ein"[28].

I.2. Das Zusammenfallen von Geschichte und Philosophie – die „Parallelitätsthese"

Hegel bildet seine Idee über die Einheit oder das Einssein der Philosophie in ihrer Geschichte, soweit er die Idee des *Geistes* konzipiert und entwickelt. Wie in der Literatur behauptet, fängt Hegel an, die Idee einer entwicklungsmäßigen Geschichte der Philosophie, die alle vergangenen Systeme als verschiedene Entwicklungsstufen der absoluten Idee einbezieht, erst nach 1803/04 bzw. 1805/06 zu formieren.[29]

Was aber schon 1801 im Denken Hegels vorkommt, ist seine Idee, dass die Vielfalt der Systeme auf *eine* Vernunft (bzw. auf das Absolute) zurückzuführen ist, dass hinter dem gebrochenen Bild der Philosophiegeschichte sich die Einheit der Vernunft geltend macht.

In der *Differenz-Schrift* von 1801 findet man auch die Überzeugung Hegels, dass der Geschichte der unterschiedlichen Philosophien die Einheit des Geistes zugrunde liegt, dass alle endlichen Systeme einen notwendigen Platz im System der ‚wahren Spekulation' einnehmen: „Wenn in einem System sich das zum Grunde liegende Bedürfnis nicht vollkommen gestaltet hat und ein Bedingtes nur in der Entgegensetzung Bestehendes zum Absoluten erhoben hat, so wird es als System Dogmatismus; aber die wahre Spekulation kann sich in den verschiedensten sich gegenseitig als Dogmatismen und Geistesverirrungen verschreienden Philosophien finden. Die Geschichte der Philosophie hat allein Wert und Interesse, wenn sie diesen Gesichtspunkt festhält. Sonst gibt sie nicht die Geschichte der in unendlich mannigfaltigen Formen sich darstellenden ewigen und einen Vernunft".[30]

---

28 Garniron 1989: 227.

29 Eine instruktive Darstellung dieses Gangs bietet die Arbeit von R. Beuthan, „Formen der Geschichte – Geschichte der Formen: Zum Geschichtsdenken des Jenaer Hegel" (Beuthan 2006). Dazu vgl. auch den Aufsatz Beuthans, „Das Problem der Geschichte in der Hegelschen Kritik" (Beuthan 2002), sowie auch Düsing 1989: 128-9; Pöggeler 1989: 104-109, 115; Lucas 1997: 20-1.

30 Diff: 47; vgl. dabei auch Rosenkranz 1870, 69-70, der komischerweise behauptet, Hegel spreche am Anfang der *Differenz-Schrift* von einer Geschichte der Philosophie, die die Entwicklungs*stufen* der absoluten Philosophie beinhaltet. Seine

In dem kurzen einleitenden Aufsatz für das *Kritische Journal der Philosophie* vom Januar 1802 („*Über das Wesen der philosophischen Kritik überhaupt*") sieht man schon klar, dass Hegels Denken explizit auf der Auffassung beruht, „daß die Philosophie nur *eine* ist und nur *eine* sein kann", da „die Vernunft nur *eine* ist; und sowenig es verschiedene Vernunfte geben kann, ebensowenig kann sich zwischen die Vernunft und ihr Selbsterkennen eine Wand stellen, durch welche dieses eine wesentliche Verschiedenheit der Erscheinung werden könnte"[31]. Die „Kritik als objektive Beurteilung"[32] ist so erst „Subsumtion unter die Idee"[33] der Philosophie derjenigen „eigenen Philosophien"[34], die auf „einem einzelnen und darum untergeordneten Standpunkt"[35] eines Zeitalters stehen. Im *Skeptizismus-Aufsatz*, ebenfalls vom Jahre 1802, betont Hegel – wie schon angesprochen – die „Einigkeit in den Prinzipien"[36], die hinter dem Streit der „Dogmatismen" steht. Diese „Einigkeit" der Philosophie wird Hegel gegenüber dem skeptischen Angriff durch den ersten der fünf skeptischen Tropen des Aggripa entscheidend verteidigen.[37] In allen seinen frühen Werken bleibt der deutlich ausgedrückte Gedanke Hegels, dass alle endlichen Philosophien, wie die widersprechenden Teile derselben Reflexion, der Philosophie selbst notwendig angehören, dass die Philosophie, als das Werk der vernünftigen Idee, allein *Eine* ist.

Diese Einheit der Philosophie hat aber noch nicht die deutliche Form einer *Entwicklung* genommen. Erst in *Glauben und Wissen* kann man, wie auch R. Beuthan bemerkt hat, Spuren einer „stufenförmig geordneten *Philosophiegeschichte*"[38] finden. Das könnte auch mit dem Schlusswort dieser Schrift bestätigt werden, in dem Hegel in Bezug auf den ganzen Verlauf der Philosophie bemerkt, dass „der Dogmatismus des Seins in den Dogmatismus des Denkens, die Metaphysik der Objektivität in die Metaphysik der Subjektivität umgeschmolzen [ist]"[39], worunter eine Vervollständigung der Formen der Philosophie zu verstehen ist, die die „äußere Mög-

Auslegung kann jedoch kaum mit dem Text selbst gerechtfertigt werden; Ideen wie „Entwicklung" oder „Stufen" sind nicht in diesem frühen Werk Hegel anzutreffen.

31 WphK: 172.
32 WphK: 173.
33 WphK: 173.
34 WphK: 177.
35 WphK: 177.
36 Skept: 216.
37 Skept: besonders 244-5 und ff.
38 Beuthan 2006: 98.
39 GuW: 430.

lichkeit"[40] für das Auftreten der „wahren Philosophie"[41] bildet. Hegel geht aber einen Schritt weiter, um von dem „unmittelbaren Zusammenhang [...] dieser philosophischen Bildungen [hierbei der Kantischen, Fichteschen usw. Philosophie – *JK*] mit der Philosophie und ihre positive, wahrhafte, aber untergeordnete Stelle in derselben"[42] zu sprechen.

In der Zeit der *Phänomenologie des Geistes* verfügt Hegel schon über eine Idee der Philosophiegeschichte, die mehr oder weniger mit der viel später verfassten Philosophiegeschichtsauffassung der Berliner *Enzyklopädie* und der Berliner Vorlesungen über die Geschichte der Philosophie übereinstimmt. Die Idee einer Geschichte der Philosophie, die die verschiedenen Systeme als Entwicklungsstufen eines in sich notwendigen Fortgangs darstellt, wächst analog zur allmählichen Gestaltung des Hegelschen Systems. 1806/7 hat Hegel schon eine relativ ausführliche Vorstellung von seinem System, dem die *Phänomenologie* als Einleitung dienen soll. Das System der absoluten Philosophie stellt sich allerdings neben kein anderes System, sondern will alle entgegengesetzten, widersprechenden Prinzipien in sich fassen. Auch die Geschichte der Philosophie muss so in das System aufgenommen werden. Das aber fordert zunächst, dass sie konkret als *systemkonform* konzipiert und dargestellt werden muss und zwar von einem solchen System, das seine Kategorien als Momente einer einheitlichen Entwicklungsreihe begreift.

Für eine solche Form des Hegelschen Systems sprechen schon um 1804/5 klar die nachgelassenen *Jenaer Systementwürfe* Hegels. Der bisherigen Datierung zufolge fällt das Manuskript der Jenaer *Logik, Metaphysik und Naturphilosophie*[43] mit Hegels ersten Vorlesungen über die Geschichte der Philosophie zusammen. Dieses Zusammentreffen von Geschichte und System wird zudem 1806/07 in der Vorrede der *Phänomenologie* angegeben: „Die wahre Gestalt, in welcher die Wahrheit existiert, kann allein das wissenschaftliche System derselben sein. [...] Die innere Notwendigkeit, daß das Wissen Wissenschaft sei, liegt in seiner Natur, und die befriedigende Erklärung hierüber ist allein die Darstellung der Philosophie selbst. Die *äußere* Notwendigkeit aber, insofern sie, abgesehen von der Zufälligkeit der Person und der individuellen Veranlassungen, auf eine allgemeine Weise gefaßt wird, ist dasselbe, was die *innere* [ist], in der Gestalt nämlich, wie die Zeit das Dasein ihrer Momente vorstellt."[44]

---

40 GuW: 431.
41 GuW: 431.
42 GuW: 431.
43 Horstmann 1982: XIII.
44 Phän: 14.

Vom Standpunkt des Geistes aus fällt die Geschichte der Philosophie mit der Philosophie zusammen. Die Entwicklung der Philosophie in der Geschichte hat ihre Widerspiegelung im System der Philosophie selbst. Dies ist das entscheidendste und vielleicht auch das fraglichste Resultat der Hegelschen Konzeption der Philosophie. *Geschichte* und *System* machen die zwei Darstellungsweisen desselben Inhalts aus. Jene gilt als die *äußere*, dieses als die *innere* Notwendigkeit der Philosophie. Die „Gestalt *äußerlicher Geschichte* [...] gibt den Entwicklungsstufen der Idee die Form von *zufälliger* Aufeinanderfolge und etwa von bloßer *Verschiedenheit* der Prinzipien und ihrer Ausführungen in ihren Philosophien."[45] Aber die Parallelisierung von *Geschichte* und *System* ist nur insofern möglich als Hegel die Geschichte der Philosophie als einen in sich notwendigen Fortgang *rekonstruiert* hat. Der Zusammenhang der Philosophie muss immanent aufgezeigt werden. Die Vervollkommnung der Philosophie in ihrer Geschichte besteht im Aufdecken der Präsenz des Geistes selbst, der Identität mit sich ist. Der „*eine* lebendige Geist, dessen denkende Natur es ist, das, *was er ist*, zu seinem Bewusstsein zu bringen"[46], liegt der Geschichte überhaupt und ebensowohl der Geschichte der Philosophie zugrunde und gewährt ihr das Einssein, die Identität.[47] Hinter der Figur einer zerbrochenen Geschichte tritt die wahrhafte Gestalt der Identität der Philosophie hervor. Es gibt nur *eine* Philosophie, die das Sich-selbst-Erkennen des *einen* Geistes ausmacht und diese Philosophie tut sich nur in *einer* Geschichte dar: „Die *Geschichte der Philosophie* zeigt an den verschiedenen erscheinenden Philosophien teils nur *eine* Philosophie auf verschiedenen Ausbildungsstufen auf, teils daß die besonderen *Prinzipien*, deren eines einem System zugrunde lag, nur *Zweige* eines und desselben Ganzen sind"[48]. *Geschichte* und *System* sind die zwei Erscheinungsweisen der Philosophie als solche. Das Philosophieren auf der Stufe dieses ‚Ganzen' vermag die ‚Prinzipien' in der Form von Begriffsbestimmungen, d.h. die Geschichte der Philosophie selbst in *reiner Form* zu fassen und auszudrücken. Die Prinzipien bzw. Begriffsbestimmungen machen die Momente der geschichtlichen Entfaltung der Philosophie in der Form von verschiedenen Systemen aus. Die äußerliche Geschichte des Geistes lässt sich im Herzen des Systems reproduzieren. Insofern ist es die Aufgabe der Historiographie, eine „Geschichte der Philosophie" und nicht eine „Geschichte der Philosophen" zu verfassen.[49]

45 Enz I: 58.
46 Enz I: 58.
47 Zur Geschichtlichkeit des Bewusstseins bzw. des Geistes s. auch Behler 1972.
48 Enz I: 58.
49 Vorlesungen 6: 317-8, 351.

Was die theoretische These Hegels über die Identität von Geschichte und Philosophie wirklich fraglich macht, ist jedoch der Umstand, dass er, zumindest wörtlich, eine starke ‚Parallelitätsthese' vertritt, die sich in klaren Worten in den Heidelberger und Berliner Vorreden der *Vorlesungen über die Geschichte der Philosophie*, sowie in der Einleitung der *Enzyklopädie* finden lässt. Hegel hebt deutlich hervor: „Dieselbe Entwicklung des Denkens, welche in der Geschichte der Philosophie dargestellt wird, wird in der Philosophie selbst dargestellt, aber befreit von jener geschichtlichen Äußerlichkeit, *rein im Elemente des Denkens*."[50] Die Entfaltung der Philosophie in der Form der Zeit folgt dem Entwicklungsgang des Begriffs selbst: „Wie die Entwicklung der Begriffe in der Philosophie notwendig ist, so ist es auch ihre Geschichte. Das Fortleitende ist die innere Dialektik der Gestaltungen."[51] Hegel lässt seine Parallelitätsthese immer noch stärker werden, obwohl er sie niemals in concreto aufzuzeigen vornimmt. Er hält so ausdrücklich fest: „Nach dieser Idee behaupte ich nun, daß die Aufeinanderfolge der Systeme der Philosophie in der Geschichte dieselbe ist als die Aufeinanderfolge in der logischen Ableitung der Begriffsbestimmungen der Idee. Ich behaupte, daß, wenn man die Grundbegriffe der in der Geschichte der Philosophie erschienenen Systeme rein dessen entkleidet, was ihre äußerliche Gestaltung, ihre Anwendung auf das Besondere und dergleichen betrifft, so erhält man die verschiedenen Stufen der Bestimmung der Idee selbst in ihrem logischen Begriffe. Umgekehrt, den logischen Fortgang für sich genommen, so hat man darin nach seinen Hauptmomenten den Fortgang der geschichtlichen Erscheinungen."[52]Jedes System macht einen notwendigen Teil des Ganzen der Entwicklung des Geistes als Philosophie aus. Dies „Ganze der Geschichte der Philosophie" ist nun „ein in sich notwendiger, konsequenter Fortgang."[53] In diesem ‚Ganzen' entkleidet die Geschichte der Philosophie des Scheins der Zufälligkeit, die sich aufbewahrt, solange sie vom Standpunkt ihrer äußerlichen Aufeinanderfolge betrachtet wird; ihr gänzlicher Fortgang ist „in sich vernünftig, durch seine Idee bestimmt."[54] Demgemäß wird klar, „daß jede Philosophie notwendig gewesen ist und noch ist, keine also untergegangen, sondern alle als Momente *eines* Ganzen affirmativ in der Philosophie erhalten sind."[55] Und wie schon oben angeführt: „die Prinzipien

50 Enz I: 59.
51 GdPh I: 55-56; vgl. GdPh I: 48 und GdPh III: 477.
52 GdPh I: 49; vgl. GdPh III: 478.
53 GdPh I: 55.
54 GdPh I: 55.
55 GdPh I: 56.

[aller Philosophien] sind erhalten, die neueste Philosophie ist das Resultat aller vorhergehenden Prinzipien; so ist keine Philosophie widerlegt worden. Was widerlegt worden, ist nicht das Prinzip [einer] Philosophie, sondern nur dies, daß dies Prinzip das Letzte, die absolute Bestimmung sei."[56]

Die Vergegenwärtigung des wahren Wesens des Philosophierens ändert so zuallererst den Sinn der philosophischen *Kritik* selbst. Die Kritik wird zu einer Tatsache *für die Philosophie selbst.* Eine *neue Methodologie* wird erforderlich, die keine Philosophie als *falsche* überhaupt diskreditiert, sondern einer jeden ihre Rolle und Stelle in dem Entwicklungsgang des absoluten Geistes anerkennt und systematisch bestimmt[57]. Die Widerlegung geht nicht eine Philosophie oder ihre Prinzipien als solche an. Die echte philosophische Kritik setzt sich der *Verabsolutierung* der Prinzipien der unterschiedlichen Philosophien entgegen. Das negative Verhalten der absoluten Philosophie zu ihren Vorläufern besteht allein darin, die *Einseitigkeit* ihrer Perspektiven und die *Endlichkeit* ihrer Prinzipien aufzuzeigen. In der Philosophie gibt es nichts Subjektives oder Zufälliges, das weggeworfen werden könnte, denn sie ist eben die Werkstatt des Geistes selbst; „die Philosophie [ist] gar kein Vorrat von philosophischen Meinungen"[58], es gibt überhaupt keine Meinungen in der Philosophie[59], sondern sie ist „objektive Wissenschaft der Wahrheit, Wissenschaft ihrer Notwendigkeit, begreifendes Erkennen, – kein Meinen und kein Ausspinnen von Meinungen"[60]. Keine Philosophie nun, die diesen Namen verdient, darf – oder *kann* – prinzipiell widerlegt werden.[61] Die nächste Aufgabe einer echten philosophischen Kritik ist daher die, „einer Philosophie Gerechtigkeit widerfahren [zu lassen]"[62]; die Geschichte der Philosophie erscheint anschließend als „die Rechtfertigung aller Philosophien"[63].

Hegels methodologische Forderung besteht nun eben darin, dass die spekulative Philosophie sich in einer bestimmten Weise gegen ihre Vergangenheit verhalten muss. Sie *integriert* sie, indem sie sie *frei lässt*, sich völlig zu entwickeln und durch die innere Widersprüchlichkeit ihres Prinzips zu Grunde zu gehen. Die Strategie Hegels schreibt vor, dass kein äußerliches Widerlegen gestattet werden kann, die Widerlegung muss „nicht von

56 GdPh I: 56.
57 Vgl. Logik II: 249-250; auch Phän: 40-1.
58 GdPh I: 28-33, 49; GdPh III: 468-9.
59 GdPh III: 471.
60 GdPh I: 30.
61 GdPh I: 56.
62 GdPh I: 57; auch GdPh I: 64.
63 Vorlesungen 6: 326.

außen kommen, d.h. nicht von Annahmen ausgehen, welche außer jenem System liegen, denen es entspricht“[64]; im Gegenteil dazu muss „die wahrhafte Widerlegung [...] in die Kraft des Gegners eingehen und sich in den Umkreis seiner Stärke stellen“[65]. Die Kritik ist durchaus *immanent* und die Aufgabe der spekulativen Philosophie ist es, die „bestimmte Stelle“, die „besondere Entwicklungsstufe“[66] einer jeden Philosophie im Fortgang des Geistes herauszufinden und „nach dieser Bestimmung [...] ihre Besonderheit wesentlich aufzufassen und anzuerkennen, um ihr ihr Recht widerfahren zu lassen“[67]. „Wenn eine Philosophie eine andere widerlege, so könne sie dies nur, indem sie dieselbe zugleich fortbilde.“[68] Die echte *spekulative philosophische Kritik* ist nicht mehr ein bloßes unbewusstes Enthalten aufgehobener Prinzipien, sondern wird ein *bewusstes Ordnen, Einstufen* des Materials nach seiner eigenen Natur: „das Eigene der früheren Stufen wird mitgenommen, nur in untergeordneter Stellung“[69]. Das Philosophieren gibt sowohl *sich* als auch *seiner Geschichte* die Form des Systems. Es ist sich bewusst über die besondere Stelle eines jeden Moments im Verlauf seiner Entfaltung. Die Philosophie ist das bewusste und zum System erhobene Rekapitulieren ihrer sämtlichen Geschichte: es gibt „nur eine Geschichte der Philosophie“[70], die mit der Vernunft übereinstimmt.[71] Dies allumfassende Philosophieren einer in sich vernünftigen Geschichte weist unmittelbar darauf hin, dass die Momente dieser Geschichte im logischen Herzen der Philosophie zu finden sind: „jedes System ist in *einer* Bestimmung“[72] und die Philosophie fällt letztendlich mit ihrer Geschichte zusammen. „Jede Philosophie, so wie sie in der Geschichte erscheint, ist eine beschränkte, ein besonderer Standpunkt, eine Stufe im System.“[73]

Das Überbrücken von Geschichte und System hat sich durch die verschiedenen Interpretationsversuche als ein ziemlich problematisches Un-

---

64 Logik II: 250.

65 Logik II: 250; vgl. GdPh III: 466: „so ist unsere Stellung ebenso, die Wissenschaft, die vorhanden ist, zuerst zu *fassen* und sie uns zu eigen zu machen, und dann sie zu *bilden*“; vgl. auch die Diskussion in der *Phänomenologie des Geistes* (Phän: 40-1).

66 GdPh I: 64.

67 GdPh I: 64.

68 Rosenkranz 1870: 70.

69 Vorlesungen 6: 357.

70 GdPh I: 50.

71 GdPh I: 55: das Ganze der Geschichte der Philosophie „ist in sich vernünftig, durch seine Idee bestimmt“; vgl. auch Schnädelbach 2003: 224.

72 GdPh I: 54.

73 Vorlesungen 6: 117.

ternehmen erwiesen. Die zum Teil lapidären Angaben Hegels reichen kaum aus, um die Sache zu verdeutlichen und dem Leser seinen Ansatz klar vor Augen zu führen.

I.3. Interpretationsperspektiven der Parallelitätsthese

Die Interpretation der Hegelschen These der ‚Parallelität' oder ‚Identität'[74] zwischen Geschichte der Philosophie und Logik ist vor allem wichtig, wenn man die systematische Rolle der Kritik Hegels an einem grundlegenden Teil der neueren Philosophie, wie dem des Empirismus, verstehen will. Es geht vornehmlich darum, ob und in welcher Form das programmatische Anliegen Hegels zu verwirklichen ist und ob und wo eine solche mögliche Verwirklichung anzutreffen ist.

Viele Philosophen nach Hegel haben seine ‚Parallelitätsthese' bezweifelt und in mehreren Fällen zurückgewiesen.[75] Und tatsächlich zieht diese Position, ungeachtet der Tatsache wie fruchtbar sie sein könnte, bestimmte Probleme nach sich, auf deren konkrete Lösung Hegel sich nicht eingelassen hat. Seine einzige Bemerkung über den speziellen Unterschied zwischen Geschichte und System, die er in der Berliner „Einleitung" seiner *Vorlesungen über die Geschichte der Philosophie* gibt, kann die Stärke seiner Identitätsthese kaum mildern. Hegel beschwichtigt sein Publikum bloß mit den Worten: „Ferner unterscheidet sich allerdings auch nach einer Seite die Folge als Zeitfolge der Geschichte von der Folge in der Ordnung der Begriffe. Wo diese Seite liegt, dies näher zu zeigen, würde uns aber von unserem Zweck zu weit abführen."[76] Ansonsten lässt er den Zuhörer oder den Leser seiner *Vorlesungen* in Bezug auf die genannte Frage völlig allein. Genauso abstrakt und inhaltslos bleiben Hegels Angaben, die man in den von seinen Zuhörern nachgeschriebenen Einleitungen lesen kann. Dort findet man vom Jahre 1819 z.B. die folgende Bemerkung Hegels: „Ein zweites Moment ist die Zufälligkeit, in der sich in der Geschichte das darstellt, was auch im gedachten Begriff ist. Die Folge muß im System und in der Geschichte identisch sein; aber nur dem Wesen nach. Die Hauptstufen

74 Alternativ kommt in der Literatur häufig auch der Ausdruck „Prinzip der Korrespondenz" (Düsing 1989: 132) oder „Korrespondenztheorie" (Iber 1998: 247) vor.

75 Schneider 2006.

76 GdPh I: 49; vgl. GdPh III: 478-9.

müssen in beiden sein".[77] Oder wie Hegel dasselbe zehn Jahre später und zwar in seinem Kolleg von 1829/30 formuliert: „In den Hauptmomenten, den Knotenpunkten […] muß der Fortgang in dem Logischen und in der Geschichte Einer sein. Der Fortgang der Logik ist so ein Beleg für den der Geschichte der Philosophie und umgekehrt"[78]. In seinem ganzen Werk geht Hegel nicht auf die Forderung ein, seine „Behauptung" ausführlich durch das geschichtliche Material der verschiedenen philosophischen Systeme einerseits und den deduzierenden Ablauf der logischen Kategorien andererseits im Detail zu rechtfertigen. Seine *Vorlesungen über die Geschichte der Philosophie* entwickeln sich in solcher Weise, dass ganz offen bleibt, inwiefern der logische Begriff in seiner Bewegung und Entwicklung darin aufzufinden ist. Ebenfalls bleiben die Anführungen von historischen Paradigmen in der *Logik* oder in der *Enzyklopädie* nur sporadisch, so dass sie in der Tat kaum in der Lage sind, den logischen Charakter der geschichtlichen Reihe der Philosophien aufzuzeigen.[79] Diesem großen und schwierigen Unternehmen schenkt Hegel allerdings keine Worte. Die Probleme und die Lücken, die zusammen mit seiner Kernidee geliefert werden, stellen der Forschung also noch immer dieselben Fragen.

Die Parallelität von Geschichte und Philosophie ist kaum zu verstehen, wenn man auf der sibyllischen wörtlichen Seite der Frage bestehen will. Die meisten der älteren wie auch der neueren Versuche, die ‚Parallelitätsthese' Hegels zu interpretieren, drehen sich um die Vorstellung, dass die Entsprechung von Geschichtlichem und Systematischem bzw. Logischem nur dann möglich ist, wenn man das Individuelle und Zufällige abschafft und hinter dem Kaleidoskop der zeitlichen Geschichte eine *rekonstruierte* Geschichte der Philosophie auftreten lässt. Varianten dieser Strategie, nämlich der Reduktion des Problems auf eine Umwandlung der Individualität in verschiedene allgemeine Formen, trifft man auch bei vielen gegenwärtigen Ansätzen an.[80] H.F. Fulda hebt z.B. hervor, dass die Forschung

77 Vorlesungen 6: 115; vgl. auch Bowman 2006: 81 und Fulda 2007: 7.

78 Vorlesungen 6: 323.

79 Die Geschichtsbeispiele der Logik widersprechen mitunter der wirklichen Reihe der Geschichte (z.B. Sein-Parmenides, Nichts-Buddhismus, Werden-Heraklit – Logik I: 82-109); vgl. dazu aber auch die interessante Bemerkung Düsings (Düsing 1989: 132-3), dass einerseits der Buddhismus erst in der 2. Auflage der *Logik* angeführt wird und andererseits dass auch die von Hegel gelesenen Historiographen, wie Tiedemann und Tenemman, Parmenides vor Heraklit behandeln. Die Reihe Hegels könnte so womöglich letztlich nicht so arbiträr sein, wie zuerst vermutet.

80 Eine bemerkenswerte Abweichung wäre die Auslegung von C. Iber, der behauptet, dass Geschichte und Logik nicht dem Inhalt nach identisch sind, sonder dass

sich darauf richten müsse, dass jegliche Parallelisierung erst die „Grundbegriffe“ und die „Hauptstufen“ angeht, wie auch Hegel selber bemerkt hat, womit man sich eine „bearbeitete“ oder „gereinigte“ Geschichte der Philosophie vorstellen soll.[81] In dieser Richtung spricht sich auch K. Vieweg dafür aus, dass die Parallelisierung sich erst auf der Basis von „idealtypischen Denkfiguren“ bzw. „Mustern“ als Repräsentanten von Kategorien des Denkens verstehen lässt.[82] Für W. Marx scheint der Bezug auf die Geschichte etwas eklektizistischer zu sein, wenn er im Hinblick auf die *Phänomenologie* bemerkt, dass der Philosoph nur auf diejenigen geschichtlichen Gestalten Rücksicht nimmt, „die der Entwicklung, die zum Begriff der Wissenschaft, dem absoluten Wissen, hinführt, dienlich gewesen sind und diesem Begriff – seine Erfüllung vorbereitend – schon entsprochen haben“.[83] Ähnliche Umwege sind schon seit dem 19. Jahrhundert gesucht worden.[84]

Wenn aber Hegel von ‚Hauptstufen‘ und ‚Knotenpunkten‘ spricht, bezieht er sich sowohl auf die *Geschichte* wie auch auf die *Logik* selbst. In den oben angeführten Zitaten ist klar, dass die Hauptstufen die Grundebenen von beiden, Geschichte und Logik, sind. Sie sind nicht bloß die *Hauptstufen der Geschichte*, sondern ebenso die *Hauptstufen der logischen Idee*. Die Aufgabe der *Rekonstruktion* geht nicht nur das Geschichtliche sondern ebensoviel das Logische selbst an. Welche jedoch diese logischen ‚Hauptstufen‘ sind, kann man anhand des Hegelschen Textes nicht sagen. Dass allerdings eine Unterscheidung der logischen Bestimmungen in Haupt- und Neben- bzw. Subbestimmungen möglich ist, kann zum Teil gezeigt werden. Das Verwischen einer Menge von logischen Subeinteilungen der Kategorien gilt, wenn man von der großen *Logik* in die enzyklopädische übergeht, zumindest als Indiz dafür, dass eine Art *Gruppierung* der Kategorien, wenn man so sprechen kann, möglich ist. Die kleine *Logik* lässt offensichtlich viele Teile der Struktur der großen *Logik* beiseite, die in letzterer

---

beide lediglich über dieselbe dialektische Struktur verfügen (Iber 1998: 247). Ibers Idee könnte sicherlich philosophisch haltbar sein, aber er verkennt dennoch völlig Hegels explizite Auffassung, dass dieselben logischen Begriffe diejenigen sind, die man in konkreter Gestalt in der Geschichte betrachten kann.

81 Fulda 2007: 6-7.

82 Vieweg 1999: 135, 209-10, 237-8.

83 Marx 1986: 8.

84 Dazu vgl. den zusammenfassenden Artikel von Schneider 2006, in dem dieser die Rezeption der Hegelschen Identitätsthese diskutiert; vgl. auch Rosenkranz 1870: 90, 128.

als selbständige Begriffsbestimmungen stehen.[85] Zwar erklärt Hegel in einer Passage seiner *Vorlesungen über die Geschichte der Philosophie*: „Die Entwicklung der Philosophie in der Geschichte muß entsprechen der Entwicklung der logischen Philosophie; aber es muß in dieser Stellen geben, die in der Entwicklung in der Geschichte wegfallen. Wollte man z.B. das Dasein zum Prinzip machen, so wäre es das, was wir im Bewußtsein haben: es sind Dinge, diese sind relativ, sie sind da, sind endlich und haben eine Relation zueinander; es ist dies die Kategorie unseres gedankenlosen Bewußtseins".[86] Wenn nun diese zwei Bemerkungen keine ausreichende Antwort auf die Frage nach den Hauptstufen der logischen Idee ausmachen, zeigen sie doch zumindest deutlich auf, dass eine solche Unterscheidung zwischen Haupt- und Nebenmomenten der Logik prinzipiell möglich ist. Wo man aber ‚schneiden' muss, das bleibt dahingestellt. Außer den drei richtigen Hauptstufen der Logik (Sein, Wesen, Begriff) ist jegliche andere Unterscheidung zwischen Haupt- und Nebenkategorien kaum zu entscheiden. Insofern bleiben die Bedenken von Hegels Kommentatoren berechtigt. So bemerkt etwa D. Bauer kritisch gegen die Identitätsthese Hegels: „Auf der einen Seite soll die Geschichte der Philosophie gemäß dem Schema der Kategoriengenese rekonstruiert werden, auf der anderen Seite soll man empirisch verfahren. Das Ergebnis kann höchstens eine äußerst bedenkliche Historisierung des Logischen und Logifizierung des Historischen sein, die nur im Rahmen einer optimistischen Metaphysik der Geschichte funktionieren kann."[87]

Welche reine und wahrhafte Gestalt der Geschichte der Philosophie lässt sich also aufstellen, wenn wir diese ‚äußerliche' und somit verwirrende Form der Geschichte wegnehmen? Ist also eine Rekonstruktion der *Form* der Geschichte der Philosophie vonnöten, damit ihr wahrhafter Inhalt zu Tage kommen kann? Das sind nicht nur allgemeine theoretische Fragen, sie betreffen in erster Linie auch die *Historiographie* selbst, indem sie dem *Geschichtsschreiber* eine bestimmte *methodologische Aufgabe* stellen. In diesem Sinne vermerkt Hegel auf den ersten Seiten der „Einleitung" zu

85 Es ist jedenfalls von Hegel gar nicht bestimmt worden, was eine logische Bestimmung bzw. Kategorie als solche ist und was als bloße „Erklärung" angenommen werden muss. Es wäre sicherlich eine wichtige Interpretationsfrage, was die unzähligen Subkapitel der *Wissenschaft der Logik* genau sind. Begriffsbestimmungen bzw. Kategorien oder etwas anderes? Und wenn etwas andere, was? Was sind z.B. die vielen in perfekter triadischer Form organisierten Subteilungen des Momentes des Maßes in der *Wissenschaft der Logik*, die erst in den fünf kurzen Paragraphen der *Enzyklopädie* verdichtet werden?

86 GdPh I: 357; vgl. auch Düsing 1989: 133.

87 Brauer 1997: 63.

seinen Vorlesungen: „Die Philosophie ist Vernunfterkenntnis, die Geschichte ihrer Entwicklung muß selbst etwas Vernünftiges, die Geschichte der Philosophie muß selbst philosophisch sein".[88] Die Kernfrage geht also Folgende an: was das Äußerliche ist, das muss entkleidet werden. Eine Historiographie muss das innerliche Wesen der Geschichte der Philosophie zu Tage fördern. Die Geschichte der Philosophie ist *schon philosophisch*, d.h. sie stimmt mit den logischen Bestimmungen des Systems überein. Dies allerdings muss in der Geschichte selbst aufgezeigt werden und das ist allein der Zweck einer *spekulativen Historiographie*.

Die einzige Frage, die man so stellen könnte, wäre nun, einerseits ob die Hegelsche Historiographie der *Vorlesungen* mit der Idee einer Entsprechung zwischen jenen Hauptmomenten der Logik und der Geschichte irgendwie verträglich ist und andererseits ob es andere von Hegel vorgenommene Versuche gibt, die die Aufgabe einer *philosophischen Geschichte der Philosophie* verwirklichen könnten. Die Unzulänglichkeit der Hegelschen Vorlesungen sowie die Möglichkeit einer gewissermaßen *umgekehrten Historiographie*, die nicht empirisch von den geschichtlichen Fakta sondern von dem Begriff selbst und seinen logischen Bestimmungen ausgehen und sich nach *Epochen* des Denkens strukturieren würde, soll im Weiteren kurz betrachtet werden.

I.4. Eine philosophische Geschichte der Philosophie?

Hegel hält ab 1804/05 bis zu seinem Tod im Jahre 1831 in Berlin mehrmals Vorlesungen über die Geschichte der Philosophie. Man kann nicht davon absehen, dass er darin immer auf die übliche Form der Historiographie zurückgreift und dass er nirgends auf eine von vornherein nach der Abfolge der Begriffsbestimmungen verfasste Darstellung der Geschichte der Philosophie eingeht. Er macht nicht die logische Idee und ihre reine Form zum Ausgangspunkt der Verfassung seiner Geschichte der Philosophie. Die einzige Forderung, die er der Historiographie stellt, besteht darin, dass der Geschichtsschreiber seine Aufmerksamkeit darauf lenken muss, den inneren Zusammenhang der Geschichte aufzudecken und durch den Verlauf der verschiedenen Philosophien den entwicklungsmäßigen Fortgang derselben hervortreten zu lassen. Die Geschichte der Philosophie muss durch das zeitliche Darlegen der geschichtlichen Episoden die

---

88 GdPh III: 468.

bewegende „innere Dialektik der Gestaltungen“[89], nämlich den inneren Zusammenhang und jede besondere Bestimmung bzw. Prinzip, das in jedem Philosophen vorkommt, zum Vorschein kommen lassen.

Von dieser Forderung ausgehend greift Hegel diejenigen Historiographien der Geschichte der Philosophie an, die bei der Form der bloßen zufälligen Äußerlichkeit stehen bleiben und die Geschichte der Philosophie als ein rhapsodisches Niederschreiben von Begebenheiten verstehen. Er tadelt solche Geschichtsschreiber, wie z.B. Brucker, eben darum, weil dieser die Philosophie als einen bloßen Corpus von Erzählungen alter Philosophen darstellt.[90] Hegel nennt als wichtige Aufgabe der Geschichtsschreibung der Philosophie, das Wahre und Spekulative dieser Philosophien zu Tage zu fördern, nämlich diejenigen Konsequenzen ihrer Prinzipien aufzudecken, die die Philosophen selber von dem beschränkten Blickwinkel ihrer Epoche nicht einzusehen und zum Ausdruck zu bringen vermochten. Die Historiographie muss den *Horizont* jeder Philosophie nachzeichnen, um sie so an ihre nächste und somit an das Ganze ihrer Geschichtlichkeit anzuknüpfen. Die je folgenden Philosophien haben sich auf der Basis der Widerlegung der vorherigen gebildet und diese innere Beziehung soll klar in der geschichtlichen Erzählung skizziert werden. Die Geschichte der Philosophie muss die *Prinzipien* in ihrer historischen Gestaltung aufweisen und rein ans Licht bringen. Man muss „die logischen Prinzipien herausheben [...] und eins im andern [nämlich die Logik in der Geschichte der Philosophie und umgekehrt – *JK*] erkennen können“.[91]

Dieser Weg bleibt jedoch durchaus unvollendet und die Forderung Hegels wird eigentlich nie erfüllt. Obwohl seine Vorlesungen den inneren Zusammenhang und den fortschreitenden Übergang vom System zum System darzustellen versuchen, scheitern sie jedoch darin, das besondere Prinzip einer jeden Philosophie rein wiederzugeben und mit einer logischen Bestimmung zu verbinden. Die Geschichte der Philosophie, verfasst in der historiographischen Form der *Vorlesungen*, vermag nicht den historischen Verlauf als eine Veranschaulichung der Ableitung der logischen Kategorien zu entwerfen. Die ‚Hauptstufen‘ der logischen Idee sind kaum in dieser Historiographie aufzufinden oder bleiben zumindest nach wie vor unter dem ‚Schein der Zufälligkeit‘ verhüllt.[92] Dies bedeutet auf der anderen Seite, dass ebensowenig von ‚Hauptstufen‘ des Geschichtlichen,

89 GdPh I: 56; vgl. GdPh III: 477-8.

90 Enz I: 22-3; GdPh I: 62-3.

91 Vorlesungen 6: 323.

92 D. Brauer weist zwar darum das programmatische Anliegen Hegels als „grundsätzlich falsch“ zurück (Brauer 1997: 62) und bemerkt bezüglich der Struktur der

wie von irgendeiner ‚Gruppierung' der Geschichte die Rede sein kann. Obwohl Hegel überzeugt ist, dass er dem Publikum eine originale Historiographie liefert, die die Mängel anderer Historiographien seiner Zeit zurücklässt[93] und erst recht die Forderung auf systematische Verbundenheit befriedigt, können seine Vorlesungen gerade diesen Anspruch nicht einlösen; die Parallelität lässt sich nicht durch die Vorlesungen beweisen. Der Weg von den Individuen hin zu den Bestimmungen der logischen Idee scheint Hegel nicht gelungen zu sein.

Die Frage wäre nun, ob der umgekehrte Weg *von den logischen Bestimmungen zu den historischen Taten* glücklicher verlaufen könnte. Könnten die Formen des Absoluten als gegeben angenommen (insofern ihre Geltung in der Logik begründet worden ist) und die geschichtlichen Gestalten oder die geschichtlichen Individuen nur *beispielsweise* angeführt werden? Wäre ein solches Projekt prinzipiell zu verwirklichen? Und ferner, nimmt sich Hegel in seinem Werk ein solches Unternehmen vor oder sind die verschiedenen Umwege der Literatur bloße ad hoc konzipierte Erdichtungen, um das Hegelsche Postulat zu retten (obwohl sie auf jeden Fall legitime Interpretationsversuche sind)?

Es scheint plausibel, dass Hegel an eine spekulative Geschichte der Philosophie denkt, die sich in sehr groben und allgemeinen ‚Idealtypen' bzw. ‚Mustern' organisiert, welche womöglich auf eine historische Darstellung der Hauptstufen der logischen Idee hindeuten. Die seltsamen und viel diskutierten enzyklopädischen „Drei Stellungen des Gedankens zur Objektivität" lassen sich als Versuche Hegels erkennen, eine alternative *Geschichte der Philosophie* zu skizzieren.[94] Die ‚Stellungen' repräsentieren gewiss keine anspruchsvolle Geschichte der Philosophie – sie machen lediglich eine grobe Skizze, einen Entwurf und nichts mehr aus. Die Frage ist daher nicht, ob Hegel seine systematische Forderung dadurch tatsächlich befriedigt, sondern ob die enzyklopädischen ‚Stellungen' die Möglichkeit einer nach ‚Mustern' und ‚Idealtypen' artikulierte Geschichte der Philosophie

---

Vorlesungen über die Geschichte der Philosophie, dass sie das „am wenigsten systematische Werk" Hegels bilden (ebenda: 60).

93 Darüber s. auch Lucas 1997: 21: „Neben [den] Jenaer Aufzeichnungen benutzt Hegel in seiner Heidelberger und Berliner Zeit bei der Abfassung seiner Vorlesungsmanuskripte über die Geschichte der Philosophie nachweislich mehrere Philosophiegeschichten. Wahrscheinlich ist er gerade darum überzeugt, dass er seine eigene *philosophische* Erfassung der Geschichte der Philosophie von möglichen anderen Weisen der Philosophiegeschichtsschreibung abzugrenzen habe, indem er ein historisches Gesamtkonzept ausbildet, dass zugleich auf das Ganze seines Systems, insbesondere auf die systembegründende *Logik* bezogen ist."

94 Kozatsas 2009.

andeuten, die so im engsten Verbund mit den logischen Kategorien steht. Insofern es dabei auch um den *Empirismus* geht, ist das Verständnis des Charakters der ‚Stellungen' für die Methodologie der Forschung über die Hegelsche Kritik am Empirismus von Belang. Die Erkenntnis der ‚Stellungen' als philosophiegeschichtliche Rede bietet einen wichtigen Faden, damit man darauf antworten kann, ob eine Kritik *des* Empirismus als *einer* Denkform systematisch möglich oder vielmehr legitim sein kann, ob der Empirismus als *eine* besondere Philosophie behandelt werden darf oder ob man sich ausschließlich mit den verschiedenen *Empirismen* und *Empiristen* befassen sollte. Insofern aufgezeigt werden kann, dass die enzyklopädischen ‚Stellungen', worin der Empirismus als Kollektivname für eine von unterschiedlichen Philosophen dargestellte Wendung der neueren Philosophie vorkommt, als eine kurze Geschichte der Philosophie angenommen werden dürfen, sollte dann auch die Rolle des Empirismus unter derselben allgemeinen Gestalt untersucht werden.

Im Vorbegriff der enzyklopädischen Logik und gleich vor den ‚Drei Stellungen' erklärt Hegel den Sinn der darauf folgenden Passagen (nämlich der ‚Stellungen') und bemerkt, dass er eine grobe Einteilung der *Geschichte* des Denkens als eine anstelle der *Phänomenologie des Geistes* alternative Einleitung in die Logik darbieten möchte. Hinsichtlich des Charakters der drei Stellungen bemerkt Hegel: „Die hier vorzunehmende Betrachtung hat noch mehr das Unbequeme, nur historisch und räsonierend sich verhalten zu können; sie soll aber vornehmlich zu der Einsicht mitwirken, daß die Fragen, die man in der Vorstellung über die Natur des *Erkennens*, über *Glauben* und so ferner vor sich hat und für ganz *konkret* hält, sich in der Tat auf *einfache* Gedankenbestimmungen zurückführen, die aber erst in der Logik ihre wahrhafte Erledigung erhalten".[95] Hegel wendet so die drei Hauptmomente der Logik, die Momente von Unmittelbarkeit, Reflexion und spekulativer Identität, nämlich die Momente des Seins, des Wesens und des Begriffs, auf das geschichtliche Material an.[96] Insofern es keinen Teil des System gibt, der dem System selbst als seine Einleitung vorausgeschickt werden dürfte, vermag dann nur eine bloß historische Skizze als eine solche Art Einleitung zu dienen, ohne die Systematik des Werks zu

95 Enz I: 92.

96 In der Tat sind diese „Hauptmomente" der Logik die einzigen, die man letztendlich bis hier erkennen kann. Inwiefern die in den *Vorlesungen* erwähnten „Hauptmomente" der Geschichte und des Logischen allein jene allgemeinsten Stufen der logischen Ideen sein können, oder eine weitere Teilung derselben, die sich auf die Geschichte bezöge, möglich ist, kann man, wie schon gesagt, kaum entscheiden.

durchbrechen. Das einzige, worauf sie abzielt, ist es, den Leser mit der dialektisch artikulierten Bewegung des Begriffs *vertraut* zu machen, ohne ihn auf die Thematik selbst, d.h. auf die reinen logischen Kategorien räsonieren zu lassen. Die logischen Momente und der jetzige Standpunkt des Philosophierens werden durch ein bloßes historisches Faktum veranschaulicht. Die drei Stellungen des Gedankens zur Objektivität umfassen entsprechend die Metaphysik, den Empirismus (zusammen mit dem Kantischen Kritizismus) und die Jacobische Glaubenslehre vom unmittelbaren Wissen.

Sie erscheinen in getrennter Form erstmals in der Enzyklopädie-Ausgabe von 1827;[97] mit kleinen Veränderungen werden sie auch in der Ausgabe von 1830 beibehalten. Hegel verfolgt dieselbe Struktur auch in seinen Berliner Vorlesungen über die Logik von 1831.[98] In der Enzyklopädie von 1817,[99] sowie in der Nachschrift der Heidelberger Vorlesungen über Logik und Metaphysik (1817)[100] findet sich nur eine allgemeine Erwähnung von zwei Hauptwendungen des Denkens in der Geschichte, worunter man einerseits die „vormalige Metaphysik" und andererseits den Empirismus und die Kantische Philosophie verstehen muss, aber die Sache hat für Hegel noch nicht die konkrete Form von ‚Stellungen' genommen.[101] Außerdem gibt Hegel keine dritte Wendung des Denkens an, die die Rückkehr von der Spaltung der Reflexion in die spekulative Philosophie eröffnen würde.

Die Struktur der Stellungen unterscheidet sich stark von der, die in den *Vorlesungen über die Geschichte der Philosophie* anzutreffen ist. Die drei Hauptmomente der Logik (Unmittelbarkeit, Reflexion, Identität) bleiben in Hegels *Vorlesungen* hinter dem Vorhang des Geschichtlichen verborgen

97 GW 19: 51-91.

98 Vorlesungen 10: 24-84.

99 GW 13: 23-35.

100 Vorlesungen 11: 24-63.

101 Man sollte jedoch bemerken, dass eine ähnliche Periodisierung der Geschichte der Philosophie sich auch in der Einleitung der *Logik* von 1812 finden lässt (Logik I: 38-41), wo Hegel zwischen der „älteren Metaphysik" und den zwei Wendungen des der Philosophie bemächtigten *„reflektierenden* Verstandes" unterscheidet, zu denen einerseits der *„gemeine Menschenverstand*", der „seine Ansicht geltend [macht], dass die Wahrheit auf sinnlicher Realität beruhe, dass die Gedanken *nur* Gedanken seien, in dem Sinne, dass erst die sinnliche Wahrnehmung ihnen Gehalt und Realität gebe, dass die Vernunft, insofern sie an und für sich bleibe, nur Hirngespinste erzeuge" (ebenda: 38), und andererseits „konsequenter durchgeführte transzendentale Idealismus" Kants, der „die Nichtigkeit des von der kritischen Philosophie noch übriggelassenen Gespensts des *Dings-an-sich*" zu zerstören versucht hat (ebenda: 39-41), gehört.

und die dreiteilige Periodisierung der Philosophie in antike, mittelalterliche und moderne wird nie mit diesen allgemeinsten Stufen der logischen Idee explizit verbunden. Die historischen Phasen der Geschichte der Philosophie haben in der Tat wenig mit den Momenten der Logik zu tun. In den ‚Stellungen' will Hegel aber explizit, den allgemeinen Verlauf der Philosophie in ihrer Geschichte den Hauptbestimmungen der Logik gleichsetzen. Die einleitende ‚historische' Betrachtung, die die Stellungen anbieten, will vornehmlich der logischen Form treu bleiben. Sie zielt in erster Linie nicht auf eine Exposition des Geschichtlichen, sondern des Logischen. Die Geschichte wird so die Veranschaulichung der logischen Idee und insofern geht es dabei um eine strenge innere Differenzierung der Geschichte der Philosophie nach den logischen Hauptstufen. H.-C. Lucas, der diese mehr oder weniger enge Beziehung der ‚Stellungen' zur Logik akzeptiert, bemerkt darüber: „In gewisser Weise läßt sich in dieser Stellung [der Metaphysik – *JK*] des Gedankens die erste Form des Logischen, das Verständige wiedererkennen. Ob man diese Parallelisierung auch auf die anderen Stellungen und Formen des Logischen ausdehnen darf, muß freilich dahingestellt bleiben, obwohl dies mit Hegels grundsätzlicher Einschätzung der Geschichte der Philosophie konform ginge"[102].

Lassen sich die ‚Stellungen' aber tatsächlich auf die ganze Geschichte der Philosophie beziehen? In der Literatur sind bezüglich der Frage nach deren Rolle und Zweck Ansätze zu finden, die eine direkte Beziehung der ‚Stellungen' auf die gesamte Geschichte der Philosophie ablehnen. C. Iber schlägt z.B. eine alternative Lesart vor, nach der die drei Stellungen erst als eine Skizze der Philosophiegeschichte der *Neuzeit* angenommen werden sollen. Er hält fest, dass sie eine „Theorie der neuzeitlichen Philosophiegeschichte"[103] vorstellen, wohingegen dieselben „Grundformen des Philosophierens auch in modifizierter Gestalt für die antike, die hellenistisch-römische und die mittelalterische Epoche der Philosophiegeschichte gelten"[104] können. Er leugnet also nicht, dass dieser Teil des enzyklopädischen Vorbegriffs sich auf eine logisch-konforme Periodisierung der Geschichte der Philosophie bezieht, nimmt aber doch an, dass sie nur die neuere Philosophie angehen und insofern paradigmatischerweise die dialektische Struktur des Fortgangs der

102 Lucas 2004: 65.

103 Iber 1998: 248.

104 Iber 1998: 248; diese Auffassung Ibers bildet sich jedoch auf der Basis seiner eigentümlichen Interpretation der Hegelschen Forderung der Parallelität zwischen Geschichte und System. Iber behauptet einfach, dass jegliche Parallelität nur die „dialektische Struktur" zwischen Geschichte und System betrifft, wobei die Frage gar nicht den Inhalt selbst angeht.

Philosophie in ihrer Geschichte darstellen, können sie als Musterbeispiele auch die anderen Perioden der Philosophie ausdrücken.[105] Gegen diese These Ibers sprechen jedoch verschieden Passagen aus Hegels Schriften. Insofern für die zweite und dritte Stellung der Bezug auf historische Gestalten der Neuzeit deutlich gegeben ist, bleibt noch zu zeigen übrig, dass Hegel als ‚erste Stellung des Gedankens' die ganze ‚vorkantische Philosophie' umfasst.

Hegel führt bei der Darstellung der Metaphysik verschiedene philosophische Beispiele an, die sich tatsächlich auf die ganze vorkantische Geschichte der Philosophie erstrecken. Besonders in seinen *Vorlesungen über Logik und Metaphysik* von 1817, sowie in den *Vorlesungen über die Logik* von 1831 findet man Erwähnungen zu ‚Platon',[106] ‚Aristoteles',[107] dem ‚Stoizismus',[108] den ‚Scholastikern',[109] ‚Cartesius',[110] ‚Wolff',[111] ‚Mendelson',[112] usw., die als beliebige Vertreter des metaphysischen Denkens, der Epoche der Metaphysik gelten dürfen. Darüber hinaus macht die Diskussion der zwei Hauptformen, die in der Geschichte der Metaphysik auftreten, nämlich Dogmatismus und Skeptizismus, was hier direkt auf die nachplatonische Philosophie und die Debatten der hellenistischen Zeit hinweist, einen zentralen Punkt des Themas aus. Die Metaphysik als eine Stellung des Denkens zur Objektivität, erlaubt entweder ein konsistentes systematisches Verständnis oder nicht, scheint aber eher die ganze Periode der vorkantischen Philosophie zu umfassen und stellt somit mit Hegels

---

105 Eine ähnliche Lesart der ersten Stellung findet sich auch bei Rosenkranz 1972: 406, der annimmt, dass die erste Stellung sich allein mit der Wollfschen Metaphysik auseinandersetzt. Rosenkranz's Charakterisierung der Stellungen als einer „zum Teil historisch […] gehaltenen Einleitung" zeigt, dass eine deutliche Explikation ihrer Rolle sowie ihrer Beziehung auf die Geschichte der Philosophie auch für ihn problematisch bleibt.

106 Vorlesungen 10: 27.

107 Vorlesungen 11: 25, 28; Vorlesungen 10: 25.

108 Vorlesungen 10: 31.

109 Vorlesungen 11: 35.

110 Vorlesungen 11: 33; Vorlesungen 10: 81; Enz I: 165. Dabei ist merkwürdig eine eher unzutreffende Auslegung Rosenkranz', der annimmt, dass die Cartesische Philosophie in die dritte Stellung einzubeziehen ist (Rosenkranz 1972: 406). Seine Auslegung ist aber insofern unberechtigt als Hegel im §76 der Enzyklopädie ausdrücklich die Cartesische und die Jacobische Philosophie nebeneinander stellt, so dass die erste der „unbefangenen Metaphysik" entspricht, wohingegen die zweite zu „jenem Anfang, den diese Metaphysik in der neueren Zeit als *Cartesische* Philosophie genommen hat, zurückgekehrt ist" (Enz I: 165).

111 Vorlesungen 10: 25.

112 Vorlesungen 10: 32.

Worten allein „die Weise der alten Philosophen“[113] dar. Sie ist das „unbefangene Verfahren“, das kein „Bewußtsein des Gegensatzes des Denkens in und gegen sich“ hat.[114] Und ‚unbefangen‘ ist für Hegel zunächst das Denken der Antike. Selbst die mittelalterliche Philosophie bringt nichts Neues hervor. Das Mittelalter hat „keine eigentümliche Philosophie entwickelt“, sondern nur „Mumien unter das Lebendige gebracht“.[115]

Die Metaphysik der *Enzyklopädie* stellt nun den Grenzfall des metaphysischen Denkens dar. Hegel bemerkt, dass man in einer Einleitung nicht die *ganze* Metaphysik darstellen, sondern nur das *Ende*, die *letzte* Form derselben vorführen kann, womit schließlich die Gegensätze derselben vollständig aufgestellt würden. Hegel schreibt: „Hier in der Einleitung kann es nur das Interesse sein, diese Stellung des Denkens nach seiner Grenze zu betrachten und daher das letztere *Philosophieren* zunächst vorzunehmen. – Dieses in seiner bestimmtesten und uns am nächsten liegenden Ausbildung war die *vormalige Metaphysik*, wie sie vor der Kantischen Philosophie bei uns beschaffen war.“[116] Ansonsten ist eine sichere Antwort auf die Frage, ob Hegel mit ‚Metaphysik‘ in den ‚Stellungen‘ die ganze antike Philosophie und Metaphysik oder nur die neuere metaphysische Wendung der Philosophie meint, nicht zu geben. Das ‚unbefangene Denken‘ und der *Glaube*, dass durch bloßes *Nachdenken* das Bewusstsein die Wahrheit der Objekte unmittelbar erkennen kann, ist für Hegel ein deutliches Merkmal des antiken Denkens. Ob Hegel unter derselben Denkweise alle metaphysischen Wendungen in der Philosophie, von der Antike zum Mittelalter und der Philosophie Descartes', Leibniz', Wolffs usw. subsumiert ist schwer endgültig zu sagen, obwohl es gewisse Indizien dafür gibt.

Eine zweite, noch radikalere Lesart will jedoch jede Beziehung der Stellungen auf die Geschichte der Philosophie überhaupt negieren. Der Arti-

113 Vorlesungen 10: 23. Der Ausdruck Hegels „die alten Philosophen“ sowie „die alten Philosophien“ ist keine beiläufige Redeweise, sondern, wie man leicht bemerken kann, eine typische Formulierung Hegels, die in verschiedenen Schriften anzutreffen ist und sich immer auf die Antike bezieht (s. beispielsweise GdPh III: 512 ff.). In einem mündlichen Zusatz der Enzyklopädie (Enz I: 98 Z.) und insbesondere in der Heidelberger und Berliner Niederschrift der Einleitung in die *Vorlesungen über die Geschichte der Philosophie* verwendet Hegel sehr häufig diese Formulierung, wenn er von der Antike spricht. Soweit ich nichts übersehen habe, findet sich dieser Ausdruck nirgends als Bezeichnung der neueren Philosophie (noch der ‚Metaphysik‘, z.B. der *Vorlesungen über die Geschichte der Philosophie*).

114 Enz I: 93.

115 GdPh III: 517.

116 Enz I: 93.

kel von E.-O. Onnasch bewegt sich in eben eine solche Richtung und behauptet ausdrücklich, dass die Hegelschen ‚Stellungen' keinen systemkonformen geschichtlichen Prozess elaborieren wollen, sondern „vielmehr eine *paradigmatische* Entwicklung des Gedankens zum Standpunkt der spekulativen Philosophie dar[stellen]"[117]. Er leugnet ferner nicht nur, dass die Stellung der Metaphysik einen geschichtlichen Bezug aufweist, indem er anmerkt, dass „Hegel hier keine konkrete historische Philosophie im Auge hat"[118], sondern er versucht auch die ‚drei Stellungen' als ein unsystematisches Nebeneinanderstehen von Denkformen zu charakterisieren, zwischen denen kein dialektischer Prozess stattfindet. Weiter heißt es, „es dürfte [...] vergeblich sein in den einzelnen Stellungen einen dialektischen Fortschritt erkennen zu wollen, wobei in der dritten Stellung als drittem Element der Trias von einer Aufhebung der eheren Stellungen die Rede sein könnte"[119]. Was den expliziten geschichtlichen Bezug sowohl der Metaphysik, als auch aller Stellungen insgesamt anbelangt, ist schon bemerkt worden. Der Mangel der vorliegenden Lesart Onnasches besteht ohnehin vor allem in den Missverständnissen und Fehlinterpretationen des Hegelschen Textes. Einerseits wird dabei die feste Auffassung Hegels ignoriert, nach der die Anspielung auf die Geschichte der Philosophie gar nicht als bloß *paradigmatisch* angenommen werden kann, weil die Geschichte nie als beliebiges Beispiel dienen kann, denn sie hat *in sich* die Struktur der Vernunft, die Struktur der Logik, des Systems. Die Geschichte der Philosophie, insofern sie vorgeführt wird, kann nie willkürlich gebraucht werden – die logische Bestimmtheit liegt in ihrem Inneren. Andererseits ist die Feststellung des Verfassers kaum anfechtbar, dass die drei Stellungen keinen dialektischen Fortgang aufweisen. Onnasch behauptet, dass die dritte Stellung „auf den Standpunkt der Metaphysik zurückkehrt"[120] und sich insofern nicht von der ersten unterscheidet, sondern „beide metaphysischen Standpunkte [...] als Standpunkte der Unmittelbarkeit angenommen werden"[121] sollen. Den Sinn des dialektischen Rückgangs und den *qualitativen* Unterschied zwischen der ersten und der zweiten ‚Unmittelbarkeit', nämlich in der Tat zwischen dem Standpunkt der Unmittelbarkeit als des ‚unbefangenen Wissens' und dem der Identität, der gesetzten Unmittelbarkeit, die den Unterschied aufgehoben hat, hebt Hegel selbst deutlich heraus. Er bemerkt explizit, dass dies dritte Moment „die Ruck-

117 Onnasch 1995: 119.
118 Onnasch 1995: 120.
119 Onnasch 1995: 120.
120 Onnasch 1995: 120.
121 Onnasch 1995: 121.

kehr zum ersten" ist, „aber mit dem Bewußtsein, daß das Denken überhaupt oder [das] Subjekt allerdings unmittelbar mit dem Gegenstande verknüpft sei, [daß] das Subjekt nicht sei ohne das Wissen des Gegenstandes"[122], sie ist „Rückkehr zur ersten, auch *unmittelbares Wissen*, aber nicht mehr unbefangen"[123], ist die Überwindung der „Kluft zwischen Objekt und Denken"[124] und damit die Wiedervereinigung beider. Dies bedeutet nicht, dass der Jacobische Standpunkt die wahrhafte Identität vom Denken und Sein erreicht hat, aber was Hegel dabei anmerkt, ist das Betreten einer neuen Epoche des Geistes, worin das Prinzip der Philosophie die absolute Identität ist, und sein eigenes System zur Vollendung dieses Prinzips leistet.[125] Der für die ganze Philosophie Hegels so zentrale Begriff der dialektischen ‚Rückkehr' reicht von selbst, damit man den Sinn der drei Stellungen und noch konkreter die Beziehung des dritten zum ersten als eine *Rückkehr* durch Aufhebung des Standpunkts der empiristisch-kantischen Reflexion begreifen kann.

Hegels ‚Stellungen' bleiben ein deutlicher Umriss der Geschichte der Philosophie, obwohl sie sie gar nicht in ihrer reichen Mannigfaltigkeit darzustellen vermögen. Der empirische Inhalt der Geschichte der Philosophie tritt lediglich extrem dürftig hervor. Alte und neuere Philosophie kommt in ihrem Rahmen kaum zum Ausdruck und von den logischen Bestimmungen oder zumindest ihren ‚Hauptmomenten', von denen Hegel in seinen Vorlesungen spricht, bleiben nur die allgemeinsten Stufen von Unmittelbarkeit, Reflexion und Identität übrig. Die Dichte der Zusammenfassung der Geschichte in den ‚Stellungen' scheint außerstande, jene versprochenen ‚Hauptstufen' von Geschichte und Logik zu bestimmen. Insofern bieten die ‚Stellungen' den *Vorlesungen* gegenüber keinen richtig

122 Vorlesungen 10: 23.

123 Vorlesungen 10: 70.

124 Vorlesungen 10: 83.

125 Hegels Annahme, dass die Jacobischen Philosophie in die dritte Stellung einzubeziehen sei, ist gewiss besonders problematisch, insofern der Vorbegriff der enzyklopädischen Logik die einzige Stelle ist, an der sich Hegel zu einer Identifizierung Jacobis mit dem Hineinkommen in das Spekulative äußert. Auffallend ist dabei eine solche Einschätzung der Jacobischen Philosophie, insofern sie bisher und seit der *Differenzschrift* als eine „Form" der Reflexionsphilosophie vorgestellt worden war. Jedenfalls ist die Identifizierung des Jacobischen Gesichtspunkts mit der Metaphysik völlig unberechtigt, was sowohl die Stellungen als auch das übrige Werk Hegels betrifft. Zum Problem der Identifizierung der dritten Stellung mir dem Spekulativen s. auch Lucas 2004: 65-6; vgl. auch Westphal 1989a: 135-156.

alternativen Versuch an. Was sie allerdings leisten können, ist eine explizite, jedoch ganz allgemeine, Bezugnahme einiger geschichtlicher Formen auf die Logik. Die zwei *Darstellungsweisen* der Geschichte der Philosophie zeigen sich ebenso als zu schwach, um das programmatische Anliegen Hegels zu erfüllen. Entweder fällt die Systematik der Logik explizit aus, wie es der Fall bei den *Vorlesungen* ist, oder das Konkrete und der Reichtum des Geschichtlichen muss – wenn Hegel verschiedene Philosophie unter derselben begrifflichen Bestimmung zu fasen versucht (wie am krassesten das Beispiel der ‚Metaphysik' der ersten Stellung zeigt) – zurücktreten. Entweder man bewegt sich von der Geschichte zu den logischen Bestimmungen oder andersherum vom Begriff zu den historischen Tatsachen lässt sich Hegels Forderung in keiner Weise befriedigen. So bleibt Hegel weit davon entfernt, die *philosophische* Geschichte der Philosophie in ihrer Systematik und Vollständigkeit darzustellen und zeigt sich so „außerstande, dieses Programm konkret und überzeugend einzulösen"[126]. Die zwei Darstellungsweisen der Geschichte scheitern gegenseitig daran, die postulierte Identität von Geschichte und System zu entwickeln. Die erhabene Vorstellung einer fortschreitenden Geschichte der Philosophie, die in sich vernünftig ist und ihre reine Vergegenständlichung in der Logik finden kann, kann freilich keinesfalls als ein schiefes idealistisches Vorurteil abgetan werden, aber es zeigt sich doch ein noch lückenhaftes Bild.

I.5. Die geschichtsphilosophische Auffassung Hegels im Hinblick auf die Frage der Kritik am Empirismus

Die drei Stellungen des Gedankens zur Objektivität sind ein wesentliches Fundament der Frage nach der Artikulation und Rolle des kritischen Ansatzes Hegels zum Empirismus. Sie sind hauptsächlich aus drei Gründen zu beachten und zwar: I. Sie gehören der spätesten und vollständigsten Bearbeitung des Hegelschen Systems an und insofern kommt ihnen ein spezielles Gewicht gegen frühere Ansätze Hegels zum Thema zu. II. Sie sind die konkreteste Darstellung des philosophiegeschichtlichen Ideals Hegels, der einzige explizite Versuch einer Anwendung der logischen Formen auf das geschichtliche Material. Für die Frage des Empirismus sind sie von großer Bedeutung, indem sie die einzige Stelle im Hegelschen System darstellen, wo sich die geschichtliche Form des Empirismus logisch einge-

126 Pöggeler 1989: 103.

stuft findet. III. Sie haben zudem eine herausragende leitende Rolle für die Forschung, indem sie den Empirismus hinter und neben seinen mannigfachen geschichtlichen Verkörperungen als eine *allgemeine Denkform*, als ein philosophisches *Muster* behandeln. Insofern der Empirismus als eine allgemeine philosophische Stellung unter einem einheitlichen Prinzip behandelt werden kann, muss diese seine Einheit gesucht und aufbewahrt werden, trotz der unumgänglichen Beschäftigung mit seinen konkreten historischen Vertretern.

Der anspruchsvolle Gedanke Hegels bezüglich der *historischen Entwicklung* des Wissens bzw. der Wahrheit, über die *systematische Entwicklung* der Philosophie in der Geschichte macht den wesentlichen Grund für die Forderung aus, dass die Kritik am Empirismus als *systematisch* verortet untersucht werden muss. Die Kritik einer Form der Philosophie kann bei Hegel als kein gelegentliches Kritisieren desselben betrachtet werden. Die Frage nach der Hegelschen Kritik am Empirismus muss daher systematisch und zugleich philosophiegeschichtlich untersucht werden. Wie C. Asmuth bemerkt, „wertet Hegel die überwundenen Positionen als substantielle Beiträge für die Entwicklung der Philosophie. Empirismus und Transzendentalphilosophie werden daher nicht nur abgelehnt, sondern zugleich als zwar unvollkommene, aber dennoch wahrheitsfähige Teilprojekte der Philosophie anerkannt".[127] Hegels Programm besteht „in einer Überwindung durch Vollendung".[128] Möchte man jedoch das Hegelsche Postulat ernst nehmen, dann sollte man die Frage eher folgendermaßen stellen: Ist es überhaupt möglich zu bestimmen, welche logische Bestimmung, welche *Kategorie* der Logik dem Empirismus insbesondere zukommt, welche *logische Bestimmung* der Empirismus zum *Prinzip* macht? Aufgrund der oben angesprochenen Schwierigkeiten und Lücken der Hegelschen These wäre eine solche Fragestellung nicht nur trivial, sondern auch fatal für die Forschung. Das Problem des Zusammenfallens von Geschichte und Logik muss daher stets im Zentrum der Problematik bleiben. Man darf es nicht beiseite lassen, aber die Art und Weise der Durchführung der Forschung im Licht dieser Idee muss weiter bestimmt werden.

Der Empirismus und seine vielfältigen Transformationen beschäftigen Hegel lebenslang – von seinen frühen Jenaer Schriften bis zur letzten Berliner Vorlesung über die Logik. Seine Präsenz soll daher durch das Prisma des gesamten Systems (nicht nur der Logik) beleuchtet werden. Der Empirismus ist eine zentrale Denkfigur aller philosophischen Debatten des späten 18. und frühen 19. Jahrhunderts, worin auch das Denken Hegels

---

127 Asmuth 2010: 144.
128 Asmuth 2010: 145.

sich entwickelt;[129] auf diese Figur trifft Hegel in seiner Bildung bereits sehr früh, so dass er sich damit schon seit den Jahren seines Studiums befasst.[130] Die Frage des Empirismus drängt sich für Hegel als ein dringendes Problem auf, insofern er eine Grunddenkform des Zeitalters des Übergangs von der Epoche der Scheidung und der Reflexion in die Epoche des absoluten Geistes und des spekulativen Denkens ausmacht. Die Tragweite einer kritischen Auseinandersetzung mit dem Empirismus wegen dessen aktueller Präsenz in den philosophischen Debatten hebt Hegel selbst deutlich hervor. Wie er bemerkt, ist die Philosophie von Locke „im ganzen noch die Philosophie der Engländer und der Franzosen und auch in einem gewissen Sinne der Deutschen gewesen“[131].

Eine Analyse der ständigen Beziehung Hegels zum Empirismus könnte womöglich dessen besondere systematische Rolle konkreter aufdecken, auch wenn die Hegelschen Parallelitätsthese nicht im wörtlichen Sinn in all ihren *Einzelheiten* haltbar zu sein scheint. Die Frage, ob man den Empirismus letztlich ausschließlich mit *einer* besonderen logischen Bestimmung verbinden kann, sollte zumindest bis zum Ende dieser Arbeit dahingestellt bleiben.

129 Vieweg 1999.
130 Vgl. Vieweg 1999: bes. 42-49.
131 Vorlesungen 9: 117.

II. Der Standpunkt des Empirismus

II.1. Die Musterform des Empirismus und die Empirismen

Die methodologische Entscheidung, den Empirismus als einen Denktypus bzw. Muster anzunehmen, bedeutet nicht, dass die Rede bloß von allgemeinen Charakteristika einer allgemeinen Gestalt des Geistes ist. Im Gegenteil dazu macht die Frage nach dem Verhältnis eines solchen allgemeinen Hegelschen Inbegriffs des Empirismus zu seinen vielfältigen geschichtlichen Fällen ein wichtiges Problem aus, das sicherlich nicht übersehen werden darf. *Empirismus* und *Empiristen* treten als zwei Seiten derselben Frage auf; die Empiristen oder die Empirismen sind keine bloßen Explikationsbeispiele der allgemeinen Form. Sie machen hingegen die wirkliche Ausbreitung, die wirklichen Modifikationen des Begriffs des Empirismus, die wirkliche Entfaltung seines Prinzips in der Geschichte seiner Existenz, d.h. in der Geschichte der Philosophie selbst aus. Wie im Folgenden gezeigt wird, bezeichnet der Terminus des Empirismus einen breiten und reichen Begriff dessen Verwirklichung nicht von einem einzigen System aus gedacht werden kann. Die Suche nun nach den *Empirismen* ist nicht einfach ein Erläuterungsmittel, sondern der Weg der konkreten Analyse des allgemeinen Begriffs *des* Empirismus als Moments der Entwicklung des Geistes. Die geschichtlichen Fakta des Empirismus sind die wirklichen Beispiele eines Moments der Konkretion des Geistes, das sich als solches trotz der Äußerlichkeit aufbewahrt. Der *methodologische Vorrang* eines Muster-Empirismus weist allein auf jenes Prisma hin, durch welches die geschichtliche Mannigfaltigkeit betrachtet und in die Diskussion eingeführt werden kann. Insofern die Erfüllung des Programms der Entsprechung von Geschichte und Logik durch Verallgemeinerungen und Gruppierungen des geschichtlichen Materials und der logischen Bestimmungen zu verwirklichen ist, muss die Muster-Gestalt des Empirismus ständig den Vorrang haben. Dies ist aber lediglich die leitende Idee, die nicht zur Unterschätzung der konkreten geschichtlichen Fälle führen darf.

Die besonderen Probleme, die mit der Frage der Beziehung der *Empiristen* auf den *Empirismus*, sowie ihrer Beziehung aufeinander zu tun haben, können noch nicht in ihrer Vollständigkeit dargelegt werden. Im Laufe dieser Arbeit werden sie bei jedem Schritt bestimmter gesetzt und eingehender diskutiert werden. Im Folgenden soll zuerst nur eine ganz kurze und bloß literarische Darstellung der unterschiedlichen *Empiristen* bzw. *Empirismen* vorweggeschickt werden, die Hegel unter den Begriff des Empirismus subsumiert.

II.1.1. Jenaer Schriften

Das Wort „Empirismus“ kommt zum ersten Mal in den überlieferten Aufzeichnungen Hegels von 1793/94 vor, die nachträglich den Herausgebertitel „Fragmente über Volksreligion und Christentum“ bekommen haben. Dort stellt Hegel: „[z]ur Aufstellung von Grundsätzen taugt der Empirismus nicht“.[1] Grundsätze, die, um solche zu sein, wahrhaft und notwendig sein müssen, können ja nicht bloß durch den unsicheren, induktiven Weg des Empirismus gebildet werden. In der Hegelschen Einleitung zum ersten Heft des *Kritischen Journals der Philosophie* vom Januar 1802 kommt die erste öffentliche Erwähnung des Empirismus an der Stelle vor, an der Hegel die Kantische Philosophie als den „krassesten Empirismus“ rügt.[2] Dem Begriff des Empirismus kommt im Denken Hegels auch danach nur langsam die diskrete Rolle eines Schlüsselbegriffs der neueren Philosophie zu. Von der *Differenz-Schrift* bis zu *Glauben und Wissen* wird Hegel diesen Kantischen Terminus,[3] ‚Empirismus‘, weiter formieren und konkretisieren.

In der *Differenz-Schrift* geht es, ganz allgemein gesprochen, um den absoluten Gegensatz von Objektivität und Subjektivität, um das Absolutsetzen eines empirischen Objekts gegen die Subjektivität. Der Kantischen Philosophie wirft Hegel vor, die Objektivität bleibe für sie „ein ungeheures empirisches Reich der Sinnlichkeit und Wahrnehmung, eine absolute Aposteriorität, für welche keine Apriorität als nur eine subjektive Maxime

1 Fragm: 30.

2 WphK: 179. Für eine zusammenfassende Darstellung der Hegelschen Kant-Kritik in den ersten Jenaer Jahren Hegels s. auch Bondeli 2002.

3 Wie Ritter im *Historischen Wörterbuch der Philosophie* erwähnt (Ritter 1971: 477-8), führt „noch die französische <Enzyklopädie> […] in ihrem Artikel <E.> als Bedeutung des Terminus lediglich die ärztliche Praxis auf […]. Als philosophische Richtungsbezeichnung wird <E.> durch Kant gebräuchlich, der „Empiristen“ diejenigen Philosophen nennt, die die „reinen Vernunfterkenntnisse“ aus der Erfahrung ableiten, und der sowohl Aristoteles als auch Locke zu ihnen zählt. So geht der Terminus bereits zu Beginn des 19. Jh. in die philosophischen Wörterbücher und die Philosophiegeschichtsschreibung ein. Für Tennemann und Krug z.B. ist <E.> in diesem Sinne ein geläufiger Terminus.“

der reflektierenden Urteilskraft aufgezeigt ist".[4] Die Kritik Hegels wendet sich gegen die unwahre, bloß subjektive Identität von Subjekt und Objekt, die das Absolutsetzen des Empirischen, des Nicht-Identischen nicht aufzuheben vermag. Er nennt hier jedoch weder die Kantische noch die Fichtesche Philosophie *empiristisch*, wie er es ein Jahr später (im Juli 1802) in *Glauben und Wissen* ausdrücklich machen wird. Hegel verzichtet auch dabei völlig auf den Terminus ‚Empirismus', der sich in *Glauben und Wissen* als zentral erweisen wird. Statt des Begriffs des *Empirismus* verwendet er hier den Begriff des *Realismus*, um die objektivistische und das Empirische absolut setzende Manier in der Philosophie insgesamt zu beschreiben, ohne sich jedoch auf bestimmte Philosophen zu beziehen. Der Gegensatz „von Vernunft und Sinnlichkeit, Intelligenz und Natur [und], für den allgemeinen Begriff, von absoluter Subjektivität und absoluter Objektivität"[5] wird überhaupt als Gegensatz von ‚Realismus' und ‚Idealismus' diskutiert. Der „Materialismus" als der „konsequente Realismus"[6] erinnert unmittelbar an dessen Bezeichnung als ‚konsequenter Empirismus' der sich viel späteren in der *Enzyklopädie* von 1827 findet.[7] Die Verwendung des Begriffs des Realismus zur Bezeichnung des Empirismus kann man auch in *Glauben und Wissen* bemerken, wo Hegel den Ausdruck „Realismus der Endlichkeit" anführt, um den „Empirismus" bzw. „Lockeanismus" zu charakterisieren.[8]

Glauben und Wissen ist in der Tat das erste Werk Hegels, in dem er seine Auseinandersetzung mit dem Empirismus und sein umfangreiches Durchdringen der neueren Philosophie entfaltet. Hier findet man zuerst den Empirismus als eine konkrete Gestalt des Geistes. Den Gegenstand der Kritik Hegels bilden dabei aber nicht unmittelbar die „Ur- und Grundempiriker Hume und Locke"[9], sondern die Philosophien Kants, Jacobis und Fichtes. Der Vorwurf des Empirismus wird dabei gegen alle drei genannten Philosophen gerichtet, insofern sie das Empirische in einer absoluten Weise in ihren Systemen walten lassen. Vor allem aber ist es die Philosophie Jacobis, die Hegel nicht nur als eine solche betrachtet, die empiristische Annahmen beinhaltet, sondern als einen „absoluten Empirismus" oder als ein „merkwürdiges Stück" der Philosophie von Locke und

4 Diff: 10.
5 Diff: 21.
6 Diff: 48-9, 61-2.
7 GW 19: 75.
8 GuW: 297.
9 GuW: 376-7.

Hume bezeichnet.[10] Was aber Hegel in *Glauben und Wissen* vor allem bietet, ist eine erste Beschreibung der *Grundlinien des Empirismus*. Eine geschichtliche Darstellung des Empirismus ist indessen nicht sein Zweck. Was Hegel interessiert, ist nicht, wie schon oben angesprochen, die Frage, welcher Philosoph in der neueren Geschichte der Philosophie ein Empiriker gewesen ist, sondern vielmehr was das genaue Prinzip und die Grundsätze des Empirismus überhaupt sind, die den späteren Formen der Reflexionsphilosophie noch innewohnen.

Die überlieferten Manuskripte der Jenaer Periode, die sogenannten *Jenaer Systementwürfe*, stellen keine *direkte* Beschäftigung Hegels mit dem Empirismus dar. Nur sporadische Anspielungen auf die empiristische Auffassung sind hier zu erwähnen.[11] Und auch in den Jenaer Manuskripten hat die Auseinandersetzung Hegels mit der vorherigen Philosophie eigentlich dieselbe Form, die sie insbesondere in der *Phänomenologie des Geistes* hat, nämlich ein absichtliches Verzichten auf irgendeine explizite Bezugnahme auf das geschichtliche Archiv. Auf jegliche konkrete geschichtliche Erwähnung wird somit verzichtet, um die Strenge der *Systematik* nicht abschwächen zu müssen.

II.1.2. Vorlesungen über die Geschichte der Philosophie

In den *Vorlesungen über die Geschichte der Philosophie* findet sich kein Abschnitt, der als *Empirismus* überschrieben wäre. Allerdings werden viele Empiristen und viele historisch konkrete Formen des neuzeitlichen Empirismus unterschieden, die in den verschiedenen Perioden der Moderne auftreten. Hegel untersucht diese Erscheinungsformen des Empirismus ohne auf die Frage des allgemeinen Schemas, das allen Formen zu Grunde liegt, präzise und ausführlich einzugehen. Und tatsächlich ist der Empirismus in der gesamten Moderne zerstreut, so dass sich seine Form in drei verschiedenen Perioden und Sub-Perioden der neueren Philosophie antreffen lässt. Die Philosophie der Neuzeit beginnt zunächst mit Bacon, dem „Heerführer aller Erfahrungsphilosophie“[12], der sich dabei als der wirkliche Urheber des empiristischen Denkens zeigt. Dass die ‚Erfahrungsphilosophie‘ für Hegel mit dem späteren Empirismus zu identifizieren ist, kann man durch den Hegelschen Text leicht zeigen. Hegel bemerkt, wenn er

10 GuW: 333, 336. Zum Verhältnis Jacobis mit der empiristischen Auffassung s. auch Varnier 2002.

11 S. z.B. JSE II: 50; JSE III: 173.

12 GdPh III: 74.

über Locke spricht, dass dieser „den Gedanken Bacons weiter anführte, und wenn Bacon für die Wahrheit an das sinnliche Sein verwies, so zeigte Locke das Allgemeine, den Gedanken überhaupt in dem sinnlichen Sein auf oder zeigte, daß wir das Allgemeine, das Wahre aus der Erfahrung haben".[13] Auch im Hume-Abschnitt der Vorlesungen bemerkt Hegel: „Er [Hume – *J.K.*] geht aus von dem Locke-Baconischen Standpunkt der Philosophie, Erfahrungsphilosophie".[14] Der ersten Periode, worin Bacon steht, schließt sich die „Periode der Metaphysik" an, die neben den Rationalisten auch den „metaphysizierenden Empirismus"[15] Lockes als eine Hauptform einschließt. Hier findet man auch die systematische Stelle des Empirismus Hobbes'[16] und, was von besonderem Interesse ist, *Newton* als eine basale Figur des Empirismus in England.[17] Über den *wissenschaftlichen Empirismus* – ein Thema, auf das sich auch die *Enzyklopädie* in der ‚zweiten Stellung' bezieht – wird des Weiteren ausführlich diskutiert werden.

Es ist aber tatsächlich erst die „Übergangsperiode", in der es scheint, dass sich die richtige Stelle des Empirismus für Hegel in der Neuzeit befindet. Besonders die Einleitung in die Übergangsperiode bietet eine kurze aber aufschlussreiche Skizze aller Formen des Empirismus. Diese kurze Einleitung spielt eine wichtige Rolle, insofern sie die unterschiedlichen ‚Empirismen' aufzählt und sie erstmal unter denselben Denktypus als *Synonyme* subsumiert. In der Übergangsperiode bespricht Hegel die Reaktion auf die vorherige Metaphysik (wie sie in der Neuzeit besonders von Descartes und den Rationalisten wieder belebt worden ist) und nennt zunächst die Philosophie dieser Periode mit drei folgenden Synonymen: „allgemeine Popularphilosophie", „reflektierende Philosophie" und „Empirismus, der reflektiert".[18] Hegel bemerkt: „Gegen jene Widersprüche [d.h. gegen die Widersprüche der Verstandesmetaphysik – *JK*] sind behauptet worden ein festes Prinzip, feste Grundsätze, die immanent sind dem Geist, der Brust des Menschen; […] diese festen Prinzipien [sind] eine diesseitige Versöhnung".[19] Welche sind nun jene Philosophien, die diesem ‚reflektierenden Empirismus' angehören? Wie man in den Hegelschen *Vorlesungen* lesen kann, gehören dazu nicht nur *Berkeley* und *Hume*, sondern auch die *fran-*

13 GdPh III: 203.
14 GdPh III: 276.
15 GdPh III: 209, 223.
16 GdPh III: 225-9.
17 GdPh III: 233-255.
18 GdPh III: 267.
19 GdPh III: 267.

zösischen Materialisten[20] und die *Schottischen naiven Realisten*, wie Reid, Beattie usw. In den niedergeschriebenen Diktaten einer Vorlesung von 1825 sieht man, dass Hegel auch dort die französische mit der Common-Sense-Philosophie zusammenstellt und sie als Formen eines „reflektierenden Empirismus" bezeichnet.[21] Die „diesseitigen konkreten Prinzipien" der Schotten beruhen auf „gesundem Menschenverstand", auf „gesunder Vernunft" und sind „in der gebildeten Menschenbrust" vorzufinden.[22] Was gefühlt und angeschaut wird, gilt als die Grundlage aller Wahrheit. Die Tatsache, dass die *Schotten* sich nicht nur auf die vereinzelte empirische Wirklichkeit der Sinne beziehen, sondern auch von allgemeinen Sätzen sprechen, die aber empirischerweise dem Menschen gegeben sind, macht für Hegel keinen besonderen Grund aus, mit dem er den *direkten Realismus* von den übrigen Formen des Empirismus unterscheidet.[23] Das wichtigste

---

20 Es ist merkwürdig, dass Hegel in den *Vorlesungen über die Geschichte der Philosophie*, wenn er zur detailierten Darstellung des Materialismus kommt, nicht auch Condillac bespricht. Dieser als eine der prominentesten Figuren der französischen Enzyklopädisten, mit großem und konkretem Werk, beschäftigt sich zugleich intensiv mit den Hauptfragen des Empirismus und der Lockeschen Philosophie, die er in Frankreich bekannt machte. Der Name Condillac kommt einmal in der zweiten und dritten Auflage der *Enzyklopädie* vor (Enz III: 234). Insofern nimmt er eine wichtige Rolle in der Ausbildung des französischen Materialismus ein, obwohl seine Gedanken eher denen Lockes verwandt sind, als dem reineren Materialismus Holbachs u.a. Wenn die Annahme des Übersinnlichen im Begriff der *Seele*, des unkörperlichem Denken, oder Gott ein wichtiger Aspekt der Unterscheidung des Materialismus vom Realismus der Art Lockes ist, dann sollte zugegeben werden, dass Condillac weder die Begriffe der Seele – als von Materie unterschiedlich – noch Gottes, noch aber auch die Lockesche Meinung, dass das Denken eine Tätigkeit der Seele und nicht des materiellen Körpers sei, preisgegeben hat (vgl. Essai: bes. 67-71). Das Fehlen Condillacs in den Hegelschen *Vorlesungen* könnte vielleicht als eine Wissenslücke Hegels erklärt werden, was allerdings dem hohen Wert, den Hegel den Franzosen zumisst, widerspräche.

21 Vorlesungen 9: 141; die Unterscheidung von *metaphysizierendem* und *reflektierendem* Empirismus wiederholt Hegel in der *Enzyklopädie* (Enz I: 145), wo er einerseits die Lockesche und Kantische Philosophie nebeneinanderstellt und andererseits den Materialismus, als den ‚reflektierenden' und ‚konsequenten' Empirismus anführt.

22 GdPh III: 268.

23 Wie z.B. Nuzzo zum Teil anzunehmen scheint, indem sie unter dem Begriff des Empirismus allein den britischen „philosophischen Empirismus" und nicht den Empirismus als allgemeines Prinzip begreift, das *als solches* und nur beispielsweise in Bezug auf seine verschiedenen historischen Vertreter unter die Hegelsche Lupe der Kritik genommen wird. So fragt sie einseitig und ohne Rücksicht auf die ständige Präsenz des Prinzips: „Was ist für Hegel das spezifische Problem des philoso-

ist für Hegel die herausragende Rolle der Erfahrung überhaupt als des einzigen Bodens des Wissens, das Absolutsetzen der gemeinen sinnlichen Realität und das Zurückführen alles Wissens auf Erfahrung, sinnliche Gegebenheiten, sinnlich wahrgenommene Tatsachen.[24] Die letzten Sätze von Hegels Einleitung zum Kapitel der Übergangsperiode bestimmen klar diese wesentliche Affinität aller verschiedenen Erscheinungsformen des Empirismus und alle werden nebeneinander aufgestellt. Hegel hebt hervor: „Locke gründet seinen Inhalt auf Erfahrung, der empirische Standpunkt führt das Denken zu keinem festen Standpunkt; Hume negiert alles Allgemeine; die Schotten stellen allgemeine Sätze und Wahrheiten auf, aber nicht durchs Denken,– im Empirischen ist der feste Standpunkt anzunehmen; die Franzosen finden in der Wirklichkeit (*réalité*) Allgemeines, aber nicht seinen Gehalt in und aus dem Denken, sondern lebendige Substanz, Natur, Materie. Alles dies ist Fortbildung des reflektierenden Empirismus".[25]

Berkeley und Hume machen für die *Vorlesungen* zwei Hauptmomente des neueren Empirismus aus. Besonders Hume wird als ein Kulminationspunkt des Empirismus dargestellt,[26] insofern er das Sinnliche (d.i. das sinnlich Endliche) ‚konsequenter' als der Lockesche Metaphysizismus behandelt hat und der Metaphysik Lockes entgangen ist, indem er das Allgemeine ganz und gar weggeworfen hat. Der eigenartige Skeptizismus von Berkeley und Hume, der „die Form [hat], Idealismus zu sein", und zwar „subjektiver Idealismus",[27] bekämpft nicht nur die Metaphysik, sondern ebenso „das Allgemeine des Empirismus",[28] die Möglichkeit von abstrakten allgemeinen Vorstellungen, sowie die Allgemeinheit und Notwendigkeit des Zusammenhangs der Vorstellungen überhaupt. Berkeley und Hume befinden sich ansonsten in der Richtung des Lockeschen Philosophierens, bezeichnen typische Wendungen des neuzeitlichen Empirismus;

---

phischen Empirismus und wie unterscheidet [sich] dieser Empirismus von der dem gesunden Menschenverstand eigenen und natürlichen Annahme (oder von seinem Glauben an) der Realität äußerer Gegenstände?" (Nuzzo 2003: 77) Meines Erachtens zieht Hegel nirgendwo eine strenge Grenze zwischen dem ‚philosophischen Empirismus' (soll man darunter nur den britischen Empirismus oder auch den französischen Materialismus verstehen?), dem Empirismus der Wissenschaften, dem direkten Realismus oder bloß dem alltäglichen, gewöhnlichen und natürlichen *empiristischen* Glauben an die Realität äußerer Gegenstände.

24 Vieweg 2002.

25 GdPh III: 269. Das Zurechnen der Common-Sense-Realisten zum Empirismus kommt nochmals in der *Enzyklopädie* vor (s. weiter). Vgl. auch GW 13: 30.

26 Heidemann 2007a: 133.

27 GdPh III: 270.

28 GdPh III: 270.

Berkeley „hat den Lockeschen Standpunkt vor sich, geht unmittelbar von Locke aus“[29], während Hume „den Lockeanismus“ vollendete, „indem er konsequent darauf aufmerksam gemacht hat, […] daß in der Erfahrung […] nicht enthalten sind, uns […] die Bestimmungen von Allgemeinheit und Notwendigkeit [nicht gegeben würden]“.[30]

Dem französischen Materialismus widmet Hegel eine ausführliche Präsentation und bezeichnet ihn mit anerkennenden Worten: „Lebhafter, bewegter, geistreicher ist die französische Philosophie; oder vielmehr sie ist das Geistreiche selbst“.[31] Die eigentliche Rolle und Stelle des französischen Materialismus, insbesondere hinsichtlich seiner Beziehung auf den Empirismus, wird von Hegel freilich erst in der *Enzyklopädie* deutlich angegeben.

II.1.3. Die *Enzyklopädie*

Die *Enzyklopädie* beschäftigt sich, wie gesagt, in erster Linie mit dem Empirismus als einem allgemeinen Denktypus der Geschichte der Philosophie, der ein notwendiges Hauptmoment ihrer Entwicklung darstellt. Hier versucht Hegel alle verschiedenen Empirismen im *Begriff* des Empirismus zu verschmelzen. Das Mosaik der verschiedenen Vertreter des Empirismus kommt dabei nicht in concreto vor. Nur beiläufig werden Formen des Empirismus, wie der „Humesche Skeptizismus“ oder der „Materialismus“ bzw. „Naturalismus“, erwähnt.[32] Darüber hinaus wird an zwei Stellen die empiristische Philosophie mit den Formen des *direkten Realismus* verknüpft. Zuerst an der Stelle, an der Hegel zur Darstellung des „großen Prinzips“ des Empirismus auf den §7 der *Enzyklopädie* hinweist,[33] wobei es ebenfalls um das „Prinzip der Erfahrung“ geht. Hier spricht Hegel von dem Inhalt des Wissens, der u.a. „aus der Brust des Menschen genommen“[34] wird – eine

29 GdPh III: 270.

30 GdPh III: 277; vgl. GdPh III: 281.

31 GdPh III: 287; s. auch GdPh III: 292: „Die Franzosen haben mit Geist, die Deutschen mit Verstand gegen den spekulativen Begriff gekämpft“. Zum allgemeinen Verhältnis Hegels zu Frankreich (nicht speziell zu seinem Verhältnis zur französischen Philosophie) s. auch den Aufsatz von Jacques d' Hondt, *Hegel und Frankreich* (Hondt 1988).

32 Enz I: 112 (Hume); 108, 145 (Materialismus). Vgl. auch Vorlesungen 10: 32 (Locke); 35 (Materialismus, als „das konsequente System des Empirismus“); 36 (Hume).

33 Enz I: 108.

34 Enz I: 49.

Ausdrucksweise, die Hegel vornehmlich mit dem „gesunden Menschenverstand"[35] verbindet, unter dem, wie gezeigt, die schottische Philosophie zu verstehen ist.[36] Hegel bemerkt zwar weiter, dass „dies Prinzip dasselbe [ist], was heutigentags Glauben, unmittelbares Wissen, die Offenbarung im Äußeren und vornehmlich im *eigenen* Inneren genannt worden ist"[37], so dass der Umfang des empiristischen Prinzips in einem gewissen Sinn noch die Jacobische Philosophie betrifft, was jedoch, wie oben gezeigt, ein viel früheres Verständnis Hegels ausmacht, das die enzyklopädischen ‚Stellungen' zu revidieren scheint. Zweitens ist merkwürdig, dass im letzten Paragraph des Empirismus-Abschnitts, in dem Hegel Hume dafür kritisiert, dass er im Gegensatz zum alten Skeptizismus das Sinnliche überhaupt gelten lasse, er die Kritik an Hume mit der Kritik an dem Schulzeschen Skeptizismus zusammenfallen lässt, indem er auf eine ausführlichere Darstellungen des „modernen [hier des *Humeschen – JK*] Skeptizismus in seiner Vergleichung mit dem alten" im *Skeptizismus-Aufsatz* verweist.[38] Hegel scheint auf diese Weise einen der prominentesten Vertreter des Common-Sense-Realismus in Deutschland (Schulze) mit einer Hauptform des britischen Empirismus (Hume), gleichzusetzen.

In der *Enzyklopädie* erwähnt Hegel zudem den „wissenschaftlichen Empirismus" als eine besondere Erscheinungsform des empiristischen Denkens.[39]

Die Aufzählung der verschiedenen Formen oder einzelnen Vertreter des Empirismus soll sicherlich keine Explikation des Begriffs des Empirismus, sondern einen erst einleitenden Faden für die weitere systematischere Diskussion bilden. Hier sind nur kurz und zusammenfassend diejenigen Philosophen und Strömungen der Moderne angeführt worden, die für Hegel an verschiedenen Stellen als *Empirismen* auftreten. Der britische Empirismus hat sicherlich einen zumindest historischen Vorrang, indem er mehr oder weniger die Basis der Entwicklung sowohl des französischen Materialismus als auch des direkten Realismus ausgemacht hat. Dieser britische

35 Bezüglich des Ausdrucks „gesunder Menschenverstand" und sein Hauptverhältnis zum schottischen und deutschen naiven Realismus sollte man zuallererst auf das Hegelsche Werk der Jenaer Zeit verweisen, in dem Hegel seine umfangreiche Auseinandersetzung mit jenen Formen seines gegenwärtigen Philosophierens entfaltet hat. Besonders sind die Aufsätze aus dem *Kritischen Journal der Philosophie* zu erwähnen.

36 Vgl. dazu GdPh III: 293.

37 Enz I: 49.

38 Enz I: 112.

39 Enz I: 108-9.

Empirismus bildet sicherlich eine umfangreiche und repräsentative Zusammenfassung des empiristischen Prinzips und seine Präsenz in den philosophischen Debatten besonders des 18. Jahrhunderts, in denen sich auch das Denken Hegels entwickelt hat, ist bemerkenswert.

II.2. „Reflexionskultur" oder der Standpunkt der Entzweiung

Man kann leicht einsehen, dass das Denken Hegels bezüglich der Frage nach dem Charakter der Neuzeit von seinen Jenaer Schriften ausgehend bis zur letzten Logik-Vorlesung von 1831 durch einen roten Faden verbunden ist. Trotz aller Umarbeitungen des Themas, die Hegel im Laufe der Entwicklung seines Systems vornimmt, bleibt der Kern seiner Auffassung über das Wesentliche der Neuzeit, über das Eigenste dieser Epoche, die das Herausbilden seiner eigenen Philosophie vorbereitet hat, fast unverändert und findet sich im allgegenwärtigen Geltendmachen der *Form der Reflexion*. Der Empirismus macht selber keine ganze Epoche des Philosophierens aus. Er ist lediglich *eine Denkform* der Neuzeit, der Epoche der Reflexion. Er lässt sich nur verstehen, insofern seine Epoche begriffen wird, und wird durch den allgemeinen Standpunkt seiner Epoche bedingt. Eine kurze Rekapitulation der Hegelschen Auffassung der Neuzeit und dessen, was Hegel unter ‚Reflexionsphilosophie' versteht, ist somit unerlässlich. Eine vollständige und erschöpfende Behandlung der Sache aber kann hier nicht gegeben werden. Es wird daher nur um eine kurze Darstellung der Hauptmerkmale gehen, die den Hintergrund des Empirismus bezeichnen.

Die neuere Philosophie tritt – nach Hegel – befreit von jener ursprünglichen unmittelbaren Identität von Denken und Sein hervor, die das ‚unbefangene' Philosophieren der Antike charakterisierte. Der metaphysische Glaube, dass die Wahrheit „durch das Nachdenken" erkannt werden kann,[40] ist mehr und mehr zurückgetreten. Die überall verbreiteten Widersprüche und Antinomien, die das Nachdenken durch seine Tätigkeit produziert hat, haben das Denken selbst in Zweifel geworfen und den Verdacht aufgebracht, dass es defizitäres Wissen ist oder dass es ständig nach den Bedingungen seiner eigenen Wahrheit und objektiven Gültigkeit fragen muss. Es wird ein allgemeines „Mißtrauen […] gegen das Denken"

40 Enz I: 93.

erhoben.[41] Das Räsonieren kann nicht prinzipiell und unmittelbar gewährleisten, dass seine Schlüsse die objektive Wahrheit darlegen können. Die Unwahrheit bedeutet in der Epoche des Untergangs des unbefangenen Philosophierens nicht nur ein mangelhaftes Räsonnement, das sich verbessern kann, sondern das Beiseitelassen des Denkens selbst als das *letzte* Fundament der Wahrheit und die folgende Suche nach einer anderen Quelle derselben. Die vorher unmittelbar vorausgesetzte Erkennbarkeit des Gegenstandes durch Nachdenken ist verloren gegangen. Die Wahrheit ist nicht durch bloßes Nachdenken zu fassen, das Denken ist nicht gründlich und unmittelbar *objektiv*.

Das Denken richtet sich jetzt daher auf sich selbst und betrachtet seine eigene Tätigkeit und Daseinsweise. Es ist nicht die Natur oder die Welt, die Wirklichkeit überhaupt der Gegenstände, die das Denken unmittelbar vor sich stellt, sondern sein Gegenstand wird seine eigene erkennende Aktivität. Dies Zurückbeugen des Denkens in sich beschreibt Hegel in den *Vorlesungen über die Geschichte der Philosophie* folgendermaßen: „Das Hauptinteresse ist [...] nicht sowohl, die Gegenstände in ihrer Wahrheit zu denken, als das Denken und Begreifen der Gegenstände, diese Einheit selbst, welche überhaupt das Bewußtwerden eines vorausgesetzten Objekts ist, zu denken"[42]. Das Sich-Denken des Denkens ist in der Tat eine absolute *Negation* des Anderen, des Gegenstandes. Das Denken bestimmt sich in dieser negativen Beziehung, setzt sich als das durchaus Verschiedene. Das Denken unterscheidet sich von dem Gegenstand, den es so als *spezifisch verschieden* von sich setzt. Es „tritt wesentlich auf als subjektives mit der Reflexion des Insichseins, so daß es einen Gegensatz am Seienden überhaupt hat"[43]. Es gewinnt *Subjektivität* und stellt sich vor als eine absolute Negativität gegen das Objekt, als bloßes *Ich*. Das Subjekt erkennt sich denkend als ein Bewusstseiendes, das einerseits ein Insichgekommenes, Fürsichseiendes und gegen das Objekt Negatives überhaupt. Aber in dieser Weise stellt sich das Subjekt die Realität vor als zwei völlig und ursprünglich entgegengesetzte Reiche von Subjekt und Objekt: „Das Prinzip der neueren Philosophie ist [...] nicht unbefangenes Denken, sondern hat den Gegensatz des Denkens und der Natur vor sich. Geist und Natur, Denken und Sein sind die beiden unendlichen Seiten der Idee"[44].

41 Vorlesungen 10: 31.
42 GdPh III: 63.
43 GdPh III: 64.
44 GdPh III: 65.

Hegel nennt all jenes Philosophieren als ‚Reflexion', eine Verstandesweise des Denkens, das sich vom Gegenstand unterscheidend in sich zurückzieht. In der Einleitung zum ersten Heft des *Kritischen Journals der Philosophie* spricht Hegel in polemischen Ton von der „Reflexionskultur" seiner Epoche, die den Gegensatz „herrschend und absolut"[45] walten lässt. Der Kritik der Reflexionsphilosophie widmet Hegel zwei seiner frühen Werke, die *Differenz-Schrift* und *Glauben und Wissen*. Seine umfangreiche Auseinandersetzung mit der Philosophie Kants, Fichtes und Jacobis (und im Hintergrund mit dem Denken Lockes, Humes, des Materialismus und der Philosophie des gesunden Menschenverstandes) gestattet es ihm, seine Auffassung aufzubauen und einen Umriss des neueren Philosophierens herzustellen. Mit einer einzigen Ausnahme – der seltsamen und problematischen neuen Bewertung und Umstellung der Jacobischen Philosophie in die ‚dritte Stellung' ab 1827 – bleiben die Einsichten Hegels fast völlig ungeändert. Ein unausgelöschter Dualismus macht das Merkmal der Epoche der Moderne aus. Die unterschiedlichen Strategien, die die Philosophen aufstellen, gehen alle von dem Festhalten an der abstrakten Differenz von Subjekt und Objekt, von Denken und Natur aus. Die Reflexion des Verstandes hält sich entweder an einem der beiden Pole des Gegensatzes mit Ausschließen des anderen oder an dem Gegensatz selbst fest.

Das Subjekt, insofern es nun als vom Objekt spezifisch verschieden gesetzt ist, nimmt einen *erkenntnistheoretischen Abstand* von diesem. Es ist nicht mehr eine Weise der Objektivität, der ursprünglichen Totalität des Realen, sondern ein *Entgegengesetztes* gegen das Objektive. Zwischen beiden besteht eine *absolute Heterogenität*, eine richtige „Kluft".[46] Die Unwahrheit befindet sich in dem erkennenden Subjekt – oder besser in der Beziehung beider, die nur *subjektiv* bestimmt werden kann – und betrifft daher die gründlich verschiedene Natur des Subjekts von dem Objekt, also die besondere Fassungsweise des letztereen. Folglich muss das Subjekt unter die Luppe genommen und gründlich untersucht werden. Insofern aber das Erkennende von dem zu Erkennenden durchaus verschiedenartig ist, stellt sich die Frage nach der Gewährleistung der durch die erkennende Tätigkeit resultierenden Wahrheit. Es besteht keine unmittelbare Identität mehr zwischen Denken und Natur, so dass das Nachdenken die Wahrheit gleich aufdecken würde. Die Wahrheit ist dem Objekt *äußerlich*, insofern

45 WphK: 181; vgl. auch GuW: 298, wo Hegel sich gegen den „Empirismus" der Kantischen, Fichteschen und Jacobischen Philosophie richtend bemerkt: „Es ist also in diesen Philosophien nichts zu sehen als die Ergebung der Reflexionskultur zu einem System – eine Kultur des gemeinen Menschenverstandes".

46 Vorlesungen 10: 83.

sie die *subjektive* Tätigkeit ist, aber sie ist ebenso dem Subjekt äußerlich, insofern sie *objektiv* ist, d.h. ein Objekt angeht und etwas davon ausdrückt.

Der Standpunkt der Neuzeit ist ein „Standpunkt der Entzweiung"[47], der absoluten Trennung des Inhalts vom Denken, des Endlichen vom Unendlichen. Diese schmerzhafte Zerrissenheit versucht die Philosophie zu überwinden. Alles Streben der Philosophie in der Neuzeit zielt erst darauf, über diese Entzweiung hinauszugehen, die Einheit hinter der Mannigfaltigkeit zu entdecken und zu Tage kommen zu lassen. Die „Vereinigung" ist die „Aufgabe der Philosophie"[48]. Wie Hegel in seinen *Vorlesungen über die Geschichte der Philosophie* zusammenfassend hervorhebt, ist „das Interesse [...] ganz allein, diesen Gegensatz zu versöhnen, die Versöhnung in ihrer höchsten Existenz, d.h. in den abstraktesten Extremen zu begreifen. Diese höchste Entzweiung ist der abstrakteste *Gegensatz von Denken und Sein*; und deren Versöhnung ist zu fassen. Alle Philosophien von da an haben das Interesse dieser Einheit"[49]. Alle Philosophien suchen den fatalen Dualismus zu überwinden und ihn auf ein (sonst einseitiges reflexionsmäßiges, verstandesmäßiges) monistisches Prinzip zurückzuführen. Dieser *Monismus der Reflexion*, der den einen der beiden Polen ausschließt und an dem anderen festhält, ist doch zum Scheitern verurteilt, indem der Eine durch den Anderen (den ausgeschlossenen, negativen) immer bedingt bleibt. Die neuere Philosophie als eine Reflexions- bzw. Verstandesphilosophie strebt danach, mit dem Gebrauch der endlichen Kategorien den Gegensatz auf Verstandesweise zu überwinden. Und auch wenn sie das Endliche, das gemein Empirische heftig bekämpft, bleibt sie immer noch in seiner Sphäre verhaftet.[50]

---

47 Diff: 24.

48 Diff: 25.

49 GdPh III: 64.

50 Vgl. GuW: 296: „Aber weil diese Vernunft schlechthin nur diese Richtung gegen das Empirische hat, das Unendliche an sich nur in Beziehung auf das Endliche ist, so sind diese Philosophien, indem sie das Empirische bekämpfen, unmittelbar in seiner Sphäre geblieben; die Kantische und Fichtesche haben sich wohl zum Begriff, aber nicht zur Idee erhoben, und der reine Begriff ist absolute Idealität und Leerheit, der seinen Inhalt und seine Dimensionen schlechthin nur in Beziehung auf das Empirische und damit durch dasselbe hat und eben den absoluten sittlichen und wissenschaftlichen Empirismus begründet, den sie dem Eudämonismus zum Vorwurf machen."

II.3. Der Empirismus als Form der Reflexionsphilosophie

Der Empirismus erhält nun eine herausragende Stelle in der Hegelschen Auffassung dieses neueren Denkens. Er macht in der Tat nicht allein *eine* Form der Moderne, sondern deren *Ausgangspunkt* und eine solche Denkweise aus, die die ganze Neuzeit durchdringt und mitbestimmt. Der Empirismus eröffnet vornehmlich als wissenschaftliche Methode die neuere Philosophie und hält sich bis zu ihrer Überwindung. Die ganze neuere Philosophie scheint in einem gewissen Sinn und bis zu einem gewissen Grad *empiristisch* zu sein. Der Empirismus erschüttert den philosophischen Gedanken und führt ihn zu einem positiven Halt in der Realität.

Der Empirismus steht nicht nur in der späten *Enzyklopädie* an einer Einleitungsstelle für die Moderne. Dieselbe Rolle nimmt er schon in *Glauben und Wissen* ein, weil das empiristische Denken den historischen Hintergrund der späteren Vertreter der Reflexionsphilosophie ausmacht. Auch in den *Vorlesungen über die Geschichte der Philosophie* führt der Empirismus das Denken in die Neuzeit ein und geht zuerst über das unbefangen einheitliche Denken der Antike hinaus.[51] Ganz am Anfang der neueren Philosophie steht nicht Descartes, sondern Bacon – und neben ihm „der erste Deutsche Philosoph",[52] Jacob Böhme. Descartes, mit dem dennoch „eigentlich die Philosophie der neueren Zeit, das abstrakte Denken erst [anfängt]",[53] folgt erst auf diese erste Periode, die die empiristische Reaktion auf die ältere Metaphysik ausmacht. Von den Problemen der Periodisierung der Philosophie in Hegels *Vorlesungen* im Vergleich mit der Periodisierung der enzyklopädischen Stellungen ist bereits oben kurz gesprochen worden. Was aber, trotz der Interpretationslücken, gerade auffällt, ist, dass Hegel auch hier das Hinausgehen über das ‚unbefangene Denken' und sein Herumtreiben in den Abstraktionen mit Worten ausdrückt, die an den Übergang von der ersten in die zweite Stellung der *Enzyklopädie* erinnern. Hier handelt es sich allerdings nicht um den Empirismus als eine allgemeine Denkform überhaupt, sondern um einen geschichtlichen Fall desselben, nämlich Bacon, der, als ‚Heerführer aller Erfahrungsphilosophen' auftritt und das Hinterlassen aller Abstraktionen des Denkens vollbringt: „Dies Verlassen des jenseits liegenden Inhalts, der durch seine Form das Verdienst seiner Wahrheit verloren, nichts für das Selbstbewußtsein, die Gewißheit seiner selbst, seiner Wirklichkeit ist, – das, was schon getan

51 Vgl. auch GdPh III: 66.
52 GdPh III: 94.
53 GdPh III: 70.

wurde, mit Bewußtsein ausgesprochen, sehen wir in Lord Bacon, diesem Heerführer aller Erfahrungsphilosophie".[54]

Für die *Enzyklopädie* ist der Empirismus deutlich diejenige Form, die die aufbrechende neuere Philosophie charakterisiert. Der Empirismus öffnet die Tür der Moderne. Als unmittelbare Reaktion auf das bloß räsonierende abstrakte Denken ist der Empirismus eine Philosophie, die das Konkrete der Erfahrung als einen „festen Halt" und einen reichen, wirklichen Inhalt des Wissens anerkennt.[55] Das Gegenteil des abstrakten Denkens ist zunächst und unmittelbar die *Erfahrung*. Sie zeigt sich als ein fester Boden, auf dem die Philosophie aufbauen kann. Das „Denken expliziert [...] in dieser Wendung [...] ausschließlich das Sein und *nicht* sich selbst"[56] oder es hat sein Sein allein im Sein seines wahrgenommenen Gegenstandes. Die Scheidung der ursprünglichen, einfachen Einheit des Denkens und der Natur hat zunächst die konkrete Form einer Unterscheidung zwischen dem *Konkreten* und dem *Abstrakten* bzw. *Allgemeinen*. Der Gegenstand ist zunächst etwas Konkretes, das uns durch die sinnliche Wahrnehmung angeht, wohingegen das Denken nur mit Abstraktionen, mit Allgemeinheiten zu tun hat. Die Selbständigkeit des Gegenstandes zeigt sich in der Positivität der sinnlichen Wahrnehmung, des Gefühls, der Anschauung, der sinnlichen Tatsachen, die als unabhängig vom Denken, vom Subjektiven, erscheinen und sich dem letzten gegenüberstellen: dies eben ist „das auf *Empirismus* sich gründende Philosophiren, welches nicht nur allen Inhalt des Vorstellens, sondern auch allen Inhalt und Bestimmung des Denkens so nimmt, wie es denselben in der sinnlichen Wahrnehmung, dem Gefühl und der Anschauung als eine äußerliche oder innere Thatsache des Bewußtseyns vorfindet oder daraus ableiten zu können glaubt, und diese empirischen Thatsachen überhaupt und deren Analyse für die Quelle der Wahrheit nimmt".[57] Das Objekt hat die Form des Gefühls, eines sinnlichen Vereinzelten, die Form der Wahrnehmung, der gegenüber ein abstraktes, leeres Subjekt steht. Das Subjekt wird *geleert* und ihm bleibt allein die bloß *subjektive* und *formale Tätigkeit*, durch *Abstraktion* von dem sinnlichen Material allgemeine Vorstellungen hervorzubringen. Es produziert allgemeine Vorstellungen, die ihre Wahrheit nur in dem Sinnlichen haben können; ansonsten sind sie bloß subjektive, d.h. unwahre Kreaturen, die als solche nicht in der Erfahrung zu finden sind, sie nicht angehen.

---

54 GdPh III: 74.
55 Enz I: 106.
56 Günther 1978: 147-8.
57 GW 13: 30.

Aber trotz der scheinbaren Umstellung der Philosophie, der Versetzung der Wahrheit an die Stelle des Objekts (als Gefühl, sinnliche Wahrnehmung) bleibt das *Interesse* nur *subjektiv*: „Das Interesse ist nicht mehr, zu erkennen, was wahr, an und für sich ist; sondern das Interesse ist subjektiv, wie sich in unserem Erkennen dies mache, wie wir zu den Vorstellungen kommen; […] das Interesse beschränkt sich auf die Form des Übergehens des Objektiven oder des Gefühls in die Form von Vorstellungen".[58] Der Empirismus setzt das „Begründen der Erkenntnis und Kritisieren der menschlichen Gemütskräfte an die Stelle des Erkennens, das Besondere als solches als das Absolute".[59] Die Objektivität erhält bloß die Form der „Erscheinung" und „hiermit wird von nun an […] der Gesichtspunkt der Philosophie ganz und gar verändert".[60] Die *Objektivität* und somit die Wahrheit ist ein *absolutes Jenseits*, das zugleich und notwendigerweise nur als *subjektive Erscheinung* gelten kann. Das Objekt kann nur *in der Weise des Subjekts* erkannt werden, das Ansich des Objekts bleibt entweder ewig verborgen oder wird überhaupt verleugnet. Das Wissen ist Erfassen des sinnlich Erscheinenden und das Objekt wird immer *durch ein subjektives Prisma* angeschaut oder ist aus anderer Sicht bloß *dieses Prisma selbst*, d.h. es existiert nur als *subjektive Vorstellung*. Aber das Hineinwerfen des Wissens in den Abgrund der Relativität und Subjektivität, nämlich die Behauptung, dass das Objekt nur als ein *subjektives Objekt* möglich ist, setzt den absoluten Unterschied von beiden unmittelbar voraus. Nur insofern das Subjekt von dem Objekt absolut abgetrennt wird und somit keine Identität beider besteht, kann die Fassungsweise des einen bloß die Verfälschung des anderen sein.

Der Gesichtspunkt des Empirismus besteht nun vornehmlich aus diesen zwei Seiten: subjektive Perspektivität bzw. subjektives Interesse, und Absolutsetzen der Erfahrung, der sinnlichen Endlichkeit. Die Scheidung nimmt zunächst die Form der Entgegenstellung eines *inhaltslosen Subjekts* und eines *unendlich mannigfachen Objekts* an, einer in sich zurückgebeugten Subjektivität, die sich im nicht-dimensionalen Ich verliert, und einer bunten Objektivität, die diese Subjektivität erfüllt. Alle Gestaltungen der verschiedenen empiristischen Philosophien drehen sich um diese basalen Merkmale herum. Mit den Worten Hegels aus einem mündlichen Zusatz der *Enzyklopädie* ausgedrückt, haben wir „[b]eim Empirismus […] Endlichkeit der Form, und außerdem ist auch noch der Inhalt endlich".[61]

58 GdPh III: 205.
59 GuW: 377.
60 GdPh III: 205.
61 Enz I: 110 Z.

Beim Empirismus stellt sich ein leeres, bloß subjektives und somit endliches Wahrnehmen – oder ein leerer, bloß subjektiver und somit endlicher Verstand – einem endlichen Stoff gegenüber. Der unendliche Gegenstand der alten Metaphysik (Gott, Seele, Welt) verschwindet in den Endlichkeiten des Empirischen. Die ganze Arbeit des Empirismus tritt nun als der ständige Versuch auf, die *ursprünglich* Geschiedenen zu vereinen, das dem Subjekt gar und ganz *Ungleiche* aufzufassen.

Auf der Basis eben dieser Grundcharakteristika entfaltet Hegel schon in *Glauben und Wissen* eine umfangreiche Auseinandersetzung mit dem Empirismus und seiner Präsenz und Rolle bei einigen der Hauptfiguren der neueren Reflexionsphilosophie, nämlich bei Kant, Jacobi und Fichte. Es geht nicht nur um einen Empirismus-Vorwurf, den Hegel gegen Kant usw. erhebt. Es geht eigentlich um das Behaftetsein der ganzen neueren Philosophie mit dem Dogma des Empirismus, der alles neuere Philosophieren durchdringt. Die „Ur- und Grundempiriker Hume und Locke" haben vorzüglich „das Philosophieren in [die] Endlichkeit und Subjektivität versenkt"[62] und sind somit in der Tat die Vorläufer der Kantischen, Jacobischen und Fischteschen Philosophie. Der Empirismus ist nicht nur bei Kant, sondern ebenso bei Fichte und Jacobi eine *implizite Form* ihres Philosophierens. Dies bedeutet aber nicht, dass die Formen der Reflexionsphilosophie Formen des Empirismus sind, sondern nur dass die Abschaffung des Empirismus, dessen Überwinden, nur als eine Überwindung des Reflexionsdenkens möglich ist. Das bloße Bekämpfen des Empirischen mit den Waffen des Verstandes führt dazu, dass die Philosophie im Empirischen verhaftet bleibt: „weil diese Vernunft schlechthin nur diese Richtung gegen das Empirische hat, das Unendliche an sich nur in Beziehung auf das Endliche ist, so sind diese Philosophien [nämlich die Kantische, Jacobische und Fichtesche – *JK*], indem sie das Empirische bekämpfen, unmittelbar in seiner Sphäre geblieben".[63]

Subjektivität und Absolutheit der Erfahrung kommen immer wieder vor bei den drei genannten Formen des Reflexionsdenkens. Alle erfüllen dieselbe „Aufgabe der Philosophie, wie sie durch die Lockesche und Humesche Kultur bestimmt worden ist", nämlich dass die Welt „vom Standpunkt des Subjekts […] berechnet und nunmehr erklärt werden" soll.[64] Alle geben zudem zu, dass das Empirische ein *absolutes Diesseits* ausmacht, gegen das die Vernunft eine dürftige, *leere Subjektivität* ist. Und diese Subjektivität bedeutet in erster Linie Apotheose der Endlichkeit – endliches

62 GuW: 376-7.
63 GuW: 296.
64 GuW: 394-5.

Erkennen, abgegrenzte Erkenntnis, unwahres Wissen. Der Vernunft bleibt nur eine formale Unendlichkeit (das leere sich auf sich Beziehen des Ich), die erst mit endlichem, unwahrem Stoff zu erfüllen ist. Die nicht zu lösenden Antinomien haben das Denken dazu geführt, sich auf sich selbst zu richten und sich von dem Gegenstand zu distanzieren; das Denken wird zu Subjekt bestimmt, zum *subjektiven* Denken einer *objektiven* Realität. Es fixiert sich als Subjekt und erhält sich dem Objekt gegenüber.[65] Das Subjekt grenzt sich vom Objekt ab. Was aber eine solche *Abgrenzung* des Subjekts bzw. des Denkens für das Wissen selbst bedeutet, ist, dass die Abgrenzung der Bereiche von Subjekt und Objekt unmittelbar die Folge nach sich zieht, dass auch das Wissen selbst eine *Grenze* haben muss – das Wissen kann kein Wissen des Unendlichen, des Absoluten sein. Die Abgrenzung selbst ist geradezu eine *Begrenzung*. Insofern es einen absoluten Unterschied zwischen Subjekt und Objekt gibt, bedeutet das zugleich, dass das Objekt ein aus Prinzip, aus Definition undurchdringbares Element ausmacht. Jene frühere Anmaßung des metaphysizierenden Denkens, die Wahrheit überhaupt zu erkennen, wird daher verworfen als dogmatische Zumutung.

Hegel spitzt besonders seine Kritik gegen die Kantische Philosophie extrem scharf zu.[66] Er wendet sich polemisch gegen Kant und wirft ihm vor, dass sein Anliegen dem Programm Lockes verhaftet bleibt, der Vernunft eine *Grenze* zu bestimmen.[67] Obwohl Kant das echte spekulative Bedürfnis bezüglich der Möglichkeit der synthetischen Urteile a priori ausdrückt, macht gerade dies die Wahrheit zu einer bloß subjektiven Tatsache, wohingegen die Vernunft ganz unfähig ist, das Wahrhafte der Welt, das Ansich zu erkennen. Das Kantische Gericht der reinen Vernunft will bloß beurteilen, was legitimes und mögliches Wissen ausmacht und was hingegen bloße Anmaßungen einer ungebildeten Vernunft sind. Kant bleibt eingeschränkt „innerhalb des Lockeschen Zwecks, nämlich der Betrachtung des endlichen Verstandes".[68] Der Dualismus von Verstand und Sinnlichkeit, von „Egoität" und „absoluter Mannigfaltigkeit" wird von Hegel als eine „Erweiterung des Lockeanismus"[69] betrachtet. Was dabei in neuer Form, oder mit neuen Worten auftritt, sei nur das, was Locke *tabula rasa* nannte.

---

65 Vgl. GuW: 432.

66 Als Beitrag zu Hegels Kritik an der Kantischen Philosophie in ihren Bezug auf den Empirismus s. auch Engelhard 2007.

67 GuW: 303.

68 GuW: 304.

69 GuW: 314.

Anstelle der „Leerheit des Perzipierens", des „Wahrnehmens *überhaupt*"[70] tritt die Leerheit der Vernunft und der Kategorien des Verstandes hervor. Der Unterschied besteht lediglich im folgenden Umstand: Kant erfüllt mit einer *Form* diese ‚Leerheit des Perzipierens' und diese Form, diese Bestimmtheit ist die Idee der ‚Identität Entgegengesetzer', wie sie in der Form der Kategorien des Verstandes bestimmt worden ist; ansonsten bleibt das Ganze eine nur formelle Bestimmtheit – der unendlich mannigfaltige Inhalt kommt nach wie vor von außen, aus der Wahrnehmung, und erhält so seine unendliche Autonomie gegen die vernünftige formelle Allgemeinheit bzw. Identität: „dieses formale Wissen hat also im allgemeinen die Gestalt, daß seiner formalen Identität absolut eine Mannigfaltigkeit gegenübersteht".[71]

Fichte bleibt mehr oder weniger in derselben Formalität und Dualität verhaftet. Das bloß postulierte Fichtesche Ich reicht nicht aus, um den Gegensatz zu überwinden. Die Objektivität ist nur das Fremdartige des Subjekts: „die objektive Welt, in ihrer unendlichen Bestimmtheit durch die Intelligenz, bleibt zugleich immer ein Etwas für sie, das für sie zugleich unbestimmt ist. [...] Die Intelligenz ist durch einen Anstoß bedingt, der aber durchaus unbestimmt ist".[72] Die Voraussetzung der absoluten Abtrennung des Subjekts von dem Objekt bleibt allmächtig und „die Forderung ist der Kulminationspunkt des Systems"[73]; die wahrhafte Synthese, die wahrhafte Identität lässt sich in der Tat nie hervorbringen; was nur übrigbleibt, das ist ein *äußerliches* „Verknüpfen" und „keine wahre Identität".[74] Derselbe absolute Gegensatz eines *leeren Denkens* und einer *empirischen Mannigfaltigkeit* bleibt unversöhnlicht bestehen: „das unmittelbare Produkt dieses formalen Idealismus [...] ergibt sich also in folgender Gestalt: ein Reich einheitsloser Empirie und rein zufälliger Mannigfaltigkeit steht einem leeren Denken gegenüber. [...] Kants reine Vernunft ist eben dieses leere Denken, und Realität [ist] ebenso jener leeren Identität entgegengesetzt".[75] Das zweipolige Schema Lockes, nach dem sich ein *leeres Perzipieren*, eine *Wahrnehmung überhaupt* dem empirischen Stoff entgegensetzt, wiederholt sich in der formalen Gestalt des Kantischen Verstandes oder des Fichteschen Ich. Die Verewigung des Gegensatzes und die

70 GuW: 314; vgl. GdPh III: 211.
71 GuW: 329.
72 Diff: 63.
73 GuW: 394.
74 GuW: 414.
75 GuW: 405-6.

Absolutheit des Empirischen, des sinnlich Mannigfaltigen werden nicht beseitigt.

Die angestrebte Einheit und Identität zeigt sich als nur äußerliche oder *formelle*. Das Denken erschöpft sich in einer *formellen Unendlichkeit*, die erst mit dem *endlichen Stoff* der äußeren und inneren Wahrnehmung erfüllt werden muss. Was allgegenwärtig ist, ist ein *Hybrid von Empirismus und formalem Idealismus*, eine *Mischung* von Ungleichartigen. Das Empirische wird einerseits herabgesetzt und dem Begriff gegenüber vernichtet, wird aber andererseits durch seine Abtrennung von dem Begriff verabsolutiert und verewigt; der Begriff kann nicht über es hinausgehen. Was als ein *negativ gesetztes Absolutes* in der theoretischen Philosophie gesetzt ist, wird vielmehr als ein *positiv gesetztes Absolutes* in der praktischen Philosophie anerkannt. Die abstrakte Vernichtung des Empirischen in der theoretischen Philosophie zeigt ihre wahrhafte Bedeutung in der praktischen Philosophie, in der das vorherige vernichtete empirische Etwas als ein thetisch Absolutes gegenüber dem Begriff erneut hervortritt. Diese scheinbare Aufhebung der Entgegensetzung hebt Hegel im Blick auf Kant, Jacobi und Fichte ausdrücklich heraus: „In der Vollkommenheit der Abstraktion aber ist die Reflexion auf diese Entgegensetzung oder die ideelle Entgegensetzung objektiv und jedes gesetzt als ein Etwas, welches nicht ist, was das andere ist; die Einheit und das Mannigfaltige treten hier als Abstraktionen einander gegenüber, wodurch denn die Entgegengesetzten beide Seiten der Positivität und der Negativität gegeneinander haben, so daß also das Empirische zugleich ein absolutes Etwas für den Begriff ist und zugleich absolutes Nichts. Durch jene Seite sind sie der vorherige Empirismus, durch diese sind sie zugleich Idealismus und Skeptizismus; jenes nennen sie praktische, dies theoretische Philosophie; in jener hat für den Begriff oder an und für sich selbst das Empirische absolute Realität, in dieser ist das Wissen von demselben nichts".[76]

Jacobi verfolgt denselben Weg der verständigen Abstraktionen und des Festhaltens an der starren Entgegensetzung, geht aber zum Teil unterschiedliche Umwege. Die Position von Jacobi ist jedoch für Hegel nicht ein für allemal gegeben. Seine Stellung in *Glauben und Wissen* ist ziemlich verschieden von der Bewertung als Beispiel der dritten Stellung der *Enzyklopädie*. Beim frühen Hegel ist Jacobi eine eminente Form der Reflexionsphilosophie, der in dem Gewebe des Empirismus verwickelt worden ist.[77] Jacobi leugnet nicht die Objektivität in dem Sinne, wie Hume, Kant und

76 GuW: 295.

77 Über die Anfänge der Bekanntschaft Hegels mit der Philosophie Jacobis und deren frühe Rezeption durch Hegel s. auch Gawoll 1998.

Fichte dies machen, aber das Objektive, das er annimmt, ist ein gemein Objektives, ein empirisch geschaffenes Endliches, von dem und seinem Sein man nur durch ein subjektives Prinzip wissen kann. Der *Glauben* wird an die Stelle der *Erkenntnis* des wahren Wesens der Sachen versetzt. Ein *subjektives Prinzip*, das das bloß empirisch Erworbene begleitet und beglaubigt. Hegel bemerkt, „daß Jacobi auf die Gewißheit des gemeinen Objektiven den Namen Glauben ausdehnte und dadurch der Gewißheit der gemeinen Objektivität von seiner Seite eben die Wichtigkeit gab, welche Hume, Kant und Fichte ihr auf eine andere Weise gaben, eine Wichtigkeit, die – da Jacobi durch Behauptung derselben und Hume, Kant und Fichte durch Verneinung derselben, beide Teile gleicherweise ein und ebendieselbe Beschränktheit und Endlichkeit absolut machen – für beide ganz dieselbe wird, indem es völlig gleichgültig ist, ob die Endlichkeit etwas Objektives (im gemeinen Sinne) oder Subjektives sei, wenn sie absolut ist".[78] Jacobi folgt in der Tat dem Glauben Humes an die sinnliche Wahrnehmung, ergänzt jedoch durch die Lehre des naiven Realismus.[79] Er borgt sich das Wort ‚Glauben' von der Philosophie Reids (oder zumindest bezieht er es darauf) und stellt fest, dass sich weiter kein Unterschied zwischen *Glauben* und *Empfindung* feststellen lässt.[80] Diese sinnliche, gemeine Wirklichkeit macht den einzigen Grund menschlichen Wissens, worauf alles zurückzuführen ist. Wie Hegel bemerkt: „Es ist hier das Wissen von gemeiner Wirklichkeit, die sinnliche Wahrnehmung nicht nur in den Glauben eingeschlossen, sondern auf sie ganz allein der Glaube und die ewigen Wahrheiten eingeschränkt".[81] Das ganze Gerüst menschlichen Wissens, einschließlich der Prinzipien der formalen Logik, basiert auf Erfahrung. Jacobi sieht im „Nichts der Endlichkeit" ein „absolutes Ansich".[82] Insofern wird die Jacobische Philosophie von Hegel mit harten Worten als „absoluter Empirismus"[83] und „ein merkwürdiges Stück des Lockeschen und Humeschen Empirismus"[84] charakterisiert.[85]

Man sollte jedoch einräumen, dass diese Einschätzung der Stellung der Jacobischen Philosophie für Hegel in der Tat eine vorübergehende ist. Der

78 GuW: 377.

79 Jacobi versucht in der Tat eine Art Auslegung des Humeschen Denkens aus dem Gesichtspunkt des naiven Realismus (JacHume); s. auch Giovanni 1998.

80 JacHume: 22-3.

81 GuW: 378.

82 GuW: 338-9.

83 GuW: 333.

84 GuW: 336.

85 Über die Beziehung Jacobis zu Reid, Schulze und den „unechten Skeptizismus" s. auch Vieweg 2007: 141-162.

teilweise ‚Empiriker' Jacobi von *Glauben und Wissen* wird in der *Enzyklopädie* aus einer ganz anderen Perspektive aus angeschaut und seine Identifizierung mit dem Empirismus ist hier kaum noch zu finden. Dieser Jacobi eröffnet die moderne spekulative Philosophie, indem er durch seine Lehre vom unmittelbaren Wissen die Überwindung der Dualität von Denken und Sein anstrebt. Es ist sicherlich merkwürdig und zeigt in der Tat diese Umstellung Jacobis im Denken Hegels, dass sowohl in der Enzyklopädie von 1827 und 1830 als auch in den *Vorlesungen über die Logik* von 1831 jede Verknüpfung der Jacobischen Philosophie mit dem Empirismus fehlt. Der Vorwurf des Empirismus und die früheren harten Ausdrücken sind völlig verschwunden. Hegel legt nun nicht mehr den Akzent auf die Rolle des gemein Empirischen, sondern auf das, was das Prinzip selbst ausmacht, und dies ist die Überwindung der absoluten Trennung von Sein und Denken in einem, sonst einseitigen und letztendlich subjektiven, d.i. wiederum endlichen, Prinzip. In diesem Sinne schreibt Hegel in der *Enzyklopädie*: „Die Behauptung dieses Standpunkts ist nämlich, daß weder die *Idee* als ein bloß *subjektiver* Gedanke, noch bloß ein Sein für sich das Wahre ist; [...] damit wird also unmittelbar behauptet, daß die Idee nur *vermittels* des Seins und umgekehrt das Sein nur *vermittels* der Idee *das Wahre* ist. Der Satz des unmittelbaren Wissens will mit Recht nicht die unbestimmte, leere Unmittelbarkeit, das abstrakte Sein oder reine Einheit für sich, sondern die Einheit *der Idee* mit dem Sein".[86] Das Scheitern Jacobis besteht vor allem darin, dass diese gegenseitige Vermittlung von Sein und Denken erst im Rahmen eines einseitigen Aktes der Unmittelbarkeit erfasst wird, so dass die Momente der Unmittelbarkeit und der Vermittlung getrennt voneinander hervortreten. Die Vermittlung von Sein und Denken *im Wissen* wird einseitig durch das Prinzip des Glaubens, der bloßen Unmittelbarkeit aufgehoben. Die Unmittelbarkeit wird nur mit Ausschließung der Vermittlung gewonnen. Der Standpunkt, den die Jacobische Philosophie repräsentiert, „gibt sich [...] als ein Zurückfallen in den metaphysischen Verstand kund",[87] macht den Versuch eines „nicht mehr unbefangenen"[88] Aufstellens der Identität von Denken und Sein, von Subjekt und Objekt aus; er ist eigentlich eine „Rückkehr zum ersten, aber mit dem Bewußtsein, daß das Denken überhaupt oder [das] Subjekt allerdings unmittelbar mit dem Gegenstand verknüpft sei".[89] An die Stelle der Diskussion über das Absolutsetzen des empirisch Gegebenen, als einer empi-

86 Enz I: 159-160.
87 Enz I: 155.
88 Vorlesungen 10: 70.
89 Vorlesungen 10: 23.

ristischen Herangehensweise, tritt die kritische Diskussion über die Ähnlichkeiten und Unterschiede Jacobis mit der Cartesischen Metaphysik und der Lehre der angeborenen Ideen.[90]

Der Empirismus nimmt also – nach Hegel – eine herausragende und wichtige Stellung in der Moderne ein. Er ist ein Ausgangspunkt der neueren Philosophie und vererbt ihr seine grundlegende Denkstruktur und alle seine Dichotomien und Einseitigkeiten, die bis zu ihrer Überwindung fortgebildet werden. Der Empirismus stellt sich schon in *Glauben und Wissen* als eine allgemeine Denkform auf, die unabhängig von ihren verschiedenen historischen Verwirklichungen anzuerkennen ist und in die verschiedenen Denktypen des modernen Philosophierens eindringt.

II.4. Kurzer Blick auf die Hauptpunkte einer Kritik am Empirismus

Der Empirismus macht einen sowohl einheitlichen als auch diastaltischen Begriff der Philosophie aus, der eine tiefe Differenzierung in sich beinhaltet. Der Empirismus, als ein gewissermaßen Genus- bzw. Muster-Begriff ist ein reicher und dynamischer Denktypus. Hinter seiner allgemeinen Form stehen die verschiedenen *konkreten geschichtlichen* Empirismen; er macht in der Tat ein ganzes Spektrum aus, dass seine innere unterschiedliche Struktur auftreten lässt. Das beweisen einerseits die wohl zu unterscheidenden Empirismen, die Hegel explizit für *Formen* des *Empirismus* hält, sowie andererseits der oft von Hegel verwendete Ausdruck ‚*konsequenter*' und ‚*inkonsequenter* Empirismus',[91] was selbstverständlich auf die Möglichkeit einer Menge von *Empirismen* verweist. Diese zwei Seiten, d.h. der *Empirismus* und die *Empirismen*, bleiben im ganzen Werk Hegels aktiv und sein allgemeines Begreifen und Kritisieren, die Kritik des Empirismus *überhaupt*, lässt häufig die Verknüpfung der Kritik mit besonderen Formen des empiristischen Denkens zum Vorschein kommen.

Man sollte ferner die irreführende Vorstellung, dass die Kritik Hegels am Empirismus ausschließlich in solchen Teilen wie den ‚drei Stellungen' der *Enzyklopädie* oder der geschichtlichen Darstellung der *Vorlesungen*

90 Vgl. z.B. Enz I: 154, 157-8, 165-167.

91 In der Enzyklopädie ist der Materialismus und in den *Vorlesungen* hauptsächlich Hume das Paradigm eines *konsequenten* Empirismus.

durchgeführt wird, zurückweisen. Der Hauptpunkt und auch das Ziel dieser Arbeit besteht hingegen darin, die kritische Auseinandersetzung Hegels mit dem Empirismus in seinem systematischen Werk herauszuarbeiten, nämlich in seinen Überlegungen der *Phänomenologie*, der *Logik* und der *Enzyklopädie*, um so nach der Entsprechung des Empirismus mit bestimmten Momenten des Hegelschen Systems oder mit besonderen logischen Bestimmungen zu fragen. Die allgemeinen Charakteristika des Empirismus machen nur diejenige allgemeine Darstellung aus, die der systematischen Forschung als Orientierungszeichen dienen kann. Nach dieser Vorerinnerung können nun im Weiteren kurz einige der basalen Merkmale des Empirismus in groben Zügen aufgezählt werden, wie man sie in der *Enzyklopädie* und in den *Vorlesungen* finden kann. Eine kurze Gruppierung der Hauptpunkte, die Hegel in Bezug auf den Empirismus hervorhebt, mag erforderlich sein, damit man sich in der systematischen Untersuchung orientieren kann.

II.4.1. Die antimetaphysische Richtung – das große Prinzip des Empirismus

Der Empirismus ist nach Hegel das notwendige Produkt eines wirklichen Bedürfnisses des Geistes, eines richtigen philosophischen *Interesses*. Das reflektierende Denken entsteht als Resultat der polemischen Reaktion des Geistes auf seine vorherige metaphysische Strukturierung. Das Herumtreiben der Philosophie in den Abstraktionen der ‚vormaligen Metaphsysik', das ewige hin und her des Philosophierens bei seinem Versuch die Wahrheit zu begreifen, haben den Geist dazu geführt, sich einen „*festen* Halt",[92] einen stabilen Anhaltspunkt zu suchen, und den als das Kriterium der Wahrheit, als die Grundlage alles Wahren zu erklären. Der Empirismus entsteht für Hegel als eine Reaktion gegen die Methode des Verstandes, die „Methode der endlichen Bestimmungen",[93] die das Wissen auf einen regressus ad infinitum reduziert und der Philosophie ständig mit dem Abgrund des Skeptizismus droht.[94] Den festen Halt findet der Empirismus in dem Jetzigen, Hiesigen und Diesseitigen überhaupt, wohingegen die Metaphysik sich immer mit dem Ewigen, Unendlichen und Jenseiti-

92 Enz I: 106.

93 Enz I: 106-7.

94 Es ist sicherlich merkwürdig, dass der Empirismus nach Hegel zunächst als ein Heilmittel gegen den Skeptizismus auftritt, wohingegen er in denselben Skeptizismus gerät.

gen abgegeben hat: „Das *Hier*, die Gegenwart, das Diesseits sollte mit der leeren Jenseitigkeit, mit den Spinnengeweben und Nebelgestalten des abstrakten Verstandes vertauscht" werden.[95] Die Realität der Sinne und der Wahrnehmung galt für die Metaphysik als etwas Abgewertetes, Gemeines, Unreines, als etwas, worin das Wahre nicht anzusehen ist. Sie blieb in diesen ihren Abstraktionen gewissermaßen verhaftet, ohne aus ihnen herausgehen zu können und sich mit der Wirklichkeit in Verbindung zu setzen: „Das bloß verständige Denken ist auf die Form des abstrakt Allgemeinen beschränkt und vermag nicht zur Besonderung dieses Allgemeinen fortzuschreiten".[96] Diese zurückgetriebene gemeine Realität stellt nun der Empirismus voran und will darin das Wahre aufzeigen. Gegen „die Abstrakten Theorien des Verstandes, der nicht für sich selbst aus seinen Allgemeinheiten zur Besonderung und Bestimmung fortgehen kann"[97], fordert der Empirismus den festen Halt prinzipiell in etwas *Konkretem* zu finden; „das scholastische Ausgehen von Grundsätzen, Definitionen hat man verworfen";[98] der Empirismus fordert jetzt einen „*konkreten* Inhalt"[99] *für das Wissen. Ein fester* Halt kann nur in der Form eines *konkreten* Inhalts existieren. Der *abstrakte* Inhalt der Metaphysik kann die Zumutungen des Geistes auf Wahrheit nicht mehr befriedigen. Der *Inhalt* des Wahren muss *da* und in *konkreter Form* gegeben sein – dieses findet der Empirismus in der Gestalt des *Sinnlichen* überhaupt, in der Form der *sinnlichen Wahrnehmung*. Darin wird die grundlegende *Gewissheit* alles Erkennens als ihr Grund gesetzt: „Das Äußerliche ist *an sich* das Wahre, denn das Wahre ist wirklich und muß existieren. Die unendliche Bestimmtheit also, die die Vernunft sucht, ist in der Welt, wenngleich in sinnlich einzelner Gestalt".[100]

Hegel spricht in der *Enzyklopädie* von dem „großen Prinzip" des Empirismus und versucht dadurch das Fundament dieser Philosophie zu beschreiben. Der Empirismus ist für Hegel diejenige Form der Philosophie, die von den Hirngespinsten des Verstandes abkommt und die Wahrheit, den Geist in die Wirklichkeit setzt. Das Prinzip des Empirismus besagt, dass alles, „was wahr ist, in der Wirklichkeit sein und für die Wahrnehmung da sein muß".[101] Die Philosophie beschäftigt sich nur mit dem *Wirklichen*, mit dem *Diesseitigen*. Der Empirismus gewährt dem Geist

95 Enz I: 109 Z.
96 Enz I: 107 Z.
97 Enz I: 106.
98 GdPh III: 223.
99 Enz I: 106.
100 Enz I: 109 Z.
101 Enz I: 108.

seine verlorene Realität und Gegenwart, zieht ihn aus seiner Jenseitigkeit heraus, in der die Metaphysik und der christliche Dogmatismus ihn verurteilt hatten. Er tritt zunächst als eine gründlich *antimetaphysische Lehre* auf, die den Menschen von dem alten Dogmatismus befreit. Nach dem Empirismus erkennt „*die Philosophie nur das, was ist*" an und verachtet was „*nicht da ist*".[102] Der Inhalt der Erkenntnis ist der „*präsente* Geist", die „*präsente* Natur",[103] die in der *sinnlichen Wahrnehmung* zu finden ist. Hegel hebt hervor: „Das Prinzip der *Erfahrung* enthält die unendlich wichtige Bestimmung, daß für das Annehmen und Fürwahrhalten eines Inhalts der Mensch selbst *dabei sein* müße, bestimmter, daß er solchen Inhalt mit *der Gewißheit seiner selbst* in Einigkeit und vereinigt finde. Er muß selbst dabei sein, sei es nur mit seinen äußerlichen Sinnen oder aber mit seinem tieferen Geist, seinem wesentlichen Selbstbewußtsein".[104] Für Hegel ist klar, „daß, was man weiß, von welcher Art es sein wolle, erfahren werden müße".[105] „Das Vernünftige *ist*, d.h. es ist als ein Seiendes für das Bewußtsein, oder es erfährt es; es muß gesehen, gehört, als Welterscheinung dasein oder dagewesen sein".[106] Der Geist muss existieren: „der Geist gibt sich Gegenwart, äußerliche Existenz".[107] Die Wahrheit findet sich in keinem allgemeinen, abstrakten Gesetz, nicht in dem Geist des unendlichen Gottes, nicht in ewigen Ideen usw. Es gibt kein allgemeines Bewusstsein, keinen allgemeinen Geist, keine jenseitige allgemeine Instanz, keine göttliche oder menschliche Autorität, die die Wahrheit verbürgt. Die Voraussetzung der Wahrheit liegt allein in der unmittelbaren Präsenz des einzelnen Subjekts in dem Jetzt und Hier der Realität. Es ist eine Verbindung des einzelnen Bewusstseins mit dem vereinzelten Objekt. In diesem Sinne hebt Hegel hervor: „den festen Halt nach der *subjektiven* Seite hat das empirische Erkennen darin, daß das Bewußtsein in der Wahrnehmung seine *eigene unmittelbare Gegenwart* und *Gewißheit* hat".[108] Das Bewusstsein, das durch die Reflexion zu sich zurückgekehrt ist, hat sich zugleich von jedem fremdartigen Inhalt geleert, tritt, wie gesagt, als ein *leeres Perzipieren* auf und hängt somit von nichts anderem ab als von seiner *eigenen* Erfahrung, von einem Inhalt, den es selber *findet* und in dem sich selbst findet. Nach dieser subjektiven Seite liegt im Empirismus „das wichtige Prinzip der

102 Enz I: 108.
103 Enz I: 49.
104 Enz I: 49-50.
105 GdPh III: 215.
106 GdPh III: 215.
107 GdPh III: 78.
108 Enz I: 108.

Freiheit", das besagt, dass „der Mensch, was er in seinem Wissen gelten lassen soll, *selbst* sehen, sich *selbst* darin *präsent* wissen soll".[109]

Hegel erkennt es zuallererst als das höchste Verdienst Bacons an, dass er sich entscheidend gegen die Metaphysik wendete und sich für die *Präsenz* des Geistes aussprach; er landete den abstrakten, fliegenden Geist auf dem Boden der Realität und gab folglich der Philosophie diese Realität als ihren eigenen Inhalt zurück. Mit Hegels Worten: „Von Bacon kann man sagen, was Cicero von Sokrates sagt: er habe das Philosophieren in die weltlichen Dinge, in die Häuser der Menschen heruntergeführt".[110] Bacon, dieser Erste aller Erfahrungsphilosophen, der „Anführer und Repräsentant dessen, was in England noch Philosophie genannt wird",[111] gewährt der Philosophie ihre verlorene *Diesseitigkeit* und *Gegenwart* und zieht sie aus den Nebeln der Abstraktionen in die gemeine Realität der Endlichkeiten herunter. Bacon und der Empirismus überhaupt bringen das dem Geist notwendige *Moment der Endlichkeit* zu Tage: „Die Abstraktion an und für sich muß sich bestimmen, partikularisieren".[112] Die Gegenwart des Geistes ist aber bei dem Empirismus bloß die *sinnliche Anwesenheit* desselben und hat nur die Bedeutung des bloßen *Wahrnehmens*; diese Sinnlichkeit wird letztlich zum Wesen der Wahrheit der Dinge, zum *Wahren* als solchem. Das Wirkliche gehört allein der *Wahrnehmung* an. Sie macht die Basis und in einem gewissen Sinn das Ganze des Wissens aus. Alles andere, wie allgemeine Vorstellungen, allgemeine Sätze sind durchaus allein daraus resultiert und insofern ein bloßes formales Produkt unserer Subjektivität, das somit streng gesprochen, *keine Wirklichkeit* hat. Auf diese Weise verwandelt sich die empirische Realität des Geistes zum Ganzen des Wissens.

Die Grenze des Empirismus besteht für Hegel eben darin, dass er die Erfahrung, die Wirklichkeit verabsolutiert, statt sie als ein *Moment* des Wissens zu erkennen. „So betrachtet", bemerkt Hegel im Locke-Abschnitt seiner *Vorlesungen*, „daß der Begriff gegenständliche Wirklichkeit für das Bewußtsein habe, ist dies ein notwendiges Moment der Totalität. Aber wie dieser Gedanke bei Locke erscheint, daß wir das Wahre aus der Erfahrung oder dem sinnlichen Sein, aus der Wahrnehmung nehmen und abziehen, ist er der trivialste, schlechteste Gedanke, – statt [eines] Moments [wird es]

---

109 Enz I: 108; vom Wortschatz her scheint es, als bezihe sich Hegel besonders auf die französische Philosophie, was diese Seite der Freiheit des Empirismus betrifft (vgl. den Abschnitt über Helvétius in den *Vorlesungen über die Geschichte der Philosophie* – GdPh III: 304-5).

110 GdPh III: 78.

111 GdPh III: 76.

112 GdPh III: 78.

so das Wesen des Wahren".[113] Wenn also der Empirismus nach der *subjektiven* Seite das Prinzip der Freiheit mit sich bringt, insofern er die Befreiung des Bewusstseins von jedem fremden Inhalt und jeder uneigenen Instanz erklärt, ist er zugleich nach seiner *objektiven* Seite, nämlich nach der Seite des Gegenstandes des Wissens, eine „Lehre der Unfreiheit",[114] denn das Sinnliche ist für den Empirismus ein bloß Äußerliches und „Gegebenes", ein Vorgefundenes, das von der Subjektivität nicht mit bestimmt worden ist.[115] Der Gegenstand liegt dem Bewusstsein gegenüber und wird von ihm völlig *passiv* aufgenommen. Jegliche *Aktivität* des (sonst *geleerten*) Subjekts, des Verstandes, kommt als eine bloß formale Verarbeitung dieses ursprünglich Gegebenen: „über die Materialien" seiner Erfahrung „hat der Mensch [...] keine Gewalt"; er kann sie weder schaffen noch vernichten; „alles, was er tun kann, besteht darin, daß er sie entweder miteinander vereinigt, sie nebeneinanderstellt oder vollkommen trennt".[116] Locke bemerkt über die einfachen Ideen, diese Grundsteine alles Wissens oder das „Material unserer gesamten Erkenntnis"[117], dass hierbei „sich der Verstand rein passiv [verhält]; es hängt nicht von seinen Kräften ab, ob er zu diesen Anfängen oder Materialien der Erkenntnis [...] gelangt oder nicht. [...] Der Geist [ist] gezwungen, die Eindrücke aufzunehmen; er kann sich der Wahrnehmung der mit ihnen jeweils verknüpften Ideen nicht entzie-

113 GdPh III: 203.

114 Enz I: 111 Z.

115 Heidemann versteht die Behauptung Hegels nicht richtig, dass der Empirismus eine „Lehre der Unfreiheit" zu werden beginnt, wenn er das als ein Symptom des *materialistischen* Empirismus auffasst. Heidemann (Heidemann 2007a: 136) schreibt: „Auf der anderen Seite aber unterstellt er dem Empirismus, dieser ginge aufgrund der sinnlichen Erfahrung von Wissen in den ‚Materialismus' über und entpuppe sich so zu guter letzt als ‚Lehre der Unfreiheit'". Das resultiert aber keinesfalls aus dem mündlichen Zusatz, in dem Hegel, nachdem er sich zum *Materialismus* gewendet hat, zum *Empirismus* überhaupt zurückkehrt, um festzustellen, dass dieser die Unfreiheit mit sich bringt. Was Hegel sagt, ist ziemlich eindeutig: „Indem nun dies Sinnliche [das Sinnliche *überhaupt*, nicht die *Materie – JK*] für den Empirismus ein Gegebenes ist und bleibt, so ist dies eine Lehre der Unfreiheit" (Enz I: 111 Z.). Dass der Empirismus ein ‚absolut Anderes' gegen das Subjekt unterstellt ist seine Grundannahme, sein Ausgangspunkt und letztendlich die Grundannahme aller Reflexionsphilosophie; das ‚absolut Andere' könnte keinesfalls lediglich mit der Materie des Materialismus identifiziert werden, obwohl der Materialismus die Absolutheit dieses ‚Anderen' konsequenter zum Ausdruck gebracht hat.

116 Versuch I: 186.

117 Versuch I: 127.

hen".[118] Das Sinnliche hat die Form eines unreduzierbaren Elements, das sich nicht aufheben lässt, sondern als Absolutes gilt. Der Empirismus verwandelt sich nun notwendigerweise zu einer solchen Lehre der *Unfreiheit*, „denn die Freiheit besteht gerade darin, daß ich kein absolut Anderes gegen mich habe, sondern abhänge von einem Inhalt, der ich selbst bin".[119] Der Empirismus bildet so nur eine *subjektive* und *formelle* Voraussetzung der Freiheit, wohingegen der Inhalt in seiner Äußerlichkeit verewigt und jene Freiheit immerhin verletzt bleibt.

Der implizite Dualismus des reflektierenden Denkens des Empirismus tritt als eine zweifache *Gewissheit* im Auffassen des Gegenstandes hervor: eine Gewissheit des Gegenstandes als Diesseitigen und Konkreten und eine Gewissheit des einzelnen Subjekts, als in diesem Auffassen Präsenten. Das Wahre entflieht dem Empirismus, insofern er nicht nach der Wahrheit des Inhalts *für sich selbst* fragt[120] und die Trennung beider voraussetzt. Über die *Gewissheit* hinaus kann das empiristische Denken eigentlich nicht gehen, denn es kann nie zu einer wahren Identität des Gegenstandes und seines Wissens davon gelangen. Die subjektive Form der Gewissheit, als eine bloße Versicherung ist somit der höchste Wahrheitsgrad des Empirismus. Von dem Empirismus kann man sagen, was Hegel in der *Logik* von dem „gewöhnlichen Bewußtsein" sagt: für dieses ist „die Trennung des *Inhalts* der Erkenntnis und der *Form* derselben, oder der *Wahrheit* und der *Gewißheit*" vorausgesetzt; „der Stoff der Erkenntnis" wird „als eine fertige Welt außerhalb des Denkens an und für sich vorhanden" vorausgesetzt, wohingegen „das Denken für sich leer sei" und „als eine Form äußerlich zu jener Materie hinzutrete, sich damit erfülle, erst daran einen Inhalt gewinne und dadurch ein reales Erkennen werde".[121]

Das Baconische Prinzip der Erfahrung durchdringt die ganze empiristische Tradition und äußert sich in verschiedenen Weisen bei allen Empirisnten. Noch bei den Schotten oder bei den französischen Materialisten ändert sich dessen Gültigkeit nicht; der Streit um die Natur des Allgemeinen, um die Realität der empiristischen ‚Ideen' und den ontologischen Status der erfahrenen Welt oder der Streit darüber, ob man einen unmittelbaren Zugang zur Welt hat oder ob seine eigenen Vorstellungen den einzigen unmittelbaren Gegenstand ausmachen, all dies berührt nicht das Prinzip, dass sich alles, was wir erkennen, in der sinnlichen Erfahrung (äußeren oder inneren) finden lässt und von dem individuellen Bewusstsein unmit-

118 Versuch I: 126; s. auch ebenda 469.
119 Enz I: 111 Z.
120 GdPh III: 206.
121 Logik I: 36-7.

telbar aufgefasst werden muss. Der Streit um die *Form* des Erfahrenen, des Sinnlichen hebt nicht den Inhalt selbst auf.

II.4.2. Einzelheit und Allgemeinheit – ein Hauptgegensatz

Wie schon gezeigt wurde, macht der Empirismus eine Ur- und Hauptform des reflektierenden Denkens der neueren Philosophie aus und steht somit fest auf dem Standpunkt der Reflexion, nämlich der Scheidung von Denken und Sein, von Subjekt und Objekt. Sein subjektives Interesse beschränkt sich auf die Frage, wie man dazu kommt, Vorstellungen von Dingen zu haben, oder wie überhaupt das „Übergehen des Objektiven oder des Gefühls in die Form von Vorstellung" vollzogen wird.[122] Es geht dennoch nicht um eine Begründung der Gedanken und Vorstellungen, sondern nur um eine bloße „Berechtigung" derselben.[123] Das *Interesse fällt nicht auf die Bezogenen*, sondern nur auf die *Beziehung*; die Bezogenen, *Dinge* und *Subjekt*, „sind als geltend vorausgesetzt".[124] Diese zwei von vornherein geltenden Elemente, diese zwei Seiten des festen Halts des Empirismus, nämlich ein *konkretes* Subjekt, das einer *konkreten* Realität gegenübersteht, sind, wie gesagt, die zwei Angelpunkte des empiristischen Dualismus. Das *konkrete Diesseits* geht sowohl das Objekt als auch das Subjekt des Wissens an und beide werden in derselben empirischen *Gegenwärtigkeit* und *Diesseitigkeit* erkannt.

Das Feld der Sinnlichkeit überhaupt ist für den Empirismus das, was dem Wissen die Festigkeit, die Positivität und Konkretheit gewährleisten kann. Dem Verstand und ihren Abstraktionen stellt der Empirismus jenes Vermögen entgegen, das ihm am meisten scheint: die *sinnliche Wahrnehmung*. In ihr wird die Gewissheit *beider*, Bewusstsein und Gegenstand, gezeigt und verbürgt.

Anhand dieser Grundannahme versucht nun der Empirismus den oben genannten Hauptgegensatz der Neuzeit, nämlich den von Denken und Sein, zu konzipieren und explizieren. Eine besondere Form, in dem sich dieser Gegensatz für den Empirismus ausdrückt, ist die von *Einzelnem* und *Allgemeinem* – eine ständige Entgegensetzung, die im Vordergrund der ganzen empiristischen Problematik steht. Ein *einzelner Gegenstand* steht einer *subjektiven Allgemeinheit* gegenüber, die entweder das Produkt eines abstrahierenden Verstandes oder eine Selbsttäuschung ist, die aufgrund

122 GdPh III: 205.
123 GdPh III: 122.
124 GdPh III: 206.

eines Missachtens der zeichenmachenden Funktion der Phantasie und der Rolle der Sprache entsteht. Die Scheidung von Einzelnem und Allgemeinem ist ein Hauptmoment des Verfahrens des Empirismus. Hegel verortet diesen Unterschied des Weiteren in der nicht zu verachtenden Differenz von ‚einzelner Wahrnehmung' und ‚Erfahrung': „die einzelne Wahrnehmung [ist] von der Erfahrung unterschieden, und der Empirismus erhebt den der Wahrnehmung, dem Gefühl und der Anschauung angehörigen Inhalt in die *Form allgemeiner Vorstellungen, Sätze* und *Gesetze* usf.".[125] Oder wie sich Hegel in Bacon-Kapitel seiner *Vorlesungen* äußert: „Diese Partikularität muß für sich ausgebildet werden. […] Die Empirie ist nicht bloßes Beobachten, Hören, Fühlen usf., das Einzelne wahrnehmen, sondern geht wesentlich darauf, Gattungen, Allgemeines, Gesetze zu finden".[126] Die Herkunft, die Natur, Beschaffenheit und Rolle des Allgemeinen beschäftigt den Empirismus und ruft im Rahmen seines ‚großen Prinzips' abweichende Ansätze hervor.

Der Empirismus spricht allerdings dem Sinnlichen und Wahrgenommenen prinzipiell alle Allgemeinheit ab; er gibt zu, dass die „allgemeinen Bestimmungen (z.B. Kraft) keine weitere Bedeutung für sich haben sollen als die aus der Wahrnehmung genommenen, und kein als in der Erscheinung nachzuweisender Zusammenhang Berechtigung haben soll".[127] Dem sinnlich Wahrgenommenen gehört sonach allein eine gemeine und an sich nicht überwindliche Einzelheit, Endlichkeit. Das *Objektive*, der Gegenstand hat allein die Gestalt eines *Vereinzelten*. Das ist die einzige Form, in der das Wahre auftritt. Der „wahre Weg", bemerkt Bacon, „leitet aus den Sinnen und dem Einzelnen die Grundsätze ab, indem er stetig und stufenweise aufsteigt, um zuletzt zum Allgemeinsten zu gelangen".[128] Dieser Ansicht schließt sich auch Locke ausdrücklich an, über den Hegel kritisch bemerkt: „die einzelnen Wahrnehmungen sind das Erste, das Allgemeine das Folgende, das von uns Gemachte, nur dem Denken als subjektivem Angehörige".[129] Für Locke ist alle Allgemeinheit ein bloß subjektives Produkt des Verstandes; alle unsere „allgemeinen Ideen" sind „Erdichtungen oder Erfindungen des Geistes".[130]

---

125 Enz I: 108.
126 GdPh III: 78-9.
127 Enz I: 108.
128 Aphorismen: 30.
129 GdPh III: 206; s. auch GdPh III: 220: „Das Allgemeine als solches ist nach Locke Produkt unseres Geistes; es ist nicht das Objektive, sondern bezieht sich nur auf Objekte".
130 Versuch II: 263.

Berkeley und Hume treiben den genannten Gegensatz auf die Spitze und nehmen eine radikale Stellung gegenüber der Lockeschen Lehre der abstrakten, allgemeinen Ideen ein.[131] Hegel bemerkt über Hume, dass sich bei ihm „der Gegensatz des Sinnlichen und Allgemeinen gereinigt und schärfer ausgesprochen" hat.[132]. Die Allgemeinheit enthält jedoch zwei diskrete Seiten, einerseits geht es um jene allgemeinen Vorstellungen von einzelnen Dingen oder von einfachen Ideen, andererseits aber um die Allgemeinheit unserer Vorstellungen der aufeinanderfolgenden und nebeneinanderliegenden Gegenständen, d.h. um die allgemeinen Grundsätze und Gesetze, nämlich um die allgemeine Gültigkeit der Gesetze, um die Notwendigkeit der Natur und unseres Wissens. Darin unterscheiden sich die Ansichten von Berkeley und Hume, was auch Hegel explizit hervorhebt.

Anstelle der Allgemeinheit der besonderen Vorstellungen (der Lockeschen ‚abstrakten Ideen' von besonderen Gegenständen), die eine Art subjektiver Elemente im Kopf des Menschen ausmachen, tritt bei Berkeley und Hume eine Theorie des *Zeichens* und des *Sprachgebrauchs* hinzu, die das angeblich Allgemeine in der Funktion der Sprache, der *allgemeinen Wörter*, der *allgemeinen Termini* überträgt. Das Allgemeine wird auf diese Weise endgültig aus der Sphäre unseres Wissens verbannt. Es ist nicht nur das Sinnliche „als leer an Allgemeinheit bestimmt"[133], was auch von Locke zugestanden worden wäre, sondern dazu wird die Möglichkeit der Formierung von *allgemeinen Vorstellungen* im Geist völlig abgelehnt. Alle unsere Vorstellungen sind individuell und was man als allgemeine Idee bezeichnet, ist nur entweder eine *einzelne* Vorstellung, die als *Zeichen* für alle anderen ähnlichen Vorstellungen gesetzt ist, oder lediglich ein Wort, das als allgemeiner Terminus gilt, und die Rolle eines Repräsentanten für eine Menge ähnlicher Vorstellungen spielt.[134]

Gegen die Allgemeinheit der *Grundsätze* und *Gesetze* führt Hume eine starke Kritik der *Induktion* und setzt an die Stelle der *Allgemeinheit* und *Notwendigkeit* ein subjektives anthropologisches Prinzip, die *Gewohnheit*.[135] Die Wahrnehmung, die bloße einzelne oder bündelmäßige Wahr-

131 Es können hier nicht alle verschiedenen Schattierungen des zentralen Gegensatzes des Empirismus von Einzelheit und Allgemeinheit diskutiert werden. Im Laufe der weiteren systematischen Annäherung der Hegelschen Empirismus-Kritik können auch die Einzelfälle der Common-Sense-Philosophie oder des französischen Materialismus und ihre Opposition zu dem klassischen englischen Empirismus nur zusammenfassend vorgestellt werden.

132 GdPh III: 276.

133 GdPh III: 276.

134 Vgl. Abhandlung: 20, 26-7; Drei Dialoge: 106-110 ; Traktat: 30-9

135 Dazu s. auch Merker 1990 und Gerhard 2005.

nehmung von Gegenständen bleibt der einzige Gehalt unseres Wissens, „die Allgemeinheit und Notwendigkeit [erscheint] als etwas *Unberechtigtes*, als eine subjektive Zufälligkeit, eine bloße Gewohnheit, deren Inhalt so oder anders beschaffen sein kann".[136] Der Humesche Empirismus, wie Hegel weiter bemerkt, „legt die *Wahrheit* des Empirischen, des Gefühls, der Anschauung zum Grunde und bestreitet die allgemeinen Bestimmungen und Gesetze von da aus, aus dem Grunde, weil sie nicht eine Berechtigung durch die sinnliche Wahrnehmung haben".[137] Diese Auffassung Humes bildet für Hegel einen entscheidenden Fortschritt, der den Lockeschen metaphysizierenden Empirismus übersteigt und das empiristische Prinzip *konsequenter* zum Ausdruck bringt. Es ist zudem ein Schritt weiter von dem Punkt, zu dem auch Berkeley gelangt war, der, obwohl er die allgemeinen, abstrakten Vorstellungen verwirft, „diesen Unterschied nicht [macht], ob in seinen Empfindungen notwendiger Zusammenhang ist oder nicht".[138] Die *Inkonsequenz* Berkeleys besteht eben darin, dass, obwohl er die Allgemeinheit und Notwendigkeit *in den Ideen selbst* leugnet, doch der göttlichen Vorsorge und Güte die Gesetzmäßigkeit der Phänomene der Erfahrung überlässt.[139] Was die *Erfahrung* selbst anbelangt, hält Berkeley ausdrücklich fest, dass die Ideen bzw. Vorstellungen selbst keine allgemeinen Ideen von Kräften und Gesetzen enthalten: „die Verbindung der Ideen [schließt] nicht die Beziehung von *Ursache* und *Wirkung* ein";[140] und es „kann nichts absurder und unverständlicher sein", hebt Berkeley weiter vor, als das Zuschreiben von „Kraft und Wirksamkeit den Ideen selbst".[141] Jedoch, alle *Gesetzmäßigkeit* „hängt völlig von dem Willen des *herrschenden Geistes* ab"[142], und „ist nicht das Ergebnis irgendwelcher unveränderlicher Eigenschaften oder Beziehungen zwischen den Dingen selbst, sondern ausschließlich Resultat der göttlichen Güte gegenüber den Menschen bei der Lenkung der Welt".[143] Berkeley bildet seine Auffassung auf dem offenbaren Widerspruch zwischen dem Prinzip der Erfahrung und der göttlichen Instanz, die von außen kommt und so das Prinzip

136 Enz I: 111.

137 Enz I: 112.

138 GdPh III: 276-7; vgl. auch Heidemann 2007a: 144: „anders als für Berkeley sei für Hume die Frage zentral, ob sich ‚Allgemeinheit' und ‚notwendiger Zusammenhang' in der Wahrnehmung finde."

139 Vgl. Abhandlung: 52-3.

140 Abhandlung: 74.

141 Abhandlung: 53.

142 Abhandlung: 99.

143 Abhandlung: 100.

selbst verletzt.[144] Ähnlich wie Descartes verlässt auch Berkeley letzten Endes sein anfängliches Prinzip, spaltet die Konsequenz und Immanenz seiner Analyse und nimmt seine Zuflucht zur Gestalt Gottes. Wie bei Descartes die *Güte* Gottes das letzte Fundament und die letzte *objektive Bürgschaft für die Wahrheit des Wissens ist – im Gegenteil zum subjektiven* Prinzip der Klarheit und Deutlichkeit –, ebenso wird für Berkeley dieselbe Güte Gottes der Erklärungsgrund und die Gewährleistung der *Allgemeinheit* und *Notwendigkeit* des Zusammenhangs der sinnlichen Welt, die die Wahrnehmung selbst nicht bietet.

Hume geht noch einen Schritt weiter. Er übernimmt die Kritik Berkeleys an den allgemeinen Ideen und dem Sprachgebrauch, verlässt zugleich aber gänzlich dessen metaphysische und religiöse Vorurteile, indem er zu einem ausdrücklichen Skeptizismus gelangt. Was die allgemeinen Ideen betrifft, bemerkt auch Hume, „alle allgemeinen Vorstellungen seien nichts als individuelle Vorstellungen, verknüpft mit einem bestimmten Namen, der ihnen eine umfassendere Bedeutung gebe und bewirke, daß im gegebenen Falle andere ähnliche Einzelvorstellungen in die Erinnerung gerufen werden".[145] Auf der anderen Seite gibt es für Hume keinen solchen Gott, der den Zusammenhang, die Gesetzmäßigkeit und Notwendigkeit der Welt und die Allgemeinheit unserer Sätze gewährleisten könnte. Die Induktion bildet keinen Mechanismus, der wirkliche Erkenntnis hervorbringen könnte und hinter der Funktion der *Gewohnheit* existiert keine den Ideen selbst innewohnende Gesetzmäßigkeit. Sowenig eine solche Gesetzmäßigkeit in bloßen Vorstellungen zu finden ist, ebensowenig ist in denselben die ungeheurere Form eines Gottes zu finden, der sie angeblich durchsetzt und verbürgt.

An mehreren Stellen seines Werks befasst sich Hume intensiv mit der Frage der Allgemeinheit und Notwendigkeit der Welt und unseres Wissens von ihr. Der Mangel des Humeschen Skeptizismus ist für Hegel allerdings eben dasjenige, worin er sich von der alten, pyrrhonischen Skepsis unterscheidet, nämlich dass, während die antike Skepsis sich „gegen das Sinnliche kehrte", Hume dieses hingegen „zum Prinzip der Wahrheit" erhebt.[146] Auf der anderen Seite ist der Humesche Skeptizismus für Hegel der Höhepunkt des Empirismus, von dem an dessen erfolgreiche Überwindung be-

144 Diese den Begriff Gottes betreffende Inkonsequenz des Berkeleyschen Empirismus hat nicht nur Hegel, wie wir im Weiteren sehen werden, sondern auch schon Friedrich Schlegel ausdrücklich hervorgehoben (Stäbler 1935: 88).

145 Traktat: 30.

146 Enz I: 112.

ginnen kann. Wie auch Heidemann bemerkt, repräsentiert der Humesche Skeptizismus eine „radikalisierte und zugleich finale Form von Empirismus“,[147] oder wie Hegel sagt: die ‚Vollendung des Lockeanismus‘.[148]

II.4.3. Die Methode des Empirismus – Empirismus und empirische Wissenschaften

Der Empirismus, als eine mit dem Dualismus der Reflexion geprägte Philosophie hat zwischen *Wahrheit* und *Methode* zu unterscheiden; die Methode ist diejenige Herangehensweise, die das Subjekt mit dem Objekt in Einheit unter ein Prinzip bzw. das Kriterium der Wahrheit ordnet. Die Methode antwortet auf die Frage, wie man zum Gegenstand übergehen kann, um ihn richtig mit dem Kriterium der Wahrheit zu vergleichen, ohne ihn dabei mit uneigenen Elementen zu verfälschen. Seinem Prinzip zufolge, dass alles in der Wahrnehmung und in sinnlich konkreter Form zu finden ist, beschränkt der Empirismus seine Methodologie auf zwei simple Akten: *Beobachtung* und *Analyse*. Die „*Erklärung*“[149] des Wissens bedeutet die Absonderung und Aufzählung der einzelnen Bestimmungen, die sich in der Form des Konkreten der Wahrnehmung finden.[150] Der Empirismus nimmt in der Tat seine Methode unmittelbar von den empirischen Wissenschaften, die von der Betrachtung der Natur ausgehend ihr Material analysieren und zur Darlegung von allgemeinen Gesetzen, d.i. von allgemeinen Sätzen und Schlüssen, kommen. Das Entstehen des Empirismus sieht Hegel als Hand in Hand mit der Entwicklung der *empirischen Wissenschaften*. Der Empirismus folgt demselben Weg und versucht keine besondere philosophische Methodologie zu prägen. Wie die rationalistische Tradition die deduzierende Methode der Mathematik zur Orientie-

147 Heidemann 2007a: 144. Inwiefern diese Aussage haltbar sein kann und was sie eigentlich bedeuten soll, wird im letzten Abschnitt (II.5.) dieses Kapitels geprüft.

148 GdPh III: 277.

149 GdPh III: 219.

150 Die Frage der Methode und zwar als Verfahren gemäß Beobachtungsanalysen macht ein besonderes Moment der erkennenden Subjektivität aus. Hegel führt eine ausführliche Kritik hinsichtlich der Methode besonders im Abschnitt „Das analytische Erkennen“ der *Logik* und „Das Erkennen“ der *Enzyklopädie*, sowie in der „Beobachtenden Vernunft“ der *Phänomenologie des Geistes* durch. Zu Diskussion dieser Stellen werden wir im nächsten Kapitel kommen. Hier sollen die Bemerkungen über die Methode des Empirismus zunächst nur eine allgemeine, einleitende Rolle zu den besonderen Fragen spielen, die mit der systematischen Kritik am Empirismus verbunden sind.

rung nimmt und ihre Systematik nachzuahmen versucht (die *Ethik* von Spinoza gilt als ein solches Hauptparadigma), so überträgt der Empirismus die Methode der empirischen Wissenschaften (Naturwissenschaften) in das philosophische Räsonnement: „Dieses Räsonieren geht vom gegenwärtigen Geiste aus, vom eigenen Innerlichen oder Äußerlichen; es ist die Form, die in der Wissenschaft eingeführt wurde, die damals entstand. So gilt Newton bei den Engländern für den Philosophen κατ‘ ἐξοχήν. Dieser metaphysizierende Empirismus ist die vorzüglichste Weise der Betrachtung, des Erkennens in England und in Europa überhaupt; und die Wissenschaften im allgemeinen und besonders die empirischen Wissenschaften haben diesem Gange ihren Ursprung zu verdanken. Aus Beobachtungen Erfahrungen ableiten, heißt bei ihnen Philosophieren“.[151] Die Aufgabe der Philosophie besteht nun darin, die sinnliche Wahrnehmung zu analysieren und daraus die allgemeinen Bestimmungen der Dinge herauszuheben. Der Empirismus verwirft den synthetischen Weg der rationalistischen Philosophie, die mit Definitionen und allgemeinen Sätzen beginnt und dann in die sinnliche Welt überzugehen versucht. Hegel bemerkt: „Es ist Tendenz der Zeit und des englischen Räsonnements geworden, von Tatsachen auszugehen und danach zu urteilen“.[152] Hegel sieht in der Tat den Grund dieser Beziehung von empirischen Wissenschaften und Philosophie nicht als eine unberechtigte Verwechslung von Bereichen des Geistes, sondern als eine Folge des innigsten Verhältnisses beider. Der Geist erscheint zunächst als Reaktion auf ein Gegebenes, als Bearbeitung eines Anderen und die Wissenschaften bereiten eben das Material für die Philosophie selbst vor, indem sie das Sinnliche in allgemeine Vorstellungen und empirische Begriffe verwandeln; sie stehen nicht „bei dem Wahrnehmen der *Einzelheiten* der Erscheinung […], sondern denkend haben sie der Philosophie den Stoff entgegengearbeitet, indem sie die allgemeinen Bestimmungen, Gattungen und Gesetze finden; sie vorbereiten so jenen Inhalt des Besonderen dazu, in die Philosophie aufgenommen werden zu können“.[153] Insofern ist der „Erfahrung die *Entwicklung* der Philosophie zu verdanken“.[154]

Die Philosophie macht sich also auf den Weg der Erscheinung und der empirischen Erfahrung und versucht dadurch einerseits das Allgemeine von dem Konkreten abzuziehen und andererseits das Einzelne selbst als den elementarsten Baustein alles Wissens zu erkennen und auszusondern.

---

151 GdPh III: 223.

152 GdPh III: 76.

153 Enz I: 57-8; vgl. auch ebenda: 50, 52-3, 55-6; auch GdPh III: 79-80.

154 Enz I: 57.

Die Beobachtung geht vom *Konkreten* aus. Man könnte daher fragen, was dieses Konkrete sei, in welcher Form es dem Wissen gegeben ist. Zu bemerken ist zunächst, dass das Konkrete, indem es ein zu Analysierendes ist, selbstverständlich ein in sich differenziertes, zusammengesetztes sein muss. Das „Konkrete des Inhalts" sind „die Gegenstände des Bewußtseins", die „als in sich bestimmt und als Einheit unterschiedener Bestimmungen gewußt werden".[155] Der Empirismus schaut diesen konkreten Inhalt an, wie er durch die sinnliche *Wahrnehmung* geboten ist. Das Hier und das Diese der Gegenwart des Empirismus bietet sich zunächst in der Form der sinnlichen Wahrnehmung, in der Form von zusammengesetzten gegenständlichen Individuen: „in der Wahrnehmung hat man ein mannigfach Konkretes".[156] Die Wahrnehmung ist zwar nach Hegel eben „der Standpunkt unseres *gewöhnlichen Bewußtseins* und mehr oder weniger der Wissenschaften",[157] wie er in der Philosophie des Geistes erläutert. Dieser *Standpunkt* ist in der Tat der *Ausgangspunkt* des Empirismus. Die Sache, die *wir*, die *Wissenschaften* und der *Empirismus*, vor sich *finden*, ist die konkrete Sache der sinnlichen Wahrnehmung, ein vielfältiges Zusammen von Bestimmtheiten, ein Konkretes von konkreten Bestimmungen. Dieses *Konkrete* nimmt die empiristische Psychologie unter die Luppe der Analyse und *zergliedert*.

Der Zweck des Empirismus ist es einerseits, die Quelle und die Entstehungsweise der *allgemeinen Vorstellungen* und andererseits die Bausteine des Wissens, die *einfachen Ideen* der inneren und der äußeren Wahrnehmung zu bestimmen. Das *Einfache* und *Einzelne* ist der Grund und das letzte Fundament alles Wissens und die *Analyse* macht eben jenes methodische Mittel aus, das dem Empirismus zu diesem Zweck dient. Es ist ein Weg, der von der Welt der Wahrnehmung ausgeht, diese Welt auseinanderlegt und eine jede Bestimmung der Sache absondert und getrennt hält. Dies aber ist ein Weg der Täuschung für den Empirismus und die Analyse zeigt sich letztendlich als Altar, auf dem das Konkrete geopfert wird – die Opferstätte des Konkreten. Indem man das *Einzelne* als etwas für sich heraushebt, verwandelt es sich zugleich zu etwas abstrakt Allgemeinem, das jedoch vom empiristischen Gesichtspunkt nicht zu beurteilen ist. Hegel schreibt: „Diese Tätigkeit besteht […] darin, das gegebene Konkrete aufzulösen, dessen Unterschiede zu vereinzeln und ihnen die Form *abstrakter Allgemeinheit* zu geben; oder das Konkrete als *Grund* zu lassen und durch

155 Enz I: 107 Z.
156 Enz I: 109 Z.
157 Enz III: 209.

Abstraktion von den unwesentlich scheinenden Besonderheiten ein konkretes Allgemeines, die *Gattung* oder die Kraft und das Gesetz, herauszuheben".[158] Die Methode des Empirismus ist in einem gewissen Sinne das Zurückfallen desselben aus dem Standpunkt der Wahrnehmung in das bloße sinnliche Bewusstsein.[159] Er zeigt sich als der Untergang des gewöhnlichen Erkennens, aber zugleich ist dieser Weg, „der Fortgang von der Unmittelbarkeit der Wahrnehmung zum Gedanken",[160] insofern das Auseinanderlegen der Bestimmungen die in das Konkrete *vermischte* Allgemeinheit heraushebt. Diese Dialektik sieht jedoch der Empirismus selbst nicht ein und „indem er die Gegenstände analysiert, befindet sich im Irrtum, wenn er meint, er lasse dieselben, wie sie sind, da er doch in der Tat das Konkrete in ein Abstraktes verwandelt".[161]

Dies Eintreten der allgemeinen Bestimmungen ist zunächst, was Hegel als *Metaphysizieren* des Empirismus bezeichnet. Indem sich jemand über die bloß sinnliche Wahrnehmung erhebt und zu allgemeinen Bestimmungen der Sachen gelangt, metaphysiziert er, d.h. er formt die Beschreibung des Sinnlichen und Konkreten zu einem *Ungleichen* fort, ohne Rechenschaft zu geben, wie die allgemeinen Bestimmungen in das Besondere kommen.[162] Die empirischen Wissenschaften, sowie der philosophische Empirismus bedienen sich Kategorien, wie Kraft, Eines, Vieles usw. und dazu der Formen des Urteilens und Schließens. Dabei täuschen sie sich aber, da sie sich an bloße Erfahrung und Wahrnehmung halten. Sie gebrauchen die „Kategorien und deren Verbindungen auf eine völlig unkritische und bewußtlose Weise".[163] Das Metaphysizieren wird zu einem Vorwurf, indem der Empirismus sich der Ungleichartigkeit des Allgemeinen unbewusst bleibt und es ungeprüft, unkritisch gebraucht. Hegel führt den Vorwurf der unkritischen Metaphysik nur insofern allgemeine Bestimmungen, Kategorien und die logischen Formen als geltend vorausgesetzt und in die Philosophie eingeführt werden, bevor sie selbst bezüglich ihrer Wahrheit geprüft wurden. Die Ableitung des Allgemeinen aus dem Besonderen erklärt nicht, wie dieses in der einzelnen Wahrnehmung aufgefunden werden kann, es rechtfertigt nicht ob es an und für sich wahr ist. Den

---

158 Enz I: 379-380.

159 Dies werden wir im nächsten Kapitel ausführlich diskutieren. Besonders der Wahrnehmungs-Abschnitt der *Phänomenologie* bietet eine explizite Darstellung dieses Rückgangs von der Stufe des Bewusstseins zum elementarsten Gegensatz der Sinnlichkeit.

160 Enz I: 109 Z.

161 Enz I: 109-110 Z.

162 GdPh III: 210.

163 Enz I: 108.

Vorwurf des Metaphysizierens fürht Hegel demnach hauptsächlich gegen Locke und die empirischen Wissenschaften; die Philosophie Lockes wird so als „metaphysizierender Empirismus" betitelt.[164] Allerdings bemerkt Hegel im Bacon-Abschnitt der *Vorlesungen*, dass dieses *Metaphysizieren* ein allgemeines Verhalten ist, das „alle Empiriker"[165] angeht. Alle Empiristen sind zum Gebrauch jener metaphysischen Formen gezwungen und insofern *metaphysizierend*.

Es scheint, dass bei Hegel das Metaphysizieren *zunächst* nur konkrete Formen des Empirismus betrifft, wie den Baconischen und den Lockeschen Empirismus oder die Herangehensweise der empirischen Wissenschaften oder noch den Materialismus.[166] Hegel erlaubt allerding eine zweite und breitere Form des Metaphysizierens, insofern er den Gebrauch der logischen Bestimmungen, der Begriffen überhaupt und dazu der Formen des Urteilens und Schließens als Metaphysizieren charakterisiert. Auf diese Weise erstreckt sich das Metaphysizieren in der Tat auf jeden Empirismus, noch auf den Humes. Insofern der Gebrauch von Urteilsformen und Schlüssen zur Erklärung und Formulierung einer philosophischen Position der einzige mögliche Weg ist, kann man nun behaupten, dass Hegel das *Metaphysizieren* zu einem allgemeinen Zustand alles menschlichen theoretischen Handelns macht. Hume bedient sich somit in der Tat nicht weniger metaphysische Kategorien als Locke. Wenn Locke auf der einen Seite von Kraft, Substanz usw. spricht, spricht Hume ebensogut auf der anderen Seite von Einzelnem, von Ganzem (Aggregat) und Teilen, von Vielem usw. Die letzteren sind ebensogut Kategorien wie die ersteren. Der einzige Unterschied zwischen beiden bestände nun allein darin, dass, während Locke das Allgemeine, es sei nur als subjektives, in seinem System bewusst thematisiert, Hume dasselbe ganz unbewusst gebraucht. Insofern darf man sagen, dass *alle Empiriker* metaphysizieren, aber nur diejenigen, die sich explizit auf Kategorien und allgemeine Vorstellungen eingehen, öffnen letztlich Tür und Tor der Metaphysik, als einem System von endli-

164 Vgl. Enz I: 145; GdPh III: 209, 223.

165 GdPh III: 84.

166 Es ist leicht einzusehen, dass Hegel den Vorwurf des Metaphysizierens nicht so konsequent gebraucht. Einerseits wird der Materialismus, als „reflektierender Empirismus" (Enz I: 145) dem metaphysizierenden Empirismus entgegengestellt, andererseits wird zugestanden, dass der Materialismus sich nur auf die „Abstraktion und formelle Allgemeinheit" beschränkt (Enz I: 108; vgl. auch GdPh III: 299, 303), während Hegel als Metaphysizieren eben diese Ableitung des Allgemeinen aus dem Konkreten bezeichnet (GdPh III: 223; vgl. auch Enz I: 108). Zu dieser Frage s. auch weiter das Kapitel „2.6. Konsequenter und inkonsequenter Empirismus" in der vorliegenden Arbeit.

chen Verstandeskategorien. Diese zweite Fassung des Metaphysizierens ist jedoch nicht ihres *unkritischen* Gebrauchs von Begriffen anzuklagen, sondern eher ihrer absoluten *Bewusstlosigkeit* im Gebrauch von Kategorien – Hume will alle Allgemeinheit von der Sphäre menschlichen Wissens entfernen und eine Philosophie auf dem Prinzip der empirischen Einzelheit begründen, das kann er aber schaffen, indem er *Begriffe* gebraucht und ferner indem er *urteilt* und *schließt*.

Über die zweite Bedeutung des *Metaphysizierens* könnte man jedoch bemerken, dass sie ein nicht auf streng *philosophisches*, sondern eher auf ein *natürliches* Metaphysizieren hinweist. Locke und andere Empiriker *metaphysizieren* in dem Sinn, dass sie eben das aufnehmen, was sonst den Inhalt der Metaphysik ausmacht und danach streiten sie bloß um die Herkunft und die objektive Gültigkeit dieses Inhalts, dieser allgemeinen Bestimmungen. Diese Bedeutung des Metaphysizierens hat unmittelbar mit der Durchführung des *Prinzips* des Empirismus zu tun. Locke bleibt nicht dem Prinzip des Empirismus treu und in der Anwendung desselben verlässt er seinen Boden und übergeht in das Allgemeine; er lässt die bloße sinnliche, einzelne Wahrnehmung hinter sich und steigt auf Allgemeinheiten, Abstraktionen, *Ungleiches* auf. Im zweiten Fall aber führt man keine solchen fremden Sachen in die Behandlung seines Prinzips. Hume hält sich fest an den Boden der Erfahrung, ohne das Geringste nicht Erfahrenes zu gestatten. Das Aufzeigen des *Metaphysizierens* dieses Empirismus hat nicht unmittelbar mit der Einführung des Allgemeinen zu tun, sondern mit dem Beweisen, dass das Einzelne *an sich* etwas Allgemeines ist, dass das Einzelne, um bestimmt zu werden, um ausgedrückt zu werden, zu einem Allgemeinen verwandelt werden muss, dass, wenn man von der einzelnen Wahrnehmung *sprechen* will, dann allgemeine Bestimmungen in Anspruch nehmen und seine *Philosophie* als eine Reihe von Urteilen und Schlüssen ausdrücken muss. Dabei geht es aber nicht mehr um ein Metaphysizieren des Empirismus als eine entgegengesetzte Zutat zum Prinzip der Erfahrung.

Das ausführliche Aufzeigen dieses Metaphysizierens ist gründlicher und weist unmittelbar auf das fundamentale Scheitern des Empirismus hin, nämlich dass der Empirismus ein *‚falsches'* System ausmacht, indem er ein *Moment* des Wissens zum *System* erhebt. Das Aufzeigen dieses Metaphysizieren des Empirismus erfordert eine gründliche und systematische Auseinandersetzung mit seinem Prinzip und prüft in der Tat, dass *kein reiner Empirismus* und *keine reine Wahrnehmung* möglich ist und wenn man eine solches sinnlich Einzelnes postuliert, erhält man eher etwas ganz Abstraktes, ganz Allgemeines: „die Beobachtungen und Versuche laufen eben darauf hinaus, wenn sie richtig angestellt werden, daß nur der Begriff das

Gegenständliche ist. Den Versuchen entflieht eben unter den Händen das sinnlich Einzelne und wird ein Allgemeines".[167] Hegel bemerkt über die Empiristen überhaupt im Bacon-Abschnitt seiner Vorlesungen: „Teils alle [...] Erfahrungshelden nach ihm [Bacon – *JK*], die das ins Werk richteten, was er verlangte, und aus Beobachtungen, Versuchen, Erfahrungen die Sache selbst rein zu erhalten meinten, konnten es weder ohne Schlüsse noch ohne Begriffe machen und begriffen und schlossen um so schlechter, da sie meinten, sie haben nicht mit Begriffen zu tun, noch traten sie aus dem Schließen heraus zur immanenten, wahren Erkenntnis".[168]

Es geht also klar dabei um zweierlei *Metaphysizieren*, die Hegel nicht immer von einander unterscheidet. Wenn man will, könnte man das erste als *philosophisches* und das zweite als *natürliches* Metaphysizieren nennen. Das erste macht Hegel zum Vorwurf wegen des *unkritischen*, *ungeprüften* Gebrauchs von Kategorien, das zweite wegen der *Bewusstlosigkeit* über den Gebrauch von Kategorien. Nur in diesem zweiten Sinn des *Metaphysizierens* wäre man berechtigt zu behaupten, dass ‚alle Empiriker' in Formen der Metaphysik unvermeidlich übergehen.

Wie man nun einsehen kann, kommt das Metaphysizieren im zweiten Sinn in einer absolut *natürlichen* Weise auf, betrifft keine besondere philosophische Annahme, sonder taucht auf, sobald man *spricht*, sobald man zur *Sprache* kommt. Die Metaphysik ist nun letztendlich kein Zusatz des philosophischen Denkens, keine Eigentümlichkeit des Philosophierens, die man weglassen kann oder nicht. In seinem natürlichen Verfahren, im alltäglichen Leben und in der Alltagssprache begegnet der Mensch der Metaphysik. Die Kategorien sind nicht ausschließlich der Inhalt der Philosophie. Die Kategorien treten, wie Hegel bemerkt, in die Sprache auf natürliche Weise herein, so dass jeder Mensch sie *unbewusst* und *instiktartig* gebraucht: „Die Kategorien sind zunächst in der *Sprache* des Menschen herausgesetzt und niedergelegt".[169] Man treibt insofern eine *natürliche Metaphysik*, eine *natürliche Logik* in jedem Moment seines Handelns und Sprechens. Und der Standpunkt jenes Empirismus, der alle Allgemeinheit verwirft, geht nicht weiter von diesem Standpunkt des alltäglichen Bewusstseins, das unreflektiert auf seine eigene Tätigkeit verfährt. Diese Diskussion verweist ja direkt auf die *Phänomenologie* und besonders auf die Behandlung der Sprache im Kapitel der sinnlichen Gewissheit, allerding sollte man hier nicht so vieles vorausschicken, ohne den Rahmen einge-

167 GdPh III: 84.
168 GdPh III: 83.
169 Logik I: 20.

richtet zu haben, in dem dieses Problem ihren systematischen Wert wirklich erhalten könnte. Im dritten Kapitel werden wir auf diese Frage ausführlicher zurückkommen.

II.5. Idealismus und Realismus beim Empirismus – der Standpunkt des Bewusstseins

Es ist schon oben angesprochen, dass der Empirismus für Hegel ein breites Phasma ausmacht, das sowohl *idealistische* als auch *realistische* Ansichten einschließt. Unter dem Begriff des Empirismus stehen wohl der subjektive Idealismus Berkeleys mit dem Materialismus Holbachs oder dem direkten Realismus Reids nebeneinander. Man würde bemerken, dass der Empirismus, zumindest in seiner klassischen Form des englischen Empirismus, wesentlich auf den Bahnen des Idealismus steht und von *Vorstellungen* spricht; dieser Empirismus bringt mehr oder weniger ein solipsistisches Bewusstsein zum Ausdruck. Für den englischen Empirismus ist all unser Wissen ein Wissen von Vorstellungen. Noch die Ideen von primären Qualitäten Lockes sind *nur* Ideen, sie *widerspiegeln* bloß Seiten der Realität, aber wir schauen nicht die Realität direkt und unmittelbar an – wie der Fall z.B. bei den Schotten ist. Der Realismus Lockes geht nicht weiter von der bloßen Annahme der Substanz als des unbestimmten ‚Etwas', das die mannigfachen Vorstellungen trägt und die Vorstellungsbündel zu individuellen Dingen vereinigt.

Welche Beziehung können diese empiristischen *subjektiven Ideen* (Anschauungen und Vorstellungen) mit den entsprechenden Elementen der „Intelligenz" der enzyklopädischen Psychologie haben und welche Beziehung hat überhaupt der *Idealismus der Vernunft* zum Idealismus des Empirismus? Die Besprechung der Anschauungen und Vorstellungen in dem enzyklopädischen ‚theoretischen Geist' bezieht sich sicherlich an einigen Stellen auf den Empirismus und artikuliert eine besondere Kritik an seinem Psychologismus und Subjektivismus. Die Einzelheiten dieser Kritik werden ja im Weiteren dieser Arbeit diskutiert werden. Hier besteht die Frage allein darin, ob der Idealismus der Vernunft mit dem Idealismus des Empirismus überhaupt zu tun hat, ob die Besprechung der Frage des anschauenden und vorstellenden Denkens bedeutet, dass die Stufe der Vernunft eine solche Stufe ausmacht, worauf der Empirismus auch steht und die Hauptkritik an ihm (oder zumindest an seinen idealistischen Versionen) aus systematischer Sicht darin zu orten ist. Dadurch könnte einerseits einige Bemerkungen zur Beziehung des Empirismus auf den Gegensatz von Idealismus und Realismus vorausgeschickt, und andererseits der *Standpunkt des Empirismus*, in konkretem Hinblick auf das Hegelsche System, näher bestimmt werden.

Unter *ideas* kann man jegliche Elemente des Empirismus verstehen, die im ihrem breiten Sinn sowohl die *Anschauungen* als auch die *Vorstellungen* umfassen – die ersten als die unmittelbaren einfachen Ideen der Sinne, was Hume noch *impressions* nennt, und die zweiten als die daraus resultierten *images* von einfachen und zusammengesetzten Vorstellungen.[170] Im engeren Sinn pflegt man doch als *ideas* auch allein die vom und im Geist reproduzierten impressions zu nennen. Die *impressions* und *ideas* sind die bloß *subjektiven* Inhalte des erkennenden Subjekts, hinter denen es nicht gehen kann. Entweder sie der *unmittelbare*, wie bei Locke, oder der *einzige*, wie bei Berkeley und Hume, Gegenstand unseres Wissens sind, bleiben sie als solche bloß subjektive Gestalten im Geist des Subjekts. Bis hierher könnte man denken, dass, was der Empirismus meint, sehr nah der Hegelschen Unterscheidung von Anschauungen und Vorstellungen des theoretischen Geistes liegt und dass beide einen ähnlichen idealistischen Standpunkt vertreten. Man sollte jedoch den Idealismus der Vernunft sehr vorsichtig vom Idealismus des Empirismus unterscheiden und ungeachtet der Tatsache, dass die Hegelsche Einordnung der Anschauungen und Vorstellungen auf die Stufe der Vernunft den Schein würde entstehen lassen, als ob das empiristische, idealistische Bewusstsein ein Teil der *idealistischen Vernunft* wäre, man muss die Linie zwischen den *gemeinen* Idealismus des Empirismus und den *absoluten* Idealismus der Vernunft ziehen. Obwohl sich *der Form nach* die anschauende und vorstellende Vernunft Hegels auch auf die Lehre des Empirismus zu beziehen scheint, muss man einen wesentlichen Unterschied nicht verkennen, der sich dabei geltend macht. Die Natur der *idealistischen* Vernunft Hegels ist wohl vom empiristisch-solipsistischen Subjekt des Empirismus zu unterscheiden; der Idealismus der Vernunft ist *absolut* und setzt sich *keinem Realismus* entgegen.

Die Hegelsche Vernunft ist wesentlich und absolut idealistisch; sie ist „die Gewißheit, daß seine Bestimmungen ebensosehr gegenständlich, Bestimmungen des Wesens der Dinge, als seine Gedanken sind",[171] oder wie Hegel sich schon in der *Phänomenologie* äußert: „Die Vernunft ist die Gewißheit, alle *Realität* zu sein".[172] Hegel versetzt die Anschauung und Vorstellung in die Sphäre der Vernunft und trennt sich so wesentlich auch von

170 Dick 1998; Bennett 2002; Landy 2006.

171 Enz III: 229.

172 Phän: 181.

Kant ab. Für Kant war die Anschauung etwas der Vernunft (der formalen Vernunft, dem Verstand) entgegengesetztes, sie war nicht *selber* Natur mit der Vernunft, oder ihr Inhalt war nicht an sich *vernünftig*; die Anschauung war in einer *bewusstseienden* Weise aufgefasst, gegen das Subjektive, den Verstand überhaupt. Für Hegel ist die Anschauung gründlich *vernünftig*, sie hat schon Begriffe in sich, ist schon begrifflich bestimmt; die Anschauung *wird nicht* vernünftig, sie ist das Vernünftige *an sich* und entwickelt sich als *in sich gehende Vernunft*; man hat zwischen dem sinnlichen Bewusstsein und der Anschauung „den wesentlichen Unterschied zu machen, daß das erste in *unmittelbarer*, *ganz abstrakter* Gewißheit seiner selbst auf die *unmittelbare*, auf mannigfachen Seiten *auseinanderfallende Einzelheit* des Objekts sich bezieht, die Anschauung dagegen ein von der Gewißheit der *Vernunft erfülltes* Bewußtsein ist, dessen Gegenstand die Bestimmung hat, ein *Vernünftiges*, folglich nicht ein in verschiedene Seiten auseinandergerissenes *Einzelnes*, sondern eine *Totalität*, eine *zusammengehaltene Fülle* von Bestimmungen zu sein".[173] Sie ist nicht das Andere des Denkens, sondern Denken an sich und entwickelt sich selber zum Verstand und Begriff.

Die Vernunft ist keine bloße Rückkehr zum seienden Anfang des anthropologischen Geistes der *Enzyklopädie*. Sie ist gar kein *metaphysisches* Denken, das sich auf den Glauben stützt, dass in unmittelbarer Einheit mit dem Wesen der Dinge ist und das bloße Nachdenken dieses Wesen aufdecken kann. Die Vernunft ist die Unterscheidung in sich, setzt den Unterschied von Subjekt und Objekt in sich selbst, ohne die Selbstständigkeit beider gegeneinander zu vergessen aber ebenfalls ohne den Gegensatz von Subjekt und Objekt zu verabsolutieren. Der Empirismus, der mit *Vorstellungen* als *subjektiven Inhalten* vorgeht, die zugleich nicht von dem Begriff und der Allgemeinheit durchdrungen sind und so letztlich absolut *objektiv* gegen die bloß formale Tätigkeit des Subjekts bleiben, steht nicht auf diesen Standpunkt der Vernunft. Der Gegensatz ist bei ihm nicht aufgehoben, sondern beide Elemente sind in ihrer *Einseitigkeit* aufbewahrt. Die subjektiven Ideen des Empirismus sind doch *nur* subjektive, die Seite ihrer Gegenständlichkeit ist vergessen oder bleibt als etwas *absolut* Äußerliches jenseits der *Subjektivität* des Wissens. Zugleich, jene *nur* subjektiven Ideen verwandeln sich in *ebenso* objektive Entitäten, die selbständig gegen das inhaltslose Ich (das ‚leere Perzipieren') des Empirismus stehen. Er gelangt zwar leicht zum *Solipsismus*, der aber keine Befreiung des Subjekts von der Gegenständlichkeit gewährleisten kann. Der Solipsismus nimmt an, *alles* Objektive sind *meine* Vorstellungen, aber erhält zugleich das Sub-

173 Enz III: 254 Z.

jektive als eine *leere* Tätigkeit des Perzipieren gegenüber diesem Objektiven, so dass das Objekt ein nicht von dem Subjekt *Mit*bestimmtes ist; das Objekt bleibt nach wie vor etwas nicht von der Subjektivität gesetzt und die Subjektivität beschränkt sich auf die Punktualität des Ich des Bewusstseins – noch wenn der Humesche Skeptizismus das Subjekt bezweifelt, gelangt er zu nichts anderem als zu einer Apotheose des gemein Objektiven an und für sich.

Der Geist des Empirismus ist keine vernünftige *Totalität*, sondern sieht die Subjektivität allein durch das Prisma des Verstandes. Der Empirismus verfährt nur *an sich* oder nur *der Form nach* auf dem Standpunkt der Vernunft, insofern er den *idealistischen* Zug des vernünftigen Denkens annimmt, aber da sein Ausgangpunkt der starre Reflexionsunterschied von Subjekt und Objekt ist, setzt er den *absoluten Idealismus* der Vernunft zu einem *Verstandes- bzw. Bewusstseinsidealismus* herab, gegen den ein ebenso gültiger *Verstandesrealismus* erhoben werden kann. Alles Scheitern des Empirismus in dem vorstellenden Verfahren wahre und notwendige Gesetze zu finden, die das Wesen der Sachen darstellen und kein nur zufälliges, subjektives *Assoziieren* ausmachen würden, fußt auf seine reflexionsmäßige Perspektive, auf eine Perspektive des Bewusstseins, das sich durch die Macht der Scheidung und Fixierung der Unterschiede, d.i. durch die Tätigkeit des Verstandes gebildet hat.

Der *Idealismus* ist sowieso keine ausschließliche oder prominente Form des Empirismus. Insofern das Vorstellen zunächst wesentlich ein bloß *nicht-objektives* Verfahren ist, erhält sich das Objektive im *Jenseits* völlig unangetastet und der Versuch verschiedener Strategien, um dieses Objektive gefasst zu werden, können wohl auf realistische und materialistische Ansichten führen. Die Ideen des Empirismus sind nur das Bezogensein des Objektiven auf das Subjekt. Die Reflexion trennt zuerst die Realität in Subjekt und Objekt ab und dann teilt das Objekt selbst in *Ansichsein* und *Bezogensein* bzw. *Sein-für-Anderes*. Die Subjektivität des Vorstellens lässt so oder anders alle Gegenständlichkeit auftauchen. Der Empirismus wiederholt den Gegensatz bloß im Bewusstsein und lässt ihn ansonsten gelten. Der gestrebte Subjektivismus geht nicht über die *Gegenständlichkeit* der Empfindungen hinaus. *Im* Bewusstsein findet sich derselbe Gegensatz, nur in subjektivistischer Manier ausgedrückt, so dass einerseits ein leeres Ich und andererseits die *subjektiven* Ideen als *gegen* dieses Ich vollmächtig auftretende Elemente stehen. Noch die Ansicht des Materialismus fußt in der Tat auf denselben Boden des genannten Gegensatzes der Reflexion und scheidet das subjektive Auffassen von der gegenständlich existierenden materiellen Welt. Noch die mystizistische *perception* der Existenz äußerer Gegenstände des Reidschen naiven Realismus setzt wesentlich den absoluten Unterschied von Subjekt und Objekt voraus und die subjektive *sensation* wird bloß zu einer (in der Tat unbegründeten) *perception* der Existenz der Objektivität übertragen.[174] Beim Empirismus besteht keine „einfache *Identität* der *Subjektivität* des Begriffs und seiner *Objektivität*",[175] sondern die *Subjektivität* der Sinnlichkeit ist eine bloße *Versicherung* und beweist sich wohl eine *Objektivität* zu sein, indem das gegen die Sinnlichkeit stehende Ich ein von ihr völlig verschiedenes und dazu leeres Perzipieren ist, so dass die *Ideen* letztlich zu etwas absolut *Gegen-ständlichem* gegen dieses Ich werden.

Der idealistische Standpunkt, den der klassische Empirismus nimmt, ist nicht mit dem *absoluten Idealismus* der Hegelschen Vernunft zu verwechseln. Der Form nach treffen sich beide Idealismen zusammen, beschäftigen sich beide mit denselben subjektiven Elementen des Geistes, aber dem Inhalt nach gibt die Hegelsche Vernunft niemals zu, dass ihre Vorstellungen bloß subjektive Elemente sind, denen es an Objektivität mangelt, und noch weniger, dass ein jenseits ihres subjektiven Auffassens liegendes Objekt verborgen bleiben würde (wie bei Locke). Noch weniger ist diese Vernunft, die als theoretischer Geist bzw. Intelligenz auftritt, ein „Leeres", das den Stoff ihrer Erfüllung „passiv" findet.[176] Die spekulative Vernunft hat sich eben durch den Gegensatz von Subjekt und Objekt, durch den Gegensatz des Bewusstseins gebildet, und gilt als vernünftiges Wissen, für welches die Identität des Subjektiven und Objektiven sein Ausgangspunkt ist, nur insofern der Gegensatz des Bewusstseins aufgehoben ist.

Hegel erhebt den Vorwurf, dass der Geist nicht als Geist sondern als Bewusstsein begriffen wird, so dass auch der Idealismus kein wahrhafter, sondern eine dem Realismus entgegengesetzte Form ausmacht, die das Objektive allmächtig gelten lässt. Diesen Vorwurf richtet Hegel nicht nur gegen den Empirismus sondern ebenso, wie gesehen, gegen die ganze Reflexionsphilosophie, besonders gegen die Kantische, Fichtesche und Jacobische (oder in der *Enzyklopädie* zumindest gegen die ersten zwei Formen). Aus dem Standpunkt des *vernünftigen* Subjekt-Objekts werden die Kantische und Fichtesche Philosophie in solcher Weise aufgefasst, so dass der Gegensatz bei ihnen nie aufgelöst wird, sondern der *subjektive Idealismus* beider (Kants und Fichtes) letztendlich zu der Annahme eines *Äußeren überhaupt*, entweder in der Form eines ‚Dings-an-sich' oder eines fremden ‚Anstoßes' von außen gerät. Das ‚Ding-an-sich' und der Fichtesche ‚Anstoß' sind beide Formen desselben Gegensatzes von Subjekt und Objekt,

174 vgl. IHM: 74, 84-5, 167-8.
175 Enz III: 228.
176 vgl. Enz III: 239 Z., 249 Z.

der das letzte Prinzip aller Formen der Reflexionsphilosophie ausmacht. Von Kant und Fichte bemerkt Hegel in der *Enzyklopädie*: „Die Kantische Philosophie kann am bestimmtesten so betrachtet werden, daß sie den Geist als Bewußtsein aufgefasst hat und ganz nur Bestimmungen der Phänomenologie, nicht der Philosophie desselben enthält. Sie betrachtet *Ich* als Beziehung auf ein Jenseitsliegendes, das in seiner abstrakten Bestimmung das Ding-an-sich heißt; [...] Die Fichtesche Philosophie hat denselben Standpunkt, und Nicht-Ich ist nur als *Gegenstand* des Ich, nur im *Bewußtsein* bestimmt; es bleibt als unendlicher Anstoß, d.i. als Ding-an-sich. Beide Philosophien zeigen daher, daß sie nicht zum *Begriffe* und nicht zum *Geiste*, wie er *an und für sich ist*, sondern nur, wie er in Beziehung auf ein Anderes ist, gekommen sind".[177] Die Kantische und Fichtesche Philosophie sind nicht weit genug von jenem Lockeschen Interesse, das oben angesprochen ist, gegangen, so dass das Wichtigste dabei nur die *Beziehung* von Subjekt und Objekt ist – wie man zu subjektiven Vorstellungen kommt. Das zeigt nun zunächst, dass Hegel die Kantsiche, Fichtesche und, wie man leicht schließen kann, auch die Lockesche Philosophie auf den *Standpunkt des Bewusstseins* zurückschiebt.

Der Idealismus der Vernunft ist ein schon von der *Phänomenologie des Geistes* bekanntes Thema. Sicherlich kann man nicht die Vernunft der *Phänomenologie* der Vernunft der *Enzyklopädie* parallel setzten. In der *Phänomenologie des Geistes* legt Hegel eine ganze Dialektik der Vernunft dar oder wie sie von ihrem *absoluten* zu einem einseitigen Idealismus verfällt. Das ist ein Prozess der Vernunft, den Hegel in der *Enzyklopädie* nicht so detailiert entwickelt. Das Verfallen des Idealismus der phänomenologischen Vernunft in den subjektiven Idealismus einer *leeren* Vernunft, die sich mit einem Inhalt erfüllt findet, der einerseits der *Seinige*, andererseits ein ihrer Einheit Ungleiches ist, ergibt sich, insofern sie nur sich selbst die Realität zugibt, wohingegen alles Andere als bloß Fremdes und Unwahres herabgesetzt wird. Es ist das *Seine* der Vernunft und zugleich das *Unwahre* für sie. Nur sie ist das Wahre, aber dieses Wahre äußert diese Vernunft nur in der Form einer bloßen Versicherung, nur in der Form der *Gewissheit* seiner selbst, alle Realität zu sein. Sie setzt die Abhängigkeit des Inhalts von sich selbst in die Form eines Unterschieds von Wesentlichem und Unwesentlichem, Wahrem und Unwahrem herab. Die Vernunft ist aber so nur der leere Punkt der Gleichheit mit sich selbst, der allen Inhalt als den Seinigen *hat*. Und sofern dieser Inhalt ein *Abhängiges* ist, ist er ein Unwahres und die Vernunft findet sich stets im Verhältnis zu diesem Unwahren, das auf diese Weise verewigt und verabsolutiert wird. Dieser „leere Idealismus" der Vernunft, der „in allem

177 Enz III: 202-3.

Sein dieses reine *Mein* des Bewußtseins aufzeigt und die Dinge als Empfindungen oder Vorstellungen ausspricht",[178] ist ebensowohl ein „absoluter Empirismus [...], denn für die *Erfüllung* des leeren *Meins*, d.h. für den Unterschied und alle Entwicklung und Gestaltung desselben, bedarf seine Vernunft eines fremden Anstoßes, in welchem erst die *Mannigfaltigkeit* des Empfindens oder Vorstellens liege".[179] Diese Vernunft verwandelt sich nun zu ihrem Gegenteil und lässt die Behauptung eines *Realismus* ebenso gelten, wie die Behauptung ihres *Idealismus*. Der Inhalt beweist sich ebenso *wesentlich* zu sein, wie sie selbst. Wie Hegel weiter bemerkt: „Die reine Vernunft dieses Idealismus wird also durch sich selbst, um zu diesem *Anderen*, das ihr *wesentlich*, d.h. also das *Ansich* ist, das sie aber nicht in ihr selbst hat, zu gelangen, an dasjenige Wissen zurückgeschickt, das nicht ein Wissen des Wahren ist; sie verurteilt sich so mit Wissen und Willen zu einem unwahren Wissen und kann vom Meinen und Wahrnehmen, das für sie selbst keine Wahrheit hat, nicht ablassen".[180] Die Vernunft verfällt so in den Gegensatz der Reflexion, in den *Gegensatz des Bewusstseins*, so dass ihr selbst ein *Gegenständliches* überhaupt hervortritt, egal welche spezifische Form das annimmt. Die Vernunft „befindet sich in unmittelbarem Widerspruch, ein Gedoppeltes, schlechthin Entgegengesetztes als das Wesen zu behaupten, die *Einheit der Apperzeption* und ebenso das *Ding*, welches, wenn es auch *fremder Anstoß* oder *empirisches* Wesen oder *Sinnlichkeit* oder *das Ding an sich* genannt wird, in seinem Begriffe dasselbe jener Einheit Fremde bleibt".[181] Da legt Hegel nun eben denjenigen Punkt dar, der in der *Enzyklopädie* nicht so klar aufgestellt worden ist, nämlich dass noch die bloße Sinnlichkeit des subjektiven Idealismus dieselbe Rolle eines *Gegenständlichen* überhaupt, eines *absoluten* Objekts spielen kann, egal ob man die leere Versicherung vorausschickt, dass aller Inhalt der *meinige* ist – es kommt letztendlich nur darauf an, ob man seinen Gegenstand *vernünftig* konstruiert, nämlich so dass der Gegensatz des Bewusstseins von Subjekt und Objekt als aufgehoben durch die Entfaltung der Dialektik des Bewusstseins begriffen wird, oder ob man die *Seiten* oder *Aspekte* der vernünftigen Totalität, die „gedoppelte" Bestimmtheit des vernünftigen Gegenstandes, ein „Seiendes" und zugleich das „Seinige" zu sein,[182] durch die Reflexion des Verstandes abtrennt und so zum *Standpunkt des Bewusstseins* zurückkehrt.

---

178 Phän: 184.
179 Phän: 184.
180 Phän: 184-5.
181 Phän: 185.
182 Enz III: 236.

Das Scheitern der Vernunft ergibt sich dann, wenn man für das Erfassen des Vernünftigen Formen der Reflexion, oder Kategorien des Verstandes, anwendet und so der wahrhafte Idealismus als ein einseitiger aufgefasst wird, der sich dem *Objekt überhaupt*, somit dem *Realismus*, entgegensetzt und dadurch sich selbst aufhebt. Der *Idealismus* der Vernunft ist also nicht mit dem *Idealismus der Reflexion* zu verwechseln. Die Vernunft bespricht eigentlich keine *ontologischen* Perspektiven. Wenn der Hegelsche Idealismus der Vernunft der gewöhnliche Idealismus der Philosophie wäre, dann würde die Vernunft ebenfalls die entgegengesetzte Perspektive des *Realismus* oder noch des *Materialismus* behandeln. Dieser Gegensatz gehört aber in der Tat in die Sphäre des Bewusstseins und der Reflexion. Der Idealismus Kants, Fichtes oder des Empirismus erreicht es letztlich nie, den Gegensatz von Subjekt und Objekt zu überwinden. Der empiristische Idealismus ist eine Reflexionsform, die einseitig ist und sich durch bloße Negation der entgegengesetzten erblicken lässt. Der Idealismus der Reflexion entsteht durch die Ablehnung der *Realität* des Objekts überhaupt und zeigt sich als eine bloße Versicherung, gegen die ein ebensowohl *berechtigter* Realismus oder Materialismus erhoben werden kann, der sich für die *Realität* des Objekts ausspreche und die geistige Realität des Subjekts ablehnte. Der Idealismus der Reflexion ist ein ständig *streitender* Idealismus; der Idealismus der Hegelschen Vernunft kämpft gegen keinen ontologischen Gegner. In der Reflexion herrscht unversöhnt der Kampf zwischen Idealismus und Realismus bzw. Materialismus. Dieser Gegensatz durchläuft auch die ganze empiristische Tradition hindurch.

Die Strategien des empiristischen Denkens, seinen dualistischen Ausgangspunkt zu überwinden, worin, wie gesehen, sowieso das Interesse der neueren Philosophie überhaupt besteht,[183] werfen das gespaltene Philosophieren zunächst auf die Bahnen des Idealismus und des Realismus hinauf. Man sieht ein, dass Hegel den realistischen bzw. materialistischen Empirismus als keinerlei Abweichung vom Prinzip des Empirismus ansieht. Im Gegenteil, es scheint eher, dass der Empirismus für Hegel ein gründlich *realistisches* – man könnte zurecht sagen, ein *„extrem objektivistisches*"[184] – Denken ausmacht, und obwohl sein *Interesse* bloß *subjektiv* ist – nämlich wie das Objektive in die Form des Subjekts übertragen wird und nicht ob der *Inhalt* selbst *an und für sich wahr* ist –, setzt er sich auf die Seite des Objekts hin. Das Schwerwiegende beim Empirismus ist das Objektive in der Form der sinnlichen Wahrnehmung, des Gefühls, des Sinneseindrucks usw. Der Empirismus wird von einem *subjektiven Interessen*, vom Interesse

183 GdPh III: 64.
184 Günther 1978: 154.

des *einzelnen* Bewusstseins angeregt, das ausfindig machen will, wie es sich auf das Objekt bezieht, aber macht das *Äußerliche überhaupt* zu seinem Gegenstand und Prinzip – „für den Empirismus ist überhaupt das Äußerliche das Wahre“[185] und dieses *Äußerliche* ist nichts anderes als der durch die äußere und innere Erfahrung dem Geist gegebene sinnliche Stoff. Er ist eine vornehmlich *objektivistische* Denkweise. Als herrschend erscheint ihm die Seite des Objekts und darin, jedoch nur in der gemeinen Form der Sinnlichkeit, versucht er sich des Dualismus der Reflexion zu bemächtigen und ein wirkliches Wissen zu befestigen. Der Empirismus leugnet somit alles „Übersinnliche“ und hält sich „lediglich an das der Wahrnehmung Angehörige“,[186] welche diejenige Form ausmacht, in der das Äußerliche gegeben wird. Diese Grundannahme des Empirismus ist zwar die sachliche Voraussetzung der Entwicklung des *Materialismus*, wie Hegel anschließend bemerkt: „Dieser Grundsatz aber in seiner Durchführung hat dasjenige gegeben, was man später als *Materialismus* bezeichnet hat“.[187] Das materialistische Denken entsteht aufgrund desselben allgemeinen Prinzips des Empirismus und insofern als die Philosophie den sonst immer mitgebrachten Dualismus aufzulösen versucht.

Die Neigung Hegels, den Empirismus als einen vornehmlich realistischen Gedanken anzusehen, bemerkt auch Heidemann,[188] der sich auf die *Vorlesungen über die Geschichte der Philosophie* beruft, wo Hegel das *realistische* Philosophieren einer *empiristischen* Manier gleichsetzt, so dass es „die Objektivität und Inhalt des Gedankens aus der Wahrnehmungen entstehen läßt“.[189] Als solche realistischen Philosophien, die empiristischerweise verfahren, erwähnt Heidemann die von Hegel diskutierten Einstellungen von Newton, Bacon und Locke. Heidemann bemerkt jedoch, dass die Bezeichnung des Empirismus als Realismus sich nicht so gut mit dem idealistischen Empirismus von Berkeley und Hume, die auch Hegel in seinen *Vorlesungen* anführt, vertragen kann und dass Hegel keine Berechtigung der Sache angibt, warum der Empirismus vornehmlich Realismus ist, wenn doch einige Hauptformen desselben als purer Idealismus auftreten und erst recht als nicht vom Prinzip des Empirismus abweichende Versuche beschrieben werden.

Zuerst sollte man bemerken, dass Heidemann eigentlich etwas verkennt: dass der Empirismus für Hegel eine richtige Form des reflektierenden Den-

185 Enz I: 110 Z.
186 Enz I: 111 Z.
187 Enz I: 111 Z.
188 Heidemann 2007a: 132.
189 GdPh III: 66.

kens ausmacht und somit den ursprünglichen Dualismus der Reflexion immerfort in sich bringt, so dass alle seine Versuche, diesen Dualismus zu überwinden, von vornherein verurteilt sind nur auf *idealistische* oder *realistische* bzw. *materialistische* Versionen des Empirismus hinauszulaufen. Heidemann präsentiert die ‚Empiristen' in den Hegelschen *Vorlesungen über die Geschichte der Philosophie*, aber bleibt unberechtigt nur an den drei Formen des klassischen Empirismus von Locke, Berkeley und Hume stehen, wenn es mehr als klar ist, dass weder in den *Vorlesungen* noch im übrigen Werk Hegels, nur diese drei Vertreter des englischen Empirismus als ‚*Der* Empirismus' angenommen werden; es scheint, dass Heidemann auch diesen kurzen einleitenden Stück am Anfang der „Übergangsperiode" der neueren Philosophie übersieht, wobei Hegel alle Philosophien von Berkeley und Hume bis zum schottischen naiven Realismus und dem französischen Materialismus als Formen eines „*reflektierenden Empirismus*" bezeichnet. Es scheint auch, dass Heidemann die Rolle des Materialismus auch in der *Enzyklopädie* etwas unterschätzt und nicht für eine richtige Form des Empirismus, sondern eher für eine Art Nebenprodukt desselben hält. Er beschränkt seinen Blick unberechtigt nur auf das, was *wir* vielleicht vornehmlich als Empirismus verstehen und nicht was *Hegel* selbst als solchen annimmt. Der Begriff des Empirismus ist für Hegel sicherlich viel breiterer als der sogenannte ‚klassische Empirismus' und das muss man deutlich einsehen, wenn man vom Empirismus bei Hegel sprechen will.

Hegel nimmt den Empirismus als ein gründlich realistisches Denken an – das wird ziemlich eindeutig vom Hegelschen Text. Aber andererseits gibt es eine ebenso eindeutige Unterschätzung des Gegensatzes von Realismus und Idealismus. Dieser Gegensatz ist kein absoluter, letzter Gegensatz des Denkens und noch weniger ein Gegensatz, dessen Auflösung einseitig sein kann. Er ist ein *Verstandesgegensatz*, der letztendlich Ausdrucksweise des Gegensatzes von Subjekt und Objekt ausmacht. Er ist ein Gegensatz der Reflexion, in den das Bewusstsein verwickelt bleibt und nur die Aufhebung der Reflexion selbst, zur seiner richtigen Auflösung führen kann.

Was aber am interessantesten in der Auffassung Hegels erscheint, ist, dass er diesen Gegensatz nicht als einen bloß *ontologischen* neben die *epistemologische* Frage stellt, sondern man kann eher eine gewisse Verschmelzung des Ontologischen und des Epistemologischen erblicken.[190] Für

190 Wetzel (Wetzel 2004: 407) kritisiert den Ansatz Hegels als „eine Kurzschließung zwischen dem ‚Ontologischen' und dem ‚Epistemologischen'", obwohl er einräumt, dass man nicht von einer Identität beider sprechen kann: „Der kritische Punkt bei Hegel, so mein Einwand, ist eine Kurzschließung zwischen dem ‚Ontologischen' und dem ‚Epistemologischen', indem Hegel den Maßstab qua Wis-

Hegel ist völlig ungenügend, wenn man auf die eine Seite das Wahre in der Form eines Ansich und auf die andere dessen Erkennen stellt. „Das Erkennen muß selbst als Teil des Prozesses, den es erkennt, gesehen werden – und es ist volles Erkennen erst dann, wenn es diesen Status seiner selbst realisiert."[191] Die scheinbare ‚Unterschätzung' des Gegensatzes von Realismus und Idealismus bedeutet in der Tat eine besondere Herangehensweise Hegels, der die ontologische Frage nicht vom Bewusstsein selbst abtrennen, sondern in ihm selbst immanent aufzeigen will. Der Realismus und der Idealismus sind keine allgemeinen und von außen, von einem außer dem Bewusstsein liegenden *Gesichtspunkt* aufgestellten Aussagen, sondern müssen *in dem Wissen* und *an dem Inhalt* selbst gezeigt werden. Die realistische und die idealistische Perspektive müssen *Konsequenzen* für das Wissen selbst haben. Realismus bedeutet, dass der Inhalt selbst, der Gegenstand des Bewusstseins, einen besonderen Charakter, eine bestimmte Beschaffenheit haben muss. Der rohe und unentwickelte Realismus, den man z.B. bei Locke finden kann, befindet sich „ganz bei der gemeinen Stufe des Bewusstseins" und wie Hegel etwas spöttisch bemerkt: „Realität hat die schlechte Bedeutung, ob etwas außer uns".[192]

In den *Vorlesungen über die Geschichte der Philosophie*, im Locke-Abschnitt, nimmt sich Hegel eine kurze Erläuterung des Begriffs der *Erfahrung* vor, wie dieser Begriff empiristischerweise zu verstehen ist. Darin kommen zum Ausdruck beide Seiten der obigen Bemerkung, nämlich dass einerseits der Empirismus, der als Grund alles Wissens die Erfahrung setzt, ein im Grunde genommen *objektivistisches* oder *realistisches* Denken ausmacht, und anderseits dass der Streit um den *Realismus* oder den *Idealismus* der *sinnlichen Endlichkeiten* ein mehr oder weniger unsinniges Gerede ist, insofern das Objektive de facto und de jure als ein Wesentliches und Absolutes gesetzt worden ist. „Erfahrung", bemerkt Hegel, „ist nichts als die Form der Gegenständlichkeit";[193] und insofern etwas die Form der *Gegenständlichkeit* an ihm selbst hat, tritt notwendigerweise als etwas *realistisches* auf, als etwas, dass nicht vom Bewusstsein, von der Subjektivität gesetzt ist: „es ist etwas im Bewußtsein, heißt, es hat gegenständliche Form für es, oder es erfährt dasselbe, es schaut es als ein Gegenständliches an; [...] Das Vernünftige *ist*, d.h. es ist als ein Seiendes für das Bewußtsein,

senskonstitution, mithin in einem epistemologischen Sinne, nimmt, obgleich im Laufe des gesamten Fortgangs nicht einmal von einer Deckung, geschweige denn von einer Identität beider die Rede sein kann". s. auch Wetzel 2005: 37-8.

191 Welsch 2003b: 259.

192 GdPh III: 204-5. Vgl. JSE I: 205.

193 GdPh III: 215.

oder es erfährt es".[194] Diese Form der Gegenständlichkeit wird eben vom Bewusstsein erfahren und wenn die sinnlichen Endlichkeiten der Wahrnehmung, das Gegenständliche überhaupt durch seine Stelle, Rolle und Funktion verabsolutiert wird, dann ist egal, wenn man dem dazu das Prädikat des Realismus beilegt oder nicht. Das schon anerkannte Prädikat des *Seienden* ist dasjenige, das dem Erfahrenen, diesem Gegenständlichen, seine ontologische, sozusagen Unabhängigkeit gewährt – dass das, was im Bewusstsein auftritt, etwas *an sich* Seiendes ist. Wie Hegel weiter bemerkt, besteht alles „Begreifen des Erfahrenen" eben im „Aufheben dieses Scheins des Andersseins" und es ist zwar „gleichgültig, ob man dies nimmt als etwas Erfahrenes, als eine Reihe von Erfahrungsbegriffen, wenn man so sprechen kann, oder Vorstellungen, oder dieselbe Reihe als Reihe von Gedanken, an sich Seienden".[195] Was nun Hegel dadurch hervorhebt, ist eben, dass diejenige Form der Gegenständlichkeit, die *Form des Seienden* das ist, was im Zentrum des empiristischen Denkens letztendlich steht. Diese Form der gegenständlichen Äußerlichkeit bringt unmittelbar die Dimension des *Realismus* mit sich.

Hegel stellt auch an eine andere Stelle seiner Vorlesungen dieselbe Ansicht auf, wenn er von der oben erwähnten Kritik an Locke zu sprechen kommt, dass er das Interesse seines Philosophierens nur auf die *als geltend vorausgesetzten Bezogenen* Subjekt und Objekt beschränkt und fragt nicht danach, ob der Inhalt des Wissens an und für sich wahr ist. Bei Locke ist für Hegel „bloß von der Relation die Rede", wobei der Inhalt kann entweder „ein objektives Ding oder Inhalt der Vorstellung"[196] sein. Das findet aber Hegel nebensächlich, insofern dieser Inhalt gar die Form der starren Objektivität, der Gegenständlichkeit der Reflexion hat. Wie er des Weiteren hervorhebt: „Ein anderes aber ist, den Inhalt selbst zu untersuchen; man muß nicht über die Quelle streiten".[197] Die Nebensächlichkeit eines Streits ‚über die Quelle', über den formalen Realismus oder Idealismus hat Hegel schon in der *Differenz-Schrift* und im *Glauben und Wissen* genug erläutert, wo er noch deutlicher in dieselbe Richtung das Problem des Realismus und des Idealismus beim Empirismus und überhaupt bei der Reflexionsphilosophie der Neuzeit kurz an einigen Stellen behandelt.

In der *Differenz-Schrift* kommt Hegel auf die Frage, ob ein purer Dogmatismus der Subjektivität oder der Objektivität überhaupt haltbar ist, ob ein *reiner Idealismus* oder ein *reiner Realismus* durch das absolute Zurück-

194 GdPh III: 215.
195 GdPh III: 215.
196 GdPh III: 206.
197 GdPh III: 206.

werfen des *Anderen*, des Geistes oder der Materie, zur gewünschten Einheit gelangen könnte. Die *konsequente* Form eines jeden von beiden Denkweisen behauptet abwechslungsweise das Subjekt und das Objekt als das Absolute und leugnet das Entgegengesetzte. „Welches von beiden, das Subjektive oder das Objektive, geleugnet wird“, ist aber, wie Hegel bemerkt, eigentlich „gleichgültig“.[198] Hegel befasst sich in der *Differenz-Schrift* mit der Frage des Empirismus ausdrücklich gar nicht – so zumindest nach der wörtlichen Seite. Es scheint jedoch, dass Hegel an die Stelle des Empirismus den Begriff des Realismus als gleichbedeutend setzt. Das kurz darauf geschriebene *Glauben und Wissen* macht gewiss einen guten Hinweis darauf aus, dass der in der *Differenz-Schrift* besprochene Realismus und Materialismus auf den neuzeitlichen Empirismus hindeutet. Der genannte Gegensatz in der *Differenz-Schrift* ist der von Idealismus und Realismus bzw. Materialismus. Hegel kritisiert dabei den Idealismus Fichtes, dass er unbewusst auf die Bahnen des Realismus gelangt und das Objektive, das Sinnliche, das Materielle letztendlich als ein Absolutes gegen das Subjektive setzt. Bei derselben Argumentation im *Glauben und Wissen* verwendet Hegel nun fast ausschließlich den Begriff des Empirismus. Man könnte behaupten, es sei nicht sicher, ob Hegel in dieser Zeit schon den Materialismus für eine Form des Empirismus hält, aber man könnte es wohl annehmen, indem es mehr als eindeutig ist, dass der Realismus-Wortschatz Hegels zu einem Empirismus-Wortschatz verwandelt wird, wenn er auf die Behandlung derselben Probleme im *Glauben und Wissen* kommt. Dafür spricht vielleicht noch diejenige Aussage Hegels in der *Differenz-Schrift*, die schon oben angeführt worden ist, dass der „Materialismus“ den „konsequenten Realismus“ ausmacht,[199] was unmittelbar auf die wörtlich gleiche Formulierung Hegels in der *Enzyklopädie* andeutet.[200]

Im *Glauben und Wissen* entwickelt Hegel weiter seine Kritik an den Formen der Reflexionsphilosophie. Da prüft er nicht nur diese Dialektik der Reflexion, worin der Empirismus, als jene gründlich realistische Lehre, die das Äußerliche überhaupt, das sinnlich Wahrgenommene, als Wesentliches und Wahres sich bewähren lässt, die andere Seite derselben Medaille der Einseitigkeit des ursprünglich gespaltenen reflektierenden Denkens ausmacht, sondern geht ausdrücklicher auf die Frage ein, dass die ontologischen Prädikate des *Idealismus* und *Realismus* keine von der Natur und Beschaffenheit des Inhalts unabhängige Behauptungen, Versicherungen ausmachen können, sondern sie hingegen in dem Inhalt selbst gezeigt zu

198 Diff: 61.
199 Diff: 48-9, 61-2.
200 Enz I: 145.

werden haben. Der Idealismus bleibt ein flatus vocis, insofern sein Prinzip dem Inhalt selbst widerspricht. Wenn Berkeley, Hume (oder noch Kant und Fichte) die Wahrheit dem Sinnlichen absprechen und es als *nur* subjektives anerkennen, gehen sie keinen Schritt weiter von Reid oder Jacobi, die im Gegenteil das Sinnliche als *Wahres* und *Reales* gelten lassen. Dieselbe Form der Gegenständlichkeit, der *gegen das Subjekt* liegenden Objektivität lässt sich in sämtlichen Formen der Reflexionsphilosophie finden, egal ob sie mit einem ontologischen *minus* oder *plus* vorgemerkt worden ist. Hegel betont, „daß Jacobi auf die Gewißheit des gemeinen Objektiven den Namen Glauben ausdehnte und dadurch der Gewißheit der gemeinen Objektivität von seiner Seite eben die Wichtigkeit gab, welche Hume, Kant und Fichte ihr auf eine andere Weise gaben, eine Wichtigkeit, die – da Jacobi durch Behauptung derselben und Hume, Kant und Fichte durch Verneinung derselben, beide Teile gleicherweise ein und ebendieselbe Beschränktheit und Endlichkeit absolut machen – für beide ganz dieselbe wird, indem es völlig gleichgültig ist, ob die Endlichkeit etwas Objektives (im gemeinen Sinne) oder Subjektives sei, wenn sie absolut ist".[201] Dieser schon einmal angeführte Passus vom *Glauben und Wissen* zeigt eben, dass die Frage des Idealismus oder Realismus nicht vom Inhalt unabhängig ist, dass es egal ist, ob man das Sinnliche als etwas *Ideales* oder *Reales* annimmt, wenn man es durch seine Rolle absolut setzt.

Auf dieselbe Frage kommt Hegel noch einmal im *Glauben und Wissen*, wo er sich zu Fichte wendet, der meint, indem er alles Sinnliche zu einem bloß subjektiven Gehalt des Bewusstseins herabsetzt, es von der *Objektivität* und *Realität* des Realismus und Materialismus befreit hat, während das „Ich noch mit einem und ebendemselben Reichtum von den Realitäten als Empfindungen begabt ist".[202] Die Frage nach dem Idealismus oder Realismus des sinnlichen Inhalts des Wissens hat keinen Sinn, insofern die idealistische Vergewisserung der Struktur des Wissens dem zu wissenden Gegenstand widerspricht. Hegels Beweisführung ist dabei richtig brillant. Er schreibt nun darüber: „Um der Überzeugung willen, daß das Bewußtsein *eines* Dinges außer *uns* absolut nichts weiter ist als das Produkt unseres eigenen Vorstellungsvermögens, erklärt der Geist den Ich für frei und auf ewig erlöst von der Furcht, die ihn erniedrigte und quälte, frei von einer Notwendigkeit, die nur in seinem Denken sei, und von der Wirklichkeit von Dingen, die außer ihm existieren, – als ob er nicht in einer und ebenderselben Gefangenschaft seines Zustands, in einer und ebenderselben Notwendigkeit wäre, die, ungeachtet sie nicht mehr in der Form seines

201 GuW: 377.
202 GuW: 405.

Denkens als äußeres Objekt vorhanden ist, mit ebenderselben Wirklichkeit, Willkürlichkeit und Zufälligkeit als eine Reihe von Affektionen und Zuständen existiert".[203] Der sinnliche Gegenstand bleibt immer noch vollmächtig gegen das Subjekt, kann von ihm weder geschaffen noch vernichtet werden, sondern setzt sich jeweils mit derselben Notwendigkeit durch. Die „Ideen hängen nicht von meinem Willen ab",[204] gibt Berkeley selbst zu und damit geht auch sein so viel bestrebter Idealismus zu Grunde oder bleibt zumindest eine verfeinerte Formalität. Aber sowieso ist ein Idealismus, der das Subjekt in dieser einseitigen Weise frei von irgendwelcher Objektivität und Äußerlichkeit machen wünscht, nichts als ein bloß „lächerlicher Idealismus", der die Gegenseitigkeit beider nicht zu begreifen vermag.[205]

Der Gegensatz von Idealismus und Realismus macht also allein die Ausdrucksweise der zwei entgegengesetzten Perspektiven des Bewusstseins und lässt sich für Hegel auf den Gegensatz von Subjekt und Objekt überhaupt reduzieren. Der ganze Bewusstseins-Abschnitt der *Phänomenologie des Geistes* ist ein hin und her der wechselseitigen Perspektiven des Idealismus und des Realismus. Die ganze Strategie des Bewusstseins, seine Widersprüche zu überwinden, wird durch die Abwechslung von *subjektivistischen* und *objektivistischen* Perspektiven durchgeführt, die gerade wie die idealistischen und realistischen Auffassungen der Philosophie danach streben, den je anderen der zwei Pole als den Unwahren, Unwesentlichen, bloß Gesetzten zu erweisen, um sich so des Widerspruchs zu bemächtigen. Die *Geschichte der Erfahrung* des Bewusstseins ist in einem gewissen Sinne eben die Geschichte der Versuche der neueren Philosophie, über das Reflexionsdenken der Moderne, über den grundlegenden Gegensatz von Denken und Sein, von Subjekt und Objekt hinauszugehen und die *Versöhnung* der Entgegengesetzten, die Verbindung der Geschiedenen zu schaffen. Die Frage nach dem Idealismus oder Realismus ist nichts weiter als die funktionale Beziehung der Seiten des Bewusstseins. Darin erschöpft sich eigentlich die Frage des Realismus und Idealismus und der Gegensatz hebt sich mit der Aufhebung des Standpunkts des Bewusstseins auf. Die *seiende Realität* des Sinnlichen ist eine absolute Annahme des reflektierenden Den-

203 GuW: 404-5.

204 Abhandlung: 51-2; vgl. Auch Drei Dialoge: 41: „Riechen ist also etwas, das auf dies alles folgt. […] Aber weiter finde ich meinen Willen nicht beteiligt. Was sonst noch dabei vorgeht – daß ich diesen besonderen Geruch oder überhaupt einen Geruch wahrnehme –, hängt nicht von meinem Willen ab, und darin bin ich ganz und gar passiv."

205 JSE I: 205.

kens; das Sinnliche *ist* und ist gegen das Subjekt. Die Realität des Objekts wird genauso wie die Realität des Subjekts *vorausgesetzt*. Die Reflexion selbst setzt diese beiden Realitäten und zwar als vorausgesetzt. Die Parameter des Realismus, insofern mit Realismus die Realität des Sinnlichen gemeint ist, liegen somit im Kern des neueren Philosophierens. Wenn nun eine Philosophie die Seite der Sinnlichkeit, der sinnlichen Erfahrung zu ihrem Prinzip machen will, dann spricht sie sich unmittelbar für den Realismus aus. Die Metamorphosen des im Grunde realistischen Prinzips durch die weiteren Scheidungen der Reflexion können allerdings in der Tat bis zu einer scheinbaren Umkehrung des Prinzips selbst führen, so dass die Seite des Subjekts als Grundlage des Existierenden angenommen wird, aber der vorausgesetzte Realismus des Sinnlichen, der als absolute Voraussetzung gesetzt ist, führt letztlich durch jeden empiristischen Idealismus zur Vernichtung seines gewünschten Prinzips der Subjektivität.

Man könnte hier noch einige Bemerkungen zum Begriff des Realismus anschließen. Es ist gewiss, dass Hegel nicht besonders und lange auf seinem Realismus-Vokabular der *Differenz-Schrift* besteht. Auch in den *Vorlesungen über die Geschichte der Philosophie* findet sich die Erwähnung des Empirismus als Realismus nur gelegentlich. Das Problem des Gegensatzes von Realismus-Idealismus wird sowieso, wie gesehen, von Hegel nicht als Hauptsache angenommen. Die Frage des Realismus wird jedoch aus zwei Gründen indirekt wieder aufgestellt: erstens, die *Enzyklopädie*-Behauptung, dass der Materialismus der *konsequente* Empirismus ist, deutet unmittelbar daraufhin, dass das Prinzip selbst ein *realistisches* und die Philosophie daher ein *Realismus* sein muss, insofern eine hauptrealistische Form der Philosophie, wie der Materialismus, als die *konsequente* Durchführung dieses Prinzips angenommen werden soll. Und zweitens bringt die Rede von Idealismus beim Empirismus Berkeleys und Humes die Diskussion über den Realismus, als eine diesem Idealismus entgegengesetzte Ansicht des Empirismus, immer wieder hinein. Es scheint also, wie gesagt, dass Realismus für Hegel vor allem bedeutet, dass dem Sinnlichen das Prädikat der Realität beigemessen wird. Realismus bedeutet vorerst *Realität der sinnlichen Endlichkeiten*. Die *Realität* ist jedoch eine Bestimmung des *Seins*, ein Prädikat des *Daseins*, und spricht daher erst etwas von dem *Sein* eines Gegenstandes aus, ohne ihm etwas Weiteres zuzusprechen.[206] Die Frage wäre nun, welche Transformationen dieser Realitäts-Begriff in der Sphäre der Reflexion, des Gegensatzes des Bewusstseins erleidet, welche möglichen Formen er nimmt. Im Folgenden soll also versucht werden, eine kurze Interpretation dieses Problems vorzuschlagen.

---

206 Vgl. Logik I: 119-122.

Zusammengefasst: indem das Objekt der Reflexion und folglich der Gegenstand des Bewusstseins zunächst das Sinnliche überhaupt ist, ist die Realität des Sinnlichen eine Grundannahme der Reflexion, ein Ausgangspunkt derselben überhaupt. Diese Annahme der Reflexion lässt sich durch keine Strategie des Bewusstseins beseitigen. Der Realismus macht nur diejenige Perspektive, die auf die konsequenteste Weise die vorausgesetzte Realität des Sinnlichen zum Ausdruckt bringt. Der Idealismus glaubt, er lasse die Realität des Sinnlichen beiseite, indem er das Sinnliche ins Bewusstsein hineinnimmt und verkennt, dass die *Realität* des Sinnlichen eine Kategorie desselben ausmacht, die aus der vorhergehenden Reflexion, die auch das Sinnliche und das Bewusstsein selbst gesetzt hat, hervorgeht und somit nicht aufgehoben werden kann; die *Realität des Sinnlichen* ist die sachliche und elementarste Voraussetzung der *Realität des Bewusstseins*, des Ich; der Gegensatz der Reflexion ist ein *realer* und das Ich ein *reales* für sich bestehendes Bewusstsein gegen das Objekt, insofern es sich *realerweise* vom Objekt unterscheidet, insofern nun das Objekt ein *reales* ist.

Aber *Realität* ist keine hoch entwickelte Kategorie und darf weder mit der *Existenz* noch mit der *Wirklichkeit* verwechselt werden. Realität ist eine einfache *seinslogische* Kategorie, die nicht die Frage nach der *Wirklichkeit* des Sinnlichen ausschöpfen kann. Die *Realität* geht nur das *Sein* des Gegenstandes an. Die Kategorie der *Realität* betrifft erst die allgemeinste Annahme der Natur und Beschaffenheit des Sinnlichen. Sie stellt die einfachste Beziehung des Bewusstseins und seines Gegenstandes dar und betrifft so zunächst die *unmittelbare* Beziehung von Bewusstsein und Objekt. Die ganze Frage des Empirismus dreht sich letztendlich um dieses sinnliche *Sein* und geht allein davon aus. Realität und Idealität, Realismus und Idealismus sind in der Geschichte der Philosophie schiefe Verabsolutierungen von seinslogischen Bestimmungen durch die Reflexion. Weder der Realismus noch der Idealismus nimmt Rücksicht darauf, dass ein *äußerliches* Dasein ebensowohl *ist*, als ein Dasein *in mir*. Der Idealismus hebt das *äußerliche*, *reale* Dasein auf, und setzt es *in mich* als *ideel* hinein; das Dasein ist nur *für mich* und *in mir*. Aber dieser Idealismus bemerkt gar nicht, dass dieses *ideell* gewordene Dasein *ist*. Realismus und Idealismus trennen in der Tat die *Form* des Seins vom Sein selbst ab, unterscheiden die Art und Weise, in der ein Sein überhaupt gegeben wird und schreiben die Bestimmung des Seins nicht dem Sein selbst sondern jener Form zu. Die Realität und Idealität wird nicht an dem Sein selbst, an dem *Inhalt* gezeigt, sondern bloß an der Form desselben, die die Reflexion unterscheidet. Hegel bemerkt: „Dieser subjektive Idealismus, er sei als der bewußtlose Idealismus des Bewußtseins überhaupt oder bewußt als Prinzip ausgesprochen und aufgestellt, geht nur auf die *Form* der Vorstellung, nach der ein

Inhalt der meinige ist; diese Form wird im systematischen Idealismus der Subjektivität als die einzig wahrhafte, die ausschließende gegen die Form der Objektivität oder Realität, des *äußerlichen Daseins* jenes Inhalts behauptet".[207] Ein solcher „Gegensatz von idealistischer und realistischer Philosophie ist daher ohne Bedeutung"[208] – oder wie Hegel im selben Ton in der *Differenz-Schrift* hervorhebt: „Wenn dem Philosophieren das Bedürfnis nur nach einer solchen Identität zum Grunde liegt, welche dadurch zustande gebracht werden soll, daß eins der Entgegengesetzten geleugnet, von ihm absolut abstrahiert wird, so ist es gleichgültig, welches von beiden, das Subjektive oder das Objektive, geleugnet wird. Ihre Realität ist im Bewußtsein, und die Realität des einen ist so gut wie die Realität des anderen darin begründet".[209] Die Rede ist nicht von dem *Inhalt* selbst, sondern nur von der Form desselben und „über einen solchen unvernünftigen Streit" ist „eigentlich nichts Vernünftiges zu sagen."[210]

Es wird nicht von der Realität und Idealität des Seins selbst gesprochen, sondern nur von der Dialektik seiner Form. Das Sein ist zugrunde gelegt und seine *absolute Realität* gar nicht berührt – das ist die absolute Voraussetzung der Reflexion und in dieser Voraussetzung steht eben das Bewusstsein immer gefangen. Das *Sein* seines Gegenstandes wird vorausgesetzt, seine *Realität* ist durch das ursprüngliche Setzen des Gegensatzes von der Reflexion gegeben. Das bewusstlose Bewusstsein schwebt an der Schwelle des Idealismus und Realismus und wenn es zur Leugnung der Realität seines Gegenstandes kommt, leugnet es in der Tat nicht dessen *Sein* sondern nur die Form dieses Seins. Hegel schreibt: „Solcher Idealismus ist formell, indem er den *Inhalt* des Vorstellens oder Denkens nicht beachtet, welcher im Vorstellen oder Denken dabei ganz in seiner Endlichkeit bleiben kann. Es ist mit solchem Idealismus nichts verloren, ebensowohl weil die Realität solchen endlichen Inhalts, das mit Endlichkeit erfüllte Dasein erhalten ist, als, insofern davon abstrahiert wird, *an sich* an solchem Inhalt nichts gelegen sein soll; und es ist nichts mit ihm gewonnen, eben weil nichts verloren ist, weil Ich, die Vorstellung, der Geist mit demselben Inhalt der Endlichkeit erfüllt bleibt".[211] Dieser Gegensatz ist derjenige, der das ganze Bewusstsein durchdringt und die dialektische Entwicklung desselben vorantreibt, über den Dualismus der Reflexion überhaupt hinauszugehen. Der formelle Gegensatz von Idealismus und Realismus lässt den

207 Logik I: 173.
208 Logik I: 172.
209 Diff: 61.
210 JSE I: 204.
211 Logik I: 173.

Realismus der sinnlichen Endlichkeiten unangetastet: „Der Gegensatz der Form von Subjektivität und Objektivität ist allerdings eine der Endlichkeiten; aber der *Inhalt*, wie er in der Empfindung, Anschauung oder auch in das abstraktere Element der Vorstellung, des Denkens aufgenommen wird, enthält die Endlichkeiten in Fülle, welche mit dem Ausschließen jener nur einen Weise der Endlichkeit, der Form von Subjektivem und Objektivem, noch gar nicht weggebracht, noch weniger von selbst weggefallen sind".[212]

Das Bewusstsein hat *zunächst* das Sein seines Gegenstandes vor sich, den es *unmittelbar* auffassen will. Aber die Trennung desselben von dem Gegenstand ist schon vorhanden, vorausgesetzt. *Unmittelbarkeit* in dem Moment der vorausgesetzten Trennung kann nur in der Form der Gegensätze des Wesens überhaupt verlangt werden. Das unmittelbare Sein des Gegenstandes kann nur ein unmittelbares Sein *für* das Bewusstseins sein und wenn das Bewusstsein das Sein *an sich* aufnehmen will, muss es von sich selbst abstrahieren. Das Sein als solches vermag das Bewusstsein nicht zu fassen; dies Sein kann entweder der *Schein* des Seins oder das *Wesen* des Seins sein und die erwünschte Vernichtung des Seins der äußerlichen Realität des Idealismus ist nur eine *Bestimmung* des Seins – Schein –, die ihm die Reflexion verleiht.[213] Die Reflexion spaltet das Sein in *Form* und *Inhalt*, das Sein kann nur *in der* Beziehung von Subjekt und Objekt auftreten; und obwohl es den einen Pol der Beziehung ausmacht, tritt es zugleich als ein *Drittes* auf, das von der Beziehung selbst entweder als *Schein* oder als *Wesen*, als Unwesentliches oder als Wesentliches gesetzt wird; das Sein wird als Schein oder Wesen *gesetzt* und dadurch als Sein *vorausgesetzt*. Seine Negation ist somit nicht absolut; wenn das Sein negiert wird, wird es erst als das Wesentliche negiert, wird zum Schein, zum Unwesentlichen herabgesetzt; es wird zu einem *seienden Nichts* herabgesetzt. Das Bewusstsein will die Nichtigkeit des seienden Gegenstands behaupten, aber es vermag nur die Selbstständigkeit des Seins, sein Ansichsein, sein Ohne-das-Bewusstsein-Sein zu bestreiten. Das Bewusstsein sucht die Nichtigkeit des

212 Logik I: 173.

213 Diesen unauflöslichen Gegensatz erfährt doch auch der Empirismus, aber im Gewebe seiner Verabsolutierung verwickelt, kann er ihn letztlich nicht in allen seiner Konsequenzen begreifen. Berkeley gibt eine wunderschöne Formulierung dieser Dialektik des Bewusstseins von Realismus und Idealismus aber letztlich ignoriert die von ihm selbst festgestellte Gleichgültigkeit der Perspektiven und wählt dogmatischerweise die Lösung des Idealismus. Vgl. Berkeley in seinem Werk *Drei Dialoge zwischen Hylas und Philonous*: „Ich will nicht Dinge in Ideen verwandeln, sondern vielmehr Ideen in Dinge. Denn die unmittelbaren Wahrnehmungsgegenstände, die nach dir lediglich Erscheinungen der Dinge sind, gelten mir als die wirklichen Dinge selbst" (Drei Dialoge: 105).

Seins nicht an ihm selbst, sondern nur in seiner Beziehung auf das Bewusstsein, nur, wie gesagt, in einer formellen Weise desselben. Der Gegensatz ist nicht unmittelbar der Gegensatz von Sein und Nichts, sondern erst der Gegensatz von Wesentlichem und Unwesentlichem, von Setzen und Gesetztem, wobei das *Sein* und seine *Realität*, sowohl für den Gegenstand als auch für das Bewusstsein vorausgesetzt sind. Nur das Zugrundegehen beider Perspektiven der Reflexion ermöglichen es dem Bewusstsein, die Dialektik der Realität und Idealität des Seins an ihm selbst zu erkennen.

Der Empirismus kann nun insofern als ein vornehmlich *realistisches* Denken angenommen werden, als die Realität des Sinnlichen, die vorausgesetzte Grundlage der Reflexion ausmacht. Der Empirismus, entweder *realistischer* oder *idealistischer*, nimmt allen Inhalt von dem Sinnlichen auf. Auch wenn er idealistisch verfährt, macht er es nur *formell* – alle Wahrheit kommt nach wie vor von demselben Inhalt, dem aber jetzt eine andere Form zugesprochen wird. Sein formelles Übergehen zum Idealismus befreit ihn nicht von der realistischen Voraussetzung – der Inhalt wird nicht durch das Subjekt gesetzt, nur dessen Form.

Die *Phänomenologie des Geistes*, sowie die enzyklopädische ‚Phänomenologie', beide vor dem Hintergrund der Seins- und Wesenslogik, müssen folglich als die Haupttextgrundlage zur systematischen Untersuchung der Hegelschen Kritik am Empirismus betrachtet werden. Die kritische Stellungnahme Hegels gegenüber dem Empirismus wird jedoch nicht ausschließlich in dieser Bewusstseinsstruktur vorgenommen. Wenn man von der Hegelschen Realphilosophie sprechen will, dann sieht man deutlich, dass sowohl in der Anthropologie als auch in der Psychologie Momente einer Kritik Hegels am Empirismus zu finden sind. Der Standpunkt des Bewusstseins bedeutet allein, dass die Reflexionsstufe des Geistes den *Blickwinkel* des empiristischen Denkens ausmacht, von dem aus der Empirismus das ganze Wissen übersieht und erblickt. Der Empirist ist so derjenige, der eine Form, ein Moment der Entwicklung der Vernunft zur Form des systematischen Prinzips erhebt und nach ihrer Struktur und Beschaffenheit das ganze Wissen ordnet.

II.6. Konsequenter und inkonsequenter Empirismus

Wie schon gesehen, ist die Rede von *Konsequenz* beim Empirismus keine beiläufige Redeweise Hegels, sondern eine Bezeichnung, die mehrmals bei der Bewertung verschiedener empiristischer Stellungen gebraucht wird. Einmal wird im Werk Hegels die ‚Konsequenz' dem Materialismus und ein zweites Mal Hume zugeteilt. Wir werden nun versuchen, diese zwei Fälle des Empirismus näher und im Hinblick auf das ‚Kriterium' der Konsequenz zu betrachten.

In der *Differenz-Schrift* wird der Materialismus als die konsequente Form des Realismus (bzw. Empirismus) aufgezeigt,[214] insofern bei ihm das Subjekt völlig von dem Objekt absorbiert ist, so dass das Subjekt nur ein bloßes Produkt, eine *absolute* Deduktion des Objekts ausmacht – das Subjekt wird „als Produkt des Objekts" gesetzt und der Gang ist „ein absolutes Produzieren, das Produkt ein absolutes Produkt".[215] Die Materie des konsequenten Realisten verwandelt sich zu etwas genauso lebendigem und tätigem wie das Ich der Idealisten: „Die Materie des Materialisten oder das Ich des Idealisten ist – jene nicht mehr die tote Materie, die ein Leben zur Entgegensetzung und Bildung hat, – dieses nicht mehr das empirische Bewußtsein, das als ein beschränktes ein Unendliches außer sich setzen muß".[216] Der Materialismus ist somit konsequent, insofern er die Seite des Gegenstandes, der zuerst in der Form der Sinnlichkeit gegeben wird, explizit absolut setzt, so dass der Gegenstand das ontologisch erste und einzige ist, wodurch die epistemische Beziehung von Subjekt und Objekt gesetzt wird. Der Materialismus erfüllt die *Form* des Realismus, d.i. die Sinnlichkeit, mit einem angemessenen *Inhalt*, verbindet sie mit einer wirklich exis-

214 Wie B. Bowman zeigt (Bowman 2003a: 143), ist die Bezeichnung des Materialismus als konsequenter Realismus und das unvermeidliche Hinauslaufen des Realismus auf das materialistische Denken schon bei Fichte und Krug zu finden; das Erweitern der *Konsequenz* des Materialismus nicht bloß auf den Realismus sondern auf den Empirismus überhaupt, ist hingegen die Zutat Hegels und hat, wie gesagt, zu tun mit seiner Annahme der Verschmelzung und Mitbestimmung der ontologischen und der epistemologischen Seite der Philosophie in der Wissensstruktur des Bewusstseins. Fichte spricht allerdings von ‚Dogmatismus' im Sinne eines über die äußere Existenz der Dinge hinausgehenden und bemerkt dabei, dass „der consequente Dogmatiker […] notwendig auch Materialist" sei (SW: 431; vgl. auch ebenda: 437). Zu den noch expliziteren Erwähnungen Krugs S. Organon: 8, 75 und Methoden: 32.

215 Diff: 49.

216 Diff: 33.

tierenden, materiellen Welt und vervollständigt so den impliziten Realismus der Sinnlichkeit.

Die *Enzyklopädie* wird später den konsequenten Charakter des Materialismus jedoch näher bestimmen. Darin gibt Hegel konkreter an, was auf die Seite jenes Subjekts fällt, das der Materialismus zurückwirft. Wie schon oben gesagt, macht der Gegensatz von Allgemeinheit und Einzelheit eine Hauptform des Gegensatzes von Subjekt und Objekt aus. Das Objekt, als etwas immer in sinnlicher Form gegebenes, hat nur die Form der Einzelheit und des Auseinander, die Form der sinnlichen Wahrnehmung. Die Allgemeinheit, alle allgemeinen Bestimmungen sind prinzipiell der Inhalt des Subjekts und das Bestreiten der *Realität der Abstraktionen* ist eben dasjenige, was der Empirismus gegen die Metaphysik gerichtet hat. Die Realität der Abstraktionen ist allerdings zugleich das, was überhaupt *Übersinnliches* bedeutet. Das an und für sich existierende Allgemeine macht die ganze übersinnliche Welt der traditionellen Philosophie aus. Der Materialismus bestreitet nun, wie Hegel in der *Enzyklopädie* hervorhebt, alles Übersinnliche und alle Wahrheit und Realität der Allgemeinheit. Insofern alles auf Materie reduziert wird, nämlich auf etwas absolut *Konkretes* und Daseiendes, bleibt dem Denken kein zu erkennendes Reich des Übersinnlichen, keine wahrhaft allgemeinen Inhalte, sondern bestenfalls nur eine bloß *subjektive* und *formelle* Tätigkeit der Abstraktion und Bearbeitung des durch die Sinne erworbenen Konkreten: „Die *konsequente* Durchführung des Empirismus, insofern er dem Inhalt nach auf Endliches beschränkt, leugnet aber das Übersinnliche überhaupt oder wenigstens die Erkenntnis und Bestimmtheit desselben und läßt dem Denken nur die Abstraktion und formelle Allgemeinheit und Identität zu".[217] Das Subjekt ist kein solches allgemeines Prinzip, aus dem Bestimmungen des Realen abgeleitet werden können, sondern nur etwas schlechthin von dem Materiellen gesetztes.

Hegel führt nun weiter eine Unterscheidung an, die wir schon früher gesehen haben – die Unterscheidung zwischen dem *metaphysizierenden* Empirismus Lockes, worunter sich nach Hegel auch die Kantische Philosophie subsumieren lässt und dem *reflektierenden* Empirismus. Den ersten Empirismus bezeichnet Hegel auch als „*unbefangenen* Empirismus"[218], dessen Mangel eben darin besteht, dass, obwohl er sich „an die sinnliche Wahrnehmung" hält, auch „eine geistige Wirklichkeit, eine übersinnliche Welt" zulässt.[219] Zum zweiten Empirismus gehören in der *Enzyklopädie*

217 Enz I: 108.
218 Enz I: 145.
219 Enz I: 145.

allerding nicht alle jene Formen, die in den *Vorlesungen* aufgezählt werden, nämlich weder die Schotten noch Berkeley und Hume. Der „*reflektierende* und die *Konsequenz* sich zum Prinzip machende *Empirismus*" ist hier allein der Materialismus bzw. Naturalismus – „das *konsequente* System des Empirismus".[220] Dieser Empirismus geht über jenen Dualismus der ersten *unbefangenen* Form hinaus, der etwas Übersinnliches neben das Prinzip der Erfahrung setzte, „bekämpft solchen Dualismus des letzten, höchsten Inhalts und negiert die Selbstständigkeit des denkenden Prinzips und einer in ihm sich entwickelnden geistigen Welt".[221] Die subjektive Instanz des Materialismus ist *prinzipiell* als ebenso *materiell* angenommen. Das Subjekt ist keine *denkende Ichheit* die eine heterogene Welt der Sinnlichkeit zu erkennen versucht, sondern ist dasselbe ebenso *sinnlich, materiell.* Wie das Subjekt ein absolutes Produkt des Objekts, d.h. der Materie ist, ebenso ist das Denken ein Produkt der *materiellen* Organisation und Funktion des menschlichen Körpers, nämlich ein Produkt der Sinnlichkeit, der *Empfindung*. Das „Gefühl" oder die „Empfindung" ist, wie Holbach bemerkt, „die grundlegende Fähigkeit des lebenden Menschen, von der sich alle anderen herleiten" und er hebt weiter hervor, „daß sie ebenso eine Folge des Wesens und der Eigentümlichkeiten organisierter Dinge ist, wie die Schwere, der Magnetismus, die Elastizität, die Elektrizität usw. sich aus dem Wesen und der Natur einiger anderer Dinge ergeben".[222] Der Materialismus führt so „alles Denken auf Empfindung" zurück und der Gegensatz von „*sentir*" und „*penser*" wird, wie Hegel bemerkt, nur einseitig gelöst.[223]

Der Vorwurf des *Metaphysizierens*, so sollte jedoch bemerkt werden, wird von Hegel in der Tat gegen verschiedene Zielpunkte gerichtet und nicht nur gegen Locke, wie an dieser Stelle der *Enzyklopädie* zu entnehmen ist. Somit kann man noch einige Aspekte des Begriffs des *Metaphysizierens* betrachten, insbesondere in Bezug auf die Hegelsche Bewertung des Materialismus. Im Bacon-Abschnitt seiner *Vorlesungen* bemerkt Hegel, wie schon gesagt, dass es der „formelle Mangel, den alle Empiriker teilen, ist, daß sie glauben, sie halten sich nur an Erfahrung; es bleibt ihnen unbewußt, daß im Aufnehmen dieser Wahrnehmungen sie metaphysizieren. Der Mensch bleibt nicht beim Einzelnen stehen und kann es nicht. Er sucht das Allgemeine; dieses sind Gedanken, wenn auch nicht Begriffe".[224]

220 Enz I: 145.
221 Enz I: 145.
222 Natur: 92.
223 GdPh III: 303.
224 GdPh III: 84.

Dieses Verfahren aber, d.h. die Ableitung allgemeiner Sätze und Gesetze aus den einzelnen Wahrnehmungen, Beobachtungen, ist ebenso die Herangehensweise, der auch der Materialismus folgt. Auch in der *Enzyklopädie* und zwar im Anschluss an die Erwähnung der ‚konsequenten Durchführung des Empirismus', der ‚dem Denken nur die Abstraktion und formelle Allgemeinheit und Identität' zulässt und demnach der Materialismus ist, sagt Hegel: „Die Grundtäuschung im wissenschaftlichen Empirismus ist immer diese, daß er die metaphysischen Kategorien von Materie, Kraft, ohnehin von Einem, Vielem, Allgemeinheit, auch unendlichem usf. gebraucht, ferner am Faden solcher Kategorien weiter fort*schließt*, dabei die Formen des Schließens voraussetzt und anwendet und bei allem nicht weiß, daß er so selbst Metaphysik enthält und treibt und jene Kategorien und deren Verbindungen auf eine völlig unkritische und bewußtlose Weise gebraucht".[225] Der konsequente Empirismus leugnet wohl alles Übersinnliche, aber eben diese Abstraktion und formelle Allgemeinheit macht in der Tat das aus, was Hegel gleich als Einführung von *metaphysischen Kategorien* und metaphysischen Beziehungen bezeichnet. Und dies ist schon, streng gesprochen, *Metaphysizieren*, unkritische und vielmehr unbewusste Metaphysik, also eine „illegitime Grenzüberschreitung" über das ‚große Prinzip' hinaus.[226]

Wenn das Subjektive und Geistige die Form der Präsenz von allgemeinen Bestimmungen hat, dann könnte man sagen, dass sowohl Locke als auch der Materialismus sich um dieselbe Dualität drehen. Aber was den Materialismus von der Lockeschen Fassung des Empirismus unterscheidet, das ist, dass für Locke das Subjekt als eine diskrete und mit sich identische Instanz dem mannigfaltigen Objekt gegenüber bleibt, wohingegen der Materialismus das Subjekt gänzlich auf das Objekt reduziert. Bei Locke wird das Subjekt nicht vom Objekt gesetzt. Locke erhält den ganzen Dualismus der Reflexion unangetastet. Neben dem sinnlich Erfahrenen billigt er sowohl eine dem Sinnlichen unterliegende Substanz wie auch ein mit sich identisches erkennendes Subjekt, ein Ich bzw. Bewusstsein, das nicht auf das Objekt zurückzuführen ist, und darüber hinaus die Existenz einer übersinnlichen Substanz als Gott: „nur von drei Arten von Substanzen", erklärt Locke, „besitzen wir Ideen: 1) *von Gott*, 2) *von endlichen vernunftbegabten Wesen*, 3) *von Körpern*".[227]

Aber Locke geht noch weiter. Während die Materialisten den Menschen, den Geist oder die Seele, auf die organisierte Materie reduzieren

---

225 Enz I: 108-9.
226 Richter 1985: 25-6.
227 Versuch I: 411.

und keine Identität des Bewusstseins außer der materiellen Identität der in einem bestimmten Körper organisierten Materie erkennen,[228] unterscheidet Locke bei der Behandlung der Frage der Identität eine zwiefache Identität in Bezug auf die Menschen: einerseits gibt es die *Identität des Menschen*, was eigentlich die materielle körperliche Identität des Menschen ausmacht – bis hierher geht er mit dem Materialismus zusammen – aber andererseits nimmt er doch auch an, dass von jener Identität eine wohl zu unterscheidende *Identität der Person* zu unterscheiden ist, die auf dem Bewusstsein, auf dem Ich beruht, eine *Identität des Denkens*. Die Identität der Person ist nicht auf die Identität des Menschen, auf die Identität des Körpers zurückzuführen.[229] Locke ortet nun alle *Allgemeinheit* in einem Bewusstsein, das nicht materiell und überhaupt nicht identisch mit dem Gegenstand, mit dem Sinnlichen ist.[230] Der Materialismus hingegen ortet einerseits jene Allgemeinheit im Denken, führt aber zugleich das ganze Denken auf das materielle Objekt zurück und macht sie zu einem Produkt, einer besonderen *Daseinsweise* der Empfindung.

Man kann nun, neben dem im obigen Kapitel angesprochenen, einen weiteren interessanten Unterschied zwischen den Ausdrucksweisen des

228 „Der Mensch ist ein rein physisches Wesen", sagt z.B. Holbach (Natur: 17), und hebt weiter hervor, „dass die sogenannten *intellektuellen* Fähigkeiten nur Modi oder Seinsweisen und Wirkungsarten sind, die sich aus dem Bau unseres Körpers ergeben" (ebenda: 92); und ferner: „Hieraus sieht man, daß das Denken nur die Wahrnehmung von Modifikationen ist, die unser Gehirn von äußeren Gegenständen empfangen hat oder die es sich selbst gibt" (ebenda: 99).

229 Versuch I: 419-420 ff.

230 Man sollte darüber hinaus auch Bacon erwähnen, der sich deutlich um eine solche Dualität, wie die Lockesche, dreht, indem er in der Tat eben zwei zusammenarbeitende Kräfte des Menschen annimmt und somit die Einseitigkeit der *Empiriker* tadelt, die sich ausschließlich nur auf die Sinne stützen. Dem Geist schreibt er jedoch keinen Inhalt zu, sondern nur eine Tätigkeit des Verarbeitens des Materials, das die Sinne herbeischaffen. Bacon bemerkt: „Diejenigen, die die Wissenschaften bisher getrieben haben, waren entweder Empiriker oder Dogmatiker. Die Empiriker gehen wie die Ameisen vor: sie tragen nur zusammen und gebrauchen; die Rationalisten gehen wie die Spinnen vor: sie produzieren ihr Netz aus sich selbst heraus. Das verfahren der Biene hält die Mitte zwischen beiden: sie sammelt den Stoff aus den Blühten des Gartens und des Feldes, aber sie verwandelt und verarbeitet ihn durch ihre eigene Kraft. Das wahre Werk der Philosophie hat Ähnlichkeit damit: es stützt sich weder ausschließlich noch überwiegend auf die Kräfte des Geistes und nimmt auch nicht den Stoff, den die Naturgeschichte und die mechanischen Experimente bieten, unverändert ins Gedächtnis auf, sondern verwandelt und verarbeitet ihn zuvor mit dem Verstande" (Aphorismen: 42).

Metaphysizierens erblicken, und zwar die Tatsache, dass ‚Metaphysizieren' nichts mehr bedeutet als das Zurückfallen in den Dualismus der Reflexion. Es ist klar, dass sowohl die Lockesche als auch die materialistische Philosophie überhaupt auf demselben Standpunkt der Reflexion stehen. Das Prinzip des Materialismus bedeutet ja nicht, dass seine in der Tat *postulierte* Hinnahme und Absolutsetzung des einen der Entgegengesetzten, ihn von dem Gegensatz der Reflexion wirklich befreit. Insofern kann auch der Materialismus letztendlich dem Gewebe der *metaphysischen* ‚Kategorien und deren Verbindungen' nicht entgehen. Was aber für die Lockesche Philosophie eine *Voraussetzung* ist, nämlich die Voraussetzung eines vom Objekt fremdartigen Subjekts, das *aufnimmt*, *abstrahiert* und reflektiert, das die *Einheit* und somit die *Allgemeinheit* seines Bewusstseins der sinnlichen Mannigfaltigkeit gegenüber hält, kommt dem Materialismus als ein *Resultat* seiner einseitigen und dogmatischen Annahme des einen Pols der Reflexion zu, insofern er nämlich die empirische, materielle Welt auf *ein* Bewusstsein bezieht und *allgemeine* Schlüsse aus seinen empirischen Tatsachen ziehen will. Für Locke ist der Dualismus eine *Inkonsequenz*, die sich schon am Ausgangspunkt seines Systems befindet; für den Materialismus hingegen ist die *Inkonsequenz* – das Metaphysizieren – erst das, worauf dessen System hinausläuft und folglich nur eine *implizite* Inkonsequenz, die nicht am Anfang und unmittelbar in seinem Prinzip, sondern nur an der *Grenze* seines Philosophierens anzutreffen ist. Hegel drückt es in der *Differenz-Schrift* folgendermaßen aus: „Der konsequente Realismus leugnet überhaupt das Bewußtsein als eine Selbsttätigkeit des Sich-Setzens. Wenn aber auch sein Objekt, das er als Realgrund des Bewußtseins setzt, als Nicht-Ich = Nicht-Ich ausgedrückt wird, wenn er die Realität seines Objekts im Bewußtsein aufzeigt und also die Identität des Bewußtseins als ein Absolutes gegen sein objektives Aneinanderreihen des Endlichen an Endliches geltend gemacht wird, so muß er freilich die Form seines Prinzips einer reinen Objektivität aufgeben".[231] In dieser Weise wird der Materialismus gezwungen seinen Stoff in etwas *Anderes* und zwar in die Form des erkennenden Subjekts, in die Form der *Einfachheit*, zu verwandeln, welches Subjekt als *ein und dasselbe*, sich selbst gleich –d.i. schließlich *Allgemeines* – gegen die empirische Mannigfaltigkeit steht; er wird gezwungen, sein materielles Objekt und dessen sinnliche Wahrnehmungen in Gedanken, in allgemeine Bestimmungen und allgemeine Sätze umzuschreiben. Der abgelehnte Dualismus tritt somit am Ende nochmal als *Resultat* des Prozesses des Erkennens hervor.

231 Diff: 62.

Die obige Bemerkung Hegels ist sicherlich nicht beiläufig. Hegel erkennt dem Materialismus nicht nur das Verdienst zu, das Prinzip des Empirismus konsequent durchgeführt zu haben, sondern prüft zugleich seine Grenzen als eine Form der Reflexionsphilosophie. Das materialistische Denken ist für Hegel Äußerung des allgemeinen *Interesses* der ganzen neueren Philosophie, die im Gegensatz der Reflexion gefangen und somit gehindert ist, sich von der Scheidung und dem Widerspruch zu befreien. Der Gegensatz ist der Triebstoff der Philosophie der Moderne und ihr Zweck die Versöhnung der Entgegengesetzten. Hegel rügt in der *Differenz-Schrift* das kurzsichtige Philosophieren Reinholds, das den Wert des „Prinzips des Objektiven" des Materialismus verkennt und in ihm „nichts von dem echten philosophischen Bedürfnis, die Entzweiung in der Form von Geist und Materie aufzuheben" erkennt.[232] Der Materialismus und der Idealismus sind die zwei Seiten der Medaille der Reflexion, allerdings getrennt und einseitig ausgedrückt. Wie der Idealismus vom Prinzip des reinen Ich die ganze Welt zu deduzieren versucht, ebenso strebt der Materialismus „*ein* Prinzip als das letzte zu setzen, aber ein solches, das zugleich Gegenwart habe und der Erfahrung ganz naheliege".[233] Das Prinzip des Materialismus stellt „ein tiefes allumfassendes philosophisches Bedürfnis"[234] dar und ebendeswegen ist sein philosophisches Streben geistreich, oder, wie Hegel zuspitzend hervorhebt, „das Geistreiche selbst".[235] Der Materialismus ist somit nicht nur eine *konsequente* Form des Empirismus, sondern drückt in konsequenter Weise das philosophische *Interesse* auf dem Standpunkt der Reflexion überhaupt aus – die Versöhnung des Geschiedenen –, er ist eine bedeutsame Form für die ganze Epoche der Reflexionsphilosophie überhaupt. Man muss explizit „in dem Materialismus das begeisterungsvolle Streben anerkennen, über den zweierlei Welten als gleich substantiell und wahr annehmenden Dualismus hinauszugehen, diese Zerreißung des ursprünglich Einen aufzuheben".[236]

Der Materialismus, indem er sich konsequent zu seinem empiristischen Prinzip der Objektivität, der Realität des Objektiven verhält, erreicht seine Grenze und deckt jene Dialektik auf, die er in sich birgt. Wie aus den obigen Zitaten erhellt, ist für Hegel die Frage besonders wichtig, inwiefern eine Philosophie auch das *Bedürfnis ihrer Zeit* gemäß ihres Prinzips vollständig und rein zum Ausdruck bringt. Das wichtigste ist dabei jedoch,

232 Diff: 119.
233 GdPh III: 303.
234 GdPh III: 293.
235 GdPh III: 287.
236 Enz III: 49 Z.

dass der konsequente Charakter einer Philosophie hinsichtlich ihres Prinzips mit der Befriedigung dieses Bedürfnisses ihrer Zeit unmittelbar verknüpft ist, wie dies zumindest der Fall des Materialismus zeigt. Das geschieht eben darum, weil das Prinzip einer Philosophie durch keine zufällige Auswahl bestimmt wird. Es gibt somit keine unbestimmte Menge von Prinzipien, keine Pluralität von Prinzipien im Sinne einer unbegrenzten Möglichkeit von neuen Formen. Die Menge der Prinzipien wird durch die Zeit gegeben und die verschiedenen Philosophien sind nichts anderes als Modifikationen und Versuche jene Prinzipien konkret auszudrücken und zu entfalten. Das Prinzip äußert letztendlich ein objektives und notwendiges Charakteristikum der Zeit. Das, was zur Bestimmung *eines* Prinzips treibt, ist gerade das *Bedürfnis* der Zeit, das durch den herrschenden Widerspruch entsteht und nur die Überwindung dieses Widerspruches zum Zweck haben kann. Die Zeit des Empirismus ist also die Zeit der Reflexion, die Epoche der Reflexionskultur, und alles wird letztlich auf die zwei Extreme der Reflexion zurückgeführt. In der Zeit der Reflexion kann eine Philosophie entweder das *Objekt* oder das *Subjekt* zum Prinzip machen. Der *Dualismus* selbst ist in der Tat keine Philosophie, die *beide* Entgegengesetzten *als solche* aufbewahren will. Wie die Kritik Hegels an Kant zeigt, ist auch der krasseste Dualismus nichts anders als ein Scheitern, das aufgestellte Prinzip *konsequent* durchzuführen, d.h. beide Entgegengesetzten unter die eine Instanz zu setzen – keine Philosophie macht den Dualismus selbst bewusst *zum Prinzip*. Der Dualismus in der Zeit der Reflexion ist nur ein inkonsequentes Philosophieren *überhaupt*. Aber auf der anderen Seite ist der *Dualismus* schließlich diejenige Form, die alle Reflexionsphilosophie in sich trägt. Der *Dualismus* ist die allgemeinste Voraussetzung, das vorausgesetzte Fundament aller Philosophie der Reflexion. *Konsequenz* bedeutet nun allein das reinste, ausdrücklichste, schärfste und absolute Setzen des einen der zwei Extreme der Reflexion und der Versuch das Entgegengesetzte aus dem *prinzipiell* Ersten abzuleiten. Alle Philosophie ist die Behandlung der Dualität aus dem Standpunkt einer einzigen, doch einseitigen, Perspektive. Der ganze Weg der Reflexion bis zu ihrer Aufhebung ist eben das ständige Aufgreifen „von irgendeinem einzelnen und darum untergeordneten Standpunkt“ eines Zeitalters, die Erhebung einer solchen „*Besonderheit zum System*“ und das Setzen derselben „als das Ganze“ – ein Weg der Reflexion, den Hegel im poetischen Ton als das „Schauspiel der Qual der Verdammten“ bezeichnet.[237]

Was ist aber das Verdienst für die Philosophie überhaupt, dass eine besondere Philosophie ihr *eigenes* Prinzip, und somit eins der objektiven Ele-

237 WphK: 177-8.

mente ihrer Zeit konsequent durchgeführt hat? Wie wird dadurch das *Bedürfnis der Zeit* überhaupt befriedigt? Und wie wird letztlich die *konsequente Einseitigkeit* dazu beitragen, dass der Gegensatz aufgehoben wird?

Um den Gegensatz aufzuheben, muss man nach Hegels Strategie zeigen, dass ein jedes der Entgegengesetzten das Negative seiner selbst, d.h. sein Entgegengesetztes in sich hat. Nur dadurch kann man am Ende eine wahrhafte Synthese, die Identität der Entgegengesetzten erreichen. Die wahrhafte Identität, das wahrhafte Subjekt-Objekt fordert, dass sowohl das Subjekt als auch das Objekt als ein Subjekt-Objekt gezeigt werden müssen; wenn die Identität nur auf der einen Seite gezeigt wird, nämlich entweder als ein bloß subjektives oder als ein bloß objektives Subjekt-Objekt, dann ist die Synthese nicht wahrhaft und die Identität nur *formell* (im ersten Fall Idealismus, im zweiten Realismus): „Hierin besteht allein die wahre Identität, daß beide ein Subjekt-Objekt sind, und zugleich die wahre Entgegensetzung, deren sie fähig sind. Sind nicht beide Subjekt-Objekt, so ist die Entgegensetzung ideell und das Prinzip der Identität formal".[238] *Konsequenz* bedeutet allerdings keine *wahrhafte* Befriedigung des *Bedürfnisses*, keine wahrhafte Aufhebung des Gegensatzes, sondern nur die sachliche *Voraussetzung* zur *Zuspitzung des Gegensatzes*. Nur wenn das Prinzip keine *Mischung* von Subjektivem und Objektivem ist, sondern *rein* nur das eine der beiden walten lässt, kann sich am schärfsten, am klarsten und am ausdrücklichsten das vollkommene Scheitern aller *einseitigen* Versuche zeigen, über den Gegenstand des *Verstandes* mit den Mitteln des Verstandes selbst zu räsonieren. Der konsequente Empirismus, der als Materialismus auftritt, ist der höchste und stärkste Kampf des Verstandes *seitens des Objekts*, den Gegensatz der Reflexion aufzulösen. Der Materialismus ist nichts anderes als das Absolutsetzen des *Objektiven*, was das Prinzip des Empirismus überhaupt ist, aber während der *inkonsequente* oder *unbefangene* Empirismus das Subjektive, das Allgemeine, das Geistige gegenüberstehen lässt, versucht dieser *konsequente* und *reflektierende* Empirismus das Prinzip nicht zum *letzten* sondern zum *einzigen Grund* beider Pole des Gegensatzes zu machen, somit das Subjekt vollkommen auf das Objekt zurückzuführen.

Für den Materialismus gibt es nur Materie und nichts anderes; alles ist *diesseitige, konkrete, sinnlich empfundene* Materie – das absolut *Konkrete*. Von da aus können am klarsten, nicht bloß im Gedanken, sondern im Leben des Geistes selbst, in der *wirklichen Geschichte* seiner Erscheinung, nämlich in der Philosophie, alle Folgen und Konsequenzen des Prinzips hervortreten. Der absolute Gegenstand des Materialismus, die Gestalt, in

238 Diff: 99.

der sein empiristisches Prinzip ausgedrückt ist, d.i. die gemeine *Materie*, zeigt sich letztlich nicht als solches Konkretes sondern als ein wohl *Abstraktes*, und zwar das Abstrakteste und Allgemeinste, ein bloßes *Gedankending*, das nur *gedacht* und gar nicht *wahrgenommen* werden kann. Insofern fällt der Materialismus mit dem Idealismus zusammen, sein Prinzip geht in sein Gegenteil über – die *Materie* ist nicht weniger allgemein als das *Ich* des Idealismus. Der Materialismus zeigt sich in seiner Entwicklung nicht nur auf den Dualismus von Subjekt und Objekt zurückzufallend, indem er *im* Erkennen die Einheit und Allgemeinheit des Bewusstseins gegenübertreten lässt, sondern erreicht zudem seine Grenze, insofern sich sein *Gegenstand* selbst, die Materie, zu ihrem Gegenteil verwandelt. Das Konkreteste wird zum Abstraktesten, nicht Wahrnehmbaren. Die Materie aber ist zu einer Substanz oder vielmehr zu einem Ding-an-sich geworden, zu einem Unbestimmten – „das rein Subjektive ist Abstraktion so gut wie das rein Objektive".[239]

Das, was Hegel damit bemerkt, ist allerdings das schon von Berkeley festgestellte Resultat der Dialektik der Materie, was die ausschlagende Kritik desselben gegen die Materialisten ausmacht. Berkeley unterscheidet sich freilich von Hegels Auffassung, indem er die Materie für kein *Gedankending*, sondern vielmehr für eine bloße Täuschung, für ein *Nichts* hält, denn das Abstrakte ist für Berkeley sowieso nichts: „Ihr mögt, wenn es euch gut erscheint, das Wort ‚Materie' in demselben Sinn gebrauchen wie andere das Wort ‚nichts', so dass diese Ausdrücke in eurer Sprache austauschbar sind. […] wenn ich ihre Bestandteile insgesamt oder einzeln aufmerksam betrachte, finde ich nicht, dass sie auf meinen Geist irgendeine Wirkung ausüben oder irgendeinen Eindruck hinterlassen, der von dem des Ausdrucks ‚nichts' verschieden wäre".[240] In Bezug auf das *Kriterium* des Empirismus (nämlich auf das Prinzip des Empirismus) zieht Berkeley hier die richtige Schlussfolgerung, denn nach diesem Kriterium kann es natürlich keine Materie geben. Insofern alles *Sein* ein *Wahrgenommenes* ist – *esse est percipi* –, muss alles, was die Bestimmung des Seins haben will, wahrgenommen werden. Für das strenge Kriterium des Berkeleyschen (und Humeschen) Empirismus, der dem Denken, der Abstraktion und Allgemeinheit keinen Platz mehr lässt, kann das nicht sinnlich *Seiende* nur ein *Nichtiges* sein. Die Materie ist „weder durch die Sinne noch durch die Reflexion wahrnehmbar" und insofern ist sie ein bloßes „*Nichtseiendes*".[241] Keine bestimmtere Negation des sinnlichen Seins kann gestattet werden.

---

239 Diff: 61-2.
240 Abhandlung: 82-3.
241 Abhandlung: 76.

Was nicht *Sein* ist, d.h. was sich nicht wahrnehmen lässt, ist *Nichts*. In diesem Sinne bemerkt Hegel, eventuell sich direkt auf Berkeley beziehend, in einem mündlichen Zusatz der *Enzyklopädie*: „Diesem Materialismus gilt die Materie als solche als das wahrhaft Objektive, Materie aber ist selbst schon ein Abstraktum, welches als solches nicht wahrzunehmen ist. Man kann deshalb sagen, es gibt keine Materie; denn wie sie existiert, ist sie immer ein Bestimmtes, Konkretes".[242] Die Materie, nicht als ein bloßer Erklärungsgrund sondern als *realer* Grund alles Wirklichen, alles Existierenden, ist die höchste Form des Prinzips des Empirismus und zwar diejenige *Grenzform*, die unmittelbar zu ihrem Entgegengesetzten übergeht. Ihre Allgemeinheit ist jene Allgemeinheit des reinen Denkens, mit dem sie letztendlich zusammenfällt: „Dies leere Wesen ist für uns überhaupt das reine Denken, *être suprême*, – oder gegenständlich als seiend vorgestellt, dem Bewußtsein überhaupt gegenüber, die Materie".[243] Der Materie bleibt so keine Bestimmung und keine Unterscheidung, kein Inhalt überhaupt – sie ist „das Allgemeine, das Fürsichsein als aufgehoben vorgestellt".[244]

Das Verdienst der *Konsequenz* liegt sonach nicht darin, dass der Empirismus, oder eine Philosophie überhaupt, eine stärkere Widerstansfähigkeit gegenüber einer vom entgegengesetzten Prinzip regiereden Philosophie gewinnt. Im Gegenteil, das höchste Verdienst einer konsequenten Philosophie ist es, dass sie sich von sich selbst zu ihrem Entgegengesetzten verwandelt, dass sie am reinsten die Einseitigkeit ihres Prinzips, dessen innere Widersprüchlichkeit und die Dialektik seines Aufhebens zum Vorschein kommen lässt. Die *Konsequenz* bringt in klarer Weise die innigste Widersprüchlichkeit der Epoche einer Philosophie zum Ausdruck, ist die vollständige *Verwirklichung* des Gegensatzes in der Form des einen seiner Extreme ausgedrückt. Und das ist eben die objektive *Voraussetzung* für die wirkliche Aufhebung des Gegensatzes *in der Geschichte der Philosophie selbst* – das vollständige Setzen der Entgegengesetzten ist die Voraussetzung ihrer Aufhebung. Damit der Standpunkt der Reflexion überwunden werden kann, muss die Philosophie *an ihr selbst*, d.i. *in ihrer wirklichen Geschichte*, die Reflexion vollständig entfalten und bis zur letzten Konsequenz entwickeln lassen.

Insofern nun der Begriff der *Konsequenz* etwas näher geklärt worden ist, stellt sich selbstverständlich die Frage, ob die anderen Formen, die nach den *Vorlesungen* dem *reflektierenden Empirismus* angehören, wie der schot-

242 Enz I: 111 Z.
243 GdPh III: 288.
244 GdPh III: 289.

tische naive Realismus und der subjektive Idealismus von Berkeley und Hume, Anteil an dieser Konsequenz haben oder nicht.

Hegel beschäftigt sich nicht ausführlich mit den Schotten. Außer der Auseinandersetzung mit dem Common-sense-Realismus in seiner Jenaer Zeit, lässt sich Hegel weder in der *Enzyklopädie* noch in seinen *Vorlesungen über die Geschichte der Philosophie* auf eine detailierte Darstellung und Bewertung der Schottischen Philosophie ein. Auch in den *Vorlesungen* widmet er dem direkten Realismus von Reid usw. nur wenige Seiten. Die einzige Schrift, in der Hegel sich konkret und polemisch gegen den naiven Realismus und zwar gegen seine skeptische Version der Schulzeschen Philosophie wendet, ist der sogenannte *Skeptizismus-Aufsatz*. Der naive Realismus scheint im Allgemeinen der *Form* nach dem klassischen Empirismus ähnlich zu sein. Ungeachtet der ontologischen Dimension des Realismus, die sich eigentlich unmittelbar auf seinen Antirepräsentationalismus stützt, bleibt der naive Realismus der Ansicht der bloß empirischen Mannigfaltigkeit des klassischen Empirismus sehr nah. Er geht nicht so weit, wie die Franzosen, das Objekt als *Objekt überhaupt* zu setzen. Er verfährt letztlich aber ebenso dualistisch wie der metaphysiziernder Empirismus und wenn er auch kein *verborgenes* Objekt als ein Ding-an-sich hinter den Erscheinungen bewahrt, wie dies bei Locke und Kant der Fall ist, erhält er doch ein letztlich *unbekanntes* Subjekt, insofern seine Intuitionen bezüglich des wahren Seins der Sachen eine völlig unerklärbare Tatsache ausmachen – ein Art *Offenbarung*, wie Reid sagt. Der Reidsche naive Realismus, trotz seines Antirepräsantionalismus und seiner realistischen Perspektive, kommt zu keiner Art Aufhebung der ursprünglichen Ungleichheit von Subjekt und Objekt, sondern geht unmittelbar von ihr aus, nicht weniger als Locke. Er hebt ihren Unterschied nicht im Begriff der Materie auf, wie dies der Materialismus macht, sondern lediglich *im* Wissen, indem der spezifische ontologische Unterschied von Subjekt und Objekt zu keiner Verfälschung und Behinderung der Übertragung des Seins des Objekts in das Subjekt führt – beim Aufnehmen des Objekts fällt jeder Unterschied von Subjekt und Objekt weg, nicht ontologisch, sondern nur *funktional*, indem das Subjekt dem Objekt nichts hinzutut. Insofern aber Hegel nicht auf die Frage der *Konsequenz* des naiven Realismus eingeht, könnte man ebenfalls darauf verzichten, sich diese Frage zu stellen,[245] ob-

245 Die Unterschätzung des direkten Realismus ist offensichtlich in den Hegelschen *Vorlesungen über die Geschichte der Philosophie*. Die Bezeichnung des Common-sense-Realismus als „Populärphilosophie" (GdPh III: 286) mag ein gewisser Vorwurf sein, der ihn streng genommen von der echten Philosophie unterscheiden kann – was ‚Populärphilosophie' bedeutet und wie sie von der ‚Philosophie' zu unterschei-

wohl er wohl eher zu den inkonsequenten Formen des Empirismus zu gehören scheint.

Wie schon gesehen, steht Humes Denken für Hegel als eine *mehr oder weniger* konsequente Form des Empirismus. Somit ist Hume sicherlich eine Hauptform der empiristischen Philosophie und vielleicht kann man ihn tatsächlich als eine ‚radikalisierte' und ‚finale' Form derselben ansehen, wie dies schon oben bemerkt worden ist. Bevor aber auf Hume eingegangen werden kann, sollte man einen kurzen Halt bei Berkeley machen, der eigentlich die Eintrittsform des idealistischen und skeptischen Empirismus bildet.

Bei ihm handelt es sich um einen *idealistischen* Empirismus. Auffallend ist dabei, dass insofern Hegel den Empirismus für eine prinzipiell *realistische* Lehre hält, diese – zumindest dem Anschein nach – eine unmittelbare contradictio in terminis ist. Über diesen Gegensatz ist schon einiges vorausgeschickt worden, das hier ausführlicher entwickelt werden soll. Man würde erwarten, dass zumindest das Merkmal dieser Richtung des klassischen Empirismus den Grund dafür gegeben hätte, dass Hegel ihm eine bestimmte *Inkonsequenz* zuschreibt. Der Fall ist allerdings definitiv nicht so einfach, wie anfänglich vermutet, und jegliche Inkonsequenz des idealistischen Empirismus besteht nicht *unmittelbar* im idealistischen Parameter desselben. Einige Erwägungen darüber können nun aber aufgestellt werden. Zuerst aber soll kurz bestimmt werden, worin die *Inkonsequenz* der Berkeleyschen Philosophie, die Hegel ihr ausdrücklich zuschreibt, eigentlich besteht. Danach kann näher untersucht werden, worin die vermutliche Konsequenz der Humesche Philosophie demgegenüber bestehen könnte und ob es überhaupt bei Hume eine solche Konsequenz tatsächlich gibt.

Berkeleys Philosophie ist sicherlich keine konsequente Form des Empirismus. Das wird von Hegel zumindest in seinen *Vorlesungen über die Geschichte der Philosophie* eindeutig angegeben. An zwei Stellen konstatiert Hegel die Inkonsequenz der Berkeleyschen Philosophie, von denen die eine schon kurz diskutiert worden ist. Der inkonsequente Empirismus Berkeleys führt parallel zu seinem Prinzip der sinnlichen Endlichkeit die Annahme eines gewissen Übersinnlichen ein. Die *Allgemeinheit* und *allgemeine Notwendigkeit* in der Erfahrung wird von Berkeley einerseits nicht vollständig bestritten – er verwirft lediglich die Allgemeinheit der abstrak-

---

den ist, erläutert Hegel im einleitenden Teil zu seinen *Vorlesungen* (GdPh III: 113-5). Eine so abwertende Annäherung des direkten Realismus könnte ebenfalls auf den typischen Jenaer Vorwurf Hegels gegen den unmittelbaren Realismus als ‚Unphilosophie' deuten.

ten Vorstellungen von Dingen, nicht aber die Bestimmungen der Allgemeinheit und Notwendigkeit überhaupt. Andererseits nimmt er aber auch dogmatisch die Existenz eines Gottes hin, so dass er durchaus über sein Prinzip und Kriterium der Sinnlichkeit hinausgeht. Zum ersten Punkt bemerkt Hegel, wie schon angeführt wurde: „Berkeley läßt alle Begriffe stehen; in Hume hat sich der Gegensatz des Sinnlichen und Allgemeinen gereinigt und schärfer ausgesprochen, – das Sinnliche ist als leer an Allgemeinheit bestimmt. Berkeley macht diesen Unterschied nicht, ob in seinen Empfindungen notwendiger Zusammenhang ist oder nicht. Vorher war die Erfahrung eine Vermischung davon".[246] Erst Hume hat „konsequent darauf aufmerksam gemacht", dass „die Bestimmungen von Allgemeinheit und Notwendigkeit" in „der Erfahrung nicht enthalten sind, uns nicht gegeben würden"; insofern kann von Hume gesagt werden, er „vollendete den Lockeanismus".[247]

Berkeley gewährleistet letztendlich die Allgemeinheit und allgemeine Notwendigkeit des sinnlichen Zusammenhangs, der sinnlichen Ordnung und Gesetzmäßigkeit durch seinen Gott. Dieser Gott, die Annahme eines höchst übersinnlichen Wesens ist in der Tat die höchste Inkonsequenz des Berkeleyschen Empirismus; damit wird das Prinzip der Erfahrung entscheidend verletzt und der *Dualismus* der Inkonsequenz tritt ein. Das Übersinnliche aber tritt für Berkeley in mehreren Formen auf. Neben Gott gibt es auch andere *Geister*, darunter die *menschlichen Geister*, die als *aktive Substanzen* der Passivität des Sinnlichen entgegengestellt sind. Allerdings sind diese *aktiven Substanzen* genauso leer wie das Lockesche Perzipieren, „die Vernunft [hat] keinen eigentümlichen Inhalt" und der Berkeleysche Empirismus ist wohl nur ein „formaler Idealismus".[248] Somit wird eine ganze geistige Welt, die keinesfalls von der Sinnlichkeit unmittelbar deduziert werden kann, eingeführt. Nach Hegel ist die Annahme Gottes für Berkeley notwendig, nicht bloß wegen seiner Forderung der Gesetzmäßigkeit der Welt – diese ist eigentlich ein Resultat der Annahme der Existenz Gottes: insofern ein Gott nämlich existiert, ist er gut und durch seine Güte verleiht er der Welt Ordnung und Sicherheit, nämlich Allgemeinheit und Notwendigkeit –, sondern insofern er den Unterschied zwischen *Aktivem* und *Passivem*, zwischen *Vorstellendem* und *Vorstellung* macht, und zugleich die Vorstellung als etwas bloß *Subjektives* annimmt. Gott ergibt sich als notwendiges Produkt einer falschen Annahme. Hegel bemerkt dazu: „Unmittelbar widerspricht diesem Insichselbstsein des Vorstellenden die Not-

246 GdPh III: 276-7.
247 GdPh III: 277.
248 GdPh III: 274.

wendigkeit der Vorstellungen; denn das Insichsein ist die Freiheit des Vorstellenden, das sie aber nicht mit Freiheit erzeugt, sondern dem sie die Gestalt und Bestimmtheit eines Anderen für es haben".[249] Das reine Insichsein findet sich so nicht als reine Freiheit, sondern als *in sich selbst* von einem *Anderen* mit Notwendigkeit bestimmt – das Vorstellende kann nicht seinen Vorstellungen umhin, sie werden ihm aufgesetzt und folglich nehmen sie die Form eines *Ansich* gegen sein Fürsichsein an. Die Empfindungen, die sinnlichen Bestimmungen entstehen dem Geist also durch sich selbst, werden nicht von ihm gesetzt und kommen ihm folglich *zufällig* zu. Die Behauptung, alles sei im Bewusstsein, widerspricht nun unmittelbar der Natur dieses Sinnlichen. Gott erscheint dann als das, was diesen Widerspruch erklären und in einem gewissen Sinn auflösen kann – es ist nur Gott, „welcher solche Vorstellungen hervorbringe; [...] Die Inkonsequenz in diesem System hat wieder Gott zu übernehmen, die Gosse".[250]

Die Inkonsequenz hat nicht unmittelbar mit der Annahme der Subjektivität des sinnlichen Inhalts zu tun. Eine solche einseitige Annahme ist letztendlich eine Auswahl, die die Reflexion überhaupt ermöglicht, sie ist ein möglicher Ausweg, den die Reflexion bietet. Der Gegensatz von Subjekt und Objekt überhaupt wird nie vollständig beseitigt, sondern bleibt immer als Hintergrund jedes reflektierenden Philosophierens. Aber die Hinzunahme des Übersinnlichen gehört als solche nicht zur Voraussetzung der Reflexion; das *Subjektive überhaupt* ist eine allgemeine Bestimmung der Reflexion und bedeutet ja nicht unmittelbar etwas *Übersinnliches*. Das Übersinnliche widerspricht unmittelbar dem Prinzip des Empirismus, das das festgelegte Fundament dieser Philosophie ausmacht. Die Subjektivität verletzt von selbst das Prinzip des Empirismus nicht – im Gegenteil, wie schon gesehen und wie auch weiter diskutiert werden wird, verletzt das Prinzip des Empirismus selbst schließlich die *Subjektivität*, indem das Objektive an sich unangetastet und funktional allmächtig aufbewahrt wird.

Nach dieser kurzen Darstellung der Inkonsequenz der Berkeleyschen Philosophie kann nun zu Hume übergegangen werden.

Hier sollte von vornherein feststellen, dass Hegel bei Hume eigentlich nicht *ausdrücklich* von *konsequentem Empirismus* spricht – sicherlich auch nicht in der Weise, dass er das in Bezug auf den Materialismus macht. Außer dem Passus, der schon oben angeführt worden („Hume vollendete den Lockeanismus, indem er konsequent darauf aufmerksam gemacht hat [usw.]"), spricht Hegel nur noch einmal davon, dass Hume *konsequenter* als Locke verfahren sei: „Hume hat das Lockesche Prinzip der Erfahrung

249 GdPh III: 273.
250 GdPh III: 273.

angenommen, aber konsequenter verfolgt; Hume hat die Objektivität, das Anundfürsichsein der Gedankenbestimmungen aufgehoben".[251] Was aber der Bezeichnung des Humeschen Empirismus als konsequenten entgegen kommt, ist die Behauptung Hegels, dass Hume die ‚Vollendung' des Lockeanismus vollbracht habe. Insofern die vorgeschlagene Deutung der ‚Konsequenz' zutrifft, dass sie nämlich eine solche Fassung des empiristischen Prinzips ausmacht, die den Endpunkt des Prinzips erreicht, von dem an es sich zu seinem Entgegengesetzten verwandelt, mag man folgerichtig die Bezeichnung ‚Vollendung' als *konsequente Durchführung* des Prinzips verstehen. Eins ist allerdings gewiss: dass die Komplexität und Schwierigkeit der Frage, ob der *idealistische Empirismus* eine konsequente Form desselben ausmacht, keine leicht zu gebende Antwort ermöglicht – es ist auf keinen Fall selbstverständlich und intuitiv eindeutig, dass der Humesche Skeptizismus eine ‚finale Form' des Empirismus ausmacht, wie Heidemann sagt. Denn eine solche Aussage erfordert eine konkrete Begründung.

Berkeley ist ein Idealist, ein *subjektiver Idealist*, der schließlich, durch die Gott-Annahme, zu einer Art *objektiven Idealismus* gelangt. Hume hingegen ist ein *subjektiver Idealist*, der, von demselben Gesichtspunkt wie Berkeley ausgehend, zum *Skeptizismus* gelangt – unerheblich, ob dieser Skeptizismus dem alten nahe liegt oder nicht und worin sich die alten Skeptiker bzw. *Empiriker* von den neuen Empiristen unterscheiden. Hume ist derjenige, der sich am entscheidendsten „gegen das Allgemeine des Empirismus"[252] wendet. „Er geht aus von dem Locke-Baconischen Standpunkt der Philosophie, Erfahrungsphilosophie" oder wie Hegel weiter sagt: „Der Humesche Skeptizismus hat unmittelbar die Lockesche Philosophie zu seinem Gegenstande, wie den Berkeleyschen Idealismus";[253] er macht eigentlich nur eine „Wendung" desselben Idealismus aus.[254] Beim Materialismus sieht man das *Objektive* – d.h. die sinnliche Einzelheit, das Auseinandersein des Sinnlichen überhaupt – in einer ebenso *objektiven* Form ausgedrückt: in der Materie. Hier hingegen hat man denselben gegenständlichen Inhalt, das Sinnliche, aber in *subjektiver* Form aufgefasst. Es ist in der Tat dieselbe *formale Reduktion* des Sinnlichen auf ein *Drittes* – das allerding schon der eine Pol des Gegensatzes selbst ist – wie beim Materialismus, nur umgekehrt. Beim Idealismus ist das *ganze Objekt* auf das Subjekt reduziert, aber mit der Eigenart, dass das Objekt nicht in der Form des Subjekts, des Begriffs, der Allgemeinheit, sondern in derselben

251 GdPh III: 281.
252 GdPh III: 70.
253 GdPh III: 276.
254 GdPh III: 270.

gemeinen Form des Objekts, der gemeinen Form der Sinnlichkeit gefasst wird. Insofern die Philosophie Empirismus bleibt, kann sie sich auch noch als Idealismus nicht der Form des Objekts, sondern der Objektivität überhaupt entledigen. Die Subjektivität kann nicht das Reich der *Allgemeinheiten* werden, sondern wird bloß mit dem Sinnlichen Stoff erfüllt. Das Bewusstsein meint, es könne die *Objetkivität* als Inhalt von der *Objektivität* als Form, das *Ansichsein* von dem *Sein-für-Anderes* abtrennen[255] und verwandelt den Inhalt des Objektiven (den empirischen Stoff) dazu zur Subjektivität, während seine Form, sein Auseinandersein und seine *Gegenständlichkeit überhaupt* gegen das Subjekt unangetastet bleiben. Am Ende dieses Gangs erweist sich aber, dass die *gegenständliche* Form sich nicht beseitigen lässt; jene bloße Form des Sein-für-Anderes zeigt sich schließlich als ebenso *inhaltlich wesentlich*, als ein gegen das Subjekt ebensowohl mächtiges Ansich, das an die Stelle des vergeblich geleugneten objektivistischen bzw. realistischen Ansich eintritt. Was am Ende als überflüssig bewiesen wird, ist nicht das *Objektive*, das von der Form des Sein-für-Anderes als ein regeneriertes Ansich zurückgekehrt ist, sondern das Subjektive, das gar nicht erforderlich ist, damit das Objektive als gemeine Sinnlichkeit, dem Prinzip des Empirismus gemäß, existiert. Humes Denken ist sicherlich jene konsequente Durchführung des idealistischen Empirismus, der, anders als der Materialismus, der durch seine Dialektik das Objektive in der Form des Denkens, die Materie in einem Gedachten auflöste, jetzt das Subjekt in die Form der Objektivität transformiert. Das Spiel der Reflexion erzeugt das Resultat des idealistischen Empirismus, der das empiristische Prinzip mit der Seite des aus der Reflexion gesonderten Subjektiven kombinieren will.

Die Materialisten versuchten die Einheit von Subjekt und Objetct, die *Identität Entgegengesetzter*, in das Objekt zu setzen. Hume geht hingegen aus einer komplizierteren und von der Reflexion zweimal gespaltenen Gestalt des Wirklichen aus. Sein Ausgangspunkt basiert von Anfang an auf einer widersprüchlichen Annahme. Hume, der den Idealismus Berkeleys vor sich hat, will das Objektive überhaupt als Subjektives setzen; das Objekt muss daher zunächst auf das Subjekt reduziert werden. Keine Substanz, keine Materie, kein Ding-an-sich trägt das erscheinende Objekt; das Objekt ist nur die bloße Erscheinung desselben oder sein Bezogensein selbst, sein Sein-für-Anderes, sein Wahrgenommenwerden – *esse est* auch für Hume *percipi*. Die Reflexion hatte zuerst das Denken vom Sein oder das Subjekt vom Objekt überhaupt getrennt. Bei Locke ging sie dann einen Schritt weiter, indem sie das Objekt selbst in Form und Inhalt spal-

255 Vgl. GdPh III: 270.

tete. Indem es bei Locke um die *Beziehung* des Objektiven auf das Subjektive geht, unterscheidet die Reflexion das *Ansichsein* des Objekts von seinem *Bezogensein*, von seinem *Sein-für-Anderes*. Hegel bemerkt, dass auch Locke „nur das Sein-für-Anderes festhält, das Ansich ganz verkennt",[256] indem er sämtliche Ideen als bloße subjektive Vorstellungen versteht und das wahrhaft Objektive, das *Ansich* der Objekte, zu einer unerkennbaren *Substanz* herabsetzt. Das Objekt wird nun in Inhalt und Form gespaltet, so dass der Inhalt das Objektive *an sich*, aber die Form nur eine subjektive sei. Das Objektive tritt *in der Beziehung* als Sinnliches auf, hinter dem das wahrhaft Objektive sich als Substanz oder Ding an sich aufbewahrt. Der Berkeleysche Idealismus – und dazu auch der Humesche – hält sich an diesem Sein-für-Anderes, Sein-für-das-Bewusstsein fest und erklärt, dass seinem Prinzip zufolge, nämlich dass alles wahrgenommen, erfahren werden muss, sich kein Ansich hinter dem Für-das-Bewusstsein ausfindig machen lässt. Die *körperliche Substanz*, die Locke annimmt, wird preisgegeben, indem kein solches Substratum *in der Erfahrung* zu finden ist – die strenge Anwendung des Prinzips der Erfahrung leugnet alles was nicht unmittelbar wahrgenommen werden kann und die Substanz ist gerade ein solches *nicht Wahrgenommenes*. Aber zugleich macht sich der herrschende Gegensatz der Reflexion, der Gegensatz von Subjekt und Objekt überhaupt, der nicht untergehen kann, da er den allgemeinsten Rahmen, die allgemeinste Voraussetzung ausmacht, unter der die Philosophie in der Moderne existieren kann, ebenso geltend und folglich wird derselbe Gegensatz *im* Bewusstsein selbst wiederholt. Die scheinbare Aufhebung des Objekts beweist sich als eine tatsächlich *scheinbare*, denn der Inhalt bleibt ebenso *selbstständig* und *an sich* gegen das erkennende Bewusstsein, wie der zuvor ontologisch objektive Gegenstand (Substanz, Ding-an-sich). Das zu *Idealem* gewordene zeigt sich als ein ebensogut *Reales* für das Bewusstsein – wie gesagt: ‚es ist nichts mit ihm gewonnen, eben weil nichts verloren ist'. Das Abschaffen des Ansich macht letztlich das Für-Anderes zu einem Ansich, was der Berkeleysche Idealismus einsieht, wie oben angedeutet, und durch die strategische Einführung von Gott mit dem subjektivistischen Parameter seines Prinzip in Einklang zu bringen versucht.

Das ist nun der Punkt, von welchem an der Humesche Empirismus eine andere Richtung wählt, um sein Prinzip der Erfahrung nicht wie Berkeley zu verletzen. Berkeley gelangt dazu, dass das Subjekt das *ganze Ob-*

256 GdPh III: 213; vgl. ebenda: 216: „Es kommt Locke hier ein Unterschied des Ansich und des Für-ein-Anderes herein, worin er das Moment des Für-ein-Anderes als das Unwesentliche erklärt – und doch alle Wahrheit nur in dem Für-ein-Anderes sieht".

jekt absorbiert, aber da dieses Objekt die Subjektivität des Subjekts, seine Selbstbestimmung und Freiheit bedroht, nimmt er seine Zuflucht zu Gott, um das ‚freie' Subjekt zu retten. Das wahrhafte Objekt verschwindet, aber an seiner Stelle bleibt ein metaphysischer Gott übrig – das Übersinnliche in seinem höchsten Ausdruck. Hume begegnet derselben Schwierigkeit. Indem er sie aber zu umgehen versucht und zugleich sein empiristisches Prinzip nicht preisgeben will, gelangt er notwendigerweise dazu, auch das Subjekt überhaupt aufzuheben. In der Tat gerät Humes Denken zu einem eigenartigen *Skeptizismus*, der einerseits den Gegensatz der Reflexion nicht endgültig auflösen kann – Subjekt und Objekt bleiben *hypothetisch* entgegengesetzt hinter der Realität der Vorstellungen – und andererseits erhält sich die *Gewissheit* der Realität in derselben gemeinen Form des Objektiven so gut wie zuvor, ohne das geringste bei ihr geändert zu haben.[257] Die „Wahrheit des Empirischen"[258] ist das zugrunde Liegende dieses unvollständigen, unechten Reflexionsskeptizismus. Der subjektivistische Ausgangspunkt Humes geht letztlich völlig zu Grunde und was übrig bleibt, ist nur die *Form des Objekts*.

Die Subjektivität absorbiert zuerst die *ganze* Objektivität, hebt sie aber nicht auf, verwandelt das Objektive nicht in die Form des Begriffs, sondern nimmt sie auf, wie sie sie vor sich in gemeiner Form der sinnlichen Endlichkeit findet. Die Subjektivität, die die *ganze* Objektivität absorbiert hat, verwandelt sich selbst *gänzlich* zum *Objekt*. Sie ist somit total *leer*, eine hohle Form, die Vernunft hat ‚keinen eigentümlichen Inhalt'. Noch weniger hat sie aber auch eine andere Form als jene, ein *aktives* Aufnehmen überhaupt, ein Nicht-Objektives zu sein; das Absorbieren der Objektivität gibt ihr den Inhalt und die Form des Objektiven und insofern das Objektive schon *subjektiv* ist, erweist sich auch jenes Aufnehmen, als eine bestimmte *Tat*, *Tätigkeit* eines Subjekts, als überflüssig – das Objekt ist schon da, es braucht keinen unbekannten, hypothetischen subjektiven Aufnehmer und Träger. Was nunmehr bleibt, das ist nichts anderes von der Objektivität an und für sich ohne das wenigste von einem Subjekt, das sie auffasst. Wie beim Materialismus die Reduktion des Subjektiven auf das

257 Man könnte letztendlich bemerken, dass sowohl die Objektivität als auch die Subjektivität immer im Spiel des Wissens bleiben. Die Ablhenung ihres wahrhaften Charakters führt nicht zu deren Aufhebung. Die Objektivität behält immer die gemeine Form des Sinnlichen und die Subjektivität des Begriffs, die Allgemeinheit und Notwendigkeit, wird zu psychologischen Gesetzen der Assoziation der Vorstellungen und zur subjektiven Form der Gewohnheit transformiert: Zwei *Sprachen* desselben Inhalts.

258 Enz I: 112.

Objekt, die Form der Subjektivität somit dem Objekt verliehen und das Objekt zum Subjekt, zum Gedachten transformiert wurde, ebenso hat die gänzliche Reduktion des Objekts auf das Subjekt, die Form der Objektivität dem Subjekt verliehen und das Subjekt zum Objekt, zum bloßen Zusammen einer sinnlichen Mannigfaltigkeit transformiert. Für Hume gibt es letztlich kein Subjekt mehr. Das Subjekt erweist sich für ihn als nichts anderes als die *Sammlung* seiner Ideen, eine bloße Summe der Gegenständlichkeiten, der Objektivitäten. Hume hebt hervor, „daß was wir *Geist* nennen, nichts ist, als ein Haufen oder Zusammen [heap or collection – *JK*] von verschiedenen Perzeptionen, das durch gewisse Beziehungen zur Einheit verbunden ist und von dem man, ob zwar fälschlich, annimmt, daß es sich einer vollkommenen Einfachheit und Identität erfreue";[259] „es findet sich in ihm [dem Geist – *JK*] in Wahrheit weder in einem einzelnen Zeitpunkt Einfachheit weder in verschiedenen Zeitpunkten Identität".[260] Die Lockesche *persönliche Identität* geht also letztllich ebensowohl zugrunde wie die Lockesche *körperliche Substanz*.

Wenn man diesen ganzen etwas verwirrenden Weg des idealistischen Empirismus stichwortartig zusammenfassen möchte, könnte man kurz folgende Punkte aufstellen: a) die Reflexion trennt das Subjekt vom Objekt ab, b) nach dem Prinzip des Empirismus ist der Gegenstand nur Sinnliches, d.h. nur Objekt, nur Gegenständliches, c) dies bedeutet, das Objekt sei bloß nur Gegen-das-Subjekt, sein Sein sei nur Für-das-Subjekt-Sein, indem es nur *für das Subjekt* die Bestimmung *Gegen-das-Subjekt-Sein* hat (Scheidung des Objekts in Inhalt und Form, in Ansichsein und Sein-für-Anderes), d) erreichbar ist nur das Sein-für-Anderes, das Sein-für-das-Bewusstsein; das Ansichsein ist nur hypothetisch – also: kein Objekt, e) aber die Form des Sein-für-Anderes verhält sich zu dem Bewusstsein ebenso wie das Ansichsein – der *subjektivierte* Stoff der Sinnlichkeit ist nicht vom Bewusstsein (nämlich mit *Freiheit*) gesetzt, es erscheint ihm nach wie vor als *gegeben*, es wird ihm durchgesetzt, f) indem es nun nicht vom Subjekt gesetzt ist, bedarf das Objekt ebensowenig dieses Subjekts, um zu existieren – also: kein Subjekt, g) was geblieben ist, ist nur das Objekt in der gemeinen Form der Sinnlichkeit, jegliche Form des Subjektiven und der Allgemeinheit ist untergegangen – die Rückkehr des gemeinsten Realismus.

Der Humesche Skeptizismus ist für Hegel kein echter Skeptizismus, denn er zerstört nicht wahrhaft das Subjektive und das Objektive. Er geht aus der Scheidung der Reflexion zwischen Subjekt und Objekt aus, die er

259 Traktat: 275.
260 Traktat: 327.

als eine sich wiederholende Scheidung in der Gestalt von Form und Inhalt reproduziert. Die Scheidung des Ansich von dem Für-Anderes spaltet den Gegenstand selbst dieses Skeptizismus. Er bestreitet das Ansich und hält sich an das Für-Anderes, so dass dieses Für-Anderes zu einem Ansich verwandelt wird und sich darin beruhigt. Der Skeptizismus verkennt, dass dies Ex-Für-Anderes nach wie vor ein ebensogut objektives Ansich ist. Er spricht dem Sinnlichen die *Realität* nicht ab; er zeigt den Widerspruch nicht dem sinnlichen Sein selbst, sondern nur der Form dieses Seins, für das Bewusstsein zu sein. Dabei ist – wie oben gezeigt – egal, ob die Objektivität, die Endlichkeit etwas Objektives im gemeinen Sinne oder etwas Subjektives ist, wenn sie absolut ist, wenn nur in der Form des Für-Anderes die ganze Selbstständigkeit, Wirklichkeit, Zufälligkeit usw. des Ansich bleibt.[261] Wie Hegel auch im Berkeley-Abschnitt seiner *Vorlesungen* bemerkt: „Das Selbstbewußtsein bleibt, wie vorhin, ein mit Endlichkeiten Erfülltes; den Inhalt empfängt es auf die gewöhnliche Weise, er ist von der gewöhnlichen Beschaffenheit. Die Ansicht ist nicht eine Ansicht von Dingen, sondern von Wahrnehmungen, aber eine so gemeine Ansicht als vorher. […] Und wenn nun gefragt wird, was ist denn nun das Wahre dieser Wahrnehmungen, wie vorhin der Dinge, so ist keine Antwort darauf. […] alle Einzelheit des Selbstbewußtseins bleibt, erkennt [das Selbstbewußtsein] nichts davon".[262] Dieser Idealismus „betrifft bloß den Gegensatz des Bewußtseins und seines Objekts und läßt übrigens die Ausbreitung der Vorstellungen und die Gegensätze des empirischen und mannigfaltigen Inhalts ganz unberührt".[263] Der aus diesem Idealismus hervorgehende Skeptizismus kann somit keine wirkliche Isosthenie erreichen; die Unterscheidung von Ding und Erscheinung, von Ansichsein und Sein-für-Anderes führt ihn bis zum Bestreiten der Substanz oder des Dings-an-sich, hält ihn jedoch an die gemeine Realität, an die seienden Erscheinungen, die sich nicht beseitigen lassen. *In der Zeit der Reflexion kann es in der Tat überhaupt keinen echten Skeptizismus geben, der nicht zugleich selbst den Rahmen der Reflexion überwinden würde.*

Der Skeptizismus der Neuzeit ist ein Resultat des Empirismus dieser Zeit, des Empirismus der Reflexion; er trägt alle Widersprüche des reflektierenden Denkens in sich und stößt auf die unvermeidlichen Sackgassen dieses Denkens. Der Empirismus im breitesten Sinne, als das Festhalten am Sinnlichen ist keine Erfindung der Moderne; was die Moderne dazu bestimmt, ist der allgemeine Rahmen, innerhalb dessen die Betrachtung

261 GuW: 377, 404-5.
262 GdPh III: 274.
263 GdPh III: 274.

des Empirischen ausgeführt wird. Hegel bemerkt in einer Vorlesung über die Logik von 1831 bezüglich des Empirismus: „Der Empirismus ist etwas ganz Altes, besonders die Skeptiker haben sich Empiriker[264] genannt, sie haben [das] Bewußtsein, daß sie es nur mit der Erscheinung zu tun haben; der eigentliche Empirismus ist moderner, kommt aus England (Locke)".[265] Hegel kommt an mehreren Stellen seines Werks auf die Kritik des neuen Skeptizismus zu sprechen. Vor allem artikuliert er eine solche Kritik in seinem sogenannten *Skeptizismus-Aufsatz*, auf den Hegel auch in der *Enzyklopädie* als denjenigen Text verweist, worin eine konkretere Kritik des Humeschen Skeptizismus und der Wahrheit der sinnlichen Wahrnehmung, die dieser Skeptizismus zugrunde legt, vorgenommen wird.[266] Der Kern der Hegelschen Kritik besteht jedoch darin, dass der neuere Skeptizismus, von Schulzescher oder Humescher Art, die „hinter dem Busch der Erscheinung"[267] verborgene Realität bezweifelt und ansonsten alle Tatsachen der Erfahrung geltend machen lässt. Wie Hegel im *Skeptizismus-Aufsatz* konkreter bemerkt: „die Auslegung aber, als wenn der Skeptizismus nicht die sinnlichen Wahrnehmungen selbst, sondern nur die hinter und

264 Hegel beruft sich auf den Namen des Sextus Empiricus (vgl. auch GdPh III: 367; s. auch Vieweg 2007: 42-3). Sextus war ein Arzt, worauf der Name oder Spitzname *Empiricus* weist, der in dieser Zeit eben eigentlich die Kunst des Arztes bezeichnet, der sich *empirischerweise* gegen die Einzelfälle seiner Patienten verhielt und von einer Menge von Einzelfällen allgemeine Regeln abzuziehen versuchte, ohne diesen den Status von unleugbaren Gesetzen zuzuschreiben. Sextus selbst führt an mehrehren Stellen in seinen Schriften Beispiele dieser praktischen Medizin seiner Zeit an. Das Adjektiv *empiricus* (auf griechisch: *empeirikos* [ἐμπειρικός]) odrer *praktikos* [πρακτικός] bezeichnete bis vor einigen Jahrzehnten in Griechenland solche *praktischen* oder *empirischen* Ärzte (wie z.B. Hebammen), die in den Dörfern der griechischen Provinz wirkten und den Mangel an Ärzten abhalfen.

265 Vorlesungen 10: 32.

266 Hier kann nicht näher auf die Frage der Beziehung Humes zu dem naiven Realismus Schulzes eingegangen werden, den Hegel an dieser Stelle der *Enzyklopädie* voraussetzt. Wir haben allerding schon gesehen, inwiefern der Realismus überhaupt mit dem Idealismus der Wahrnehmung verträglich ist. Es ist schon gezeigt worden, dass in einem gewissen Sinn die Frage der Realität für Hegel den Status und die Rolle der Sinnlichkeit *im* Wissen überhaupt angeht und indem die Form der gemeinen Objektivität unangetastet und vollmächtig bleibt, ist damit dann egal, ob ihr dabei das Prädikat der Realität im ontologischen Sinne beigelegt wird oder nicht. Das *Sein* der Empfindungen ist in einer gewissen Weise dem *Sein* der Realität der naiven Realisten gleich – es ist nicht das *Sein* die Kategorie, die die naiven Realisten von den anderen Empiristen unterscheidet. Im Weiteren werden wir freilich noch einmal auf dieses Problem zurück kommen.

267 Skept: 269.

unter dieselben von den Dogmatikern gelegten Sachen angegriffen habe, ist durchaus ungegründet; wenn der Skeptiker sagte, der Honig sei ebensowohl bitter als süß und sowenig bitter als süß, so war da kein hinter den Honig gelegtes Ding gemeint".[268]

Die neuzeitliche Reflexion verfährt ganz anders und das Merkwürdigste dabei ist der von Hegels Darlegung aus legitim gezogene Schluss, dass in der Neuzeit, indem die Philosophie sich unter der Voraussetzung der Reflexion entwickelt, kein echter Skeptizismus mehr bestehen kann. Ein echter Skeptizismus, der alles zugrunde richtet, braucht die Voraussetzung des Standpunkts der Antike, des Standpunkts des *unbefangenen Denkens*, dessen Bestimmungen, Gedanken usw. unmittelbar Bestimmungen der Sachen sind, in dem Sinn dass das Nachdenken das Wahre, Falsche oder Unsichere in der Realität unterscheiden kann und wenn das Nachdenken die ganze Realität in den Abgrund des Zweifels und der Unsicherheit hinwirft, dann gibt es keinen Rettungshalt für diese Realität. Die Realität ist einzig und einheitlich und das Aufzeigen ihrer Widersprüchlichkeit und ihres Zugrundegehens geht nicht die an sich seiende Realität eines Dinges-an-sich, sondern die ganze Realität der Sinnlichkeit und des Denkens selbst an. Das ist eine Meinung der Alten, den die neueren Skeptiker wie Schulze, oder auch Hume, oder die subjektiven Idealisten überhaupt nicht begreifen können. Es ist der *objektive Horizont der Epoche* eines jeden. Der alte Skeptizismus bezweifelt die Wahrheit des Sinnlichen und damit geht Hegel zufolge die ganze Welt zugrunde; der neuere subjektive Idealismus, der in seiner Entwicklung als Skeptizismus auftritt, bezweifelt die ansichseiende Realität der Dinge und hält sich an die Wahrheit oder zumindest an die ‚unleugbare Gewissheit' der sinnlichen Erscheinung. Ein echter Skeptizismus in der Neuzeit würde die Aufhebung der Reflexion selbst voraussetzen.

Hegel warnt in seinen *Vorlesungen*: „Man muß in dieser Rücksicht genau die Standpunkte festhalten, sonst fällt man durch die Gleichheit der Resultate darein, in jenen alten Philosophien ganz die Bestimmtheit der modernen Subjektivität zu sehen".[269] Man darf nicht den Standpunkt der Neuzeit, den Standpunkt des reflektierenden Denkens mit der unmittelbaren Einheit von Denken und Sein verwechseln, die in der Antike vorherrschte: „Die Griechen hatten die substantielle Einheit der Natur und des Geistes zur Grundlage, zu ihrem Wesen".[270] Im Gegenteil dazu: „Die neuere Zeit hat als Totalität den bestimmten Gegensatz und die wesentli-

268 Skept: 225.
269 GdPh I: 130.
270 GdPh I: 176.

che Beziehung beider Seiten. So haben wir den Gegensatz der Vernunft und des Glaubens, der eigenen Einsicht und der objektiven Wahrheit, die ohne eigene Vernunft, ja selbst mit Hintansetzung und Verzichtleistung auf dieselbe aufgenommen werden soll".[271] Für den alten Skeptizismus, der empiristischerweise aber zugleich unter dem Prinzip dieser Einheit verfährt, gibt es nur ein *Ganzes des Seienden* und insofern dieses Ganze als ein *Schein* gezeigt wird, erreicht es sein Ende. Wenn das Denken die Nichtigkeit der Realität beweist, gibt es keine andere Realität, die ohne Denken, ‚ohne eigene Vernunft' gewusst werden kann: „In den alten Philosophien, die sagten, wir wissen nur von Scheinendem, ist damit das Ganze geschlossen; es liegt nicht im Hintergrunde noch ein Ansich, ein Jenseits,[272] von welchem auch gewußt werde, aber nicht auf begreifende, erkennende Weise".[273] Die moderne Reflexion trennt auch die Weisen des Wissens, genauso wie sie das Subjekt vom Objekt trennt. Das Subjekt als Denken und Allgemeinheit überhaupt steht dem Objekt gegenüber, das die Form der Sinnlichkeit hat; Sinnlichkeit und Vernunft stehen nebeneinander, machen zwei verschiedene Vermögen aus, die nicht selber Natur sind. Hegel bemerkt dazu: „Die subjektiven Idealisten der neueren Zeit haben noch ein anderes Wissen – ein Wissen, welches nicht durchs Denken, den Begriff sei, ein unmittelbares Wissen, Glauben, Schauen, Sehnsucht nach einem Jenseits (so Jacobi)".[274] Für die Skeptiker der Antike geht die ganze Realität zugrunde. Keine Kraft der Reflexion kann einen Teil dieser Realität jenseits des Denkens, jenseits der Skepsis halten und an ihm die Gewissheit seines Seins erfahren: „die Skeptiker gehen weiter als die Anhänger des neueren rein formellen Idealismus; sie haben es mit dem Inhalt zu

271 GdPh I: 130.

272 Hier sollte bemerkt werden, dass Hegel dabei den Begriff des Jenseits im Sinne eines jenseits des Denkens Liegenden gebraucht und nicht in dem üblichen Sinne der substantiellen Realität, des Dings-an-sich usw. als ein Jenseits des Erfahrbaren/der Erfahrung. Hegel bezieht sich dabei auf die erfahrene Unmittelbarkeit, die alle Richtungen der Erfahrungsphilosophie zu ihrer Grundlage hat. Hegel unterscheidet dabei auch nicht – wie eben die angeführte Fortsetzung des Zitats zeigt – zwischen dem klassischen Empirismus (dem subjektiven Idealismus) und den common-sense-realistischen Ansätzen. Zu diesem „Jenseits", das Hegel hier gebraucht und auf das das unmittelbar Erfahrene hindeutet, könnte man auch folgendes Zitat von K. Vieweg anführen: „Es wird in der Tradition der Common-sense-Philosophie und des Konzepts ‚angeborener Bewußtseinstatsachen' ein Etwas ‚jenseits der Reflexion' fixiert (ein Sein außer der Reflexion), ein von jeglicher Handlung des Geistes Unabhängiges, einfach *Vorhandenes* – der notwendige aber unverfügbare Grund" (Vieweg 1999: 102).

273 GdPh I: 129.

274 GdPh I: 130; vgl. GdPh II: 360.

tun und zeigen von allem Inhalt, er sei ein empfundener oder gedachter, daß er ein ihm Entgegengesetztes habe. Sie zeigen also *in demselben* den Widerspruch auf [...]; dies ist das Objektive des Skeptizismus bei seinem Scheinen, – nicht subjektiver Idealismus".[275] Der Skeptizismus führt für Hegel zu einer entschlossenen Vernichtung aller Bestimmtheit, alles Sinnlichen, alles Endlichen, alles Gegebenen.[276] Der neue Skeptizismus, Empirismus, subjektive Idealismus oder naive Realismus beachtet das Sinnliche an sich nicht, bewegt sich nur hinter ihm und zerstört die Realität seines angeblichen *Grundes*, die Realität des Dinges-an-sich, seine *formelle* Realität, schließlich nur die Realität des gedachten und allgemeinen Objekts, nicht des gemein Sinnlichen. Die Aufgabe der neueren Philosophie ist *die Reflexion selbst aufzuheben*,[277] die ganze Struktur der Scheidung zu beseitigen und den Widerspruch auch *im* Empirischen, Sinnlichen selbst zu suchen – diese Aufgabe stellt sich letztendlich Hegel selbst auf systematische Weise zunächst in der *Phänomenologie des Geistes*.

Das Spektrum des Empirismus vom Materialismus bis zum Idealismus macht die vollständige Durchführung des Prinzips des Empirismus auf dem ganze Feld der Reflexion aus, die wechselseitige Anwendung des Prinzips auf die zwei Pole der Reflexion. Humes Philosophie ist vielleicht eine *konsequente* und zwar eine *finale* Form des Empirismus, nicht mehr aber als der Materialismus, der ebenso eine *finale*, eine *Grenzform* des Empirismus ausmacht, so dass in ihr das Prinzip sich zu seinem Entgegengesetzten verwandelt. Sowenig der Materialismus sich dessen bewusst wird, dass seine Materie in ihr Anderes übergegangen ist, ebensowenig wird sich auch der Idealismus Humes bewusst, dass sein Gegenstand die Sinnlichkeit, das Objektive *an sich* ist. Der *konsequente Empirismus* ist letztlich die ganze Durchführung der empiristischen Philosophie, von seinen extrem materialistischen bis zu seinen extrem idealistischen und skeptischen Zügen; der Materialismus kippt so in den Idealismus und der skeptische Solipsismus verfällt zum gemeinsten Objektivismus, indem er im Subjekt nichts anderes finden kann als die Form und den Inhalt der gemeinsten Objektivität.

---

275 GdPh II: 373.

276 Vieweg 2003a.

277 Hegel hebt nicht nur die *Einseitigkeiten* der Reflexion, sondern zugleich die *Antinomien* derselben überhaupt, ihren Skeptizismus auf. Seine Anwendung der Skepsis und zugleich die Aufhebung derselben kann mit den Worten Viewegs folgendermaßen angegeben werden: „Die Konstituierung der Isosthenie bzw. Antinomie repräsentiert das höchste und letzte Ergebnis der Reflexion (als nur *formeller* Ausdruck des Wahren), womit letztere sich zugleich selbst vernichtet" (Vieweg 1999: 118).

Die Durchführung des Empirismus ist der Versuch, sein zu Grunde liegendes objektivistisches Prinzip mit dem herrschenden und vorausgesetzten Dualismus der Reflexion kongruent zu machen und sich in die Richtung der Befriedigung des *Interesses* der Philosophie, nämlich der *Überwindung des Dualismus* zu entwickeln. Die *Konsequenz* zeigt sich als derjenige Punkt, von dem an eine besondere Form des Empirismus sich aufheben kann. Die Aufhebung des Empirismus ist jedoch nur als eine Durchführung seines eigenen Prinzips durch alle Trennungen der Reflexion möglich. Die Aufhebung des Empirismus ist eine *geschichtliche Sache* und nicht die Tat eines einzigen Philosophen; sie wird vor allem in der wirklichen *Geschichte* vervollständigt. Das Prinzip und die Reflexion zugleich überwinden, allein das bedeutet die vollständige Aufhebung des Empirismus selbst.

III. Die Momente des Empirismus oder das Prinzip und die Methode

III.1. Die Frage der Primärliteratur – *Phänomenologie des Geistes* und Hegelsches System

Die bisherige Darstellung der Hauptmerkmale und des Standpunktes des Empirismus hat uns unmittelbar in die Sphäre des *Bewusstseins* geführt. Die *Phänomenologie des Geistes* bleibt immer das prominenteste Werk, in dem sich Hegel mit der Frage der Gegensätze des Bewusstseins auseinandersetzt und sich eine subtile kritische Anatomie des Empirischen vornimmt. Die Beschaffenheit des Sinnlichen, wie sie in der ‚sinnlichen Gewissheit' und in der ‚Wahrnehmung' entfaltet wird, ergibt eine bestimmte Struktur von Gegensätzen, durch welche alles Wissen betrachtet, systematisiert und begründet wird. Wahrnehmung und Sinnlichkeit sind eben die systematischen Orte dessen, was der Empirismus nach Hegel zum Prinzip setzt. Die *analytische* Herangehensweise des Empirismus geht von der Sphäre der sinnlichen Wahrnehmung aus und versucht das Wissen zu erklären und zu begründen, indem er die wahrgenommenen Einheiten auf ihre einzelnen, an sich seienden Bestandteile zurückführt. Die Betrachtung der ‚Geschichten' der sinnlichen Gewissheit und der Wahrnehmung können mithin eine systematisch rekonstruierte Darstellung des Prinzips des Empirismus anbieten. Das Ziel ist die inhaltliche Parallelisierung der Problemstellung des phänomenologischen Bewusstseins mit den Zentralaspekten des neuzeitlichen Empirismus, wie er von Hegel ‚gereinigt' als Hauptmoment der Geschichte der Philosophie und Musterform des Denkens bestimmt worden ist.

Die Entscheidung, die *Phänomenologie des Geistes* in den Mittelpunkt dieser systematischen Anatomie des Empirismus zu setzen, mag einem womöglich große Schwierigkeiten bereiten. Hegels System und seine *Phänomenologie des Geistes* sind keine leicht miteinander verträglichen Sachen. Wenn für die Hegel-Forschung das inhaltliche Verhältnis der *Phänomenologie* zur Jenaer Logik und Realphilosophie immer noch eine offene Frage bleibt, kann man erst recht ersehen, dass eine Lesart der *Phänomenologie* vom Standpunkt des späteren reifen Systems oder vor dem Hintergrund der nach 1817 entwickelten Logik eine noch kompliziertere Aufgabe darstellen würde. Trotzdem: es scheint, als könne man diese Unannehmlichkeit kaum umgehen, wenn man einerseits die inhaltliche Auseinandersetzung Hegels mit dem empiristischen Prinzip zu betrachten und andererseits den Wert dessen für die postulierte systematische Integration einer Gestalt der Philosophie in das absolute System zu konstatieren wünscht. Die gefährliche Oszillation zwischen Jenaer Phänomenologie und Logik kann also nicht gemieden werden und die einzige Lösung bestünde allein im Versuch, die Phänomenologie selbst im Licht des späteren Systems zu rekonstruieren. Wir können uns glücklich fühlen, insofern es hier keinesfalls um die ganze *Phänomenologie*, sondern hauptsächlich um die Gestalten des sinnlichen und wahrnehmenden Bewusstseins geht, d.h. um zwei Formen, die in allen ihren Einzelheiten, an verschiedenen Stellen des späteren Systems zu finden sind. Aber trotz der relativen Leichtigkeit einer solchen Projektion der Eingangsgestalten des Bewusstseins auf spätere Strukturen, bleibt die anvisierte Versöhnung stets voller Schwierigkeiten.

Die Präsenz einer kleinen, ähnlichen „Phänomenologie", eines phänomenologischen Bewusstseins in der *Enzyklopädie* mag einen Hoffnung hegen lassen, dass die Inhalte der einen auf die andere ohne großes Bedenken zu übertragen seien. Aber die geistige Entfernung Hegels zwischen der *Phänomenologie* und der *Enzyklopädie* lässt sich kaum übersehen. Zwar lässt sich die Verträglichkeit beider Werke wohl durchaus beweisen, aber nicht ohne gewisse ‚Anmerkungen' und eine besondere Rekonstruktion derselbigen, die deren möglichen gleichen Boden aufzeigen würde.

Die *Phänomenologie des Geistes* ist für Hegel nie ein bloß veraltetes Stück gewesen, das man einfach wegzulassen hätte. Hegel nimmt sich 1831 vor, das Werk von 1807 für eine neue Auflage zu überarbeiten. Er sieht klar die Distanz jenes Werkes von seinem reifen System ein, das 1831 in vollständiger Form steht, aber, obwohl er in einer Notiz für die alte *Phänomenologie* in etwas entmutigtem Ton feststellt: „eigentümliche frühere Arbeit, nicht Umarbeiten",[1] gibt er nicht den Plan einer neuen Ausgabe auf, was gerade davon überzeugt, dass Hegel die *Phänomenologie* zumindest nicht für ein solches Buch hielt, das irgendwie provokativ gegen sein System auftreten könnte. Wie Pöggeler darüber bemerkt: „Hegel verleugnete in Heidelberg und Berlin die Phän. nicht, aber er legte sie auch nicht seinen Vorlesungen zugrunde. Er wußte der Phän. keinen rechten Ort im System anzuweisen, doch distanzierte er sich auch nicht eindeutig von seinem früheren Werk".[2]

Eins ist allerdings sicher, trotz aller Vergewisserung des möglichen Zusammengehens der *Phänomenologie* mit dem Hegelschen System: man

1 GW 9: 448.
2 Pöggeler 1993: 172-3.

kann nicht einfach die *Phänomenologie* von 1807 und die Heidelberger oder die Berliner *Enzyklopädie* zusammennehmen. Man stößt notwendigerweise auf zwei Kernprobleme, denen die ganze bisherige Hegelforschung begegnet ist: 1. auf das Problem der Beziehung der *Phänomenologie des Geistes* mit der enzyklopädischen „Phänomenologie" als ‚zweitem Teil' der Philosophie des subjektiven Geistes, und 2. auf das Problem der bestimmten Logik, die der *Phänomenologie* von 1807 zugrunde liegt. Die letzte Frage kann zwar noch komplizierter sein als die erste, insofern man die konkrete Beziehung der *Phänomenologie* mit den zwei „Logiken", die in ihrem historischen Horizont stehen, nämlich der *Jenenser Logik* von 1804/05 und der ‚großen' Nürnberger *Logik* – sowie ja mit der enzyklopädischen zusammengefassten Logik in ihrer ganzen Entwicklung von den ersten Nürnberger Niederschriften bis zur Berliner Auflage der *Enzyklopädie* – in Betracht ziehen muss. Eine solch ausführliche Diskussion beider Probleme ist im Rahmen dieser Arbeit allerdings nicht möglich. Die Frage der ‚Logik der Phänomenologie' oder zumindest der Logik der Sinnlichkeit und Wahrnehmung möchten wir momentan beiseite lassen und uns damit erst im Weiteren dieses Kapitels beschäftigen. In den nachfolgenden Teilen, in denen sinnliche Gewissheit und Wahrnehmung behandelt werden, werden wir, wo es nötig wird, die Gelegenheit haben, Bezug auf diese Frage zu nehmen. Hier soll es aber zuerst um die kruziale Frage der Beziehung von alter und enzyklopädischer Phänomenologie gehen. Und die Frage stellt sich dabei gerade folgendermaßen: Warum denn man, wie oben behauptet, den inhaltlichen Vorrang der *Phänomenologie* von 1807 geben und wieso die spätere Phänomenologie in erster Linie nur von der Seite ihrer im System zugeordneten Stelle betrachten sollte?

Das Dilemma hat nicht einfach mit der Auswahl einer ‚Perspektive' zu tun. Es geht nicht um eine Entscheidung für das ältere oder für das neuere Werk Hegels. Es gibt bestimmte Vor- und Nachteile in beiden Fällen. Die enzyklopädische Phänomenologie ist einerseits dahingehend von Wichtigkeit, dass sie ein Teil des reifsten Denkens Hegels, einen gewissen Teil des absoluten Systems darstellt. Für die Berliner Phänomenologie ist die Idee und die vollendete Entfaltung des Systems gegeben und wohl bestimmt, was der *Phänomenologie des Geistes* noch fehlt. Aber gleichzeitig macht diese enzyklopädische Phänomenologie eine nur äußerst komprimierte Behandlung der entsprechenden Fragen des Bewusstseins aus. Auf der anderen Seite ist die *Phänomenologie des Geistes* das einzige Werk Hegels, worin er sich mit der Frage der Sinnlichkeit und der Wahrnehmung als besondere Wissensweisen des Bewusstseins umfangreich befasst. Die Darstellung der sinnlichen Gewissheit und der Wahrnehmung macht ein extrem detailiertes Bild der Dialektik dieser Gestalten des Bewusstseins aus, deren Einzelheiten in der enzyklopädischen Phänomenologie nur angedeutet oder eher als bekannt und als schon in der alten Phänomenologie durchaus ausgelegt vorausgesetzt werden. Das Problem aber mit der *Phänomenologie des Geistes* liegt darin, dass sie weder das vollständige System der Logik hinter sich hat, noch das geringste über die Hegelsche Idee einer dreiteiligen „Philosophie des Geistes" überhaupt weiß, die erst 1817 mit der Heidelberger Enzyklopädie auftritt. Die alte *Phänomenologie* ist ein selbstständiges Werk, wohingegen die neuere Teil eines Systems und noch konkreter Moment des subjektiven Geistes, die eine Anthropologie vor und eine Psychologie nach sich hat – Formen, die als solche kaum in der *Phänomenologie des Geistes* zu finden sind.[3] Das Bewusstsein der Phänomenologie von 1807 erscheint mit Elementen der enzyklopädischen Psychologie, hauptsächlich mit dem Raum und der Zeit als Formen der Anschauung,[4] vermischt. Die Geschichte des Bewusstseins fängt mit der sinnlichen Gewissheit an und hat keine philosophisch gegliederte Vorgeschichte, wie es die Anthropologie für die spätere Phänomenologie ist.[5]

Die Idee einer Phänomenologie des Geistes ist nicht in der früheren Jenaer Zeit Hegels zu finden.[6] In den Systementwürfen Hegels von dieser Periode, und besonders in denen von 1803/04 und 1805/06, fehlt nicht nur die gewaltige und komplizierte Konstruktion des Werks von 1807, sondern auch irgendwelches ‚Bewusstsein', wie es in der *Phänomenologie des Geistes* auftritt. Die Systementwürfe von 1803/04 und 1805/06 weisen eine Philosophie des Geistes auf, die viel näher der späteren ‚Psychologie' als der Jenaer *Phänomenologie* steht. Darin findet sich der ‚Gegensatz des Bewusstseins' mit dem Inhalt der Psychologie verwachsen als eine immanente aufzuhebende dialektische Form der letzteren. Auf der anderen Seite folgt keine ‚fühlende Seele' dem Organischen als höchster Form der Naturphilosophie, sondern der Geist, sowohl in den 1803/04 als auch in den 1805/06 entstandenen Systemmanuskripten, geht von der Naturphilosophie in die Form des Bewusstseins (das allerdings, wie gesagt, auch Inhalte der späteren ‚Psychologie' einschließt) direkt über. Wie Hegel 1803/04 sogar bemerkt: „*Das Bewußtsein* [...] hat sich unmittelbar aus der

3 Hierüber s. Claesges 1990; Schmidt 1990.

4 Enz III: 206.

5 Eine radikale Bewertung der Beziehung der zwei „Phänomenologien" ist auch die von H.-G. Bensch, der behauptet, dass nur eine oberflächliche Ähnlichkeit zwischen der enzyklopädischen Phänomenologie und der *Phänomenologie* von 1807 und in der Tat keine weitere inhaltliche und systematische Ähnlichkeit derselben besteht (Bensch 2005: 86-7).

6 Zur Entstehungsgeschichte der *Phänomenologie des Geistes* s. Pöggeler 1993 und Siep 2000.

tierischen Organisation erhoben".[7] Die Konzeption nun einer ‚Phänomenologie des Geistes' und vielmehr einer ‚Bewusstseinslehre', wie sie uns überliefert worden ist, kann nicht vor das Jahr 1805 zurückgehen. Erst nach 1805 trennen sich die Gestalten der sinnlichen Gewissheit, der Wahrnehmung und des Verstandes von der allgemeinen Philosophie des Geistes und seiner Psychologie ab und treten als die Momente einer besonderen Stufe in der Entwicklung des Geistes hervor, die bisher nicht thematisiert worden war.[8] Die *Phänomenologie des Geistes* lässt somit erstmals das *Bewusstsein* als eine besondere Gestalt des Geistes entstehen, eliminiert aber zugleich den ganzen psychologischen Inhalt der früheren Geistesphilosophie, die kaum mehr im Großwerk von 1807 zu finden ist. Diese ‚Philosophie des Geistes' wird aber bald wiederentdeckt werden, zugleich mit einer gründlichen Umgestaltung der ganzen Idee der Phänomenologie des Geistes und des Systems der Philosophie überhaupt. Die Zeit des Nürnberger Aufenthalts Hegels umschließt diejenige Periode, in der sein Denken in die Richtung des allumfassenden Systems der Heidelberger Enzyklopädie von 1817, und weiter der Berliner von 1830, heranreift. Die kurze Betrachtung aller Schritte dieses Verlaufs mag den richtigen Abstand der zwei Konzeptionen Hegels, der von 1807 und der von 1817 bzw. 1830 und die mögliche Verträglichkeit beider miteinander aufzeigen.

Die Idee einer *dreifachen* Philosophie des Geistes ist, dem *Anschein* nach, erstmals ein Jahr nach der Veröffentlichung der *Phänomenologie des Geistes* aufgekommen, und zwar 1808, als Hegel in Nürnberg eine „Philosophische Enzyklopädie für die Oberklasse" für seine Gymnasiumvorlesungen verfasst. In einem von Rosenkranz überlieferten Text, dessen Manuskript jedoch nicht erhalten worden ist, sieht man die Ankündigung der Form eines Systems der Philosophie, das der später weiter entwickelten *Enzyklopädie* wirklich nah steht und in die drei bekannten Hauptteile gegliedert ist: Logik, Wissenschaft der Natur und Philosophie des Geistes. In dieser Philosophie des Geistes sieht man zwar den absoluten Geist als Entwicklung dreier Momente, von denen das erste, der *subjektive Geist* – hier „Der Geist in seinem Begriff" genannt –, die Momente der *Anthropologie*, der *Phänomenologie* und der *Psychologie* zu durchlaufen hat, bevor er in die

7 JSE I: 190.

8 Pöggeler (1993: 207) schätzt, dass Hegel „schon 1805 an der Phän. bzw. Wissenschaft der Erfahrung" gearbeitet haben muss. Der Druck des Werkes hat nach Pöggeler im Februar 1806 begonnen. Rosenkranz stellt jedoch den Beginn der Bearbeitung der *Phänomenologie* irgendwann in das Jahr 1804 (Rosenkranz 1972: 202, 214). Der Name „Phänomenologie" taucht erstmals in Hegels Vorlesungsakündigung für das Wintersemester 1806/07 auf (Pöggeler 1973: 221).

Sphäre des „Praktischen Geistes“ übergeht. Im § 129 liest man nun: „Der Geist für sich betrachtet ist 1. in seinem *natürlichen Dasein* und seiner unmittelbaren Verbindung mit dem organischen Körper und seiner daher rührenden Abhängigkeit von dessen Affektionen und Zuständen zu begreifen; *Anthropologie*. 2. Als erscheinend, insofern er sich nämlich als Subjekt auf Anderes als Objekt bezieht, ist der Geist *Bewußtsein* und Gegenstand der *Phänomenologie des Geistes*. 3. Als Geist nach den Bestimmungen seiner Tätigkeit innerhalb seiner selbst ist er Gegenstand der *Psychologie*.“[9] Aber diese Struktur scheint nicht in den nachfolgenden Schriften Hegels zu überleben – weder in der „Bewusstseinslehre für die Mittelklasse“ von 1808/09[10] noch in der „Bewusstseinslehre für die Mittelklasse“ von 1809.[11] Nur im Manuskript der Bewusstseinslehre von 1809 wird eine „Psychologie“ als die zweite Stufe der Philosophie des Geistes, nach der „Phänomenologie“, angegeben. Die Anthropologie fehlt doch beiden.

Der Denklauf Hegels scheint dabei kaum geradlinig zu sein, wenn das Problem nicht bloß darin liegen sollte, dass die sporadischen Manuskripte, die aus zweiter Hand überlieferten Texte, die Schülerhefte und nachgeschriebenen Diktate erst unpräzise datiert oder selbst mangelhaft verfasst sind.

Nach einem überlieferten Hegelschen Diktat von 1810/11 scheint, dass Hegel schon in dieser Zeit an eine dreiteilige Philosophie des Geistes denkt, die eben die Momente der Anthropologie, der Phänomenologie und der Psychologie umfasst.[12] Aber die Nachschriften von Hegels Vorlesungen über eine *Philosophische Enzyklopädie*, die von Studenten Hegels 1811/12[13] und 1812/13 in Nürnberg abgefasst wurden, zeigen wiederum eine Konstruktion der Geisteslehre auf, der keine Anthropologie zukommt. Diese ‚Philosophische Enzyklopädie‘ umfasst allein die zwei Teile einer ‚Phänomenologie‘ und einer ‚Psychologie‘.[14] Die einleitende Rede vom ‚Gefühl‘ in dieser Psychologie bezieht sich einfach auf die vorhergehende Philosophie der *organischen Natur*, setzt aber keine einzelne, sich in sich entwickelnde anthropologische Stufe voraus, die sich dem Bewusst-

9 NuH: 42.

10 NuH: 70-85.

11 NuH: 111-123.

12 GW 10: 339-341.

13 Zu einer ausführlichen Analyse der Nachschrift von Hegels Kursus über Geisteslehre von 1811/12 s. auch Rameil 1991.

14 GW 10: 524 ff., 545 ff.; Vorlesungen 15: 157-179; vgl. dazu den Vortrag Hegels vom 23.10.1812, wobei er ebenfalls den Geist – oder wie es dort heißt: die Psychologie – in zwei Teile unterteilt: „a) des erscheinenden, b) des an und für sich seienden Geistes“ (NuH: 406).

sein voranstellte. Dieser Lauf erinnert nun vielmehr an die Jenaer Entwürfe, wo, wie gesehen, die Philosophie des Geistes, die Psychologie, gleich auf die Philosophie des Organischen folgt, mit dem Unterschied, dass die damalige Geistesphilosophie jetzt geteilt und von ihr die Stufe der Phänomenologie des Geistes herausgezogen worden ist.

Diese Tatsachen führen notwendigerweise zum Verdacht, dass entweder Hegel 1808 und 1810/11 eine noch trübe Idee hatte, wenn er eine philosophische Anthropologie an die Philosophie des Geistes anknüpfen wollte, oder dass die überlieferten Texte selbst problematisch und unpräzise sind.[15] Was Hegel in seiner Nürnberger Zeit tatsächlich vorschwebt, lässt sich nur vermuten. Jedenfalls, wenn die Datierungen aller Texte zustimmen, ergibt sich folgendes Bild: 1808 und 1810/11 stellt Hegel eine Anthropologie der Phänomenologie und der Psychologie voran – ohne sie jedoch in keinem der beiden Texte zu entwickeln –, wohingegen in den Jahren 1808/09, 1809, 1811/12, 1812 und 1812/13 eine noch beiläufige und nur wörtliche Erwähnung einer solchen Anthropologie vollkommen fehlt. Das vollständige System der Philosophie, worin auch der subjektive Geist seine drei Hauptmomente der Anthropologie, der Phänomenologie und der Psychologie erhält, wird dem Publikum erst mit der Heidelberger *Enzyklopädie* von 1817 geboten. Die *Psychologie* ist aber schon ab 1808 stets im Spiel der Bildung des subjektiven Geistes. Im Laufe dieser zehn Jahre, von 1807 bis 1817, verschwindet die eigenartige ‚Vernunft' der *Phänomenologie des Geistes* völlig und nach und nach tritt an ihre Stelle die Form einer Psychologie, deren Hauptzüge von den ersten Jenaer Systementwürfen im Wesentlichen unverändert geblieben sind. Und letztlich wird der subjektive Geist ab 1817 auch mit einer *Anthropologie* als die Vorgeschichte seiner ‚Erscheinung' *endgültig* versehen.

Ist es nun möglich – so stellt sich die Frage nochmal von selbst – das Bewusstsein der *Phänomenologie des Geistes* der Diskussion zugrunde zu legen? Kann man die formale Bestimmung der enzyklopädischen Phänomenologie, nämlich diese Gestalt des Geistes als zwischen der natürlichen Seele und der Vernunft liegende, beibehalten und sie mit dem Inhalt des Bewusstseins der *Phänomenologie* von 1807 verträglich machen? Eine prinzipiell positive Antwort scheint zunächst möglich. Jede Identität zwischen den beiden Werken Hegels ist ja unumstritten ausgeschlossen. Die Grenzen beider Werke sollen somit wohl bestimmt und deren systematische Gemeinsamkeiten herausgehoben werden. Das Denken Hegels stellt einen Entwicklungsgang dar, der neben den vielen Unterscheidungen

15 S. z.B. auch die Anmerkung der Redaktion zum von Rosenkranz gelieferten Text von 1808: NuH: 607.

auch über eine bestimmte Kontinuität verfügt. Insofern ist die *Rekonstruktion* des *älteren Inhalts* vom Standpunkt der *jüngeren Formen* möglich. Das Bewusstsein der *Phänomenologie des Geistes* kann als Forschungsgegenstand aufgenommen und zugleich durch die spätere, vervollkommnete *Form* des Systems beleuchtet werden. Man kann hinter den „Subjektiven Geist" der *Enzyklopädie*, hinter die Systematik seiner Form nicht mehr zurückfallen, und durch sein Prisma darf auch das phänomenologische Bewusstsein und die phänomenologische Vernunft von 1807 angeschaut werden. Die vollständige Kritik des Empirischen, durch welche die Frage der Kritik am Empirismus beantwortet werden kann, findet sich nur in der *Enzyklopädie*, worin Hegel sein ganzes Spektrum, von der sensualistischen Seele bis zur anschauenden und vorstellenden Vernunft, betrachtet. Was das bedeutet, welche die Einzelheiten dieser Fragen sind und welchen Belang all das für das Problem der systematischen Stelle des Empirismus hat, werden wir im Folgenden genauer sehen.

III.2. Der Standpunkt des Bewusstseins und die Gestalten der Seele und der Vernunft

III.2.1. Die die Natur beobachtende Vernunft der *Phänomenologie* und die enzyklopädische Intelligenz

Das die Welt erforschende Subjekt, das *erkennende* Subjekt, ist in der Tat nicht das Bewusstsein selbst, sondern nur die selbstbewusste Vernunft der *Phänomenologie* oder die Intelligenz der *Enzyklopädie*. Der Geist, der *erkennt*, ist nur das Subjekt, das sich auf den Standpunkt der Vernunft erhoben hat, nämlich dasjenige, das die Gegensätze des Bewusstseins überwunden hat und, nachdem es auch ein ganzes soziales Verhalten entwickelt hat, sich wieder an die Welt wendet, um sich sie anzueignen und seine unmittelbare *Gewissheit*, dass es an sich identisch mit der Welt ist, als seine *Wahrheit* zu setzen, d.i. die Welt zu *erkennen*. Dies vernünftige Bewusstsein „stellt" jetzt „die Beobachtungen und die Erfahrung selbst an", während ihm früher „nur *geschehen* [war], manches an dem Dinge wahrzunehmen und zu *erfahren*".[16] Der Hauptunterschied der Vernunft der Phänomenologie von 1807 und der enzyklopädischen Intelligenz besteht vor allem darin, dass Hegel in der *Phänomenologie* ständig auf das Objekt gerichtet bleibt und die Formen

16 Phän: 185.

des menschlichen Erkennens als wirkliches, *objektives* Erkennen etabliert, während er in der *Enzyklopädie* denselben Prozess nur für das Subjekt selbst betrachtet. In der *Enzyklopädie* werden die verschiedenen subjektiven Elemente (Anschauung, Erinnerung, Vorstellung, Gedächtnis, Zeichen usw.) dargestellt, die das Subjekt *im* Erkennen der Welt entwickelt, durch welche seine an sich seiende Identität mit der Welt, die sein Ausgangspunkt als vernünftiges Subjekt war, sich zur *Wahrheit* entwickelt. Wenn die Vollendung des Weges des Bewusstseins die gegenseitige Bildung und somit die *Identität* an sich des Subjekts und des Objekts aufweist, ist die Vernunft das Wiederbetreten desselben Wegs, aber jetzt mit der Gewissheit des Selbstbewusstseins, dass es selbst und das Objekt an sich identisch sind, dass die Welt ‚epistemisch zugänglich' ist und die Identität von Subjekt und Objekt als Erkennen, als theoretisches Wissen, als Wissenschaft zu verwirklichen ist: „Die Vernunft hat daher jetzt ein allgemeines *Interesse* an der Welt, weil sie die Gewißheit ist, Gegenwart in ihr zu haben, oder daß die Gegenwart vernünftig ist."[17] Die epistemische Zugänglichkeit der Welt hat aber nicht die Bedeutung der formalen Zugänglichkeit des bewusstseienden Verhältnisses, in dem das Objekt nur aufgenommen und das ‚leere' Subjekt lediglich durch seine Bezugnahme auf den Gegenstand inhaltlich gebildet wurde. Die sachliche Voraussetzung der Vernunft ist jetzt nicht der *Unterschied*, sondern die *Identität* von Subjekt und Objekt. Das Objekt wird in die Formen des Subjekts überführt, die aber objektive Bestimmungen des Gegenstandes ausmachen, während das Objekt andererseits schon bewiesen ist, Formen der Bewegung des Begriffs in sich einzuschließen. Die *Phänomenologie* richtet sich auf den Inhalt und die Formen, die dieses vernünftige Erkennen bildet, bestimmt die *wissenschaftlichen* Prozesse der Beobachtung, der Beschreibung, der Klassifizierung, des Experimentierens usw., die auf der Basis der anfänglichen Gewissheit über die Identität von Subjekt und Objekt entwickelt werden und diese Gewissheit *bewahrheiten*, insofern sie ein *objektives Wissen* der Welt hervorbringen und das Objektive in die Form des Subjekts, das Sinnliche in die Form des Begriffs verwandeln. Die *Enzyklopädie* befasst sich in der Tat mit eben derselben Frage aber legt den Akzent nicht auf den *objektiven*, sondern auf den *subjektiven* Aspekt, auf die subjektiven Prozesse, die der Entwicklung jener Gewissheit der Subjekt-Objekt-Identität zugrunde liegen. Die *Phänomenologie des Geistes* geht aus von der Gestalt des Objektiven, von dem objektiven Moment der umschließenden Vernunft, wenn sie das theoretische Identisch-machen des Subjekts und des Objekts expliziert. Der Gang der enzyklopädischen Intelligenz ist in der Tat die Wiederholung der Formen des Bewusstseins auf dem Standpunkt

17 Phän: 186. Vgl. Siep 2000: 165; Halbig 2004.

der Vernunft, genauso wie Hegel dasselbe schon über die Vernunft in der *Phänomenologie* bemerkt hat: „Meinen und Wahrnehmen, das für uns früher aufgehoben, wird nun von dem Bewußtsein für es selbst aufgehoben; die Vernunft geht darauf, die Wahrheit zu *wissen*; was für das Meinen und Wahrnehmen ein Ding ist, als Begriff zu finden, d.h. in der Dingheit nur das Bewußtsein ihrer selbst zu haben".[18] Dadurch wird die Trennung zwischen dem Wissen und dem Gegenstand aufgehoben. Die bloße *Gewissheit*, dass das Ich den Gegenstand erfassen kann, erhebt sich zur *Wahrheit*, nämlich zur wirklichen *Wissenschaft* bzw. *Theorie*.

Die Vernunft der *Phänomenologie des Geistes* wird also als gerade auf die Welt gerichtet dargestellt. Die Vernunft der *Enzyklopädie* richtet sich hingegen auf sich selbst und beschreibt diejenigen Formen, die ihr ihr *objektives* Verhalten zur Welt erlauben. Beide Gestalten gehen von der Gewissheit aus, dass eine wesentliche Identität zwischen Subjektivität und Objektivität besteht, die die *Erkennbarkeit* und ferner die Möglichkeit der Welt *praktisch* umgestaltet zu werden, gewährleistet. Die Vernunft der *Phänomenologie* hat die Gewissheit, „daß die Gegenwart vernünftig ist"[19] und als theoretische, beobachtende Vernunft „*erkennt* [sie] die Dinge", „verwandelt ihre Sinnlichkeit in Begriffe, d.h. eben in ein Sein, welches zugleich Ich ist, das Denken somit in ein seiendes Denken oder das Sein in ein gedachtes Sein".[20] Genau dasselbe ist auch das Wesen des vernünftigen Selbstbewusstseins der *Enzyklopädie*, nämlich die „Gewißheit, daß seine Bestimmungen ebensosehr gegenständlich, Bestimmungen des Wesens der Dinge sind".[21] Der Gang des theoretischen Geistes ist die Aufhebung der „*Form* der Unmittelbarkeit, mit der er wieder anfängt"[22] und die Erhebung des Gefühls und der Anschauung zum Begriff: „Das *formelle, abstrakte* Wissen der Gewißheit erhebt sich, da die Vernunft *konkret* ist, zum bestimmten und begriffsgemäßen Wissen".[23] Diese „Tätigkeit" des theoretischen Geistes ist eben das „*Erkennen*".[24] Die die Natur beobachtende Vernunft scheint dem theoretischen Geist der *Enzyklopädie* parallel zu stehen, obwohl man keine eins zu eins Darstellung beider angeben könnte – was jedenfalls eine vorsichtige Untersuchung erforderte, die ja über den Rahmen dieser Arbeit hinaussteigen würde.

18 Phän: 185-6.
19 Phän: 186.
20 Phän: 187.
21 Enz III: 229.
22 Enz III: 230.
23 Enz III: 240.
24 Enz III: 240.

Die Gestalt der beobachtenden Vernunft und konkreter die der die Natur beobachtenden Vernunft ist eine eigentümliche Konstruktion Hegels von 1807, die als solche niemals wieder in seinem Werk vorkommt – wie sie ebenfalls nie vorher aufgetreten ist. Aber die Momente des späteren ‚theoretischen Geistes' sind eben diejenigen Formen, die als Weisen des Erkennens der Vernunft der *Phänomenologie* unterliegen. Der Geist in dem Moment der Vernunft hat „nicht mehr einen Gegenstand, aber eine Bestimmtheit in seinem Wissen […]. Und es ist gleichgültig, was als sein Begriff und was als dessen Realität bestimmt wird. Die schlechthin unendliche, objektive *Vernunft* als sein *Begriff* gesetzt, so ist die Realität das *Wissen* oder die *Intelligenz*; oder das *Wissen* als der Begriff genommen, so ist dessen Realität diese *Vernunft* und die Realisierung des Wissens, sich dieselbe anzueignen".[25] Zwischen der die Natur beobachtenden Vernunft der *Phänomenologie* und dem theoretischen Geist der *Enzyklopädie* scheint nichts mehr als ein Unterschied in der Darstellungsweise ihres Gegenstandes zu bestehen. Die Vernunft der *Phänomenologie* ist gerade die Äußerung desjenigen psychologischen Geistes der *Enzyklopädie* und „sucht ihr Anderes, indem sie weiß, daran nichts anderes als sich selbst zu besitzen; sie sucht nur ihre eigene Unendlichkeit".[26] Beide befinden sich auf dem Standpunkt der Gewissheit der Vernunft, dass zwischen ihnen und der Welt eine wesentliche *Identität* vorhanden ist. Beide *finden* nicht mehr einen Gegenstand vor sich, den sie *aufzunehmen* haben, sondern eine *vernünftige* Welt – Bestimmungen *ihrer selbst* –, die *erkannt* werden soll. Ihr Tun strebt danach, die nur formale *Unmittelbarkeit* ihres Ausgangspunktes (des bloß sinnlichen Beobachtens, des Gefühls und des Anschauens) aufzuheben und den *sinnlichen* Inhalt als *Begriff* wiederzufinden. Ihr Ziel und Vollendung besteht in der Verwandlung der ursprünglichen unmittelbaren *Gewissheit* zur *Wahrheit*. Die beobachtende Vernunft der *Phänomenologie* wiederholt „in dem Element der Kategorie die Bewegung des *Bewußtseins*, nämlich die sinnliche Gewißheit, das Wahrnehmen und den Verstand",[27] aber nicht weniger wiederholt auch die enzyklopädische Intelligenz dieselben Stufen des Bewusstseins und findet sie, befreit von ihrem Gegensatz, als den vernünftigen Inhalt des Geistes, der *sich* bearbeitet, sein *scheinbares* Anderssein aufhebt und *sich* entwickelt: die sinnliche Gewissheit wird zur Anschauung, das wahrnehmende Bewusstsein zur vorstellenden Vernunft und der formale Verstand zum vernünftigen Denken.

25 Enz III: 232.
26 Phän: 186.
27 Phän: 263.

Für die Vernunft ist der Unterschied zwischen dem *Wissen* und dem *Gegenstand* nur eine bloße *Perspektivität* einer und derselben Sache. Es sind *zwei Aspekte derselben Realität*, die wesentlich vernünftig ist. Die Entfaltung dieser Identität und die Verwandlung der bloßen Gewissheit zur *wissenschaftlichen* Wahrheit kann ebensowohl die Form der Betrachtung der wirklichen wissenschaftlichen Tätigkeit oder die Form einer psychologischen Untersuchung nehmen. Was der *Begriff* und was die *Realität* ist und welches von beiden jedesmal vorankommt, macht *keinen wirklichen Unterschied* aus – die Hegelsche Psychologie hat nichts mit der empirischen, formellen Psychologie zu tun, die den Geist in der Tat als mit dem unentbehrlichen Gegensatz des Bewusstseins behaftet auffasst.[28] Ebensowenig ist sie eine rationale Psychologie, die nach der Immaterialität oder der Einfachheit der Seele fragen dürfte. Dass die Psychologie die Selbstbetrachtung der Vernunft, die Betrachtung der „Vermögen oder allgemeinen Tätigkeitsweisen des *Geistes als solchen*"[29] ist, kann nur den Sinn einer *Betrachtung des wirklichen Erkennens* selbst haben. Wie Hegel schon seit der Zeit der *Phänomenologie* immer wieder warnt, irrt man sich, wenn man glaubt, er könne die Erkenntnisvermögen abgesondert und vor dem wirklichen Wissen untersuchen.[30] Eine solche formale Darstellung der Psychologie würde in den Kantischen Transzendentalismus oder in die Lockesche Psychologie zurückfallen, nämlich in einen gewissen Bewusstseinsstandpunkt. Insofern kann man die phänomenologische und die enzyklopädische Vernunft als denselben Weg auffassen, der lediglich von verschiedenen Richtungen her betreten wird – eine bloße *Perspektivität*, die nichts mit der Form und dem Inhalt des vernünftigen Wissens der Realität zu tun hat.

III.2.2. Die Unterscheidung von sinnlicher Gewissheit und Anschauung und das allmähliche Lokalisieren der Anschauung im Gefüge der Intelligenz

Der Jenaer ‚Geist' und das Jenaer ‚Bewusstsein', wie Hegel ihre Gestalten bis zumindest 1805/06 skizziert, wissen wie gesagt nichts von einer Unterscheidung zwischen Bewusstsein und Intelligenz bzw. Vernunft. Die Kritik der Bewusstseinsstrukturen und ihre Überwindung findet im Geist selbst (immanent) statt. Aber auch das Bewusstsein, das wenig später in der *Phä-*

28 Enz III: 238-9.
29 Enz III: 229.
30 Phän: 68; Enz I: 53.

nomenologie des Geistes hervortritt, stellt noch zum Teil eine Mischung von Bewusstseins- und Vernunfts- bzw. Intelligenzinhalten dar. Die phänomenologische Vernunft beschäftigt sich mit der vernünftigen Anordnung der Erkenntnis, hat aber noch nicht die klare Form einer Psychologie, einer Betrachtung des Geistes selbst, als von seinem Gegensatz befreiten, und seiner eigenen Aktivität, wie es in der späteren *Enzyklopädie* geschieht. Für unsere Zwecke sollten dabei allein zweierlei Punkte herausgehoben werden: 1. das Verhältnis von sinnlicher Gewissheit und Anschauung und 2. die Einordnung der Anschauung in die Struktur der Intelligenz.

III.2.2.1. Sinnliche Gewissheit und Anschauung – Räumlichkeit und Zeitlichkeit

Die ausführlichste Darstellung der Beziehung von bloßem sinnlichen Bewusstsein und Anschauung bietet Hegel in einem mündlichen Zusatz der *Enzyklopädie*,[31] in dem er die Anschauung als „*Totalität*, eine *zusammengehaltene Fülle* von Bestimmungen" charakterisiert, im Gegensatz zu der sinnlichen Gewissheit, der erst „im weitesten Sinne des Wortes" der Name ‚Anschauung' gegeben werden dürfte und die „in *unvermittelter, ganz abstrakter* Gewißheit seiner selbst auf die *unmittelbare*, in mannigfache Seiten *auseinandergefallene Einzelheit* des Objektes sich bezieht".[32] Die Anschauung unterscheidet sich von der sinnlichen Gewissheit doch wesentlich dadurch, dass die letztere ihrem Gegenstand „die vernünftige Bestimmung" zuschreibt, nicht bloß ein Gegenstand *für das Subjekt*, ein außer dem Subjekt liegender, sondern „das *Andere seiner selbst* zu sein", und „wirft" dadurch den Inhalt der Empfindung „*in Raum und Zeit* hinaus". Die Anschauung ist nun die unmittelbare Beziehung auf ein Objekt, das aber ein *ausgedehntes* in Raum und Zeit ist – ein Objekt, das, obwohl es kein *Synthetisches* ist, das *Nebeneinander* des Raums und das *Nacheinander* der Zeit an ihm selbst hat. Die Form seiner Identität hat dieser Inhalt an ihm selbst, Raum und Zeit, und dadurch die sinnliche Form seiner Identität mit dem Subjekt – alles ist in Raum und Zeit und das Subjekt selbst hat nicht nur eine abstrakte Beziehung auf den Gegenstand als einen anderen, sondern ist vielmehr das Andere in derselben Form des Raums

31 Enz III: 253-6 Z.

32 Enz III: 254 Z.; das Verständnis der Anschauung als eine ‚Totalität' oder als eine ‚zusammengehaltene Fülle' mag an den Kantischen Begriff der *Synopsis des Mannigfaltigen* in der ersten Auflage der *Kritik der reinen Vernunft* erinnern (KrV: A 94-5, 97).

und der Zeit, in der sich auch das Objekt selbst befindet. Ein Kennzeichen nun der Anschauung ist die Räumlichkeit und Zeitlichkeit, deren das bloß sinnliche Bewusstsein entbehrt. Raum- und Zeitbestimmungen können folglich aus einem konsequenten Gesichtspunkt nur im Rahmen der Anschauung behandelt werden.

Die *Phänomenologie des Geistes* wird jedoch noch in einer Zeit geschrieben, in der Hegel alle subtilen Unterscheidungen seines reifen Systems nicht geklärt hat. In der Jenaer „Philosophie des Geistes" von 1805/06 hat die Anschauung, als erste Stufe des erkennenden Geistes, noch die Beschaffenheit des sinnlichen Bewusstseins. Für den Geist „als Bewußtsein ist er [der Gegenstand– *JK*] ein *Sein*, abgetrennt von dem Ich",[33] das „*Wesen* der *Anschauung*" ist das Sein dieses Gegenstandes, die „Form der Unmittelbarkeit", und die immanente Befreiung des Geistes von dem Bewusstseinsgegensatz ist die Aufhebung der Unmittelbarkeit und des Seins in der „vorstellenden Einbildungskraft".[34] Die anscheinend[35] ein Jahr nach der Veröffentlichung der *Phänomenologie des Geistes* verfasste ‚philosophische Enzyklopädie' von 1808 weiß schon von einer ‚Wissenschaft des Geistes', die als Psychologie gilt, die aber die Gestalten der *Anthropologie* und des *Bewusstseins* nur als vorangehenden erwähnt, ohne sie ausführlich darzustellen.[36] Der Bewusstseinslehre wird auf der anderen Seite 1808/09 noch eine getrennte Rolle zugeschrieben und sie wird als eine Art ‚Einleitung in die Philosophie' vorbehalten.[37] Das Bewusstsein enthält stets noch die Formen des Raums und der Zeit, genauso wie in der *Phänomenologie*. Das Hier und das Jetzt, die einfachen Bestimmungen des Raums und der Zeit gehören deutlich zum Bereich des Bewusstseins und seinem Gegenstand an. Selbst 1812/13, wie man in den Nachschriften der Nürnberger Enzyklopädie von zwei Studenten Hegels sehen kann, fährt Hegel immer noch fort, ohne irgendeine andere Anmerkung, die raum-zeitlichen Beziehungen sowohl bei der sinnlichen Gewissheit wie auch bei der Anschauung zu erwähnen.[38] Erstmals 1817, mit der ersten Auflage der *Enzyklopädie*, fängt Hegel an, Abstand von seiner früheren Ansicht zu nehmen und die Grenzen zwischen sinnlicher Gewissheit und Anschauung eindeutiger zu markieren. Er betont nunmehr, dass Raum und Zeit *Formen* des Sinnlichen, der Sinnlichkeit erst fernere Bestimmungen sind, die eine Art

33 JSE III: 172.
34 JSE III: 171.
35 S. oben III.1.
36 NuH: 42 ff.
37 NuH: 70 ff.
38 Vorlesungen 15: 159, 166.

Freiheit des Geistes aufzeigen, die das Sinnliche „erst durch die Freiheit des Geistes erhalten“ kann.[39] Diese Freiheit besteht in der Bestimmung des Gegenstandes, *außer sich* und nicht nur *außer dem Bewusstsein* zu sein. In der sinnlichen Gewissheit hat der Gegenstand die einzige Bestimmung des *Anderen des Bewusstseins* und bleibt insofern von ihm wesentlich abhängig. Er ist „nur dem *Bewußtseyn* als *Äußerliches*, nicht *für sich* Äußerliches oder selbst ein Aussersichseyn“.[40] Den Übergang der Sinnlichkeit in die Gestalt der Anschauung versteht Hegel somit als eine Befreiung des Gegenstandes von dieser subjektiven Abhängigkeit desselben.[41] Die Äußerlichkeit gehört mehr ihm selbst an.

III.2.2.2. Die Stelle der Anschauung in der Intelligenz

Der Begriff der Anschauung bereitet Hegel jedoch weitere Probleme, die in erster Linie mit ihrem Verhältnis zur Vorstellung und ihrer Stelle in der Struktur der theoretischen Vernunft zu tun haben. An der *Anschauung* sieht Hegel Merkmale, die er nicht ohne Bedenken mit der herausgeforderten Unmittelbarkeit der ersten Stufe der Vernunft in Einklang bringen kann. Das ist, erstens, die in der Anschauung erst eingetretene Spaltung der Vernunft in die Momente der Objektivität und der Subjektivität, das Abstoßen des Inhalts und das Zurücktreten oder die Erinnerung-in-sich des Geistes. Diesen Prozess, den Hegel an der Entstehung der Anschauung erblickt, versteht er zu recht als *Reflexion*. Aber in dieser Reflexion, wenn von der *Unmittelbarkeit* die Rede ist, geht es erst um die Unmittelbarkeit der *Beziehung* des Subjekts auf einen von demselben objektivierten, vergegenständlichten Inhalt, was kaum verträglich mit der angenommenen *Unmittelbarkeit* des Subjekts als eines mit dem sinnlichen Inhalt des Gefühls *Identischen* zu sein scheint, insofern die Unmittelbarkeit der Empfindung und des Gefühls auf eine natürliche, unreflektierte, absolute Identität beider hinweist. Die Anschauung scheint ferner, zweitens, auch hinsichtlich des Gegenstandes selbst die Form der Unmittelbarkeit zu durchbrechen: das Gefühl ist ein-

39 GW 13: 197.

40 GW 13: 197.

41 Die erst 1817 auftretende Unterscheidung der sinnlichen Gewissheit und der Anschauung wird Hegel weiter bis zur letzten Ausgabe der Enzyklopädie beibehalten. Man könnte vergleichen: Notizen Hegels zur *Enzyklopädie* von 1817 (GW 13: 305-309), in denen aber die in der normalen Auflage von 1817 angemerkte Unterscheidung von Bewusstseinssinnlichem und raumzeitlich Angeschautem nicht so deutliche zur Sprache kommt; GW 25: 105; GW 25: 438 ff.; GW 19: 318; Enz III: 206, 207-8 Z.

fach, aber die Anschauung ist wesentlich *Totalität* und stellt so einen gewissen Zusammenhang des Mannigfaltigen – sei es nur in der Form eines unbestimmten gegebenen Zusammenseins – als eines nebeneinander im Raum und nacheinander in der Zeit liegenden dar. Im Moment des subjektiven In-sich-Gehens, im Sinne des untrennbaren Reflexionsgegenteils gegenüber der Äußerlichkeit der Anschauung, sowie in dem abstrakten Zusammensein der Anschauung sieht Hegel in einer früheren Zeit eher die Präsenz und Tätigkeit der vorstellenden Vernunft als eine reine Unmittelbarkeit, die er nur für das Gefühl als die naturgemäße Undifferenziertheit des Geistes von seinem Inhalt vorbehält. Die Überlegungen Hegels in seiner Jenaer Zeit, besonders in seinen als *Jenaer Systementwürfe III* herausgegebenen Manuskripten, scheinen einen knappen Umriss der viel späteren, erst ab 1827 mit der zweiten Auflage der *Enzyklopädie* erschienenen Struktur des theoretischen Geistes anzubieten.[42] Die darin vorhandene Intelligenz scheint sich im Allgemeinen in die drei Momente der Anschauung, der Vorstellung und des Gedankens zu gliedern.[43] Aber die nach der *Phänomenologie des Geistes* unternommenen Versuche Hegels, die Intelligenz im Rahmen einer Philosophie des Geistes zu skizzieren, zeigen deutlich seine Probleme, die richtige Positionierung der Anschauung im Gebäude der Intelligenz zu bestimmen.

1808, in der von Rosenkranz zusammengestellten „Philosophische[n] Enzyklopädie für die Oberklasse", gibt Hegel eine Struktur der Hauptmomente der Intelligenz an, die er bis zur ersten Auflage der *Enzyklopädie* im Jahre 1817 aufrechterhalten wird. Dasselbe bestätigen auch die zwei Nachschriften der Nürnberger Enzyklopädie-Vorlesungen Hegels von 1812/13. Der Geist, der Gegenstand der Psychologie ist, gliedert sich in allen diesen Texten in die Stufen: 1. des Gefühls, 2. der Vorstellung, und 3. des Denkens.[44] Die ‚Anschauung' kommt dabei nur als erstes Moment der Vorstellung vor, als die objektive Richtung der Diremtion des Gefühls durch die Tätigkeit der Aufmerksamkeit und der Erinnerung. Die Ansicht Hegels verändert sich wahrscheinlich irgendwann um das Jahr 1822. In der Nachschrift der Vorlesungen zur Philosophie des Geistes aus diesem Jahr kann man erstmals die Psychologie als in die drei Momente der Anschauung, der Vorstellung und des Denken geteilt betrachten. Die Transformation belegt 1827 auch die zweite Auflage der *Enzyklopädie*. Die frühere Ansicht Hegels zur Frage der Beziehung von Gefühl, Anschauung und

42 Die erste Umgestaltung der Gliederung der Psychologie findet jedoch etwas früher statt, wie wir weiter sehen werden, und zwar um 1822.

43 JSE III: 171-185.

44 NuH: 43-56; GW 13: 209-217; Vorlesungen 15: 165-170.

Vorstellung können uns die Hegel-Texte von 1808, 1812/13 und 1817 etwas näher veranschaulichen.

In allen drei genannten Quellen ist die natürliche Empfindung der Seele, das Gefühl als die einfache und unmittelbare Identität des Subjekts mit seinem Inhalt, dasjenige, was die erste Stufe der theoretischen Vernunft ausmacht. Dies ist erst, wie Hegel 1817 schreibt, das „unmittelbare, noch in sich ununterschiedene, dumpfe Wissen des Geistes".[45] Vor jeder Unterscheidung und Diremtion in ein Subjekt und ein Objekt befindet sich die Intelligenz in dieser natürlichen Bestimmtheit, in einem *Naturzustand*.[46] Sie ist zunächst eine „Natureinheit" von Subjekt und Objekt, das, was der „Naturmensch" oder ein „Naturwesen" unmittelbar empfindet, wie man in den Notizen der Studenten Hegels lesen kann. Die ‚Natur' hat hier den Sinn weder der organischen Natur noch der Natürlichkeit der anthropologischen Seele. Die Aufhebung aller dieser Gestalten ist vorausgesetzt. ‚Natur' bedeutet hier allein das Sich-Erkennen des Geistes als eines von seiner aufgehobenen Natürlichkeit entstandenen oder das Sich-Setzen des Geistes als ‚Naturwesen', die Selbst-Abstraktion von allen anderen Bestimmtheiten seiner vernünftigen Totalität – jetzt wird die anthropologische Seele *von* dem Geist und *für* den Geist selbst gesetzt.

Die Gliederung der Intelligenz von 1808 bis mindestens 1817 sieht also folgendermaßen aus:

- I) Gefühl
- II) Vorstellung
  - a) Erinnerung (überhaupt)
    1. Anschauung
    2. Bild-Vorstellung
    3. Erinnerung
  - b) Einbildungskraft
  - c) Gedächtnis
- III) Denken

Sowohl 1808 als auch 1812/13 fällt auf, dass Hegel keinen besonderen Mechanismus angibt, der die Scheidung des Geistes in Subjekt und Objekt bedingte. Es ist irgendwie nur die allgemeine, dem Geiste innewohnende Kraft der Reflexion und des In-sich-Gehens, die das Zurückziehen desselben und seine „Befreiung" von der natürlichen Undifferenziertheit des

45 GW 13: 210 – eine Formulierung, die Hegel, mit der einzigen Korrektur des „dumpfen Wissens" zu „dumpfem Weben" des Geistes in sich, fast ungeändert bis 1830 aufrechterhalten wird (Enz III: 246).

46 Vorlesungen 15: 165.

Gefühls bewirkt.[47] Aber in der *Enzyklopädie* von 1817 bestimmt Hegel nun eine besondere Tätigkeit des Geistes, durch die die Formierung der reflektierten Subjektivität und Objektivität bedingt wird. Das ist die *Aufmerksamkeit*, ein Moment der Subjekt-Objekt-Bildung, die in dem Enzyklopädie-Entwurf von 1808 erst in dem Moment der Bild-Vorstellung – d.h. gar nicht in der Sphäre der Anschauung selbst – vorkommt und das Mittel für die Bildung der *Bilder* im Geiste ausmacht.[48] Wenn die Anschauung die objektive Richtung des Geistes bezeichnet, die Richtung zu dem Objekt, das ein im Raum und in der Zeit angeschautes wird, deutet hingegen die Aufmerksamkeit in diesem Text von 1808 die entgegengesetzte Richtung des Geistes nach sich selbst und die *Fassung* des Objekts von demselben als dessen Übertragung in den eigenen Raum und in die eigene Zeit als in der Gestalt eines *Bildes*. Wie Hegel schreibt: „Die freiwillige Tätigkeit der Intelligenz besteht hier in der *Aufmerksamkeit* auf das mannigfaltige Dasein des *Gegenwärtigen* und in der *Willkür*, bei dem einen Inhalt zu verweilen oder zu einem anderen überzugehen: *Fassungskraft*".[49] Auch in der Einleitung zur der von Rosenkranz überlieferten „Rechts-, Pflichten- und Religionslehre für die Unterklasse" von 1810 beschreibt Hegel die Aufmerksamkeit als das Zeichen der Tätigkeit des Geistes – im Gegensatz zu seiner angeblichen Passivität –, seine „Tätigkeit im Empfangen", durch welche wir uns „Vorstellungen" (bzw. Bild-Vorstellungen) erwerben.[50] In der ersten Auflage der *Enzyklopädie* stellt Hegel die Aufmerksamkeit aber von der Stufe der Bild-Vorstellung auf den Zwischenraum von Gefühl und Anschauung um und verleiht ihr eine kritische Rolle in der Genese der Anschauung oder der Vorbereitung zur richtigen Genese der Anschauung im Bereich der Vorstellung. Jedenfalls ist hier die Aufmerksamkeit der Zug der Beförderung vom Gefühl in die Vorstellung und unmittelbar in die Anschauung. Die Aufmerksamkeit beschreibt Hegel als die „abstracte *identische* Richtung des Geistes in der Empfindung", sowie als „das *Moment* der *formellen* Selbstbestimmung der Intelligenz".[51] Aber diese Selbstbestimmung des Geistes „dirimirt […] die Einfachheit ihres Bestimmtseyns", d.i. das Sich-bestimmt-finden des Geistes als Gefühl, und „hebt damit seine Unmittelbarkeit auf".[52] Dadurch setzt

---

47 NuH: 43-4; Vorlesungen 15: 166.

48 In den Notizen von 1812/13 findet sich keine Anmerkung über die Aufmerksamkeit.

49 NuH: 44-5.

50 NuH: 213.

51 GW 13: 210.

52 GW 13: 210-1.

der Geist das Gefühl als ein „*Negatives*", als ein „*Gefühltes*" und die Intelligenz wird, als in sich reflektiert, zum Subjekt.[53] „Diese Stufe der Reflexion", bemerkt Hegel nun, „ist die Vorstellung".[54]

Abgesehen von der genauen Stelle und Rolle der Aufmerksamkeit, bleibt in dieser ganzen Periode bis zur Veröffentlichung der *Enzyklopädie* im Jahre 1817 Eines gewiss: dass Hegel die Anschauung als erste Stufe der *vorstellenden* Vernunft annimmt und sie nicht mit der Stufe des Gefühls, dem anfänglichen undifferenzierten Naturzustand des Geistes zusammenfallen lässt. Der *Gegenstand* als solcher ergibt sich erst im Bereich der Vorstellung und setzt notwendigerweise die *Diremtion* des Geistes voraus. Wie Hegel 1808 bemerkt: „erst in der Vorstellung hat man einen Gegenstand",[55] oder wie 1812/13 ein Student Hegels aufschreibt: „die Anschauung ist unmittelbar, aber schon bezogen auf einen Gegenstand".[56] Die Anschauung befindet sich auf der Stufe der *Reflexion* und deswegen eben auf der Stufe der Vorstellung als das erste Moment ihrer niedrigeren Stufe, der Erinnerung, wie Hegel noch 1817 festhält. Sie ist das Element der Objektivität, als die *erste Negation* des Gefühls durch die reflektierende Tätigkeit des Geistes, dem gegenüber das Moment der Subjektivität, der Reflexion-in-sich des vorstellenden Geistes, d.h. das Moment des *Bildes* steht, und beide werden im dritten Moment der *Erinnerung* vereinigt, was auch den Übergang der Vorstellung über die erste Unmittelbarkeit der Beziehung-auf-Anderes hinaus signalisiert. „Die *Erinnerung*", hält Hegel fest, „ist die Beziehung beyder, die *Subsumtion* der unmittelbaren einzelnen Anschauung unter diese der Form nach allgemeine, – die *Vorstellung*, die derselbe Inhalt ist".[57] Die *Anschauung* macht das eine „Extrem der Diremtion" aus und das andere ist eben das *Bild*.[58] Sie stellt das Objekt dar, während das Bild bzw. die Vorstellung das Subjekt, die Subjektivität vor sich hat.

---

53 GW 13: 211; vgl. mit der „Aufmerksamkeit" in den JSE III: 179-180, in denen Hegel sie mit folgenden Worten bestimmt: „*Aufmerksamkeit* ist die erste notwendige Tätigkeit, präzis Sehen, Tätigkeit des Geistes, *Fixieren*, Abstrahieren, Herausnehmen, Anstrengung, Überwindung des Unbestimmten der Empfindung."

54 GW 13: 211.

55 NuH: 43.

56 Vorlesungen 15: 166.

57 GW 13: 211.

58 GW 13: 211. Vgl. auch die Notizen Hegels zur *Enzyklopädie* von 1817, in denener die „äusserliche Anschauung" als die „objektive Seite des Bewußtseyns" bestimmt und ihr die „subjektive Vorstellung", d.h. das *Bild*, gegenüberstellt (GW 13: 363).

Ab 1822, wie nochmal die Studentennachschriften von 1822 und 1825 feststellen lassen, soll Hegel allerding seine Ansicht *leicht* korrigiert haben.[59] Die Struktur der Intelligenz wird jetzt folgendermaßen angegeben: 1. Anschauung, 2. Vorstellung, 3. Denken. Auf der ersten Stufe lässt Hegel das Gefühl und die Anschauung verschmelzen und die Unmittelbarkeit des natürlichen Geistes, der, ohne jede Differenz von Subjektivem und Objektivem zu merken, sich bestimmt findet, wird mit der Unmittelbarkeit der *Beziehung* auf einen *Gegenstand* überhaupt, nämlich mit der Anschauung, zusammengeschlossen. Inwiefern nun diese Korrektur wirklich klein und bedenkenlos sein kann, mag umstritten sein. 1827 tritt auch in die Öffentlichkeit die von Hegel revidierte Auffassung der *Enzyklopädie* ein,[60] worin die Umstellung der Anschauung bestätigt wird. In der nach drei Jahren erschienenen dritten Auflage der *Enzyklopädie* wird die neue Struktur endgültig gefestigt.[61]Obwohl die Anschauung sowohl ihren Gegenstandscharakter gegenüber der sich zum Subjekt setzenden Vernunft, wie auch den Charakter des Zusammenseins der Mannigfaltigkeit, der Partikularitäten des Gefühls in sich trägt – Hegel nennt die Anschauung auch „Convolut"[62] – erhält, wird sie nicht mehr als ein Element der reflektierenden Vernunft überhaupt und damit der Vorstellung anerkannt, sondern nunmehr auf dieselbe Stufe mit dem Gefühl gestellt. Hegel teilt jetzt die zwei Seiten der *Diremtion* nicht innerhalb der vorstellenden Vernunft überhaupt, sondern zwischen den Bereichen der Unmittelbarkeit, die die objektbezogene Anschauung charakterisiert, und der Vorstellung als das Zu-sich-Wenden des Geistes. In der *Enzyklopädie* von 1827 bemerkt Hegel, dass die Diremtion der Einfachheit des Gefühls, den Inhalt der Empfindung „als ein Negatives" und weiter „als *außer sich seyendes*" setzt und dadurch „ihn *in Raum und Zeit*" wirft und zur *Anschauung* macht. Aber „die andere Seite der Diremtion ist, die Form als unendliche Reflexion in sich zu setzen, das Erwachen der Intelligenz zu sich selbst in diesem Stoff, ihre *Erinnerung in sich* in demselben",[63] und dadurch vollzieht sich der Übergang in die Vorstellung. Die auf das Subjekt gerichtete Richtung der Diremtion wird so von der Objektivität abgesondert. Die Vorstellung ist allein die weitere Entfaltung dieser subjektiven Richtung der Diremtion – in ihrer Beziehung auf das aufgehobene Objektive der Anschauung. Hegel verteilt also nunmehr die zwei Momente der Diremti-

59 GW 25: 123 ff.; GW 25: 497 ff.
60 GW 19: 330 ff.
61 Enz III: 246 ff.
62 GW 25: 501-2.
63 GW 19: 331; vgl. Enz, III: 247-256.

on – der *Erinnerung* des Geistes überhaupt– zwischen der ersten und der zweiten Stufe der Intelligenz. Die Vorstellung tritt so nur als der Ort der Subjektivität auf, wohingegen die Richtung der Objektivität dem ersten Moment der Intelligenz überlassen wird. Dies besagt nun aber, dass die eine Seite der Sphäre der Vermittlung, der Reflexion überhaupt, der Trennung in ein Subjekt und ein Objekt, die der vernünftige Geist als ein Moment desselben umfasst, willkürlicher- und unverständlicherweise mit dem Moment der ersten Unmittelbarkeit des Geistes, seiner unreflektierten Identität *mit sich selbst* zusammenfällt.[64]

Ich möchte mich nun dafür aussprechen, dass die seit der *Enzyklopädie* von 1817 vertretene Auffassung Hegels an wesentlicher Haltbarkeit und Konsistenz verliert, wenn er seine Einstellung ab 1822 zu transformieren beginnt. Hegel überträgt eine Reflexionsform des Geistes auf eine Stufe, in der der Geist bloß die undifferenzierte Einheit seiner selbst und seines

64 Zur Frage der verschiedenen Überarbeitungen der Anschauung kann man auch den kritischen Ansatz Stederoths betrachten (Stederoth 2001: 337-348), der aber nicht die Vorgeschichte des Problems in den Hegel-Versuchen von 1808 bis 1817 berücksichtigt und so seine Untersuchung nur bis zur ersten Auflage der Enzyklopädie von 1817 zurückführt. (Stederoths Vorgehen ist zum Teil berechtigt, insofern die Nürnberger-Nachschriften von 1812/13 ein Jahr nach der Veröffentlichung seines Buchs veröffentlicht werden, aber die ältere Intelligenz-Konzeption Hegels kann man schon in dem Rosenkranz'schen Text der Enzyklopädie von 1808 finden – obwohl dieser Text, wie gesagt, gewisse Probleme mit sich bringt.) Die in der *Enzyklopädie* von 1817 erwähnte Intelligenz-Struktur nimmt er eher als eine bloße Ungenauigkeit Hegels an, der noch nicht die ganze Sache vollkommen erklärt hat. Er nimmt so die spätere Struktur von Anschauung, Vorstellung und Denken als gegeben an und fragt nur nach der Beziehung von Raum und Zeit zur Anschauung, als ob die Anschauung etwas anderes von dem Raum und der Zeit selbst wäre. Er sieht so merkwürdigerweise das Problem allein darin, dass Hegel Raum und Zeit nicht von der ersten Veröffentlichung seiner *Enzyklopädie* an in die Anschauung statt in die Vorstellung einsetzt und verkennt völlig die Tatsache, dass Hegel 1817 nicht Raum und Zeit in die Vorstellung statt in die Anschauung einordnet, sondern vielmehr *die Anschauung selbst* in die Vorstellung einbezieht! Er konstatiert so fälschlicherweise das Folgende: „Die systematische Einbeziehung von Raum und Zeit in die ‚Anschauung' scheint Hegel zunächst vor Probleme gestellt zu haben, denn in der *Enzyklopädie* von 1817 wird auf der Ebene der ‚Anschauung' von Raum und Zeit noch nicht explizit gesprochen, sondern sie kommen erst zu Beginn der ‚Vorstellung' in Betracht" (Stederoth 2001: 342). Wie wir aber gesehen haben, wird doch gerade auf der Ebene der Anschauung explizit von Raum und Zeit gesprochen, nur dass die Ebene der Anschauung selbst noch zu der Vorstellung gehört! 1817 gibt es noch keine ‚Ebene der Anschauung' dort, wo Stederoth, verführt von der jüngeren Konstruktion der Intelligenz, eine solche konstatiert.

Inhalts vor sich hat. Er tut das offenbar, indem er sein Augenmerk auf den Charakter der Stoffartigkeit der Anschauungserkenntnis richtet und somit ihre Identität mit dem aus dem Gefühl herkommenden Inhalt betrachtet. Die eine Richtung der Reflexion, die Richtung auf den Geist, ist ja noch *formell*, eine ‚formelle Selbstbestimmung der Intelligenz' wie Hegel schon 1817 anerkennt,[65] insofern sie zunächst den Inhalt nicht für sich selbst bildet, sondern ihn entäußert und in die Formen des Raums und der Zeit vergegenständlicht. Die Überwindung der Formalität der Intelligenz geschieht erst, insofern sie diesen Inhalt *für sich bildet*, d.i. *Bilder* von ihm hat. Hegel legt den Akzent in erster Linie auf die absolute Verbundenheit der Intelligenz mit dem Stoff, wenn er erklärt, dass „die Intelligenz […] als anschauend noch in diesen Stoff versenkt" ist,[66] und übersieht daher zum Teil das formale Moment der in-sich-reflektierten Intelligenz. Die Objektivierung des Inhalts, insofern sie den Beginn der Bildung der vernünftigen Subjektivität nach sich zieht, kann kaum von dem Moment dieser Subjektivität, sei sie auch noch formell und ungebildet, abgetrennt werden. Die *Aufmerksamkeit* macht eben den ‚Anfang der Bildung der Intelligenz' aus, steht aber noch kurz vor dem tatsächlichen Zurücktreten der Intelligenz in sich und dem Setzen des Inhalts als eines Negativen und damit Objektiven; sie ist der formale Anfang der Diremtion aber noch nicht die inhaltlich gestaltete Diremtion selbst, die eine Reflexion darstellt und von dem ursprünglichen Sich-bestimmt-Finden der Intelligenz abgehalten werden soll. Die Diremtion und Vergegenständlichung des Inhalts ist das in die Vernünftigkeit der Intelligenz eingenommene Moment des Bewusstseins, das Zuschauen des Gegensatzes des Subjekts zu einem Objekt als des Seinigen. Aber die Intelligenz ist vielmehr überhaupt die *Wiederholung der vorhergehenden Geschichte* des Geistes als aufgehobenen, oder das *Durchlaufen der früheren Momente* des subjektiven Geistes und dadurch die Überwindung derselben nicht *an sich*, sondern *für den Geist selbst*.

Wenn nun die Vernunft die *Rekapitulation* der früheren Momente des Geistes ist, nämlich der Anthropologie und der Phänomenologie, dann sieht man gerade ein, dass die ältere Konzeption Hegels dieser Idee viel näher liegt, als die ab 1822 formulierte. Der Geist als Intelligenz ist die Rekapitulation des Vorhergehenden, insofern er alles Frühere als *Bestimmungen desselben* erkennt, und darin liegt eben sein eigenstes Wesen. Damit sieht es schlüssig und fast selbstverständlich aus, die Anthropologie mit dem Moment des Gefühls und das Bewusstsein mit dem Moment der

65 GW 13: 210.
66 GW 19: 331.

Vorstellung zu charakterisieren. Die Sphäre des Gefühls umschließt den anthropologischen, natürlichen Zustand des Geistes, der aber jetzt für die Vernunft selbst gesetzt wird, indem sie nicht mehr die passive Seele ist, sondern sich selbst als passiv setzt und dazu wesentlich *tätig* ist, indem sie die Empfindung und das Gefühl für sich als Empfundenes und Gefühltes setzt. Die Seele lässt alles passieren, alles vorbeigehen – die Intelligenz ist aber wesentlich *aktiv* und somit *aufmerksam*, beschränkt sich auf einen Inhalt, zieht sich von demselben in sich zurück, setzt ihn dadurch als das Andere seiner selbst und bleibt sich zugleich ihrer Tätigkeit bewusst, so dass sie sich selbst und das Andere zusammenhält. Sie ist sowohl *Seele* wie auch *Bewusstsein* für sich selbst. Sowohl in dem *Gefühl* als auch in dem *Gegenstand* erkennt sie ihre Identität als Vernunft mit dem Inhalt, sowie mit den Formen der Entwicklung dieses Inhalts. Der Geist ist jetzt von Anfang an tätig, richtet sich selbst auf das Gefühl und sieht die Vergegenständlichung des Inhalts als sein eigenes Werk an (Aufmerksamkeit, Erinnerung). Der Inhalt wird objektiv, indem die Intelligenz sich selbst als subjektiv setzt. Die Annahme, dass der Geist völlig passiv bei der Aufnahme der Realität ist, erweist sich als durchaus unhaltbar.[67]

Das Gefühl allein ist noch keine Aufnahme, sondern bloß das von Natur aus Sich-bestimmt-Finden der Intelligenz und die *Aufnahme* ist von der Vernunft selbst konstruiert. Die *Aufmerksamkeit* als die reine Tätigkeit des Geistes, als der Anfang seiner Diremtion, der Abstoßung des Inhalts und die Rückkehr-in-sich desselben, zeigt wohl, dass das *Wissen*, d.h. der *Bezug* auf einen Inhalt überhaupt, erst mit der Aktivierung des Geistes möglich wird. Die Aufmerksamkeit ist die reine Tätigkeit der Intelligenz, die Wirkung der Vernunft, und spielt eine unentbehrliche *konstitutive* Rolle für das Wissen. Die Seele *ist* bloß empfindend und fühlend, die vernünftige Intelligenz ist hingegen *aufmerksam* auf ihre eigene Bestimmung.[68] „Nur die *Seele* ist *passiv*", bemerkt Hegel in einem mündlichen Zusatz in der *Enzyklopädie*, „der *freie Geist* aber" – nämlich der Geist, der sich von dem Gegensatz des Bewusstseins befreit hat – „wesentlich *aktiv*, *produzierend*".[69] Er „scheint nur aufzunehmen, was vorhanden ist", ist aber in der Tat kein solches „bloß passives Aufnehmen eines Anderen, eines gegebenen Objekts, sondern zeigt sich als aktiv dadurch, daß er den

67 Enz III: 238.

68 Vgl. JSE III: 212-3, über die Aufmerksamkeit als das Kennzeichen der Aktivität des Geistes gegen dessen vermutliche Passivität, sowie auch GW 13: 361-3.

69 Enz III: 239 Z.; über die *Passivität* als der Seele angehörend vgl. auch Enz III: 43 (die Seele als „der *passive* νοῦς des Aristoteles, welcher der *Möglichkeit* nach Alles ist"), 117, 124.

an sich vernünftigen Inhalt des Gegenstandes aus der Form der Äußerlichkeit und Einzelheit in die Form der Vernunft erhebt".[70] Das Gefühl als solches setzt die denkende, d.i. abstrahierende, Tätigkeit der Intelligenz voraus.[71] Wie J. Rometsch hervorhebt, besteht das Finden der Intelligenz eben darin, dass sie „sich am Gefundenen unmittelbar so betätigt, daß sie es *als ihr eigenes* setzt"[72]. Dieses Finden „ist als von der Intelligenz auszuübende *Tätigkeit* zu verstehen"[73], ein *tätiges Finden*. Und die Tätigkeit der Vernunft beginnt erst mit der Aufmerksamkeit als die Art und Weise der Intelligenz die Gefühle zuerst *für sich* zu setzen. Die Intelligenz hat eigentlich Gefühle, sobald sie auf sie aufmerksam wird. Durch die Aufmerksamkeit richtet sich die Intelligenz auf ihren eigenen Inhalt und zugleich auf sich selbst, indem der Inhalt in natürlicher Weise identisch mit ihrem eigenen Selbst ist. In derselben Tat der Aufmerksamkeit sieht sie einerseits sich selbst als Inhalt, der natürlich bestimmt ist, und erhält sich andererseits als Form jenem Inhalt gegenüber. Die Anerkennung des Gefühls als eine natürliche Bestimmtheit, die vorgegeben ist und vorgefunden wird, fällt notwendigerweise mit dem Anfang der Überwindung dieser ersten Unmittelbarkeit und Undifferenziertheit zusammen. Wie Hegel in einem weiteren mündlichen Zusatz bemerkt: „Die Aufmerksamkeit macht daher den Anfang der Bildung aus. Näher muß aber das Aufmerken so gefaßt werden, daß dasselbe ein Sicherfüllen mit einem Inhalt ist, welcher die Bestimmung hat, sowohl *objektiv* wie *subjektiv* zu sein oder, mit anderen Worten, nicht nur *für mich* zu sein, sondern auch *selbständiges* Sein zu haben. Bei der Aufmerksamkeit findet also notwendig eine *Trennung* und eine *Einheit* des Subjektiven und des Objektiven statt, ein *Sich-in-Sich-Reflektieren* des freien Geistes und zugleich eine *identische Richtung* desselben auf den *Gegenstand*".[74] Die Aufmerksamkeit ist nun die ursprüngliche Geburtstätte des Objekts und des Subjekts, während die Anschauung und die Vorstellung ihre weitere konkrete Entwicklung sind. Dem vernünftigen Geist widerfährt nun nicht bloß, den Empfindungsinhalt als einen *Gegenstand* vorzufinden – das war der Standpunkt des Bewusstseins, einer Gestalt des Geistes, bei der er nicht über den Gegensatz hinausgehen konnte. Hier aber schaut der Geist den konkreten Mechanismus sowohl der Identität desselben mit seinem Inhalt, wie auch seiner Abtrennung von dem letzteren und der Umwandlung des Gefühls in ein angeschautes Ob-

70 Enz III: 239 Z.
71 Vgl. auch Güßbacher 1988: 38-39.
72 Rometsch 2007: 160.
73 Rometsch 2007: 160.
74 Enz III: 249 Z.

jekt und desselben in ein anschauendes und ferner vorstellendes, denkendes usw. Subjekt an.

Es folgt nun daraus, dass der Spätkonzeption und Umstrukturierung der Intelligenz an Klarheit in Bezug auf die Momente der Unmittelbarkeit, der Reflexion und der Identität der Intelligenz wesentlich fehlt. Die Umstellung der Anschauung auf die erste Stufe der Intelligenz, zusammen mit dem Gefühl, nur aufgrund der tiefen Versenkung des Geistes in den Stoff, zeigt sich nicht als eine zureichende und präzise Einordnung der Momente der Intelligenz, sondern im Gegenteil eher als eine Verwirrung derselben. Die Vernunft dirimiert sich in die Richtungen der Objektivität und der Subjektivität. Ihre für sich vollziehende Reflexion soll nun auf derselben Stufe gefasst werden. Die Anschauung ist die auf das Objekt gerichtete Seite der Reflexion, der früheren Beziehung des Bewusstseins, wohingegen die Vorstellung überhaupt die inhaltliche Bestimmung der zunächst formellen Subjektivität ausmacht. Im Gegensatz zu dem Bewusstsein sieht jetzt die Vernunft nicht nur die Verankerung derselben in den Gegenstand und die Bildung ihrer Subjektivität als eine nur von der Bewegung und Entfaltung des Gegenstandes bestimmte, sondern betrachtet vielmehr ihre eigene Tätigkeit, die das sinnliche Objekt *als* Objekt gestaltet. Das Ding der Wahrnehmung war der absolute Grund der Bestimmung der Subjektivität. In dem Standpunkt der Vernunft kommt zutage, dass hinter der Auffassung des Dinges mit den vielen Eigenschaften und der vielen sich aufeinander beziehenden Dinge die vorstellende Tätigkeit des Geistes lag, die das Gewesene für sich als ein noch Präsentes hielt. Die ab 1822 aufgenommene Struktur der Intelligenz berührt eigentlich nicht ihre verschiedenen Momente, wenn man bloß die Aufeinanderfolge derselben betrachtet. Wenn man sie aber im Hinblick auf ihre drei großen dialektischen Knotenpunkte untersucht, dann findet man kaum einen Weg, sich die spätere Ansicht Hegels, das Herausnehmen der Anschauung aus der Sphäre der Reflexion und ihr Zusammenfallen mit dem Moment der Unmittelbarkeit des Gefühls, verständlich zu machen.

III.2.3. Seele und Intelligenz vom Standpunkt des Bewusstseins

Es ist bis jetzt bestimmt worden, dass der Empirismus eine idealtypische Form verschiedener Systeme in der Realgeschichte der Philosophie darstellt, dessen Stelle das Reich der Reflexion und des Bewusstseins ist und der als sein Prinzip die sinnliche Wahrnehmung und als Grundlage alles Wissens den Inhalt der Sinnlichkeit, das Gefühl und die Anschauung aufstellt. Aber der Empirismus ist in der Tat eine bestimmte Philosophieauffassung, die in realistischer oder idealistischer Hinsicht einen Sensualismus und eine besondere daraus hervorgehende Ideenlehre entwickelt. Der Inhalt der empiristischen Einstellung findet sich eigentlich an verschiedenen Stellen der Hegelschen Philosophie des Geistes – nicht nur im Bewusstsein, sondern sowohl in der natürlichen Seele wie auch in der spekulativen Intelligenz der Psychologie. Von der Rede über das Sinnensystem und die Natur der Empfindung und des Gefühls bis zu den Gesetzen der Ideenassoziation setzt sich Hegel mit unterschiedlichen empiristischen Einstellungen auseinander. Der Empirismus beschäftigt sich gewiss nicht nur mit den abstrakten Gegensätzen der sinnlichen Gewissheit und der Wahrnehmung. Das *wirkliche* erkennende Subjekt ist, wie gesagt, nur die vernünftige Intelligenz, die sich selbstbewusst gegen die Welt richtet und selber Beobachtungen, Experimente und verschiedenartige Forschungen anstellt. Der empiristische Ansatz umfasst in einem einheitlichen Bild alle Fragen, die sowohl das erkennende Subjekt und seine Konstitution als auch das zu erkennende Objekt und seine Formen betreffen. Als allgemeine Lehre über das Wissen setzt er den Sensualismus über den Ursprung der Gegenstände unseres Wissens mit einem Psychologismus der menschlichen Kräfte und Vermögen zusammen. Der Empirismus selbst erkennt nichts von dem dialektischen Stufengang des subjektiven Geistes, sondern behandelt undifferenziert – so kann man sagen – alle Elemente, die Hegel in systematischer Ordnung bringt.

Für die Hegelsche Einordnung zerstreut sich jedoch dieses undifferenzierte Bild des Empirismus in jenen Gang der drei verschieden Momenten, die von der naturalistischen Einheit der Seele zu der inneren Trennung des Bewusstseins übergeht und endlich die vernünftige Identität von Subjekt und Objekt trifft, die die Psychologie impliziert. Allgemein gesprochen, bleibt der *Inhalt* immer derselbe, wenn man sich von der Seele zu der Vernunft erhebt. Und niemand würde über diesen *abstrakten* Inhalt an sich streiten. Das „Gefühl" – derselbe Inhalt – kommt schon dreimal vor, indem der Geist von der Seele bis zur Intelligenz fortschreitet.[75] Die Stufe der Vernunft fängt wieder mit jenem Element an, das zuerst der undifferenzierte Gehalt der empfindenden Seele und dann der vergegenständlichte Inhalt des Bewusstseins war. Und ebenso sieht man jene Seele, die *naturaliter* mit einer Bestimmung bestimmt war, zum Ich und selbständigen Bewusstsein und dann zum identischen Subjekt-Objekt und zur vernünftigen Intelligenz werden. Aber die Rede von einem *Selben* mag jedoch irgendwie irreführend sein. Es geht ja nicht um die Wiederholung eines trägen Inhaltes in immer neuen Formen, sondern im Gegenteil eigentlich

75 Enz III: 246 Z.

um die Selbstentwicklung dieses Inhaltes von seinem ersten Auftreten aus dem natürlichen, tierischen Organismus bis zu seiner Selbstdiremtion und Entgegensetzung, sodass sich ein selbständiges Subjekt und ein ebenso gegen es selbständiges Objekt daraus hervorgeht, und von da aus bis zu seiner vernünftigen Identität. In allen diesen drei Momenten finden sich die verschiedenen Züge der empiristischen Auffassung. Der ausgesprochene Sensualismus hat seine Herkunft in der Seelenlehre. Die Theorie der *Passivität* geht zusammen mit der *Leerheit* der Vernunft und bildet sich, indem sie Elemente aus der empfindenden und fühlenden Seele mit dem Charakter des Ichs und des sinnlichen Stoffes im Bewusstsein zusammenschließt und ihre Mischung auf die Stufe der erkennenden Intelligenz projiziert. Aber auch an verschiedenen Stellen der Intelligenz erkennt man Seiten einer kritischen Auseinandersetzung Hegels mit dem Empirismus, wenn er sich mit der Vorstellung des Geistes als Vermögen- bzw. Kräfte-Aggregat, die er mit der Einstellung Condillacs verbindet, auseinandersetzt, oder wenn er die sogenannten empirischen Gesetze der Ideenassoziation – eine Grundeinstellung des Empirismus, die von Locke abstammt – in der ‚Vorstellung' behandelt. Welche Rolle bleibt denn dem Bewusstsein übrig, wenn der empfundene Inhalt der Sinne Gegenstand der Anthropologie und die Formen des Subjekts Gegenstand der Psychologie sind? Und die noch entscheidendere Frage ist, wie diese Zerstreutheit der verschiedenen Empirismus-Fragen, die alle in das Bewusstsein fallen sollten, zu verstehen ist.

Die Antwort darauf ist jedoch nicht so kompliziert. Der Empirismus durchschaut alle diese Elemente durch die Brille des Bewusstseins, subsumiert alle Geistesinhalte unter das Prinzip der Reflexion und der Sinnlichkeit und kontaminiert die sinnlichen Inhalte mit dem Gegensatz des Bewusstseins. Alle seine realistischen und idealistischen Versuche, ein einziges Prinzip als Grundlage des Wahren zu setzen, verfehlen, weil ein jedes Prinzip mit demselben Gegensatz behaftet ist. Der empiristische Idealismus postuliert bloß die Subjektivität des (sinnlichen) Objekts ohne das geringste an ihm selbst zu verändern, sodass er dieselbe absolute objektive Mannigfaltigkeit in ihrer Eigenständigkeit gegenüber dem Subjekt walten lässt. Ebensowohl postuliert der Materialismus die Objektivität des empirischen Subjekts, ohne den Gegensatz zwischen der sinnlichen Mannigfaltigkeit der materiellen Welt und der einfachen Identität des wissenden Subjekts in allen seinen Wissensinhalten wirklich aufzulösen. Zwischen dem Wissen und dem Subjekt besteht eine Kluft, die nicht zu überwinden ist.

Das System der Sinne als eine Formation der Leiblichkeit und die dadurch entstandenen Empfindungen und Gefühle, als einfache Bestimmungen der Seele, befinden sich in dem undifferenzierten Zustand der natürlichen Seele und können als solche weder *subjektiv* noch *objektiv* sein. Im strengen Sinn sind sie bloß *an sich* subjektive Formen der Seele, die sich noch nicht *für sich* zur Subjektivität ausgebildet hat. Der Empirismus übersieht die Tatsache, dass die absolute Selbständigkeit des Sinnlichen das Zurückbeugen der Seele in sich selbst und ihre Erhebung zum Bewusstsein voraussetzt, wohingegen das Sinnliche selbst nur der abstrakten Subjektivität der Seele gehört, die noch nicht *für sich* selbst als Subjektivität gesetzt ist. Das Sinnliche, als bloße Empfindung der Sinne, kann keine wahrhafte Objektivität darstellen, aber ebensowenig kann es als der Subjektivität angehörendes Element angenommen werden, insofern noch keine solche Subjektivität vorhanden ist. Der absolute Charakter des Sinnlichen, seine Eigenständigkeit gegen die subjektive Instanz des Wissens, ist im Gegenteil eine zur Reflexion der Seele in sich und ihrer Erhebung zum Bewusstsein dazukommende Bestimmung, die ihm notwendigerweise sein eigenster Charakter wird. Das Sinnliche selbst wird auf dem Standpunkt des Bewusstseins zum Objekt und verliert den Charakter einer natürlichen Bestimmung.

In der Vernunft findet man nicht unmittelbar den Gegensatz der Objektivität und der Subjektivität, aber denselben Gegensatz als Unterschied von Inhalt und Form oder von Tätigem und Passivem. Die Intelligenz scheint zuerst allen Inhalt von dem Gefühl und der Anschauung zu nehmen, sodass sie zuerst als eine leere Form (eine abstrakte sich selbst gleiche Allgemeinheit) erscheint. Eine solche Intelligenz erscheint als bloß *passive* und *aufnehmende*. Das ist aber nichts mehr als die Betrachtung der vernünftigen Intelligenz von dem Verstandesstandpunkt des Bewusstseins. Es wird darin einerseits übersehen, dass auch dieser Inhalt *an sich* identisch mit der Intelligenz ist und kein von dieser verschiedener, und andererseits, dass, eben weil der Inhalt selbst *vernünftig* ist, die Intelligenz ihn bearbeiten kann und sich gegen ihn negativ zu verhalten vermag. Die Intelligenz ist, wie schon früher bemerkt,[76] nicht bloß die *affirmative* Bearbeitung,[77] nämlich eine äußerliche Beziehung auf das Vorgefundene, absolut Unabhängige und Äußerliche, sondern sie bringt „das *Negative* der Tätigkeit des Geistes, wodurch jener Stoff vergeistigt und als Sinnliches aufgehoben wird“[78] zum Ausdruck.

Der Empirismus geht nicht über diese Betrachtung des Subjekts aus dem Blickwinkel des Bewusstseins hinaus. Dem *leeren* Subjekt bleibt nur

76 S. Kapitel II.
77 S. Versuch I: 128.
78 Enz III: 235.

eine Reihe von solchen Tätigkeiten *affirmativen* Charakters gegenüber dem sinnlichen, gegebenen Inhalt und das psychologische Profil des Subjekts besteht in der Summe dieser Tätigkeiten. Sowohl der Realismus bzw. Materialismus wie auch der Idealismus bilden ein bestimmtes Konzept von den subjektiven Kräften, die zur Bemächtigung des rohen Materials der Sinne dienen. Auch die Annahme, dass Inhalt und Form, Empfundenes und Empfindendes nicht zu unterscheiden sind – wie es insbesondere bei Hume der Fall ist –, kann sich der Empirismus nicht von einer selbständigen Betrachtung der Seelenfunktionen abhalten. Es werden alle Tätigkeiten der Seele untersucht, von dem Empfindungsvermögen und der reproduzierenden Einbildungskraft bis zu den symbolisierenden Mechanismen des Gedächtnisses und den subjektiven Gewohnheiten. Hegel setzt sich auf der Stufe der Psychologie mit bestimmten Seiten des Empirismus auseinander, nicht nur in Bezug auf die Verfassung des Objekts, das auf den Standpunkt des Bewusstseins zurückgeführt wird, sondern ebenso in Bezug auf das Subjekt, das empirisch einerseits als leer und inhaltlich bloß vom Objekt bestimmt und andererseits, was ihr Wesen unmittelbar angeht, als ein bloßes Aggregat von Vermögen und Kräften angenommen wird. Hegel hat schon in *Glauben und Wissen* hervorgehoben, dass „der Lockeanismus und die Glückseligkeitslehre die Philosophie in empirische Psychologie verwandelt und zum ersten und höchsten Standpunkt den Standpunkt eines Subjekts und die schlechthin seiende Endlichkeit erhoben" haben.[79] Die *empirische Psychologie* steht einer echt philosophischen, *spekulativen Psychologie* entgegen. Die erstere nimmt nur den Standpunkt eines einzelnen Subjekts, den Standpunkt des in sich zurückgebeugten Bewusstseins, das die *Allgemeinheit* und die *allgemeine* Wahrheit von seiner *einzelnen* Stelle nur postulieren kann, ein. Dieses einzelne Bewusstsein will sich selbst auf jene empirische Weise des Bewusstseins erkennen, aber es kann das Subjekt bestenfalls empirisch als eine Sammlung an sich bestehender Funktionen und Vermögen erfassen und nicht in seiner Konkretheit als *Subjekt* und somit freie Totalität.

Die Kritik Hegels am Empirismus verweist immer wieder auf die Struktur des Bewusstseins. Die Hegelsche *Enzyklopädie* betrachtet in den drei verschiedenen Stufen der Entwicklung des Geistes die Entwicklung jener zwei Formen, die den Ausgangspunkt und den Hauptgegensatz des empiristischen Denkens ausmachen – Subjekt und Objekt. Die Stufe des Bewusstseins – der Phänomenologie des Geistes – steht als die eigentliche Basis der empiristischen Auffassung, aber Hegel geht immer wieder auf den Empirismus ein, wenn er dogmatisch die Struktur seines Standpunkts

79 GuW: 297.

auf die Elemente der Anthropologie und der Psychologie projiziert ohne sie in ihrer Wahrheit begreifen zu können. Die Momente der Anthropologie und der Psychologie können und sollen in die Frage der Kritik am Empirismus einbezogen werden, insofern der Empirismus eben die Verwandlung des entsprechenden Inhalts jener Momente in die Reflexionsform des Bewusstseins einführt. Unsere weitere Diskussion, obwohl sie unmittelbar von dem Bewusstseins ausgehen und sich besonders auf die sinnliche Gewissheit und Wahrnehmung konzentrieren wird, wird nun versuchen, die von Hegel im Rahmen der Anthropologie und besonders der Psychologie berührten Probleme in Betracht zu ziehen.

III.3. Die Analyse

III.3.1. Die Methode der Neuzeit und die Analyse der Erfahrung

Die Präsentation der Hauptzüge,[80] die Hegel an dem Empirismus anerkennt, hat überhaupt die folgenden drei Seiten desselben ergeben: 1. der Empirismus setzt die *sinnliche Wahrnehmung* als das Prinzip und den Ausgangspunkt desselben, d.i. eine Welt von konkreten, in sich mannigfaltigen Dingen und ihren Beziehungen; 2. den Wahrnehmungen liegt die bloße Sinnlichkeit, das Gefühl, die Empfindung und Anschauung als ihre Wahrheit zugrunde – das Wissen wird auf einfache, einzelne Qualitäten und Quantitäten zurückgeführt; und 3. die *Analyse* zeigt sich als die Methode, die der Empirismus direkt von den empirischen Naturwissenschaften seiner Zeit erhält und in die Philosophie überträgt, sodass sie das höchste Werkzeug des Denkens in seiner Entdeckungsreise ausmacht.[81] Die Analyse ist eben das einzige, welches wirklich zum Erkennen des *Konkreten* beiträgt, indem sie diesen Stoff der Wahrnehmung zergliedert und auf seine Grundelemente reduziert – auf die Einzelheiten der sinnlichen Eindrücke, die die Bausteine ausmachen, worauf sich die ganze Erkenntnis stützt. Sind nun Wahrnehmung und Sinnlichkeit (das *Konkrete* der Wahrnehmung und das *Einzelne* der Sinnlichkeit) die zwei Aspekte der Welt des Empirismus, dann ist die Analyse diejenige *Methode*, die diese beiden

80 S. Kapitel II.

81 Vgl. auch die Definition und Bewertung der ‚Analyse' in der *Enzyklopädie* der französischen Aufklärung (Naumann 1984: 68).

Momente miteinander *verbindet* und das Wesen der sinnlichen Dinge angeblich zu beleuchten vermag. Der Empirismus ist die Rückkehr von der Reflexion der Gegenstände und des wahrnehmenden Ich in das Feld der *seienden Beziehung* des Bewusstseins und seines Gegenstandes, der Einfachheit und Unmittelbarkeit, die Rückkehr von dem Wesensverhältnis in die *formelle Identität* des ‚Seins'. Anhand der Analyse, die angeblich die Gegenstände lässt, „wie sie sind",[82] wendet sich der Empirismus gegen die Gegenstände der Wahrnehmung, die als reiche *Ganze* von gebundenen sinnlichen Qualitäten bzw. Eigenschaften, als *konkrete Dinge* erscheinen, und löst sie in ihre *Teile* ab. Er versucht so das Sinnliche abzusondern und es sich vorzustellen, wie es durch die Sinne als ein qualitativ vollbestimmtes *Hier* und *Jetzt* verschaffen wird, und dessen Wahrheit als Grund, als Fundament des Wahrgenommenen zu legen. Die Ablösung der konkreten Vorstellung eines Dinges deckt uns so nach dem Empirismus die elementarsten, in sich bestimmten, qualitativ einfachen und quantitativ einzelnen *Sinnesatome* auf, deren Festigkeit, Gegebenheit, Positivität und Gewissheit die Bildung der Erkenntnis gewährleisten.

Die Methode der Analyse, derer Herkunft bis auf Aristoteles zurückgeht und in unterschiedlichen Formen die ganze Geschichte der Philosophie durchläuft,[83] steht für das moderne Denken als derjenige königliche Weg zur Wahrheit, der das Ende der mittelalterlichen Scholastik prägt, der aus den Nebeln seiner Definitionen und Abstraktionen, aus dem hin und her Treiben in den reinen, abstrakten Begriffen in die Welt hinuterkommen wollte – das Ende der *Synthesis* als Prinzips des erkennenden Prozesses.[84] Die Analyse tritt auf dem Feld der Methode als „der Feind vager Prinzipien"[85] hervor. Die Neuzeit ist besonders von dem Cartesischen Prinzip geprägt, dass alles Zusammengesetzte aus dem Einfachen besteht, dass es die Bedingung und das Wesen des ersteren ausmacht. Der Primat des *Einfachen* gegenüber dem *Zusammengesetzten* verlangt, dass das immer als zusammengesetzt auftretende Vorhandene analysiert werden muss, wenn man seine *Wahrheit* und seinen *Grund* erfahren will. Das Einfache, auf das die Analyse hinausläuft, ist das letzte Fundament des Zusammengesetzten, eine selbständige positive Existenz, der allein tatsächlich die Re-

82 Enz I: 110 Z.

83 S. Ritter 1971: 232-248.

84 Vgl. GdPh III: 223: „Die Beobachtung der Dinge und das darin immanente Gesetz, das ihnen innewohnende Allgemeine zu erkennen, ist das Interesse geworden. Das scholastische Ausgehen von Grundsätzen, Definizionen hat man verworfen".

85 Essai: 111.

alität gehört. Egal ob es um bloße Ideen oder um wirkliche Dinge geht, ihre einfachen Bestandteile verleihen dem Ganzen seine Realität und nicht umgekehrt. Das Zusammengesetzte besteht aus Einfachen, die nicht mehr zu analysieren sind und so keinen Grund außer sich selbst haben, sondern *unmittelbar*, *intuitiv gewiss* sind.

Die *Analyse* wird gleichermaßen als die große Entdeckung der ganzen Moderne angesehen. Das Konkrete kann nur dann erkannt werden, wenn es analysiert wird. Für den Empirismus sind prinzipiell die Gegenstände der Erfahrung das einzige Reale. Alles ist in der Erfahrung und alles muss erfahren werden. Die sinnliche Wahrnehmung ist der absolute Anfang des Wissens. Keine Definitionen, keine allgemeinen Sätze und abstrakten Prinzipien können der Ausgangspunkt der Wissenschaft sein. Alles Allgemeines und Abstraktes hat seine Herkunft in dem Konkreten und darin auch seine einzige Berechtigung. Die Wissenschaft und die Philosophie sind Bereiche der denkenden Tätigkeit des Menschen, die aus allgemeinen Sätzen und Gesetzen bestehen, welche allein durch Analyse und Abstraktion aus der Erfahrung abgeleitete Vorstellungen sind. Wissenschaftler und Philosophen sind darüber einig, dass das menschliche Denken über keine anderen Waffen in seinem Kampf um die Erkenntnis der Natur, der Gesellschaft und des Menschen selbst verfügt, als die vorsichtige Analyse der Phänomene. Die französische Schule, das Herz und Ausgangspunkt der europäischen Aufklärung, wird die Analyse als das eigenste Tun des denkenden Verstandes loben, als die einzige Methode, die der Wahrheit zukommt. Schon Voltaire hebt hervor: „Die einzige, des Menschen würdige Art, den Dingen nachzuforschen, ist die Analyse".[86] Condillac, in seinem *Essai über den Ursprung der menschlichen Erkenntnisse*, sieht in der Analyse „den wahren Schlüssel der Entdeckungen, weil sie uns immer auf den Ursprung der Dinge zurückführt".[87] Die Analyse verfährt nicht „mit Hilfe von Definitionen",[88] die keine Berechtigung in der Erfahrung haben können und lässt sich niemals von dem sicheren Boden der Wahrnehmung entfernen. Sie ist deswegen nicht nur „die einzige Methode, die unseren Schlußfolgerungen Evidenz geben kann", sondern vielmehr „die einzige, die man bei der Erforschung der Wahrheit anwenden muß".[89] Sie stellt „das einzige Mittel" dar, „Kenntnisse zu erwerben" und „auf den Ursprung unserer Ideen zurückzugehen, ihre Entstehung zu verfolgen, und sie unter

86 Vgl. Nádor 1964 : 138.
87 Essai: 111.
88 Essai: 111.
89 Essai: 111.

allen möglichen Beziehungen miteinander zu vergleichen".[90] Diese Zuverlässigkeit der Analyse wird von der ganzen materialistischen oder von dem Materialismus geprägten französischen Tradition anerkannt. Anthropologie, Psychologie, Sozialtheorie, Geschichte, Naturwissenschaften usw., alle werden auf der Basis der analysierten Erfahrung aufgebaut. Hegel hebt eben hervor, dass diese Manier der Analyse den Kern dessen ausmacht, „was die Franzosen *Ideologie* nennen; abstrakte Metaphysik [...], ein Aufzählen, Analysieren der einfachsten Denkbestimmungen. Sie werden nicht dialektisch behandelt; sondern aus unserer Reflexion, aus unseren Gedanken wird der Stoff genommen, und an diesem werden die Bestimmungen, die darin enthalten sind, aufgezeigt".[91]

Aber auch an der englischen Küste sieht man in der Analyse gerade denselben Schlüssel zur Wahrheit und Wissenschaft. Der englische Empirismus ergründet die ganze Realität mit diesem unschätzbaren Werkzeug des reflektierenden und abtrennenden Denkens. Hobbes unterstreicht, „daß die Untersuchungsmethode für die Universalbegriffe rein analytisch ist".[92] Durch Analyse werden alle Universalien und ihre Ursachen erkannt, und nur wenn sie auf diesem Weg abgeleitet sind, darf man anfangen, von diesen Universalien und ihren Beziehungen (Gattungen, Gesetze, Kräfte usw.) in die konkreten Dinge wieder zurückzukehren.[93] Der Weg der *Analyse* hat einen deutlichen methodologischen Vorrang gegenüber dem Weg der *Synthese*. Der Weg von den Prinzipien zu den Dingen ist allein eine *Rückkehr* und keinesfalls ein *Hinweg*. Die Erfahrung gewährt den Stoff, das Denken analysiert ihn und verallgemeinert dadurch seine von der Analyse herkommenden Vorstellungen. Hegel betont diese herausragende Rolle der Analyse für die Richtung sämtlichen englischen Empirismus' (wissenschaftlicher oder philosophischer Art).

Als zentrale Figur der Lehre der Analyse gilt eigentlich Locke, der die ganze Metaphysik auf eine Ideenanalyse zu reduzieren versucht. Das Resultat des Lockeschen Programs ist eine erkenntnistheoretische Psychologie, die einen Meilenstein und Angelpunkt der nachfolgenden britischen Tradition des Empirismus ausmacht. Wie Hegel hervorhebt ist bei Locke „der Weg der Definitionen [...] verlassen".[94] Er „ ist [...] bemüht, aufzuzeigen, daß die allgemeinen Vorstellungen hervorgehen aus der Erfahrung" und so wird „einerseits [...] die Erfahrung und Beobachtung, andererseits

90 Essai: 112.
91 GdPh III: 286; vgl.ebenda: 219.
92 Elemente: 78.
93 Elemente: 79.
94 GdPh III: 205.

das Analysieren, Herausheben der allgemeinen Bestimmungen als Gang der Erkenntnis vorgeschrieben".[95] In der einen oder anderen Form bewegt sich der ganze englische Empirismus – sowie noch der schottische direkte Realismus – auf dieser Bahn der analytischen Methode. Das Abstrakte und Allgemeine, insofern es erhalten wird, wird lediglich aus der Erfahrung abgeleitet und hat allein in ihr seine Wahrheit und Wirklichkeit, seine Objektivität. An sich ist es nur eine *subjektive* und insofern nicht *an und für sich* wahrhafte Form, hat nicht an ihm selbst die Bewegung des Begriffs, die Besonderung kommt nur durch das subjektive Setzen vor und die Einzelheit ist allein das von außen Dazukommende. Zugleich strebt diese Abtrennung des Konkreten stets danach, das einzelne und elementare Fundament des Konkreten herauszufinden und das erste als den *realen Grund* des letzteren aufzuzeigen. Die einfachen allgemeinen Vorstellungen umfassen nur subjektiv die wirklichen Einzelheiten, die durch die Analyse herausgehoben worden sind (egal ob es um einfache Ideen bzw. Eindrücke der Sinne oder um einfache Naturstoffe, z.B. der Chemie, geht – der Mechanismus ihrer Erzeugung und die Bestimmtheit beider bleiben dieselben). Diese Grundstruktur des analytischen Erkennens teilt sich die ganze empiristische Tradition, von der Betrachtung der Natur und des Werkes der Naturwissenschaften bis zu der Verfassung der empirischen Psychologie als Untersuchung der elementaren Strukturen des Subjekts und seines Erkennens.

Hegel stellt als einen zentralen Punkt seiner Kritik am Empirismus diese Verwendung der Analyse auf. Die *Methode* erweist sich in der Tat nicht nur als eine bloße Form, sondern auch als Bestimmung des *Inhalts* des Wissens. Der Glaube des Empirismus, die Analyse lasse das Wirkliche, wie es ist, zeigt sich als eine bloße Täuschung und unberechtigte Vergewisserung. Die Entscheidung über die Methode bestimmt letztlich den Inhalt selbst. Die Methode ist nicht ein *neutrales* Tun, sondern ein wesentliches *Verwandeln* – die Verwandlung des Konkreten in Abstraktes und des Einzelnen in Allgemeines. In einem Zusatz in der *Enzyklopädie*, der schon erwähnt worden ist, bemerkt Hegel: „Um Erfahrungen zu machen, bedient sich der Empirismus vornehmlich der Form der *Analyse*. In der Wahrnehmung hat man ein mannigfach Konkretes, dessen Bestimmungen auseinandergelegt werden sollen wie eine Zwiebel, deren Häute man ablöst. Diese Zergliederung hat also den Sinn, daß man die zusammengewachsenen Bestimmungen auflöst, zerlegt und nichts hinzutut als die subjektive Tätigkeit des Zerlegens. Die Analyse ist jedoch der Fortgang von der Unmittelbarkeit der Wahrnehmung zum Gedanken, insofern die Be-

95 GdPh III: 209.

Heidelberg, den 22.01.2022

	Menge	Umsatz
ne Buch v(	1	8,99
ock (Creat	1	6,95
of Darkne:	1	5,60
ini-Format	1	4,50
	40	**546,23**

stimmungen, welche der analysierte Gegenstand in sich vereinigt enthält, dadurch, daß sie getrennt werden, die Form der Allgemeinheit erhalten. Der Empirismus, indem er die Gegenstände analysiert, befindet sich im Irrtum, wenn er meint, er lasse dieselben, wie sie sind, da er doch in der Tat das Konkrete in ein Abstraktes verwandelt".[96] Die Analyse ist jedoch nicht eine falsche Methode, sondern vielmehr die anfängliche Herangehensweise des Erkennens, seine erste Annäherung an die Welt. Das Erkennen beginnt erst mit der Analyse.[97] Wenn aber das Resultat der Analyse essentiell ein *Anderes* ist, von dem Inhalt in seiner ursprünglichen vorgestellten Konkretheit ganz verschieden, stellt sich unweigerlich die Frage, inwiefern und auf welche Weise die Wahrheit des Konkreten in der analytischen Erkenntnis desselben enthalten ist.[98] Die verschiedenen Seiten dieses Problems entwickelt Hegel an verschiedenen Stellen, die wir im Weiteren betrachten werden.

III.3.2. Analyse und naturwissenschaftlicher Empirismus

Hegel bezieht sich in der Tat undifferenziert auf die empirischen Wissenschaften und den Empirismus, unterschreibt die Identität beider Aktivitäten hinsichtlich ihrer methodischen Präferenzen und ihres Glaubens an eine bestimmte Beschaffenheit der Realität – eigentlich an den Primat des sinnlichen bzw. materiellen Einfachen gegenüber dem Zusammengesetzten. Die Art und Weise der Naturwissenschaften ist schon philosophisch, d.h. *denkend.* Es soll deswegen nicht allzu verwundern, wenn Hegel einleitend in seinen Vorlesungen zur neueren Philosophie Kepler und Newton anführt.[99] Wenn die Philosophie – insbesondere im neuzeitlichen Sinne einer spekulativen Philosophie – ihren Ursprung, den Anfang ihrer Gestal-

---

96 Enz I: 109-110 Z.

97 Enz I: 379-380.

98 D. Heidemann bemerkt in seiner zusammenfassenden Darstellung der Frage „Hegel und der Empirismus" (Heidemann 2007a: 136) die unmittelbare Verbindung des Problems der Analyse mit der phänomenologischen *Wahrnehmung*, achtet jedoch nicht darauf, dass die Ausführungen Hegels in diesem Zusatz der *Enzyklopädie* (sowie an anderen Stellen, wie wir weiter sehen werden) nicht allein ein Problem der ‚Wahrnehmung' (im strikten Sinn der phänomenologischen Wahrnehmung), sondern zugleich ein Problem der bloßen Sinnlichkeit ausmachen, deren vereinzelte Elemente durch diese Wahrnehmung herausgehoben werden, ohne sich von den Abstraktionen, von den (sinnlichen) abstrakten Einzelheiten in der Wahrnehmung zu unterscheiden.

99 GdPh III: 66.

tung den empirischen Wissenschaften verdankt, bedeutet das selbstverständlich, dass sie schon das Philosophische und Spekulative *an sich* darstellen soll. Am Anfang der Neuzeit, hält Hegel fest, heißt „Philosophieren" das „Selbstdenken und das Gegenwärtige Annehmen, als worin das Wahre läge und somit erkennbar wäre".[100] Das nächste solche Gegenwärtige für das Denken ist gerade „die daseiende, äußere Natur" und der „Weg zur Wahrheit" fängt von dieser „Voraussetzung" an, schreitet aber weiter von dieser „äußerlichen, sich vereinzelnden Wirklichkeit" zu dem Allgemeinen fort.[101] Erfahrung, Beobachtung, Schließen aus empirischen Tatsachen macht die „Weise der endlichen Wissenschaften", der „*sciences exactes*" aus, welche ein wesentliches Moment des neueren Philosophierens darstellen.[102] Deshalb bezieht Hegel Newton als *Philosophen* und die „empirische Philosophie"[103] desselben in seine Vorlesungen über die Geschichte der Philosophie ein, während er das wesentliche Verhältnis zwischen dem Denken Newtons und der Lockeschen Philosophie bemerkt und Newtons Werk als Verbreitung des Empirismus Lockes anerkennt: „Zur Verbreitung der Lockeschen Philosophie oder der englischen Manier des Philosophierens überhaupt und Anwendung auf alle physischen Wissenschaften besonders trug unstreitig Newton am meisten bei".[104] Newton stellt für Hegel einen wichtigen Repräsentanten des empiristischen Denkens überhaupt dar. Die Warnung Newtons, die Hegel in seinen Vorlesungen über die Geschichte der Philosophie wiederholt: ‚Physik, hütte dich vor Metaphysik',[105] gilt als kennzeichnender Ausdruck des empiristischen antimetaphysischen Denkens.[106] Die Physik, die Wissenschaft überhaupt soll sich nur an den weltlichen Dingen und Sachverhalten festhalten. Die Metaphysik als ein grundloses Reisen in Abstraktionen – wie es im neueren Rationalismus oder noch stärker in der mittelalterlichen Schule der Fall war – muss ganz und gar verworfen werden. Das Begriffliche ist nichts mehr als dasjenige subjektive neutrale Instrument, das zur Erkenntnis des

100 GdPh III: 66.
101 GdPh III: 66.
102 GdPh III: 66.
103 GdPh III: 233.
104 GdPh III: 231. Zur wechselseitigen Bezugnahme zwischen Newton und dem Empirismus s. auch Smith 2005: 53 ff.
105 GdPh III: 231.
106 Zur Auseinandersetzung Hegels mit Newton und zur Bekanntschaft mit seinem Werk auch durch die Kontroverse zwischen Goethe und Newton hinsichtlich der Farbenlehren beider Denker s. auch Nádor 1964.

realen Konkreten, Individuellen beitragen kann – die abstrakte, formelle Allgemeinheit und Identität.[107]

Sämtliche neuere empirische Wissenschaft führt in höchstem Maße zu einem immer tieferen Ent-metaphysizieren des Denkens überhaupt und ferner auch der Philosophie. Die Wissenschaft tritt dazu allenthalben (und besonders in England) mit dem Namen der *Philosophie* selbst auf. Der häufige Spott Hegels gegen die empiristische Manier der Philosophie in England, gegen das Identifizieren von empirischer Forschung und Philosophie, das dazu geführt hat, irgendeine Aktivität, die zwar gar nichts Denkendes in ihrem Wesen hat, als Philosophie zu bezeichnen, ist wohlbekannt.[108] Diesen Weg hat nicht nur Newton, sondern die ganze neuere empirische Naturforschung eingeschlagen. Dieselbe Analyse der Phänomene, denselben Ausgangspunkt von empirischen Beobachtungen teilen sich alle Hauptformen dieser neueren Wissenschaft (Kepler, Galileo, Newton usw.). Derselben Manier einer räsonierenden Annäherung des empirisch *vorgefunden Universums* legen alle Forscher ihrer Arbeit zugrunde. Bei Newton sieht Hegel jedoch dieses empirische System in seiner Vervollkommnung dargestellt. G. Nádor bemerkt, dass Newton für Hegel als ein „Prototyp des Empirismus" gelte.[109] Er bezieht sich auf die Habilitation Hegels von 1801, in der sich Hegel bereits heftig gegen den rohen Empirismus der neueren Naturwissenschaft wendet: „Den berühmten Newtonschen Apfel (der der Anekdote nach zur Entdeckung des Gesetzes der Gravitation führte) nennte er [Hegel – *J.K.*] das Unglück der Menschheit, das den Niedergang der Naturphilosophie verursachte".[110] Der allgemeine Schlag, den der Empirismus als naturwissenschaftliche Forschung der Philosophie in Hegels Augen versetzt hat, besteht vorerst in der Dekonstruktion der vorherigen Philosophie der Natur. An ihre Stelle tritt nunmehr lediglich das *positive*, empirische Erkennen der Naturwissenschaften. Die Bestimmungen des Denkens sind nicht mehr imstande, die Ordnung der Welt unmittelbar zu äußern, sondern der empirische Inhalt wird umgekehrt der Prüfstein des Denkens selbst.

K.-N. Ihmig hebt hervor, dass es sich jedoch bei Hegel gerade nicht um einen Gegensatz von Denken und Nicht-Denken handelt.[111] Das Denken überhaupt macht nicht die spezifische Differenz zwischen Philosophie und Naturwissenschaft aus. Ihmig führt ein Zitat aus Hegels Vorlesungen über

107 Vgl. Enz I: 108.
108 Enz I: 50.
109 Nádor 1964: 136.
110 Nádor 1964: 136.
111 Ihmig 1989: 80.

Schelling an, in denen Hegel emphatisch betont: „Naturphilosophie heißt im ganzen nichts anderes, als die Natur denkend betrachten. Das tut die gewöhnliche Physik aber auch; denn ihre Bestimmungen von Kräften, Gesetzen usf. sind Gedanken."[112] „Der Gegensatz von Physik und Naturphilosophie", stellt Hegel selbst heraus, „ist nicht Gegensatz von Nichtdenken und Denken der Natur. Die Gedanken in der Physik sind nur formelle Verstandesgedanken; der nähere Inhalt, Stoff kann nicht durch den Gedanken selbst bestimmt werden, sondern muß aus der Erfahrung genommen werden."[113] Die Metaphysik, im Sinne des Vorhandenseins des Begriffs, lebt im Inneren beider Wissensarten. Naturphilosophie und Naturwissenschaft sind sowohl einig als auch unterschiedlich allein bezüglich der „Weisen der Metaphysik, deren sich beide bedienen".[114] Insofern die Physik oder die Chemie sich *denkend* an ihre Gegenstände wenden, verwandeln sie sie in etwas Allgemeines,[115] verknüpfen sie also mit dem *Begriff*, so dass „die empirische Naturbetrachtung" eben „diese Kategorie der Allgemeinheit mit der Naturphilosophie gemein" hat.[116] Aber das Bewusstsein über das ‚diamantene Netz der allgemeinen Denkbestimmungen',[117] in das die Gegenstände hineingebracht werden, und die spezifische Handhabung desselben Netzes unterscheidet beide Bereiche der Wissenschaft als Tätigkeiten des Denkens. Die Entgegensetzung von Naturphilosophie und Naturwissenschaft hat etwa die Form einer Entgegensetzung der *Philosophie* mit dem „gewöhnlichen Bewusstsein",[118] d.i. mit der Art und Weise des *wahrnehmenden* Bewusstseins.[119] Dies bedeutet ja keinen Mangel an *Metaphysik* des gewöhnlichen Bewusstseins. Die ‚Philosophie' wird hier zunächst im strengen Sinn als *spekulative Philosophie* verstanden und der Unterschied von Philosophie und gewöhnlichem Bewusstsein besteht eher gerade in der *Bewusstlosigkeit* des letzteren über die Kategorien, die es gebraucht, und ihre Natur. Newton ‚trieb Metaphysik', wurde sich aber nie dieser Seite bewusst. Er „wußte nicht, daß er Begriffe hatte und mit Begriffen zu tun hatte, während er mit physischen Dingen zu tun zu haben

112 GdPh III: 444.

113 GdPh III: 425-6.

114 Enz II: 20 Z.

115 Enz II: 16 Z.

116 Enz II: 19 Z.

117 Enz II: 20 Z.

118 Enz II: 20 Z.

119 Vgl. die schon erwähnte Bemerkung Hegels, dass die Wahrnehmung „überhaupt der Standpunkt unseres *gewöhnlichen Bewußtseins* und mehr oder weniger der Wissenschaften" sei – Enz III: 209.

meinte"[120] – er „handhabte" vielmehr „die Begriffe wie sinnliche Dinge" und „nahm [sie], wie man Stein und Holz zu fassen pflegt".[121]

Darüber hinaus besteht der Unterschied von gewöhnlichem Bewusstsein und Philosophie in der Verschiedenheit der *Art* der Kategorien selbst, die das gewöhnliche Bewusstsein und die Philosophie verwenden – ein Unterschied, der mit dem Unterschied der *Bildung* eines jeden verknüpft ist. Die unterschiedliche Bildung beider Denkformen liegt nur an dem Grad und der Tiefe der Bildung des Geistes, die sich darin darstellt. Hegel hält so fest, dass „die Philosophie überhaupt […] andere Kategorien als das gewöhnliche Bewußtsein" hat, aber eben auf diesen „Unterschied der Kategorien" reduziert sich „alle Bildung" jeder Form des Geistes.[122] Die Philosophie geht über die Kategorien des Reflexionsdenkens der Wissenschaften hinaus, vermag sie als Momente des Begriffs zu deduzieren und dadurch ihren Zusammenhang herzustellen. Wie Y. Faraklas bemerkt, unterscheiden sich „Physik und Philosophie darin, dass die letztere die Begriffe der ersteren prüft und sie [die Physik – *JK*] anhand der ‚logischen' Methode der Begriffskonstruktion umformuliert".[123] „Dabei kommt es dann nur darauf an", wie Hegel hervorhebt, „ob die Metaphysik, welche man zur Anwendung bringt, von der rechten Art ist, und namentlich, ob es nicht, anstatt der konkreten, logischen Idee, einseitige, vom Verstand fixierte Gedankenbestimmungen sind, an welche man sich hält und welche die Grundlage unseres theoretischen sowohl als unseres praktischen Tuns bilden".[124] Der wahrhafte Begriff der Philosophie ist nur der spekulative Begriff, gleichsam die in sich und von sich selbst herausgebildeten Kategorien der Logik, wohingegen die Kategorien der Naturwissenschaften allein niedrigere Reflexionsformen des Begriffs, Momente desselben und nicht absolute Wesenheiten darstellen.

Hegel gibt in seinen mündlichen Zusätzen darüber hinaus zwei zentrale Seiten, hinsichtlich deren sich Philosophie und empirische Wissenschaften unterscheiden, an: 1. das Allgemeine der Wissenschaften ist „abstrakt oder nur formell", „es hat seine Bestimmung nicht an ihm selbst oder geht nicht zur Besonderung über".[125] Die Begriffe der Physik sind nur ruhige Wesenheiten, Verstandesvorstellungen, die sich vom Gegensatz und Widerspruch abhalten. Die Besonderung des Allgemeinen gehört nicht ihm

120 GdPh III: 231.
121 GdPh III: 232.
122 Enz II: 20 Z..
123 Φαράκλας 2000: 29.
124 Enz I: 207 Z.
125 Enz II: 21 Z.

selbst an, sondern kommt dem Begriff erst als äußerliche Reflexion zu und der Gegensatz des Allgemeinen und des Einzelnen bleibt für die Begriffe dieses verständigen Denkens ein absoluter, sodass 2. „der bestimmte Inhalt [...] eben deswegen außer dem Allgemeinen [ist], damit zersplittert, zerstückelt, vereinzelt, abgesondert, ohne den notwendigen Zusammenhang an ihm selbst".[126] Das Wissen, als hauptsächlich die Seite jenes Allgemeinen (Begriffe, Gattungen, Gesetze usw.), bleibt so eine *subjektive formelle Konstruktion*, die keine Wahrheit an ihr selbst hat. Das Wahre kommt erst durch den Inhalt hinein, wohingegen die Begriffe, als vom Verstand geleert und abgesondert, außerstande sind, ihre innere Bestimmtheit, die Dialektik ihrer Momente frei zu entwickeln. Die Momente der Einzelheit, der Besonderheit und der Allgemeinheit sind zerstreut zwischen dem Subjekt und der äußeren Realität. Die Besonderung des Allgemeinen ist allein die subjektive Bildung von besonderen Vorstellungen aus allgemeineren Gattungsbegriffen vermittels der äußerlichen Reflexion auf das sinnlich Konkrete. Über die Natur des Besonderen hebt Hegel in der *Logik* hervor: „Das Besondere enthält die Allgemeinheit, welche dessen Substanz ausmacht; die Gattung ist *unverändert* in ihren Arten; die Arten sind nicht von dem Allgemeinen, sondern nur *gegeneinander* verschieden. Das Besondere hat mit den *anderen* Besonderen, zu denen es sich verhält, eine und dieselbe Allgemeinheit. Zugleich ist die Verschiedenheit derselben um ihrer Identität mit dem Allgemeinen willen *als solche* allgemein; sie ist *Totalität*."[127] Dieser Gang des Begriffes, diese innere Bestimmtheit seiner Momente entflieht doch dem reflektierenden Räsonnement der empirischen Wissenschaften. Das Allgemeine unterscheidet sich von dem Besonderen erst durch das *Subjekt* und nur infolge des Abstraktionsgrades der Reflexion auf das Konkrete. Und die Einzelheit selbst ist nichts anderes als das äußere unendlich Bestimmte, als der Inhalt, der jenes leere Allgemeine erfüllen und dem Gespenst der Abstraktion einen Leib geben muss.

Wozu führt nun für die Wissenschaft selbst diese Abtrennung des Einzelnen und des Allgemeinen, des Inhalts und der Form? Die Naturwissenschaft kann kein vollständiges, in sich adäquates Verständnis ihres Gegenstandes haben. Wenn sie *analysierend* die Phänomene trennt und von ihnen allgemeine Bestimmungen bildet, lässt sie dann eine Kluft zwischen beiden Seiten entstehen, zwischen dem Allgemeinen und dem Einzelnen und letzten Endes zwischen dem Subjekt und dem Objekt, welche nicht mehr zu schließen ist. Die *zerstörende* Tätigkeit des Analysierens kann nicht den inneren Zusammenhang des Konkreten selbst wiederherstellen.

126 Enz II: 21 Z.
127 Logik II: 280.

Hegel betont in diesem Zusammenhang folgendes: „Haben wir z.B. eine Blume, so bemerkt der Verstand ihre einzelnen Qualitäten; die Chemie zerreißt und analysiert sie. Wir unterscheiden so Farbe, Gestalt der Blätter, Zitronensäure, ätherisches Öl, Kohlenstoff, Wasserstoff usw.; nun sagen wir, die Blume besteht aus allen diesen Teilen".[128] Aber diese Anhäufung von Merkmalen, Stoffen, Elemente usw. ist keine *konkrete* Blume mehr: „bringen wir aber auch alle jene Ingredienzien der Blume zusammen, so kommt doch keine Blume heraus".[129] Diese abstrakte und allgemeine Beschreibung des Konkreten hat schon den inneren Zusammenhang ihrer Teile verloren, die innere Notwendigkeit seines Sicherhaltens. „Die Natur" (d.h. die Natur der empirischen Naturwissenschaften), so bemerkt J.N. Findley, „ist naiv: Wie die Vorstellung, und auch wie der Verstand, will sie, was logisch untrennbar miteinander verflochten ist, voneinander trennen, dem im tiefsten Wesen Unabhängigen eine bildergleiche Selbständigkeit zu verleihen."[130] Der Begriff ist aber eigentlich nicht nur jene ruhige Wesenheit, eine bloße sich selbst gleiche Verstandesvorstellung, wie das empirische Denken meint, sondern erhält wesentlich in ihm selbst seine anderen Momente als aufgehoben. Der Begriff hat das wesentliche Merkmal, über sich selbst hinauszugehen und im Anderen bei sich selbst zu sein. Nicht nur die bloße abstrakte Allgemeinheit kommt dem Begriff zu, sondern ebensowohl die Momente der Besonderung und der Einzelheit. Die Verstandesbildung der Begriffe verwischt doch diese seine Natur, was der Naturwissenschaft die Möglichkeit entzieht, einen allumfassenden Blick auf die Natur der Sache und ihres Gegenstandes zu entwickeln.

D. von Engelhardt betont eben dieses Problem in Bezug auf die Hegelsche ‚Philosophie der Chemie' und ihren Unterschied von der ‚empirischen Chemie'.[131] Die Scheidung von einzelnem Inhalt und Allgemeinheit des Begriffes lässt einen besonderen Gegensatz zwischen *Realität* und *Begreifen*, zwischen Wirklichkeit und Begriff entstehen. In den analytischen und synthetischen Prozessen ihrer Experimente bewegt sich die Chemie zwischen den ‚einfachen Elementen', den Ausgangsstoffen ihrer synthetischen Prozesse, und den neutralen Stoffen ihrer analytischen Prozesse. Die ersteren werden zur Homogenisierung und Neutralisation und die letzteren zur Scheidung geführt. Die Chemie selbst kann aber gerade eins nicht begreifen, was die Philosophie zu fassen hat: den besonderen Gegensatz zwischen Begriff und Realität, dessen Aufhebung sich jene Prozesse voll-

128 Enz II: 21 Z.
129 Enz II: 21 Z.
130 Findley 1974: 112.
131 Engelhardt 1983; s. auch Illeterati 2009 und Schmidt 2009.

zieht. Das gründlich empiristische und analytische Denken der wissenschaftlichen Chemie kann nicht die essentielle Natur und Dialektik ihrer Begriffe auffassen, die schon über sich hinaus sind und nicht nur das Einzelne ausdrücken, aber auch über dasselbe in sein Entgegengesetztes übergehen. D. von Engelhardt beschreibt diese Spannung zwischen Begriff und Realität, die allein die philosophische Chemie einzusehen vermag, folgendermaßen: „als heterogene Stoffe sind sie [die ‚einfachen Elemente', die ‚einfachen Ausgangsstoffe der Synthese' – *JK*] mit dem Streben nach Homogenisierung real different, da ihr Streben aber auf diese Homogenisierung gerichtet ist, sie vorwegnimmt, sind sie zugleich begrifflich indifferent. [...] Umgekehrt ist die Klasse der Stoffe des analytischen Prozesses real indifferent und begrifflich different, da sie zwar neutral sind, aber aus entgegengesetzten Stoffen bestehen, zu denen die Scheidung wieder führt".[132] Was immer der Begriff fasst, setzt sich der vorhandenen Realität entgegen.

Es stellt sich die Frage, wie die Naturwissenschaften, die häufig dafür gelobt werden, der Philosophie den Weg zu bereiten, eigentlich von Hegel gegenüber der Naturphilosophie bewertet werden. Würde er, naiv ausgedrückt, ihren Untergang zugunsten der Naturphilosophie wünschen, oder sieht er in ihnen eine notwendige Tätigkeit, die als präliminäre Forschung für die spekulative Naturphilosophie dienen könnte aber zugleich einen *Teil* derselben ausmacht? Anders gefragt: sollten die Naturwissenschaften in ihrer Selbständigkeit außerhalb des Umkreises der Spekulation aufrechterhalten oder in die Naturphilosophie wieder eingenommen werden? Die Antwort ist sicherlich schwer. Das System Hegels wird als eine Enzyklopädie der „*philosophischen* Wissenschaften" überschrieben und man darf wohl meinen, dass Hegel damit die *philosophischen* von den *anderen* Wissenschaften unterscheiden möchte – eine zunächst durchaus legitime Auslegung der attributiven Funktion des Adjektivs ‚philosophisch'. Es könnte aber ebensowohl nur eine Betonung des Charakters der darin beschriebenen Wissenschaften sein, im Unterschied zu den anderen Tätigkeiten, die den Titel *Wissenschaft* tragen, ohne diesen zu verdienen. Im ersten Fall wird die Wissenschaftlichkeit den anderen Wissenschaften nicht abgesprochen, im zweiten hingegen schon. In der Zeit Hegels waren es allerdings eigentlich nur die Naturwissenschaften, die diesen Namen gebrauchten. Und dabei zogen sie eher den Namen *Philosophie* als *Wissenschaft* vor – einen Ehrentitel, den sich viele verschiedene, weder wissenschaftliche noch philosophische Tätigkeiten selbst zusprachen, was Hegel

132 Engelhardt 1983: 132.

heftig kritisiert.[133] Es scheint plausibel anzunehmen, dass Hegel die empirischen Wissenschaften nicht von der Philosophie selbst getrennt, sondern eher als Teil derselben, und zwar als besondere Stufe in der Entwicklung der Naturphilosophie versteht. Das steht dann auch im Einklang mit dem allgemeinen Anliegen Hegels, *alle* denkenden Bereiche der menschlichen Aktivität in ihrem notwendigen Zusammenhang und ihrer Vollkommenheit zusammenzufassen und ihrem Begriff gemäß einzustufen.

In der Naturforschung sieht Hegel keine besondere Tätigkeit, die außerhalb der Sphäre der Philosophie läge, denn, insofern sie *Kategorien*, Begriffe gebraucht, tritt sie schon in den Bereich der Metaphysik und der Philosophie ein. Kein besonderes Merkmal derselben würde ihre Ausgrenzung aus der Welt der philosophischen Wissenschaften rechtfertigen. Ihr Hauptmangel besteht allein in der Bewusstlosigkeit über den Gebrauch dieser Kategorien – ein Mangel, der nicht zu beschuldigen, sondern zu beseitigen ist. Die *mangelhafte* und *ungenügende* Entwicklung einer Form des Geistes soll *korrigiert* werden und das ist nur dann möglich, wenn sie als *Moment* des absoluten Ganges gezeigt wird. Die Naturwissenschaften dürfen und sollen in die absolute spekulative Philosophie eingenommen werden, insofern ihre Endlichkeit, Beschränktheit und Unzulänglichkeit enthüllt und aus systematischer Sicht bestimmt wird. Insofern der Mensch ein ‚geborener Metaphysiker' und kein ‚purer Physiker' ist, ist auch diese

133 „Noch hat der Name *Philosophie* bei den Engländern allgemein diese Bestimmung, *Newton* hat fortdauernd den Ruhm des größten Philosophen", kommentiert Hegel in der *Enzyklopädie* (Enz I: 50). Vgl. auch GdPh I: 77-8: „Die allgemeine wissenschaftliche Bildung rechnen wir Deutsche nur selten zur Philosophie. Doch finden sich auch davon Spuren, wie z.B. die philosophische Fakultät alle Wissenschaften enthält, die nicht unmittelbar für den Zweck des Staates und der Kirche sind. Zusammenhängend damit ist die Bedeutung des Namens Philosophie, die noch jetzt bei den Engländern vornehmlich vorkommt. Die Naturwissenschaften werden in England Philosophie genannt. Ein philosophisches Journal in England (von Thomson) schreibt über Chemie, Ackerbau (den Mist), Wirtschaftskunde, Gewerbekunde (wie Hermbstädts Journal) und teilt Erfindungen hierüber mit. Die Engländer nennen physikalische Instrumente, wie Barometer und Thermometer, philosophische Instrumente. Auch Theorien, besonders über Moral und moralische Wissenschaften, die aus den Gefühlen des menschlichen Herzens genommen sind oder aus der Erfahrung, werden Philosophie genannt; endlich auch Theorien, Grundsätze über die Nationalökonomie. Und so wird wenigstens in England der Name der Philosophie geehrt. In Liverpool war vor einiger Zeit ein Gastmahl zu Ehren des Ministers Canning; in seiner Danksagung kommt vor, daß er England Glück wünsche, weil dort philosophische Grundsätze auf die Staatsverwaltung in Anwendung gebracht würden. So ist dort wenigstens die Philosophie kein Spitzname."

seine Aktivität philosophisch einzuordnen und Newton warnt vergebens vor der ‚Gefahr' der Metaphysik: „Newton hat zwar die Physik ausdrücklich gewarnt, sich vor der Metaphysik zu hüten; zu seiner Ehre muß indes bemerkt werden, daß er selbst sich dieser Warnung keineswegs gemäß verhalten hat. Reine, pure Physiker sind in der Tat nur die Tiere, da diese nicht denken, wohingegen der Mensch, als ein denkendes Wesen, ein geborener Metaphysiker ist".[134] Insofern die Physik Metaphysik enthält, fällt sie unmittelbar in den Raum der Philosophie ein und darf unter die Lupe der Spekulation genommen werden. Die Philosophie hat nach der Überwindung der herausgehobenen Unzulänglichkeit der Wissenschaften zu streben und sie als Moment in das System einzubeziehen. Es geht gar nicht um eine Überwindung oder Geringschätzung des *Empirischen* selbst – das wäre bloß die Verwerfung der Naturwissenschaften nicht die *spekulative* Berechtigung derselben als *Moments*. Es geht dabei nur um die Verurteilung einer Art und Weise des denkenden Verstandes, die zur völligen Verachtung der Kategorien, die sie gerade handhabt, gelangt, und die Anerkennung dieser Denkart als eine Gestalt *in dem* absoluten System.

Die Vereinigung der Naturwissenschaft mit der spekulativen Naturphilosophie erweist sich als das *Ideal* und die *Bestimmung* – als die *Wahrheit* – der empirischen Wissenschaften. Die wesentliche Identität und das Zusammengehören beider Bereiche zeigt sich auch dadurch, dass Hegel die neuere Wissenschaft als eine Art Transformation der älteren Philosophie der Natur ansieht. Er bemerk im zweiten Buch seiner *Enzyklopädie*, dass „*Physik*" heutigentags heißt, was „vormals *Naturphilosophie*" hieß.[135] Aber „indem die Naturphilosophie *begreifende* Betrachtung ist, hat sie dasselbe *Allgemeine*, aber *für sich* zum Gegenstand und betrachtet es in seiner *eigenen, immanenten Notwendigkeit* nach der Selbstbestimmung des Begriffs".[136] Die Naturphilosophie ist keine bloße *Rehabilitation* der empirischen Naturwissenschaften, die ihnen äußerlich bleibt und nachträglich dazukommt. Es ist keine *Therapie* der Probleme des empirischen Wissens *von außen*. Sie ist vielmehr die wahrhafte Form, in der das Empirische untersucht und verfasst werden muss. Die Naturforschung hat sich von dem Irrtum der rein empirischen Beschäftigung zu befreien und sich der einheitlichen Welt des Geistes als Naturphilosophie anzuschließen. Diesen Zweck äußert Hegel, wenn er mit Nachdruck aufschreit: „Wann wird die Wissenschaft einmal dahin kommen, über die metaphysischen Kategori-

134 Enz I: 207 Z. Vgl. auch GdPh III: 426: „Die Physiker wissen nicht, daß sie denken".

135 Enz II: 15.

136 Enz II: 15.

en, die sie braucht, ein Bewußtsein zu erlangen und den Begriff der Sache statt derselben zugrunde zu legen!"[137] Wenn jedoch Hegel von der Naturphilosophie und ihrer fortschreitenden Rolle im Vergleich zu den empirischen Wissenschaften der Neuzeit spricht, meint er keinesfalls damit eine Berechtigung der Philosophie der Natur *überhaupt*, wie sie in der Weise der Verstandesmetaphysik bisher auftrat. Das Berufen auf die Naturphilosophie hat vorerst die *spekulative* Reinigung im Blick und bedeutet gleichzeitig die spekulative kritische Umgestaltung derselben und ja keine Rückkehr in die *alte* Naturphilosophie. Hegel will das *denkende* Element der älteren Naturphilosophie, das mit den empirischen Wissenschaften untergegangen ist, erhalten und es auf das Niveau der Spekulation emporheben.

Die Naturwissenschaften machen somit selbst ein Moment der Naturphilosophie in ihrer Entwicklung aus. Sie sind das Moment des Empirischen bzw. des *Empirismus* in dem Werk der denkenden Betrachtung der Natur vom Geist. Der Gegensatz von Naturwissenschaften und Naturphilosophie soll also zu Recht als nicht allzu stark genommen werden. Es ist insofern eine Kontroverse *innerhalb* der Philosophie – und genauer: innerhalb der Naturphilosophie – trotz der Bewusstlosigkeit der empirischen Wissenschaften über die Natur ihrer Kategorien. Die Philosophie hat auch die Aufgabe, den Unterschied beider als einen nur scheinbaren aufzuzeigen und ihre *Identität* zum Vorschein kommen zu lassen. Es ist so ein Schritt über die Kantische Ansicht hinaus, die in der Philosophie allein die Rolle der begrifflichen, d.i. apriorischen, Begründung der Naturwissenschaften gesehen, aber die Wissenschaften selbst als eine spezifisch *differente* Tätigkeit, als die philosophische, angenommen hat.[138] Mit Hegel kann man an keiner Stelle folgern, dass die Naturwissenschaft, in ihrer Autonomie gegenüber der Philosophie verlassen werden soll und die Philosophie für sich, als Naturphilosophie, nur die Rolle einer äußerlichen Regelung des systematischen Zusammenhangs und der Ordnung des Ganzen der Wissenschaften übernehmen sollte. Insofern trifft die Auffassung Ihmigs nicht ganz zu, wenn er in der Naturphilosophie eine bloß „kritische Funktion" gegenüber den empirischen Wissenschaften anerkennt oder wie er weiter bemerkt, dass „sich die Naturphilosophie insofern auch *komplementär* zu den Naturwissenschaften [verhält], als sie versucht, die partiellen Erkenntnisse der „endlichen" Wissenschaften in ein Gesamtsystem alles menschlichen Wissens einzuordnen und den begrifflichen Zusammenhang der be-

137 Enz II: 89.

138 MetaphGr: bes. die „Vorrede", 11-24. Hegel erkennt jedoch das Verdienst Kants darin an, dass er „den Begriff einer Naturphilosophie wiedererweckt" hat (Enz II: 61).

ziehungslos gegeneinander stehenden Einzelerkenntnisse anzugeben".[139] Die *kritische* Seite ist tatsächlich vorhanden aber nur als die *äußerliche* Aufgabe der spekulativen Philosophie gegenüber den bisher wirkenden Naturwissenschaften, wohingegen dasjenige, worauf sie wirklich zielt, nicht nur ein solches äußerliches *Regulieren* der Wissenschaften ist, sondern vielmehr ihre Endlichkeit aufzudecken und sie dadurch in das Feld der Naturphilosophie als bestimmte Momente eintreten zu lassen. Die Naturforschung geht vom empiristischen Prinzip der Reflexion und der Wahrnehmung aus und stützt sich auf die Realität der bloßen Sinnlichkeit der Welt. Die Naturphilosophie hat eben dieses endliche Prinzip aufzuheben und dadurch die Erhebung der Naturwissenschaften auf den Standpunkt der *spekulativen*, nicht mehr der *metaphysischen*, Naturphilosophie hervorzubringen.

Aber das Problem des Verhältnisses von Naturwissenschaften und Philosophie kann hier nicht tiefer behandelt werden, denn es übersteigt maßgeblich den Rahmen dieser Arbeit. Der Anlass zu diesem kurzen Exkurs war allein die Frage, ob die Kritik Hegels an den Naturwissenschaften den Sinn einer kritischen Auseinandersetzung mit der empiristischen Methode hat. Die betreffende Frage, auf die es im Weiteren ankommen muss, ist jedoch eben die nach der Bedeutung der *Analyse* für die empiristische Ansicht überhaupt, nach dem Wesen der Analyse als höchste Weise des erkennenden Subjekts. Die Analyse, so hat sich gezeigt, stützt sich auf die Annahme bestimmter Unterscheidungen und Gegensätze. Hegel hat bemerkt, dass der Empirismus der Naturwissenschaften dazu führt, dass der Begriff immer nur abstrakt und formell bleibt, sich nicht entwickeln, besondern, konkretisieren und das Einzelne an ihm selbst haben kann, sondern es als die Bestimmtheit und den Inhalt desselben nur von außen als fertigen und gegebenen Inhalt zu empfangen vermag. Die Wahrheit dieses Empirismus ist allein „die Wahrheit im subjektiven Sinn", nämlich „die Übereinstimmung der Vorstellung mit dem Gegenstand".[140] Die Wahrheit doch „im objektiven Sinn" würde die „Übereinstimmung des Objekts, der Sache mit sich selbst" fordern, „daß ihre Realität ihrem Begriff angemessen ist".[141] Aber die Unangemessenheit zwischen Begriff und Realität kann nicht einfach im Rahmen derselben positivistischen Wissenschaft reguliert werden. Dieses *Unangemessene* ist Kennzeichen alles *theoretischen Erkennens*, indem es von der Voraussetzung einer dem Subjekt äußerlichen, vorgefundenen Welt ausgeht und die analysierten Elementarstoffe in ihrer Einzelheit und Absonderung voneinander die Bausteine des zu erkennen-

139 Ihmig 1989: 89.
140 Enz II: 23 Z.
141 Enz II: 23 Z.

den Realen ausmachen, wohingegen die Allgemeinheit der Bestimmungen als ein bloß subjektives Schema behalten wird.[142]

Die Hauptkritik Hegels an der Analyse besteht in der Tat allein darin: jede Trennung des Konkreten, jede Vereinzelung und somit Abstraktion seiner realen Bestimmungen voneinander bedeutet die Verallgemeinerung derselben und hat das bloße Stehenbleiben bei der formalen Identität einer jeden und der abstrakten Allgemeinheit zur Folge, was wiederum die Abstraktionen der Einzelheit und der Allgemeinheit zur Folge hat, die beide als einseitige durch ihren eigenen dialektischen Charakter zugrunde gehen. Der kruziale Punkt des Gedankens Hegels besteht zunächst in der Ungetrenntheit der Seiten der *Abstraktion* und der *Allgemeinheit*. Egal ob es um die Analyse einer konkreten Vorstellung oder um die chemische Analyse eines konkreten Stoffes geht, führt die Abtrennung der Bestimmungen des jeweiligen Konkreten immer zur gleichzeitigen Verallgemeinerung derselben. Das *Allgemeine* selbst kann wohl ein *konkretes*, im spekulativen Sinne, und nicht abstraktes sein und das ist erst recht das einzige wahrhafte Allgemeine – die abstrakte Allgemeinheit bedeutet nur die formale Abhaltung eines Moments des Begriffs, der Allgemeinheit, von den anderen Momenten desselben. Das abstrakt Allgemeine hält sich nur an der *abstrakten Identität* desselben fest und schließt den Unterschied von sich aus. Die Besonderheit und die Einzelheit wären dann nur eine Verletzung der Allgemeinheit der Vorstellung, die nur mit sich selbst gleich sein soll. Eine *abstrakte Allgemeinheit* ist dann aber kaum von der *abstrakten Einzelheit* zu unterscheiden und das macht eigentlich den Kern der Hegelschen Auffassung aus. Die Abtrennung des Einzelnen von einem Konkreten ergibt allein ein *abstraktes Einzelnes*, ein Einzelnes, das keine andere Bestimmung hat als die, *sich selbst gleich* zu *sein*. Das Einzelne unterscheidet sich nicht vom Einzelnen, geht nicht zur Besonderung, zur Unterscheidung, zur Entgegensetzung und zum Verhältnis über, sondern bleibt bei dieser abstrakten Gleichheit mit sich stehen. Das Einzelne ist allen Einzelnen gleich, ist so etwas nur Allgemeines, aber gerade abstrakt Allgemeines. Das abstrakte Einzelne bestimmt sich weder im Gegensatz zu anderen Einzelnen – ist also kein besonderes Einzelnes –, noch im Gegensatz zur Allgemeinheit, die es von sich ausschließt.

Analyse, Abstraktion und Verallgemeinerung sind nicht zu unterscheiden, es sei denn nur als Momente des begrifflichen Erkennens. Die Analyse als solche ist überhaupt nichts mehr als diese Abstraktion aller Bestimmungen des Konkreten voneinander. Aber wer allgemeine Vorstellungen bilden will, muss eben seinen gegebenen Stoff analysieren. Die Verallge-

142 Vgl. „Die Idee des Erkennens" in der *Logik* (Logik II: 487 ff.).

meinerung ist nicht möglich ohne Analyse, Trennung des Konkreten. Es müssen bestimmte Seiten des Konkreten abstrahiert werden, wenn man eine allgemeine Vorstellung desselben bilden will. Der Empirismus meint aber, wenn er analysiert, wenn er nun die Bestimmungen des Gegebenen voneinander abtrennt und abstrahiert und wenn er sich an eine dieser Bestimmungen festhält, dass er das absolut Konkrete vor sich hat und zwar *das Konkrete des Konkreten rein für sich*, den konkreten Grund des Konkreten, ohne die Verwicklung seines Zusammengehörens mit den anderen ebenso für sich konkreten Bestimmungen in der Form eines individuellen *Dinges*. Man kann doch denken, durch Analyse werde einerseits das abstrakt Einzelne als der reale objektive Inhalt und andererseits das Allgemeine als die mentale allgemeine Ausdrucksweise desselben zusammengefasst – die allgemeine *Vorstellung* desselben. *Einzelheit* und *Allgemeinheit* wären so jede für sich doch unterschiedlich, durch die Verschiedenheit, die sie als Subjekt und Objekt zeigen. Das ist die herrschende Vorstellung in den Naturwissenschaften. Für Hegel besteht aber das Problem wesentlich darin, dass immer, wenn man etwas analysiert, man dazu gelangt, das Einzelne durch ein Allgemeines zu begreifen und *erst dadurch* zu erkennen. Dann bleibt aber die erstrebte Festlegung des Einzelnen als eines *an sich Seienden* eine bloße Vergewisserung.

Im Erkennen ist die vermutliche *reale* Analyse eines Inhalts nie von dem mentalen Begreifen desselben zu unterscheiden. Das Erkennen besteht eben darin, das Einzelne abzusondern und es als eine *allgemeine Bestimmung* zu erkennen. Wie kann dann aber das Allgemeine das Einzelne ausdrücken? Und worin besteht die vermutliche spezifische Differenz zwischen dem einzelnen Realen, das abgesondert worden ist und dem Allgemeinen des Denkens, das das vorstellende erforschende Subjekt sich bildet? Gibt es dieses Einzelne überhaupt *an und für sich* oder ist die einzige Existenz desselben *als Einzelnen* allein diese seine *gedachte* Einzelheit, nämlich die Allgemeinheit einer Vorstellung? Oder wie kommt das Allgemeine sonst in das Einzelne hinein, beziehungsweise: wie kann das Allgemeine die Wahrheit des Einzelnen erkennbar machen?

Für Hegel ist die Analyse allein die Tat der Heraushebung der allgemeinen Bestimmungen von dem zusammengesetzten Konkreten der Wahrnehmung. Und die Vereinzelung der Bestimmungen ist unsere eigene Tätigkeit und dadurch die Aufnahme derselben in das Denken. Die Bestimmungen sind nur *an sich* oder *für uns* einzeln – *für sich* sind sie allein Bestimmungen eines Konkreten, in bestimmten, konkreten, Verhältnissen fixiert, gebildet in negativen Verhältnissen gegen andere Bestimmungen und erst dadurch erhalten sie den Charakter der Einzelheit – das in die Äußerlichkeit ‚*entfaltete Allgemeine*', so könnte man vielleicht sagen. Das aber, was *für uns* jenes

Einzelne ist, ist nichts anderes als etwas Allgemeines, etwas Verallgemeinertes, das aufbewahrt worden ist, und somit die Bestimmung der *abstrakten Identität*, der *abstrakten Sichselbstgleichheit* an ihm selbst hat. Das Konkrete ist aufgelöst und damit auch alle Konkretheit des Inhalts verloren gegangen. Die vermutliche abstrakte Einzelheit ist nur als abstrakte Allgemeinheit möglich. Das Vereinzelte, als Seiendes, ist *an sich* dieselbe Allgemeinheit des Denkens, die durch dessen Erkenntnis enthüllt wird. Die Dialektik dieser Einzelheit und Allgemeinheit wird uns im Weiteren dieses Kapitel noch beschäftigen. Zuvor soll aber diese angenommene Abhaltung des Moments der Trennung und Auflösung von dem Moment der Verallgemeinerung in der empiristischen Auffassung betrachtet und anschließend die systematische Annäherung Hegels an die Frage der analytischen Methode genauer untersucht werden. Hierzu wollen wir uns zuerst mit der Praxis der Wissenschaften und mit einigen wichtigen Stellen in bestimmten klassischen empiristischen Texten befassen.

III.3.3. Die Analyse und das herausragende Paradigma der Chemie

Hegel verbindet die Analyse, als die prominente Herangehensweise des Empirismus, vor allem mit dem Werk der Chemie.[143] Der Empirismus zerlegt das Konkrete „wie eine Zwiebel, deren Häute man ablöst",[144] genauso wie die Chemie, die, wenn sie mit ihren Lösungen und der Resolution der verschiedenen Stoffe vorgeht, niemals den „Standpunkt der Scheidung"[145] verlässt. Hegel führt an zwei Stellen in seinen mündlichen

143 Hegel verknüpft seine Kritik an der abstrakten Einzelheit und der Analyse in erster Linie mit der Chemie und nur beiläufig mit der *atomistischen Physik*. Dies bedeutet nicht, dass er dieser wissenschaftlichen Theorie nicht dieselbe Kritik unterstellt, wie man an verschiedenen Stellen von kurzen Bemerkungen Hegels feststellen kann (z.B. Enz I: 207 Z.). Man kann vermuten, dass Hegel das Paradigma der atomistischen Physik nicht in den Vordergrund stellt, da die Lehre über die Atome, nur eine Theorie, eine theoretische Konzeption bildete, während die Atome selbst nicht *gezeigt* werden konnten, obwohl sie als *real existierende* und als Grund alles Realen angenommen wurden. Die Chemie aber beschäftigte sich mit konkreten Stoffen, die sie unmittelbar *analysierte* und behauptete, dass die aus den chemischen Prozessen resultierten *Elemente* als *wirkliche* Sachen vor den Augen und den menschlichen Sinnen überhaupt vorhanden sein könnten. Die Elemente *gab es wirklich* in dem Labor.

144 Enz I: 109 Z.

145 Enz I: 110 Z.

Zusätzen zur *Enzyklopädie* den Abschnitt aus Goethes Faust an, der dieser geistlosen Analyse der Chemie spottet, die das Konkrete *zerstört* und das Lebendige *tötet*:[146]

Encheiresin[147] naturae nennt's die Chemie,
Spottet ihrer selbst und weiß nicht wie.
Hat die Teile in ihrer Hand,
Fehlt leider nur das geistige Band.

Die Chemie stellt für Hegel offensichtlich die am meisten paradigmatische Herangehensweise in den Naturwissenschaften dar, die einen absoluten Glauben an die Wahrheit der analytischen Methode hegt. Sie ist jene Art und Weise in den Wissenschaften, die die Individualität der physischen Körper in ihre Bestandteile aufzulösen unternimmt, um den wahren, an sich seienden Grund ihrer Existenz in der Form der chemischen Elementarität herauszufinden. Synthetische und analytische Prozesse sind die zwei Arten der chemischen Tätigkeit, des chemischen Experimentierens. Wie D. v. Engelhardt bemerkt: „Chemie ist für Hegel Synthese entgegengesetzter und Analyse neutraler Stoffe",[148] oder wie es Hegel selbst ausdrückt: „Die allgemeine Natur des chemischen Prozesses ist, da er Totalität ist, die doppelte Tätigkeit der Trennung und der Reduktion des Getrennten zu Einem".[149] Das leitende Prinzip der Chemie ist erst diese *reinen Elemente*, die durch ihre Kräfte, sich in Verhältnisse mit anderen setzen, und sie sind die Voraussetzungen ihrer synthetischen Prozesse. Aber der Ausgangspunkt ihrer Aktivität ist eigentlich die Analyse. Sie verfährt zuerst *analytisch*, um jene elementaren Stoffe herauszufinden und sie erst danach in die synthetischen Prozesse zu führen. Die Chemie ist nach Hegel ‚das Streben nach dem *Einfachen*'.[150] Sie stellt denjenigen Standpunkt in den Wissenschaften dar, bei dem am deutlichsten das absolut Einfache als Prinzip und Grund des Konkreten und Zusammengesetzten anerkannt wird. Die chemische Analyse ist ebensowohl eine *Abstraktion*: nicht das mentale Abstrahieren der wahrnehmenden Bestimmungen des Konkreten, sondern die

---

146 Enz I: 110 Z.; Enz II: 21 Z.

147 Encheiresin: Akkusativform des griechischen Worts ἐγχείρησις = Unternehmung, Ausführung; wörtlich bedeutet das Wort zwar ‚etwas in die Hand nehmen' und es scheint, dass Goethe auch mit diesem wörtlichen Sinn spielen will, wenn er ironisch sagt, die Chemie meine, sie habe ‚die Teile *in ihrer Hand*'.

148 Engelhardt 1976: 91.

149 Enz II: 295 Z.

150 Enz II: 135 Z.: „In dem Streben der Chemie nach dem Einfachen geht also die Individualität verloren."

real-wissenschaftliche Abstraktion der chemischen Elemente, der elementaren Stoffe, aus ihren natürlichen Mischungen. Die Chemie meint irrtümlicherweise, sie könne das Konkrete in der isolierten Form des für sich bestehenden Einfachen finden. Es ist Hegel selbst, der an der chemischen Analyse die Tätigkeit des *Abstrahierens* anerkennt und von einer „chemischen Abstraktion", spricht, die die Körper zerlegt und einen Stoff in der Form der „*chemischen Einfachheit*" vorstellt.[151] Wie Hegel erläutert: „Auf dem chemischen Standpunkte meint man unter Element einen allgemeinen Bestandteil der Körper verstehen zu müssen, die alle aus einer bestimmten Anzahl dieser Elemente bestehen sollen".[152] Der chemische Prozess der Analyse betritt diesen Weg, der von der konkreten Individualität der Körper sich in jene elementaren Bestandteile und Stoffe verliert, die aber an sich nicht mehr als konkrete Elemente, sondern nur als *abstrakte Einfachheiten* und somit als *allgemeine* Entitäten gelten können.

Diese elementaren Stoffe sind aber nicht bloß für sich bestehende Einzelheiten. Sie haben vielmehr *an sich* die Seite ihres Zusammengehörens in den komplexen Körpern der Welt. Ihre Bestimmung ist nicht für sich bestehende freie Qualitäten zu sein, sondern Eigenschaften oder Momente eines konkreten Ganzen. Sie sind *entgegengesetzte* Stoffe und das ist ihre wesentliche Bestimmung, die sie nur in den Prozessen der Analyse und der Synthese selbst aufzeigen. Diese Bestimmungen gehen aber gerade verloren, wenn die Elemente außer jenen Prozessen und außer den konkreten Gegenständen, in denen sie sich befinden, vorgestellt werden. So sind sie nichts als bloße abstrakte Einzelheiten, für sich existierende abstrakte Allgemeinheiten. Der Prozess der Analyse führt zu einer Gestalt von ihnen als ursprünglichen, unmittelbaren Entitäten, Bestandteilen und Grundsteinen des Realen. „Der chemische Standpunkt", bemerkt Hegel, „setzt die Individualität der Körper voraus und versucht dann diese Individualität, diesen Einheitspunkt, welcher die Unterschiede in sich enthält, zu zerreißen und die Differenten von der Gewalt, die ihnen angetan ist, zu befreien".[153] Dieser Standpunkt „geht davon aus, alle Körper seien zusammengesetzt" und versucht dann diese „unendlich mannigfaltig qualifizierten, individualisierten Körperlichkeiten auf wenige nicht-zusammengesetzte, damit allgemeine Qualitäten zurückzubringen".[154] Die Analyse als diese *Zerstörung des Konkreten* denkt Hegel nach *zwei Seiten*, die eng verbunden sind.

151 Enz II: 134 Z.
152 Enz II: 135 Z.
153 Enz II: 135 Z.
154 Enz II: 135 Z.

Die Analyse scheint, erstens, außerstande zu sein, den bestimmten *qualitativen Charakter* des Konkreten aufzufassen und erklären. Die bestimmte Totalität des Konkreten, seine *bestimmte Individualität*, geht bei der chemischen Analyse verloren statt erklärt zu werden. Das *Ding* wird zerstört. Die Individualität ist vielmehr für Hegel das Bestehen einer inneren Ordnung seiner Bestandteile, Eigenschaften, Qualitäten, die durch die Analyse verloren geht. Die *Erhaltung* des Konkreten bedeutet vor allem ein bestimmtes Verhältnis von Einzelheit und Allgemeinheit, das das unspekulative, begriffslose analytische Denken nicht fassen kann. Die Auflösung des Konkreten setzt nur unmittelbar voraus, dass dessen *Einheit* nur das *abstrakte, äußerliche* Zusammensein jener Teile ist. Das *Getrenntsein* der Elemente macht das wesentliche Moment, die essentielle Natur des zusammengesetzten Konkreten aus, aber nicht ebensowohl ihre bestimmte Einheit. Die Chemie ist, allein anhand ihrer empirischen Methode der Analyse und ‚chemischen Abstraktion', außerstande die Wahrheit entweder der *unorganischen* oder die der *organischen* Natur zu erkennen. Selbst ein Korn Salz kann nicht vollkommen bestimmt sein, wenn man sich auf die abstrakte Einzelheit und Einfachheit seiner elementaren Teile beruft. „Wenn Säure und Basis zusammengebracht werden", hebt Hegel hervor, „so entsteht Salz, ihre Einheit, das Dritte; das andere aber, was noch in diesem Dritten ist, ist die Gestalt, die Kristallisation, die individuelle Einheit der Form, welche nicht bloß die abstrakte Einheit der chemischen Elemente ist".[155] Aber „die Individualität eines Körpers ist [...] viel mehr als nur die Neutralität dieser Seiten",[156] nämlich das selbständige Bestehen der Urstoffe. Die bloße Analyse verliert eben jenes ‚geistige Band' des Goetheschen Gedichtes, den konkreten Grund der Einheit. Der synthetische Prozess der Wiederherstellung des zusammengesetzten Materials aus den geschiedenen Stoffen kann aber ebensowenig diesen Grund angeben, denn sein Ausgangspunkt ist nur jenes Geschiedene, das Getrennte, für sich Einfache und Vereinzelte. Die Wahrheit der Totalität liegt bloß in ihren einfachen Teilen. Aber eben in diesem „Streben der Chemie nach dem Einfachen geht [...] die Individualität verloren".[157] Das anfängliche Ganze ist kaum mehr in seinen Bestandteilen zu finden. Und wenn der chemische Prozess die vollständige Wahrheit des Unorganischen nicht fassen kann, kann es ihm viel weniger beim *Organischen* gelingen.

Der Widerspruch der Chemie tritt noch schärfer bei der Analyse des Organischen auf. Das Organische wird nach Hegel durch die Analyse *ge-*

155 Enz II: 135 Z.
156 Enz II: 135 Z.
157 Enz II: 135 Z.

tötet, sein Element der Lebendigkeit wird aufgehoben, ohne dass man es wieder beleben kann – man kann keinen Menschen fertigen, wenn man in seinem Labor auf einer Bank Hände, Beine, Augen usw. hat. Durch die Analyse „geschieht es zugleich, daß das Lebendige getötet wird".[158] Wenn „das Aufzulösende ein Organisches" ist, hebt sich dadurch „nicht nur die Einheit" desselben, „sondern auch das, was man erkennen wollte, das Organische" selbst auf.[159] Hegel besteht häufig darauf, die Unzulänglichkeit und Endlichkeit der Chemie besonders in diesem Bezug auf das Organische aufzuzeigen. Denn hier kommt am deutlichsten der zerstörende und abstrahierende, verallgemeinernde Charakter der Analyse zum Ausdruck. Das Organische ist in der Tat die Vereinigung der chemischen Prozesse der Analyse und Synthese in sich, die Aufhebung der Entgegensetzung beider und damit die Aufhebung der analytischen Einheit, der formellen, abstrakten Einheit der physischen Dinge. Der chemische Prozess ist ein „endliche[r]", denn in ihm fallen „die Einheit der Diremtion und die Diremtion selbst" auseinander, wohingegen sie „im Lebensprozess ein schlechthin Untrennbares sind, indem das Eine sich darin ewig zum Gegenstand und, was es so von sich abscheidet, ewig zu sich selbst macht".[160] Die Chemie löst das konkrete, individuelle Unorganische ab und tötet vielmehr das Lebendige, indem sie es analysiert. Sie ist das Zerreißen des Organismus und seine Hinrichtung und kaum die Entdeckung seiner Wahrheit, weil diese allein das *Leben* selbst sein muss. Das Organische stellt am nächsten die Form des Begriffs vor, was der chemische Standpunkt nicht erfassen kann, weil bei ihm die Unterschiede nur für sich und nicht Momente einer Totalität sein dürfen. Das Organische ist das sich auf sich Beziehen des Begriffs durch die Aufhebung seiner Andersheit überhaupt, das Beisichsein in der Zerstreuung der Phasen des Prozesses.

Der Chemismus ist ein Standpunkt, der bloß an den *Unterschiedenen* stehen bleibt und die *Einheit* nur für eine formelle dazukommende Bestimmung hält. Die Unterschiedenen werden nicht wirklich in ihrer begrifflichen Bestimmung aufgefasst, nämlich dass sie ebensowohl in wesentlicher Einheit miteinander stehen, *insofern* sie *unterschieden* sind. Die Einheit haben sie nur ‚dem Begriff nach', sie ist ihnen eine bloße *Möglichkeit* der Verbindung, eine Zufälligkeit des Zusammengesetztseins, die so nicht ihre eigene Existenz angeht – sie können wohl aber auch nicht zusammengesetzt werden, das geht ihre Selbstständigkeit nicht an, die sie gar

158 Enz I: 110 Z.
159 Enz II: 135 Z.
160 Enz II: 298-9 Z.

nicht preisgeben, wenn sie in der Form eines bestimmten zusammengesetzten chemischen Stoffes eingemischt sind. Der *Prozess*, in dem sie ihre Einheit verwirklichen, ist ihnen ein *Drittes*, noch wenn im Organischen die wesentliche Untrennbarkeit der Momente, der Elemente, von dem Prozess selbst nicht abzusondern ist. Was in den Prozess eingeht, tritt nur als eine ‚ruhende Gestalt'[161] auf. „Der Prozess", bemerkt Hegel, „ist dieses, daß solche unterschiedene Gestaltungen in eins gesetzt oder aus ihrem gleichgültigen Bestehen in die Differenz zerrissen werden, ohne daß der Körper sich schon erhalten könnte".[162] Die „absolute Bedingung" des chemischen Prozesses überhaupt ist eben diese „an sich seiende Einheit der Unterschiedenen", aber „weil sie noch als Unterschiedene auftreten, so sind sie nur dem Begriff nach eins, und ihre Einheit ist noch nicht in die Existenz getreten".[163] Die Einheit besteht nur als *Trieb*: „jedes hat den Trieb sich zu integrieren, d.h. es ist an sich neutral, aber noch nicht in der Existenz".[164] Die Säure ist *an sich* Kali, erklärt Hegel, und insofern sind beide *an sich* identisch. Diese ihre Identität ist aber noch nicht *für sie* gesetzt.

Aber die chemischen Elemente sind in der Tat bloße Maße, Maßmomente, die erst in Bezug aufeinander bestimmt werden können. Die Einheit des konkreten Körpers basiert eben auf diesem begrifflichen Maßcharakter der Elemente, von welchen jedes *an sich* das Gegenteil seiner selbst ist und in einem Maßverhältnis zu seinem Anderen steht. „Die *chemischen Stoffe*", sagt Hegel, „sind die eigentümlichsten Beispiele solcher Maße, welche Maßmomente sind, die dasjenige, was ihre Bestimmung ausmacht, allein im Verhalten zu anderen haben".[165] Sie existieren „nicht für sich", aber ihre Existenz besteht eher darin, „ihr isoliertes Bestehen aufzuheben und sich mit einem anderen zu verbinden".[166] Die Chemie behält sie als *selbständige* Elemente außer ihrem wirklichen Zusammengesetztsein, außer ihrer wesentlichen Bestimmung, setzt sie als *qualitativ* selbständig gegeneinander, aber ihre *Selbständigkeit* zeigt sich in der Tat nur in der *quantitativen* Grenze des *Maßes der Sättigung*, der aus ihnen erzeugten neutralisierten Produkte zu bestehen.[167] Sie sind selbständig nur als *Übersteigen* der bestimmten Maßzahl ihrer Sättigung in den Prozessen, d.h. ihre Selbstän-

161 Enz II: 299 Z.
162 Enz II: 299 Z.
163 Enz II: 299 Z.
164 Enz II: 299 Z.
165 Logik I: 423.
166 Logik I: 423.
167 Logik I: 423.

digkeit ist bloß ihre negative Beziehung auf die anderen, die eben in dem chemischen Prozess zum Ausdruck kommt.

Die eine Seite der Zerstörung des Konkreten ist also die Vernichtung der konkreten Form der *Einheit*, die Ausschließung der Einheit aus dem gesamten Prozess selbst und das Aufbewahren dieser Einheit als abstrakte Bestimmung, die aber nicht die chemischen Elemente selbst angeht. Die chemische Einheit ist für sie nur dem *Begriff* nicht aber der *Realität* nach, ist für sie eine *Möglichkeit*, doch nicht ihre notwendige Bestimmung.

Die andere Seite der Auflösung des konkreten Individuums der Natur betrifft aber die Transformation seiner *Momente* in *abstrakte vereinzelte* Entitäten, die so, als bloß *für sich* bestehend dargestellt, die Form *abstrakter Allgemeinheit* erhalten. Darüber ist schon genug gesprochen, so dass nichts so wesentliches wiederholt werden sollte. Der Hauptgedanke Hegels besteht somit darin, dass die Weise der Scheidung des konkreten Realen, die ‚*chemische Abstraktion*', das Individuum in freie Allgemeinheiten verwandelt. Diese empiristisch geprägte Herangehensweise reißt die Bestimmungen loß aus der konkreten Totalität ihres Daseins, in der sie zusammengewachsen (con-creti) sind. Dies *Vereinzelte* wird nun als das angeblich an und für sich Reale *identifiziert*, aber dadurch, dass es diese Form der *abstrakten Identität* mit sich annimmt, hebt es sich absolut als *Konkretes* auf. An der Stelle des *Konkreten* bleibt nur eine Ansammlung von Allgemeinheiten, die man vergebens als wirklich da-seiende zu zeigen versucht.

Die *Analyse* zeigt sich so als eine tatsächliche *Abstraktion* und *Verallgemeinerung* des Konkreten. Der Anspruch auf *Einfachheit* und *Einzelheit* des Elements bleibt nur eine von dem epistemischen gesunden Menschenverstand ausgehende Anmaßung der Chemie. Die Chemie hält sich an die Seite der Analyse und Abstraktion, ohne diese Abstraktion als Verallgemeinerung ihrer Stoffe zu verstehen. Die reale Tätigkeit der chemischen Prozesse steht auf der einen Seite und das Herausbilden der allgemeinen Begriffe dieser Stoffe und der Prozesse auf der anderen. Die Chemie versteht ihre Tätigkeit wesentlich als eine *wirkliche Trennung* von wirklichen, bestimmten, konkreten Elementen. Die Seite der *Verallgemeinerung* der Elemente, dass sie, wenn sie losgetrennt werden, „die Form der Allgemeinheit erhalten",[168] wie es Hegel der Chemie stets vorwirft, bleibt ihr versteckt.

Dieselbe Überzeugung über den vermutlichen Abstand der Momente der *Abstraktion* als bloße *Unterscheidung* oder *Separation* und der *Verallgemeinerung*, der *Generalisation*, sieht man ferner ebenso deutlich im Falle der Philosophie des Empirismus.

---

168 Enz I: 109 Z.

III.3.4. Die Analyse und das Abhalten von Abstraktion und Verallgemeinerung im empiristischen Denken von Locke, Condillac, Berkeley, Hume und Reid

Was den *philosophischen* vom *wissenschaftlichen Empirismus* für Hegel unterscheidet, dem haben wir uns schon vorhin anzunähern versucht, indem wir herausgestellt haben, dass die Naturwissenschaften nicht *außer* der Philosophie stehen, sondern Teil und Moment der Naturphilosophie, der *denkenden* und zwar *spekulativen* Betrachtung der Natur sind. Jedoch lässt Hegel die Grenzen zwischen Wissenschaften und Empirismus quasi durcheinander gehen, indem er sich mit den Fragen des Empirismus in den Naturwissenschaften und des Empirismus als einer Form der Philosophie einheitlich auseinandersetzt. Das Einbeziehen Newtons in die Geschichte der Philosophie, sowie die undifferenzierte Behandlung der Wissenschaften im Empirismus-Abschnitt der *Enzyklopädie* verdunkeln die Grenzen zwischen empirischer Wissenschaft, die als Empirismus auftritt, und philosophischem Empirismus. Aber auch in der Einleitung der *Enzyklopädie* versteht Hegel ebensowenig die empirischen Wissenschaften als einen nicht-philosophischen Bereich, wenn er sie als Vorbereitung der *modernen* Philosophie ansieht. Sie sind nicht irgendwelche Vorläuferinnen der Philosophie, sie haben nicht den Boden der Philosophie überhaupt vorbereitet, haben nicht zur Entstehung, sondern erst zur *Entwicklung* der Philosophie in der Neuzeit beigetragen. Hegel bemerkt in der *Enzyklopädie*, „daß der Erfahrung die *Entwicklung* der Philosophie [nicht die *Genese* derselben – das *Bedürfnis* der Philosophie ist schon vorher von Hegel angegeben – *JK*] zu verdanken ist".[169] Dieselbe Rolle der Wissenschaften für die Entwicklung der Philosophie wiederholt Hegel weiter in seinen Vorlesungen zur Geschichte der Philosophie, in denen er hervorhebt, dass „ohne die Ausbildung der Erfahrungswissenschaften für sich [...] die Philosophie nicht weiter [hätte] kommen können, als bei den alten".[170] Dies eigenartige empirische Denken hat das Prinzip der Erfahrung, das Prinzip des Empirismus durch seine wissenschaftliche, erkennende Tätigkeit bearbeitet und herausgestellt. Der Empirismus in der Form der Philosophie als solcher ist nur die Heraushebung des Prinzips der Erfahrung und die Betrachtung durch dieses Spektrum nicht bloß der Welt der äußerlichen Gegenstände, sondern des Menschen als wissender Instanz, der in eine solche äußerliche Beziehung zur Natur, sowie letztlich zu sich selbst, zu

169 Enz I: 57; auch 58.
170 GdPh III: 79.

seinem eigenen Geist eintritt. Am Ende seines Newton-Kapitels der *Vorlesungen über die Geschichte der Philosophie* bemerkt Hegel, dass „Locke […] die Metaphysik dieser empirischen Philosophie" sei.[171]

Der Empirismus im Sinne einer *Philosophie* unterscheidet sich also eigentlich dadurch, dass er sich an das *Subjekt* wendet, die ganze Beziehung desselben auf das Objekt, auf die Welt betrachtet und dazu nach den *Voraussetzungen* und *Bedingungen* dieser Beziehung fragt. Empirismus als Philosophie im engeren Sinne bedeutet in der Tat *empirische Psychologie*, oder die Reduktion des ganzen Problems des Wissens auf psychologische Erklärungen. Der Empirismus als *Wissenschaft* beschäftigt sich direkt mit dem gegenüberstehenden Gegenstand – der Empirismus als *Philosophie* fragt wesentlich nach der Möglichkeit und der Natur des Wissens eines Gegenstandes überhaupt oder, wie schon einmal gesagt: „das Interesse ist […], wie wir zu den Vorstellungen kommen".[172] Der Empirismus als Philosophie ist eine psychologische Lehre des menschlichen Erkennens, eine Erkenntnistheorie, die als Psychologie auftritt oder nach der Hegelschen Unterscheidungen des subjektiven Geistes, eine im Grunde genommen sensualistische Psychologie, die auf dem Standpunkt des Bewusstseins überhaupt steht und unter diesen Standpunkt Elemente der Anthropologie und der Psychologie subsumiert und ihnen die Struktur des Bewusstseins verleiht. Der Empirismus beschäftigt sich auch wesentlich mit der Frage des Staates und der Gesellschaft, worin er ja auch dieselbe Methodologie und dieselben Prinzipien anwendet.[173] Der Bereich jedoch der Psychologie, der Ideenlehre, der idéologie, oder gar des *Bewusstseins*, als die spezifische Art der Beziehung des Subjekts auf ein Objekt, macht den Hauptbereich, worin die grundsätzlichen Fragen der Beschaffenheit des Realen, der Erkenntnistheorie und der Methodologie behandelt werden. Dieser Empirismus untersucht den Ursprung aller Vorstellungen des Denkens und damit auch den Ursprung aller seiner Begriffe, die Quelle der Allgemeinheit selbst und ihr Verhältnis zur wirklichen Natur, zur Welt der Einzelheit und Individualität. Der „Ursprung der Gedanken" und ihre „Berechtigung" ist die Hauptsache bei Locke,[174] bemerkt Hegel. Wenn nun der wissenschaftliche Empirismus alle Formen des Denkens (Begriffe, Urteile, Schlüsse) bloß *gebraucht*, arbeitet der philosophische Empirismus vielmehr in der Richtung der Entdeckung derjenigen Mechanismen des menschlichen Geistes, die jenen Gebrauch von allgemeinen Vorstellungen

171 GdPh III: 233.
172 GdPh III: 205.
173 Enz I: 50-1; GdPh III: 232-3.
174 GdPh III: 122.

zur Erklärung des Einzelnen ermöglichen, aber in solcher Weise, dass das Allgemeine nur formal, abstrakt und etwas von dem Einzelnen abgeleitetes sein kann.

Zur Frage der Methode stellt man fest, dass der philosophische Empirismus keine eigene Methode entwickelt. Er nimmt sie einfach fertig, wie sie sich in der Praxis der neueren Naturwissenschaften bewährt hat und überträgt sie in die Philosophie als die Wissenschaft der Erforschung der Fundamente menschlichen Wissens. Er versucht lediglich ihre Anwendung zu präzisieren. Sowohl der Ausgangspunkt wie auch die Methode sind beiden, Wissenschaften und philosophischem Empirismus, gemein. Das Konkrete, wie es in der Wahrnehmung gegeben ist, macht den Boden und den Anfang alles Wissens aus. Das Wissen kann keinen anderen Inhalt haben, als den durch die sinnliche Wahrnehmung gegebenen, während die Reflexion die Form der abstrakten Allgemeinheit von diesem Inhalt bildet. Die analytische Methode der empiristischen Psychologie führt zur Entdeckung aller Elemente, aller „Materialien“[175] des menschlichen Erkennens, aller Bestandteile des Wissens. Die Art und Weise dieser Analyse charakterisiert sich durch dieselbe Abhaltung von Einzelnem und Allgemeinem, die wir im Falle der Naturwissenschaften gesehen haben. Die Allgemeinheit ist nur die reflexive Bearbeitung der einzelnen Daten der Wahrnehmung. Das Allgemeine bleibt ein nur subjektiver Repräsentant des objektiven Inhalts – wahr nur *in Bezug auf* diesen Inhalt, aber *nicht an und für sich*. Darüber hinaus formiert der philosophische Empirismus in einer noch stärkeren Weise den Begriff der Allgemeinheit und gelangt in bestimmten Fällen zur gänzlichen Verwerfung der Allgemeinheit überhaupt, der Möglichkeit, dass eine Vorstellung *in sich*, in ihrer *eigenen Natur* allgemein sein kann – die sprachanalytische Kritik von Berkeley und Hume macht das Hauptbeispiel dessen aus.

Bisher haben wir die Kritik Hegels an der analytischen Methode im Hinblick auf die Naturwissenschaften und insbesondere auf die Chemie betrachtet. Nach Hegel führt die Methode der Analyse überhaupt zur Zerstörung der Konkretheit eines Gegenstandes und statt seine Teile in konkrete Einzelheiten zu verwandeln, macht sie zur abstrakten Allgemeinheiten, zu unbestimmten, formell identischen Elementen. Am Beispiel der Chemie ist so gezeigt, wie Hegel diese Umwandlung und Aufhebung der Konkretheit im chemischen Prozess selbst versteht. Die nächste Frage ist nun, wie die Kritik Hegels an der Analyse in Bezug auf den philosophischen Empirismus einzusehen ist und welche besonderen Seiten des Empirismus dabei unter die Lupe der Kritik genommen werden.

175 Versuch I: 126, 186.

Hegel tritt gegen die vereinfachende Meinung auf, dass die Analyse bzw. die Abtrennung, die Abstraktion und Vereinzelung der Bestimmungen eines Gegenstades irgendwelche vermutlich in sich bestimmten Bestandteile jenes Gegenstandes ergibt. Analyse bedeutet Allgemeinmachen. Abstraktion oder Abtrennung bedeutet einem Ding die Form der Allgemeinheit zuzuschreiben. Insofern die Allgemeinheit den Grund ihrer Besonderung nicht in sich hat, soll sie notwendigerweise nur als abstrakte Allgemeinheit hervortreten. Abstraktion und Allgemeinheit sind nicht zu unterscheiden als zwei verschiedene Momente, die vermutlich äußerlich verbunden werden. Eben dieses Verhältnis von Allgemeinheit und Abstraktion, der Charakter und der Inhalt der Abstraktion selbst, ist eine zentrale Streitfrage des empiristischen Denkens gewesen, um deren Erklärung sich die gesamte neuzeitliche empiristische Tradition bemüht hat.

Hegel erkennt eine Zweideutigkeit im Begriff der Analyse, eine doppelte Natur der Abstraktion, die vom Empirismus angenommen wird und es scheint, dass er sich gerade dabei auf die Sinneswahrnehmungslehre des Empirismus bezieht und insbesondere auf dessen Lehre über die *einfachen Ideen*, über die einfache Einzelheit der Sinneselemente, die uns Menschen ursprünglich mit der Wahrnehmung der äußeren Welt gegeben sind. Egal welche Uminterpretationen die einfachen Ideen getroffen haben, sind sie für die empiristische Tradition die Grundlage der empiristischen Welt geblieben, die Bausteine der analytischen Einheit der Realität. Von Locke bis Berkeley und Hume und von den englischen Empiristen bis Condillac, oder noch bis zum Reidschen direkten Realismus, kann man gewiss eine Menge von Streitigkeiten, Meinungskontroversen und abweichenden Interpretationen der Lehre der einfachen Ideen finden, aber die ganze Tradition des Empirismus und alle seine Strömungen fußen auf derselben Annahme einer Welt, derer die Analytizität ihre eigenste Natur ausmacht. Der Gegensatz zwischen den zwei Deutungen der *Abstraktion*, nämlich dass sie einmal als *Unterscheidung* bzw. *Separation* der konkreten einfachen und einzelnen Bausteine eines Gegenstandes und ein anderes mal als *Verallgemeinerung* einer einzelnen Vorstellung gilt, hat als Verständnisproblem einer Operation des Geistes vor allem den Empirismus selbst durchdrungen und eine tiefe kritische Entgegensetzung im Rahmen seines eigenen Prinzips der Erfahrung erzeugt. Die scharfe nominalistisch geprägte Kritik Berkeleys und Humes an der Lockeschen Lehre der *abstrakten allgemeinen Ideen* wird eben auf dem Boden dieser zwiefachen Natur der Analyse durchgeführt.

Im Weiteren werden wir das Problem dieser Doppelsinnigkeit der *Abstraktion* (einerseits als *Separation*, andererseits als *Verallgemeinerung* verstanden zu werden) bei Locke, Condillac, Berkeley, Hume und Reid näher betrachten.

III.3.4.1. Locke

Bei Locke hat die Lehre der *einfachen Ideen* ihre erste vollständige Darstellung gefunden und ist zum Grundfundament der ganzen Philosophie gemacht worden. In seinem epochemachenden Werk, dem *Versuch über den menschlichen Verstand*, hat Locke versucht zu zeigen, wie das ganze Erkenntnisgebäude sich auf solche *einfache Ideen*, sowie auf die geistige Operation der Reflexion stützt. Wenn uns aber die sinnliche Wahrnehmung tatsächlich diese einfachen Ideen erst in zusammengesetzter Form präsentiert – in der Form von zusammengesetzten Ganzheiten, wie die *Dinge* –, wodurch können wir uns ihrer vergewissern? In der Wahrnehmung finden wir zwar *verschiedene* Qualitäten oder Sinnesatome überhaupt nebeneinander gestellt, nacheinander folgend und über verschiedene Sinnen in unseren Geist eintretend, aber hingegen keine isolierten Einzelvorstellungen. Nach Locke verfügt ohnehin der Geist über die Macht, die zusammengesetzten Ideen zu analysieren, in ihre Bestandteile zu zergliedern.[176] Anhand eines analytischen Verfahrens unterscheidet der menschliche Verstand die verschiedenen Bestimmungen eines Gegenstandes, die ihm durch die Sinne und die Reflexion zugänglich geworden sind. Der Geist *analysiert* und dadurch *findet* er, was *schon* als ein Beinhaltetes vorhanden war. Der menschliche Verstand *entdeckt* das Vorhandene, ohne es schaffen oder verändern zu können und entdeckt, was er schon *aufgenommen* und in der Form von konkreten Dingen formiert hat. Die Analyse der Erfahrung zeigt dem menschlichen Bewusstsein, welchen Weg es schon in der ursprünglichen Aufnahme der sinnlichen Welt betreten hat. Der Geist produziert nicht die einfachen Ideen, sondern schaut sie bloß äußerlich und mechanisch an, ohne sie im Geringsten zu zerstören oder zu verändern. Es liegt überhaupt nicht in seiner Macht, die einfachen Ideen entweder zu erschaffen oder zu vernichten: „keine Macht des Verstandes [kann] die Ideen *vernichten*, die dort vorhanden sind".[177] Bei ihrer Aufnahme verhält sich der Mensch notwendigerweise *rein passiv*.[178] Die Ideen sind nicht und können überhaupt nicht Erdichtungen des menschlichen Verstandes

176 Versuch I: 128.

177 Versuch I: 127; „Wenn sich solche einfache Ideen dem Geiste darbieten, so kann der Verstand sie ebensowenig abweisen oder sie, wenn sie eingeprägt sind, verändern oder auslöschen und selbst neue schaffen, wie ein Spiegel die Bilder oder Ideen abweisen, verändern oder auslöschen kann, die durch vor ihm aufgestellte Objekte auf seiner Fläche hervorgerufen werden." (Versuch I: 126).

178 Versuch I: 126, 469.

sein; insofern sind sie „alle real".[179] Ihre Präsenz im Kopf der Menschen ist unzweifelbar, denn sie sind absolut unvermischte, einfache, einzelne, individuelle, in sich qualitativ bestimmte Elemente und „nichts kann für den Menschen", wie Locke betont, „deutlicher sein als die klare und deutliche Wahrnehmung, die er von jenen einfachen Ideen hat, von denen jede einzelne, weil sie in sich nicht zusammengesetzt ist, nichts in sich enthält als *eine einheitliche Erscheinung oder Vorstellung im Geiste*; deshalb läßt sie sich nicht in verschiedene Ideen zerlegen".[180]

Von Locke-Interpretern wird an dieser Stelle jedoch die Frage aufgeworfen, ob er selber die zusammengesetzten Ideen der Wahrnehmung als tatsächlich *unmittelbare* oder *mittelbare* versteht, d.h. ob nun die *Synthese* der einfachen Ideen zu konkreten Objekten eine subjektive Zutat des Geistes ist oder ob die Komplexe von Ideen, die sich Dinge nennen, *direkt* mit der Wahrnehmung überhaupt gegeben sind. Locke hält einerseits ausdrücklich fest, „daß die Ideen, die sie [die Dinge – *JK*] im Geist erzeugen, vermittels der Sinne einzeln und unvermischt Eintritt finden".[181] Sie sind einfache und einzelne Entitäten, die von der Natur des Wahrnehmens aus als lose, selbständige Qualitäten der Sinne dargeboten werden. Die einfachen und an sich einzelnen Ideen haben dementsprechend einen deutlichen genetischen und ontologischen Vorrang gegenüber den komplexen Ideen, die bloß als Kombinationen von einfachen Ideen existieren. Andererseits scheint sich Locke selbst an anderen Textstellen explizit gegen diesen Primat der einfachen Ideen und für eine ursprüngliche unmittelbare Wahrnehmung *komplexer* Ideen auszusprechen. Die ungenauen Formulierungen Lockes, der, wenn er auf die Darstellung der Operationen des Geistes, wie das *Unterscheiden* und das *Zusammensetzen*, zu sprechen kommt, das Erstere dem Letzteren voranstellt,[182] geben Anlass zur Annahme, dass das ursprünglich im Geiste erworbene Material *schon* zusammengesetzt ist. L. Krüger behauptet so, dass nach Locke die Menschen eindeutig eine „direkte Kenntnisnahme komplexer Ideen" haben,[183] die erst nachträglich von ihnen analysiert, d.h. zergliedert werden können.[184] Eine solche Auslegung kann zwar im Allgemeinen als plausible Vorstellung über die Wahrneh-

---

179 Versuch I: 468; vgl. Ayers 1991: 38 ff.

180 Versuch I: 127.

181 Versuch I: 127.

182 Versuch I: 175 ff.

183 Krüger 1973: 21-2.

184 Zur Besprechung der Frage der Priorität der einfachen oder der komplexen Ideen in Bezug auf ihre Wahrnehmung s. auch Tomida 2001: 15-19 (vgl. mit Krüger 1973: bes. 21-3).

mung überhaupt gelten, bleibt aber weit davon entfernt, eine treue Wiedergabe der Lockeschen Ontologie der Ideen und Psychologie des menschlichen Geistes zu leisten, denn sie kann sich nicht, noch wenn sie einige dürftige Anhaltspunkte findet, der Gegenpunkte bemächtigen.

Die Frage, ob man tatsächlich *einfache* Ideen oder *komplexe* Ideen direkt durch die Wahrnehmung aufnimmt, kann gewiss anhand mehrerer anderer Stellen Lockes auch anders herum beantwortet werden. Die Idee, dass die Analyse als *Unterscheidung*, und nicht die Synthese, die *erste* Handlung des Verstandes auf dem sinnlichen Material darstellt, verkehrt wesentlich den empiristischen Grundgedanken, den Locke mit der übrigen empiristischen Tradition teilt. Trotz der voreiligen Aufzählung der Unterscheidung der einfachen Ideen vor deren Zusammensetzung, weist die ganze übrige Darstellung des Ganges des menschlichen Verstandes eben eine umgekehrte innere Gliederung des Geistes auf. Schon im Kapitel über die komplexen Ideen zählt Locke wieder die Operationen des Geistes auf, wie das *Kombinieren* und das *Abstrahieren* und zeigt, dass er die Operation der *Kombination* als eine *erste, subjektive Tätigkeit* annimmt, die dem Menschen dient, ganze Dinge aufzufassen. Die Abstraktion oder die Trennung der einfachen Ideen erfolgt nach der Kombination der einfachen Ideen. Locke merkt zwar an, dass „auf diese Weise [des Kombinierens – *JK*] [...] sämtliche *komplexe Ideen*"[185] des menschlichen Geistes entstehen, und nicht nur irgendwelche künstlich gemachten, zusammengesetzten Vorstellungen. Was Locke hier sagt, steht jedoch allem Anschein nach gerade in unmittelbarem Gegensatz zu der wenige Seiten vorher von ihm getroffenen Bestimmung der einfachen Ideen (der Qualitäten der Dinge) als Voraussetzung dafür, dass der Geist „die verworrene Wahrnehmung eines Dinges"[186] verdeutlichen kann.

Wenn es Locke so darauf ankommt, die Art und Weise der Entstehung der komplexen Ideen aus den einfachen zu erklären, ist er damit denselben Weg – von den komplexen Ideen, die man im alltäglichen Erfahren wahrnimmt, zu den einfachen zurück – schon einmal hinabgelaufen. Es scheint freilich, dass die Verworrenheit dabei entsteht, wenn man zwei verschiedene (und umgekehrte) Wege der Aktivität des menschlichen Geistes gleichzeitig zu betrachten versucht. Die *Synthese* des ursprünglichen Materials, sei es mehr oder weniger *unbewusst*, geht deutlich aller Analyse voraus. Auch wenn sich Locke unpräzise und wenig klar darüber ausdrückt, ist das anhand der Gliederung des *Versuchs* leicht feststellbar. Die *Analyse* und die *Abstraktion* sind erst fernere Handlungen des Verstandes, die auf der Grund-

185 Versuch I: 186.
186 Versuch I: 175.

lage der durch die Sinne gelieferten und in der Einbildungskraft[187] zusammengesetzten einfachen Ideen ausgeübt werden. Selbst wenn Locke auf die Frage der *Unterscheidung* des Verstandes voreilig eingeht, bevor er das Zusammensetzen der Ideen erklärt hat, hat er doch schon die einfachen Ideen als ursprüngliche Bausteine alles Kombinierens und alles Wissens *voran*gestellt. Die Frage der Analyse und der Abstraktion kommt hingegen erst viel später vor, und zwar im *dritten* Buch des *Versuchs*, nämlich nachdem der ganze psychologische Weg der Bildung der Welt der menschlichen Ideen von ihren *einfachen* sinnlichen Anfängen her durchlaufen ist.[188]

Aber das Problem der Unmittelbarkeit und Ursprünglichkeit der Lockeschen einfachen Ideen lässt sich nicht so einfach lösen. Auch wenn Locke die richtige Analyse und Abstraktion für sein drittes Buch vorbehält, ist doch gerade diese Tätigkeit der Analyse und der Unterscheidung das, wodurch die einfachen Ideen isoliert und für sich genommen werden. Die Erfahrung zeigt wohl eine Vielheit von Sinnesideen, die aber eben erst als eine ‚verworrene Wahrnehmung' eines Dinges auftauchen und eben nicht als absolut individuierte Entitäten. Auch wenn Locke es nicht rundweg zugeben will, findet er seine einfachen Ideen zuerst als *Resultat* einer Analyse der Erfahrung – das ontologisch Erste ist das epistemologisch und methodologisch Letzte. Das bedeutet nicht unbedingt, dass uns die Wahrnehmung nach Locke unmittelbar mit komplexen Ideen versorgt, aber zumindest, dass die Beschaffenheit der Wahrnehmung uns nötigt, unser vielfältiges sinnliches Material durch unsere eigene mentale Tätigkeit zu bearbeiten, darauf zu *reflektieren*, um schließlich zu folgern, was *schon* da war (und auch in welcher *ursprünglichen* Form es da war). Wenn aber eine solche *Analyse der Erfahrung* unerlässlich ist, um das Vorhandensein ursprünglicher einfacher Ideen zu bestätigen, was unterscheidet diese Art Analyse von der Analyse als *Abstraktion* der einfachen Bestimmungen, die Locke, wie schon angesprochen, dann im dritten Buch beschreibt? Die angebliche *Evidenz* der Konkretheit der einfachen Ideen der Sinne, im Gegensatz zu der Abstraktheit der durch die abstrahierende Analyse erworbenen allgemeinen Ideen, zeigt sich als besonders umstritten und problematisch.

---

187 Eigentlich werden die Ideen vom Verstand selbst, im weiteren Sinne des Wortes, zusammengesetzt, insofern Locke dem Verstand eben die „Macht" der „Zusammensetzung und Zerlegung des ihm in die Hände gelieferten Materials" (Versuch I: 128) anerkannt hat.

188 Nur nach diesem ganzen Weg darf Locke im dritten Buch sagen: „Die Ideen aber, die zuerst im Geist vorhanden sind, betreffen offensichtlich Einzeldinge; von ihnen schreitet der Verstand allmählich zu einigen wenigen allgemeinen Ideen fort; diese sind den gewohnten und wohlbekannten Objekten der Sinne entnommen, im Geist festgestellt und mit allgemeinen Namen versehen." (Versuch II: 263).

Locke stößt auf ungeheure Schwierigkeiten bei seinem Versuch, die empirische Einfachheit von der Einfachheit der abstrakten allgemeinen Ideen zu unterscheiden und sein Versuch scheint zu einem Zusammenfallen von *ursprünglich Gegebenem* und *Abstraktem* zu führen. Dementsprechend ist in der Locke-Literatur zu Recht behauptet worden, dass es Locke letztlich nicht gelungen ist, eine klare Ernährungsbasis von solchen ursprünglichen einfachen und einzelnen Ideen anzugeben, und dass hingegen sein Versuch ins Entgegengesetzte abdriftet, nämlich die konkreten einfachen Ideen aus den Händen zu verlieren und sie zu abstrakten und allgemeinen Vorstellungen zu verwandeln.[189] Der Übergang von der erstrebten absoluten Einfachheit und Einzelheit in die Abstraktion und Allgemeinheit, was eben Hegel zum Mittelpunkt seiner Kritik erhebt, ist eine prekäre Tatsache des empiristischen Versuchs. Wie wir aber an späterer Stelle dieser Arbeit sehen werden, sieht der Empirismus selbst vielmehr den Begriff der Allgemeinheit als problematisch an und sucht die Lösung der Spannung genau in der anderen Richtung, nämlich in der Ablehnung aller Allgemeinheit und dem Festhalten an der abstrakten Einzelheit des Sinneseindrucks. Die nach-Lockesche Entwicklung des Empirismus und besonders die Kritik Berkeleys und Humes an ihm, die sich explizit mit diesem grundlegenden Problem des Gegensatzes von Einzelheit und Allgemeinheit befasst haben, enthüllt gerade diese Spannung des Lockeschen Empirismus und spitzt ein Problem zu, das hier schon vorhanden war.

Locke erkennt jedenfalls an, dass eine besondere Analyse der Erfahrung stattfinden kann, die an dem Konkreten der Realität festhält, sich von ihm nicht abwendet und das Produkt dieser Analyse, das *absolut Konkrete*, den konkreten Grund des Konkreten aufdeckt. Diese Analyse scheint also nichts mit dem üblichen Sinn der *Abstraktion* gemein zu haben. Ihr Resultat ist nicht das Abstrakte, sondern das absolut Konkrete, das absolut Bestimmte, nicht etwas Allgemeines, sondern die reine Einfachheit, ‚eine einheitliche Erscheinung oder Vorstellung im Geist', das absolut *Einzelne*. Die abtrennende Reflexion *reinigt* das Gemischte und bringt es in purer Form vor das Bewusstsein. Diese Analyse ist nun bloß eine *Separation*, die allein anhand einer besonderen Sinneslehre erklärbar wird. Das eigentlich *Abstrakte* und *Allgemeine* hat nichts mit ihr – zumindest programmatisch – zu tun. Die Reflexion des Verstandes auf sein rohes Wahrnehmungsmaterial dient zur Absonderung des wirklich darin Enthaltenen. Aber Locke gelingt es in der Tat kaum, eine solche *Separation* von der verallgemeinernden *Abstraktion* tatsächlich zu unterscheiden.

189 Krüger 1973: 24-5.

Die Lockesche Einstellung über die Natur und die „biographische" Herkunft[190] der *einfachen* und *absolut einzelnen* Ideen aus der sinnlichen Erfahrung scheint ihre Plausibilität zu erhalten, solange man nicht auf die Frage der *abstrakten Allgemeinheit* eingeht. Bis zum zweiten Buch seines Werkes befasst sich Locke nur beiläufig mit der Frage der Produktion der abstrakten allgemeinen Vorstellungen. Seine Lehre der Abstraktion entwickelt er erst im dritten Buch und zwar als die Basis seiner sprachphilosophischen Auffassung. Locke will sich einerseits der nominalistischen Tradition anschließen, nach der die Allgemeinheit nicht in der Welt zu finden ist, sondern allein eine Erfindung bzw. Erdichtung des Geistes[191] ist, die mithilfe der Sprache zustande kommt. Andererseits zeigt er sich aber eigentlich als kein so radikaler Nominalist und auch wenn er keine Realität der abstrakten Ideen zugibt, nimmt er doch an, dass es solche Ideen tatsächlich gibt, wenn auch nur im Geist des Menschen. Die Wörter sind nicht unmittelbar die Zeichen für die unterschiedlichen Einzelideen oder -dinge, sondern die Zeichen für die abstrakten allgemeinen Ideen, die die eigentlichen Repräsentanten der Einzelideen im Geist des Menschen sind.[192] Locke überbrückt den Raum zwischen Einzeldingen bzw. –ideen und allgemeinen Wörtern mit einer Theorie der Bildung von allgemeinen Ideen durch Abstraktion. „General ideas", merkt J.L. Mackie hierzu an, „are offered as a bridge between particular things and general words".[193] Die Namen stehen nicht als Symbole, die unmittelbar auf Sachen und andere Einzelentitäten hindeuten, sondern bloß als sprachliche Symbole der abstrakten allgemeinen Ideen des Verstandes. „Wörter werden allgemein", hebt Locke hervor, „indem man sie zu Zeichen für allgemeine Ideen macht".[194] Wie werden nun die Ideen *allgemein*? Die Antwort Lockes ist eindeutig: durch *Abstraktion*: „Ideen werden dadurch allgemein, daß man sie von allen örtlichen und zeitlichen Umständen trennt und alle anderen Ideen von ihnen loslöst, die sie möglicherweise auf diese oder jene Einzelexistenz beschränken könnten".[195] Und insofern sie zu solchen Abstrakta werden, erhalten sie „die Möglichkeit, mehr als ein Individuum darzustellen".[196] Die abstrakten Ideen werden so „zu allgemeinen Vertretern aller Dinge der gleichen Gattung" und stehen eigentlich als „Maßstäbe"

---

190 Krüger 1973: 21.
191 Versuch II: 263.
192 Vgl. Versuch II: 14.
193 Mackie 1976: 109.
194 Versuch II: 12.
195 Versuch II: 12.
196 Versuch II: 12.

für die Einordnung und Klassifizierung aller Einzeldinge der Wahrnehmung.[197] Dieses Verfahren ergibt ferner zwei Gruppen von abstrakten Ideen: einerseits die *einfachen* abstrakten Ideen, und andererseits die *komplexen* abstrakten Ideen, die Locke weiter in Ideen der gemischten Modi, der Relationen und der Substanzen unterteilt. Die verschiedenen Namen stehen dann als zusätzliche äußerliche Zeichen der inneren abstrakten allgemeinen Ideen, die zuallererst zur Kommunikation der Menschen erforderlich sind.

Da, wo der Verstand wirklich anfängt, *aktiv* zu sein, hat er keine einfachen einzelnen Ideen mehr vor sich, sondern bloß konkrete zusammengesetzte Dinge, die er zu analysieren versucht, deren Bestandteile er ‚loslöst', deren Totalität er durchbricht und die er zergliedert. Der Verstand löst ‚die Häute der Zwiebel' ab, aber jetzt findet er nicht die *realen* einfachen Ideen der Sinne und der Wahrnehmung, sondern allein *abstrakte* Bestimmungen, *allgemeine* Ideen, die den Charakter der abstrakten Allgemeinheit für sich erhalten haben. Und der entscheidende Punkt ist jetzt für Locke, eben den Unterschied der zwei Arten von *einfachen* Ideen zu bestimmten, die *realen partikularen* einfachen Ideen der Wahrnehmung von den *abstrakten allgemeinen* einfachen Ideen des Verstandes zu unterscheiden. Locke will sich, wie gesagt, für keine radikale Zeichentheorie aussprechen. Er will vielmehr behaupten, dass die *allgemeinen Ideen* nicht dadurch allgemein werden, dass sie in Vertretungsbeziehungen zu konkreten Ideen gebracht werden. Die Allgemeinheit erhalten die Ideen eigentlich, indem sie abstrahiert werden. Die abstrakte einfache Idee ‚weiß' wird nicht *allgemein*, nachdem wir sie mit dem konkreten Weißen des Schnees oder der Milch verknüpfen. Sie ist *schon allgemein*, im Sinne der Möglichkeit der Vertretung aller konkreten weißen Dinge, sogleich sie von allen Umständen abgetrennt und rein *für sich* in dem Geist aufbewahrt wird. Die Ideen sind allgemein *in sich selbst* und nicht erst wegen ihrer tatsächlichen Anwendung auf das Konkrete – das ist zumindest das programmatische Anliegen Lockes, worin er sich von Berkeley und Hume klar unterscheidet. Wie V. Chappell bemerkt: „Locke's presupposition, evidently, is that such ideas [wie *whiteness* – *JK*] are general in themselves and of their own nature and that their application to particular individuals is determined by factors extraneous to them as such".[198] Insofern diese Feststellung die Lockesche Ansicht richtig wiedergibt, wird klar, dass die Allgemeinheit für Locke keine dazukommende externe Bestimmung einer abstrakten Idee ausmacht, sondern ein inneres Merkmal gewisser Ideen ist. Wenn das Kenn-

197 Versuch I: 180.

198 Chappell 1994: 41.

zeichen der Allgemeinheit die Darstellung des *Gemeinsamen* mehrerer Ideen in der Gestalt einer abstrakten Idee ist, dann ist folglich diese Idee in sich eine *allgemeine*, indem sie als *Repräsentantin* aller anderen stehen kann. In dieser inneren Möglichkeit der Repräsentation, die erst durch die Abstraktion und das Abtrennen einer Idee von allen ihren konkreten Umständen und Beziehungen entsteht, findet Locke den sachlichen Unterschied zwischen den abstrakten allgemeinen und den konkreten einzelnen, einfachen Ideen. Das erweist sich aber nicht als wirklich glücklicher Weg.

Die entscheidende Frage, die sich nun stellt, ist allein die folgende: wenn uns die Erfahrung nur eine bunte Mischung von einfachen Ideen darbietet, die wir selber zu analysieren haben, um die einfachen Ideen von den ‚verworrenen Wahrnehmungen' zu unterscheiden, die eigentlich die ursprünglichen, gegebenen ‚Materialien' all unseres Wissens ausmachen, ist es nicht gerade derselbe Weg der Abtrennung, der Ablösung, der Absonderung, der Vereinzelung usw. – kurz: derselbe Weg der *Abstraktion* –, den man in beiden Fällen, sowohl bei der Aufdeckung der konkreten *einfachen Ideen* wie auch bei der Bildung von abstrakten einfachen Ideen, durchläuft? Locke selber setzt sich nirgendwo ausdrücklich mit dem Problem auseinander. Wenn er auf die Frage der Benennung der einfachen Ideen eingeht, erklärt er, dass die einzige Möglichkeit, die man hat, sich auf diese Ideen zu beziehen, allein die ist, sie in der Erfahrung zu *zeigen*, nämlich die Eindrücke zu bestimmten, aus denen jene Ideen herkommen. Insofern das „Definieren" allein darin besteht, „einem andern durch Worte verständlich zu machen, welcher Idee der definierte Eindrück entspricht [...], indem man diejenigen einfachen Ideen aufzählt, die in der Bedeutung des definierten Ausdrucks vereinigt sind",[199] ergibt sich notwendigerweise daraus, dass die einfachen Ideen selbst nicht zu *definieren* sind. Wenn sie sich nicht weiter analysieren lassen, können sie wohl auch nicht definiert werden.[200] Locke beschreibt dieses Resultat als die eigenste Leistung seines Empirismus zur Frage der Bedeutung und der Definition der Wörter an, wenn er bemerkt: „Die Namen der einfachen Ideen lassen sich auf keine Weise definieren; bei allen komplexen Ideen ist das möglich. Soweit mir bekannt ist, hat noch niemand untersucht, welche Wörter sich definieren lassen und welche nicht".[201] Die abstrakten allgemeinen Ideen also, die nicht definierbar sind, können nur dann erklärt werden, wenn man sich seiner eigenen Erfahrung vergewissert und darin die Komplexe der Wahrnehmungen in ihre darin enthaltenen *realen* einfachen Ideen zu un-

199 Versuch II: 15.
200 Versuch II: 27.
201 Versuch II: 26.

terscheiden und zu analysieren erlernt: „Wer also nicht schon zuvor die von einem Wort vertretene einfache Idee auf dem entsprechenden Wege in seinen Geist aufgenommen hat, kann nie dazu gelangen, die Bedeutung jenes Wortes durch irgendwelche andere Worte oder Laute, die nach den Regeln der Definition miteinander verbunden sind, zu verstehen".[202] Die Definition der einfachen Ideen kann allein *ostensiv* sein. Aber der Versuch Lockes, die abstrakten einfachen Ideen zu bestimmen, hat sich bisher als unzureichend erwiesen, um eine richtige Verbindung zwischen diesen abstrakten allgemeinen und den konkreten einfachen Ideen herzustellen.

Wenn die Natur der konkreten, partikularen einfachen Ideen darin besteht, für sich selbst zu existieren, dann muss das Zusammensetzen derselben zu verschiedenen komplexen Ideen als eine erst zusätzliche äußerliche Bestimmung hinzukommen, die sie wesentlich nicht verändern kann. Ihre Beschaffenheit bleibt dieselbe, egal ob sie für sich allein betrachtet werden oder sich an höchst komplexen Ideenstrukturen beteiligen. Der analytische Charakter derselben – das bloße Fürsichsein – ist *ursprünglich*, nicht reduzierbar und unveränderlich. Die reale und konkrete einfache Idee der Weiße, die ich in diesem Schneeball als eine selbständige Qualität, von allen anderen unterschiedlich und allein für sich bestehend auffasse, unterscheidet sich inhaltlich und bezüglich ihrer gänzlichen Natur in Nichts im Vergleich mit der *abstrakten allgemeinen* Idee der Weiße. Die angeblichen raum-zeitlichen Bedingungen derselben (ihr aktuelles Vorhandensein), die ihr nach Locke die Bestimmung der *Realität* verleihen, sowie alle anderen Ideen, mit denen sie verbunden erscheint, können nicht das Geringste in ihr selbst rühren.

Locke vertritt eine Bild-Theorie für alle möglichen Ideen des menschlichen Geistes. Er ist (oder will es zumindest sein) ein *Imagist*. Alle Ideen, einfache und komplexe, konkrete oder abstrakte und allgemeine, sind ebensowohl *Bilder*, die man in seinem Kopf behält. Locke lehnt völlig allen Konzeptualismus ab und setzt sich für eine Theorie ein, die die ganze Erkenntnis als Bearbeitung der *Bilder* der Welt verstehen will. Aber dieser Weg ist offensichtlich irreführend, wenngleich Locke selbst die Sache schweigend übergehen will. Seine abstrakten allgemeinen Ideen stoßen unmittelbar auf das Problem, dass sie nur partielle und unvollkommene Entitäten ausmachen,[203] die notwendigerweise den widersprüchlichen Charakter haben müssen, *alles* und *nichts* zugleich zu repräsentieren, was selbstverständlich absolut unmöglich für eine *Bild*-Idee ist und weiter die gerechte Kritik Berkeleys (und weiter Humes) hervorgerufen hat. Locke

202 Versuch II: 31.

203 Vgl. Chappell 1994: 39-40.

schreibt: „das Dreieck [als abstrakte allgemeine Idee – *JK*] darf weder schief- noch rechtwinklig, weder gleichseitig noch gleichschenklig, noch ungleichseitig sein; vielmehr muss es zugleich das alles und nichts von alledem sein".[204] Das wäre aber nie bei einem Bild, sondern erst bei einem Element möglich, das nur einen rein begrifflichen Charakter hätte. Und die Bild-Ansicht Lockes scheitert auch auf umgekehrte Weise genauso hinsichtlich der realen einfachen Ideen. Das Alles-und-nichts-sein der abstrakten Bilder-Ideen kann ja prinzipiell auch für die einfachen allgemeinen Ideen gelten, aber hier taucht darüber hinaus noch das Problem der *Ununterschiedenheit* zwischen *konkreten* und *allgemeinen* einfachen Ideen auf. Eine abstrakte allgemeine einfache Idee ist nicht bloß *keine* und *alle* partikulare(n) Idee(n) der Sinne derselben Art, sondern lässt sich vielmehr auch absolut nicht von irgendeiner realen einfachen Idee derselben Art unterscheiden. Sie ist stattdessen selbst eine bestimmte partikulare Idee. Sowohl die einfache Idee des weißen Schnees, die ich jetzt und hier aufnehme, als auch die einfache Idee der weißen Milch, die ich gestern getrunken habe, sowie auch die einfache allgemeine Idee der Weiße, die ich in meinem Verstand abgesondert behalte, bilden inhaltlich ein und dieselbe Idee, die nur in unterschiedlichen zufälligen Beziehungen steht, die sie freilich gar nicht verändern können.

Hegel hat betont, dass der Empirismus sich im Irrtum befindet, wenn er analysierend die Sachen in ihre einfachen Bestimmungen ablöst und darin verkennt, dass er durch die Vereinzelung und Absonderung der Bestimmungen, keine einzelnen Elemente in die Hand nimmt, sondern vielmehr alles Konkrete abschafft und ihm lediglich die abstrakte Allgemeinheit übrig bleibt. Die Suche nach den einfachen einzelnen Ideen, die die festen Bausteine des Wissens ausmachten, fällt unvermeidlich mit der abstrakten Allgemeinheit zusammen. Locke gibt sich viel Mühe, zwischen der Analyse als bloßer Unterscheidung, als *Separation* der einfachen Ideen und der Analyse als verallgemeinernder *Abstraktion* zu differenzieren. Sein Versuch ist aber von vornherein zum Scheitern verurteilt. Er stößt bald auf ein unerklärliches Rätsel, nämlich auf die offenkundige Identität der *abstrakten* und der *realen* einfachen Ideen. *Separation* und *Abstraktion* ergeben dasselbe Produkt. Locke übergeht diesen Widerspruch ohne ihn zu lösen. Er setzt sich nie wirklich mit ihm auseinander. Das Zusammenfallen der vermutlichen *Separation* mit der eigentlichen *Abstraktion* wird von ihm außer Acht gelassen.

204 Versuch II: 263; eine Besprechung des Beispiels Lockes in Bezug auf die sinnliche Gewissheit und die Sprachkritik Hegels findet sich weiter unten im Kapitel III.5.2.2.

Für Hegel fällt die Separation mit der verallgemeinernden Abstraktion zusammen, aber das führt zum Hineinwachsen der angeblichen Separation des Einzelnen in die Abstraktion des Allgemeinen. Das Resultat führt nicht zur Verwerfung der Allgemeinheit sondern eher zu Aufhebung der abstrakten Einzelheit, die sich unmittelbar in die abstrakte Allgemeinheit umsetzt. Für den Empirismus allerdings, der die analytische Natur der Wahrnehmung eher voraussetzt als durch die Analyse entdeckt, führt der getroffene Widerspruch des Zusammenfallens von Separation und Abstraktion zu einer umgekehrten Lösung, nämlich zur Abschaffung der angeblich fälschlichen Auffassung von Abstraktion und Allgemeinheit und zum Festhalten an der einzigen Wahrheit des absolut Einzelnen und Einfachen. Der Widerspruch, auf den Locke gestoßen ist, wird letztlich von Hume endgültig beseitigt, indem er jede begriffliche oder halb-begriffliche Beschaffenheit der Lockeschen abstrakten Ideen, nämlich jede Allgemeinheit als die eigene Natur der allgemeinen Ideen, unabhängig von ihrer Anwendung auf das partikulare Material, völlig abstreifen und sich an den in sich bestimmten Bild-Charakter ausnahmslos aller Ideen halten wird. Die Allgemeinheit ist für ihn nichts mehr als eine Vertretung eines Einzelnen von einem anderen, nichts weiter als eine *symbolische Funktion*, die als Beziehung zwischen Ideen beginnt und sich erst in der artikulierten Sprache vervollständigt. Den Weg der Kritik an dieser Inkonsequenz des Lockeschen Empirismus hat eigentlich erst Berkeley eingeschlagen, aber wegen seines seltsamen generellen Antiabstraktionismus, hat er sich nicht direkt mit dieser Problematik in Bezug auf die einfachen Ideen befasst. Er bereitet nur indirekt die Kritik Humes vor, indem er eine kritische Stellung gegen die Abstraktion und die abstrakte Allgemeinheit überhaupt nimmt. Bevor wir doch zu Berkeley und Hume übergehen, wollen wir einen kurzen Blick auf den Lockeanismus in Frankreich werfen, wie er von Étienne Bonnot de Condillac vertreten wird.

III.3.4.2. Condillac

Der französische Philosoph, der im geistigen Raum des französischen Materialismus gewirkt hat, hat die Lockesche Psychologie in das Denken der französischen Aufklärung eingeführt und versucht, sie von einem materialistischen Standpunkt aus zu betrachten. Was uns hier indes aber interessieren soll, ist die Tatsache, dass Condillac mit einer wenig modifizierten Version der Lockeschen Lehre der abstrakten Ideen auftritt und obwohl er außerstande bleibt, sich vom Gegensatz der doppelsinnigen Analyse – vom Gegensatz von Separation und Abstraktion – zu befreien, versucht er, die einfachen Ideen völlig aus dem Reich der Abstraktion und Allgemeinheit zu verbannen und sie allein im Reich der sinnlichen Bestimmtheit (der Sensationen und Eindrücke) festzuhalten. Condillac versteht jene Analyse, die zur abgesonderten Betrachtung der einfachen Ideen und zur Beleuchtung ihrer selbständigen, unreduzierbaren Natur führt, als das Werk einer Reflexion, die jedoch nichts mit der abstrahierenden Analyse des Verstandes zu tun hat. Eine „einfache Idee", erklärt Condillac, ist „eine nur für sich betrachtete einzelne Perzeption"[205] und „das einzige Mittel zu ihrer Erkenntnis [ist] die Reflexion über das, was man beim Anblick der Gegenstände empfindet".[206] Alle komplexen Ideen lassen sich „nur richtig erkennen, indem man sie analysiert. Das heißt, man muß sie auf die einfachen Ideen zurückführen, aus denen sie sich zusammensetzen und den Prozess ihrer Entstehung verfolgen".[207] Diese Isolierung der einfachen Ideen ist jedoch für Condillac nicht das Resultat einer Abstraktion. Condillac macht eine kruziale Unterscheidung der Ideen in *Ideen* im engeren Sinne und *Begriffe*. Er definiert die verschiedenen Elemente der Erkenntnis und bemerkt: „*Perzeption* nenne ich den Eindruck, der in uns bei Gegenwart der Dinge entsteht, *Sinnesempfindung* (sensation) nenne ich diesen gleichen Eindruck in seiner Eigenschaft, daß ihn die Sinne vermittelt haben; [...] *Idee* ist die Kenntnis desselben als Abbild; *Begriff* ist jede Idee als unser eigenes Produkt".[208] Die einfachen Ideen sind also nach Condillac nicht in die *Begriffe*, sondern allein in die *Ideen* einzuordnen. Egal ob sie Eindrücke oder bestimmte Abbilder dieser Eindrücke sind, bleiben sie unwillkürlich entstande Entitäten, die sich in den Geist zwangsläufig hineindrängen, wenn er wahrnimmt. Condillac hebt hierbei eindeutig hervor: „Man kann die einfachen Ideen gleichwohl Ideen oder Perzeptionen nennen, aber man darf sie nicht Begriffe nennen, weil sie nicht ein Produkt des Geistes sind. Man darf nicht sagen, der *Begriff des Weißen*, sondern man muß sagen, die *Perzeption des Weißen*".[209] Und Condillac spricht tatsächlich nur von „abstrakten Begriffen", wenn er auf die Darstellung der Abstraktion und der allgemeinen Ideen eingeht.[210]

Er zeigt also, dass es dabei nur um *gemachte Ideen* geht und somit nicht um die einfachen Ideen der Sinne, die man sich durch Reflexion und Analyse der komplexen Ideen erst verschafft. Die *abstrakten Ideen* bzw. *Begriffe*

205 Essai: 135.
206 Essai: 137.
207 Essai: 137-8.
208 Essai: 141-2.
209 Essai: 142.
210 Essai: 161.

sind allein Art- und Gattungsbegriffe, die durch Definitionen angegeben werden. Die einfachen Ideen sind dagegen, wie schon Locke bemerkt hat, nicht der Definition fähig. Condillac schließt sich Locke an und gibt zu, dass diese Entdeckung der Natur der einfachen Ideen einen der wichtigsten Verdienste Lockes darstellt, der eine alte Streitfrage der Philosophie geklärt hat – nämlich dass es gewisse Ideen gibt, die sich nicht definieren lassen.[211] Condillac versucht aber, wie gesagt, die einfachen Ideen gar nicht mit der Operation der Abstraktion zu verwickeln. Die *Analyse* der komplexen Ideen ergibt allein die einfachen Ideen der Sinne (Eindrücke oder Vorstellungen, Abbilder). Bei der Abstraktion geht es überhaupt nicht um einfache Ideen, sondern erst um Eigenschaften der Dinge, die durch Vergleich ihrer Ähnlichkeiten gebildet werden.

Condillac begegnet jedoch etwa dem Problem der *Allgemeinheit* der einfachen Ideen, wenn er zur Frage der Sprache kommt. Wie ist denn die Allgemeinheit des Wortes ‚Weiße' zu erklären, wenn es nicht eine allgemeine Idee bzw. einen allgemeinen Begriff signifiziert? Condillac befasst sich nicht wirklich mit dieser Schwierigkeit. Es scheint vielmehr, als ob er andeuten möchte, dass die Wortzeichen sowohl allgemeine wie auch einfache Ideen der Sinne *direkt* bezeichnen können. Wenn das Wort ‚Weiße' auf keinen Begriff, sondern erst auf eine konkrete einfache Idee der Sinne hinweist, dann wird wohl damit behauptet, dass dies Wort nur eine *allgemeine Anwendbarkeit* auf Einzelheiten hat, ohne die Vermittlung von irgendwelchen allgemeinen Ideen (Begriffen). Das Wort bezieht sich unmittelbar auf das Einzelne und Einfache der Wahrnehmung und nicht vermittels eines allgemeinen Begriffs.

Wir sollten uns hier allerdings nicht auf die Einzelheiten der ganzen Abstraktions- und Sprachauffassung Condillacs einlassen, denn es würde uns weit vom Zweck dieses Teiles der Arbeit wegführen. Der wichtigste Punkt findet sich allein darin, dass Condillac ebenfalls die Unterteilung der Analyse in *Separation* und *Abstraktion* der Ideen annimmt – nur kümmert er sich mehr als Locke darum, die vorsichtige Abgrenzung der einfachen Idee außerhalb des Bereiches der tatsächlichen verallgemeinernden Abstraktion vorzunehmen. Es gibt eine bestimmte Analyse, eine *reale* Analyse oder eine Analyse des Realen und das Resultat dieser Analyse ist die Menge der in sich bestimmten Bausteine alles Wissens, der einfachen Ideen. Die Allgemeinheit der sprachlichen Bezeichnungen der Eigenschaften der Dinge, die deren einfache Ideen angeben, scheint so direkt von der Sprache selbst zu kommen, von der symbolischen Funktion des sprachlichen Gebrauchs.

---

211 Essai: 138.

III.3.4.3. Berkeley

Die Ansicht Condillacs zielt tatsächlich in die Richtung, in die sich auch Hume bewegen wird, wenn er die Lehre der einfachen Ideen völlig von den Problemen der verallgemeinernden Abstraktion zu isolieren versuchen wird. Den Weg Humes hat aber eigentlich erst Berkeley eingeschlagen, und auch wenn Hume selbst meint, er begibt sich nur auf denselben Weg der Kritik des Abstraktion, den schon Berkeley eingeschlagen hat, geht er doch in der Tat viel weiter vor.

Berkeley geht davon aus, dass abstrakte allgemeine Ideen, die nach Locke ‚partiell' oder ‚unvollkommen' sind und ‚alles und nichts' beinhalten können, überhaupt nicht möglich sein können. Insofern eine Vorstellung eine Abbildung ausmacht, kann kein Bild *unbestimmt* sein. Für Berkeley ist alles, was Abstraktion und Allgemeinheit heißt, allein die Herstellung einer Vertretungsbeziehung zwischen Ideen bzw. Dingen, die *sich ähneln*, und weiter zwischen einem Zeichen und verschiedenen ähnlichen Ideen. Berkeley scheint jedoch auch der Vorstellung skeptisch gegenüber zu stehen, dass sich die einfachen Ideen der Sinne überhaupt unterscheiden lassen, und eine jede für sich allein zu behalten. Obwohl er von zusammengesetzten Ideen spricht, lehnt er zugleich ab, dass diese Ideen voneinander abgesondert und für sich vorgestellt werden können. Wie Berkeley näher bemerkt: „Ich gebe zu, dass ich in einem ganz bestimmten Sinn abstrahieren kann, etwa wenn ich bestimmte einzelne Teile oder Eigenschaften voneinander betrachte, mit denen sie zwar in einem Gegenstand vereinigt sind, ohne die sie aber in Wirklichkeit existieren können. Aber ich bestreite, dass ich diejenigen Eigenschaften voneinander abstrahieren oder getrennt vorstellen kann, die unmöglich getrennt voneinander existieren können".[212] Die Analyse, die Zergliederung und Teilung der Gegenstände, ist allein eine Tat der Einbildungskraft und sie kann nicht weiter fortschreiten, als sie vorstellen kann. Berkeley leugnet nicht die Abstraktion als eine Teilung überhaupt, nur diese Teilung ist eigentlich durch die Grenze der vorstellenden Einbildungskraft limitiert. Man vermag in der Tat nur „solche Gegenstände gesondert vorzustellen, die wirklich getrennt voneinander existieren oder tatsächlich eins ohne das andere wahrgenommen werden können. Aber meine Vorstellungs- oder Einbildungskraft erstreckt sich nicht über die Möglichkeit einer realen Existenz oder Wahrnehmung hinaus".[213]

212 Abhandlung: 17.

213 Abhandlung: 38; zur Berkeleyschen Auffassung der Abstraktion vgl. auch Alciphron: 346-354.

Aber auch wenn Berkeley einen objektiven Grund der Einfachheit anzugeben scheint, nämlich dass einfach das ist, was nicht mehr von der Einbildungskraft geteilt werden kann – was in der Tat auch für Locke das Kriterium der Einfachheit war –, verzichtet er völlig auf eine Benennung der jeweiligen nicht weiter zu analysierenden Teile eines Gegenstandes als *einfache Ideen*. Insofern er die Dinge als „Bündel von Ideen“[214] ansieht und zugleich dem Geist die Möglichkeit zuerkennt, sie „zusammenzusetzen und zu teilen“,[215] scheint es seltsam, warum er nicht auf eine Bestimmung der Einfachheit der Teilideen eingeht. Die *Einzelheit* kommt also nach Berkeley eher den Dingen (den ‚Bündeln von Ideen‘) und nicht den besonderen Ideen zu. ‚*Simple ideas*‘ kommen weder als Produkte der Analyse noch als ursprüngliche Sinnesdaten bei Berkeley ausdrücklich vor, obwohl es an verschiedenen Stellen angedeutet wird und eine legitime Schlussfolgerung von Berkeleys Überlegungen ausmachen würde.[216] Berkeley tritt als ein hartnäckiger Kritiker der Substanz-Lehre auf, der die Dinge allein als grundlose Sammlungen von sinnlichen Qualitäten annimmt, er versteht doch zugleich diese Qualitäten sehr wenig als wirklich selbständige Bestandteile einer solchen Ansammlung (eines Aggregats).[217]

Es scheint dennoch, dass Berkeley über die Analyse hinausgehen will, indem er sie mit einer Tätigkeit des Geistes zu identifizieren versucht, die sowohl bei Locke als auch bei Condillac eine besondere und von der Analyse unterschiedliche Operation des Geistes ausmacht: die *Aufmerksamkeit*. Er versteht die Abstraktion so als eine ‚aufmerksame Wahrnehmung‘ (attentive perception), die nicht zur eigentlichen Absonderung des sinnlich Gegebenen, sondern erst zu einer partiellen Fassung einer Seite desselben, aber immer nur vor dem Hintergrund des Ganzen führen kann. Berkeley hebt hervor, dass, wenn ich sehen will, „welche Ideen in einer zusammengesetzten Idee enthalten sind und welche nicht, dazu [...] nichts weiter erforderlich [ist] als eine aufmerksame Wahrnehmung dessen, was

214 Abhandlung: 35.

215 Abhandlung: 16.

216 Über die Ablehnung der einfachen Ideen von Berkeley s. auch Winkler 2002: 53-75; zur Behauptung, dass Berkeley notwendigerweise nach seinen Erwägungen nicht die einfachen Ideen überhaupt verworfen haben soll, s. Saporiti 2006: 232-240.

217 Was seine veröffentlichten Werke betrifft, spricht Berkeley eigentlich nur in seinem kleinen Werk *Drei Dialoge zwischen Hylas und Philonous*, zumindest beiläufig, von der Einfachheit und Elementarität der Ideen, aus denen die Dinge bestehen, ohne sich jedoch für eine solche Einfachheit explizit auszusprechen (s. Drei Dialoge: 16 ff.).

in meinem eigenen Verstand vorgeht".[218] Aber diese Behauptung steht in explizitem Widerspruch sowohl zu Berkeleys Bündel-Ding-Theorie als auch zu seiner Ansicht, dass der menschliche Geist über die Kraft verfügt, die komplexen Vorstellungen bis zu gewissen Grenzen in seiner Einbildungskraft zu teilen, ihre Teile abgetrennt zu halten und von diesen neue Kombinationen zu bilden. Und dazu ist kaum zu denken, wie eine geistige Kraft eine Idee abgesondert betrachten könnte, die nicht tatsächlich ein eigenständiges Element wäre. Die Aufmerksamkeit auf *eine* Idee soll die Analytizität des Vorhandenen voraussetzen und die Aufmerksamkeit ist nicht weniger eine Analyse und Abstraktion als die herkömmliche Analyse der Erfahrung in der Einbildungskraft.

Die Lehre Berkeleys verbleibt eigentlich in der Schwebe, insofern er die Konzeption der einfachen Ideen ablehnt. Alles bleibt nicht bloß grundlos, sondern vielmehr undenkbar, unvorstellbar. Konkrete einzelne Ganzheiten, deren Teile nicht *für sich* einzeln sein können, können kaum verständlich werden. Berkeley sagt viel weniger als sein empiristisches Prinzip ihm wirklich gestattet. Er gibt zu, die Dinge seien ‚Bündel', die Analyse bzw. Abstraktion sei möglich als Teilung, die zwar eine objektive und absolute Grenze in der Kraft des Einbildens hat und trotzdem behauptet er, es gebe keine einfachen letzten Bestandteile des Wissens. Wie K.P. Winkler bemerkt: „Berkeley believes that the mind can frame or invent new ideas by blending and dividing the ideas of sense, but he does not believe that any idea deserves to be called *simple*".[219] Er zögert von der Natur jener, zumindest dem Anschein nach, bestimmten, unterschiedlichen einfachen Ideen, aus denen die bündelmäßigen Dinge bestehen, zu sprechen, weil er offenbar mit realer Angst vor der furchtbaren Zweideutigkeit der *einfachen Ideen* steht, die bei Locke aufgetreten ist. Insofern die Abstraktion die Aufhebung des Bestimmtseins, der Bedingungen der Partikularisation und Realität einer Vorstellung ausmacht, wie kann man bei einer *einfache Vorstellung* entscheiden, ob sie *konkret* oder *abstrakt* ist? Wenn ich die einfache Idee der Röte im Kopf habe, wie kann ich vermeiden, sie als abstrakt anzunehmen, insofern sie notwendigerweise unterschiedlich von allen konkreten Röte-Ideen und zugleich identisch mit allen sein soll, indem sie alle für sich *dieselbe* einfache Röte sind? Eine Röte, die nicht durch ihre konkreten Beziehungen bestimmt werden kann, ist allein eine *allgemeine Röte*, Röte überhaupt. Wenn sie allen gleich ist, ist sie nicht mehr eine konkrete Röte, sondern wohl eine *abstrakte* und *allgemeine*.

---

218 Abhandlung: 31.
219 Winkler 2002: 55.

Locke findet sich in Bezug auf die einfachen Ideen gefangen in einer Konfusion zwischen Abstraktion und Konkretion. Wenn er eine konkrete einfache Idee zu erfassen versucht, stößt er nur auf eine ganz abstrakte Vorstellung. Wenn er hingegen eine abstrakte einfache Idee sucht, findet er allein eine für sich vereinzelte konkrete Wahrnehmung, die durch die Sinne gegeben wird. Berkeley löst diesen Gegensatz nicht auf. Seine Wahrnehmungslehre ist eigentlich von diesem Gegensatz geprägt und es bringt wenig, wenn wir einfach bloß feststellen, dass Berkeley die einfachen Ideen verwirft. Man muss auch den Grund für diese Entscheidung Berkeleys betrachten und findet sich dieser Grund eben in seinem Versuch, der Widersprüchlichkeit des Begriffs der *einfachen Idee* zu entkommen. Berkeley lehnt die einfachen Ideen nicht wirklich ab, sondern er weigert sich, von ihnen zu sprechen. Der angebliche Umweg, wie der der ‚aufmerksamen Wahrnehmung' kann gar keine Lösung darstellen, denn sie steht nicht nur in plakativem Widerspruch zur wirklichen Analyse in der Einbildungskraft, die Berkeley selbst an anderen Stellen zugesteht, sondern sie setzt schlechterdings die *Analytizität* der Komplexe der Sinne voraus. Die Möglichkeit der Aufmerksamkeit, der Beschränkung auf einen *Teil* einer Vorstellung, setzt ja schon voraus, dass die gegebene Vorstellung tatsächlich *geteilt* werden kann. Die *Aufmerksamkeit* ist nichts anderes als die positive, gerichtete Analyse des momentan Gegebenen. Sowohl der Aufmerksamkeit wie auch der Analyse überhaupt liegt dieselbe analytische, für sich vereinzelte Natur des empirisch Gegebenen zugrunde und insofern kann dieses Schema der ‚aufmerksamen Wahrnehmung' sowenig erklären, dass es vergebens ist, es auf die Lockesche Theorie zu übertragen, um ihre Gegensätze aufzulösen, wie es etwa J.L. Mackie versucht, wenn er die Locke-sche Abstraktion ebenfalls als „selective attention"[220] übersetzen will.[221] Die eingeborene Widersprüchlichkeit des Begriffs der Einfachheit und der abstrakten Einzelheit kann keine einseitige Lösung haben. Die Berkeleysche Alternative ist lediglich eine Sackgasse, die vielmehr vor dem Problem schweigt, als sich mit ihm wirklich auseinandersetzt. Die ‚aufmerksame Wahrnehmung' des Einfachen – das ja nicht einmal *Einfaches* genannt wird – bewegt sich in der Tat auf demselben Weg wie Lockes Analyse, aber jetzt mit der stillschweigend angedeuteten Voraussetzung der (sonst abstrakten) Analytizität des Realen, wobei die Abstraktion „im eigentlichen

220 Mackie 1976: 110-2, 114-5.

221 Über die ‚Aufmerksamkeit' als eine Art ‚Abstraktion' für Hegel s. auch Kapitel III.5.1.

Sinne"[222] verworfen wird und das Philosophieren sich allein an die Analyse als *Separation* des Gegebenen hält.

III.3.4.4. Hume

Die Berkeleysche Ansicht der Dinge als Sammlungen von Eigenschaften, als ein Zusammen ohne substantiellen Träger, ohne materielle Grundlage, wird in ihrem Wesen von Hume übergenommen, fortgesetzt und vervollständigt. Die Subjektivität aller Wahrnehmung wird auch von Hume an den Ausgangspunkt seiner Psychologie gestellt. Die Ablehnung jeder Träger der Eigenschaften wird als essentielles Axiom der Erkenntnistheorie angenommen. Hume ist aber nicht gewillt auch einen subjektiven oder göttlichen Träger der Vorstellungen, der Eigenschaften der Dinge anzunehmen, wie Berkeley es gemacht hat. Darüber hinaus übernimmt Hume die Kritik Berkeleys an der Allgemeinheit und stellt ebenfalls fest, dass in der Erfahrung allein die Einzelheit zu finden ist, die bestenfalls in der Form von äußerlich zusammengesetzten Ganzheiten hervortritt. Berkeley gibt, wie gesehen, in der Tat keine explizite Antwort auf die Frage, ob die Analyse der Erfahrung zu etwas *an sich* und *in sich* Bestimmtem und Einfachem gelangt. Berkeley geht den Weg der Analyse nicht bis ans Ende, er nimmt die Möglichkeit der Trennung des Konkreten bis zu bestimmten Grenzen an, sieht das Konkrete als ein Bündel von atomaren Elementen, erkennt aber nie ausdrücklich an, dass diese analytische Manier notwendigerweise von der Wahrheit und Realität des Einfachen und in sich Einzelnen ausgeht, dass sie es zur ihrer Voraussetzung hat.

Hume macht einen weiteren kühnen Schritt nach vorn. Er verwirft die Lockeschen abstrakten und allgemeinen Ideen und hält sich nur an die ursprünglichen einfachen Elemente des Wissens, die die Analyse der Erfahrung ergibt. Die einfachen Ideen, die aus den ersten einfachen Eindrücken der Sinne herstammen, sind die Bausteine des ganzen Wissens, aber zugleich das *ausschließliche* Produkt der Analyse. Die Analyse lässt sich nunmehr allein als *Separation* verstehen, wohingegen ihr abstrahierender Charakter als absolut undenkbar abgelehnt wird. Analyse bedeutet Separation, Trennung des Zusammengesetzten und Unterscheidung seiner einfachen Grundteile. Hume sieht jedoch nicht ein, was noch Berkeley ergründete und weswegen dieser sich eben zu einer endgültigen Antwort auf die Frage der *Analyse* verschwieg, nämlich dass das absolut Einfache nicht von dem Abstrakten und Allgemeinen zu unterscheiden ist.

222 Abhandlung: 38.

Hume geht im Anschluss an Berkeley von der Subjektivität des Wissens als bloße Vorstellung aus, stützt sich aber auf einen rein idealistischen Sensualismus, der irgendwelche geistige Substanz (Geist oder Gott), als von dem sinnlichen Inhalt getrennt, zurückweist. Auf dem Grunde alles Wissens trifft er das an, was Berkeley anzuerkennen zögerte, nämlich die *einfachen Ideen*, die zunächst als Eindrücke der Sinne im Geist auftauchen. Die *Analyse* der Erfahrung fällt bei Hume absolut mit der *Separation* und Unterscheidung des bündelmäßigen Stoffes der Wahrnehmung zusammen, wohingegen die vermutliche *Abstraktion* nur eine vermeintliche Trennung des nicht zu trennenden ist, eine Täuschung des Verstandes, die glaubt, sie könne über die Einbildungskraft, über die mögliche Erfahrung überhaupt hinausgehen. *Abstraktion* bedeutet lediglich *Trennung* und die Trennbarkeit einer Vorstellung besteht eher allein in der tatsächlichen Eigenständigkeit der Einzelvorstellungen. Hume betont, „daß Gegenstände, die verschieden sind, durch das Denken und die Einbildungskraft unterscheidbar sind",[223] aber „die bestimmte Länge einer Linie [ist] nicht verschieden oder unterscheidbar […] von der Linie selbst".[224] Die Abstraktion ist bedingt durch die Einbildungskraft, aber tatsächlich durch die Vorstellung selbst, durch die natürliche Beschaffenheit der Vorstellungen bzw. Dinge. Alle Vorstellungen, die durch diese Art Abstraktion zu erzeugen sind, sind immer noch einfache, *konkrete* Vorstellungen und haben gar nichts *Allgemeines* an sich. Hume erklärt demzufolge, dass alles im Geist individuell ist und sein muss und dass vielmehr „kein Eindruck dem Geist gegenwärtig werden kann ohne Bestimmtheit seines Grades sowohl seiner Quantität als seiner Qualität".[225] Alle Abstraktion, bis zu ihren Grenzen fortgetrieben, ergibt allein einzelne konkrete Vorstellungen – Vorstellungen, die bestimmte quantitative und qualitative Merkmale aufweisen sollen.

Für Hume gilt aber eine zweite Weise der Unterscheidung der Dinge, die nicht auf der analytischen Natur derselben beruht und nicht von dem Denken und der Einbildungskraft vorgenommen wird. Hume spricht zusätzlich zu der erwähnten Unterscheidung vor einer „distinction of the reason"[226], indem er versucht, die Möglichkeit der Absonderung der nicht in der Einbildung abzusondernden Eigenschaften bzw. Merkmale der Sachen zu erklären. Wenn der Geist die Farbe einer Sache ohne ihre Gestalt bemerkt und sie nur hinsichtlich dieses Merkmales mit einer anderen

223 Traktat: 31.
224 Traktat: 32.
225 Traktat: 32.
226 „Unterscheidung durch die Vernunft" (Traktat: 40).

Sache vergleicht, nimmt Hume an, dass es sich dabei um eine andere Art Unterscheidung handelt, die aber keine wirklichen, selbstständigen Eigenschaften betrifft, sondern nur verschiedene Seiten einer Sache, die nicht wirklich abgesondert, sondern erst *betrachtet* werden können. Die Humesche ‚Unterscheidung der Vernunft' scheint die Berkeleysche ‚aufmerksame Wahrnehmung' zu übernehmen, ohne jedoch die ganze Ansicht Berkeleys über die Analyse zu integrieren. Hume stimmt mit der Kritik Berkeleys überein, dass die Analyse in der Einbildungskraft bestimmte Grenzen hat, gibt aber zu, dass diese Analyse nicht bloß die Aufmerksamkeit eines besonderen Merkmales einer Sache ist, sondern dass sie vielmehr die wirkliche Einzelheit und Einfachheit der in dem wahrgenommenen Konkreten enthaltenen Ideen aufdeckt. Aber die Idee Berkeleys, dass die vermutliche Trennung der zusammengesetzten Vorstellungen das Aufmerken ihrer Teilmerkmale ist, nach denen sie einander ähneln, bewahrt Hume als eine besondere Herangehensweise vom menschlichen Geist, und genauer von der Vernunft, an die Dinge auf. Selbst von den *einfachen Vorstellungen* kann man sagen, dass sie gleich sind, ohne damit zu meinen, dass sie einer besonderen zusätzlichen Idee gemäß einander ähneln und nach ihr alle als *einfache* bestimmt werden. „Diese ähneln einander hinsichtlich ihrer Einfachheit", bemerkt Hume, „und doch kann, da die einfache Vorstellung als solche jede Zusammensetzung ausschließt, das Moment, in dem sie übereinstimmen, von ihrem sonstigen Inhalt nicht unterschieden oder getrennt werden".[227] Ungeachtet der Schwierigkeiten, die diese Humesche Einstellung mit sich bringt, sieht man dadurch klar, wie Hume seinen gereinigten Begriff der Analyse bildet – eine Analyse, die nichts mit der gemeinten Abstraktion und Allgemeinheit zu tun hat, sondern sich allein auf den Boden der Einzelheit, Einfachheit und Konkretion beschränkt.

Hume akzeptiert so die Möglichkeit der bis zum Einfachen vorgedrungenen Analyse, weist die Lockesche Separation und Unterscheidung des Einfachen nicht zurück, aber findet nichts Abstraktes bei diesem Einfachen. „Wenn wir unsere Gedanken oder Vorstellungen – seien sie auch noch so kompliziert und erhaben – analysieren, stellen wir stets fest, daß sie sich zu solchen einfachen Vorstellungen auflösen, die einem vorherigen Gefühl oder einer Empfindung nachgebildet sind".[228] Berkeley weiß weder, wo eigentlich die Analyse aufzuhören hat, noch, wie er das absolut Einfache von dem abstrakt Einfachen unterscheiden könnte. Hume setzt dagegen die Analyse fort, bis er zu den elementaren Teilchen gelangt. Der

227 Traktat: 35.
228 Untersuchung: 34.

„Apfel" Berkeleys ist wohl „ein Bündel von Ideen",[229] aber er scheut sich, diese als an sich *einfache* Ideen anzugeben. Im Gegenteil dazu sieht Hume an demselben ‚Apfel' eine zusammengesetzte Vorstellung, die „in Teile zerlegt werden" kann, und zwar in *einfache* für sich bestehende Ideen. Durch die Analyse wird gezeigt, dass sich alle diese einfachen Ideen „in diesem Apfel *vereinen*"[230] und der Apfel selbst ist nichts mehr als ein einfaches *Zusammen* der Einzelentitäten.[231] Hume setzt den Schlusspunkt der Analyse an der Grenze der Mächte der Einbildungskraft und führt damit die Möglichkeit dieser stets an dem Konkreten orientierten Abstraktion dahin, dass sämtliche vorgestellte Realität in einer Welt von unzählbaren gefärbten und tastbaren räumlichen Punkten und zeitlichen Momenten analysiert werden kann.[232]

Berkeley und Hume befinden sich mithin weit entfernt von irgendeiner Ansicht, die die Allgemeinheit für ein Produkt der abstrahierenden Analyse hielte und das Allgemeine in den Vorstellungen selbst, in ihrer *eigenen Natur* verortete. Hume schließt sich der Berkeleyschen Theorie der Allgemeinheit absolut an, nach der alle vermutliche Allgemeinheit der Vorstellungen in einer vertretenden Funktion derselben liegt, nämlich in ihrer Möglichkeit, anhand ihrer ‚gegenseitigen Ähnlichkeit',[233] als Vertreterinnen für andere Vorstellungen zu stehen. Sowohl der Allgemeinheit der Vorstellungen als auch der Allgemeinheit der Wörter liegt dieselbe repräsentative Funktion zugrunde. Wie Berkeley erläutert: „Wir werden besser beurteilen können, wie Worte allgemein werden, wenn wir beobachten, wie Ideen dies werden".[234] Ein Wort steht als Signifikant für eine Einzelvorstellung, indem eine Vorstellung als Repräsentantin überhaupt für eine andere Vorstellung stehen kann. Berkeley etabliert seine Zeichentheorie direkt über die Kraft des Geistes, Vertretungsbeziehungen zwischen nichtidentischen Sachen zu bilden. Der Geist fängt so zunächst mit der Herstellung einer Vertretungsbeziehung zwischen mehreren Ideen an, die *ähnlich* sind und bei denen *eine* als die anderen repräsentierende anerkannt wird, und schreitet weiter auf die Bildung eines *symbolischen* Verhältnisses zwischen einem willkürlichen Zeichen und einer Menge ähnlicher Vorstellun-

229 Abhandlung: 35.

230 Traktat: 11.

231 Vgl. Traktat: 28: „Die Vorstellung einer Substanz, und ebenso die eines Modus ist nichts als ein Zusammen einfacher Vorstellungen [collection of simple ideas], die durch die Einbildungskraft vereinigt worden sind".

232 Vgl. Untersuchung: 196-7; Traktat: 41-4, 55-7.

233 Vgl. auch Alciphron: 351.

234 Abhandlung: 20.

gen. Die *Bedeutung* des Wortes ist dann nicht die *abstrakte allgemeine Idee bzw. Vorstellung*, wie Locke dachte, sondern wieder nur eine *Einzelvorstellung*, dic erst die Rolle angenommen hat, die unbestimmte Menge der ähnlichen Vorstellungen zu vertreten. Berkeley selbst erklärt folgendes darüber: „Wenn wir mit unseren Worten nur eine Bedeutung verbinden und nur von dem reden wollen, was wir begreifen können, wo müssen wir, glaube ich, anerkennen, dass eine Idee, die an sich betrachtet eine Einzelvorstellung ist, dadurch allgemein wird, dass sie dazu verwendet wird, alle anderen Einzelvorstellungen derselben Art zu vertreten oder für sie zu stehen".[235] Die Allgemeinheit ist also lediglich eine Funktion, und noch konkreter eine *Beziehung* zwischen Einzelvorstellungen. Sie ist nicht in den Ideen selbst zu finden, sondern nur in ihrem *äußerlichen* Vergleichen und Ordnen. Wie Berkeley bemerkt, „besteht *Allgemeinheit* nämlich nicht in dem absoluten, positiven Wesen oder Begriff von irgendetwas, sondern in der Beziehung, in der dieses zu dem Einzelnen steht, das dadurch bezeichnet oder vertreten wird. So kommt es, dass Dinge, Namen oder Begriffe, die ihrer eigenen Natur nach *einzelne* sind, *allgemein* gemacht werden".[236]

Berkeley identifiziert nun die Allgemeinheit mit einer Zeichentheorie, die außerhalb des Konkreten und Einzelnen der Wahrnehmung liegt. Sie geht nur indirekt die Realität an und ist in der Tat viel weniger als eine subjektive ‚Erfindung' oder ‚Erdichtung' der Geistes, wie Locke es meinte. Sie ist allein ein subjektives Vergleichen, das in der Tat keinen objektiven Grund in den Dingen selbst hat. Die Auffassung Berkeleys wird Hume begrüßen und darüber bemerken: „Ein großer Philosoph hat die herkömmliche Meinung in diesem Punkt bekämpft und behauptet, alle allgemeinen Vorstellungen seien nichts als individuelle Vorstellungen, verknüpft mit einem bestimmten Namen, der ihnen eine umfassendere Bedeutung gebe und bewirke, daß im gegebenen Falle andere ähnliche Einzelvorstellungen in die Erinnerung gerufen werden. Ich sehe in dieser Einsicht eine der größten und schätzenswertesten Entdeckungen, die in den letzten Jahren im Reiche der Wissenschaften gemacht worden sind".[237]

235 Abhandlung: 20; vgl. auch Alciphron: 351: „Mir scheint, daß eine besondere Idee allgemein wird, wenn sie für andere Ideen gebraucht wird, oder sie vertritt; und daß sich allgemeine Erkenntnis auf Zeichen oder allgemeine Ideen bezieht, die nur durch ihre Bedeutung dazu werden; diese kommen mehr durch ihre Relationsfähigkeit in Betracht und durch ihre Einsetzung für andere als durch ihr eigenes Wesen und um ihrer selbst willen". Und weiter fügt er auf derselben Seite hinzu, „daß Worte allgemein werden, wenn sie eine unbestimmte Zahl besonderer Ideen vertreten."

236 Abhandlung: 23.

237 Traktat: 30.

Auf den Begriff der Allgemeinheit sowie auf die Sprachauffassung des Empirismus werden wir aber im Weiteren noch zurückkommen, um sie konkreter zu besprechen. Für unseren gegenwärtigen Zweck reicht es doch, was wir bisher gesehen haben, nämlich in welcher Weise die Analyse bei Hume (im Anschluss an Berkeley) ausschließlich mit der bloßen Abtrennung des Konkreten, mit der bloßen *Separation* des Unterschiedlichen verbunden und wie die Allgemeinheit von der Welt der Ideen überhaupt verbannt worden ist. Im Rahmen des Empirismus findet sich jedoch noch ein weiterer Vertreter, der ein eben solches Verständnis der Natur der Analyse als *Separation* annimmt und sie von der abstrahierenden Analyse zu unterscheiden versucht: das Haupt des schottischen direkten Realismus, Thomas Reid.

III.3.4.5. Reid

Für die philosophische Tradition des englischen Empirismus ist das Auftreten der Gegenstände eigentlich das Ergebnis einer Synthesis der verschiedenen Sinneswahrnehmungen in der Form von Einzeldingen. Zwischen der Erscheinung der nebeneinander und nacheinander liegenden Ideen und ihrer Auffassung als ein einziges Ding befindet sich die subjektive Kraft der Synthese, die aufgrund gewisser Affinitäten und anhand psychologischer Gesetze der Ideenassoziation dem für sich vereinzelten Inhalt Einheit verleiht. Diese *Synthese* läuft aber irgendwie im Hintergrund. Was der Geist in Wirklichkeit wahrnimmt, was er vor sich als gegenwärtig findet, das sind in der Tat nicht die losen Wahrnehmungen, sondern eher dieselben als Gegenstandseigenschaften und -Merkmale. Die Dinge sind Aggregate von jenen Einzelwahrnehmungen, sie kommen durch ein bloßes äußerliches Addieren zustande und die analytische Priorität der einfachen Ideen ergibt sich für den Empirismus als eine Analyse der Erfahrung und nicht als ein ursprüngliches Geschehnis. Die Welt der organisierten und synthetisierten Ideen ist wohl eine Welt von Einzeldinge, von verschiedenen Individuen und die Individualität ist die eigene Form der Welt der alltäglichen Erfahrung, aber der Empirismus führt diese Welt auf seine Grundlagen zurück und sucht den Grund derselben in ihren analysierten und vereinfachten Bausteinen.

Dieser Welt der Erfahrung liegt für den direkten Realismus eine ganz andere Genese zugrunde. Ein solcher Empirismus ist nicht bloß eine psychologische Lehre, sondern vielmehr ein Versuch, die Psychologie der menschlichen Kräfte mit einer rein positivistischen wissenschaftlichen Betrachtungsweise zu kombinieren. Die Fragestellung des direkten Realismus weicht jedoch nicht so wesentlich von der des englischen Empirismus ab, während er sich doch polemisch mit dem letzteren auseinandersetzt. Die schottische Schule macht keine so eigenartige Denkströmung aus, dass sie über die empiristische Manier überhaupt hinausginge. Ihr Antirepräsentationalismus, ihre Verwerfung der Ideenlehre führt sie nicht weg von dem Prinzip des Empirismus.[238] Alles wird erfahren, alles – inneres und äußeres – wird allein als ein Erfahrenes gefunden. Selbst die ontologische Annahme der materiellen Realität der Welt ist nichts mehr, als eine ebenso dogmatische Voraussetzung, wie die des Berkeleyschen Idealismus.

Welchen Sinn und was für einen Charakter hat nun die *Analyse* dieses eigenartigen Empirismus und inwiefern stößt seine Auffassung der Analyse auf die Hegelsche Kritik?

Thomas Reid bewegt sich in einem Zwischenraum von empirischen Wissenschaften und empirischer Psychologie. In seinem ersten großen Werk, *An inquiry into the human mind*, kann man kaum eine klare Auffassung Reids zum Problem der Analyse der Erfahrung treffen. Reid zeigt sich nicht nur unwillig darüber zu sprechen, er ist vielmehr kaum imstande das Problem der Analyse in seiner herkömmlichen empiristischen Version zu behandeln, insofern der unmittelbare Gegenstand des Subjekts für ihn keine unmittelbaren Ideen des Geistes, sondern die konkreten natürlichen Gegenstände sind, zu denen man über einen direkten Zugang verfügt. Auch die Erinnerung und die Einbildungskraft haben nichts mit *Ideen* bzw. *Vorstellungen* zu tun, und sogar wenn man sich an etwas erinnert, dann erinnert man sich *direkt* – sei auch der Gegenstand mehr oder weniger verblasst – an dasselbe Ding, das früher wahrgenommen wurde.[239] Reid lehnt die Ansicht des Repräsentationalismus ab, der glaubt, „that the immediate object of my memory and imagination […] is not the past sensation, but an idea of it, an image, phantasm, or species[240] of the odour I smelled“ und bemerkt dazu folgendes: „Suppose that once, and only once, I smelled a tuberose in a certain room where it grew in a pot, and gave a very grateful perfume. Next day I relate what I saw and smelled.

238 Folgende Aufsätze können als tüchtige und zusammenfassende Darstellungen des Reidschen Empirismus und seines Bezugs auf den repräsentationalistischen Empirismus gelten: Cleve 2004; 2. Falkenstein 2004; Wolterstorff 2004.

239 IHM: 28.

240 Anspielung auf Lockes Definition der Idee, wenn er sie in seinem *Versuch* folgendermaßen bestimmt: „It being that term which, I think, serves best to stand for whatsoever is the OBJECT of the understanding when a man thinks, I have used it to express whatever is meant by PHANTASM, NOTION, SPECIES, or WHATEVER IT IS WHICH THE MIND CAN BE EMPLOYED ABOUT IN THINKING“ (Versuch I: 28).

When I attend as carefully as I can to what passes in the mind in this case, it appears evident, that the very thing I saw yesterday, and the fragrance I smelled, are now the immediate object of the mind when I remember it. Further, I can imagine this pot and flower transported to the room where I now sit, and zealding the same perfume. Here likewise it appears, that the individual thing I saw and smelled, is the object of my imagination."[241]

Auf der Basis dieser antirepräsentationalistischen Auffassung kritisiert er die Ansicht des repräsentationalistischen Empirismus, nach dem die Analyse der Erfahrung auf die ursprünglichen einfachen Ideen der Dinge zurückführt, die die wahrhafte Basis der zusammengesetzten Gegenstände der Wahrnehmung ausmachen. Insofern die Dinge weder in der unmittelbaren Erfahrung noch in der Einbildungskraft selbst die Form von Vorstellungen, Bildern haben, können sie nicht so behandelt werden, wie der übrige Empirismus meint. Sie können nämlich nicht innerhalb des Geistes in ursprüngliche einfache Ideen-Teile geschieden werden. Wenn nun irgendetwas Elementares zu finden ist, kann dies allein das Resultat entweder einer *mentalen*, künstlichen (‚art', sagt Reid) oder einer *wissenschaftlichen Analyse* der materiellen Stoffe sein. Das Analysierte ist für uns somit allein Produkt und kaum *ursprüngliches* ‚Material' all unseres Wissens – ein Produkt, das auch gar nicht den Charakter der Vorstellung haben kann. Reid äußert sich in seiner *Inquiry* darüber nur wenig explizit, aber an einer Stelle merkt er an: „Nature does not exhibit these elements separate, to be compounded by us; she exhibits them mixed and compounded in concrete bodies, and it is only by art and chemical analysis that they can be separated".[242] Die Einstellung Reids ist weit entfernt von dem empiristischen Glauben an die *Einfachheit*, von einer ontologisch primären Elementarität, die man an den Sinnen selbst orten kann. Reid kritisiert ironisch den allgemeinen Glauben der neueren Philosophie an die Einfachheit und Elementarität der vermutlichen Basis des Realen, der mit Descartes beginnt. Reid spricht in der *Inquiry* von der „Liebe der Einfachheit" (love of simplicity)[243] und hebt mit Nachdruck hervor, dass die Welt gar nicht so einfach ist, wie Descartes oder Newton meinten.[244] Auch wenn die Einfachheit

241 IHM: 28.
242 IHM: 29-30.
243 IHM: 210-1.
244 IHM: 211; vgl.auch ebenda: 203: „there is nothing in the course of nature so singular, but we can find some resemblance, or at least some analogy, between it and other things with which we are acquainted". Vgl. auch Lehrer 1991: 21, wo er über Reid bemerkt: „Simplicity, Reid argues, is not a trustworthy guide to truth. Experience teaches us that nature is complicated."

möglich ist, betrifft sie allein die Elemente der Natur, und ist nur durch wissenschaftliche Forschung, Experimente und laboratorische Analyse zu konstatieren. Die Erfahrung fängt eigentlich mit *Komplexen* an, die selbst natürliche, vom Geist direkt wahrgenommene Komplexe sind.

Aber Reid befasst sich in seiner *Inquiry*, wie gesagt, wenn überhaupt nur beiläufig mit den Fragen der Analyse, der Abstraktion, der Allgemeinheit usw. Auf diese Fragen wird er erst einundzwanzig Jahre nach der *Inquiry*, und zwar 1785, im Rahmen seines zweiten großen Werkens, der *Essays on the intellectual powers of man* eingehen, das seine Psychologie-Lehre darstellt. Wenn Reid seine Sprachtheorie entwickelt, stößt er notwendigerweise auf die Frage der Abstraktion und Allgemeinheit der Inhalte, die als die Bedeutung der Wörter auftauchen. Reid folgt nicht einer starken nominalistischen Ansicht, wie Berkeley und Hume, die meinten, dass es die Wörter sind, die sich direkt auf die Einzelgegenstände, als ihre Vertreter, beziehen – wobei es keinen Unterschied macht, ob es nur um Ideen oder um wirkliche direkt wahrgenommene Dinge geht –, sondern er hält fest, dass die Allgemeinheit der Wörter aus den *allgemeinen Konzeptionen* kommt, die sie signifizieren: „as general words are so necessary in language, it is natural to conclude that there must be general conceptions, of which they are signs".[245] Jedes Wort ist ferner nur ein einziger, individueller Ton und kann nur deshalb *allgemein* genannt werden, weil das, was es bezeichnet, etwas allgemeines ist.[246] Die *allgemeinen Termini* (general terms) sind nun bloß die sprachlichen Äußerungen der *allgemeinen Konzeptionen* (general conceptions). Im Unterschied zu Locke stellt Reid anstelle der *allgemeinen Ideen* diesen Begriff der *allgemeinen Konzeptionen* auf, der eine Art direkte mentale Isolierung und Auffassung der Attribute eines Dinges oder einer Sammlung von Attributen bezeichnet, wobei die Attribute so von allen Umständen der realen Existenz des Dinges abgesondert werden, aber ohne sie zu einer wirklichen Vorstellung bzw. Idee, oder zum Bild zu verwandeln. Reid ist zudem der Meinung, dass das, was wir von den Dingen auffassen, lediglich diese Attribute sind, wohingegen ihr reales Wesen uns unerreichbar bleibt: „All the distinct knowledge we have or can attain of

245 EIP: 359.

246 EIP: 359: „Words are empty sounds when they do not signify the thoughts of the speaker; and it is only from their signification that they are denominated general. Every word that is spoken, considered merely as a sound, is an individual sound. And it can only be called a general word, because that which it signifies is general."

any individual, is the knowledge of its attributes. [...] But every thing that exists has a real essence, which is above our comprehension".[247]

Ein wichtiger Punkt, der beachtet werden sollte, ist, dass Reid einerseits die *mentale Analyse* für eine künstliche Analyse hält, die gar nicht die wirkliche Natur der Dinge betrifft und andererseits dass allein die *chemische Analyse* der Dinge zu einer wirklichen Differenzierung ihrer Elemente führt. Zwischen beiden besteht eine gewisse Ähnlichkeit und die mentale Abstraktion ist gewissermaßen das Analogon der wissenschaftlichen Resolution der Chemie. Der Kerngedanke, der dem zugrundeliegt, ist die Annahme über den originären Charakter der Analyse überhaupt als des Prozesses der Trennung und Absonderung der Momente des Konkreten, deren Abhalten und Vereinzeln, während die *Allgemeinheit* einen mentalen Zusatz, eine zusätzliche geistige Operation auf das Abgesonderte darstellt, und diesem eine Vertretungsfunktion zuschreibt. Reid bleibt der angeblichen verdoppelten Analyse, die einerseits als Ablösung, andererseits als Verallgemeinerung des Analysierten verstanden wird, treu. Von einigen Einzelheiten der Reidschen empiristischen Theorie abgesehen, übernimmt er die Auffassung aller anderen Empiristen, dass die Abstraktion als Separation nicht mit der Allgemeinheit zusammenfällt, sondern dass sie als eine konkrete Unterscheidung der Momente eines Dinges angesehen werden kann. Wir können zwar nicht verallgemeinern, wenn wir nicht abstrahieren, aber wir können doch wohl abstrahieren, ohne etwas allgemein zu machen. Wie Reid anerkannt: „It seems therefore that we cannot generalise without some degree of abstraction; but I apprehend we may abstract without generalising: For what hinders me from attending to the whiteness of the paper before me, without applying that colour to any other object: The whiteness of this individual object is an abstract conception, but not a general one, while applied to one individual only."[248] Im ersten Fall, so hält Reid fest, ist die Weiße als eine bestimmte Qualität immer noch eine *reale* Qualität und somit eine absolut konkrete, eine „individuelle Qualität" und keine „allgemeine Konzeption".[249] Die Weiße dieses Papiers ist eine absolut individuelle Farbe – keine Weiße als allgemeines Attribut: „the whiteness of the sheet of paper upon which I write, cannot be the whiteness of another sheet, though both are called white" – „the whiteness of this sheet is one thing, whiteness is another".[250] Was die zwei

247 EIP: 361-2; vgl. ebenda: 355: „We know not the essence of any individual object; all the knowledge we can attain of it, is the knowledge of its attributes".

248 EIP: 365.

249 EIP: 367.

250 EIP: 367.

Arten voneinander unterscheidet, erklärt Reid im Weiteren: „The first signifies an individual quality really existing, and is not a general conception, though it be an abstract one: The second signifies a general conception, which implies no existence, but may be predicated of every thing that is white, and in the same sense".[251] Was aber die konkrete Weiße von der Weiße überhaupt *inhaltlich* unterscheidet, ist kaum anzugeben. In der Tat ändert sich nichts zwischen den zwei *Abstraktionen* außer der arbiträren Annahme, dass die erstere das Konkrete irgendwie als Hintergrund des Abstrahierten behält, wohingegen die zweite diesen Hintergrund abstreift. Aber der eigentümliche Charakter des konkreten Attributs, dass es im Beispiel die ‚Weiße' ist, hängt überhaupt nicht von den übrigen Umständen der Realität ab, die ihm nur widerfahren aber nicht mit seiner einzelnen Natur in innerem Zusammenhang stehen.

Reid kehrt so über einen anderen Weg an den Lockeschen Begriff der Analyse zurück, der unbegründet in ein und demselben Akt sowohl die Konkretion als auch die Allgemeinheit zu finden wünscht. Berkeley und Hume haben sich eben wegen dieser Zweideutigkeit der Analyse entschieden, die abstrakte Allgemeinheit als eine Täuschung zu verwerfen und sich an die Einzelheit der Wahrnehmung zu halten. Reid will die zwei widersprüchlichen Seiten derselben Operation erneut versöhnen und befindet sich somit an derselben Schwelle der Unklarheit und der Missverständnisse.

Sowohl die Allgemeinheit als auch die bloß separierende und die Momente des Konkreten unterscheidende Analyse sind für Reid nur geistige, mentale Operationen, die nicht die Gegenstände selbst angehen: „The analysis [...] is purely an operation of the understanding, which requires no material instrument, nor produces any change upon any external thing".[252] Analyse und Schaffung von allgemeinen Konzeptionen von Attributen sind nur subjektive Bearbeitungen der Dinge. Die Allgemeinheit ist lediglich die subjektive Klassifikation des an sich Individuellen. Reid betont mehrmals, dass alles, was es in der Welt überhaupt gibt, nur individuelles ist. Die Allgemeinheit gehört nicht der Natur an, aber ebensowenig irgendeine absolut einfache Partikularität, wie wir schon gesehen haben. Das Partikulare ist nur das durch Analyse entstandene Attribut aber prinzipiell keine wirkliche Existenz. Die Individualität geht allein die Dinge der Wahrnehmung an und nicht ihre Attribute, die die mentale Analyse von ihnen ablöst. Für Reid ist die absolute Monade der Wahrnehmung nicht die einfache Idee, sondern die reichen Ganzheiten von Attributen, die als individuelle Dinge auftreten: „Every object of sense, of memory, or

---

251 EIP: 367.

252 EIP: 370.

of consciousness, is an individual object. […] [E]very creature which God has made, in the heavens above, or in the earth beneath, or in the waters under the earth, is an individual".[253] Im Gegensatz zu Locke und der ‚Ideenlehre' überhaupt, die behauptet, dass die Gegenstände aus einer Menge unmittelbar erworbenen einfachen Ideen bestehen, hält Reid fest, dass, was als einfach, und damit auch als absolut individuell, absolut einzeln erscheint, allein das Produkt unserer *Analyse* ist und nicht das ursprünglich Gegebene. Das uns Gegebene sind nur reale Dinge, d.i. *Individuen*.[254]

In Bezug auf die natürlichen Dinge, als Gegenstände des Bewusstseins, betrachtet Reid nur die Möglichkeit ihrer Analyse, aber dem Geist selbst kommt keine ursprüngliche Zusammensetzung derselben von den abstrakten Konzeptionen ihrer Attribute zu. Sofern dieselben nicht *mental* zusammengesetzt sind, kann die mentale Analyse derselben nicht die wirklichen, unmittelbaren Dinge betreffen. Was Reid jedoch ablehnt, ist nicht die Wahrheit der Qualitäten der Dinge *als ihre Attribute*, sondern die Wahrheit der Attribute an sich, als selbständige Individualitäten.

Seine Annahme über die Möglichkeit einer Analyse, die allein die *konkrete* Weiße dieses Papiers aufgreifen würde, bringt gewisse Probleme mit sich, nicht nur in Bezug auf die Arbitrarität der Einstellung, dass die abtrennende Abstraktion beim Konkreten verbleibt und nicht zum Allgemeinen hinübersteigt. Reids Vorgehen ist zudem auch inkonsistent, wenn er sich de facto gezwungen sieht, selbst jene Attribute, jene Qualitäten als *individuelle* zu bezeichnen,[255] sodass nicht nur die natürlichen Ganzheiten, sondern auch etwas anderes, nämlich die mental vereinzelten Attribute, die Bestimmung der Individualität tragen dürfen. Worin und anhand welcher Kriterien diese Individualität von der Individualität der Dinge zu unterscheiden ist, klärt er nie.[256] Reid kommt nicht umhin, trotz allen Antirepräsentationalismus, von „simplest abstract conceptions" [von Attributen][257] und von „simple attributes"[258] zu sprechen, die der Geist als

253 EIP: 354-5.

254 EIP: 388-9.

255 EIP: 367.

256 Vgl. Lehrer 1991: 22: „Reid says that everything that exists is an individual, but the world of individuals includes individual qualities as well as particulars. Individual qualities, such as the whiteness of a particular piece of paper, are the basis of the operation of generalizing yielding general conceptions. The process of concept formation begins with a simple conception of an individual quality which becomes the input for an operation of generalizing to obtain a general conception of the universal."

257 EIP: 370.

258 EIP: 376.

selbständig unterscheidet und die in ihrer Einfachheit sowohl abstrakte als auch konkrete sein können.

Obwohl Reid die Frage der Analyse als psychologischer Operation an vielen Stellen unbeantwortet lässt, findet er einen gewissen Ausweg in den Naturwissenschaften, um letztendlich die wirkliche bloß *separierende* Analyse bzw. Abstraktion von der mentalen Abstraktion und Verallgemeinerung zu unterscheiden. Reid parallelisiert das Verfahren der mentalen Analyse der Dinge mit der chemischen Resolution der Elemente. Er meint damit nicht, dass die chemische Abstraktion mit der mentalen Abstraktion zusammenfallen kann, sondern allein, dass eine gewisse Analogie zwischen beiden Prozessen besteht. Die Attribute können an sich *untrennbar* sein, aber die mentale Analyse derselben schafft es wohl, sie voneinander zu isolieren. Reid hebt hervor: „It is therefore certain, that attributes, which in their nature are absolutely inseparable from their subject, and from one another, may be disjoined in our conception; one cannot exist without the other, but one can be conceived without the other".[259] Er führt das Beispiel der Analyse einer Billardkugel in ihre verschiedenen einfachen Attribute als Beispiel einer *realen* Analyse, die nur in wissenschaftlicher Weise ausführbar ist an und bemerkt hierzu: „As it is by analysing a complex object into its several attributes that we acquire our simplest abstract conceptions, it may be proper to compare this analysis with that which a Chemist makes of a compounded body into the ingredients which enter into its composition."[260] Zwischen beiden *Analysen* besteht jedoch nur eine Analogie und keine direkte Entsprechung. Die Chemie vermag es, das den Sinnen erscheinende Einfache zu analysieren – so behauptet zumindest Reid und führt das Beispiel eines Stückchens von „purem See-Salz", das „zu unseren Sinnen als vollkommen einfach erscheint", aber trotzdem von dem Chemiker in seine Bestandteile von Säure und Alkali analysiert wird.[261] Auf der anderen Seite kann die mentale Abstraktion, wie gesehen, Seiten eines natürlichen Dinges unterscheiden, die in ihm selbst durchaus unmöglich abzusondern sind.

Auch wenn es nur um eine Analogie zwischen den zwei Arten der Analyse geht, bleibt bei ihnen als Wesentliches das Folgende festzuhalten: Reid führt in beiden Fällen den Begriff der Elementarität und somit der *Einfachheit* an. Es geht nicht darum, ob man *künftig* etwas bis jetzt Elementares und Atomares später noch weiter zu untergliedern schafft, sondern allein darum, dass die Individualität einen absoluten Vorrang einnimmt,

259 EIP: 366; s. auch ebenda: 400.
260 EIP: 370.
261 EIP: 370.

dass sie das Primäre im Realen ausmacht. Die individuierten chemischen Elemente ergänzen nur den Glauben an die mögliche Elementarität der einfachen Attribute, die die mentale Analyse ergibt. Die Elementarität ist auf diese Weise nicht nur das subjektive und insofern unwahre Produkt des menschlichen Bewusstseins, sondern bringt erst recht die Beschaffenheit der wahrhaften Realität der Naturdinge zum Ausdruck. Reid will nur die Individualität der konkreten Dinge als einzige wahrhafte Individualität erhalten, die sich jeder Analyse derselben entzieht. Daüber hinaus gelangt er aber zu der Annahme einer vereinzelten Individualität, die sowohl in der subjektiven wie in der objektiven Sphäre Geltung besitzt: die Individualität der mental abstrahierten Attribute, bevor sie *verallgemeinert* werden, und die Individualität der real abstrahierten chemischen Elemente. Die Zuflucht zur Chemie oder zur Naturwissenschaft überhaupt kann aber kein wirklich gewinnbringender Weg sein. Die chemische Abstraktion begegnet schließlich denselben Problemen des analytischen Denkens überhaupt, wie wir sie schon weiter oben bei der Kritik Hegels an der chemischen Analyse herausgestellt haben.

Die vorliegende Präsentation einiger grundlegenden Vertreter des neuzeitlichen Empirismus zeigt zunächst die Richtigkeit der Hegelschen Kritik an der Analyse der Erfahrung, die den zentralen Kern der empiristischen Herangehensweise bestimmt. Unabhängig davon, ob die Allgemeinheit überhaupt als ein mentaler Inhalt anerkannt wird oder nicht, bleibt die Grundansicht des Empirismus die Anerkennung der Möglichkeit einer Analyse, die *abstrahiert*, unterscheidet, abtrennt, separiert, ohne jedoch zu *verallgemeinern*. Das Abstrakte ist so zugleich Konkretes, wobei das Konkrete nicht als eine bestimmte Vielheit, sondern als Einfaches, Einzelnes, absolutes Fürsichsein ohne Rücksicht auf den Unterschied überhaupt verstanden wird. Außerhalb dieser Einzelheit bleibt die Allgemeinheit entweder in der Form eines mentalen Inhalts oder schlechthin als die subjektive Art und Weise der Einordnung und Zusammenfassung der Mannigfaltigkeit des Konkreten. Im nächsten Abschnitt dieses Teiles des dritten Kapitels werden wir versuchen, die Hegelsche Konzeption der Analyse durch die Darstellung der analytischen Methode in der Begriffs-Logik zusammenfassend darzustellen, mit dem gegenwärtigen Ziel, sie bezüglich der Hegelschen Systematik und insbesondere der Bewusstseinsstruktur zu betrachten.

Wie schon in der Präsentation des Paradigmas von Empirismus zu sehen war, bedeutet die Analyse den Vollzug einer besonderen Bewegung des erkennenden Subjekts: von den zusammengesetzten Dingen seiner sinnlichen Wahrnehmung zu den vereinzelten Einzelheiten, die durch die Sinne gegeben werden. Sie macht insofern den Weg eines Rückfalls von der Wahrnehmung in die bloße Sinnlichkeit, von der Vorstellung in die Anschauung und das Gefühl oder vom *Wesen* ins *Sein* aus. Die Momente dieses Laufes werden von Hegel näher untersucht.

III.3.5. Die analytische Methode und das Setzen der Unmittelbarkeit und der abstrakten Identität – die Methode als Übergang

Die Analyse bezeichnet, wie wir schon bemerkt haben, eine gewisse *Bewegung*. Sie geht von einem besonderen Stoff aus und findet als Resultat eine Menge von vereinzelten, für sich bestehenden Bestimmungen, die aus jenem Stoffe herausgerissen worden sind. Sie bricht damit die verschiedenen Beziehungen, die zwischen den Bestimmungen existieren, und löst das konkrete Ganze auf. Ihr Ausgangsstoff befand sich als sinnliches Ding in der Sphäre des Verhältnisses, der unterschiedlichen Beziehungen und gegenseitigen Bestimmungen, wohingegen ihr Resultat lediglich in der einseitigen Absolutheit der Beziehung auf sich selbst besteht, ohne Rücksicht auf sein bestimmtes Verhältnis zu dem *Anderen*. Der Ausgangspunkt allen Empirismus' sind die verschiedenen Dinge als konkrete und vielseitig bestimmte Ganzheiten. Von denen schreitet er analysierend zu den vereinzelten Elementen ihrer Existenz fort, die einfache Ideen, Empfindungen, Sensationen usw. genannt werden.

In der *Wissenschaft der Logik* und der *Enzyklopädie* gibt Hegel eine zusammenfassende Darstellung der Analyse und des analytischen Erkennens im Rahmen der Besprechung des ‚Erkennens als solchen', des endlichen theoretischen Erkennens, das sich in die zwei Momente der Analyse und der Synthese teilt.[262] Das analytische Erkennen ist die Erkenntnis des Gegenstandes als eines unmittelbaren, an sich seienden, auseinander gerissenen – ist das Wissen der freien vereinzelten Bestimmungen. Es schließt alle Vermittlung und jedes Verhältnis aus seinem Gegenstand aus. Es ist ein nur stoffartiges Wissen – selbst „begriffslos und undialektisch"[263] – und zeigt sich als ein nur „äußerliches, gedankenloses Tun".[264] Hegel beschreibt den Übergang vom analytischen Erkennen zum synthetischen als einen

262 Zu einem ausführlichen Kommentar zum „Erkennen" der enzyklopädischen Logik s. Lakebrink 1985: 247 ff.

263 Logik II: 504; s. auch Hartmann 1999: 412; vgl. ebenfalls GdPh III: 209: „So ist der Gang, den Locke eingeschlagen hat, ganz richtig, aber nicht dialektisch, sondern das Allgemeine aus dem empirisch Konkreten analysiert."

264 Logik II: 507.

Übergang „von der Form der Unmittelbarkeit zur Vermittlung",[265] „vom *Sein* zur *Reflexion*",[266] „von der *abstrakten Identität* zum *Verhältnis*"[267] bzw. „zum Unterschied".[268] Die Analyse bewegt sich in der Sphäre des Seins und der Unmittelbarkeit. Sie sucht das absolut mit sich Identische, das allen Unterschied und damit jede Beziehung auf Anderes von sich ausschließt. Sie hat als ihre Wahrheit die absolute, abstrakte Sichselbstgleichheit, die alles Anderssein abwehrt und allein sich selbst gewiss bleibt. „Das analytische Erkennen hat [...] überhaupt diese Identität zu seinem Prinzip", nämlich die ‚einfache Identität', die ebensowohl eine nur ‚abstrakte Allgemeinheit' ist, „und der Übergang in Anderes, die Verknüpfung Verschiedener ist aus ihm selbst, aus seiner Tätigkeit ausgeschlossen".[269] Nicht die Identität Unterschiedener, sondern die einfache Identität, die den Unterschied überhaupt ausschließt, ist der Leitfaden des analytischen Prozesses. Die Verschiedenheit ist nicht durch den Gegenstand selbst gesetzt, existiert nicht an ihm selbst. Die Unterschiede sind nur an sich, seiende, oder wie K. Hartmann bemerkt: „die Unterschiede sind" – indem das analytische Erkennen ‚begriffslos' und ‚undialektisch' ist – „nicht bezogen auf einen Grund oder Prinzip, dessen Unterschiede sie wären".[270] Der Gegenstand der Analyse ist somit allein das *Sein* vor jedem Verhältnis zum Anderen und alles Objektive findet seine Bewährung, insofern ihm die Form des einfachen Seins, der abstrakten Identität mit sich zuerkannt wird.

Durch „das sogenannte *Analysieren*" wird „ein Teil des am Konkreten vorhandenen Mannigfaltigen *weggelassen*", sodass es nur an der „*formellen* oder *Verstandesidentität* [...] festgehalten und von dem Unterschiede *abstrahiert* wird".[271] Ein solches Denken „hat immer nur die abstrakte Identität vor sich und außer und neben derselben den Unterschied", indem es „analysierend jetzt die Identität besonders herausziehe und *dann auch wieder* den Unterschied *daneben* erhalte".[272] Dieses Denken betrifft nicht die Sache selbst, hält sich nur an der *äußeren Reflexion* fest und gelangt zu bloßen „Versicherungen und Meinungen"[273], dass „jene Identität, die außer dem Unterschied, und der Unterschied, der außer der Identität sei, Produkte der äußeren Reflexion und der Abstraktion sind, die sich will-

265 Logik II: 510.
266 Logik II: 511.
267 Logik II: 511.
268 Logik II: 510.
269 Logik II: 502-3.
270 Hartmann 1999: 412.
271 Enz I: 236.
272 Logik II: 39.
273 Logik II: 39.

kürlicherweise auf diesem Punkte der gleichgültigen Verschiedenheit festhält."[274]

Das analytische Erkennen als des Empirismus' eigenste Erkenntnisweise wird Hegel in den mündlichen Zusätzen zu den §§ 227 und 228 der *Enzyklopädie* konkreter angeben. „Das Erkennen ist zunächst analytisch", bemerkt Hegel, und „das Objekt hat für dasselbe die Gestalt der Vereinzelung, und die Tätigkeit des analytischen Erkennens ist darauf gerichtet, das demselben vorliegende Einzelne auf ein Allgemeines zurückzuführen. Das Denken hat hier nur die Bedeutung der Abstraktion oder der formellen Identität. Dies ist der Standpunkt auf welchem *Locke* und alle Empiriker stehen".[275] Worin nun die Analyse als Methode des Empirismus besteht, hat Hegel schon an anderen Stellen erklärt und hier wiederholt: „die gegebenen konkreten Gegenstände in ihre abstrakten Elemente zu zerlegen und diese dann in ihrer Isolierung zu betrachten".[276] Das führt den Empirismus jedoch zu der widersprüchlichen Annahme, die wir im letzten Abschnitt betrachtet haben: das Begreifen des Gegenstandes hat nur die Form der *abstrakten Allgemeinheit*, die allein *subjektiv* ist, wohingegen der wirkliche *vereinzelte* Inhalt da drüben als ein realer an sich seiender Bestandteil der Welt, als eine *objektive* Einzelheit verbleibt, die aber ebenso *abstrakt* ist. Das *Einzelne* des Empirismus ist das absolut *Abstrakte*, das aus dem Ding Herausgerissene und die bestimmte Einzelheit, nach der der Empirismus strebt, bleibt eine bloß *gemeinte*. Wie Hegel schon angemerkt hat, liegt der „Irrtum" des Empirismus in seiner trügerischen Einstellung, dass er den Gegenständen nichts antut, „nichts *hinzutut* als die subjektive Tätigkeit des Zerlegens".[277] Aber in der bloßen Abstraktion ist kein Konkretes mehr zu finden und die gemeinte Einzelheit ist allein eine *begriffliche Bestimmung überhaupt* und insofern nichts anderes als das *abstrakt* Allgemeine selbst: *alles ist ein Einzelnes. Alles* in der Welt sei *individuell* und noch konkreter *partikular*, wie das Kernaxiom des Empirismus lautet. Wenn der Gegenstand den Unterschied nicht *an ihm* hat, kann er sich von anderen auch nicht unterscheiden und ist insofern allen gleich, allen *iden-*

274 Logik II: 40. Zur Bedeutung der ‚äußerlichen Reflexion' bei Hegel s. auch den ausführlichen Aufsatz von Jaeschke (Jaeschke 1978).

275 Enz I: 380 Z.

276 Enz I: 380 Z.; Hegel führt nochmal das Beispiel der Chemie als der typischen Darstellung der Analyse im Werk der Naturwissenschaften an, und zudem auch das Verfahren der empirischen Psychologie und der Analyse der Handlung, während er beide Aktivitäten erneut mit dem Bild einer aufgelösten Zwiebel parallelisiert (Enz I: 380 Z.).

277 Enz I: 109-110 Z.

tisch. Seine abstrakte Identität mit sich ist eher seine Undifferenziertheit, seine *Identität mit allen* und somit seine Allgemeinheit.

Der Empirismus verliert so das Konkrete aus den Händen. Der bunte Reichtum der Welt der Wahrnehmung kann in seiner Isolierung kaum als ein isolierter Inhalt angeschaut werden. Das angeblich *neutrale* Verfahren der Analyse, das ‚nichts hinzutut als die subjektive Tätigkeit des Zerlegens', erweist sich als ein Aufheben der konkreten Dinge selbst, als eine Verwandlung derselben in nur abstrakte Bestimmungen. „Es erhellt [...] sogleich, daß dies ein Verkehren der Dinge ist und daß das Erkennen, welches die Dinge nehmen will, wie sie *sind*, hierbei mit sich selbst in Widerspruch gerät".[278] Es liegt somit nicht in der Macht des analytischen Erkennens, die Dinge in ihrer wirklichen Natur aufzufassen. Die Analyse deckt nur die abstrakte Seite des Seins der Dinge, aber nicht sie als konkrete Dinge, durch ihre Bestimmungen in sich bestimmt und in einer Einheit mit den anderen Dinge auf. Ihre Bestimmungen selbst können gar nicht durch die Analyse wiedergegeben werden, denn sie sind eben *bestimmt*, aber das analytische Erkennen vermag sie nur in ihrer *Abstraktion* zu erfassen. Das *Einzelne* der Analyse ist nicht zu finden, sondern ihr bleibt lediglich das Abstrakte und Allgemeine als die subjektive Äußerung der vermeintlichen Identität des Einzelnen. Die durch Isolierung durchgeführte Identifikation des Einzelnen ist allein als *abstrakte Gleichheit mit sich* selbst möglich, die eben die *Allgemeinheit* ist. „Die Sichselbstgleichheit ist [...] die reine Abstraktion" oder „das Denken" selbst[279] und während der Empirismus eigentlich gerade das Sinnliche erfassen will, findet er sich so allein in das abstrakteste Denken hineingeworfen. Indem die Analyse das Einzelne identifiziert, reißt sie es von seiner Realität los und behält es als ein sich selbst gleiches, unverändertes und selbständiges – d.i. als Allgemeines. Seine empirische Endlichkeit wird zu einer abstrakten Unendlichkeit verwandelt.

Das analytische Erkennen meint den Gegensatz aufgelöst zu haben, indem es die Praxis der Abstraktion und Verallgemeinerung für ein nur subjektives Fassen des Gegebenen hält, wohingegen die Einzelheit aus dieser Subjektivität ausgeschlossen wird, als ob sie die vereinzelte Objektivität der allgemeinen Konzeptionen wäre. So wird auf der einen Seite das Allgemeine und auf der anderen das Einzelne festgehalten, als ob beide in ihrer abstrakten Abtrennung zu denken seien. Die einzige Bestimmtheit des Einzelnen ist dann nur seine Unbestimmtheit, seine abstrakte Freiheit von jeder Bestimmung, die seine Einzelheit störte, insofern sie notwendiger-

278 Enz I: 380 Z.
279 Phän: 53.

weise die Form der Beziehung auf Anderes hätte. Das analytische Erkennen, erklärt Hegel, hat „für die Form seiner Tätigkeit die *formelle Identität* oder die *Abstraktion* der Allgemeinheit", die zunächst darin besteht, „das gegebene Konkrete aufzulösen, dessen Unterschiede zu vereinzeln und ihnen die Form *abstrakter Allgemeinheit* zu geben; oder das Konkrete als *Grund* zu lassen und durch Abstraktion von den unwesentlich scheinenden Besonderheiten ein konkretes Allgemeines, die *Gattung* oder die Kraft und das Gesetz, herauszuheben".[280] Das Allgemeine als Gattung ist aber ebenso abstrakt, indem es ebenfalls auf der abstrakten Identität mit sich selbst beruht und nicht eine Gattung behandelt, die durch ihre spezifische Differenz bestimmt worden ist, nämlich als Identität Verschiedener und nicht als einfache Beziehung auf sich. Dabei ist nur diese letztere die Gattung, wie sie im synthetischen Prozess auftritt. So entfaltet sich der analytische Prozess als eine Abstraktion, die die *abstrakte Identität* zu ihrem Prinzip hat und zum Resultat gelangt, einerseits die *abstrakte Einzelheit* und andererseits die *abstrakte Allgemeinheit* zu beinhalten, ohne zu den wechseleitigen Übergang zwischen beiden zu bemerken.

Der Empirismus befindet sich somit in diesem reziproken Spiel zwischen Einzelheit und Allgemeinheit. Er nimmt beide in ihrer Abstraktion und getrennt voneinander und vermag so weder das Einzelne aufzufassen noch einen bestimmten Begriff desselben zu bilden. Das absolut Vereinzelte, das Einfache des Empirismus, das wir oben betrachtet haben, lässt sich nicht *definieren*. Seine Bestimmung als Sinnliches ist die nur abstrakte Identität mit sich, die seine wahrhafte Natur nicht angeben, sondern nur andeuten, *meinen* kann, während seine abstrakte Vorstellung ein Nichtiges ist, die absolute Unbestimmtheit des reinen Seins, ein Begriff, der nicht definiert werden kann. Die Analyse der Gegenstände der Wahrnehmung „fängt von einem konkreten Stoffe an, der eine zufällige Mannigfaltigkeit an sich hat; aller Unterschied des Inhalts und das Fortgehen zu weiterem Inhalt hängt von demselben an".[281] Das analytische Erkennen hat somit die Form eines „*Auffassens* dessen, was *ist*".[282] Das synthetische Erkennen zielt dagegen auf „das *Begreifen* dessen, was *ist*, d.h. die Mannigfaltigkeit von Bestimmungen in ihrer Einheit zu fassen".[283] Den Begriff findet das analytische Erkennen allein in der konkreten Form des wahrgenommenen Einzelnen. Die „unendliche Bestimmung", bemerkt Hegel, „die die Vernunft sucht, ist in der Welt, wenngleich in sinnlich einzelner Gestalt, nicht

280 Enz I: 379-380.
281 Logik II: 505.
282 Logik II: 511.
283 Logik II: 511.

in ihrer Wahrheit".[284] Das Auffassen des Materials bringt es in die Form des Begriffs, in die abstrakte Form der Gleichheit mit sich, der Identität. Die Vereinzelung des Stoffes gibt ihm die begriffliche Bestimmung der abstrakten Identität und erhebt ihn somit in die abstrakte Allgemeinheit der absoluten Reflexion-in-sich. Der Inhalt kommt zwar aus der Wahrnehmung, aber seine Form, die abstrakte Identität mit sich, die Form der abstrakten Allgemeinheit, gehört dem Begriff an.

Der Empirismus versucht also, durch die Analyse, alles Wissen auf das Unmittelbare und Identische zurückzuführen. Er sucht das Einzelne, das Einfache der sinnlichen Welt, die Elemente des bunten Reichtums der wahrgenommenen Welt in ihrer Identität mit sich, in ihrer isolierten Natur aufzunehmen. Er hält somit alle Allgemeinheit von seinem Gegenstand ab und strebt danach, allein das Gegebene aufzunehmen, wie es gegeben ist. Ein *passives Aufnehmen* des Gegenstandes, der mannigfaltigen Bestimmungen der Anschauung erscheint dem analytischen Erkennen als das ursprüngliche Geschehnis des Wissens. Das Subjekt erscheint sich als eine *tabula rasa*, die die an sich seiende Mannigfaltigkeit der vorausgesetzten, vorgefundenen Welt empfängt.[285] Das *unmittelbare Sein* der Dinge ist der angestrebte Inhalt des analytischen Erkennens und die Identifizierung desselben sein höchstes Produkt. Jeder Zusammenhang der Welt, jede synthetische Vorstellung der Realität ist nun auf diese ursprüngliche Analytizität zurückzuführen. Ob der Gegenstand ein von Natur aus Synthetisches ist, ist für das analytische Erkennen gleichgültig und ein solcher Zusammenhang erscheint ebenfalls bloß als ein Gegebenes – die Fassung des Gegenstandes in seinem Zusammenhang „gehört […] nicht seinem eigentümlichen Geschäfte an".[286]

Das analytische Erkennen als ein *Prozess* (Analyse) *setzt* in der Tat die Einzelheit selbst, die aber zugleich als *vorausgesetzt* angenommen wird. Es hält das Unmittelbare, Seiende für ein ursprüngliches und verkennt, dass

284 Enz I: 109 Z.

285 Enz I: 379 Z. Hegel identifiziert nochmal das analytische Erkennen und das Gegebensein der *Kenntnisse* der vorgefundenen Welt mit der empiristischen Ansicht der Erkenntnis und, hinsichtlich des Subjekts, mit der empiristisch-psychologischen Auffassung des Individuums, indem er dabei den Lockeschen Terminus ‚tabula rasa' anführt. Er bemerkt zwar, dass diese Ansicht fälschlicherweise dem Aristoteles zugeschrieben worden ist, „obschon niemand von dieser äußerlichen Auffassung des Erkennens entfernter ist als gerade Aristoteles" (Enz I: 379 Z.). Hegel bezieht sich wahrscheinlich auf Kant, der in der *Kritik der reinen Vernunft* Aristoteles als „das Haupt der *Empiristen*" bezeichnet und auf seine Seite ebenfalls Locke eingeordnet hat (KrV: A854/B882).

286 Logik II: 505.

es eben durch Analyse und Abstraktion zustande gekommen ist. Die Einzelheit als die formelle, abstrakte Identität hat sich durch das Werk des abstrahierenden Verstandes selbst ergeben. Sie vorauszusetzen heißt, dieselbe als Vorausgesetzte zu setzen. Das Einzelne ist *an sich* mit dem Allgemeinen oder mit dem *Denken* selbst identisch und kann sich nicht abstrakt, sondern allein in Bezug auf dieses Allgemeine bewähren. Das Denken wird dadurch „zum Prinzip der Gegenständlichkeit" selbst[287] – was jedoch der Empirismus nie zu konzipieren vermag. Der nicht-begriffliche, vereinzelte Inhalt des Empirismus ist kein unmittelbares Vorhandensein vor und unabhängig von jeder begrifflichen Bestimmung, von jeder Allgemeinheit. Er ist dagegen erst als ein nicht-begrifflicher *gesetzt* – er hat die *begriffliche* Bestimmtheit des Unbegrifflichen. Das abstrakt Einzelne ist *an sich* das Allgemeine, indem seine einzige Bestimmung die abstrakte Gleichheit mit sich ist, die überdies die Bestimmung der Allgemeinheit ausmacht. Auf die besondere Dialektik der Abstraktionen der *Einzelheit* und der *Allgemeinheit* werden wir im übernächsten Teil über die sinnliche Gewissheit konkreter eingehen.

Die Analyse hat sich also als *der Weg zum Sein der Dinge* erwiesen. Für das Bewusstsein erscheint dies als eine Rückkehr von der Welt der Dinge in die Welt der ansichseienden Einzelheiten, in die Form der *Unmittelbarkeit*. Der Empirismus fasst die Realität als eine Welt von Dingen, ihren Eigenschaften und verschiedenen Beziehungen aufeinander, versucht aber diese Welt zu erklären, indem er sie analysiert, und alles auf den einfachen Grund der jeweiligen Existenz zurückführt[288] – eine immer fortgetriebene Analyse, die alles Konkrete unter das Schwert der Scheidung führt. Auf diesem Weg sucht der Empirismus immer wieder dasjenige Letzte und Einfachste anzugeben, das als die erste und unmittelbare Realität gelten kann. Die Betrachtung und die Analyse der Welt der Dinge verweist den Empirismus auf das analytische Wissen der an sich seienden Realität, die dem Bewusstsein noch vor allem Begreifen zur Verfügung steht. Durch Analyse und Abstraktion meint der Empirismus, das Zusammengesetzte analysieren aber auch das Allgemeine von dem Einzelnen abtrennen zu können. Die *subjektive* Zutat der Allgemeinheit schreibt er dann dem Subjekt selbst und dessen formeller Tätigkeit der Vergleichung, Identifikation und Verallgemeinerung zu, wohingegen das an und für sich Einzelne und

287 Pierini 2009: 75.

288 Bezüglich des Verhältnisses des Empirismus zum analytischen Erkennen der *Logik* s. auch die kurze Erwähnung von Hansen (1997: 27-8), der jedoch nur vom „englischen Empirismus" und genauer nur von Hume spricht, ohne die übrigen Richtungen des Empirismus mit einzubeziehen.

Konkrete zur ursprünglichen Sinnlichkeit, vor jedem Denken und aller Reflexion, zurückführt.

Das bloße sinnliche Wissen, die sinnliche Gewissheit ist das, „was der Theoretiker durch Abstraktion aus unserem manifesten Weltbild als unmittelbares Wissen herausdestilliert", bemerkt A.F. Koch, und sie besteht gerade in einer unendlichen Mannigfaltigkeit von vergegenständlichten „distinkten Entitäten" in der Form von Sinneseindrücken.[289] Das bloße sinnliche Bewusstsein entsteht nach Koch nun durch Reflexion bzw. „Abstraktion vom Alltagsbewusstsein",[290] also vom Bewusstsein der Wahrnehmung, vom ‚gewöhnlichen Bewusstsein' des Alltags. Die Bewegung des Empirismus in diesem sinnlichen Bewusstsein überhaupt, in den Sphären der Wahrnehmung und der Sinnlichkeit, und gleichermaßen die Reduktion der Wahrnehmung auf die Sinnlichkeit, macht den Gegenstand unserer weiteren Behandlung aus, mit dem Ziel, zu betrachten, in welchem Maß eine Kritik am Empirismus aus systematischer Sicht dadurch zu artikulieren ist und inwiefern Hegel selbst, im Rahmen dieses im weitesten Sinne ‚sinnlichen Bewusstseins', sich mehr oder weniger auf den Empirismus bezieht. Die Möglichkeit des *Untergangs* der Wahrnehmung und deren *Rückfall* in die sinnliche Gewissheit bezeichnet Hegel selbst sogar im entsprechenden Teil seiner *Phänomenologie des Geistes* als einen Teufelskreis zwischen sinnlicher Gewissheit und Wahrnehmung, in den sich das Bewusstseins verwickelt – einen Teufelskreis, den erst die weitere Entwicklung der Wahrnehmung durchbricht. Dem ganzen Empirismus liegt die Idee der Auflösung der konkreten Verfasstheit der Dinge und ihrer Reduktion auf den einfachen Grund ihrer gegebenen sinnlichen Mannigfaltigkeit zugrunde. Der Empirismus folgt eben diesem Weg des Rückfalls und löst die Konkretheit der wahrgenommenen Dinge in der Einfachheit der Ureindrücke der Sinne und der von ihnen erworbenen Ideen auf. Im Folgenden werden wir darum nicht von der bloßen Sinnlichkeit des Bewusstseins, sondern zuerst von der Wahrnehmung, von dem ‚Standpunkt unseres gewöhnlichen Bewusstseins und mehr oder weniger der Wissenschaften', wie Hegel es in der *Enzyklopädie* bezeichnet, ausgehen, um dann den Prozess des Rückfalls des Bewusstseins in die sinnliche Gewissheit zu betrachten.

---

289 Koch 2008: 140.

290 Koch 2008: 139, 141.

III.4. Das „gewöhnliche Bewusstsein“ und der Empirismus der Wahrnehmung

III.4.1. Gewöhnliches und natürliches Bewusstsein – Abstraktion, Rückfall und logische Entwicklung

Die Wahrnehmung hat sich nun als die Ausgangsform der empiristischen Welt gezeigt. Wie schon oben angeführt, bestimmt Hegel das wahrnehmende Bewusstsein in seiner *Enzyklopädie* als den „Standpunkt unseres *gewöhnlichen Bewußtseins* und mehr oder weniger der *Wissenschaften*“.[291] Den Fortgang des Wahrnehmens beschreibt Hegel folgendermaßen weiter: „Es wird von sinnlichen Gewißheiten einzelner Apperzeptionen oder Beobachtungen ausgegangen, die dadurch zur Wahrheit erhoben werden sollen, daß sie in ihrer Beziehung betrachtet, über sie reflektiert [wird], überhaupt daß sie nach bestimmten Kategorien zugleich zu etwas Notwendigem und Allgemeinem, zu *Erfahrungen* werden.“[292] In der Wahrnehmung wird der Gegenstand nach Seiten gefasst, die nicht unmittelbar der Sinnlichkeit angehören. Die vereinzelten Bestimmungen der sinnlichen Gewissheit, die vielen ‚sinnlichen Gewissheiten‘ der ‚einzelnen Apperzeptionen‘ werden nun in ihrer Wahrheit als Allgemeinheiten gefasst, als einfache sich selbst gleiche abstrakte *sinnliche Allgemeinheiten* bzw. *Vorstellungen*, als das Sichselbstgleichbleibende in der Veränderung der sinnlichen Wahrnehmung. Darüber hinaus sind die Bestimmtheiten selbst nicht mehr *an sich* und damit nur *für uns*. Entweder als *verschiedene* oder als *unterschiedene* und gegeneinander *entgegengesetzte* liegt ihnen der *Gedanke* ihrer *Einheit*, der Gedanke ihres *Zusammenfassens* zugrunde. Der *wesen*hafte Charakter der Wahrnehmung deutet, wie gesagt, eben auf diese *Identität Unterschiedener*, auf eine *synthetische Einheit* hin. Hegel hebt in einem Zusatz zur *Enzyklopädie* hervor: „alle diese Eigenschaften sind in *einem* Gegenstand vereinigt, und diese Einheit ist nicht in der Empfindung“.[293] Der Gegenstand des sinnlichen Bewusstseins ist nur ein Zerbrochener, Auseinandergerissener, ein vereinzelter Inhalt, der von allem anderen Inhalt abgesondert ist. Die *vielen Einzelnen* sind nur *an sich* oder allein *für uns*, die wir die sinnliche Gewissheit aus einem höheren Reflexionsstandpunkt betrachten. Im Gegenteil dazu sind sie in der Wahrnehmung als in sich reflektiert und die anderen ausschließend. Das wahrnehmende

291 Enz III: 209.
292 Enz III: 209.
293 Enz I: 119 Z.

Bewusstsein erfasst die Verschiedenheit des Sinnlichen *für sich* und dazu wird auch der sinnliche Inhalt selbst, jetzt in Gestalt der *sinnlichen Allgemeinheiten*, als *für sich* von seinem anderen unterschieden, als negative Beziehung auf sich selbst gesetzt. Das *allgemeine Ich* der Wahrnehmung, nicht mehr das einzelne, verschwindende Ich oder die einzelnen, verschwindenden Sinnestätigkeiten des Sehens, Hörens usw. erhalten die Mannigfaltigkeit des sinnlichen Daseins, indem sie sie auf ein Allgemeines beziehen und die Bestimmungen einer Individualität nach konkreten Verhältnissen einordnen und zusammenhalten.

Außer der strikten systematischen Behandlung der Wahrnehmung in der *Enzyklopädie* oder in der *Phänomenologie des Geistes* bestimmt Hegel zudem an mehreren Stellen seines Werkes, welche Merkmale jenes *gewöhnliche Bewusstsein* hat. Alternativ wird von Hegel auch die Bezeichnung „gemeines Bewusstsein“ (das aber gelegentlich auch mit dem natürlichen Bewusstsein gleichgesetzt wird) oder auch das „alltägliche Bewusstsein“ angeführt. Das gewöhnliche Bewusstsein verfährt mit sinnlichen Vorstellungen[294] und in ihm hat man weder bloßes Sinnliches noch reine Gedanken. Die Wahrnehmung ist eine *Mischung* von Kategorien und sinnlichem Inhalt. Die Wahrnehmung ist überhaupt „eine Verbindung von sinnlichen und von erweiterten Gedankenbestimmungen konkreter Verhältnisse und Zusammenhänge“,[295] eine „Vermischung von sinnlichen oder Gefühlsbestimmungen und Verstandesbestimmungen“[296]. Selbst „die Gedanken“ sind also in unserem gewöhnlichen Bewusstsein „mit sinnlichem und geistigem geläufigen Stoffe angetan und vereinigt, und im Nachdenken, Reflektieren und Räsonieren *vermischen* wir die Gefühle, Anschauungen, Vorstellungen mit Gedanken (in jedem Satze von ganz sinnlichem Inhalte: ‚dies Blatt *ist* grün‘, sind schon Kategorien, *Sein*, *Einzelheit* eingemischt)“.[297]

Aber wenn das gewöhnliche Bewusstsein mit einer solchen Mischung von Sinnlichem und Geistigem verfährt, hat es zu seiner Voraussetzung die Trennung und das Abhalten der beiden Seiten. Die ursprüngliche Trennung des Geistes auf der Stufe der Reflexion in Subjekt und Objekt überhaupt nimmt hier die Form eines Gegensatzes zwischen dem jeweils *Eigenen* dieser zwei Elemente. Die Trennung von Objekt und Subjekt wird für das gewöhnliche Bewusstsein auf dem Standpunkt der Wahrnehmung zu einer Unterscheidung von *sinnlichem Inhalt* und *geistiger Form*. Dem ob-

294 Enz I: 76 Z.
295 Enz III: 208.
296 NuH: 70; vgl. ebenda: 75, 114.
297 Enz I: 44-5.

jektiven an und für sich vereinzelten Inhalt steht die subjektive Form der Allgemeinheit gegenüber und umgekehrt. Einzelheit des Sinnlichen Inhalts und Allgemeinheit der Form werden synthetisiert in der Gestalt einer *sinnlichen Vorstellung*. Der jetzt zum Ding gewordene Gegenstand wird allein durch die Vorstellung gefasst. Seine Sichselbstgleichheit hat die Form einer Identität Unterschiedener, einer Einheit von mehreren Bestimmungen und seine Bestimmungen selbst sind nicht bloße verschwindende sinnliche Einzelheiten, sondern *sinnliche Allgemeinheiten*, sich-auf-sich-beziehende Momente, in-sich-reflektierte Einfachheiten.

Das gewöhnliche Bewusstsein versteht die Trennung des Inhalts von der Form nicht als ein Produkt seiner eigenen Tätigkeit als eines Denkenden, eines Verstandes. Dasjenige, was von ihm *gesetzt* ist, erhebt sich zur absoluten *Voraussetzung* und der Gang ihres Setzens wird vergessen. Das „gewöhnliche Bewusstsein“ geht von der „vorausgesetzten Trennung des *Inhalts* der Erkenntnis und der *Form* derselben“ aus.[298] „Es wird“, wie Hegel hervorhebt, „vorausgesetzt, daß der Stoff des Erkennens als eine fertige Welt außerhalb des Denkens an und für sich vorhanden, daß das Denken für sich leer sei, als eine Form äußerlich zu jener Materie hinzutrete, sich damit erfülle, erst daran einen Inhalt gewinne und dadurch ein reales Erkennen werde“.[299] Subjekt und Objekt stehen als zwei „Bestandteile“, die erst *äußerlich* miteinander verknüpft werden, so „daß das Objekt ein für sich Vollendetes, Fertiges sei, das des Denkens zu seiner Wirklichkeit vollkommen entbehren könne, dahingegen das Denken etwas Mangelhaftes sei, das sich erst an einem Stoffe zu vervollständigen, und zwar als eine weiche unbestimmte Form sich seiner Materie angemessen zu machen habe“.[300]

Diese Ansicht kommt nach Hegel dem *gemeinen Menschenverstand* zu, der eine Form des reflektierenden und damit *abstrahierenden* und *trennenden* Verstandes ausmacht. Dieser gemeine Menschenverstand „macht seine Ansicht geltend, daß die Wahrheit auf sinnlicher Realität beruhe, daß die Gedanken *nur* Gedanken seien, in dem Sinne, daß erst die sinnliche Wahrnehmung ihnen Gehalt und Realität gebe“.[301] Die Vernunft kann von sich selbst keine Wahrheit ergeben. Ihr bleibt nur die „subjektive Wahrheit, nur die Erscheinung zu erkennen“,[302] aber dadurch geht die Wahrheit verloren und, wie Hegel hervorhebt, „das *Wissen* ist zur *Meinung* zurückgefallen“.[303]

298 Logik I: 36.
299 Logik I: 36-7.
300 Logik I: 37.
301 Logik I: 38.
302 Logik I: 38.
303 Logik I: 38.

Der abstrahierende und zerstückelnde Verstand des gewöhnlichen Bewusstseins findet so letztlich die Wahrheit in der Form der Gewissheit des sinnlichen Inhalts und fasst sie allein in der subjektiven Form des Begriffs. Wahrheit findet dieses reflektierende Bewusstsein letzten Endes allein in der *Realität* des sinnlichen Inhalts, in der *sinnlichen Einzelheit* und sein Kriterium ist bloß die Vergleichung seiner allgemeinen Vorstellungen mit jenem sinnlichen Inhalt. Insofern sich aber das Bewusstsein auf den letzten Grund der bloßen Sinnlichkeit stützt, fällt es auch in das bloße *Meinen* der *sinnlichen Gewissheit* zurück.

Das führt zu dem, was im vorigen Teil gezeigt wurde, nämlich dass der abstrahierende und trennende Verstand, das *analysierende* gewöhnliche Bewusstsein der Wahrnehmung, sein Ende in der Auflösung des Gegenstandes selbst in dessen abstrakte vereinzelte Bestimmungen findet, die nach der Allgemeinheit ihrer Form nur dem Subjekt angehören, nach ihrem sinnlichen vereinzelten Inhalt aber objektiv sind. Der Gegenstand, den die Wahrnehmung in seiner Konkretheit aufgefasst hat, verliert sich in der Unbestimmtheit und Abstraktheit seiner abgesonderten Bestimmungen und das Subjekt meint, dass es allein seine ‚subjektive Tätigkeit des Zerlegens' und damit die dadurch entstandene subjektive Form der Allgemeinheit von dem Gegenstand abzuhalten hat, um den Inhalt in seiner unvermischten Wahrheit zu erkennen. Die Wahrheit beschränkt sich so auf die Übereinstimmung des Denkens mit dem Gegenstand[304] und der sinnliche Inhalt ist eigentlich die einzige *Bewahrheitung* des Gedankens. Die Wahrheit reduziert sich auf die unmittelbare *Gewissheit* des Empirischen. Die Bewegung, die von Hegel in der Einleitung der *Logik* beschrieben wird, bestimmt damit auch das Verhältnis des gewöhnlichen zum sinnlichen bzw. *natürlichen Bewusstsein*, das er als eine Art *Abstraktion* des letzteren von dem ersteren ausmacht. Das Weglassen der Allgemeinheit und der Verbundenheit des Inhalts und das ausschließliche Festhalten an der bloßen an sich seienden und vereinzelten Sinnlichkeit zeigt die Art und Weise des Entstehens jener urersten Bewusstseinsform. Das sinnliche Bewusstsein tritt als eine Abstraktion vom alltäglichen Bewusstsein auf, als eine erschöpfte Analyse des reflektierenden Bewusstseins, das am Ende den Gegensatz von Subjekt und Objekt als einen bloßen Unterschied von Form und Inhalt definiert.

Im früheren Werk Hegels ist diese Charakterisierung des „gewöhnlichen Bewusstseins" nicht zu finden. In der *Phänomenologie des Geistes* wird hingegen allein das „natürliche Bewusstsein" als eine Hauptfigur des Geistes präsentiert, die aber später als Terminus wieder wegfällt und nur noch

---

304 Logik I: 37.

sehr selten vorkommt, wie z.B. in wenigen mündlichen Zusätzen Hegels in der *Enzyklopädie* oder in seinen *Vorlesungen über die Geschichte der Philosophie*. Das natürliche Bewusstsein der *Phänomenologie* wird im nachkommenden Werk nur als *sinnliches Bewusstsein* erwähnt, wie es auch im Titel des entsprechenden Kapitels der enzyklopädischen Phänomenologie erscheint. Unabhängig von der literarischen Frage hat sich der Status dieses natürlichen Bewusstseins, des Bewusstseins als sinnlicher Gewissheit in der Hegel-Literatur häufig als etwas Umstrittenes bewiesen, vornehmlich in Bezug auf die Frage, ob die sinnliche Gewissheit eine wirkliche Bewusstseinsform oder eine *unwirkliche Abstraktion* von der Wahrnehmung ausmache. Im Folgenden werden nun zuerst drei unterschiedlichen Auslegungen der Beziehung von Wahrnehmung und sinnlicher Gewissheit (vom gewöhnlichen und natürlichen Bewusstsein) dargestellt und diskutiert.

Die heftigste Polemik gegen die in der *Phänomenologie* aufkommende Reihenfolge der Bewusstseinsgestalten als *wirkliche* Formen des Bewusstseins stammt aus einem Artikel von Merold Westphal. Westphal bemerkt zu recht: „Unser Wissen von der äußeren Welt fängt nicht in der verdünnten Atmosphäre reiner Sinnlichkeit an, sondern in der konkreten Lebenswelt des alltäglichen Bewußtseins von Dingen und ihren Eigenschaften.“[305] Die sinnliche Gewissheit kann in der Tat nur als ein Moment innerhalb der Wahrnehmung geltend gemacht werden.[306] Westphal verbindet ihre Geltung und den Anspruch nach einem letzten, unreduzierbaren, unmittelbaren sinnlichen Grund mit dem Versuch der Wahrnehmung, sich als ‚reines Auffassen‘ zu verhalten und nichts zu tun, das dem Dinge entweder etwas hinzusetzen oder wegnehmen würde. Wie er erklärt: „Eben diese Sorgen der Wahrnehmung liegen dem Appell an Unmittelbarkeit und sinnliche Gewißheit zugrunde.“[307] Westphal versteht den Gang der sinnlichen Gewissheit nicht als einen wirklichen Übergang in die Wahrnehmung, nicht als eine Aufhebung der Sinnlichkeit. Der erste Übergang des Bewusstseins vollzieht sich so allein mit dem Übergang von der Wahrnehmung in den Verstand. „Es mag jedoch scheinen“, schreibt er, „daß die Bewegung von Wahrnehmung zu Verstand die zweite ist, die Hegel in der Phänomenologie beschreibt und nicht die erste. Aber das scheint nur

305 Westphal 1973: 89.
306 Vgl. auch die kurze Diskussion in Graser 1998: 35 ff., in der er die sinnliche Gewissheit ebenfalls als Produkt einer Abstraktion annimmt und als Gedankenexperiment charakterisiert (auch ebenda: 39).
307 Westphal 1973: 90.

so."[308] Das Bewusstsein bleibt für Westphal „unausweichlich auf der Ebene der Wahrnehmung"[309] und der Gang der sinnlichen Gewissheit weist in der Tat nur darauf hin, dass der Rahmen der Wahrnehmung für das Bewusstsein nicht zu überwinden ist. „Die sinnliche Gewißheit ist eine unwirkliche Abstraktion."[310] Ihre Entfaltung zeigt nach Westphal nur ihre vollkommene Vernichtung, ein völliges Verschwinden ihres Seins ins Nichts, das Beweisen ihrer gänzlichen Unhaltbarkeit. Er parallelisiert den Gang der sinnlichen Gewissheit mit dem Verschwinden des reinen Seins in das reine Nichts innerhalb der *Logik*: „Wahrnehmung ist die erste wirkliche Form menschlichen Bewußtseins, da sie die Vermittlung einschließt, die Bestimmung erlaubt, ohne die sie das leere Anschauen oder Denken wäre."[311] Die sinnliche Gewissheit geht zugrunde und Hegel zeigt, seiner Meinung nach, nicht, dass sie ein defizitäres Bewusstsein ist, das sich aufhebt und in die nachkommende Form übergeht, sondern vielmehr, dass sie überhaupt ein unreales Bewusstsein ist, das in sich einstürzt. Der Widerspruch zwischen *Unmittelbarkeit* und Forderung auf *Bestimmtheit* ist nicht zu lösen und wie Westphal behauptet: „Hegels gnadenlose Bloßstellung desselben im Anfangskapitel der Phänomenologie zeigt uns, nicht daß dies eine unstabile, sondern daß es überhaupt keine Form menschlichen Bewußtseins ist."[312]

Ähnlich wie M. Westphal äußert sich auch A. Graeser, der der sinnlichen Gewissheit alle Möglichkeit einer realen und vielmehr notwendigen Form des Bewusstseins abspricht. Die sinnliche Gewissheit ist für ihn allein das „Produkt einer Idealisierung" oder das bloße „Produkt einer Abstraktion".[313] Nicht nur die Realität, sondern auch die logische Notwendigkeit fehlt der sinnlichen Gewissheit, die so als ein reines ‚Gedankenexperiment' stattfindet. Er stellt fest: „Gewiß kann die Thematisierung der sinnlichen Gewissheit nicht als reguläre Beschreibung gelten, geschweige denn als etwas, was sich uns darbietet, wenn wir das Bewußtsein im Akt der Reflexion betrachten. Eher handelt es sich um ein Gedankenexperiment mit dem Ziel, tatsächliche oder mögliche Konstruktionen dieser Art als widersprüchlich zu erweisen."[314] Die sinnliche Gewissheit erscheint so als eine nur mögliche Form, eine Konstruktion unter mehreren, die man bilden

308 Westphal 1973: 89.
309 Westphal 1973: 89.
310 Westphal 1973: 89.
311 Westphal 1973: 92-3.
312 Westphal 1973: 92.
313 Graeser 1998: 39.
314 Graeser 1998: 39.

könnte, wenn man jeweils verschiedene Elemente von den reicheren Formen des Bewusstseins abstrahieren würde. Unabhängig von den Problemen der These, dass jegliche ‚Abstraktion' nicht arbiträr, sondern notwendig und von logischen Formen geleitet ist, stellt sich ohnehin die Frage, von welcher Form des Bewusstseins man abstrahieren soll, um zur sinnlichen Gewissheit zu gelangen und zudem noch, ob die anderen, nachkommenden Gestalten des Bewusstseins, wie zunächst die Wahrnehmung, ebenfalls arbiträre Abstraktionen oder reale und notwendige eigenständige Gestalten des Bewusstseins sind. Darauf gibt Greaser jedoch keine Antwort.

Eine oppositionelle These zu der Westphals und Graesers formuliert Rudolf W. Meyer, der sich für die vollständige Selbständigkeit der sinnlichen Gewissheit als Bewusstseinsform ausspricht. Er meint zwar, dass Hegel sich, durch den Ansatz der sinnlichen Gewissheit, gegen einige seiner zeitgenössischen Auffassungen positioniert, die „die sinnliche Gewißheit als Element der Sinneswahrnehmung, als ein Sinnesdatum, das in jeder Wahrnehmung vorausgesetzt ist", verstehen.[315] „Ein solches Verständnis würde indessen dem Anfang der *PhG* keineswegs gerecht [...]. Die sinnliche Gewißheit tritt nicht als Moment der Wahrnehmung auf, sondern ist eine Bewußtseinsgestalt sui generis".[316] Meyer stützt seine Behauptung sehr vorsichtig und detailiert auf die Parallelisierung des Anfangs der *Phänomenologie des Geistes* mit dem Anfang der *Logik*. Er fundiert die Rolle und Eigenständigkeit der Gestalt der sinnlichen Gewissheit in der *logischen Struktur* derselben, in der *Logik des Seins*, die ihr unterliegt. Das bloße sinnliche Bewusstsein äußert die Dialektik der Seinslogik in der Auffassung seines Gegenstandes.

Im Gegensatz zu den beiden obigen Ansätzen ist nicht zu übersehen, dass, während Westphal und Graeser diskutieren, ob die sinnliche Gewissheit eine *wirkliche* Bewusstseinsform darstellt, Meyer sich auf die Frage ihrer *systematischen Legitimität* konzentriert. Westphal und Graeser machen jedoch eine Voraussetzung, die nicht genuin Hegel und der *Phänomenologie des Geistes* angehört. Der erste spricht von *wirklichen* und der zweite von *tatsächlichen* Formen des Bewusstseins, in dem Sinne, dass solche Formen nicht nur *Momente* des gesamten Entwicklungsprozesses des Bewusstseins, sondern auch wirklich als solche – in einem gemeinen, empirischen Sinn – existieren. Insofern zwar Hegel selbst mehrmals und explizit (insbesondere allerding in seinem späteren Werk, nach der *Phänomenologie*) die Welt der Wahrnehmung mit dem Standpunkt eines *gewöhnlichen* und *alltäglichen* Bewusstseins, nämlich mit dem naivsten und allerersten *wirklichen* Be-

315 Meyer 1990: 254.
316 Meyer 1990: 254.

wusstsein, über das wir Menschen im einfachen Alltagsleben verfügen können, identifiziert, soll damit wohl gesagt werden, dass es bei der sinnlichen Gewissheit gar nicht um ein *wirkliches* Bewusstsein gehen kann. Sonst was anderes könnte das ‚wirkliche' oder das ‚tatsächliche' bedeuten, wenn nicht das eigentlich *alltägliche* und *gewöhnliche* Bewusstsein? Hegel selbst hat allerdings nirgendwo behauptet, dass es in der *Phänomenologie* um *wirkliche* (im gemeinen Sinne des Wortes) Formen des Bewußtseins geht, d.h. um Formen, die nicht idealisiert worden sind, die nicht Formen einer *wissenschaftlichen*, sondern einer *gemeinen* und *alltäglichen* Zuordnung sind. Wenn man die Behauptung Westphals und Graesers ernst nehmen möchte, dann sollte man auch die Wahrnehmung selbst als eine *unwirkliche* Form diskreditieren, insofern Hegel dem Bewusstsein überhaupt spätestens ab 1822 die Formen des Raums und der Zeit entnimmt. Was sollte man dann von der späteren anthropologischen Seele sagen? Die Unhaltbarkeit der gemeinten absoluten Unmittelbarkeit der sinnlichen Gewissheit bedeutet nicht, dass sie als eine Bewusstseinsform unwirklich ist und letztendlich erst die Prüfung einer falschen Annahme der Wahrnehmung ausmacht.

Westphal und Graeser unterschätzen damit die selbständige Rolle der *logischen Stufe* des Seins und der Unmittelbarkeit. Die ganze *Phänomenologie* wäre in einem solchen Fall ein Werk voll mit *unwirklichen* und letztlich ohnmächtigen Formen, mit bloßen ‚Gedankenexperimenten', nützlich zur Geistesübung aber nicht zur Erkenntnis der Wirklichkeit. Wenn die sinnliche Gewissheit eine unwirkliche und bloß zu vernichtende Stufe des Geistes ist, dann wäre der Anfang der Herrschaft und Knechtschaft des Selbstbewusstseins ebensowenig wirklich, wenn sie gleich mit dem unmittelbaren, *natürlichen* Zustand des „bellum omnium contra omnes" beginnt, der in dieser Abstraktion der Unmittelbarkeit in der *wirklichen* menschlichen Geschichte überhaupt nicht anzutreffen ist, obwohl sie ein besonderes *Moment* zur Bildung des Gesellschaftlichen und Rechtlichen ausmacht. Die Unmittelbarkeit überhaupt wird erst durch die Vermittlung gesetzt, aber ihr Setzen gilt für die Vermittlung selbst als ein Voraussetzen, von dem die letztere anfängt, um sich in sich zu reflektieren. Das methodologische Zuordnen, das nicht mehr der Weise des bloßen wirklichen, endlichen und gewöhnlichen Bewusstseins folgt, ist aber nicht weniger *wirklich*. Dasjenige, was sich auf einem höheren und konkreteren Standpunkt als ein bloßes *Moment* zeigt, erscheint auf einem niedrigeren und abstrakteren Standpunkt als etwas Selbstständiges. Was durch *Abstraktion* von der Wahrnehmung *gesetzt* wird, wird als *Vorausgesetztes* genommen und seine dialektische Natur erweist eben seinen Übergang ins Andere und es selbst als kein Unmittelbares, sondern als Vermitteltes, als ein durch die Vermittlung gesetztes Unmittelbares.

Ein dritter Ansatz, der gewissermaßen zwischen den ersten beiden steht, ist der von W. Bonsiepen. Das soll nicht heißen, dass er eine Kompromissthese vorschlägt, sondern vielmehr, dass er etwas Abstand von dem Unterschied zwischen dem *wirklichen* und dem *methodologischen* Gang des Bewusstsein nimmt. Bonsiepen sieht als gegeben an, dass die Schlüssigkeit des Weges von der Unmittelbarkeit zur Reflexion, wie er sich auch im Falle des Bewusstseins dartut, schon anhand der *Logik* begründet worden ist und zeigt weiter die möglichen Anspielungen des Bewusstseins der *Phänomenologie* auf die spätere *Logik*. Im Gegensatz zur Stellung Westphals und Graesers betont Bonsiepen: „Hegels Beginn der *Phänomenologie* mit der sinnlichen Gewißheit ist ernst zu nehmen. Hegel kehrt die Reihenfolge um: nicht die sinnliche Gewißheit wird aus der Wahrnehmung als Abstraktionsprodukt erklärt, sondern die Wahrnehmung wird von der sinnlichen Gewißheit aus verständlich gemacht.“[317] In dieser Weise könnte man behaupten, dass der eigentliche Weg der Entstehung der sinnlichen Gewissheit der Weg der Abstraktion von der Wahrnehmungsstruktur ist, die die erste *wirkliche* Bewusstseinsform ausmacht – das einfachste gewöhnliche und alltägliche Bewusstsein. Das besagt jedoch nicht, dass die systematisch-funktionale Rolle der bloßen Sinnlichkeit in der Dialektik der Wahrnehmung selbst zu erschöpfen sei.[318]

Die Eigenständigkeit des Moments der sinnlichen Wahrnehmung als einer Gestalt des Geistes ist nicht dadurch zu unterminieren, dass sie keine eigenständige Form für das Alltagssubjekt darstellen kann. Der wissenschaftliche oder der logische Gang handelt wesentlich von den wirklichen,

317 Bonsiepen 1977: 144.

318 Es ist dabei auch die These von H.-G. Bensch zu erwähnen, der feststellt, dass in der *Phänomenologie des Geistes* „die sinnliche Gewißheit doppelt vorhanden“ ist, nämlich „einmal als Unmittelbares und einmal als Resultat von Vermittlungen“. (Bensch 2005: 113) Bensch erklärt jedoch nicht genau, wie dies zu verstehen ist und verbindet den Rückfall der Wahrnehmung in die sinnliche Gewissheit nicht direkt mit einem Abstraktionsprozess, dessen Resultat, das Einzelne und Einfache, als *systematisch* Primäres zu sehen ist, um durch seine eigene Dialektik zeigen zu können, dass es allein ein Übergehen ins Entgegengesetzte und schlechthin ein Resultat der Vermittlung ist, die für das Bewusstsein eben als *Abstraktion* bezeichnet wird. Die sinnliche Gewissheit ist so nicht eigentlich ‚doppelt vorhanden‘. Sie wird hingegen allein von verschiedenen Standpunkten aus betrachtet, sodass von beiden gezeigt wird, dass sie etwas *Abstraktes* zu ihrem Prinzip und Element hat, das konkretisiert werden soll, wenn sie überhaupt Anspruch auf Wahrheit haben will. Der Rückfall der Wahrnehmung zeigt den wirklichen Abstraktionsprozess, der im Bewusstsein stattfindet und die sinnliche Gewissheit zeigt auf der anderen Seite die *Abstraktheit* und die daraus resultierten Konsequenzen *an dem Gegenstand* selbst.

auf dem Standpunkt der Alltagsreflexion stehenden Bewusstseinsformen. Die Legitimität und die Notwendigkeit des Anfangs der *Phänomenologie* mit der absoluten Unmittelbarkeit, mit dem abstrakten sinnlichen Sein und der abstrakten Einzelheit des sogenannten natürlichen Bewusstseins ist mit der Legitimität und der Notwendigkeit des Anfangs der *Logik* über das reine Sein identisch. Das Bewusstsein beschreitet den Weg seiner dialektischen Entwicklung mit einer absoluten *Abstraktion* von jeder Vermittlung und jeder Allgemeinheit. Es geht aus dem gewöhnlichen Bewusstsein des Alltags hinaus und behauptet seine unmittelbare Beziehung auf einen Gegenstand, der auch notwendigerweise an sich selbst unmittelbar sein soll, nämlich ein Einzelnes und Einfaches. Die bloße, reine Sinnlichkeit entsteht unmittelbar als eine Analyse und durchgängige Zergliederung des zusammengesetzten Konkreten der Wahrnehmung. Insofern ist die Sinnlichkeit und damit der Anfang des Bewusstseins in der Tat kein absoluter und voraussetzungsloser Anfang, sondern seine wirkliche (bzw. empirische) *Genese* ist eigentlich der Analyse und der Abstraktionstätigkeit des in der Wahrnehmung sich betätigenden Verstandes zu verdanken. Die Eigenständigkeit ist *logisch* aber nicht notwendigerweise zugleich real bzw. wirklich im gemeinen Sinn.

Wie oben schon gesehen, macht die Tatsache, dass das Sinnliche als Vereinzeltes etwas von dem Zusammenhang der Wahrnehmung abgesondertes ist, einen wichtigen Aspekt aus, den Hegel besonders berücksichtigt und kritisiert. Die eigentliche *Abstraktion* des *Einzelnen* von seinem konkreten Ganzen fällt mit der Abstraktion der Allgemeinheit zusammen, was eben das Ergebnis der Sinnlichen-Gewissheit-Prüfung darstellt. Insofern trifft die Interpretation Westphals (und zum Teil auch Graesers) zu, der die sinnliche Gewissheit als eine *Abstraktion* von der Wahrnehmung interpretiert, wenn Hegel tatsächlich die Wahrnehmung explizit als jene Bewusstseinsform beschreibt, in der zunächst das wirkliche *Konkrete* dargestellt und gefasst werden kann. Aber die sinnliche Gewissheit als Stufe des unmittelbaren Bewusstseins führt stets die Dialektik der Reflexion mit sich und ist nicht bloß etwas von der Reflexion, von der Vermittlung, *Gesetztes*, sondern auch etwas, das für die Vermittlung und die Reflexion als *Vorausgesetztes* gilt und gelten muss, von dem nämlich die Reflexion als eine Rückkehr in sich ausgehen muss, um sich als *Reflexion* und *Vermittlung* zu bewähren. Das Unmittelbare zeigt sich als von der Reflexion Gesetztes, als eine Abstraktion von dem Konkreten, macht sich aber als sachliche Voraussetzung der Reflexion selbst geltend. Für das aufnehmende sinnliche Bewusstsein ist dann dieses Unmittelbare das schlechthin in der Bestimmung des Seins Gesetzte. Hegel lässt somit keinen absoluten Anfang der Unmittelbarkeit zu, aber zeigt durch den logischen Weg der Erhebung von dem bloßen unmittelbaren sinnlichen Sein in die Vermittlung eben die Unzulänglichkeit jeder empiristischen oder empiristisch geprägten Annahme, es gebe ein ursprüngliches, unreduzierbares, absolut unmittelbares Sinnliches, das als Einzelnes und Einfaches die Allgemeinheit ausschließt und erst *nachträglich* vom Bewusstsein transformiert, zusammengesetzt und mit der Allgemeinheit als einer bloßen äußerlichen Form des Subjektiven verbunden wird.

Der *logische* Gang der *Phänomenologie* fängt bei der bloßen Sinnlichkeit an und geht dann zur Wahrnehmung über. Es werden dadurch die Anmaßungen der sinnlichen Gewissheit geprüft und ihre dialektische Aufhebung gezeigt. Die angebliche absolute Unmittelbarkeit in der Form eines sinnlichen Einzelnen wird abgeschafft. Aber die *wirkliche* Genese der sinnlichen Gewissheit geht von der Wahrnehmung aus, indem sie dem Weg der Analyse und der Abstraktion folgt. Wie wir im vorigen Teil gesehen haben, kritisiert Hegel an allen anderen Stellen seines Werks, außer in der *Phänomenologie des Geistes* oder der enzyklopädischen Phänomenologie, die Annahme einer absoluten empirischen Einzelheit, indem er auf den Weg ihrer Entstehung aufmerksam macht. Es wird somit gezeigt, dass das angeblich absolut Einzelne, weil es in der Tat ein nur *abstrakt* Einzelnes ist, allein als ein von dem abstrakt Allgemeinen nicht zu Unterscheidendes auftreten kann. Die Kritik Hegels an der Absonderung des analysierten, isolierten Teiles eines konkreten empirischen Ganzen besteht eben in dem Beweis, dass das Ergebnis einer solchen Analyse die Konkretheit des Wahrgenommenen verloren gehen lässt und das bestrebte Einzelne nur als Abstraktes und somit Allgemeines verbleibt – der frühere konkrete Gegenstand ist jetzt in einer solchen Fülle von abstrakten Allgemeinheiten aufgelöst. Der Endpunkt der sinnlichen Gewissheit ist auch der Schluss der Hegelschen Kritik an der Analyse der Erfahrung.

Die zwei entgegengesetzten Richtungen treffen an diesem Punkt zusammen. Zum selben Ergebnis gelangt auch die *logische* und die *reale* Darstellung ebendieses Gegenstandes. Die Hegelsche Darstellung der Dialektik der Wahrnehmung bestätigt ebendiesen eigentümlichen Gang, der das wahrnehmende Bewusstsein zum Resultat der sinnlichen Gewissheit zurückbringt.

Im Folgenden möchten wir eben diesen Weg der *Analyse*, wie er sich innerhalb der phänomenologischen Wahrnehmung dartut, betrachten und darin den besonderen Mechanismus des Rückfalls des Bewusstseins in die sinnliche Gewissheit einsehen.

III.4.2. Der Empirismus der Wahrnehmung und die Analyse als Rückfall

III.4.2.1. Die Form des Dinges des Empirismus und die Hegelsche Wahrnehmung

Die *Analyse* fängt, nach der *Phänomenologie des Geistes*, mit der *Vorstellung* an. Das analysierende Denken beginnt mit der *Bekanntschaft* eines Inhalts und geht auf seine eigenen *Voraussetzungen* zurück. Wie Hegels berühmte Formulierung aus der *Phänomenologie des Geistes* lautet: „Das Bekannte überhaupt ist darum, weil es *bekannt* ist, nicht *erkannt*. Es ist die gewöhnlichste Selbsttäuschung wie Täuschung anderer, beim Erkennen etwas als bekannt vorauszusetzen und es sich ebenso gefallen zu lassen."[319] Das Bekannte ist in der *Vorstellung* oder die Vorstellung selbst, die die Bekanntschaft des Inhalts *voraussetzt*, der für das Bewusstsein als ein Fertiger und Gegebener erscheint. Die Vorstellung wird auf ihre Voraussetzungen zurückgeführt und auf diese Weise wird gezeigt, was sie in sich selbst enthält, wie sie selbst geschaffen ist. Das *Positive* der Vorstellung wird in die absolute *Negativität* erlöscht. Die Zertrennung einer Vorstellung ist diejenige Macht, die ihren Inhalt auf die Identität zurückführt und ihm die abstrakte Form des sinnlichen Seins verleiht. Dasjenige, was sich als ein konkretes zusammengewachsenes Ganzes darstellte, nimmt jetzt die gedankliche Form der Abstraktion an. Die sinnlichen Bestimmungen gewinnen den unendlichen Charakter der absoluten Negativität, indem sie von ihrem Ganzen abgerissen werden und sich auf sich beziehen. Hegel beschreibt in der *Phänomenologie des Geistes* mit folgenden Worten diesen harten Weg des abscheidenden Verstandes: „Das *Analysieren* einer Vorstellung, wie es sonst getrieben worden, war schon nichts anderes als das Aufheben der Form ihres Bekanntseins. Eine Vorstellung in ihre ursprünglichen Elemente auseinanderlegen, ist das Zurückgehen zu ihren Momenten, die wenigstens nicht die Form der vorgefundenen Vorstellung haben, sondern das unmittelbare Eigentum des Selbst ausmachen. Diese Analyse kommt zwar nur zu *Gedanken*, welche selbst bekannte, feste und ruhende Bestimmungen sind. Aber ein wesentliches Moment ist dies *Geschiedene*, Unwirkliche selbst; denn nur darum, daß das Konkrete sich scheidet und zum Unwirklichen macht, ist es das sich Bewegende."[320]

---

319 Phän: 35.

320 Phän: 35-6.

Der dialektische Weg ist nicht der Weg der Analyse. Die Bestimmungen, die aus dem *Anfang* hervorgehen, sind nicht in der Form der Vorstellung, nicht als *vorgefundene* und *unmittelbare* verfasst. Das Konkrete ist nicht der äußerliche Zusammenhang der an und für sich seienden Bestimmungen, sondern das sich Bewegende überhaupt. Die Selbstbewegung der Bestimmungen bildet das Konkrete und das Konkrete selbst macht zugleich den Grund ihrer selbst aus. Aber die „Analyse setzt die Vorstellung des Anfangs als bekannt voraus",[321] dieser Anfang wird in der Tat als etwas Konkretes angenommen, das *unmittelbar* vorgefunden wird. Indem aber dieses *in sich* Konkrete als Vorgefundenes und Unmittelbares aufgefasst wird, wird die *Beziehung* der Bestimmungen, des Mannigfaltigen als etwas Äußerliches und Gleichgültiges behauptet. Der Inhalt wird als *unmittelbar* aufgefasst, ist er doch in der Tat erst eine allseitige *Vermittlung*, insofern er als die Beziehung der Bestimmungen „nur Beziehung als von Unterschiedenen" ist.[322]

Die Analyse fängt somit mit einem unmittelbaren Inhalt an, der aber selbst in der Form der *Vorstellung* ist, nämlich in der Form einer *synthetischen Einheit*, eines Zusammenhangs und folglich nicht in der Form der Unmittelbarkeit. Die Analyse als ein angeblich mechanisches und neutrales Verfahren unterscheidet so den Inhalt der Vorstellung in seinen unmittelbaren Teilen, aus denen das konkrete Ganze besteht. Die Notwendigkeit des Nexus geht damit verloren. Aber zugleich bringt die Analyse selbst die Vermitteltheit des Inhalts gegen seine vermutliche Unmittelbarkeit zum Ausdruck: die Analyse erweist, dass das Unmittelbare erst und notwendigerweise durch eine Reflexion zustande kommen kann und allein als *Produkt* jener Analyse für das Bewusstsein vorhanden ist. Die Unmittelbarkeit ist eine *Abstraktion* von dem Konkreten und der vereinzelte Inhalt hat nur gegenüber der Allgemeinheit des Zusammenhangs des Dinges seine Bewährung. Die Selbständigkeit des Moments der Unmittelbarkeit und der Einzelheit verweist so lediglich auf die nicht zu vermeidende Dialektik zwischen abstrakter Einzelheit und abstrakter Allgemeinheit, auf den Übergang vom ersten zum letzten.

Das analytische Denken sieht in der Analyse allein die Seite der Trennung und der abstrakten Identität der Elemente. Das Moment der synthetischen Einheit, die Form der Identität Unterschiedener wird übersehen und als etwas selbst Unmittelbares und Gegebenes angenommen. Der Inhalt wird auf die Bestimmung der abstrakten Identität mit sich, auf die Bestimmung des Seins zurückgeführt, sodass er alle Konkretheit einbüßt

321 Logik I: 74.
322 Logik I: 74-5.

und ihm allein die *abstrakte Form der Allgemeinheit* übrig bleibt. Diese Form der Allgemeinheit ist zunächst die *Negativität* selbst, das absolute Sichaufsichbeziehen, das zugleich *abstrakte Negation* alles Anderen ist. Das sinnliche Gegebene der Vorstellung erweist sich als nichts anderes als nur ein *Gedanke*, die abstrakte Negativität der Einzelheit ohne irgendeine weitere qualitative Bestimmung. Jeder Versuch, das Gegebene in seiner qualitativen und quantitativen Einzelheit zu bestimmen, läuft auf seinen Verlust in die Unbestimmtheit der reinen Abstraktion, des reinen Gedanken hinaus. Das gewöhnliche Bewusstsein *identifiziert* die sinnlichen Bestimmungen, indem es die Erfahrung, seine Vorstellungen analysiert. Das Bewusstsein übersieht einerseits, dass es selbst auch diesen konkreten Inhalt abgetrennt hat und andererseits, dass letztendlich keine Unterscheidung zwischen diesem ‚konkreten' *vereinzelten* Inhalt und jener abstrakten und allgemeinen sinnlichen Vorstellung des Subjekts anzugeben ist.

Das gewöhnliche und seinem Wesen nach empiristische Bewusstsein macht die trügerische Unterscheidung zwischen sinnlichem vereinzeltem Inhalt, der an sich gegeben ist, und Form der Allgemeinheit, die von dem Subjekt herausgebildet wird und nur an jenem Inhalt ihre Gültigkeit und Objektivität finden kann. Die abstrakte Vorstellung ist somit etwas anderes von dem angeblich konkreten Inhalt. Wie Hegel bemerkt: „Rot ist z.B. eine abstrakte sinnliche Vorstellung; und wenn das gewöhnliche Bewusstsein vom Roten spricht, meint es nicht, daß es mit Abstraktem zu tun hat. Aber eine Rose, die rot ist, ist ein konkretes Rot, an dem sich vielerlei so Abstraktes unterscheiden und isolieren läßt."[323] Dieses Bewusstsein meint, den konkreten Inhalt in der Form der abstrakten Vereinzelung zu finden, ohne zu bemerken, dass in seinen Händen nichts anderes liegt als eine abstrakte Vorstellung und damit das absolut (d.i. das abstrakt) Allgemeine. Abstrakte sinnliche Vorstellung und abstrakter vereinzelter Inhalt sind erst und allein in ihrer konkreten Beziehung aufeinander, in der Gestalt einer sinnlichen Vorstellung oder eines *Dinges*, zu unterscheiden. Das Rot ist ein Abstraktes überhaupt, ein isolierter Inhalt, der sich auf sich bezieht und damit *Allgemein* ist – weder *Einzelnes* noch *Konkretes*. Die Einzelheit als *seiende* Bestimmung geht völlig in die Allgemeinheit über. Erst in der Sphäre des Wesens und der Reflexion können sich beide geltend machen, indem sie sich *bestimmt* zueinander verhalten. Auf der Stufe der unmittelbaren Beziehung des Bewusstseins auf seinen Gegenstand und der seienden Bestimmungen ist der Unterschied von Einzelheit und Allgemeinheit nicht anzugeben. Ihr Unterschied ist bloß *gemeint*.

---

323 GdPh I: 45.

Locke repräsentiert nach Hegel vornehmlich den „Standpunkt dieses gewöhnlichen Bewußtseins"[324] und stellt damit eine paradigmatische Form des Empirismus überhaupt dar. Das empiristisch geprägte gewöhnliche Bewusstsein, das die Lockesche Philosophie annimmt, spricht sich für die Gegebenheit des Inhalts und seine äußerliche Verknüpfung mit der Allgemeinheit als einer Form der Subjektivität aus. Es ist das Denken, das für das „Vergessen seiner Tätigkeit"[325] zu designieren ist, das Denken, das seine eigene Tätigkeit als kein ‚Hinzutun', sondern als ein neutrales ‚Zergliedern' ansieht. In der Abstraktion der Analyse sieht es allein vereinzelte gegebene Bestimmungen, die in sich noch ihre Bestimmtheit und Konkretheit haben. Es ist dabei „von konkreten Vorstellungen anzufangen",[326] und als solche „Beispiele des Konkreten" kann man „zunächst sinnliche Dinge" anführen,[327] und erst danach sind die Bestimmungen des Konkreten anzuführen – eine „Analyse der zusammengesetzten Vorstellungen".[328]

In dem Wahrnehmungs-Kapitel der *Phänomenologie des Geistes* befasst sich Hegel u.a. mit der Untersuchung der Möglichkeit der Analyse der logischen Beschaffenheit des Dinges. Aber das Logische, als der dialektische Gang, den die verschiedenen Gestalten des Bewusstseins durchkreuzen, taucht in der *Phänomenologie* überhaupt allein durch die Bewegung der Gestalten selbst auf; es wird nicht vorausgesetzt, wie in dem ‚Bewusstsein' der *Enzyklopädie*, hinter welchem eine fertig ausbuchstabierte Logik steht, sondern es wird in der Realdialektik des erscheinenden Geistes gezeigt – eine zerstörende Tätigkeit des sich vollbringenden Skeptizismus.[329] Die Möglichkeit der Analyse wird innerhalb der Wahrnehmung thematisiert. Die Analyse erweist sich als kein *äußerliches* Antun an den Dingen. Sie fußt hingegen auf der Beschaffenheit des Dinges selbst, wie es sich in der Wahrnehmung darstellt. Die Analyse und die Abstraktion sind eigentlich intentionale Handlungen des selbstbewussten und vielmehr vernünftigen Subjekts. Hier wird aber vornehmlich deren objektiver Charakter gezeigt – der Charakter, den die Analyse für das phänomenologische Bewusstsein hat.

Die Thematik der Analyse als einer Rückkehr in die bloße Sinnlichkeit ist allen voran in der phänomenologischen Wahrnehmung zu finden. Nur dort kann vom objektivistischen Standpunkt des Bewusstseins ausgezeigt

324 GdPh III: 221.
325 GdPh III: 221.
326 GdPh III: 222.
327 GdPh I: 44.
328 GdPh III: 219.
329 Darüber s. auch u.A. Claesges 1996.

werden, dass und wie die Zerstreuung des Dinges in an sich seiende Einzelheiten in seiner eigenen Dialektik liegt. Die empiristische Analyse wird so nicht als eine subjektive Tat oder als eine falsche Annahme dargestellt, die korrigiert werden sollte, sondern als der logische Weg des Gegenstandes selbst.

Zur Konstellation ‚Hegel und der Empirismus' darf man in Bezug auf die Thematik der phänomenologischen Wahrnehmung nicht die bisherigen Untersuchungen von Kenneth R. Westphal ignorieren, die er in seinem Buch *Hegel, Hume und die Identität wahrnehmbarer Dinge*,[330] sowie in mehreren Aufsätzen dargestellt hat. Westphal konzipiert jedoch die Hegelsche Wahrnehmung nicht so sehr als den Topos einer systematischen Auseinandersetzung Hegels mit dem Empirismus oder zumindest als eine Bewusstseinsform, auf deren Basis, zusammen mit der Betrachtung der Hegelschen Überlegungen in der sinnlichen Gewissheit, die systematische Kritik am Empirismus artikuliert werden kann, sondern eher als eine Befassung Hegels mit Fragen, die in ähnlicher Form von Hume aufgeworfen worden sind. Hegel erscheint so irgendwie parallel zur Fragestellung Humes zu arbeiten, sodass er die Anmerkungen des letzteren übernommen und eingehender geprüft hat, um ausführlichere und differenziertere Antworten geben zu können. Es geht somit in der *Phänomenologie* gar nicht um eine unmittelbare kritische Auseinandersetzung mit dem Empirismus, um keine eigentliche Kritik, sondern nur um eine Humesch inspirierte Untersuchung Hegels zur phänomenologischen Wahrnehmung. Die Wahrnehmung spielt folglich keine zentrale Rolle bezüglich der Frage des Empirismus, weil sich in ihr die Hauptstruktur der empiristischen Welt geltend macht, sondern eher weil die Frage der „Ding-Identität" eben Hume sehr stark beschäftigt hat und er tief greifende Überlegungen dazu angestellt hat.

Wenngleich es den Wert der Erwägungen Westphals prinzipiell nicht diskreditieren wird, so ist dennoch festzuhalten, dass ihnen ein Aspekt wesentlich fehlt, nämlich die essentielle Bezugnahme, die *systematische Relevanz* der Bewusstseins*stufe* der Wahrnehmung für den Empirismus überhaupt. Die Natur der Wahrnehmung und der sinnlichen Gewissheit ist eben dasjenige, was im Hintergrund des Hegelschen Ideals einer Entsprechung von Geschichte der Philosophie und System die Untersuchung einer systematischen Auseinandersetzung Hegels mit dem Empirismus innerhalb dieses Rahmens (nämlich von Wahrnehmung und Sinnlichkeit) zu ergründen hat. Die Frage nach den „Entsprechungen zwischen den Unter-

330 Westphal 1998b.

suchungen Humes und Hegels zur Identität wahrnehmbarer Dinge"[331] kann nicht den kruzialen Charakter der Wahrnehmung als Idealform des Wesens des Empirismus aufdecken. Wahrnehmung und sinnliche Gewissheit umfassen die immanente Aufhebung des Prinzips des Empirismus und sind von diesem Interesse aus zu betrachten.

Die phänomenologische Wahrnehmung ist kein einfach *paralleler* Versuch zu dem Humes. Sie umfasst vielmehr Formen, die nicht nur den Empirismus betreffen, sondern die Aufhebung seiner eigenen These bedingen. Im Raum der Wahrnehmung sind eigentlich zwei Arten von Wahrnehmungstheorien vorherrschend: Substanz- und Bündel-Theorien stehen sich gegenüber und definieren die zwei allgemeinsten Extreme dieser ‚Mischung' von sinnlichem Inhalt und Verstandeskategorien, wie Hegel sie bestimmt. Selbst Hume kritisiert im Anschluss an Berkeley die Substanz-Theorie des Rationalismus oder noch des Lockeschen Empirismus und von reinen empiristischen Kriterien ausgegangen, gelangt er zur Idee des Dinges als eines reinen und aufgrund von subjektiven Regeln (Assoziationen) zusammengefassten Aggregatswesens. Hegel durchläuft das empirische Ding der Wahrnehmung in der *Phänomenologie* sowohl als ein einfaches Zusammen von vereinzelten Bestimmungen wie auch als eine Substanz, an der die Eigenschaften inhärieren, und betrachtet dadurch die gegenseitige Aufhebung beider Aspekte des wahrnehmenden Bewusstseins. Er zeigt so in der Beschaffenheit des Dinges selbst die gemeine Wurzel der entgegengesetzten erkenntnistheoretischen Auffassungen und der Wahrnehmungstheorien. Der Empirismus koppelt sich somit erst an *ein* Moment der Wahrnehmung und diese Form des Bewusstseins erhebt er zum Status der höchsten Wahrheit. Hume untersucht die Frage der Ding-Identität, verwirft aber den Begriff der Substanz und spricht sich für das Ding als ein ‚einfaches Zusammen' der vereinzelten Bestimmungen desselben aus, dessen Nexus seine Gültigkeit aus subjektiven gewohnheitsmäßigen Assoziationsprinzipien schöpft.

Weder Hume noch Hegel untersuchen einfach die Frage der Ding-Identität überhaupt, noch zeigen sie die Unzulänglichkeit der „numerischen Identität" für die Erfassung des Begriffs des Dinges.[332] Sie laufen verschie-

331 Westphal 1996: 153.

332 Die numerische Identität betrifft in der Wahrnehmung der Phänomenologie ein Moment des Dinges, das nicht für die empiristische, sondern eher für die rationalistische (oder vielleicht für die *inkonsequente* Lockesche oder für die nach Hegel Lockesch geprägte Kantische) Ansicht der Substanz grundlegend und repräsentativ ist. Das Ding als „Eins" ist nur *eine* Seite des Problems der Verfassung des Dinges und spielt deutlich auf rationalistische oder Substanzauffassungen an.

dene Wege und gehen von verschiedenen Interessen aus. Und Hegel beschreibt zudem vielmehr eine Wahrnehmung, die alle möglichen Aspekte der Wahrnehmung in sich einschließt – erst dieses Ganze (nämlich alle drei Phasen des wahrnehmenden Bewusstseins) macht die *Wahrnehmung* für Hegel aus, was keine programmatische Affinität mit dem Anliegen Humes aufweist. Auch wenn man sich allein auf den Grundgegensatz der wahrgenommenen Dinge beschränkt – nämlich auf den Gegensatz von Einssein des Dinges und Vielheit der freien Eigenschaften bzw. Materien – ist doch ersichtlich, dass sich die empiristische oder vielmehr die Humesche Ansicht erst mit dem einseitigen Moment des ‚Auch' verbindet und das Moment des ‚Eins' durchaus ausschließt. Obwohl Westphal die spezifische Bezugnahme des Moments des Dinges als ‚umschließender Oberfläche' prinzipiell anerkennt, bleibt er bei der allgemeinen Besprechung der Wahrnehmung als eines, wie gesagt, Hume-inspirierten Verfahrens. Hegel zeigt aber eher, dass sowohl die eine wie auch die andere Fassungsform des Dinges (sowohl das Ding als Eins, wie auch das Ding als Auch) erst Teilbegriffe, unvollständige Begriffe des Dinges ausmachen und allein der vollkommene Lauf beider Momente „vollendet erst das *Ding*".[333] In einem gewissen Sinn hat der Empirismus *keine* richtigen Dinge vor sich, sondern nur endliche Abstraktionen von der Totalität seiner Dialektik.

In der Wahrnehmung vermischen sich verschiedene philosophische Erläuterungen der Frage nach der Verfasstheit des sinnlich wahrgenommenen Objekts. Der Empirismus scheint dabei ein besonderes Moment der Wahrnehmung in den Mittelpunkt zu stellen und zwar dasjenige, das es ihm ermöglicht, das Sinnliche, die sinnliche Einzelheit, als absolute Grundlage alles Realen zu setzen. Das Moment der Einheit, als der Vielheit der Eigenschaften entgegengesetzt, impliziert die Vorstellung einer *Substanz* als der abstrakten Sichselbstgleichheit, der Sicherhaltung gegenüber der Zerstreuung der besonderen Bestimmtheiten des Dinges. Der Empirismus ist aber weit von der Vorstellung eines solchen Unsinnlichen entfernt und wenn er auch *inkonsequenterweise* eine Substanz zu entdecken meint (wie z.B. bei Locke), so ist diese letztlich doch nichts mehr als das Zusammensein der unterschiedlichen Eigenschaften. Die Substanz Lockes, als das unbekannte „Etwas", das bleibt, wenn wir von allen einfachen Ideen einer Sache abstrahieren, ist, wie Hegel in Bezug auf Locke hervorhebt, kaum etwas mehr als eine „zusammengesetzte Idee", die auftaucht, wenn „wir oft einfache Ideen (blau, schwer, usw.) beieinander wahrnehmen" – „Dieses

333 Phän: 96.

Beisammen stellen wir uns als Etwas vor, und was jene einfachen Ideen zugleich trägt, worin sie existieren usf.“[334]

Locke selbst findet eigentlich keine richtige Erklärung für den Begriff der Substanz. Er hält sie in der Tat für eine bloß „hypothetische oder verworrene Idee“,[335] und nennt sie das unbekannte „Etwas“ oder ein unbestimmtes „Substrat“ bzw. einen unbestimmten „Träger“ der Eigenschaften oder verwendet ihren Begriff gar als Synonym für den der „Materie“.[336] Aber immer wenn Locke die Substanz „als *etwas Besonderes neben*“ den Eigenschaften bzw. Qualitäten der Dinge hervorheben will,[337] gelangt er eigentlich zu einer grundlegenden Beschreibung der Substanz, wie der, die Hegel auch hervorgehoben hat: ein einfaches Beisammen der Bestimmtheiten, der einfachen Ideen der Wahrnehmung. Einige seiner Bemerkungen weisen wesentlich auf die Berkeleysche Substanz-Kritik und mehr noch auf die Antwort Humes zur *Identifizierung* eines Dinges, als eine durch wiederholte Erfahrungen gebildete Vorstellung hin. „Der Geist“, bemerkt Locke, „der […] mit einer großen Zahl von einfachen Ideen versehen ist, beobachtet auch, daß eine bestimmte Anzahl dieser einfachen Ideen stets zusammen auftritt. Man vermutet daher, daß sie einem einzigen Ding zugehören. Und da die Worte den gewöhnlichen Auffassungen angepaßt und für die schnelle Mitteilung gebraucht werden, so belegt man solche in einem Gegenstand vereinigten Ideen mit einem einzigen Namen. Aus Unachtsamkeit neigen wir hinterher dazu, etwas als eine einzige einfache Idee zu bezeichnen und zu betrachten, was in Wirklichkeit eine Verknüpfung zahlreicher Ideen ist.“[338] Alle gewöhnlichen Dinge der Wahrnehmung, die wir als besondere Substanzen bestimmen, sind nichts anderes als solche Sammlungen von gewissen Qualitäten. Er hebt darüber mit Nachdruck hervor: „Ich behaupte, daß unsere *spezifischen* Ideen von Substanzen nicht anderes sind als *Zusammenstellungen einer bestimmten Anzahl von einfachen Ideen, die wir als in einem einzigen Ding vereinigt ansehen.*“[339] Noch wenn die Belegung dieser Substanzen mit einem Namen den Eindruck hervorruft, als wären sie *einfach*, „sind sie doch in Wirklichkeit komplex und zusammengestellt“.[340] Locke geht so mit seiner empiristischen Grundeinstellungen schon weit über die traditionelle metaphysi-

334 GdPh III: 218.
335 Versuch I: 188.
336 Versuch I: 366-9.
337 Versuch I: 368.
338 Versuch I: 366.
339 Versuch I: 378.
340 Versuch I: 378-9.

sche Vorstellung der Substanz hinaus, identifiziert sie in der Tat mit der *Summe der Qualitäten* und bereitet dadurch Berkeley und Hume den Weg zur völligen Ablehnung dieses aus empirischen Gründen problematischen Begriffs vor. Locke jedoch bleibt seinem Prinzip nicht wirklich treu und lässt diese unklare, undeutliche, verworrene und nur hypothetische Idee der Substanz zu. Wenn aber alles auf die sinnlichen Wahrnehmungen, auf das reine Sinnliche zurückzuführen ist, dann darf man die Präsenz des Gedanklichen überhaupt, eines bloßen Gedankendinges wie der Substanz, keinen Platz einräumen.

Berkeley und Hume werden in der Tat versuchen, die Substanz-Kritik des Empirismus zur äußersten Konsequenz zu treiben und die Substanz nicht nur als eine ‚hypothetische' oder ‚verworrene' Idee zu bezeichnen, sondern als eine reine Fiktion zu verwerfen. Wie wir schon gesehen haben, vertreten Berkeley und Hume, trotz ihrer unterschiedlichen Annäherungen an das Problem der einfachen Ideen, eine reine Bündel-Theorie bezüglich der Natur und Beschaffenheit der Dinge der Wahrnehmung. Apfel, Steine, Bäume, Bücher und andere wahrgenommene Dinge sind für Berkeley nichts weiter als „Bündel von Ideen", die den fünf Sinnen entsprechend dem Menschen verschafft werden.[341] Man „beobachtet, dass einige von diesen [Ideen] einander begleiten, bezeichnet […] sie mit einem Namen und betrachtet sie infolgedessen als ein Ding".[342] Wenn „man z.B. beobachtet hat, dass Farbe, Geschmack, Geruch, Gestalt und Festigkeit von gewisser Art zusammen auftreten, hält man sie für ein bestimmtes Ding, das man mit dem Namen >Apfel< bezeichnet".[343] Hinter diesem *Aggregatswesen* ist keine Substanz, kein Substrat, kein materieller Träger der Eigenschaften, sondern sind allein Hirngespinste zu finden.

Für Hume, so konnten wir sehen, gibt es allein die durch die Sinne erworbenen Perzeptionen und die ihnen entsprechenden Vorstellungen, die in ihrer elementaren Form absolut einfach und vereinzelt sind. Die *Assoziation* der einfachen Ideen in der Gestalt eines einzelnen Dinges, als des Aggregats derselben, ist das Werk der Einbildungskraft, die die nacheinander folgenden und nebeneinander liegenden einfachen Ideen nach den gewohnheitsmäßigen Prinzipien der *Assoziation der Vorstellungen* miteinander verknüpft.[344] Die Dinge der Wahrnehmung sind so das bloße Produkt dieser „gentle force" der Einbildungskraft.[345] Hume übernimmt völlig das Vo-

341 Abhandlung: 35.
342 Abhandlung: 35.
343 Abhandlung: 35.
344 Traktat: 24.
345 Traktat: 21.

kabular Lockes über die Art und Weise der Entstehung der *Substanzen*, um damit die Unbegründetheit des Arguments Lockes schärfer zum Ausdruck bringen zu können: „Die Vorstellung einer Substanz [...] ist nichts als ein Zusammen einfacher Vorstellungen, die durch die Einbildungskraft vereinigt worden sind, und einen besonderen Namen erhalten haben, durch welchen wir dieses Zusammen uns oder anderen ins Gedächtnis zurückrufen können.“[346] Die Dinge sind somit keine substanzhaften Einheitswesen und haben das Prinzip ihrer Individuation nicht in jenem nicht zu nennenden Substratum, sondern in der empirischen Subjektivität, die sie mithilfe der Einbildungskraft zusammensetzt. Die einfachen Ideen sind *freie* Wesenheiten der Wahrnehmung, die, ohne ihre partikulare Individualität aufzuheben, in der Vorstellung eines Zusammen oder, mit Hegelschen Worten, eines bloßen *Auch* zusammengefasst werden.

Der materialistische Empirismus legt seiner Erkenntnistheorie, wie wir gesehen haben, ebenfalls dieselbe Vorstellung über die *Positivität* der einfachen Ideen zugrunde, überträgt diese Vorstellung jedoch eher in den Begriff der Materie selbst. Auch wenn die Berkeleysche (und die Humesche) Kritik die Begriffe der *Substanz* und der *Materie* als fast identische Begriffe auf die gleiche Ebene setzt, ist nicht zu verkennen, dass der philosophische Begriff der Materie des Materialismus einen eher von der modernen Physik geprägten Begriff darstellt als einen dem traditionellen Substanz-Begriff ähnlichen. Die Vorstellung der Materie ist das bloße Aggregat ihrer *Atome*, ihrer materiellen Teilchen. Das „Atom“ als solches ist nach Hegel reine Äußerung des Sinnlichen, dessen nächste Bestimmung die Einzelheit ist,[347] und die Materie, die besonderen materiellen Dingen als aus solchen kleinen Teilchen bestehend, sind eine entsprechende Vorstellung des Realen der Wahrnehmung als Aggregats. Hegels Kritik an dem Begriff der Materie und noch konkreter an der „neueren Atomistik“[348] findet sich an verschiedenen Stellen seines Werkes, jedoch im Zusammenhang mit dem phänomenologischen Bewusstsein gibt es keine sonderlich prominente Stelle.

Die Wahrnehmung der *Phänomenologie des Geistes* entfaltet den wesentlichen Gegensatz des Dinges in allen seinen Momenten und stellt, gegenüber den Ausführungen der enzyklopädischen Wahrnehmung, sowie ge-

346 Traktat: 28.

347 Enz I: 72: „Der Unterschied des *Sinnlichen* vom Gedanken ist darein zu setzen, daß die Bestimmung von jenem die *Einzelheit* ist, und indem das Einzelne (ganz abstrakt das Atom) auch im Zusammenhange steht, so ist das Sinnliche ein *Außereinander*, dessen nähere abstrakte Formen das *Neben-* und das *Nach*einander sind.“

348 Enz I: 206.

genüber den Erwägungen Hegels über das Ding in der enzyklopädischen und in der großen *Logik*, den vollständigsten und detailliertesten Gang seiner Dialektik dar.[349] Wir haben im vorigen Teil dieses Kapitels den Akzent darauf gelenkt, wie die *Analyse* in der Beschaffenheit und in der Dialektik des Dinges selbst begründet wird und wie das analytische Verfahren in der Wahrnehmung selbst als ein Untergang derselben und als Rücktritt in die sinnliche Gewissheit angegeben wird. Aber der Übergang vom bloßen sinnlichen Bewusstsein in die Form der Wahrnehmung beschreibt schon einen *synthetischen* Prozess, den Übergang vom Sein zum Wesen, wie bereits angemerkt wurde. Eine *Synthesis* als *Prozess* ist aber nicht mehr als das Hinaufsteigen von der abstrakten Identität und Einzelheit in die Welt der *konkreten* Verhältnisse, in die Bestimmung der *Identität Unterschiedener* – was folglich das Verlassen des Seins und das eröffnen des Wesens insinuiert. Wie Hegel hervorhebt: „der Geist als *anschauend*, ebenso als *sinnliches Bewußtsein* ist in der Bestimmtheit des unmittelbaren Seins, so wie der Geist als *vorstellend* wie auch als *wahrnehmendes* Bewußtsein sich vom Sein auf die Stufe des Wesens oder der Reflexion erhoben hat."[350]

Der Empirismus fasst den Inhalt der Vorstellungen in der Form eines dem Bewusstsein Gegebenen, in der Form eines Sinnlichen auf und charakterisiert damit die vorstellende Tätigkeit des Geistes einseitig als subjektiv. Das Ding findet sich in der Form einer zusammengesetzten Fülle, als ein bloßes *Auch*, eine *Sammlung*, *Haufen* oder *Zusammen*, das den Grund seiner Verfasstheit in subjektivistischen psychologischen Erklärungen hat. Diese subjektiven Zusammenhänge äußern zugleich nichts anderes als die gemeine empirische Objektivität, die die Allgemeinheit des Begriffs, des Denkens schlechthin exkludiert. Hegel kritisiert die psychologischen Ein-

349 Die enzyklopädische Phänomenologie bietet eine sehr komprimierte Form der Wahrnehmung, ohne bemerkenswerte Abweichungen von der Wahrnehmung der *Phänomenologie* vorzuweisen. Das Ding als ein besonderes Moment der Wesenslogik, sowohl in der *Logik* als auch in der *Enzyklopädie*, unterscheidet sich hinsichtlich seiner inhaltlichen Gliederung klar vom Ding des wahrnehmenden Bewusstseins überhaupt. Zwischen *Logik*, *Enzyklopädie* und *Phänomenologie* sind wichtige Abweichungen zur Ding-Dialektik festzustellen (Reihenfolge der Momente des Dinges usw.). Was jedoch bei allen Versionen und Darstellungen des *Dinges* stets gleich bleibt, das ist das besondere Moment des Dinges als Aggregats, als Auch, und die folgende Auflösung desselben in der Vielheit seiner vereinzelten, freien Materien. In diesem Zusammenhang sind auch unterschiedliche Anmerkungen Hegels in der *Logik* oder in der *Enzyklopädie* zu berücksichtigen, ohne auf die Frage einer ausführlichen Besprechung der Interpretationsprobleme der verschiedenen Fassungen eingehen zu müssen.

350 Logik II: 257.

stellungen des Empirismus bezüglich der Ideenassoziation als denjenigen Mechanismus, der den Zusammenhang der Dinge hervorbringt. Das wird aber im Weiteren noch konkreter betrachtet. Zuerst sollten wir aber die Rolle der sinnlichen Wahrnehmung näher erörtern, die einzig und allein darin besteht, die Bewegung des Dinges, seiner Synthese sowie seiner Auflösung in ihm selbst zu zeigen.

III.4.2.2. Von der sinnlichen Gewissheit zur Wahrnehmung: der Prozess der Synthesis

III.4.2.2.1. Der allgemeine Gang der Dialektik des Dinges in der ersten Phase der Wahrnehmung

Die Wahrnehmung geht unmittelbar von der Endphase der sinnlichen Gewissheit aus, nämlich von dem Moment des Aufzeigens, in dem das sinnliche Bewusstsein keine Notiz mehr von dem Unterschied zwischen Subjekt und Objekt nimmt. In der dritten Phase der sinnlichen Gewissheit setzt das Bewusstsein nicht mehr abwechselnd das Subjekt und das Objekts als das *Wesentliche*, sondern umfasst das Ganze der Beziehung auf einen Gegenstand überhaupt und hält sich allein an der angeblich konkreten Punktualität dieses einzigen *Berührens*. In dieser Phase abstrahiert das aufnehmende Bewusstsein von dem zugrunde liegenden Reflexionsgegensatz oder, was dasselbe ist, fasst beide Extreme als in dem einzelnen Punkt ihres Berührens als gleichzeitig aufgehobene zusammen.[351]

Die Reflexion der Wahrnehmung in sich und die Unterscheidung der Momente des Auffassens zwischen dem wahrnehmenden Bewusstsein und dem wahrgenommenen Gegenstand ergibt sich jetzt durch das Scheitern der ersten Phase der Wahrnehmung – der Phase des *reinen Auffassens*. Das *reine Anschauen* des Endstadiums der Sinnlichkeit[352] wird zum *reinen Auffassen*[353] des Erststadiums der Wahrnehmung. Obwohl in diesem Auffassen der Unterschied des Wesentlichen und des Unwesentlichen zwischen dem Subjekt und dem Objekt aufgehoben ist und beide als unwesentliche gesetzt sind, ergeben sich zugleich „beide [als] wesentlich“, insofern sie „selbst das Allgemeine oder das Wesen sind“.[354] Aber insofern beide auch „sich als entgegengesetzte aufeinander beziehen“, „kann in der Beziehung

351 Für eine detaillierte Darstellung des Wahrnehmungs-Kapitels der *Phänomenologie* s. u.a. auch Keller 1997, sowie Hagner 1998.

352 Phän: 88.

353 Phän: 96.

354 Phän: 93.

nur das eine das Wesentliche sein, und der Unterschied des Wesentlichen und Unwesentlichen muß sich an sie verteilen": „Das eine als das Einfache bestimmt, der Gegenstand, ist das Wesen, gleichgültig dagegen, ob er wahrgenommen wird oder nicht; das Wahrnehmen aber als die Bewegung ist das Unbeständige, das sein kann oder auch nicht, und das Unwesentliche."[355] Die Wahrnehmung fängt so wieder, wie die sinnliche Gewissheit, mit einer „realistischen Einstellung" an und steht unter der „Voraussetzung des Alltagsrealismus".[356] Die Wahrnehmung repräsentiert damit aber nicht „das Ideal der kontemplativen Erkenntnis",[357] die Westphal diagnostiziert. Die reine Kontemplation ist auch nicht das Thema der Wahrnehmung, insofern sie nicht bloß *aufnimmt*, sondern vielmehr *auffasst* und dasjenige, was aufzufassen ist, ist das *Allgemeine*. Die unterschiedliche Verwendung der Wörter *Aufnehmen* und *Auffassen* durch Hegel – wobei sich *Aufnehmen* auf die Tätigkeit der sinnlichen Gewissheit, *Auffassen* auf die Tätigkeit der Wahrnehmung bezieht – ist ernst zu nehmen und meint die Differenz der sinnlichen Aufnahme eines vereinzelten Inhalts und der wesentlichen Erfassung der Allgemeinheit überhaupt, nämlich die entwickelte Bestimmtheit, Negativität und Reflexion jenes Inhalts in sich selbst. Es ist zwar nicht zu übersehen, dass deswegen in der Wahrnehmung kein abstrakter Realismus und Idealismus mehr möglich ist – wie dies der Fall bei der sinnlichen Gewissheit war, wo in jeder der ersten zwei Phasen entweder der Gegenstand oder das Wissen *war* und wenn das Eine *war*, *war* das Andere *nicht*. Hier sieht man vielmehr, dass man nicht von dem Gegenstand oder von dem Subjekt abstrahieren kann, eben weil die Wahrnehmung wesentlich *reflexiv* ist und die Reflexion als Rückkehr in sich kann nicht von ihrer eigenen *Voraussetzung* abstrahieren, denn sie hörte dann auf, überhaupt *Reflexion* zu sein und würde so unmittelbar in die *seiende* Struktur des sinnlichen Bewusstseins zurückkehren.

Die Wahrnehmung betrachtet nun die Entstehung des Dinges von dem allgemeinen aufgezeigten *Diesen* der Sinnlichkeit, das sich zunächst zur *sinnlichen Allgemeinheit* und weiter zur *Eigenschaft* bildet. Das Ding als Vorstellung der Einheit (entweder der Einheit als *Auch* oder der Einheit als *Eins*) entspringt erst aus der Vielheit der sinnlichen Allgemeinheiten, die die weitere Bildung der Allgemeinheit des sinnlichen Seins ausmachen und jetzt nicht nur als ein *Dieses* überhaupt, sondern vielmehr als ein *nicht Dieses*, als ein *besonderes Dieses*, als ein *besonderer Inhalt* unter vielen anderen auftreten. Die Wahrnehmung ist die Differenzierung in sich und das

355 Phän: 93.
356 Westphal 1998b: 81.
357 Westphal 1998b: 81.

Zusammenhalten der Unterschiedenen, so dass sie imstande ist, den sinnlichen Reichtum dem Bewusstsein in Wirklichkeit darzubieten: „Der Reichtum des sinnlichen Wissens gehört der Wahrnehmung, nicht der unmittelbaren Gewißheit an […]; denn nur jene hat die *Negation*, den Unterschied oder die Mannigfaltigkeit an ihrem Wesen."[358] Die Mannigfaltigkeit war in der sinnlichen Gewissheit erst als ein *Beispiel* des Seins, das ihren abstrakten Gegenstand als solchen in der Tat ausmachte. Die Mannigfaltigkeit des sinnlichen Wissens war für das sinnliche Bewusstsein nur als „das Beiherspielende"[359] vorhanden, der sinnliche Reichtum war nur *an sich* oder *für uns*, aber nicht für die sinnliche Gewissheit selbst, die ihn nur in seinem Sein und in seiner abstrakten Einzelheit überhaupt erfassen konnte.

Der erste Schritt der Wahrnehmung findet in der Anerkennung des sinnlichen Inhalts in seiner Beziehung auf sich als das Allgemeine statt. Die Dialektik der sinnlichen Gewissheit hat zur Aufhebung des sinnlichen *Diesen* als des *gemeinten Einzelnen* geführt, das jetzt in seiner *Allgemeinheit* erfasst wird: „Das Dieses ist also gesetzt als *nicht dieses* oder als *aufgehoben*, und damit nicht Nichts, sondern ein bestimmtes Nichts oder *ein Nichts von einem Inhalte*, nämlich *dem Diesen*."[360] Das Sinnliche ist erst jetzt, in der Art der *Vorstellung* gesetzt, als ein Sichaufsichbeziehendes, als ein Negatives an ihm selbst und damit ein Allgemeines. Das ‚gemeinte Einzelne' wird zur ‚sinnlichen Allgemeinheit', oder, anders gesagt, zu einer *abstrakten sinnlichen Vorstellung* oder, wie Hegel erklärt: „das Nichts, als *Nichts des Diesen*, bewahrt die Unmittelbarkeit auf und ist selbst sinnlich, aber eine allgemeine Unmittelbarkeit".[361] Dies Sein hat „die Vermittlung oder das Negative an ihm" und „indem es dies an seiner Unmittelbarkeit *ausdrückt*, ist es eine *unterschiedene, bestimmte* Eigenschaft".[362]

Jede Eigenschaft hat nun ihre Bestimmtheit in dieser Negativität, die am Sein gesetzt ist. Sie bezieht sich auf sich und damit setzt sie sich anderen entgegen; die „eine" ist „die negative der andern".[363] Insofern folglich diese *Bestimmtheiten* „in der *Einfachheit* des Allgemeinen ausgedrückt sind", beziehen sie sich *„auf sich selbst*, sind *gleichgültig* gegeneinander, jede für sich, frei von den anderen".[364] Die Allgemeinheit der Eigenschaften

358 Phän: 94.
359 Phän: 94.
360 Phän: 94.
361 Phän: 94.
362 Phän: 94.
363 Phän: 94.
364 Phän: 94.

(der ‚sinnlichen Allgemeinheiten') ist so zunächst die *Besonderung* des abstrakten Seins der Sinnlichkeit. Sie werden als freie abstrakte Vorstellungen ausgedrückt, die sich nur auf sich beziehen, aber zugleich diese ihre Negation an ihnen haben, ihren Inhalt *für sich* im Element der Allgemeinheit behalten und von den anderen nicht affiziert werden – die Abstraktion des sinnlichen Diesen ist jetzt in der Allgemeinheit als etwas Besonderes *gesetzt*. „Negation, als unmittelbar gesetzt, ist einfache Unterschiedenheit", wie U. Claesges hervorhebt[365]: „Das Moment der Negation drück sich also in den vielen Bestimmtheiten aus; das Moment der Einfachheit dagegen in dem Umstand, daß diese Bestimmtheiten sich auf sich beziehen und gleichgültig gegeneinander sind."[366]

Der nächste Schritt in der Entwicklung des Dinges ist das aus der Vielheit der sich auf sich beziehenden Bestimmtheiten Moment der *Dingheit* – noch nicht das Ding selbst, noch nicht die Vollendung des Dinges, sondern sein erstes Moment und seine Form überhaupt, das einfache Zusammenfassen der Vielheit. Auf diesem Standpunkt der Dingheit bleibt nach Hegel eben der Empirismus stehen, der die *Substanz* allein als *Aggregat*, das Ding als *Zusammen*, eine *Sammlung* der sinnlichen Qualitäten (oder noch die Materie als Summe der Atome) auffasst. Die Darstellung des Gegenstandes des wahrnehmenden Bewusstseins als Dingheit und die Enthüllung seiner Dialektik, die seinen Übergang in die nächste Form des Dinges als ein substantielles *Eins* bedingt, entwirft zugleich die notwendige Grenze der empiristischen Einstellung, ihre immanente Grenze und somit ihre Selbstaufhebung. Der Empirismus verfährt allein mit einem *einseitigen* Begriff des Dinges und zwar mit seinem ersten und allgemeinsten Begriff, mit der Vorstellung der *Dingheit*, die zu ihrer Grundlage und Folge die Auflösung des Dinges und unter bestimmten Bedingungen den Rückfall der Wahrnehmung in die sinnliche Gewissheit hat.

Die *Enzyklopädie* stellt, wie gesagt, eine extrem komprimierte Fassung der Wahrnehmung dar (und des Übergangs vom Endpunkt der sinnlichen Gewissheit zum Beginn des wahrnehmenden Bewusstseins), so dass der ganze Weg der Dialektik des Dinges und des Bewusstseins nicht in allen ihren Details entworfen wird. In der *Enzyklopädie* nennt Hegel das Einzelne der Sinnlichkeit ein *Etwas*, das in der seinslogischen Dialektik der Sinnlichkeit in sein *Anderes* verschwindet. Ohne dass Hegel die allmähliche Entwicklung des sinnlichen Diesen zur *sinnlichen Allgemeinheit* bzw. *Bestimmtheit* oder *Eigenschaft* expliziert, geht er vom sinnlichen Etwas zu seiner Reflexion-in-sich direkt über. Das Etwas als das sinnliche Sein über-

365 Claesges 1981: 153.
366 Claesges 1981: 154.

haupt bleibt als das zugrunde liegende Allgemeine, das das reine Wesen der besonderen Bestimmtheiten ausmacht. Hegel beschreibt den Übergang vom sinnlichen zum wahrnehmenden Bewusstsein folgendermaßen: „Das *Sinnliche* als Etwas wird ein *Anderes*; die Reflexion des *Etwas* in sich, das *Ding*, hat *viele* Eigenschaften und als Einzelnes in seiner Unmittelbarkeit *mannigfaltige Prädikate*. Das *viele Einzelne* der Sinnlichkeit wird daher ein Breites, – eine Mannigfaltigkeit von *Beziehungen*, *Reflexionsbestimmungen* und *Allgemeinheiten*."[367] Hegel führt aber die Details dieses Laufs nicht aus, insofern er im Hintergrund das ausgefertigte und ausführlich entwickelte Bewusstsein der *Phänomenologie des Geistes* offensichtlich als durchaus gültig aufbewahrt, wie seine Bemerkungen zu den Unterschieden der phänomenologischen ‚sinnlichen Gewissheit' und des ‚sinnlichen Bewusstseins' der *Enzyklopädie* andeuten.[368] Das Kompendium der *Enzyklopädie* darf sich somit auf eine grobe Darstellung des Materials beschränken.

In der *Phänomenologie des Geistes* geht es um die Formierung des Dinges durch die eigene Dialektik der aus dem sinnlichen Diesen herkommenden sinnlichen Allgemeinheiten, das Zurückbeugen derselben in der Einfachheit des reinen Seins. Das Dieses oder das Etwas geht in sich zurück als ein Zusammenkreuzen der sinnlichen Allgemeinheiten. Hegel betont, dass die Allgemeinheit selbst alle allgemeinen Bestimmtheiten durchdringt und sich als ihr *Wesen* setzt.[369] Alle sind im *Sein*, in der Allgemeinheit des Seins, sie haben das Sein zu ihrem Grund. Dieses Sein ist jetzt die „einfache sich selbst gleiche Allgemeinheit selbst", die „von diesen ihren Bestimmtheiten unterschieden und frei ist".[370] Diese Allgemeinheit „ist das reine Sichaufsichbeziehen oder das *Medium*, worin diese Bestimmtheiten alle sind, sich also in ihr als in einer *einfachen* Einheit *durchdringen*, ohne sich aber zu *berühren*".[371] Wie wir auch im vorigen Teil gesehen haben, liegt ein wesentlicher Unterschied des phänomenologischen und des enzyklopädischen Bewusstseins darin, dass das letztere nicht mehr mit den Formen des Raums und der Zeit verfährt, die als solche erst in der Sphäre der Vernunft vorkommen. Das *Etwas* der *Enzyklopädie* macht selbst die Reflexion-in-sich

367 Enz III: 208.

368 Enz III: 206; vgl. auch die 2. Auflage der *Enzyklopädie* (GW 19: 318), sowie dieselbe Bemerkung in allen Vorlesungen Hegels von 1822 (Vorlesungen 25: 105), 1825 (GW 25: 439), 1827/8 (Vorlesungen 13: 151-2).

369 Phän: 95.

370 Phän: 94.

371 Phän: 94. Westphal führt diese Idee der Eigenschaften, die nicht einander berühren, auf Locke zurück (Westphal 1998b: 90).

aus und die zum Wesen gesetzte Identität, die freie Sichselbstgleichheit der Allgemeinheit, die Hegel ebenfalls dem *Diesen* zuschreibt.[372] Das *Dieses* der *Phänomenologie* lässt sich jedoch „in der gedoppelten Gestalt seines Seins, als das *Jetzt* und als das *Hier*" fassen.[373] Wie man aber gleich bemerkt, spielt in der Tat die doppelte Form des Dinges als Räumliches und Zeitliches keine wesentliche Rolle in der Bildung des Arguments der Wahrnehmung und trotz der Anführung der Formen des Raums und der Zeit am Anfang des Wahrnehmungs-Kapitels werden sie im Weiteren von Hegel beiseite gelassen. In der Entwicklung der Wahrnehmung erhalten sie keine funktionale Rolle, wie dies bei der sinnlichen Gewissheit der Fall war. Die logische Verfasstheit des Dinges hängt nicht von der räumlichen und zeitlichen Bestimmung des Dinges ab. Raum und Zeit sind also nicht allein für die enzyklopädische sinnliche Gewissheit unterbestimmte Formen, die erst innerhalb der Totalität der Vernunft ihre vollständige Präsenz haben, sondern beweisen sich auch schon für die Behandlung der Wahrnehmung in der *Phänomenologie* als Bestimmungen, die nicht im Vordergrund der Problematik und der Argumentation zu stehen haben.

Das abstrakte Dieses, die sich selbst gleiche Allgemeinheit als solche, ist nun die einzige Form, die eine deutliche funktionale Rolle in der Wahrnehmung erhält. Das „reine Wesen" der sinnlichen Bestimmtheiten, worin sie erst anfangen zu *Eigenschaften* zu werden, ist für Hegel nichts anderes als die Reflexion des *Diesen* überhaupt in sich selbst, seine Sichselbstgleichheit als die absolute Abstraktion hinter der Vielheit der sinnlichen Allgemeinheiten. Es ist das *Sein* selbst, das zum *Wesen* geworden ist. Hegel verwendet nur zu Beginn der Exposition der Wahrnehmung die doppelte Natur des aus dem Sinnlichen herkommenden Wahrgenommenen als eines räumlich und zeitlich Bestimmten. Die Punktualität der sinnlichen Gewissheit konnte nur die Form der abstrakten Negation haben und sich dadurch auf die Vielheit beziehen. Die Punktualität des Gegenstandes der Wahrnehmung stellt sich jetzt dar, wie sie sich aus der sinnlichen Gewissheit ergeben hat, als ein Zusammenfassen der zerstreuten Hier und Jetzt, als ein in sich Reiches. Hegel erklärt somit: „Dies abstrakte allgemeine Medium, das die *Dingheit* überhaupt oder das *reine Wesen* genannt werden kann, ist nichts anderes als das *Hier* und *Jetzt*, wie es sich erwiesen hat, nämlich als ein *einfaches Zusammen* von vielen; aber die vielen sind *in ihrer Bestimmtheit* selbst *einfach Allgemeine*."[374] Ein Stück Salz ist so „ein einfaches Hier und zugleich vielfach", die Bestimmtheiten wie weiß, scharf,

---

372 Phän: 94.
373 Phän: 84.
374 Phän: 95.

kubisch gestaltet usw. sind in ihm *vereinigt*, aber nicht als Prädikate einer *Substanz*, sondern zunächst als einfache zusammenbestehende Allgemeinheiten, die durch ein bloßes *Auch* gebunden sind: „Alle diese Eigenschaften sind in einem einfachen *Hier*.“[375] Sie sind ebenfalls in einem einfachen *Jetzt*, könnte man hinzufügen. Im selben Punkt des Raums und der Zeit finden sich alle Eigenschaften zusammen und „da jede selbst einfaches *Sichaufsichbeziehen* ist, läßt sie die anderen ruhig und bezieht sich nur durch das allgemeine *Auch* auf sie. Dieses *Auch* ist also das reine Allgemeine selbst oder das Medium, die sie so zusammenfassende Dingheit.“[376]

Wie man allerding bemerken kann, geht Hegel gleichsam stillschweigend von der Vorstellung des Hier und Jetzt als „*einfaches Zusammen* von vielen“ Hier und Jetzt, und somit als von der Vorstellung eines *Breiten* in Raum und Zeit, zu der Vorstellung des *einfachen Hier* als einer Vielheit von Bestimmtheiten, die doch alle *in demselben einfachen Hier* sind, über. So ist aber die Dingheit nicht unbedingt ein in Raum und Zeit wesentlich ausgedehntes Zusammen, sondern sie stellt allein den abstrakten logischen Zusammenhang von Bestimmungen, die noch räumlich und zeitlich unterbestimmt sind. Der Raum und die Zeit oder das Hier und das Jetzt finden dann im Wahrnehmungs-Kapitel der *Phänomenologie* keine Erwähnung mehr und spielen auch keine weitere Rolle für die Dialektik des Dinges. Selbst die Auffassung des Dinges als *Dingheit* überhaupt kann wohl auch ohne die Anschauungsformen des Raums und der Zeit gefasst werden. Das *Auch* oder das *Medium* ist allein die sich selbst gleiche Allgemeinheit und braucht dafür keine Räumlichkeit und Zeitlichkeit. Es ist kein *raum-zeitliches Medium*, sondern lediglich die reine Allgemeinheit der besonderen sinnlichen Allgemeinheiten. Es wird so mit dem reinen, sich auf sich beziehenden *Diesen* identifiziert, mit dem *Etwas*, das zum *reinen Wesen* geworden ist. Die *Dingheit* wird an keiner Stelle der *Phänomenologie* mit abstrakter räumlicher und zeitlicher Leerheit konnotiert. Darum werden auch von Hegel selbst die Bestimmungen des Hier und des Jetzt nicht weiter in der phänomenologischen Wahrnehmung angeführt.

Es ist dabei und in Bezug auf die raum-zeitliche Dimension des Dinges in der *Phänomenologie* gegen die These Westphals Folgendes anzuführen: Westphal parallelisiert die Erwägungen Humes und Hegels hinsichtlich der Frage der Ding-Identität, bemerkt jedoch, dass, während Hume hauptsächlich auf den *diachronischen* Aspekt der Ding-Identität – und nur am Rande auch auf den *synchronischen* Aspekt – eingeht, sich Hegel nur auf

375 Phän: 95.
376 Phän: 95.

den synchronischen Aspekt des Problems der Identität bezieht.[377] Wie wir aber sehen, obwohl Hegel den Raum und die Zeit als Hier und Jetzt, wie sie sich von der sinnlichen Gewissheit als *ausgedehnte* Vorstellungen ergeben haben, erwähnt, zieht er eigentlich weder den raum- noch den zeitbezogenen Aspekt des Problems des Dinges in Betracht. Das Konzept der Wahrnehmung in der *Phänomenologie* bleibt auf einer abstrakteren Ebene stehen. Der Vorgang der Wahrnehmung ist eigentlich keine Synthesis *im* Raum und *in der* Zeit und noch weniger eine reine Synthesis *des* Raums und *der* Zeit. Dasselbe gilt auch für den umgekehrten Weg der *Analyse*, die gar nicht als ein in Raum und Zeit stattfindender Prozess zu verstehen ist. Man könnte behaupten, dass Hegel auch auf die Frage einer raum-zeitlichen Synthese (und somit auch Analyse) eingeht oder eine solche zumindest impliziert, indem er in den ersten Absätzen des Wahrnehmungs-Kapitels den Raum und die Zeit als allumfassendes Hier und Jetzt konzipiert, aber das Thema eines raum-zeitlichen Ausgedehnten bleibt in der sinnlichen Wahrnehmung der *Phänomenologie* unentwickelt.

Für das spätere Bewusstsein der *Enzyklopädie* bemerkt Hegel, dass in ihm keine *psychologischen* Vorgänge vorkommen und dass folglich Raum und Zeit als Formen der Anschauung und in die Vorstellung genommene Bestimmungen erst für den Geist als vernünftige Intelligenz vorhanden sind. Wie wir oben gesehen haben, trifft Hegel erst viel später und nach der ersten Ausgabe seiner *Enzyklopädie*, irgendwann um 1822, die endgültige Entscheidung, dass Raum und Zeit nicht dem Bewusstsein anheim fallen. Aber der Prozess der phänomenologischen Wahrnehmung, die mit den ersten Schritten die aus der Sinnlichkeit herkommenden Hier und Jetzt völlig verlässt, zeigt überzeugend, dass die das Problem des Dings betreffende Bewusstseinsfrage unabhängig von der Frage der Räumlichkeit und Zeitlichkeit ist. So gibt es Überschneidungen zwischen der Konzeption der *Phänomenologie* und der enzyklopädischen Intelligenz sowie der Konzeption des Dinges in der Wesenslogik – und insofern die phänomenologische Wahrnehmung weder ausschließlich auf den synchronischen noch bloß auf den diachronischen Aspekt des Dinges eingeht, wie Westphal behauptet – bildet sie ihre Argumentation *unabhängig* von der Frage des räumlichen Topos und der zeitlichen Spanne. Wenn man die anfänglichen Anmerkungen Hegels über das Hier und das Jetzt einbezieht, so wird deutlich, dass Hegels Behauptung darin besteht, dass sich im selben *Hier* viele *nacheinander* aufgefasste Qualitäten finden. So geht Hegel gar nicht explizit auf die Frage, ob die verschiedenen Bestimmungen *gleichzeitig* oder *nacheinander* aufzufassen sind, ein, und der Grund dafür ist wohl

377 Westphal 1996: 170-1; Westphal 1998b: 5, 44, 86.

darin zu sehen, dass es sich hierbei um keine notwendige Frage für die Erfassung des Dings handelt, wie die darauf folgende Entwicklung der Wahrnehmungskonzeption auch bestätigt.

Aus der Vielheit der Eigenschaften, wie sie in der „positiven Allgemeinheit"[378] des Auchs sind, entwickelt sich nun weiter das Moment der absoluten, ausschließenden Einheit des Dinges, das Moment der *negativen Allgemeinheit*, das Ding als *Eins* oder die *Substantialität* des Dinges. Das Auch schlägt in das Eins um, insofern die Eigenschaften selbst nicht nur als *gleichgültig*, sich auf sich beziehende, sondern auch als *bestimmte* auftreten. Wie Hegel hervorhebt: „sie sind dies nur, insofern sie sich *unterscheiden* und sich *auf andere* als entgegengesetzte *beziehen*."[379] Aber „nach dieser Entgegensetzung [...] können sie nicht in der einfachen Einheit ihres Mediums zusammen sein, die ihnen ebenso wesentlich ist als die Negation; die Unterscheidung derselben, insofern sie nicht eine gleichgültige, sondern ausschließende, Anderes negierende ist, fällt also außer diesem einfachen Medium; und dieses ist nicht nur ein *Auch*, gleichgültige Einheit, sondern auch *Eins, ausschließende Einheit*".[380] Mit dem Auftreten dieses Moments der Negation, der ausschließenden Einheit, wird „die Dingheit als Ding bestimmt",[381] nämlich als eine Monade, die in sich selbst durch ihre Eigenschaften bestimmt ist und zugleich andere Dinge, andere Eins ausschließt. In Bezug auf das Moment des Auchs und der positiven Allgemeinheit kann man eigentlich nicht die Präsenz *anderer* Dinge unterstellen – das allererste *Auch* hat noch nichts ausgeschlossen, insofern seine Eigenschaften keine Entgegensetzung aufzeigen. Die Vielheit der Dinge kommt erst dann auf, wenn sie als abgegrenzte Substanzen genommen werden, aber sie bleibt andererseits doch nur eine unmittelbare und damit nicht als unterschiedene gesetzte, denn wie Hegel an anderer Stelle anmerkt, dass ein Ding Eins ist, unterscheidet es nicht von den anderen unterschieden, sondern macht es eher allen gleich, die ebenfalls Eins sind. Die Entwicklung der Pluralität der Dinge kommt als ein weiteres Moment der Wahrnehmung vor.

Ein wichtiger Punkt dabei ist aber auch die nicht zu ignorierende Unterscheidung Hegels zwischen *Dingheit* und *Ding*. Das Ding tritt in die Existenz erst in dem zweiten Moment der negativen Einheit ein – bisher ist es nur eine ideale Form, ein abstraktes Zusammen, aber keine gesetzte Einheit. Das wahrnehmende Bewusstsein hat so vor sich nur den Begriff

378 Phän: 95.
379 Phän: 95.
380 Phän: 95.
381 Phän: 96.

des Dinges, aber nicht die Realität desselben. Dieses Bewusstsein kennt noch keine existierenden Dinge, sondern allein die Existenz der Eigenschaften, die in der Tat nur sinnliche Allgemeinheiten darstellen. Das wirkliche Ding fängt erst mit der Negation an.

Das Moment des Dings als Eins deutet wesentlich auf unterschiedliche Substanz-Einstellungen hin, die in der Geschichte der Philosophie vorkommen und nicht nur den Empirismus betreffen. In der Behandlung der Dialektik des Dinges in der Wesenslogik (sowohl in der *Wissenschaft der Logik* als auch in der *Enzyklopädie*) wird das Moment des Dinges als Eins ausdrücklich mit dem *Ding-an-sich* der Kantischen Philosophie identifiziert, wobei diese Gleichsetzung in der *Phänomenologie* nicht explizit ist.[382] In Bezug auf die verschiedenen Texte und Ansätze Hegels zum Problem der Beschaffenheit des Dinges (*Phänomenologie*, *Wissenschaft der Logik*, *Enzyklopädie*) gilt es mehrere Interpretationsprobleme zu unterscheiden, die hier aber nicht ausführlich behandelt werden sollen. Beispiele hierfür sind die Einordnung der Momente des Dinges in der *Phänomenologie* und in dem späteren Werk Hegels,[383] der Begriff der Porosität des Dinges oder die Identifizierung des Kantischen Dinges-an-sich mit der logischen Form des wahrgenommenen Dinges. Als wesentlich ist aber vor allem dasjenige Moment der Entwicklung des Dinges zu betrachten, das besonders für den Empirismus eine Rolle spielt und folglich die systematische Aufhebung seiner Auffassung andeuten kann.

Der vollständige Kreis der Momente macht das aus, was Hegel die *Vollendung des Dinges* nennt, und wird insofern abgeschlossen, als das Ding sich in die Vielheit der sich auf sich beziehenden Eigenschaften, in die

382 Für den Gedankengang der *Phänomenologie* könnte man vielmehr das Moment der *Objektivität* des Einsseins des Dinges und der *Subjektivität* der vielen Eigenschaften mit der Konzeption Kants verknüpfen, insofern das objektive *Eins* als Repräsentant des Dinges-an-sich und die subjektiven, losen Eigenschaften, das subjektive *Auch*, für die subjektive Sinnlichkeit und Vorstellung angenommen werden könnten.

383 Es wäre wichtig zu bemerken, dass Hegel in der *Phänomenologie* die Substanz als *Eins* betrachtet, da sich diese nicht an sich, sondern *durch* die Bestimmtheit der Eigenschaften ergibt. Es ist nicht die Substanz selbst, die den Vorrang gegenüber den Eigenschaften hat und das Prinzip der Individuation und somit des *Ausschließens des Anderen* ausmacht, sondern es sind die bestimmten Eigenschaften selbst, die, indem sie *bestimmt* sind, andere ausschließen und als in einem Ding vereint das *andere* Ding überhaupt ausschließen. Der substantielle Grund ergibt sich so als eine Konstellation der Einfachheiten, der Allgemeinheiten, wird von ihnen *gesetzt* und zugleich *vorausgesetzt*. Die Eigenschaften bewahren einen ontologischen Vorrang gegenüber der Substanz, die aus ihnen herkommt und eine weitere Determination des Dinges darstellt.

„vielen Eigenschaften“, in die „Menge von Unterschieden“ auflöst.[384] Das wahrhaft vollendete Ding der Wahrnehmung ist nicht in den einseitigen Momenten der Dingheit und des Eins, sondern vielmehr in dem gesamten Kreis der Dialektik beider Momente zu finden, was andererseits die Aufhebung der Wahrnehmung als Bewusstseinsform überhaupt bedingt. Aber in diesem Kreis ist das wesentliche Moment der Auflösung des Dinges herauszuheben, das Moment der Rückkehr des Dinges in das Auch und in die Freiheit der für sich bestehenden sinnlichen Allgemeinheit oder Materien. Der erste Schluss des Kreises der Dialektik des Dinges ist eben dasjenige Moment, das, als *Analyse*, das Ding zum Anfang seiner Entstehung und letztlich in das sinnliche Bewusstsein zurückfallen lässt. Die Erhebung von der anfänglichen *sinnlichen Allgemeinheit* zum *Ding* und wieder in die *Auflösung des Dinges* in lose Eigenschaften bzw. *Materien* zurück, beschreibt Hegel zusammenfassend folgendermaßen: „Die sinnliche Allgemeinheit oder die *unmittelbare* Einheit des Seins und des Negativen ist erst so *Eigenschaft*, insofern das Eins und die reine Allgemeinheit aus ihr entwickelt und voneinander unterschieden sind und sie diese miteinander zusammenschließt; diese Beziehung derselben auf die reinen wesentlichen Momente vollendet erst das *Ding*.“[385]

III.4.2.2.2. Die grundlegenden logischen Bestimmungen der Wahrnehmung in Hegels Jenaer Logik *von 1804/05*

Auch wenn Hegel bis 1807 keine vollständige Logik veröffentlich hat, kann man nicht leugnen, dass ihm eine gewisse Logik-Konzeption vorschwebte.[386] Die Jenaer Manuskripte von 1804/05 zu einer spekulativen Logik sprechen dafür und stehen im (auch in zeitlicher Hinsicht) unmittelbaren Hintergrund der *Phänomenologie des Geistes*. Das Thema einer möglichen Parallelisierung von *Phänomenologie* und Jenaer Logik hat die Hegel-Forschung heftig beschäftigt[387] und trotz der Interpretationsstreitigkeiten bleibt es gewiss, dass die Jenaer Logik zur Erklärung von zentralen Begriffen der *Phänomenologie* herangezogen werden muss. Die Feststellung von J. Stewart, „daß die Kategorien aus der *Jenaer Logik* nicht in den ersten Kapiteln der *Phänomenologie* zu finden sind“[388], trifft sicherlich

384 Phän: 96
385 Phän: 96.
386 Zur Frage der frühen System- und Logikkonzeption Hegels s. auch Pöggeler 1964, Trede 1972, Schneider 1975 und Yorikama 1996.
387 S. z.B. Pöggeler 1961; Fulda 1964; Trede 1975; Stewart 1996.
388 Stewart 1996: 115.

nicht zu. Auch wenn das ‚Dieses' der phänomenologischen sinnlichen Gewissheit eine deutliche, wörtliche Erwähnung findet und eine besondere Rolle in der Jenaer Metaphysik, im Teil über „Die Seele" und „Die Welt" spielt, – ohne dabei zu implizieren, dass die Seinsdialektik des sinnlichen Bewusstseins nicht auf Bestimmungen der Jenaer Seinslogik zurückzuführen ist – trifft die Behauptung Stewarts noch weniger zu, dass die Bestimmungen der Wahrnehmung erst in der Jenaer Metaphysik der Objektivität vorkommen.[389] Eine allgemeine Prüfung der Haltbarkeit überhaupt der Parallelstellung der Kapitel über die Seele und die Welt der Jenaer Metaphysik mit den beiden ersten Kapiteln der *Phänomenologie* ist dabei nicht der Zweck, sondern es geht vielmehr darum den logischen Hintergrund gewisser Begriffe der phänomenologischen Wahrnehmung in der Jenaer Logik freizulegen.

Wir haben oben gesehen, dass die Konzeption der Wahrnehmung der *Phänomenologie des Geistes*, wie Hegel an späteren Stellen dieses Werkes hervorgehoben hat, auf dem logischen Standpunkt des Wesens, überhaupt auf dem Standpunkt des Verhältnisses steht. In der späteren und ausführlicher entwickelten Logik (der *Wissenschaft der Logik* oder der *Enzyklopädie*) hat die Form des Dinges eine besondere Stellung, die nicht mit der Dialektik der Substanz, des Substantialitätsverhältnisses zusammenfällt. Das Ding stellt so hier noch ein abstrakteres Verhältnis von Ganzem und Teilen oder von Substanz und Akzidenzen dar und findet sich als solches noch in der Sphäre der *Existenz*, nicht in der Sphäre der *Wirklichkeit*. Aber die Jenaer Logik beinhaltet viele der späteren Kategorien der Hegelschen Logik noch in impliziter und komprimierter Form. Die Konzeption des Dinges der späteren Wesenslogik findet sich in einer gewissen Form in dem, was Hegel 1804/05 das „Verhältnis" und noch konkreter das „Verhältnis des Seins" nennt, das aus den drei Momenten des Substantialitätsverhältnisses, des Kausalitätsverhältnisses und der Wechselwirkung besteht. In Bezug auf das erste Moment behandelt Hegel nun die logische Entfaltung der wesentlichen Momente des Dinges der *Phänomenologie* – des Auchs und des Eins oder der Vielheit der Eigenschaften und des Einsseins des Dinges.[390]

---

389 Stewart 1996: 116 ff.

390 Insofern es haltbar wäre, dass die Kategorien der Jenaer-Logik in tatsächlichem Zusammenhang mit der *Phänomenologie* stehen, könnte die Einbeziehung der Momente des Dinges in das „Substantialitätsverhältnis" als eine Antwort auf die eher falsche Meinung Hagners dienen, der behauptet (Hagner 1998: 63), dass erst das Kraft-Kapitel die Substanz-Akzidenz-Relation darstellt. Man sollte je-

Die Darstellung des Substantialitätsverhältnisses der Jenaer Logik bezieht sich auf die Entfaltung des grundlegenden Gegensatzes der Einheit der Substanz und der Vielheit der verschiedenen Qualitäten. Das Verhältnis der Substanz teilt sich zunächst in die zwei Formen der *positiven* und der *negativen Einheit*. Hegel gebraucht dabei einen der *Phänomenologie* sehr ähnlichen Wortschatz, um die Dialektik von Einheit und Vielheit, die bei der Entwicklung des Substanzbegriffes vorkommt, zu beschreiben. Die erste Form der Substanz ist nun die der „positiven Einheit oder die Gemeinschaftlichkeit des Seins",[391] in dem die unterschiedlichen Bestimmungen ihr einfaches „Bestehen" haben: „die Substanz hat nur die Bedeutung des Seins oder Bestehens".[392] In dieser positiven Einheit oder positiven Allgemeinheit, wie Hegel die Allgemeinheit in der *Phänomenologie* nennt, befinden sich die verschiedenen Bestimmungen als gleichgültig gegeneinander und, wie wir aus der *Phänomenologie des Geistes* wissen, liegt ihr Wesen allein in dem Zusammenhang, in dem Zusammen*sein* derselben und somit in ihrem seienden Charakter überhaupt oder in der „einfache[n] sich selbst gleiche[n] Allgemeinheit".[393] Die Bestimmtheiten beziehen sich nur auf sich selbst ohne sich andere entgegenzusetzen und befinden sich in diesem einfachen Sein oder Bestehen: „es sind eigentlich nur verschiedene Qualitäten gesetzt, mit der Reflexion, daß ihr Sein das gemeinschaftliche Gleichgültige derselben ist".[394]

Aber diese erste Form drückt nach Hegel nur eine Form der *Möglichkeit* und nicht die *Wirklichkeit* des Substantialitätsverhältnisses aus. Jede Qualität bzw. Bestimmtheit ist auch dadurch bestimmt, dass sie sich anderen entgegensetzt, andere ausschließt, sich auf andere negativ *bezieht*. Eine jede ist „schlechthin nur in der Beziehung auf die andere, und das Sein einer jeden ist das Nichtsein der anderen".[395] Aber da dieses Bezogensein der Bestimmtheit wesentlich ist, führt diese letztlich zur Aufhebung derselben. Wie Hegel erklärt: „jede ist nur insofern die andere nicht ist; aber sie ist nur als wesentlich bezogen auf die andere; insofern also diese nicht

---

doch nicht übersehen, dass es im Verhältnis-des-Seins-Kapitel niemals wörtlich um das *Ding* selbst geht.

391 JSE II: 39.

392 JSE II: 39. Hegel greift bereits auf die Terminologie des „Bestehens" der JSE zurück, wenn er in der zweiten Phase der Wahrnehmung dem Ding als einer umschließenden Oberfläche der Materien die Bezeichnung eines „Bestehens" angibt: „das Ding selbst ist das *Bestehen der vielen verschiedenen und unabhängigen Eigenschaften*" (Phän: 100-1).

393 Phän: 94.

394 JSE II: 39.

395 JSE II: 39.

ist, ist sie selbst nicht, und insofern sie ist, ist unmittelbar die andere ebensowohl als nicht ist."[396] Diese Form der Substanz nennt Hegel die *Möglichkeit*: „ihre Substanz [der Bestimmtheit – *JK*] ist also nur eine solche, daß die Bestimmtheit als eine aufgehobene ist, und diese Substanz heißt die *Möglichkeit*."[397] Diese Substanz ist aber dadurch nicht mehr das bloß *Gemeinschaftliche*, sondern vielmehr „das Nichts, das Leere oder die reine Einheit".[398] Als „das Nichts der Bestimmtheiten" ist sie „negative, sie ausschließende Einheit"[399] aber zugleich eine *bestimmte*, indem sie ebenfalls *positive Einheit* ist. Der „leere Punkt" des Aufgehobenseins ist sowohl das Nicht als auch das positive Bestehen der Bestimmtheiten und somit nicht eine Negation der Bestimmtheit überhaupt, sondern eher eine, wie Hegel sagt, „verengte Substanz, welche nur als Eine Bestimmtheit gesetzt ist und als negative Einheit die andere von sich ausschließt, die Bestimmtheit in der Form des numerischen Eins".[400] Die Substanz, die jetzt *quantitativ* bestimmt worden ist, ist zugleich in die *Wirklichkeit* eingetreten.

Das nächste Moment des Substantialitäts-Verhältnisses macht die *Notwendigkeit* aus, die die Einheit der ersten beiden Momente darstellt. Die Substanz zeigt sich sowohl als Eins als auch als ein Bestimmtes durch ihre Qualitäten bzw. Akzidenzen, die aber wesentlich sich auf die anderen beziehen und die Substanz ist nicht nur ein Eins, sondern ein Eins in einem negativen Verhältnis auf andere Substanzen durch ihre eigenen Bestimmtheiten. Darin äußert sich nach Hegel nicht nur die Möglichkeit und die Wirklichkeit der Substanz, sondern vielmehr auch die *Notwendigkeit* ihres Seins, dessen Begründung eine andere Wirklichkeit, eine andere Substanz erfordert: „In der Möglichkeit sind die Momente des Gegensatzes nur als aufgehobene, sie selbst [die Substanz – *JK*] ist die Idealität, ohne es an sich selbst zu sein; sie muß sich setzen als die Idealität, in welcher sie nicht als aufgehobene, sondern aufgehoben sind; diese numerische Einheit aber ist selbst eine bestimmte, und ist so als Wirklichkeit gesetzt, in welcher das Verhältnis als die Idealität des Gegensatzes sich vielmehr das Gegenteil seiner selbst in ihm bestehend oder bestimmte Substanz ist, welche, als mit der entgegengesetzten Bestimmtheit eins, nur unendlich oder Notwendigkeit ist".[401] Die notwendige Existenz der Substanz oder der Substanzen führt das Verhältnis in die Kausalitätsrelation hinein.

396 JSE II: 39.
397 JSE II: 39.
398 JSE II: 39.
399 JSE II: 40.
400 JSE II: 40.
401 JSE II: 41-2.

Der Unterschied der Modalitäten von *Möglichkeit* und *Wirklichkeit* in Bezug auf die Substanzrelation, den Hegel in seiner Jenaer Logik entwirft, verläuft parallel zur Unterscheidung der *Phänomenologie* von *Dingheit* und *Ding*. Wie wir bemerkt haben, sind die unterschiedliche Bezeichnungen Hegels nicht zufällig, sondern drücken den Status der zwei Hauptformen des Gegenstandes in der Wahrnehmung aus. Streng gesprochen, verfährt der Empirismus mit keinen eigentlichen Dingen, sondern allein mit Idealitäten von Dingen, die nicht dieselbe *Realität* der Eigenschaften haben. Das Ding des Empirismus (die Substanzen der Wirklichkeit) hat seinen Grund nicht in derselben Existenz der Eigenschaften, sondern als idealer Zusammenhang muss es seinen Grund außerhalb der Wirklichkeit der Erfahrung suchen: in der Subjektivität der Gewohnheiten und der darauf gebildeten psychologischen Assoziationen und empirischen Zusammenhänge, die absolut zufällig für die *Dinge* selbst sind. Die Einheit des Dinges des Empirismus ist nur die positive des bloßen Zusammen, des additiv gemeinten Auchs. Sie ist nur eine *Dingheit*, nämlich das Aufgehobensein der Qualitäten, die durch ihre Bestimmtheit zugrunde gehen und hinter denen sich die sich selbst gleiche Allgemeinheit erhält.

Die Bestimmtheiten sind bestimmte, insofern sie sich negativ auf die anderen beziehen. Sie *sind*, insofern die anderen *nicht sind*, und wie Hegel bemerkt, diese wesentliche Beziehung derselben auf die Nichtigkeit der anderen führt sie auch zur Nichtigkeit, zur Aufhebung und ihr Verhältnis in der Gemeinschaftlichkeit der Substanz oder der Dingheit ist nur die Idealität derselben, die Substanz ist nur eine Möglichkeit und die Dingheit nur das Ding als ein Mögliches, das aber noch nicht für sich gesetzt und in die Wirklichkeit hereingetreten ist. Die Substanz oder das Ding „ist die Idealität, ohne es an sich selbst zu sein“.[402] Die Substanz oder das Ding hat keine eigene Existenz, sondern stellt allein das Aufgehobensein der Bestimmtheiten dar. In der Existenz sind die Qualitäten und nicht das Ding, das vielmehr das Nichts jener Qualitäten ist, die ebenso durch ihre negative Beziehung auf die anderen ebenso aufgehoben werden.

Die Bezeichnung der ersten Form der Substanz als *positive Einheit* in der Jenaer Logik gewährt eine weitere Erklärung der Bedeutung der Bestimmung des ersten Moments des Dinges als *Dingheit* überhaupt. Der Standpunkt des Empirismus, der Standpunkt der empirischen *zusammengesetzten* Substanzen ist noch keine vollständige Fassung des Dinges selbst. Das Ding des Empirismus, das Ding Humes, ist nur ein *Mögliches*, dies einfache Zusammen, das sein oder nicht sein kann, dasjenige, das in sich keine notwendige Verfassung darstellt – eine Dingheit. Sie repräsentiert allein

402 JSE II: 41-2.

die Idealität des Dinges als Einheit, als Identität Entgegengesetzter, aber noch nicht seine entfaltete Wirklichkeit, die es erst als bestimmtes ausschließendes Eins erhält. Die wirkliche Existenz der Dinge bleibt für den Empirismus eine nur ideale und als ideale befindet sie sich allein in der Sphäre der Subjektivität der Gewohnheiten und der Assoziationen. Das Lockesche Substratum der Substanz bleibt demgegenüber noch derselben Subjektivität der Assoziation verhaftet.[403]

III.4.2.2.3. Die dialektische Selbstkonstruktion des Dinges gegen die psychologischen Erklärungen der Assoziation der Vorstellungen

Insofern die Konzeption des Dinges in der ersten Phase der Wahrnehmung in einen Widerspruch führt und das Wahrheitskriterium der *Sichselbstgleichheit* des Gegenstandes verletzt wird,[404] sucht das wahrnehmende Bewusstsein diese Ungleichheit anhand verschiedener Strategien aufzulösen. Hegel bemerkt, dass das Wahrnehmende, das die Erfahrung der sinnlichen Gewissheit schon gemacht hat, jetzt „das Bewußtsein der Möglichkeit der Täuschung" hat.[405] Das Ideal des Wahrnehmenden besteht nun darin, das Allgemeine, Sichselbstgleiche aufzufassen, wie es ist, ohne selbst etwas zu tun, das das Wahre verändern würde: „es hat ihn [den Gegenstand – *JK*] *nur zu nehmen* und sich als reines Auffassen zu verhalten [...]. Wenn es selbst bei diesem Nehmen etwas täte, würde es durch solches Hinzusetzen oder Weglassen die Wahrheit verändern."[406] Weil aber der Gegenstand dem Kriterium nach das sich selbst Gleiche, das Allgemeine sein soll, wohingegen das Bewusstsein etwas Veränderliches ist, „kann es ihm geschehen, daß es den Gegenstand unrichtig auffaßt und sich täuscht".[407] Das Scheitern der ersten Phase der Wahrnehmung, in dem *reinen Auffassen* das Ding und seine Eigenschaften zu fassen (der, möglicherweise unaufhörliche, Kreis der Dialektik von der sinnlichen Allgemeinheit zu dem Auch der Dingheit, von dort an in das Ding als Eins und letztlich wieder in die Auflösung des Dinges in die freien Materien und das sie umschließende Auch), kann das wahrnehmende Bewusstsein entweder in diesem Spiel halten oder es in die Aufhebung dieser ersten Form der reinen Auffassung seines Gegenstandes führen. Das Bewusstsein kann sich einmal entweder in die Abs-

---

403 Keller 1997: 56-7.

404 Phän: 97.

405 Phän: 97; s. weiter ebenda: 98-99.

406 Phän: 96-7.

407 Phän: 97.

traktheit des Anfangs zurückfallen lassen – eigentlich in das sinnliche Meinen – oder sich bewusst über seine Erfahrung werden und *sich in sich erinnern, in sich reflektieren*, wie H.G. Bensch die ‚Varianten' des Bewusstseins heraushebt: „Die Varianten werden aufgrund der Widersprüche in das Meinen der sinnlichen Gewißheit zurückfallen oder sich des bereits zurückgelegten Wegs erinnern.“[408] Das Bewusstsein hat jetzt so wesentlich *in sich selbst reflektiert* und damit seine Reflexion-in-sich von dem reinen Auffassen des Gegenstandes abgetrennt.[409]

Zwischen dem Subjekt und dem Objekt werden jetzt die Momente der Vielheit der Eigenschaften, des Dings als *Auchs*, und des Dings als *Eins* verteilt. Aber sowohl das Subjekt als auch das Objekt bleiben immer aktiv und sozusagen *wesentlich* in ihrer Beziehung. Wenn das Ding als ein objektives Eins aufgefasst wird, werden die Eigenschaften als dem Subjekt (seinen Sinnesorganen) zukommende anerkannt. Wenn hingegen die Eigenschaften im Moment ihrer Objektivität als freie Materien vorgestellt werden, bleibt dem Subjekt das Moment des Einsseins als das Eigene. Mit diesem Ansatz ist wohl kaum der subjektiv-idealistische Empirismus, etwa von Berkeley oder von Hume, zu identifizieren, insofern der subjektive Idealismus sich für die Vernichtung der Seite der Objektivität ausspricht, aber ebenso wenig stellt ein solcher Ansatz einen Materialismus im eigentlichen Sinne dar, insofern die Vielseitigkeit der materiellen Welt notwendigerweise nach Hegel auf eine subjektive *Einheit* des Gegenstandes zurückzuführen ist – wobei es sich nicht um eine materialistische These im eigentlichen Sinne handelt.

Hegel nimmt nicht auf konkrete historische Formen Bezug und prüft sicherlich alle Ansätzen der Geschichte der Philosophie nicht ausdrücklich. Die Unhaltbarkeit der verschiedenen Perspektiven zeigt allein die Komplementarität der verschiedenen Auffassungen und beweist an dem Ding selbst, dass sowohl die Subjektivität als auch die Objektivität nicht abzulösende Seiten der Wahrnehmung sind. Ein reiner Realismus und ein reiner Idealismus scheinen nicht mehr möglich zu sein. Westphal parallelisiert dieses Moment der Wahrnehmung mit der Konzeption Lockes, die die Verschiedenheit des Dinges auf die Verschiedenheit der Sinne zurückführt, was eine plausible Bezugnahme ausmachen kann, aber nicht die einzige. Wie wir oben bemerkt haben, kann man vor allem das Kantische Ding-an-sich und die Vielheit der subjektiven sinnlichen Vorstellung unter dieser Form denken. Für Kant ist das Prinzip der Einheit der Vorstellungen und des Mannigfaltigen der Anschauung zunächst das *Ich* selbst als

---

408 Bensch 2005: 112.

409 Phän: 99.

die transzendentale Einheit der Apperzeption, aber das Ding an sich bildet eben das objektive *Entsprechende* zum *transzendentalen Ich* und in einem gewissen Sinn bleibt ein – ähnlich wie bei Locke – objektives „Etwas = x“,[410] ein „bloßes Etwas“,[411] das als „transzendentales Objekt“ – das Kant zwar anderswo auch mit der *Materie* identifiziert[412] – „ein Correlatum der Einheit der Apperzeption“[413] darstellt. Der Idealismus des sinnlichen Inhalts hält somit das Bewusstsein notwendigerweise in dem, was Hegel in der *Enzyklopädie* „Inkonsequenz“ gegenüber dem empiristischen Prinzip nennt, nämlich in dem absoluten Dualismus von Subjekt und Objekt. Das abstrakte identische Objekt gegenüber der Vielfalt der wahrgenommenen oder im Bewusstsein erscheinenden Qualitäten lasse sich wohl auch mit der Stellung des Materialismus identifizieren, insofern er alles Mannigfaltige der Wahrnehmung und der wahrgenommenen Welt auf das Abstrakte der *Materie* zurückführt und wenn einerseits der Materialismus als *konsequenter* Ausdruck des Prinzips des Empirismus gezeigt worden ist, indem er alles auf das *Objektive überhaupt*, auf die allgemeine Form des Objekts als *Materie* zurückführt, löst er nicht den Gegensatz des Bewusstseins und indem er den Dualismus einseitig zu überwinden versucht, findet er unmittelbar das Gegenteil davon, was er gewünscht hat: eine Materie, die das absolut Abstrakte ist, ein reines Allgemeines und ein pures Gedankending.

Eine umgekehrte Fassung des Dinges mit deutlichen realistischen bzw. materialistischen Konnotationen – die allerdings keine klaren Bezugnahmen in der Geschichte der Philosophie, sondern erst in der Geschichte der Wissenschaften finden können – ist die der freien objektiven Materien, die sich dem *einheitlichen* Auffassen des Bewusstseins dartun. Wenn die realistische bzw. materialistische Seite auf die Eigenschaften selbst fällt, löst sich das Ding in einer Vielheit von freien Bestimmtheiten auf, die eine *objektive* Existenz haben und das Ding in seiner Objektivität als eine „Sammlung von Materien“ oder als „bloß umschließende Oberfläche“ vorgestellt wird.[414] Der sinnliche Inhalt wird so objektiviert und dem Subjekt bleibt die subjektive Komponente des *Einseins* als ein Zurückführen der Vielseitigkeit und des Auseinanderfallens des Sinnlichen auf das *ein*heitliche Prinzip des Denkens. Die Vielfalt der empirischen materiellen Welt wird zwar von dem Materialismus selbst, wie Hegel an verschiedenen Stellen hervorgehoben hat, auf die *Einfachheit* des denkenden Subjekts bezogen,

410 KrV: A250.
411 KrV: B233/A277.
412 KrV: B333/A277.
413 KrV: A250.
414 Phän: 101.

insofern diese Welt *in der Wahrnehmung* ist. Auch wenn er die Seele selbst „als ein Zusammengesetztes annimmt“, fasst er „das *Denken* doch als *einfach*“,[415] als eine einheitliche Instanz *im* Wissen des Gegenstandes. Wie wir im ersten Kapitel gesehen haben, ist ein reiner Materialismus, der alles auf die Form eines objektiven Auseinanders zurückführen will, selbst widersprechend, denn auch wenn er das Objekt überhaupt und seine Endlichkeit als Grundlage des Subjekts setzt, sieht er sich gezwungen, die Grenze zwischen Subjektivität und Objektivität zu ziehen und somit das Denken selbst als eine jenes Objekt erkennende Sichselbstgleichheit anzunehmen, somit als ein Nicht-Objektives, Nicht-Endliches und Allgemeines, was das nicht realistische spekulative Prinzip eines reinen absoluten Ichs ausmacht. Wie schon oben angeführt, bemerkt Hegel darüber in der *Differenz-Schrift*: „Der konsequente Realismus leugnet überhaupt das Bewußtsein als eine Selbsttätigkeit des Sich-Setzens. Wenn aber auch sein Objekt, das er als Realgrund des Bewußtseins setzt, als Nicht-Ich = Nicht-Ich ausgedrückt wird, wenn er die Realität seines Objekts im Bewußtsein aufzeigt und also ihm die Identität des Bewußtseins als ein Absolutes gegen sein objektives Aneinanderreihen des Endlichen an Endliches geltend gemacht wird, so muß er freilich die Form seines Prinzips einer reinen Objektivität aufgeben“.[416]

Auch in diesem Moment der zweiten Phase der Wahrnehmung sind kaum deutliche historische Referenzen festzustellen. Hegel bietet eine vereinigte Darstellung der allgemeinen Form der Wahrnehmungs-Beziehungen zwischen Subjekt und Objekt und zeigt in ihrer Dialektik das unausweichliche Hinauslaufen aller Versuche auf denselben Dualismus. Bei beiden Momenten lassen sich sowohl realistische als auch idealistische Züge erkennen und die Darstellung Hegels zeigt bloß die wechselseitige Aufhebung aller einseitigen Annahmen, ihre wesentliche Verflechtung miteinander. Es wäre jedoch zu bemerken, dass die Rede von den möglichen philosophiehistorischen Referenzen Hegels auf bloßer Spekulation beruht, insofern sein Text durchaus hermetisch bleibt. Das ist sicherlich eine nicht zu leugnende Tatsache. Aber die Referenzpunkte in der Geschichte der Philosophie sind vor allem für Hegel selbst nicht notwendig, damit er sein Programm realisiert. Die systematische Darstellung hat einen klaren Vorrang gegenüber dem historischen Material, das zufällig ist. Die systematische Darstellung ist zugleich die systematische Integration der *philosophischen Probleme* in die absolute Philosophie, wobei jegliche konkreteren Bezugnahmen als nebensächliche *Explikationen* gelten können.

415 Logik II: 291.
416 Diff: 62.

Neben möglichen Referenzen auf die Problemstellungen des philosophischen Empirismus ist auch zu berücksichtigen, dass Hegel die Frage der Chemie und der oben betrachteten ‚chemischen Abstraktion' in die Dialektik der Wahrnehmung direkt einbezieht.[417] Hier findet sich somit ein paradigmatischer Fall des empiristischen Modells, das in den Naturwissenschaften vorherrschend ist. Die Frage der Chemie haben wir schon oben in Bezug auf das Problem der Analyse für den wissenschaftlichen Empirismus dargestellt, so dass hier nicht wieder darauf eingegangen werden soll. Die chemische Analyse oder die ‚chemische Abstraktion' hat ihren systematischen Ort eben in diesem Moment der Wahrnehmung, worin das Ding sich in ‚freie Materien' auflöst. Es reicht nun, nur die systematische Argumentation Hegels konkreter zu verfolgen, um festzustellen, dass es sich bei der bestimmten Art und Weise der Vervollständigung der Analyse um eine Rückkehr und einen Rückfall in die bloße Sinnlichkeit der ansichseienden Einzelheiten handelt.

Die Wahrnehmung erfüllt eine Aufgabe, die für die spätere Form der Vernunft bzw. der Intelligenz als schon erledigt angenommen wird. Der *absolute* Idealismus der Vernunft beruht essentiell auf der Vorgeschichte des Geistes als Bewusstsein und *ihre* Prozesse setzen die Identität von Subjekt und Objekt voraus. Westphal bemerkt, dass Hegel alle psychologischen Erklärungen der Verfassung des Dinges mit seiner *Phänomenologie des Geistes* verlässt und an ihre Stelle den *apriorischen* Begriff der *Ding-Identität* setzt.[418] Westphal interpretiert sowohl die sinnliche Gewissheit als auch die Wahrnehmung als ein Verfahren, das *anhand* apriorischer Begriffe vorgeht, deren Gültigkeit geprüft und deren Widersprüchlichkeit und

---

417 Es ist dabei auch anzumerken, dass die systematische Darstellung Hegels auch in Bezug auf das in dem zweiten Moment der dritten Phase der Wahrnehmung aufkommende Problem der Eigenschaften als *freie Materien* problematisch und inkompatibel mit dem wirklichen Werk der Chemie des 18. Jahrhunderts ist, aus der der Terminus *Materien* geliehen ist. Für die Chemie, wie Hegel sie selbst wohl kennt, ist der Grund der Einheit der verschiedenen Materien nicht in der *Subjektivität*, nicht im *Bewusstsein*, sondern vielmehr in den Dingen selbst zu finden und die chemischen Prozesse machen eben die konkretere Darstellung des Ineinssetzens und der Analyse jener elementaren Materien aus. Aber auch wenn Hegel die Bezeichnung „freie Materien" erst im zweiten Moment der zweiten Phase der Wahrnehmung anführt, hat er schon während der ersten Phase der Wahrnehmung bei dem Moment des Dinges als Auchs überhaupt dessen Eigenschaften als „Materien" charakterisiert (Phän: 96). Zu einer Behandlung der Frage der ‚Materien', der Chemie und ihrer Rezeption von Hegel s. die schon angeführten Arbeiten von Engelhardt 1976, Engelhardt 1983, Illeterati 2009 und Schmidt 2009.

418 S. z.B. Westphal 1998b: 119-120.

somit deren Unzulänglichkeit gezeigt werden. Aber Hegel verfährt in der Tat und im Gegensatz zur Behauptung Westphals überhaupt nicht mit *apriorischen* Begriffen, sein ganzes philosophisches Anliegen besteht vielmehr darin, die Kantische Apriorität des Denkens gegenüber einem an und für sich *empirischen* Inhalt zu beweisen.[419] Hegel stellt keinen Begriff der *Ding-Identität* auf. Er postuliert keinen Begriff, dessen Gültigkeit und Funktionalität *nachträglich* prüft. Das Prinzip der *Sichselbstgleichheit* (und das ist der Hegelsche Terminus im Wahrnehmungs-Kapitel – nicht der Begriff ‚Ding-Identität‘) macht einen weiteren Begriff als den der Ding-Identität aus. Zunächst beruhen die Eigenschaften selbst, wie sie sich ursprünglich ergeben haben als sinnliche Allgemeinheiten, als allgemeine Bestimmtheiten, auf dem Prinzip der Sichselbstgleichheit: sie beziehen sich auf sich, bleiben mit sich identisch in der Veränderung des Sinnlichen, sind vom Sein abgeschnitten und sich auf sich bezogen, d.i. allgemein. Das sinnliche Dieses hat sich als das abstrakte Allgemeine erwiesen und dies Allgemeine macht eben das Prinzip der Wahrnehmung aus. Und Allgemeinheit bedeutet für Hegel in diesem Rahmen *Sichselbstgleichheit* und nicht direkt *Ding-Identität*. Wie wir gesehen haben, kommt das Problem der Identität des Dinges mit sich selbst als Dingheit überhaupt vor, insofern diese Dingheit das ‚reine Sichaufsichbeziehen‘, die Allgemeinheit selbst ist, die alle Eigenschaften als *Diese* oder als *Hier* und *Jetzt* miteinander teilen.

Hegel verlässt nun tatsächlich alle Erklärungen der Verfasstheit des Dinges, die sich auf psychologische Vorgänge von Assoziationen stützen, und verfährt nicht mit Begriffen a priori, sondern hingegen, wie er programmatisch in der Vorrede der *Phänomenologie* angegeben hat, mit dem Verfahren eines „reine[n] Zusehen[s]“ [420], das die Sache frei lässt, sich zu entwickeln. Hegel zeigt eben am Gegenstand selbst alles, was als subjektiver Begriff verstanden wurde und befreit die Erfahrung sowohl von der Subjektivität der psychologischen Vorgänge wie auch von der Subjektivität der apriorischen Begriffe. Das Begriffliche, der Gedanke, hat sich als ein auch der Dialektik der Sache selbst, des angeblich unmittelbaren Sinnlichen ergeben oder, trotz seiner Autonomie, als *immanent* in der Sache gezeigt.

Für Hume sind die Dinge nur ein bloßes Zusammen ihrer Eigenschaften und ihrer Identität selbst, wodurch sie als *eine* Sache anerkannt wer-

419 Westphal versteht ebenfalls die Bezeichnungen Hegels wie *Dieses*, *Hier*, *Jetzt* usw. in der sinnlichen Gewissheit als *apriorischen Begriffe*, wie wir im nächsten Teil sehen werden.

420 Phän: 77.

den, hängt von Assoziatonsverhältnissen und Gewohnheiten ab. Die Dinge als eine grundlegende Art der Vorstellungen unserer Wahrnehmung (neben den Relationen und Modi), die bestimmte „zusammengesetzte Vorstellungen" ausmachen, stehen „unter den Wirkungen dieser Vereinigung oder Assoziation von Vorstellungen",[421] die die Einbildungskraft anhand bestimmter Prinzipien und „langer Gewöhnung"[422] vollzieht. Dagegen zeigt Hegel, dass sowohl die Vorstellung eines Zusammens selbst dialektisch ist und in das substantielle Eins übergehen muss, als auch, dass die Einheit des Dinges, noch in der Form eines einfachen Zusammens, sich aufgrund logischer Prinzipien bildet und von der Dialektik der Elemente selbst formiert. Die Synthesis des sinnlichen Inhalts in der Form eines Dinges mit Eigenschaften oder eines Aggregats von Bestimmtheiten ist *selbstbegründend* und kommt nicht von *draußen*, von apriorischen Verstandesformen oder von dunklen, psychologischen (und anthropologischen) Operationen, Ideenassoziationen und Gewohnheiten. Alle konkreten subjektiven Verknüpfungen des Inhalts beruhen auf der objektiven Dialektik der Sache selbst. Es ist nicht der *Verstand*, das *Subjekt* überhaupt, das dem Stoff *Einheit* bringt. Das *Verhältnis* überhaupt wird fälschlicherweise „sowohl in der gewöhnlichen psychologischen Vorstellung als auch in der Kantischen Transzendentalphilosophie so angenommen, daß der empirische *Stoff*, das Mannigfaltige der Anschauung und Vorstellung, zuerst *für sich da* ist und daß dann der Verstand dazu *hintrete*, *Einheit* in denselben bringe und ihn durch *Abstraktion* in die Form der *Allgemeinheit* erhebe."[423] Hegel verlässt völlig die Linie des Empirismus, der in den psychologischen Erklärungen der Ideenassoziation und der Attraktionskräfte der Vorstellungen die Erläuterung der Ding-Einheit sowie die Einheit der Phänomene findet. Die Allgemeinheit des Denkens ist in der Welt selbst zu finden, das Denken *konstruiert* seinen Gegenstand, indem es ihn frei lässt, seine eigene Dialektik zu entfalten, indem es ihn *entdeckt*. Die Konstruktion des Denkens soll der Selbstkonstruktion des Dinges korrespondieren – nur ein solches Wissen kann den Namen des Wissens und vielmehr des Erkennens verdienen.

Was Hegel in der spekulativen Psychologie des Geistes zeigt, ist die Tatsache, dass die Formierung des Inhalts, die Bildung der Allgemeinheit und des Zusammenhangs der Dinge und der Welt auf der eigenen Tätigkeit des Geistes beruht, ohne welche es keine zu erkennende Wirklichkeit geben könnte. Die Intelligenz tritt als absoluter Idealismus hervor, aber ihren Ausgangspunkt bildet die Gewissheit der Überwindung des Gegensatzes

421 Traktat: 24.
422 Traktat: 22.
423 Logik II: 258.

zwischen Subjekt und Objekt, nämlich ihre Identität. Ihre eigene Tätigkeit ist Bildung des Objektiven – kein subjektivistischer Psychologismus. Den Gegensatz selbst, die Trennung in Subjekt und Objekt, bildet die Intelligenz durch ihre eigene Tätigkeit und er ist *für sie* erst als ein Unterschied *in ihr* selbst zu finden. Die Intelligenz bearbeitet *eigene Inhalte*.

Das Ding der Wahrnehmung gilt für die vernünftige Intelligenz als *Vorstellung* von Bestimmungen, ist die Übertragung des Mannigfaltigen der Anschauung in die Form der Allgemeinheit, die „Verallgemeinerung des Sinnlich-Partikularen"[424] und dadurch die Verknüpfung Unterschiedener. Das Partikulare besteht in der Anschauung als einer Mannigfaltigkeit in Raum und Zeit, die für das Subjekt selbst in der Tat *unbestimmt*, noch nicht *vor sich selbst* gebracht, noch nicht *vor-gestellt* ist. Das Einzelne der Anschauung wird erst als Allgemeines gefasst, indem es unter eine allgemeine Vorstellung geführt wird. Das abstrakte Einzelne gilt zunächst *als solches* für den Geist als *abstraktes Allgemeines*. Die vorstellende Intelligenz ist zunächst eine *Subsumtion* der Anschauung unter ein Allgemeines, eine „Subsumtion der Vielfalt unter die Einheit der Vorstellung".[425] Wie K. Vieweg diesen Prozess interpretiert: „Prinzipiell erfolgt eine Subsumtion etwa der Empfindung ‚blau' oder ‚Trauern' unter ein der Form nach Allgemeines – die ‚Bläue', die ‚Trauer'."[426] Die Synthesis ist so in der Tat das Herausheben der einzelnen Seiten des Mannigfaltigen, aber damit auch die Erhebung derselben zu ihrer Wahrheit als *Allgemeinheiten*. Die Konstruktion der *Bilder* ist schon von Anfang an eine Aufhebung der vermeintlichen absoluten Partikularität des gefühlten Inhalts der Anschauung. Das sinnliche Einzelne der mannigfaltigen Anschauung kommt zum Ausdruck erst nach der Synthese desselben, das es aber als sich auf sich beziehend erkennt und damit zur Allgemeinheit erhebt. Die eigentliche *Analyse* und *Abstraktion* der Bilder, „welche in der vorstellenden Tätigkeit stattfindet, wodurch *allgemeine Vorstellungen* produziert werden",[427] ist in der Tat eine Hervorhebung der schon in der Konstruktion der Bilder zugrunde liegenden Allgemeinheit.

Die psychologische Auslegung der Beschaffenheit der Dinge der Wahrnehmung als sich aufgrund einer assoziierenden Kraft bildende ist in die Tradition des Empirismus zuerst von Locke eingeführt[428] und weiter be-

424 Vieweg 2011: 95.
425 Vieweg 2011: 94.
426 Vieweg 2011: 94.
427 Enz III: 263.
428 Versuch I: 498-507.

sonders von Hume der Wahrnehmungstheorie zugrunde gelegt.[429] In Deutschland ist zwar 1796 das Buch von Christoph Gottfried Bardili, einem Cousin von Schelling, erschienen, das *Über die Gesetze der Ideenassoziation und insbesondere ein, bisher unbemerktes, Grundgesetz derselben* überschrieben war.[430] Mit Bardili, jedoch nicht in Bezug auf sein Buch, hat sich Hegel ausführlich in der *Differenz-Schrift* auseinandergesetzt. Es ist hierbei nicht die Frage, ob Hegel selbst sich mit Bardili beschäftigt hat. Sein Buch ist in der Zeit der Blüte der empirischen Psychologie in Deutschland überhaupt zu verorten, die die Ideen von Locke und des Empirismus weiterentwickelt und mit Aspekten der Kantischen Philosophie verbindet.[431]

Hume hat mit Nachdruck darauf insistiert, dass der sinnlichen Wahrnehmung eine subjektive assoziierende Verknüpfung der Ideen zugrunde liegt, die sie in zusammenhängende Formen einführt. Nicht nur die Verknüpfung der Dinge, sondern auch die Konstruktion der Dinge selbst beruht auf solchen psychologischen Prinzipien, die verschiedene, mannigfaltige einfache Ideen zusammenschließen. Die ‚Identität' eines zeitlich und räumlich ausgedehnten Dinges, als ein Syntheton von einfachen Ideen, besteht allein in der assoziierenden Einbildungskraft, die nach bestimmten Prinzipien und Neigungen das Mannigfaltige der einfachen Ideen zusammenfasst.[432]

Hegel setzt sich nicht so ausführlich mit der empiristischen Auffassung über die Gesetze der Ideenassoziation auseinander und er geht auch kaum auf historische Referenzen ein. Sein Interesse liegt vielmehr darin, die empiristische Manier der Ideenassoziations-Theorie hervorzuheben und ihre Entgegensetzung zu der Aktivität der Intelligenz, des vernünftigen Geistes zu betonen. In der Konzeption der ‚Intelligenz' seiner *Jenaer Systementwürfe* von 1805/06 kritisiert Hegel die „sogenannte *Ideen*assoziation" – dieses „englische Wort" –, mit der nur „die passive Ordnung der Vorstellung" gemeint ist, ohne wahrhafte Allgemeinheit und Notwendigkeit zu erreichen.[433] Die Bezeichnung Hegels zeigt, dass er unmittelbar an den englischen Empirismus als eine paradigmatische Darstellung dieser Idee denkt. K. Düsing behauptet auch, dass Hegel sich zwar in seiner späteren *Enzyklopädie* von 1827 explizit auf Hume bezieht, wenn er von der ‚Ideenassozi-

429 Galle 2001: 314-8.

430 Bardili 1796.

431 Dazu s. auch Matthias 2002. Über die Entstehung der modernen, besonders empiristisch geprägten, philosophischen Psychologie s. auch Galle 2001.

432 Traktat: 101 ff., 27 ff., 250 ff.

433 JSE III: 173.

ation‘ spricht.[434] In der *Enzyklopädie* bemerkt Hegel eben, dass das Assoziieren der Vorstellung einerseits eine gewisse Passivität im Ordnen der Bilder erhält, insofern es „das Spiel eines gedankenlosen Vorstellens“ ist, „in welchem die Bestimmung der Intelligenz noch formelle Allgemeinheit überhaupt, der Inhalt aber der in den Bildern gegebene ist“, andererseits hat es aber die Form der „*Subsumtion* der einzelnen [Vorstellung – *JK*] unter eine *allgemeine*, welche deren Zusammenhang ausmacht“.[435] Insofern ist die *Assoziation* nicht ein Zusammenknüpfen der vereinzelten Bilder nach psychologischen Gesetzen – die nach Hegel gar nicht als solche gelten können, denn, wie er bemerkt, „sind diese Beziehungsweisen keine *Gesetze*, eben darum schon, weil so *viele* Gesetze über dieselbe Sache sind, wodurch Willkür und Zufälligkeit, das Gegenteil eines Gesetzes, vielmehr statthat“[436] –, sondern vielmehr die Subsumtion der vielen Bilder unter ein *Allgemeines*, das die Intelligenz aus eigener Tätigkeit schafft. Hegel schreibt darüber in einem Zusatz: „Indem ich nun hier überhaupt das Bestimmende und Setzende bin, so setze ich auch diese Beziehung. Durch dieselbe gibt die Intelligenz den Bildern statt ihres *objektiven* Bandes ein *subjektives* Band“, und er fügt weiter hinzu: „Oft ist nur der Raum und die Zeit dasjenige, was die Bilder aneinanderreiht. [...] Die verschiedenen Gemütsstimmungen geben allen Vorstellungen eine eigentümliche Beziehung, – die heiteren eine heitere, die traurigen eine traurige. [...] Auch das Maß der Intelligenz bringt eine Verschiedenheit des Beziehens der Bilder hervor.“[437]

Hegel versteht so die Verknüpfung der Bilder und damit der verschiedenen Bestimmungen der Dinge als Beziehung dieser vereinzelten Bestimmungen, der *sinnlichen Allgemeinheiten* der Wahrnehmung auf ein Allgemeines überhaupt, das das *verknüpfende Band* derselben ausmacht. Dieses Band bietet die Intelligenz selbst und ihre zunächst ‚formelle Allgemeinheit‘. Hegel sieht somit in dieser Assoziation der Bestimmungen und somit in den Dingen selbst, wie sie für die Wahrnehmung gegeben sind, noch keine eigentliche Notwendigkeit. Die schöpferische Tätigkeit der Intelligenz ist noch nicht durch Begriffe bestimmt, ist noch formell und darf dadurch nicht die wahrhafteste und notwendige Natur der Sachen fassen. Die formelle Allgemeinheit fasst die vereinzelten Bestimmungen zusammen, die ebenfalls sich auf sich beziehend und damit allgemein sind, sie

434 Düsing 1991: 313; vgl. GW 19: 540.
435 Enz III: 265.
436 Enz III: 262-3.
437 Enz III: 265.

kann aber in dieser Formalität für die Sache selbst keine Notwendigkeit haben.

Bevor wir weiter gehen, dürfen wir eine Bemerkung machen, die insgesamt für die Beschaffenheit des Dinges nach Hegel gilt, egal ob es sich um das Ding der phänomenologischen Wahrnehmung oder um das Ding als Vorstellung der Intelligenz handelt. Für den Empirismus stellt das Ding eine Summe von *Einzelheiten* dar, von sinnlichen Eindrücken, erinnerten Vorstellungen oder materiellen Teilchen, die zusammengesetzt sind. Das Aggregat der Wahrnehmung ist ein Aggregat von *Einzelheiten* und nicht von Abstraktheiten, von Allgemeinheiten. Das Ding ist für Hegel jedoch von Anfang an und wesentlich allein ein Zusammenwachsen von *allgemeinen* Einfachheiten, von *sinnlichen Allgemeinheiten* und dem synthetischen Band derselben, entweder in der Form der positiven Allgemeinheit des Auch oder der ausschließenden Allgemeinheit des Eins. Das vermeintliche *sinnliche Partikulare* der sinnlichen Gewissheit ist überwunden und als ein Allgemeines, abstrakt Allgemeines gesetzt. Die Wahrnehmung fängt gleich mit der Allgemeinheit an und bildet sie nicht nachher. Das Einzelne hat erst die Vorstellung des *Dinges*, ist die Konstellation der Allgemeinheiten. Das Ding als *Konkretes* gehört eigentlich dem Reich der Vorstellung an, worin die Einzelheit als Partikularität untergegangen ist. Das Konkrete der Anschauung existiert für die Vorstellung und erst als Allgemeines. Um überhaupt als etwas erkannt zu werden, soll es *erinnert* und *synthetisiert* und damit zur Allgemeinheit erhoben werden.

III.4.2.3. Die Analyse und der Rückfall

Für das vorstellende Bewusstsein hat die Analyse eigentlich nur die Form der *Abstraktion*, der Zerlegung der sinnlichen Bilder des Geistes und des Festhaltens an den vereinzelten Momenten. In der Anschauung findet sich das mythische Chaos der Mannigfaltigkeit in der Natürlichkeit und Unabhängigkeit ihres Seins und Werdens. Aber Gegenstände als Dinge hat der Geist zunächst als vorstellend und indem er das Mannigfaltige in seiner Wahrheit als Allgemeines anerkennt und synthetisiert. Das Angeschaute ist schon ein Allgemeines, das Einzelne der Anschauung muss in *seiner eigenen Natur* als ein Allgemeines und Negatives, Sichaufsichbeziehendes anerkannt werden, um die Form eines Dinges überhaupt für die Vorstellung zu haben. Die Empfindung blau ist erst als Bläue für den Geist, der wirklich *erkennt* und bestimmte Gegenstände vor sich hat. Das *konkrete* Ding tritt erst als ein aus der Kontinuität des Seins herausgerissenes hervor. Hegel behandelt in der *Vorstellung* keine solche Analyse, die zurück auf abstrakte Einzelheiten der Sinnlichkeit führt. Die Analyse ist allein Abstraktion und ihre Produkte sind nur Abstraktheiten, Allgemeinheiten. Die *Analyse* als einen Mechanismus, der zurück in die bloße Sinnlichkeit das Bewusstsein führt, bestimmt Hegel allein in der phänomenologischen Wahrnehmung. Die Darstellung der Hegelschen Überlegungen wird uns letztlich zur Diskussion am Anfang dieses Teils zurückführen, wobei es sich um die Frage handelte, ob die sinnliche Gewissheit eine wirkliche Bewusstseinsform ausmacht und welcher Inhalt eigentlich mit diesem sinnlichen Bewusstsein überhaupt zu denken ist – ob letzten Endes die sinnliche Gewissheit einfach als eine *falsche* und gar *unhaltbare* Form untergeht und an ihrer Stelle das *abstrakte Allgemeine* bleibt, das allein am Anfang dem Bewusstsein nicht deutlich war und als etwas Anderes *gemeint* wurde, oder ob es einen eigentümlichen Inhalt gibt, der unterschiedlich von dem abstrakten Ausgangspunkt der sinnlichen Wahrnehmung ist und erst zu diesem Ausgangspunkt übergeht.

Die Wahrnehmung beginnt nun gleich mit dem *Allgemeinen*. Alles Wirkliche oder vermeintlich Einzelne, alle Formen des Eindrucks hat sie hinter sich gelassen. Die Dialektik der Wahrnehmung bildet zunächst einen Kreis, der sie wieder in die sinnliche Gewissheit zurückfallen lässt, bevor sie in sich reflektiert und weitere Auswege aus der Widersprüchlichkeit des Dinges zu finden versucht. Im Anschluss an die Diskussion am Anfang dieses Teiles wird hier deutlich, dass Hegel eigentlich die Auflösung des Dinges in selbständige sich auf sich beziehende Eigenschaften bzw. Materien, von denen jede als eine abstrakte Vorstellung anzunehmen ist, nicht als eine bloße Rückkehr in den Anfang der Wahrnehmung, in die aufgehobene Sinnlichkeit, sondern vielmehr als einen Rückfall in das *Meinen*, in die *sinnliche Gewissheit* selbst versteht. Der Anfang der Wahrnehmung fällt in der Tat mit der sinnlichen Gewissheit selbst zusammen und das kann jetzt als ein zusätzliches Indiz dafür dienen, dass die Dialektik der sinnlichen Gewissheit ihren gänzlichen Untergang und ihre Herabsetzung als Bewusstseinsform signifiziert, die erst eine *Abstraktion* von dem Kreis der Wahrnehmung und des vorstellenden Subjekts ausmacht. Der seinslogische Charakter derselben zeigt nur ihre Rolle als ein Unmittelbares, das eigentlich durch die Reflexion *gesetzt* wird und zwar als *Vorausgesetztes*. Es handelt sich hierbei um ein Unmittelbares, das notwendig Ausgangspunkt der Vermittlung ist, nämlich ein *Moment* in der Reflexion, wobei sowohl dieses Unmittelbare wie auch die von ihm abstrahierte Vermittlung nur *Momente* sind, die von einer beide übergreifenden Vermittlung umfasst werden. Das *abstrakte Einzelne* der Sinnlichkeit wird gezeigt als ein reines Allgemeines, während es für die Vermittlung als *Konkretes, Unmittelbares* gelten sollte. Aber dasselbe ist erst in der Tat der Reflexion selbst, der Abtrennung, und seine eigene Dialektik zeigt wohl, dass es nicht nur der *Form* nach ein Abstraktes und Allgemeines, ein von der äußeren Reflexion Gesetztes ist, sondern vielmehr, dass es selbst an ihm den Charakter der abstrakten Negativität hat und damit der Vermittlung, der Allgemeinheit überhaupt. Die angebliche *Positivität* dieses Inhalts stellt für Hegel das Kernproblem dar, das er aber allein in der sinnlichen Gewissheit in vollständigerer Form auslegt.

Die Analytizität bildet das Herzstück der Wahrnehmung, macht ein diese einschließendes Moment aus, wobei sich die Analyse selbst in der dialektischen Beschaffenheit des Dinges begründet. Hegel diskutiert zu Beginn der Explikation der zweiten Phase der Wahrnehmung das Modell des Rückfalls des Dinges in die bloße Sinnlichkeit. Hegel führt hierbei eine *Zwischenphase* der Wahrnehmung an, in der das Bewusstsein beginnt, sich die *Möglichkeit der Täuschung* zu vergegenwärtigen und jegliche Unwahrheit, Widersprüchlichkeit in der Konzeption des Dinges, auf sich als ein *unrichtiges Auffassen* bezieht. Und so findet es in jedem Schritt, dass alle Formen des Dinges *an und für sich* widersprüchlich sind und nicht sein Auffassen defizitär ist. In der darauf folgenden Phase versucht das Wahrnehmen aber anhand dieser Erfahrung, die es gemacht hat, nicht mehr die Formen *direkt* als Formen des Dinges zu prüfen, sondern es nimmt hierbei *Rücksicht* auf den unterliegenden Gegensatz von Subjekt und Objekt überhaupt, von sich selbst und dem Gegenstand. Jetzt geht es nicht bloß um den möglichen *Fehler* des Auffassens, sondern um eine tatsächliche Verteilung der entgegengesetzten Seiten des Gegenstandes an das *Wahrnehmen* und den *Gegenstand*. In der Behandlung der Zwischenphase der Wahrnehmung geht Hegel explizit auf die Frage der Dialektik des Dinges und dessen Auflösung ein.

Das Ding wird zunächst als „*rein Einer*" wahrgenommen.[438] An ihm wird aber auch die Eigenschaft wahrgenommen, die *allgemein* ist und über die *Einzelheit* dieses Grundes hinausgeht. Das Bewusstsein nimmt die Unwahrheit auf sich und denkt damit, dass die anfängliche Vorstellung des Dinges als Eins nicht richtig war, sondern „um der *Allgemeinheit* der Eigenschaft willen" soll das gegenständliche Wesen eher als „*Gemeinschaft* überhaupt" gefasst werden, als Auch oder allgemeines Medium.[439] Aber indem die Eigenschaft nicht nur sinnliche Allgemeinheit überhaupt, sondern vielmehr eine *bestimmte* ist, findet sie sich anderen Eigenschaften entgegengesetzt und damit als ein ausschließender Faktor. Dadurch und also „um der *Bestimmtheit* der Eigenschaft willen" soll dieses gegenständliche

438 Phän: 97.
439 Phän: 97.

Wesen wiederum als „ausschließendes Eins“ gesetzt werden.[440] Im nächsten Schritt vollzieht das Bewusstsein aber nochmals eine Rückkehr in das vorige Moment, wobei das Ding als „allgemeines *gemeinschaftliches Medium*“ auftritt, „worin viele Eigenschaften als sinnliche *Allgemeinheiten*, jede für sich ist und als *bestimmte* die anderen ausschließt“.[441] Die *Eigenschaft* wird so jetzt „als *freie Materie* vorgestellt“, wie Hegel weiter sagt, und das Ding nimmt die Form einer „Sammlung von Materien“, einer „bloß umschließenden Oberfläche“ an.[442]

Dieser Punkt stellt zugleich den Ausgangspunkt der Rückkehr der Wahrnehmung in die untergegangene Form der Sinnlichkeit dar. Das reflektierende, wahrnehmende Bewusstsein wird sich bewusst, dass, was es in diesem Moment wahrnimmt, nicht ein solches *gemeinschaftliches Medium* ist, sondern allein die *einzelne Eigenschaft* selbst in ihrer abstrakten Isolierung und Beziehung auf sich. Hegel führt hier deutlich den Standpunkt des klassischen Empirismus an, nach dem das, was wir empfinden, wahrnehmen, allein die *Eigenschaften* selbst und nichts anderes ist: weder die Dinge als solche, als zusammengesetzte Ganzheiten noch die *Substanz* derselben.

Das Ding wird nun zu seiner vollkommenen Auflösung geführt und zwar so, dass es selbst den Boden der Wahrnehmung verlässt. Die Eigenschaft verliert ihre zwei Merkmale, die ihr ermöglichten, sich als eine solche zu bewähren: sie hört auf, sowohl Eigenschaft *eines* Dinges überhaupt wie auch eine *bestimmte* Eigenschaft zu sein. Hegel rechtfertigt so systematisch (und somit *kritisch*) die Auffassung des Empirismus, dass letzten Endes nur die Eigenschaft der *unmittelbare* Gegenstand unserer Wahrnehmung ist, in dem aller Grund des Realen und der Existenz zu finden ist: „Das Einfache und Wahre, dass ich wahrnehme, ist aber hiermit auch nicht ein allgemeines Medium, sondern die *einzelne Eigenschaft* für sich, die aber so weder Eigenschaft noch ein bestimmtes Sein ist; denn sie ist nun weder am Eins noch in Beziehung auf andere.“[443] Auf den ersten Blick kann man denken, dass das Bewusstsein damit an den Anfang der Wahrnehmung zurückgeworfen ist, als es vor sich allein „*ein Nichts von einem Inhalte*“ hatte, eine „allgemeine Unmittelbarkeit“.[444] Hier macht Hegel aber darauf aufmerksam, dass die *einzelne Eigenschaft* für sich als eine sich

440 Phän: 97.
441 Phän: 98.
442 Phän: 101.
443 Phän: 98.
444 Phän: 94.

auf sich beziehende Allgemeinheit, als ein „Nichts des Diesen“[445] eigentlich die Negation noch nicht als bestimmte *an ihr* hat, sondern zunächst in der Form der *abstrakten Negation* ausgedrückt ist. Das Wahrnehmen geht also wesentlich darauf, die Eigenschaft in ihrer vollkommenen *Abstraktion* zu betrachten, als ein Einzelnes, Einfaches, Sichaufsichbeziehendes, das nicht *an ihm* selbst die Negativität gegen Anderes hat, sondern *gleichgültig* dagegen bleibt. Ihre Verschiedenheit von dem Anderen ist nicht *an ihnen* selbst gesetzt, sondern kommt erst einer *äußerlichen Reflexion* zu, wogegen dieselben *an sich* sind.

Am Anfang des Wahrnehmungskapitels hat Hegel bemerkt, dass „das Sein [...] ein Allgemeines dadurch [ist], daß es die Vermittlung oder das Negative an ihm hat“.[446] Das Sein ist ein Allgemeines überhaupt, indem es als eine absolute Abstraktion alles Besonderen auftritt. Seine Vermittlung ist seine negative Beziehung auf das Konkrete. Alles *ist*, aber das Sein *ist nicht* ein jedes Konkretes. Es ist das Negative aller Einzelheit und indem es die Negativität an ihm selbst hat, wird es ein Daseiendes, ein reines *Dieses*, ein bloßes *Etwas* und mit demselben Recht ein *Anderes*, das ebenso *ist*. Hegel bemerkt also jetzt, dass die Eigenschaft, die sich letztlich als das *unmittelbare* Wahrgenommene geltend macht, gegen die anderen als *gleichgültig* auftritt, während das *gemeinschaftliche Medium* ein überhaupt nicht Wahrzunehmendes ist. Für das Bewusstsein tritt nun die *einzelne Eigenschaft* mit aller Positivität und *Gewissheit* des sinnlichen Seins hervor. Das ‚*sinnliche Sein* überhaupt‘ tritt an die Stelle der *Eigenschaft*, denn „Eigenschaft ist sie [...] nur am Eins und bestimmt nur in Beziehung auf andere“.[447] Aber die Auflösung des Dinges entnimmt der Eigenschaft diesen ihren besonderen Charakter. Die *vereinzelte* Eigenschaft nimmt keine Rücksicht auf die anderen, sie steht in keiner negativen Beziehung auf sie, hat von der bestimmten Negation abstrahiert und damit hat sie ja keine wahrhafte Einzelheit gewonnen, sondern erst die *abstrakte Einzelheit* des Sinnlichen, das mit der *abstrakten Allgemeinheit* des Seins identifiziert werden kann. Was das Bewusstsein wahrnimmt, ist lediglich die Eigenschaft *an sich*, und die *andere* Eigenschaft ist bloß eine *dazukommende*, die weder die erste *einzelne* Eigenschaft noch die *einzelne* Aufnahme des Bewusstseins angeht. Die Eigenschaft hält sich so nur an die abstrakte Negation des Seins. Wie Hegel hervorhebt: „Sie bleibt als dies reine Sichaufsich-

445 Phän: 94.
446 Phän: 94.
447 Phän: 98.

selbstbeziehen nur *sinnliches Sein* überhaupt, da sie den Charakter der Negativität nicht mehr an ihr hat."[448]

Die einzelne, abgesonderte Eigenschaft ist nur ein sinnliches Sein überhaupt. Jede Bestimmtheit, die sie hatte, ist in sie zurückgegangen. Die Auflösung des Dinges setzt Hegel so der Auflösung der Wahrnehmung selbst gleich. Das Bewusstsein, das bloß behauptet: ‚das Allgemeine und Wahre, das ich wahrnehme, sei nicht die Allgemeinheit des Mediums und damit keine Identität Unterschiedener, sondern die Eigenschaft selbst und allein sie als für sich bestehend', ist in sich zurückgegangen, in die abstrakte Identität des Sinnlichen. Die Wahrnehmung als solche ist untergegangen. Hegel erklärt so, dass „das Bewußtsein, für welches jetzt ein sinnliches Sein ist, nur ein *Meinen* [ist], d.h. es ist aus dem Wahrnehmen ganz heraus und in sich zurückgegangen".[449] Die Destruktion aller Bestimmtheit, aller bestimmten Negativität der Eigenschaften als sinnlicher Allgemeinheiten führt das Wahrnehmen in die Punktualität, in die Form der abstrakten Einzelheit des Sinnlichen. Hegel beschreibt diesen Gang einerseits als einen ewigen Kreislauf des Bewusstseins, als ein hin und her zwischen den Wahrnehmungsformen der Auffassung des Gegenstandes und der bloßen Sinnlichkeit als dem *ansichseienden* Grund der ersten. Wie Hegel es beschreibt: „Allein das sinnliche Sein und Meinen geht selbst in das Wahrnehmen über; ich bin zu dem Anfang zurückgeworfen und wieder in denselben, sich in jedem Moment und als Ganzes aufhebenden Kreislauf hineingerissen."[450] Aber andererseits macht nach Hegel das wahrnehmende Bewusstsein zugleich die Erfahrung, „wie sein Wahrnehmen wesentlich beschaffen ist, nämlich nicht ein einfaches reines Auffassen, sondern *in seinem Auffassen* zugleich aus dem Wahren *heraus in sich reflektiert* zu sein"[451] – eine Reflexion, die sich in das Wahre einmischt und dasselbe verändert –und dadurch wird das wahrnehmende Bewusstsein zu seiner eigenen Dialektik und Reflexion vorangetrieben.

Der Empirismus bleibt aber allein beim Insichgehen des Bewusstseins als einer Rückkehr in das einzelne sinnliche Bewusstsein und hält diesen Weg der Auflösung des Dinges für den königlichen Weg zur Erkenntnis desselben. Die Auflösung des Dinges ist nicht seine *Analyse* als ein subjektives Vorstellen und eine mentale Abstraktion, sondern vielmehr als ein Insichgehen in den an und für sich seienden Grund der Realität. Das Bewusstsein geht darauf, die Dinge zu analysieren, mit dem Glauben, dass es

448 Phän: 98.
449 Phän: 98.
450 Phän: 98.
451 Phän: 98.

an ihnen *nichts verändert* und *nichts hinzutut*, wie wir oben gesehen haben. Es übersieht, dass die Auflösung des Dinges eigentlich die Auflösung der konkreten Beziehung von Allgemeinheit und Einzelheit und das Zurückgehen in das sinnliche Sein ist, *die reine Abstraktion*, wobei Einzelheit und Allgemeinheit nicht zu unterscheiden sind, sondern der Inhalt als ein Abstraktes überhaupt, als ein nur Seiendes, als das Allerallgemeinste auftritt.

Das Moment der Auflösung des Dinges ist so eine *immanente Begründung der Analyse* und des analytischen Moments der sinnlichen Realität in dem Ding selbst. Der kreisförmige Gang zwischen Sinnlichkeit und Wahrnehmung ist eine Selbstbegründung der Momente der *Analyse* und der *Synthese* und expliziert ihr gegenseitiges Bedingtsein. Wenn die Analyse ein Syntheton als ihren Ausgangsstoff vorauszusetzen hat, hat ebenso die Synthese einen an sich vereinzelten Stoff vorauszusetzen, den sie erst als ein Ganzes zusammenfügt. Die Analyse der Sachen ist so nicht ein bloß subjektives Verfahren und die Analytizität des Inhalts, des Gegenstandes nicht nur eine *vorgefundene*. Die Analyse zeigt sich als mit einem dialektischen Moment der logischen Verfasstheit des Dinges verbunden und der *analytische* Inhalt erzeugt sich durch diese immanente Dialektik der Wahrnehmung. Genauso wie oben gezeigt wurde, dass die Synthese nicht eine allein subjektive, psychologische Funktion darstellt, die sich nach psychologischen Gesetzen und anhand anthropologischer Faktoren, wie der Gewohnheit, vollzieht, sondern vielmehr in der Dialektik von Einzelheit und Allgemeinheit, die die widersprüchliche Natur des Dinges ausmacht, gründet, ebenso gründet sich die Analyse nicht bloß in der abscheidenden Tätigkeit des Verstandes, sondern die Verstandesstruktur stellt die Beschaffenheit des Dinges selbst dar.

Die immanente Kritik am Empirismus betrifft so das Begründen der Analyse in der Natur des Dinges selbst und zugleich das Aufzeigen ihrer Grenzen. Das Ding des Empirismus und seine Auflösung ist letztlich nur die einseitige Betrachtung der wahrgenommenen Realität, insofern einerseits die eigene innere Dialektik des Dinges als *Auchs*, als einer bloß *komplexen Substanz* in die wahrhaftere Substantialität des *Einen*, des *Hypokeimenon* übergehen soll, während zugleich die fortgesetzte Analyse des Dinges als eines solchen *gemeinschaftlichen Mediums* dieses in die sinnliche Gewissheit, in die Abstraktheit des bloß sinnlichen Seins zurückfallen lässt und es somit in die *Unbestimmtheit* und besondere Dialektik der bloßen Sinnlichkeit hineinwirft, statt einen festen Grund für dieses zu gewinnen.[452]

452 Das von aller Beziehung freie und so *unbestimmte* Einzelne, die freie sich auf sich beziehende sinnliche Eigenschaft, oder das Einzelne, dessen Bestimmtheit die

Die Konzeption der Wahrnehmung in der *Phänomenologie des Geistes* vollzieht die Aufgabe der *objektiven* Darstellung der angeblich bloß subjektiven Funktionen. In der enzyklopädischen *Logik* macht Hegel bei der Urteilslogik die Bemerkung, dass *„alle Dinge […] ein Urteil [sind]"*[453], nämlich eine Ur-teilung des Begriffs und zugleich das Festhalten seiner Momente sowohl als unterschiedene wie auch als identische[454] – die *Form* des Urteils äußert hierbei die wesentliche Spaltung der *einfachen Identität* der Begriffsmomente. Die *Kopula* ‚ist' hebt aber zugleich die unmittelbare Identität derselben hervor, als eine unvermittelte Verknüpfung Verschiedener bzw. Unterschiedener, was ebenfalls die Beschaffenheit der Dinge bezeichnet: „die Allgemeinheit und Einzelheit unterscheidet sich in ihnen, aber ist zugleich identisch".[455] Die Entfaltung der Dialektik des Dinges in der *Phänomenologie des Geistes* macht in einem gewissen Sinn die Veranschaulichung dessen aus, was Hegel als ontologische Verankerung der logischen Formen in die Wirklichkeit versteht. Ein „Urteil wird gewöhnlich", wie Hegel bemerkt, „in *subjektivem* Sinn genommen, als eine *Operation* und Form, die bloß im *selbstbewußten* Denken vorkomme".[456] Aber das Urteilen selbst, als eine Weise der Entwicklung des Begriffs, zeigt sich vielmehr als eine absolute logische Grundlage, die vor der Spaltung des Geistes in Subjekt und Objekt vorkommt und eine bestimmte Form in der Entwicklung des Realen ausmacht. „Dieser Unterschied" von subjektivem Denken und objektiver Realität ist aber, wie Hegel hervorhebt, „im Logischen noch nicht vorhanden",[457] er kommt erst in der Realphilosophie des Geistes vor.

Der Empirismus hat sich als mit einem besonderen Moment der Dialektik des Dinges verbunden gezeigt. Das Ding als *Auch der Materien* bzw. *der sinnlichen Allgemeinheiten*, die zusammengesetzte Substanz, die in der Analyse ihrer Teile zu erschöpfen ist, macht für diesen Empirismus die prominenteste und konsequenteste Form der Synthese des sinnlichen Stoffes aus, ohne die Einmischung von nicht wahrzunehmenden Elementen, wie der Substantialität des Eins. Das Aggregat-Ding des Empirismus, die Vorstellung einer Sache als bloße Fülle von Einfachheiten, wird nach

---

Unbestimmtheit oder die abstrakte Negation ist, ist gerade der Gegenstand der sinnlichen Gewissheit. Sie ist somit (oder zumindest erscheint sie als) „das allgemeinste und unbestimmteste *Wissen* des Bewußtseins", wie F.-P. Hansen betont (1994: 45).

453 Enz I: 318.

454 Logik II: 304 ff.

455 Enz I: 319.

456 Enz I: 318.

457 Enz I: 318.

Hegel innerhalb der Form des ‚Urteils des Daseins' und noch konkreter innerhalb der Konzeption des ‚*positiven Urteils des Daseins*' ausgedrückt. Diese macht die erste Unterscheidung und Verknüpfung der *abstrakten Einzelheit* und der *abstrakten Allgemeinheit* aus.[458] Die erste und allgemeine Form des positiven Urteils des Daseins ist: ‚das Einzelne ist allgemein', womit das Subjekt als das unmittelbare substantielle Sein, als das *Eins-sein* des Dinges genommen wird, dem eine Mannigfaltigkeit von allgemeinen Bestimmungen inhäriert. Das „Subjekt" ist „unmittelbar als das Seiende oder Einzelne, das Prädikat aber das Allgemeine".[459] Aber die *unmittelbare* Beziehung von Subjekt und Prädikat, von Einzelnem und Allgemeinem, die eben die Kopula ‚ist' ausdrückt, hebt sich aufgrund ihrer Unmittelbarkeit in einem Umgekehrten auf. Die Bestimmungen von Einzelheit und Allgemeinheit schlagen ineinander wechselseitig um. Wie Hegel erklärt: „Weil [...] das Urteil die *Beziehung* beider und das Subjekt durch das Prädikat als Allgemeines bestimmt ist, so ist das Subjekt das Allgemeine."[460] Das Prädikat „ist nicht eine Bestimmung *überhaupt*, sondern des *Subjekts*; die Rose ist wohlriechend; dieser Wohlgeruch ist nicht irgendein unbestimmter Wohlgeruch, sondern der der Rose; das Prädikat ist also *ein Einzelnes*."[461] Die abstrakte Allgemeinheit des Prädikats schlägt in die abstrakte Einzelheit desselben um, insofern es *eine* der *vielen* Bestimmungen des Subjekts ausmacht, so dass das letztere sich als die umschließende, sich auf sich beziehende und sich selbst gleiche Allgemeinheit dartut, als das *allgemeine* bzw. *gemeinschaftliche Medium* jener Bestimmungen oder Eigenschaften. Das Ding wird zum abstrakten allgemeinen Etwas bzw. Diesen aller vereinzelten Qualitäten – zu einer bloßen Zusammenfassung des *Inhalts*. Hegel gibt den Gang dieses Umschlagens und der Transformation des positiven Urteils von der Form ‚das Einzelne ist allgemein' in die Form ‚das Allgemeine ist einzeln' folgendermaßen an:

> „Das Prädikat [...] als diese nicht reale oder konkrete, sondern *abstrakte Allgemeinheit*, ist gegen jenes [das Subjekt– *JK*] die *Bestimmtheit* und enthält nur *ein Moment* der Totalität desselben mit Ausschluß der anderen. Um dieser Negativität willen, welche zugleich als Extrem des Urteils sich auf sich bezieht, ist das Prädikat ein *abstrakt Einzelnes*. – Es drückt z.B. in dem Satz „die Rose ist wohlriechend" nur *eine* der *vielen* Eigenschaften der Rose aus; es vereinzelt sie, die im

458 Logik II: 311.
459 Logik II: 314.
460 Logik II: 314.
461 Logik II: 314.

> Subjekt mit den anderen zusammengewachsen ist, wie in der Auflösung des Dinges die mannigfaltigen Eigenschaften, die ihm inhärieren, indem sie sich zu *Materien* verselbständigen, *vereinzelt* werden. Der Satz des Urteils lautet daher nach dieser Seite so: *„das Allgemeine ist einzeln“*.“[462]

Es ist allerdings die Form des Urteils selbst, die sowohl *Identität* wie auch *Unterscheidung*, *Trennung* der Begriffsbestimmungen ist, dasjenige, was das Urteil selbst erhält und es nicht zu seiner Auflösung führt. Die Bestimmungen befinden sich in einer Art *Wechselwirkung* und erhalten sich so gegenseitig.[463] „Wenn daher das Subjekt“, bemerkt Hegel, „als Allgemeines bestimmt ist, so ist vom Prädikate nicht auch seine Bestimmung der Allgemeinheit aufzunehmen – sonst wäre kein Urteil vorhanden –, sondern nur seine Bestimmung der Einzelheit; so wie insofern das Subjekt als Einzelnes bestimmt ist, das Prädikat als Allgemeines zu nehmen ist.“[464] In einem solchen Fall wäre die Beziehung der Extreme „aufgelöst und das Urteil somit aufgehoben“[465] oder in die einfache *Identität* und Abstraktion der Bestimmungen zurückgeführt. Das Ding als eine Daseinsweise des Urteils zeigt sich so noch in seiner Auflösung als wesentlich Zusammenhängendes. Die weiter vorgetriebene Abstraktion der Extreme des Urteils, die Abstraktion der *Form* der Allgemeinheit von dem *Inhalt* der vereinzelten Bestimmungen, wäre der vollkommene Durchbruch des Urteils selbst und damit der Dinge als solcher. Die Reflexion auf die bloße Identität, wie Hegel hervorhebt, kann die identischen, *leeren Sätze* ergeben, wie ‚das Einzelne ist Einzelnes‘ oder ‚das Allgemeine ist Allgemeines‘, aber *keine Urteile*.[466] Die Analyse, die bis zur Aufhebung der Form des Urteils überhaupt oder der Form des Dinges führt, erweist sich als eine einseitige Abstraktion, nach der nur „auf jene bloße Identität reflektiert wird“,[467] nämlich ein Zurückfallen in der noch unvermittelten Form der einfachen Identität der Begriffsbestimmungen ohne das wesentliche Urteilsmoment der Besonderung, der Teilung zu berücksichtigen.

Das Ding stellt sich als das *Besondere* bzw. als das *Konkrete* dar und die Form des Urteils äußert diese seine Bestimmung nicht in der statischen Form der einfachen Identität des Begriffs, sondern als eine Bewegung der

462 Logik II: 314.
463 Logik II: 318.
464 Logik II: 315.
465 Logik II: 315.
466 Logik II: 315.
467 Logik II: 315.

in der Besonderheit enthaltenen Momente der Einzelheit und der Allgemeinheit. Die Wechselbestimmung der Momente kommt nicht nur einer äußeren Reflexion zu, sondern ist für das Besondere selbst gesetzt. Die Dinge sind durch ihre Spaltung in die auseinanderfallenden und zugleich aufeinander zu beziehenden Momente der Einzelheit und der Allgemeinheit veränderlich. Sie sind *an ihnen* selbst veränderlich und untergehend.

Das Urteilssubjekt in dem *inhaltlichen* positiven Urteil ist so ein „Konkretes" der zusammengewachsenen Bestimmungen oder ein „Allgemeines von Qualitäten",[468] ein somit sich selbst Gleichbleibendes in der Vielheit seiner Realität, aber die Allgemeinheit kommt zugleich nicht demselben zu, das nur seinem *Inhalt* nach betrachtet wird (im Urteil ‚das Allgemeine ist einzeln'). Trotz der darin enthaltenen Form der Allgemeinheit, zeigt das Prädikat das Subjekt als eine vom Inhalt erfüllte Form – die Form aber der Allgemeinheit selbst, der Sichselbstgleichheit, gehört nicht jenem Inhalt wesentlich an, sondern ist von ihm verschieden: das Prädikat deutet darauf hin, dass das Subjekt einen bestimmten Inhalt hat und in seiner vollständigen Form ist es ein *leeres Allgemeines*, das einzelnes A, *auch* einzelnes B, *auch* einzelnes C usw. ist oder sein kann. Insofern das Subjekt ist, was das Prädikat angibt, ist es ein Inhalt und seine Identität, seine Sichselbstgleichheit oder Allgemeinheit ist ihm fremd und äußerlich, kommt einer äußerlichen Reflexion zu und darf somit im gemeinen psychologischen oder noch anthropologischen Sinn angenommen werden (Assoziation, Gewohnheit). Die Form der Allgemeinheit kommt dem Ding erst durch das entgegengesetzte Urteil ‚das Einzelne ist allgemein' zu und die Einheit von Form und Inhalt fordert die Aufhebung und Vereinigung beider Urteile in die Form des darauf folgenden *negativen Urteils*.[469] Der Empirismus, der sich an die zweite Form des positiven Urteils hält und sein Ding zur Auflösung der vereinzelten Materien führt, vervollständigt so seinen Gang mit der durchgängigen Auflösung des Dinges in der Abstraktheit dieser Einzelheiten, der vereinzelten Eigenschaften, und damit in der Ununterschiedenheit jener abstrakten Einzelheiten von der Form der abstrakten Allgemeinheiten. Die vereinzelten Materien sind ebensowohl nur *sinnliche Allgemeinheiten* überhaupt oder *abstrakte Vorstellungen*.

Das Ding hat sich so gezeigt als mit dem begrifflichen Moment der Besonderheit verbunden, wie dieses Moment in der Form des Urteils zunächst entfaltet und entwickelt worden ist. Die empiristische Auffassung des Dinges knüpft sich an eines der in der Besonderheit enthaltenen Momente,

---

468 Logik II: 316-7.
469 Logik II: 317.

wobei eine solche Einseitigkeit zugrunde geht und zum Übergang in die entgegengesetzte Einseitigkeit des Dinges als einer Substanz führt. Für den Empirismus stellt die einseitige Auflösung des Dinges den Übergang in die Form der *abstrakten Einzelheit* oder der *abstrakten Identität des Einzelnen* mit sich selbst dar. Die Auflösung des Dinges ist zugleich die Auflösung der Form des Urteils in die Form eines bloß identischen Satzes, die selbst von aller Form der Allgemeinheit abstrahiert und in dem abstrakt Einzelnen den Grund des konkreten Dinges zu finden wünscht.

Der Übergang in die Form der bloßen, abstrakten Einzelheit macht eben den Rückgang in die Form der Sinnlichkeit, des sinnlichen Seins aus, wie es für das phänomenologische Bewusstsein in der Gestalt der sinnlichen Gewissheit oder der bloßen Anschauung auftritt. Der Bund des *wesen*haften wahrnehmenden Bewusstseins (oder noch der vorstellenden Intelligenz), die Form des Zusammenhangs und der Identität Unterschiedener ist untergegangen und in das Feld der sinnlichen Einfachheit eingetreten. Das Ding und die bunte Welt des Empirismus ist auf die lose Mannigfaltigkeit der sinnlichen Eindrücke, auf die solipsistische Einsamkeit des Einzelnen zurückgeführt.

III.5. Der Empirismus und die Gewissheit des Sinnlichen

Es geht nun um die sinnliche Gewissheit oder um die Vervollständigung der Abstraktion als einer Fortsetzung der Analyse bis ins Kleinste, Elementarste, bis in dasjenige hinein, wovon Hume behauptete, dass wenn man es noch ein bisschen verkleinern (trennen, entzweien) möchte, es durchaus verschwinden würde.[470] Das ist der weitere Vorgang des „verständigen Denkens", das immer „diskret und partikularisierend" ist[471]. Die Analyse der Wahrnehmung hat sich schon gezeigt, nicht als dasjenige, was das Wirkliche, ungetrübt und in seiner klarsten Form, unvermischt von fremden Elementen und äußerlichen Relationen auftreten lassen würde, sondern als ein eigentlicher *Prozess der Abstraktion*, als das Verschwinden aller Konkretheit, wobei die zu erwerbenden *Realitäten* im Äther des Seins, der absoluten Abstraktion verschmolzen werden. Die Analyse – jede Analyse – bleibt eine Abstraktion und Verallgemeinerung. Jede erwünschte konkrete

470 Traktat: 42.
471 Horstmann 2003: 98.

Separation oder Separation des Konkreten zeigt sich als eine *abstrakte Vereinzelung*, ein Abstrahieren der Elemente der Vorstellung.

Aber Hegel kann von dem Rückgang der Wahrnehmung in die sinnliche Gewissheit und in das Sein sprechen und das Schicksal der Analyse und der Abtrennung des *konkreten Inhalts* konturieren, weil er schon den umgekehrten logischen Weg des wissenden Bewusstseins vom Sein ins Wesen, von der Sinnlichkeit in die Wahrnehmung durchlaufen und erforscht hat. Wie wir schon im vorigen Teil diskutiert haben, zeigt sich einerseits die sinnliche Gewissheit als ein *Resultat*, als das Ergebnis einer Bewegung – der Bewegung der Vereinzelung der Momente und somit der Abstraktion – und andererseits als der logische Ausgangspunkt, der *unmittelbare Anfang* oder der *Anfang der Unmittelbarkeit* für den das Bewusstsein philosophisch betrachtenden Geist.

Die sinnliche Gewissheit führt uns in das reinste Gebiet des Empirismus, in die Sphäre eines Denkens, für das die ganze Welt der Vermittlungen und Verallgemeinerungen verschwunden und das *Wissen* als solches in seiner originalsten Form aufgetaucht ist. Dabei sind keine fremden Zusätze zu finden, sondern der Inhalt wird als solcher dargestellt. Die Vermittlungen sind ausgeschlossen, insofern sie nicht den Inhalt an und für sich betreffen. Die Allgemeinheit ist aufgehoben und das wissende Subjekt hat vor sich das bestimmte Einzelne oder zumindest verlangt es, das *bestimmte Einzelne*, das *unmittelbare Einzelne*, das absolut konkrete und bestimmte Hier und Jetzt, das *Dieses* und *nur* das *Dieses* vor sich zu haben, ein sinnliches „Atom"[472] – sonst nichts!

Die ‚Sinnliche Gewissheit' macht einen der am meisten kommentierten Teile des Hegelschen Werks und sicherlich den weit mehr diskutierten Teil der *Phänomenologie des Geistes* aus – es handelt sich hierbei um einen dichten und schwierigen Text mit verdeckten philosophiehistorischen Referenzen (die es erst aufzuschlüsseln gilt), um eine originäre philosophische Synthese und zugleich eine gewisse, implizite Polemik gegen Thesen, Philosophien und Philosophen. Die Isolierung des einen oder des anderen Terminus, der einen oder der anderen dunklen Andeutung Hegels vom gesamten Argument der sinnlichen Gewissheit kann so zu stark differenzierten Lesarten führen.[473]

Frühere sowie auch neuere Lesarten führen die Argumentation der sinnlichen Gewissheit auf die antike Philosophie zurück, auf Platons The-

472 Enz I: 72.

473 Eine Zusammenfassung und Gruppierung der verschiedenen philosphiehistorischen Auslegungen der sinnlichen Gewissheit bietet Heidemann (Heidemann 2007b: 282) an.

aitet oder Parmenides oder direkt auf die verschiedenen Formen der antiken Skepsis.[474] Andere Ansätze bestehen hauptsächlich darauf, sie als eine deutliche Auseinandersetzung Hegels mit dem schottischen *naiven Realismus* oder mit gewissen deutschen Versionen des direkten Realismus und Skeptizismus und der Unmittelbarkeitslehre von Jacobi zu sehen[475], andere berücksichtigen die (zumindest mögliche) Anspielung Hegels auf den Empirismus oder verstehen insgesamt den britischen Empirismus und den schottischen und deutschen direkten Realismus als verschiedene Formen eines empiristischen Denkens überhaupt und beziehen es auf die Argumentation der sinnlichen Gewissheit[476]. Unter allen Ansätzen ist auch die von Bowman zu erwähnen, der häretischerweise in der sinnlichen Gewissheit eine gewisse systematische Auseinandersetzung Hegels mit dem Spinozismus sieht.[477]

Darunter sollten auch diejenigen Lesarten erwähnt werden, die die Rolle der antiken Philosophie und der antiken Skepsis zur Bildung der Argumente der sinnlichen Gewissheit unterstreichen, ohne jedoch ihre historische Referenz auf die Neuzeit, und insbesondere auf den Empirismus zu übersehen, zu unterschätzen oder zumindest rundweg zu verleugnen.[478]

Die sinnliche Gewissheit ist aber vor allem nicht ein Hegelsches Streitfeld überhaupt. Wenn sie eine Auseinandersetzung und eine Polemik darstellt, so handelt es sich hierbei nicht um eine solche gegen Thesen und Einsichten im Allgemeinen. Hegel wendet sich *systematischerweise* gegen philosophische Stellungen in der sinnlichen Gewissheit und nimmt unter seine kritische Lupe eigentlich diejenigen Positionen, die das Prinzip der sinnlichen Gewissheit zu ihrem Hauptprinzip setzen. Der Empirismus – der Empirismus als Musterform und *systematischerweise* differenziert in seine besonderen Formen – scheint die im Vordergrund kritisierte philosophische Position für die sinnliche Gewissheit auszumachen. Die drei Momente bzw. die drei Phasen des sinnlichen Bewusstseins beziehen sich

---

474 Purpus 1905; Düsing 1973; Westphal 1973; Pöggeler 1976; Bonsiepen 1977; Graeser 1985; Meyer 1990; Graeser 1998.

475 Wieland 1973; Brockmeier 1990; Westphal 1998b; Vieweg 1999; Siep 2000 (Siep bezieht die „Wahrnehmung“ auf Locke und Hume); Westphal 2000; Bowman 2002; Heidemann 2002c; Heidemann 2002d; Westphal 2003a; Heidemann 2007b.

476 Purpus 1905; Bodammer 1969; Düsing 1973; Solomon 1983; Taylor, 1983, 195; Graeser 1985; Vieweg 1999; Harris 1997.

477 Bowman 2003b.

478 Düsing 1973; Pöggeler 1976; Graeser 1985.

wohl auf drei Hauptformen des Empirismus, begründen sie philosophisch und heben sie zugleich auf, wie wir des Weiteren zu beweisen versuchen.

Mit den Waffen der antiken Skepsis und der antiken Dialektik gegen den Empirismus der Moderne – das könnte das Motto der sinnlichen Gewissheit sein.

Der hermetische Text der *Phänomenologie* beinhaltet eine ganze Menge von Beispielen und Argumentationen, die auf die gesamte Geschichte der Philosophie verweisen, und welche von den verschiedenen Kommentatoren des Texts beachtet und identifiziert worden sind. Die Hegelschen *Vorlesungen über die Geschichte der Philosophie* bieten selbst ein wichtiges Hilfsmaterial dafür an. Die Rede von der Unsagbarkeit des Sinnlichen und der Nichtigkeit des Einzelnen verknüpfen sich mit der Lehre von Gorgias und Stilpon,[479] die Beispiele von ‚Tag', ‚Nacht' und ‚Dieses' gehen auf die Argumente von Sextus Empiricus[480] und die Idee des Fingerzeichens auf Kratylos zurück,[481] wohingegen die Beispiele von Haus, Baum und ‚diesem Stück Papier, worauf ich dies schreibe' sich mit gewissen Texten des klassischen Empirismus identifizieren lassen.[482]

479 Purpus 1905: 26; Purpus 1908: 37; Düsing 1973: 126; Heidemann 2002d: 53 ff.; Wille 2007: 199-120.

480 Düsing 1973: 122, 126; Bonsiepen 1977: 142; Graeser 1998: 48.

481 Düsing 1973: 126; Bensch 2005.

482 Bei Hobbes: Leviathan: 21; Elemente: 32 (s. auch unten den Abschnitt III.5.2.3.). Bei Berkeley: Abhandlung, 35: „Andere Bündel von Ideen bilden einen Stein, einen Baum, ein Buch und ähnliche Sinnesgegenstände"; ebenda: 37: „Es ist in der Tat eine merkwürdig verbreitete Meinung unter den Menschen, dass Häuser, Berge, Flüsse, mit einem Wort, dass alle Sinnesgegenstände eine natürliche oder reale Existenz haben, die von ihrem Wahrgenommenwerden durch den Verstand verschieden ist"; ebenda 48: „aber ich bitte euch, was ist das alles anderes als das Bilden gewisser Ideen in eurem Geist, die ihr ‚Bücher' und ‚Bäume' nennt, und gleichzeitig die Bildung der Idee von jemand zu unterlassen, der sie wahrnimmt?"; ebenda: 54: „Was müssen wir von Häusern, Flüssen, Bergen, Bäumen, Steinen, ja sogar von unserem eigenen Körper denken?"; Drei Dialoge: 46: „Was wäre einfacher, als sich einen Baum oder ein Haus vorzustellen, wie sie unabhängig und nicht wahrgenommen von irgendeinem Geist für sich existieren? […] Also wird der Baum oder das Haus, woran du denkst, von dir vorgestellt. […] Wie konntest du dann sagen, du würdest dir ein Haus oder einen Baum vorstellen, wie sie unabhängig von allen Geistern und außerhalb ihrer existieren"; ebenda: 47: „Ich kann in der Tat in meinem Denken die Idee eines Baumes oder Hauses oder Berges fassen; aber das ist auch alles. Und es beweist keineswegs, dass ich sie mir als *außerhalb des Geistes aller denkenden Wesen existierend* vorstellen kann"; ebenda: 83: „Erkenne ich nicht, dass dies ein wirklicher Stein ist, auf dem ich stehe, und das, was ich vor meinen Augen sehe, ein wirklicher Baum?"; ebenda: 93: „Frag irgend jemanden, ob der Baum da drüben außerhalb seines Geistes existiert; was,

III.5.1. Passivität und Leerheit des Geistes oder sinnliches Bewusstsein

Wie wir aber oben gesehen haben, nachdem Hegel sein System konkreter artikuliert, teilt er gewissermaßen den Inhalt der alten „Sinnlichen Gewissheit" in das enzyklopädische „sinnliche Bewusstsein" und die enzyklopädische „Anschauung". Das sinnlich Unmittelbare als Anschauung ist so nicht mehr ein Ausdruck des reflektierenden Geistes, der Reflexion, nicht eine Bewusstseinsform. Die Anschauung ist schon das Subjekt-Objekt in einer *vom* Geist und *im* Geist *gesetzten* Gestalt oder Moment seiner *Entwicklung*. Die *objektivistische* Alternation des Geistes ist dabei nicht vorhanden. Die Anschauung gehört der Allheit des Geistes an. Die Darstellung der wahren Natur der *intelligenten* Anschauung gerichtet gegen alle

---

meinst du wohl, wird er antworten?". Bei Hume: Traktat: 259: „Jene Berge, Häuser, Bäume, die sich jetzt eben meinen Blicken zeigen, sind mir stets in derselben Ordnung entgegengetreten, und wenn ich die Augen schließe oder den Kopf wende und sie dadurch aus dem Gesicht verliere, so sehe ich sie doch gleich darauf ohne die geringste Veränderung von neuem von mir"; Untersuchung: 192: „Das sind die unverkennbaren Aussagen der Vernunft, und niemand, der nachdenkt, hat je daran gezweifelt, dass die existierenden Dinge, die wir im Auge haben, wenn wir sagen, *dieses Haus* und *jener Baum*, nichts als Perzeptionen des Geistes und flüchtige Abbilder oder Darstellungen anderer existierender Dinge sind, die sich gleich und selbständig bleiben".

Was Hegel selber betrifft, führt er bereits vor der *Phänomenologie* zweimal Beispiele mit „Haus" und „Baum" an: einmal kommen die Namen „Haus" und „Baum" als Dinge der Anschauung im *Skeptizismus-Aufsatz* [März 1802] (Skept: 267-8) vor und einmal wird der „Baum" in ähnlichem Kontext in *Glauben und Wissen* [Juli 1802] (GuW: 312) angeführt. Das Beispiel des Papiers ist zunächst in Lockes *Versuch* anzutreffen. Dort kann man über „das Papier, auf dem ich schreibe" („the paper I write on") (Versuch I: 482) lesen. Eine fast gleiche Formulierung gibt es allerdings auch in Humes *Traktat*: „das Papier, auf das ich augenblicklich schreibe" („the paper, on which I write at present") (Traktat: 255). Andere Formulierungen im Traktat stehen in nicht so engem Zusammenhang mit Hegels Ausdrucksweise in der *Phänomenologie*. So z.B. Traktat: 76, 269: „dass etwa diese Feder oder dieses Papier, die unmittelbar von uns wahrgenommen werden" – „that this pen or paper, which is immediately perceived". Darüber hinaus gebraucht auch Reid das Beispiel des Papiers, um auf die Frage der Einzelheit und der Allgemeinheit zu gehen: „the whiteness of the sheet of paper upon which I write, cannot be the whiteness of another sheet, though both are called white […] the whiteness of this sheet is one thing, whiteness is another" (EIP: 367). Bowmans Behauptung (Bowman 2002: 132), dass das Beispiel Hegels ‚Dieses Stück Papier' auf Krug zurückzuführen ist, scheint etwas übertrieben, da ihr jeglicher Textbezug fehlt.

Ansätze, die sie, wie den Geist überhaupt, „mit Formen aus dem Standpunkt des Bewußtseins und mit Anthropologie" verfälschen,[483] gibt Hegel den Anlass zu kritischen Bemerkungen gegen die vorzüglischste Philosophie, die sich auf die Stellung der Gewissheit der sinnlichen Unmittelbarkeit stützt – den Empirismus. Dabei sind zwei Hauptbegriffe der empiristischen Epistemologie zu treffen: der Begriff der *Passivität* und der damit zusammenhängende Begriff der *Leerheit* des Geistes. Ihre kritische Prüfung konturiert zugleich den allgemeinen Charakter der phänomenologischen Sinnlichkeit und kann so als eine Art Einleitung zu ihr dienen.

Nach einem alten Dogma des Empirismus wird aller *Inhalt* des Wissens *von draußen* und in einer *passiven* Weise vom Subjekt empfangen. Die *Passivität* des Geistes während seines *Empfindens* und die Seele als eine *tabula rasa*, die von den *Gegenständen* graviert wird, ist zunächst von Locke in einer systematischen und detailierten Weise artikuliert. „Der Geist sei, wie man sagt, ein unbeschriebenes Blatt, ohne alle Schriftzeichen, frei von allen Ideen".[484] Ein solcher Geist ist etwas noch weniger als ein platonisches Wachs, bildet gar kein zu formierendes Substratum, sondern er ist erst ein leerer Becher, ein leeres Gefäß für irgendetwas, das sich darin zusammendrängt. Das beschreibt aber für Hegel nur eine unzureichende und in der Tat untergeordnete Form des Geistes. Wie er in einem mündlichen Zusatz erklärt: „Jene Entwicklung des Geistes aus der Empfindung heraus pflegt aber so verstanden zu werden, als ob die Intelligenz ursprünglich durchaus *leer* sei und daher allen Inhalt als einen ihr gänzlich *fremden von außen* empfange. Dies ist ein Irrtum. Denn dasjenige, was die Intelligenz von außen aufzunehmen scheint, ist in Wahrheit nichts anderes als das *Vernünftige*, folglich mit dem Geiste *identisch* und ihm *immanent*."[485]

Der Empirismus und jede empiristisch geprägte Philosophie, die dem sinnlichen Inhalt eine unreduzierbare, thetische, positive und selbständige Natur gegenüber dem Geist attestiert, bleibt in der Tat in dem Reflexionsgegensatz des Bewusstseins gefangen, übersieht die Vernünftigkeit und somit die durchgängige Erkennbarkeit des Inhalts. Subjekt und Objekt sind erst die zwei Seiten des sich erkennenden Geistes, der als Intelligenz, nämlich als sich selbst bearbeitend, auftritt. Wenn man das sinnliche Gefühl von der Totalität des sich erkennenden Geistes abtrennt, dann gibt der Geist diesem gleich die Form eines *Objekts*, das dem Geist als *Subjekt* gegenübersteht. Das ist aber allein die Form des *Bewusstseins*, nicht eine *falsche*, sondern nur eine für den Standpunkt der Intelligenz untergeordne-

483 Enz III: 238.
484 Versuch I: 107.
485 Enz III: 248 Z.

te und *aufgehobene* Form. Dabei wird „die Unterscheidung des Bewußtseins in ein Subjekt und Objekt, als das Ursprüngliche vorausgesetzt [...]; so wird dann die Bestimmtheit der Empfindung von einem *selbständigen* äußerlichen oder innerlichen *Gegenstand* abgeleitet".[486] Das *sinnliche Gefühl* in dieser *gegenständlichen* Form entspricht so dem „Standpunkt des Bewußtseins"[487] und noch genauer dem Standpunkt des sinnlichen Bewusstseins oder der *sinnlichen Gewissheit.* Da sind „die Gefühlbestimmungen der von der Seele *abgetrennte*, in der Form eines *selbständigen Objektes* erscheinende Stoff des Bewußtseins".[488]

Um dieser Objektivität und Selbständigkeit des Inhalts willen muss folglich auch der Geist den *Gegenstand* als solchen, unverfälscht und unangetastet in seine *Subjektivität* hineinnehmen. Der Geist muss sich rein *rezeptiv* bzw. *passiv* beim Empfangen des Sinnlichen verhalten, nichts hinzutun, nichts weglassen, nichts verändern.[489] Der Geist bedarf keiner *Aktivität*, um das Reale aufzufassen. Die einzelnen Qualitäten und Quantitäten setzen sich durch und lassen in ihm ihre Spur zurück. „Je nach der Verschiedenheit, mit der die uns umgebenden Körper auf unsere Organe einwirken, ist der Geist gezwungen, die Eindrücke aufzunehmen; er kann sich der Wahrnehmung der mit ihnen jeweils verknüpften Ideen nicht entziehen."[490] Dem Geist als *Bewusstsein* erscheint diese „Assimilation des Stoffes als eines Gegebenen" als eine „*Aufnahme* desselben in die ihm zugleich *äußerlich* bleibenden Begriffsbestimmungen", was eben das Werk der „als *Verstand* tätige[n] Vernunft" (d.i. eines wissenden Bewusstseins) ist.[491] Die *Leerheit* des Geistes ist zugleich die *Leerheit* des Begriffs selbst, die Leerheit der Allgemeinheit überhaupt als einer *abstrakten*, die nur *von außen* einen bestimmten Inhalt erhalten kann. Hierbei handelt es sich um das, was Hegel „endliches Erkennen" nennt – ein Erkennen, dessen „Endlichkeit [...] in der Voraussetzung einer vorgefundenen Welt" liegt und „das erkennende Subjekt erscheint hierbei als eine *tabula rasa*".[492] Ein solches aufnehmendes Erkennen soll notwendigerweise als *passives* erscheinen. Wie Hegel bemerkt: „Dies Erkennen weiß sich noch nicht als die Tätigkeit des

486 Enz III: 247.
487 Enz III: 247.
488 Enz III: 246 Z.
489 Gutschmidt 2006: 56-7.
490 Versuch I: 126.
491 Enz I: 379.
492 Enz I: 379 Z.

Begriffs, welche es nur *an sich* ist, aber nicht *für sich*. Sein Verhalten erscheint ihm selbst als ein passives, in der Tat ist dasselbe jedoch aktiv."[493]

Hegel wendet sich dabei besonders gegen Locke, der am systematischsten im Rahmen der empiristischen Tradition die Stellung der *Passivität* des Geistes beim Empfangen des Sinnlichen erklärt hat. Dabei „verhält sich" der Geist – oder „der Verstand", wie Locke schreibt – „rein passiv; es hängt nicht von seinen Kräften ab, ob er zu diesen Anfängen oder Materialien der Erkenntnis [d.i. zu den einfachen Ideen – *JK*] […] gelangt oder nicht. Denn die Objekte unserer Sinne drängen vielfach unserem Geist ihre besonderen Ideen auf, ob wir wollen oder nicht".[494] Wenn der Geist die ‚Materialien' alles Wissens sammelt, übt er keine Gewalt auf den Stoff aus. Hingegen ist der sinnliche Stoff dasjenige, was sich durchsetzt. „[B]ei der reinen Wahrnehmung bleibt der Geist meist nur passiv, und was er wahrnimmt, muß er unvermeidlich wahrnehmen."[495]

Locke, sowie der Empirismus überhaupt, stellt eine Gestalt des Geistes dar, die den Standpunkt des Bewusstseins nie zu überwinden vermag. Jegliche Aktivität des Geistes, die ihm beim Empfinden vielleicht zugeschrieben werden könnte, bleibt eine bloß *formelle*, eine nicht den Inhalt des Wissens selbst angehende. Wie wir oben gesehen haben, gibt der Empirismus bereitwillig zu, dass die *Aufmerksamkeit* ein besonderes Moment der Sinneswahrnehmung ausmacht, das so zugleich eine Tätigkeit des Geistes oder des Verstandes ausdrückt. Locke nennt zwar einmal diese „gewollte Aufmerksamkeit" auch „Denken".[496] Aber diese reine Formalität ist für den Empirismus keine *Mitbestimmung* des *Inhalts* des Wissens selbst. Die *sinnlichen Einzelheiten* haben den absoluten ontologischen und epistemologischen Vorgang gegenüber jeglicher Aktivität des Geistes. Die Aufmerksamkeit ist einfach das Lokalisieren des Einzelnen, das an und für sich als solches in seiner Positivität besteht. Für den Empirismus ist sie kein Herausnehmen „eines einzelnen Punktes"[497] aus der Totalität des Wirklichen, kein „Abstrahieren"[498], wie für Hegel, kein vom Geistigen und Vernünftigen kontaminierter Inhalt. Die Aufmerksamkeit des Empirismus rührt den Inhalt selbst nicht an. Sie findet und fixiert erst das *Vorgegebene* für das empfindende Subjekt – das Vorgegebene, wie es an und für sich ist. Ihre Rolle bleibt nur *formell*. Das Pointieren eines *Einzelnen* ist sein Herausheb-

493 Enz I: 379 Z.
494 Versuch I: 126; vgl. auch Drei Dialoge: 41ff.
495 Versuch I: 159; vgl. auch ebenda: 185, 469.
496 Versuch I: 159.
497 JSE III: 171.
498 JSE III: 179.

ben als das *an und für sich Bestimmte*, nicht seine Abstraktion von der Totalität der Wirklichkeit. Die *Analytizität* der Welt ist absolut und geht immer schon *voraus*.

Hegel polemisiert entschlossen gegen die Auffassung eines passiven Geistes. Der erkennende Geist, der sich als die Einheit von Subjektivem und Objektivem ergeben hat, kann nicht passiv sein. Die Passivität ist erst ein von ihm selbst gesetztes Moment seiner absoluten Tätigkeit. Wie man in den eigenhändigen Notizen Hegels zum dritten Teil der *Enzyklopädie* von 1817 lesen kann, bemerkt er über die eigentliche Bedeutung der *Passivität* des Geistes: „sich nicht fixiren – *Wollen* – *nicht* zu wollen, wollen sich *passiv* zu verhalten – Diß Passive ist selbst Tätigkeit".[499] Die empiristische Einstellung über einen passiven Geist oder eine passive Sinnlichkeit übersieht, dass der Zustand der Passivität des Geistes selbst die Aktivität des letzten, seine aktive Passivität und somit seine maßgebende aktive Präsenz in allen seinen Inhalten voraussetzt.[500] Dieser Empirismus, der von der Idee einer passiven und nicht begrifflichen Sinnlichkeit ausgeht, versucht den Geist mit Kategorien des Bewusstseins zu fassen – einer früheren und abstrakteren Gestalt des Geistes, die seinem Entwicklungsgang als notwendiges, aber zugleich aufgehobenes Moment gegenübersteht.

Die Passivität der Intelligenz ist eine geistige *Tätigkeit*. Die eigentliche Passivität soll die absolute Trennung von Subjekt und Objekt voraussetzen und sie geht so nicht den erkennenden Geist, die Intelligenz, sondern nur das *Bewusstsein* an. Das Einzelne als *Gegen-stand*, als dem Subjekt Fremdes und absolut für sich in der Positivität seiner Einzelheit Bestehendes, gehört nicht dem erkennenden Geist, sondern dem phänomenologischen Bewusstsein an – einem Bewusstsein, für das der sinnliche Inhalt die Form des Objekts immer hat und vor und unabhängig von der nur *formalen* Tätigkeit des Geistes existiert. Das nicht als Abstraktion und als von der Tätigkeit des Geistes selbst gesetzte sinnliche Einzelne ist nichts mehr als der Gegenstand der sinnlichen Gewissheit. Die Prüfung der dialektischen Natur dieses Einzelnen und sein Zusammenfallen mit der abstrakten Allgemeinheit ist das Werk dieser „Sinnlichen Gewissheit" der *Phänomenologie des Geistes* und der *Enzyklopädie*.

Leerheit und *Passivität* machen so die zwei Hauptmerkmale des sinnlich empfindenden Subjekts oder des sinnlichen Bewusstseins aus. Alles *von draußen* nehmen, sich rein *rezeptiv* verhalten und alles bloß – d.i. ohne etwas hinzutun, ohne etwas weglassen, ohne etwas verändern – *aufnehmen*, das ist der Charakter der Sinnlichkeit für das reflexionsmäßige Wis-

499 GW 13: 361-363.

500 S. z.B. Enz III: 237 Z.; Enz III: 248 Z.; Enz I: 379 Z.

sen des Bewusstseins – ein „Erkennen" als „passives Aufnehmen konkreter empirischer Inhalte".[501] Insofern man „von dem Auffassen das Begreifen abzuhalten" hat, findet das Bewusstsein unvermeidlich vor sich allein das „*Wissen* des *Unmittelbaren* oder *Seienden*", in dem es sich bloß „*unmittelbar* oder *aufnehmend*" verhält.[502] Damit aber die *Beziehung* von Subjekt und Objekt *unmittelbar* ist, sollen auch beide *an sich selbst* unmittelbar sein. Sowohl das Subjekt als auch das Objekt sind notwendig *einfach*. Die Unmittelbarkeit, an ihnen selbst ausgedrückt, macht ihre *Einfachheit* aus. Jede Mannigfaltigkeit beim Auffassen hätte den Sinn einer Vermittlung, die wegen des Prinzips der sinnlichen Gewissheit nicht zu gestatten ist. Das Ich ist bloß ein „reiner *Dieser*" und der Gegenstand ein „reines *Dieses*".[503] Ein Einzelnes, das Einzelnes weiß,[504] eine „*unmittelbare* reine Beziehung"[505] zwei an sich selbst unmittelbarer (also einfacher, einzelner) Elemente. Wie Hegel ausdrücklich erklärt: „Ich, *dieser*, bin *dieser* Sache nicht darum *gewiß*, weil *Ich* als Bewußtsein hierbei mich entwickelte und mannigfaltig den Gedanken bewegte. Auch nicht darum, weil *die Sache*, deren ich gewiß bin, nach einer Menge unterschiedener Beschaffenheiten eine reiche Beziehung an ihr selbst oder ein vielfaches Verhalten zu anderen wäre. Beides geht die Wahrheit der sinnlichen Gewißheit nichts an; weder Ich noch die Sache hat darin die Bedeutung einer mannigfaltigen Vermittlung, Ich nicht die Bedeutung eines mannigfaltigen Vorstellens oder Denkens, noch die Sache die Bedeutung mannigfaltiger Beschaffenheiten [.]"[506]

III.5.2. Drei Momente, drei Empirismen – Begründung und Aufhebung des Empirismus in allen seinen logisch möglichen Formen

Auf der Basis dieses Dualismus der Sinnlichkeit strahlt der Begriff des „Sinnlichen" nach verschiedenen Richtungen aus und erzeugt die ontologischen Formen des Realismus, des Idealismus und einer monistischen oder skeptischen Neutralität. Die empiristische Apotheose des Sinnlichen stellt dabei die gemeinsame Grundlage aller Versuche dar, die vermutliche

501 Röd 1986: 151.
502 Phän: 82.
503 Phän: 82.
504 Phän: 83.
505 Phän: 83.
506 Phän: 82-3.

und angestrebte Wahrheit dieses Sinnlichen zu retten. Darin werden alle Empirismen produziert und verzehrt, auf- und abgebaut, begründet und aufgehoben. Die sinnliche Gewissheit erfüllt die Aufgabe der systematischen Begründung, Legitimierung und Aufhebung einer philosophischen Grundform in allen möglichen Transformationen ihres Prinzips und die drei Phasen der Dialektik des sinnlichen Bewusstseins bringen eben diese Transformationen oder Subformen zum Ausdruck.

Die sinnliche Gewissheit stellt keine ausschließliche Kritik am Realismus, oder vielmehr am direkten Realismus dar, wie z.B. Heidemann, Westphal und andere wiederholend behaupten. Die sinnliche Gewissheit ist in fünf unterschiedlichen Teilen artikuliert: 1. Einleitung, in der der allgemeine Rahmen und ihre grundlegenden Annahmen bestimmt werden (sie besteht aus den ersten drei Paragraphen des Textes), 2. der Realismus-Versuch der sinnlichen Gewissheit, wobei eine realistische Ontologie des Sinnlichen geprüft und aufgehoben wird (betreffend die nächsten sieben Paragraphen), 3. der Idealismus-Versuch der sinnlichen Gewissheit, wobei der subjektiv-idealistische Aspekt im Hinblick auf die Gewissheit und Positivität des Sinnlichen zum Scheitern geführt wird (dazu gehören die drei darauf kommenden Paragraphen), 4. die neutrale oder skeptische Phase der sinnlichen Gewissheit, wobei der ontologische Gegensatz von Bewusstsein und Gegenstand aufgehoben ist und die Wahrheit des Sinnlichen in einer neutralistischen oder skeptizistischen Weise an ihm selbst gesucht wird (dazu gehören die nächsten sechs Paragraphen), und 5. der Schluss des Kapitels, worin Hegel seine Prüfung der Sinnlichkeit u.a. mit Anspielungen auf den merkwürdigen und in seinem Wesen direkt-realistischen Skeptizismus seiner Zeit verbindet. Die Diskretheit dieser Teile der „Sinnlichen Gewissheit" ist nicht zu verkennen und der Inhalt des einen ist nicht mit dem des anderen zu verwechseln.

Heidemann behauptet, dass „diejenige Theorie, die Hegel als Repräsentant der sinnlichen Gewißheit in der *Phänomenologie des Geistes* vor Augen steht, […] der Realismus, genauer: der *unmittelbare* Realismus" ist, „den man auch direkten Realismus nennen könnte".[507] Heidemann fasst so alle drei Phasen der sinnlichen Gewissheit in einer Perspektive zusammen und man weiß eigentlich nicht, wie die zweite und die dritte Phase der sinnlichen Gewissheit mit ihren deutlichen idealistischen und neutralistischen/skeptischen Zügen zu verstehen sind, wenn dabei die Rede lediglich vom Realismus und ‚genauer' vom direkten Realismus wäre. Heidemann wird zu dieser Auslegung geführt, weil er unvorsichtig die im Schluss des Kapitels (5. Punkt) entwickelte Auseinandersetzung Hegels mit zeitgenössischen

507 Heidemann 2002c: 133.

Standpunkten in der Philosophie und zwar mit dem „komischen“ Skeptizismus seiner Zeit durcheinanderbringt, der als sein „Resultat“ aufstellt: „[D]ie Realität oder das Sein von äußeren Dingen als *diesen* oder sinnlichen habe absolute Wahrheit für das Bewußtsein“[508]. Diese Beziehung des allgemeinen Resultats der sinnlichen Gewissheit auf eine aktuelle Diskussion des Anfangs des 19. Jahrhunderts in Deutschland, die Hegel im Schluss des Kapitels vornimmt, wird dabei fälschlich als *ausschließliches* Thema des ganzen Kapitels interpretiert.[509] Heidemann wird nochmal betonen und zu seiner Auslegung hinzufügen: „Der unmittelbare Realismus, den die sinnliche Gewissheit als Theorie repräsentiert, wird seinem Anspruch des direkten sinnlichen Wissens nicht gerecht und sieht sich gezwungen, skeptische Konsequenzen hinsichtlich der äußeren Realität einzuräumen.“[510] Heidemann hat schon früher in seinem „Hegels Realismus-Kritik“ und in Bezug auf die Verwirrung hinsichtlich des in der sinnlichen Gewissheit vermutlich vorkommenden Umkippens des direkten Realismus in den Skeptizismus angeführt: „So verkehrt sich die ursprünglich absolute Gewißheit des unmittelbaren, direkten Realismus in skeptische Ungewißheit und der Realismus selbst schlägt um in einen Skeptizismus gegenüber der außerbewussten Wirklichkeit.“[511] Dabei sind zwei Bemerkungen zu machen:

1. Die realistische oder noch, wenn man den Realismus in diese Richtung einschränken möchte, die direkt-realistische Stellung der sinnlichen Gewissheit wird erst in der ersten Phase ihres dialektischen Fortgangs geprüft. Das Resultat dieser Bewegung ist kein *Skeptizismus*, sondern eine idealistische, eine subjektiv-idealistische Stellungnahme des sinnlichen Bewusstseins. Die Einzelheit des Sinnlichen als eines Objekts, seine Gewissheit, Positivität und Realität wird der Einzelheit, Gewissheit, Positivität und Realität des Subjekts und seiner aufnehmenden Tätigkeit zugeschrieben (zweite Phase der sinnlichen Gewissheit). Der Nachfolger des Realismus oder des direkten Realismus der sinnlichen Gewissheit ist so allein der *subjektive Idealismus*, nicht irgendein Skeptizismus. An welcher Stelle im Text ‚sieht sich‘ eigentlich die sinnliche Gewissheit ‚gezwungen, skeptische Konsequenzen hinsichtlich der äußeren Realität einzuräumen‘ und was sind denn diese Konsequenzen? Das wird von Heidemann nicht angegeben. Die idealistische Wendung des Bewusstseins bräuchte viel Spekulation, damit man sie mit einer skeptischen Position identifiziert. Aber Heidemann behauptet auch nicht, dass die Prüfung des Realismus in der ersten

508 Phän: 90.

509 Heidemann 2002c: 132-5.

510 Heidemann 2007b: 285.

511 Heidemann 2002c: 134-5.

Phase der sinnlichen Gewissheit stattfindet, wohingegen sich die zweite und die dritte Phase mit den Konsequenzen dieser Prüfung beschäftigen. Alle drei Phasen werden von ihm, wie es scheint, als eine nur detailierte und systematische Besprechung der Annahmen des direkten Realismus angenommen.[512] Der Skeptizismus kann wohl aus dem *subjektiven Idealismus* hervorgehen, ist aber keinesfalls identisch mit diesem. Das Bestreiten der äußeren Realität der Dinge oder irgeneiner sinnlichen objektiven Wirklichkeit überhaupt spricht sich zugleich für die absolute Gewissheit des sinnlichen Subjekts und all seiner Aktivität und Inhalte aus. Wenn das Bestreiten der äußeren Realität der Dinge gleich Skeptizismus wäre, dann könnte auch jeder Materialismus, der die Eigenständigkeit und Autonomie des Mentalen und Vernünftigen verleugnet und es auf das bloß Mechanische der sinnlichen Natur zurückführen würde, wie z.B. der La Mettrie in seinem *Die Maschine Mensch*,[513] Skeptizismus genannt werden, nur in umgekehrte Richtung.

Im Kapitel II haben wir besonders anhand der Formulierungen Hegels in seinen *Vorlesungen über die Geschichte der Philosophie* gesehen, dass der Skeptizismus als eine Form des Idealismus anzunehmen ist, oder wie Hegel dort sagt: „der Skeptizismus [hat hier] die Form, *Idealismus* zu sein“[514]. Oder dass wir bei Hume „eine andere Wendung desselben“ subjektiven Idealismus (Berkeleys) treffen. Dort habe ich zwar auch behauptet, dass, in dem Maße, in dem der Materialismus die konsequente Form des Realismus darstellt, der Skeptizismus die konsequente Form des subjektiven Idealismus ausmacht. Wie gesagt, hat der ‚eigenartige Skeptizismus‘ Humes einerseits den Berkeleyschen Idealismus zu seinem Ausgangspunkt, führt aber auch vollkommen das idealistische Prinzip aus und zwar bis dorthin, wo dies Prinzip selbst zugrunde geht, sich durch seine eigene Dialektik aufhebt, und die *Subjektivität* der Empfindung wieder die *Form* der *Objektivität* überhaupt annimmt, während sowohl das *Objekt* wie auch das *Subjekt* als solche untergehen und die Humesche Philosophie in einer puren *Objektivität* oder *Realität des Sinnlichen* sich erhält, worin allein die ontologischen *Reflexionsformen* des Subjekts und des Objekts aufgehoben worden sind. In der ‚Sinnlichen Gewissheit‘ der *Phänomenologie* wird dieser Skeptizismus, der sich allein an den sinnlichen *Inhalt* der *Beziehung* hält, ohne die Extreme der Reflexion mehr zu beachten, sich als selbständig von dem idealistischen Moment des sinnlichen Bewusstseins ergeben. Den Skeptizismus als eine ‚Wendung‘ des Idealismus, die aber zu ihrem Resul-

512 Heidemann 2007c: 282-3.
513 Maschine.
514 GdPh III: 270.

tat den Untergang sowohl des Objekts als auch des Subjekts hat, betrachtet Hegel hier in seiner Eigenständigkeit.

„[D]ie [alten – *JK*] Skeptiker", erklärt Hegel, „gehen weiter als die Anhänger des neueren rein formellen Idealismus; sie haben es mit dem Inhalt zu tun und zeigen von allem Inhalt, er sei ein empfundener oder gedachter, daß er ein ihm Entgegengesetztes habe. Sie zeigen also *in demselben* den Widerspruch auf [...]; dies ist das Objektive des Skeptizismus bei seinem Scheinen,– nicht subjektiver Idealismus".[515] Damit Hegel dasselbe erreichen, damit er auf den *Inhalt* eingehen und *in demselben* den Widerspruch aufzeigen kann, muss er zunächst das Objekt und das Subjekt als die Extreme des Rahmens der Reflexion vernichten oder vielmehr aufheben. Eine solche Aufhebnung findet sich dabei in der Geschichte der Philosophie: der Gegensatz von Realismus und Idealismus drückt eben diese Dialektik beider und letztendlich ihr gegenseitiges Aufheben aus; der Humesche Skeptizismus, der von dem subjektiven Idealismus ausgeht, hält sich eben an die Gewissheit dieses Sinnlichen, geht aber nicht weiter vor, die Gewissheit und Wahrheit des Sinnlichen selbst zu bezweifeln und aufzuheben.[516] Er ist in der Tat, wie im zweiten Kapitel gezeigt, ein Rückfall in den *Objektivismus* und *Realismus* der Endlichkeit, indem er den sinnlichen Inhalt, der hauptsächlich die Form des Objekts, der Objektivität, vertritt, wieder walten lässt, egal ob der ganze *formale Gegensatz* von Subjekt und Objekt beseitigt worden ist.

Das dritte Moment der sinnlichen Gewissheit macht so den konkreten Beweis für die Einstellung Hegels aus, dass letzten Endes die Frage und das Entscheidende nicht die *Formen* des Subjekts und des Objekts, nicht die Formen des Realismus und des Idealismus, sondern der *Inhalt* selbst ist und die Dialektik muss *an ihm selbst* gezeigt werden – *nicht nur* an ihm, sondern *auch* und *zugleich* an ihm selbst. Die *Kritik der Formen* bleibt unausweichlich dürftig, unzureichend, einseitig und *formal*. ‚Ob etwas außer uns' ist, ist völlig einerlei und langweilig, wenn derselbe Inhalt so oder anders derselbe bleibt und ewig vorherrscht. Die Vervollständigung der Kritik am Sinnlichen erfordert den Untergang der formalen Extreme der Reflexion.

2. Wenn die sinnliche Gewissheit sich nur mit der Frage des direkten Realismus beschäftigen würde, dann bliebe außer ihrem Umfang sowohl die idealistische Ansicht als auch die skeptische Stellung selbst, die zwar Heidemann zufolge das logische Schicksal der unmittelbar-realistischen sinnlichen Gewissheit ausmacht. An welcher Stelle sollte man sich dann

515 GdPh II: 373.

516 S. Enz I: in der „2. Stellung des Gedankens zur Objektivität" über Hume usw.

mit dem Idealismus und Skeptizismus auseinandersetzen? Wenn der Idealismus nicht dekonstruiert würde, bliebe er als eine nicht geprüfte Alternative bestehen. Wenn der Skeptizismus nicht aufgehoben würde, bliebe er als ein für sich bestehender alternativer Weg des sinnlichen Bewusstseins. Aber die Frage ist vielmehr, ob Realismus, Idealismus und Skeptizismus *notwendige* Formen des Bewusstseins sind, die durch die Natur des Bewusstseins selbst produziert werden. Insofern kann man sie nicht unberührt beiseite lassen.

Hegel durchgeht die ganze ontologische Sphäre des Sinnlichen, in allen seinen möglichen Äußerungen. Die Aufhebung des Realismus führt zum Idealismus. Die Aufhebung der ontologischen Gewissheit sowohl des Objekts als auch des Subjekts führt zu einem skeptischen Standpunkt, der selbst ebenfalls konkret zu prüfen ist. Wegen der Reflexionsstruktur des modernen Denkens ist der Skeptizismus von vornherein nicht imstande, das Sinnliche selbst aufzuheben. Er verwickelt sich in Bezug auf die Verdoppelung des Realen in einen Widerspruch, dabei bestreitet er nicht die Wahrheit des Sinnlichen als solchen, sondern erst das „*hinter* und *unter* den Erscheinungssachen“[517] liegende Ding. Darunter fällt nach Hegel auch, wie wir vorher gesehen haben, nicht nur der Schulzesche, sondern wohl auch der Humesche Skeptizismus.[518] Dieser Skeptizismus kann einerseits die ontologische Gewissheit des Subjekts und des Objekts aufheben und andererseits sich zugleich in der Gewissheit des reinen Sinnlichen halten. Die dritte Phase der sinnlichen Gewissheit erfüllt die Aufgabe, ein solches Strategema des modernen Denkens unter die Lupe der Dialektik zu bringen.

Das sinnliche Bewusstsein hat eine allgemeine Ontologie, deren Wesen die absolute *Realität des Sinnlichen* ausmacht. Man könnte im Allgemeinen behaupten, dass jeder Empirismus letztendlich ein *Realismus* ist, ein „Realismus der Endlichkeit“, ein Realismus der „schlechthin seiende[n] Endlichkeit“[519]. Das sinnliche Einzelne ist *als Seiendes real*. Es ist grundlegend mit der Bestimmung des *Seins* behaftet, so dass die *Realität* des Seins seinen wesentlichen Charakter ausmacht. Es ist real in allen seinen formellen Umgestaltungen. Es bleibt real, d.i. vom Subjekt unabhängig und letztendlich gegenständlich und objektiv, auch wenn es als ein nur im Bewusstsein einheimisches Element anerkannt wird. Es bleibt real, auch wenn der Idealismus es aus dem Bereich des Objektiven auszuschließen versucht – ein Idealismus, der, wie im zweiten Kapitel gezeigt, immer nur

517 Skept: 247.
518 Enz I: 112.
519 GuW: 297.

formell bleibt, dessen Gegensatz zum Realismus *gleichgültig* ist, insofern er nicht den *Inhalt* des Wissens selbst angeht, da der sinnliche Inhalt in derselben „Endlichkeit" bleibt.[520] Das Sinnliche bleibt letztlich ebenso *real* und *thetisch*, wenn auch das Nachdenken und die Reflexion ihm sowohl seine realistischen als auch seine idealistischen Züge entnehmen, wenn auch die Reflexion beides, das Subjektive und das Objektive, in den Abgrund des Zweifels und der Vernichtung hineinwirft. Der Realismus kann seine Annahme nicht bestätigen und der Idealismus kann den Inhalt selbst und seine Realität mit seinen nur formellen Mitteln und Wendungen nicht berühren, wohingegen der neuzeitliche Skeptizismus der Reflexion unvermeidlich in den krassesten empiristischen Realismus umkippt.

Der Gedankengang der sinnlichen Gewissheit erfüllt eben die Aufgabe der Prüfung des *Inhalts selbst* in allen seinen möglichen Formen oder in Einheit mit den ontologischen Formen seines Vorhandenseins in der Geschichte des Denkens und der Philosophie. Der Gegensatz von Realismus und Idealismus muss nicht formell sein, sondern in dem Inhalt und seiner Dialektik hervortreten. „Der Inhalt des sinnlichen Bewusstseins", hebt Hegel in einem mündlichen Zusatz zur *Enzyklopädie* hervor, „ist an sich selber *dialektisch*".[521] Es kommt nicht auf einen formellen Gegensatz, auf eine formelle Entgegensetzung oder Dialektik der *Formen* an, die aus dem grundlegenden Bewusstseinsgegensatz herausgegangen sind. Es geht um den Inhalt selbst. Man muss diesen Inhalt als solchen in allen seinen formalen Erscheinungen prüfen und nicht dogmatisch, wie schon angeführt, „über die Quelle streiten".[522] Das ist die Aufgabe der ‚Sinnlichen Gewissheit'.

III.5.2.1. Realismus, Idealismus und (skeptischer) neutraler Monismus

Die sinnliche Gewissheit nimmt immer nur eine partielle, – man könnte auch sagen – eine parteiliche, ideologische und eine ontologische Perspektive ein. Aber ‚wir' befinden uns auf einem spekulativen (oder zumindest spekulativeren) und sicherlich das Ganze der Bewegung der sinnlichen Gewissheit übergreifenden Standpunkt, so dass wir alle drei ihrer ontologischen oder ontologisch-skeptischen Stellungen, somit die allgemeine Form der sinnlichen Gewissheit und zugleich die Entwicklung ihrer

520 Logik I: 173; über das Bewusstsein der Isosthenie zwischen Realismus und Idealismus in der Zeit Hegels s. auch Bowman 2003a.

521 Enz III: 208 Z.

522 GdPh III: 206.

besonderen Momente zusammenfassen können. Worauf uns Hegel aufmerksam macht, ist Folgendes: für *uns* gibt es zwei ebenso wesentliche Teile, die in der Reflexionssphäre des Bewusstseins mit demselben Anspruch und demselben Recht hervortreten: Subjekt und Objekt. Beide sind für *uns* ebenso notwendige, ebenso unreduzierbare Elemente. Das Bewusstsein selbst sieht es aber etwas anders an. Es findet sich in seiner entzweiten Reflexionswelt und versucht lediglich und allein diese Scheidung zu überwinden, indem es ständig und dogmatisch nach *monistischen* Lösungen sucht. Die Philosophie tritt in der Moderne, wie schon gesehen (s. Kapitel II), mit dem Anspruch einer Versöhnung der Gegensätze auf: „Alle Philosophien von da an haben das Interesse dieser Einheit."[523]

Wir haben bisher in dieser Arbeit von Ontologie gesprochen, vom Realismus, Idealismus und von dem skeptischen Abbau des Fundaments der verschiedenen ontologischen Ansichten. Hegel selbst verwendet in Bezug auf die Konzeption der sinnlichen Gewissheit aber einen anderen Wortschatz. Dabei ist keine Rede von einer Ontologie des Sinnlichen oder von Begriffen wie Realismus, Idealismus usw. Hegel präferiert einen systematischeren Wortschatz, der in Zusammenhang mit den Kategorien seiner Logik steht – sei es seine noch nicht völlig entwickelte Logik oder nur die Logik der Systementwürfe seiner Jenaer Zeit. Hegel bemerkt bezüglich der verschiedenen Perspektiven des Bewusstseins: „Unter den unzähligen dabei vorkommenden Unterschieden finden wir allenthalben die Hauptverschiedenheit, daß nämlich in ihr sogleich aus dem reinen Sein die beiden schon genannten *Diesen*, ein *Dieser* als *Ich* und ein *Dieses* als *Gegenstand*, herausfallen. Reflektieren *wir* über diesen Unterschied, so ergibt sich, daß weder das eine noch das andere nur *unmittelbar*, in der sinnlichen Gewißheit ist, sondern zugleich als *vermittelt*; Ich habe die Gewißheit *durch* ein Anderes, nämlich die Sache; und diese ist ebenso in der Gewißheit *durch* ein Anderes, nämlich durch Ich."[524] Für *uns* ist das Bewusstsein eine ständige Bewegung zwischen beiden nicht aufzuhebenden grundlegenden Elementen der Reflexion, dem Subjekt und dem Objekt. Für *uns* ist die Unmittelbarkeit ihrer Beziehung eine allseitige Vermittlung beider, eines durch das andere, in demselben Moment und in Bezug auf denselben Aspekt. Die sinnliche Gewissheit selbst erlangt jedoch die angestrebte Unmittelbarkeit, indem sie die allseitige Vermittlung aufhebt und die gegenseitige Abhängigkeit des einen von dem anderen in die Form eines *abhängigen* und eines *unabhängigen* Elements transformiert. Einmal wird das eine, einmal das andere als Unabhängiges und Erstes, Fundamentales und

523 GdPh III: 64.
524 Phän: 83.

Wesentliches angesehen und wenn das eine als Unabhängiges gesetzt wird, wird das andere notwendigerweise als Abhängiges gesetzt. Die sinnliche Gewissheit findet sich selbst ewig in diesem Hin und Her, in diesem Spiel gefangen, vom einem zum anderen, von dort zur Aufhebung beider überzugehen und ‚vergessend' wieder von vorne anzufangen.[525]

Hegel verwendet verschiedene logische Kategorien, um beide Bewusstseinselemente, Subjekt und Objekt, in ihren alternierenden Rollen zu bestimmen. Die logischen (die wesenslogischen) Paare sind: Wesen bzw. reines Sein und Beispiel, Unmittelbares und Vermitteltes bzw. Unmittelbarkeit und Vermittlung, Wesentliches und Unwesentliches. Der Begriff des ‚Beispiels' und zwar als ein innerhalb des Wesens und der Reflexion operierender Begriff findet sich an keiner anderen Stelle im Werk Hegels. Der Gegensatz Wesen-Beispiel stellt lediglich eine merkwürdige Konstruktion der *Phänomenologie des Geistes* dar, um den Gegensatz des Bewusstseins auf der Stufe der Sinnlichkeit zur erläutern. Allein die anderen, als Synonyme gesetzten Paare von Gegensätzen, die auch zur Explikation der Natur der sinnlichen Gewissheit angeführt werden, können mit Sicherheit den systematischen Sinn des Begriffs ‚Beispiel' und ‚Beiherspielendes' andeuten.

Das Beispiel ist dasjenige ‚Unwesentliche', das sein Sein in einem Anderen und nicht an sich selbst hat. Das Sein zeigt sich als das Wesen der sinnlichen Gewissheit. Hierin äußert sich allerdings nur die *reine Unmittelbarkeit* der sinnlichen Gewissheit überhaupt, ihr allgemeiner Charakter. Aber die sinnliche Gewissheit ist vielmehr *wirklich*, entfaltet sich in einer Reihe von *Beispielen* sinnlicher Gewissheiten, von Beispielen sinnlicher Beziehungen zwischen Subjekt und Objekt. Die Unmittelbarkeit erhält sich als das Wesen, als das reine Sein, das sich in der jeweils konkreten beiherspielenden Beziehung von Subjekt und Objekt aufdeckt. In den „Beispielen" der „wirklichen sinnlichen Gewissheit"[526] gehört die Unmittelbarkeit einem der beiden Teile an. Der eine ist das wesentliche reine Sein, der andere das unwesentliche, nur beiherspielende, nur aufgrund des ersten eine Realität habende Teil. Das Beispiel ist die Erscheinung des Wesens, die aber nur ein Schein ist, ein Abhängiges, sein Sein als Nichtsein Habendes, sein Sein nur in einem Anderen, dem Wesen Habendes. Das *unwesentliche* Beispiel ist im Wesen oder es ist ein Beispiel des Wesens. Das Wesen hat „das Unwesentliche als seinen eigenen Schein in sich".[527]

525 Phän: 90.
526 Phän: 83.
527 Enz I: 235.

Aus dem reinen Sein sind ein Dieser und ein Dieses herausgefallen,[528] die zugleich in Beziehung zueinander stehen: zwei *Daseiende*, ein *Etwas* und ein *Anderes*, die in einer wesentlichen Beziehung zueinander gesetzt sind. Die Beziehung von Subjekt und Objekt oder von Bewusstsein und Gegenstand ist unmittelbar, das Wesen ist das Sein, reines Sein, aber insofern von ‚Beziehung' die Rede ist, insofern das *Sein* des Wesens als dem Sein Entgegengesetztes zum *Dasein*, zu *Etwas* und *Anderem* wird,[529] die so in der Beziehung zusammengenommen sind, ist das eine das *Wesen*, das andere notwendig dessen *unwesentlicher Schein*: „Der Unterschied von Wesentlichem und Unwesentlichem hat das Wesen in die Sphäre des *Daseins* zurückfallen lassen".[530] Wenn Etwas, als Sein, als Wesen ist, dann muss dem Anderen sein Sein ein Unwesentliches sein und es sein Sein *in* einem Anderen (dem Etwas) und *durch* ein Anderes haben. Das ist aber, fügt Hegel gleich hinzu, nur eine äußerliche Perspektive, eine äußerliche Reflexion, die die *wesentlichen* Etwas und Anderes nichts angeht. Sowohl das *Bewusstsein* als auch der *Gegenstand* sind ebenso *wesentlich*, ebenso notwendig, beide „stehen diesem Sein nach in gleichem Wert".[531] Aber das eine ist auch *gegen* das Andere ebenso *wesentlich* gesetzt, insofern sich beide in Entgegensetzung und somit nur im Verhältnis befinden. Sie *sind* nur durcheinander, sie *sind* nur in einem wesentlichen Verhältnis. „Reflektie-

---

528 Phän: 83. Ein ‚reiner Dieser' und ‚reines Dieses': dieser Gegensatz oder allein diese zwei Bezeichnungen vervollkommnen die Elemente der sinnlichen Gewissheit; alles Anderes sind nur „Beispiele", aber keinesfalls Erscheinungsformen eines Wesens; jedes Beispiel hat immer eben denselben Inhalt wie das andere, weder die Verschiedenheit noch (viel mehr) der Unterschied sind hier schon aufgetreten, Baum, Haus, Tag, Nacht sowie Baum-Sehen, Haus-Sehen, Einen-Ton-Hören usw. sind solche Beispiele, die weder *verschiedene* Einzelheiten neben- oder nacheinander noch unterschiedliche Allgemeinheitsstufen bilden. Kein Unterschied ist für die sinnliche Gewissheit selbst überhaupt möglich, alle Verschiedenheit und Unterschiedenheit ist nur noch *an sich*, nicht *für* die sinnliche Gewissheit, nicht *an ihr gesetzt*, und die ‚Beispiele' sind in der Tat auch allein an sich oder *für uns*, für die äußere Reflexion, sind nicht Beispiele *eines* Wesens für die sinnliche Gewissheit selbst (s. auch Wiehl 1964: 108-9). Die sinnliche Gewissheit „kann noch nicht das Beispiel *als* Beispiel sehen" (Wieland 1973: 72).

529 „Das Wesen selbst ist in dieser Bestimmung *seiendes*, unmittelbares Wesen und das Sein nur ein Negatives *in Beziehung* auf das Wesen, nicht an und für sich selbst, das Wesen also eine *bestimmte* Negation. Sein und Wesen verhalten sich auf diese Weise wieder als *Andere* überhaupt zueinander, denn *jedes hat ein Sein, eine Unmittelbarkeit*, die gegeneinander gleichgültig sind, und [beide] stehen diesem Sein nach in gleichem Werte." (Logik II: 18)

530 Logik II: 18.

531 Logik II: 18.

ren *wir*", hebt Hegel hervor, „über diesen Unterschied [eines Diesen als Ich und eines Diesen als Gegenstand – *JK*], so ergibt sich, daß weder das eine noch das andere nur *unmittelbar*, in der sinnlichen Gewißheit ist, sondern zugleich als *vermittelt*; Ich habe die Gewißheit *durch* ein Anderes, nämlich die Sache; und diese ist ebenso in der Gewißheit *durch* ein Anderes, nämlich durch Ich."[532] Wesentliches und Unwesentliches werden sie durch eine Reflexion, die ihre allseitige Vermittlung in ein *Unmittelbares* und ein *Vermitteltes* abtrennt und den Grund der Vermittlung in der Unmittelbarkeit des eines von beiden findet, insofern die Vermittlung selbst eine Unmittelbarkeit fordert, die sie vermittelt. Diese *Reflexion* gehört *uns*, ist Hegel zufolge eine äußerliche, sie geht die Sache selbst nichts an. Der Argumentationsstruktur der *Phänomenologie* folgend, schreibt er weiter in der *Logik*: „Insofern daher an einem Dasein ein *Wesentliches* und ein *Unwesentliches* voneinander unterschieden werden, so ist dieser Unterschied ein äußerliches Setzen, eine das Dasein selbst nicht berührende Absonderung eines Teils desselben von einem anderen Teile, – eine Trennung, die in ein *Drittes* fällt. Es ist dabei unbestimmt, was zum Wesentlichen oder Unwesentlichen gehört. Es ist irgendeine äußerliche Rücksicht und Betrachtung, die ihn macht, und derselbe Inhalt deswegen bald als wesentlich, bald als unwesentlich anzusehen."[533]Die Geschichte der Erfahrung der sinnlichen Gewissheit, ihre dialektischen Wendungen werden in diesem Ausschnitt der *Logik* in einem rein systematischen Sinn angegeben.

Bevor wir auf den ersten ontologisch geprägten Aspekt des sinnlichen Bewusstseins eingehen, wollen wir eine Vorbemerkung machen, die schon im zweiten Kapitel dieser Arbeit, im Abschnitt „Idealismus und Realismus beim Empirismus – der Standpunkt des Bewusstseins" – ausführlicher diskutiert worden ist. Das betrifft den notwendig vorsichtigen Gebrauch des Begriffs ‚Ontologie' bei Hegel. Wenn man die Frage der Ontologie neben oder gegenüber der Frage der ‚Epistemologie' oder der ‚Erkenntnistheorie' zu sehen erwartet, dann ist es sicher, dass das nicht der Fall bei Hegel ist. Kommentatoren, wie M. Wetzel, haben, wie gesehen, noch von einer ‚Kurzschließung' des Ontologischen und des Epistemologischen bei Hegel gesprochen. Dabei wird weder Hegels Interesse zur Überwindung dieses Reflexionsdualismus zwischen dem, was *ist* und und dem, was *gewusst wird*, letztendlich zwischen der Welt und dem Bewusstsein, dem Objekt und dem Subjekt, noch seine kritische Prüfung jenes Dualismus und der leeren Formalität der ontologischen Formen, die letztlich nicht den *Inhalt* des Wissens selbst betreffen können, beachtet. Das haben wir auch im

532 Phän: 83.
533 Logik II: 18-9.

vorliegenden Kapitel angedeutet, hier geht es nun darum, das Verhältnis von Ontologie und Epistemologie zu explzieren: die *ontologischen Perspektiven* bzw. *Stellungen* implizieren keine von ihnen abgesonderte Epistemologie. Die ontologische Frage betrifft das Wissen selbst, das Wesen und das Wissen verfolgen denselben Weg. Die Ontologie wird an dem Inhalt selbst geprüft. Die Veränderung einer ontologischen Position geht aus der Dialektik des anderen in Bezug auf den Inhalt selbst hervor.

Die sinnliche Gewissheit geht von einer rein realistischen Position aus: Der Gegenstand, wie er dem Bewusstsein gegeben wird, ist „das Wahre und das Wesen“[534], ist *real* und gewährt das *Sein* der ganzen Beziehung. In der sinnlichen Gewissheit ist zunächst das eine „als das einfache unmittelbar Seiende oder als das Wesen gesetzt, *der Gegenstand*, das andere aber als das Unwesentliche und Vermittelte, welches darin nicht *an sich*, sondern durch ein Anderes ist, Ich, *ein Wissen*, das den Gegenstand nur darum weiß, weil *er* ist, und das sein oder auch nicht sein kann.“[535] Der Gegenstand „*ist*“ und ist „gleichgültig dagegen, ob er gewußt wird oder nicht; er bleibt, wenn er auch nicht gewußt wird; das Wissen aber ist nicht, wenn nicht der Gegenstand ist.“[536] Welche Realismen fallen aber hierunter? Oder anders gefragt: Ist die sinnliche Gewissheit ein ausschließlicher Antirepräsentationalist, wie manche Ansätze, besonders all jene, die sie mit dem direkten Realismus verknüpfen, behaupten, oder geht vielmehr die Frage des Repräsentationalismus oder Nicht-Repräsentationalismus sie nichts an? Sicherlich kann diese Frage nicht mit den Mitteln der sinnlichen Gewissheit selbst gestellt werden. Sie setzt ein Bewusstsein voraus, das in seiner Beziehung zum Gegenstand nicht auf der Ebene der Unmittelbarkeit und der Anschauung, sondern der Reflexion und der Vorstellung steht, ein Bewusstsein, das seinen Gegenstand als ein *Ding-an-sich* ansieht und dessen Wissen davon in der Form einer subjektiven *Vorstellung* vorkommt. Ich tendiere eher dazu, eine mildere Lesart der sinnlichen Gewissheit anzunehmen, nach welcher die Kritik gar nicht auf die Frage der vorstellenden Verdopplung des Gegenstandes und des Repräsentationalismus zielt, sondern sich allein auf die Frage des *Seins* des Wissens bezieht. Der direkte Realismus *weiß* unmittelbar vom *Sein* des Gegenstandes, auch wenn andere Faktoren den wahren Inhalt dieses sinnlichen Wissens trüben und unklar machen. Das Wissen als das Subjektive ist ein Wissen *des* Seienden, insofern der Gegenstand ein Seiendes, ein *Reales* ist, d.h. insofern der Gegenstand *ist*. Auch wenn Locke über die *objektive Realität* allein

534 Phän: 84.
535 Phän: 83-4.
536 Phän: 84.

durch seine *Vorstellungen* bzw. *Ideen* Bescheid wissen kann, sind diese seine Ideen *real* – ‚alle einfachen Ideen sind real'[537] – eben darum, weil der Gegenstand selbst, die unerreichbare Substanz und natürliche Ursache aller Ideen *seiend* ist. Die Ideen sind dabei das *Wissen* selbst. Wir wissen nicht die Ideen, sondern ich *weiß* schon etwas, insofern ich eine einfache Idee besitze. Die Ideen sind *real*, also das Wissen *ist*, insofern der Gegenstand *ist*, und ‚das Wissen ist nicht, wenn nicht der Gegenstand ist'. Wenn die Ideen der ganzen empiristischen Philosophie (lockesch-realistischer, materialistischer oder subjektiv-idealistischer Richtung) nicht der Kritik der sinnlichen Gewissheit unterzogen werden könnten, wüsste man nicht, wie denn ihre systematische Prüfung vorzunehmen wäre.

In der sinnlichen Gewissheit weiß man nicht, *was* der Gegenstand ist, sondern lediglich und allein, dass er *ist*. Man *meint* eigentlich dabei zu entdecken und zu wissen, *was* er ist. Wie aber die Prüfung dieser Gestalt des Bewusstseins bald erweist, ist das einzige, was man hier tun kann, vom *Sein* seines Gegenstandes zu sprechen, wobei doch die ganze Konkretheit, Einzelheit, Positivität und Gewissheit gleich verloren geht und sich der Gegenstand eher als das Gegenteil dessen zeigt, was die sinnliche Gewissheit vorher meinte. Jenseits der Frage des Repräsentationalismus bleibt noch eine Kritik an den Basisannahmen eines metaphysizierenden empiristischen Realismus, wie Lockes, dessen einfache *Ideen* solche sinnlichen *Einzelheiten* darstellen, die zwar als *real*, nämlich als *seiend* bezeichnet werden, insofern sie als *Wissen* ein *reales Wissen* darstellen, dessen Realität aber von der Realität, also vom *Sein* des Gegenstandes herkommt. Fielen die repräsentationalistischen Ansichten aus dem Umfang der Kritik der sinnlichen Gewissheit heraus, hätten sie keine systematische Stelle, um kritisiert zu werden. Wenn der Repräsentationalismus Lockes, oder auch noch die vom Repräsentationalismus ausgehenden Positionen Berkeleys und Humes etwas anderes darstellen würden, wo und vielmehr wie könnten sie kritisiert werden? Bereitet die Verbindung der sinnlichen Gewissheit mit dem direkten Realismus große Schwierigkeiten, insofern man dann in Verlegenheit bezüglich der Erklärung des Inhalts und Sinnes ihrer zweiten und dritten Phase gerät, die offensichtlich gar nichts mit Realismus zu tun haben, so begegnet man ebensogroßen Problemen, wenn man die sinnliche Gewissheit ausschließlich mit einer nicht-repräsentationalistischen Ansicht zu identifizieren sucht.

Kurz gesagt: die sinnliche Gewissheit kann sich eigentlich gar nicht mit der Frage des Repräsentationalismus oder Nicht-Repsäsentationalismus beschäftigen. Das ist eine Frage der weiteren Reflexion, eine Frage der

537 Versuch I: 468-9.

Wahrnehmung und des vorstellenden Denkens, die auf der Stufe der bloßen Sinnlichkeit und der Unmittelbarkeit gar nicht vorkommt. Andererseits sollte man aber auch in Betracht ziehen, dass die sinnliche Gewissheit sich mit dem *Sein* der Wissensbeziehung zwischen Bewusstsein und Objekt und zwar mit der *objektiven* oder *subjektiven* Herkunft jenes Seins befasst, und nicht mit den weiteren möglichen (und letztlich regressiverweise *unendlichen*) Vermittlungen zwischen einem Gegenstand als Ding-an-sich und einem vorstellenden und auf seine Beziehung auf jenen Gegenstand reflektierenden Subjekt. Die sinnlichen Einzelheiten bzw. Einfachheiten oder die ‚Materialien' Lockes stellen den *unmittelbaren* Gegenstand des Bewusstseins dar, den die sinnliche Gewissheit zunächst als *real*, d.h. als *seiend*, als ein *Sein* anerkennt, das nicht subjektiver, sondern *objektiver* Natur ist. Wenn die *realen* einfachen Ideen ein solches Wissen von *Einzelheiten* sind, wie sie die Einzelheiten der Hegelschen sinnlichen Gewissheit darstellen, dann *ist* dieses Wissen, weil der realistischen Grundannahme zufolge der Gegenstand *ist*. Das Sein der Wissensbeziehung ist nämlich objektiv, wird vom Gegenstand verliehen.

Die Kritik Hegels am Repräsentationalismus im *Skeptizismus-Aufsatz* hat eine gewisse *systematische* Bedeutung auch für die Frage der sinnlichen Gewissheit – so sehr auch Hegels frühere Kritik am modernen Skeptizismus eine enge Verwandtschaft mit ihr haben mag. Der *Skeptizismus-Aufsatz* bereitet deutlich die allgemeine Kritik Hegels an der Sinnlichkeit und allen Theorien, die das Sinnliche als sichere Grundlage des Wissens annehmen, vor,[538] aber die sinnliche Gewissheit stellt ein viel weiteres Spektrum dar als die Auseinandersetzung mit dem merkwürdigen ‚Bastard' des common-sense-realistischen Skeptizismus des 18.-19. Jahrhunderts. Sie ist eine Entwicklung der Hegelschen Kritik, so dass der *Skeptizismus-Aufsatz* einen nur speziellen Fall der Sinnlichkeitskritik ausmacht und eher die Form eines ausführlichen Schlussteils oder eines detailierten Anhangs zur phänomenologischen sinnlichen Gewissheit hat.

Zusätzlich zu dem regressus-ad-infinitum-Argument[539] führt Hegel im *Skeptizismus-Aufsatz* auch eine noch tiefere Kritik an dem Repräsentationalismus an, so dass er ihn auf die Frage der Reflexion und des Dualismus reduziert.[540] Insofern das Subjektive vom Objektiven absolut getrennt ist, soll das *Wissen des Subjekts* etwas spezifisch Verschiedenes vom *Gegenstand*

538 Vieweg 1999: 238; Heidemann 2002c: 135.

539 Skept: 254.

540 Zur Frage von Hegels Kritik des Repräsentationalismus im *Skeptizismus-Aufsatz* s. Engstler 1996; Forster M. 1996: 75 ff.; Heidemann 2002c: 144 ff.; Heidemann 2007b: 276 ff.

jenes Wissens sein: „das Subjektive, die Vorstellung, und das Objektive, das Ding," sollen „für spezifisch verschieden" erklärt werden.[541] Wie Hegel hervorhebt, sind „nach Herrn Schulze [...] die Vorstellungen insofern wahr, real und machen eine Erkenntnis aus, als sie mit dem, worauf sie sich beziehen und was durch sie vorgestellt wird, *vollkommen übereinstimmen* oder *nichts anderes dem Bewusstsein vorhalten, als was im Vorgestellten befindlich ist*".[542] Die Direktheit oder Unmittelbarkeit betrifft den Zugang zum *Sein* der Dinge und nicht die subjektive Form des Wissens, die dabei die *Vorstellung* ist. Hegel konzentriert sich auf den starren und nicht aufzuhebenden Dualismus, wie er auf der Ebene der Sinnlichkeit, der sinnlichen Bezugnahme vorkommt, und nicht auf die Vermitteltheit, auf die eine Vorstellungsansicht verweist.[543] Die Kritik Hegels richtet sich gegen die anvisierte *Unmittelbarkeit* jenes Wissens, sowie auch gegen seine *realistischen* Ansprüche. Die *Vorstellungen* sind das *Wissen*, wie es im ersten Moment der sinnlichen Gewissheit vorkommt, als die Seite des Subjekts und das *Unwesentliche*, Abhängige. Diese Vorstellungen sind zufolge des (direkten) Realismus ‚wahr und real' und ‚machen eine Erkenntnis aus'. Ihre Wahrheit und Realität haben sie dem *Objekt*, dem *Gegenstand* zu verdanken; der ist ‚das Wahre und das Wesen', das *Sein*, das die Realität des Wissens verbürgt. Dementsprechend wird auf der Stufe der sinnlichen Gewissheit eine Kritik am Lockeschen Realismus der Ideen unabhängig von seinem Repräsentationalismus eingeschlossen. Für Locke bleiben die Ideen der Empfindung immer *real* und insofern stellt das ein Bewusstsein dar, das einen unmittelbaren Zugang zu einer *seienden Realität* hat, obwohl die weitere Reflexion Lockes es ermöglicht, eine gewisse Verschiedenheit zwischen dem an sich Realen und dessen subjektiver Repräsentation anzunehmen.

Die nicht zu beseitigende Diskrepanz zwischen dem, was *gemeint* und als *Einzelnes* angenommen wird, und dem, was das sinnliche Bewusstsein tatsächlich erreicht, widerlegt die anfängliche Gewissheit über ein objektives sinnliches reales Einzelnes und führt letztlich das Bewusstsein zur Annahme der idealistischen Alternative. Das immer noch als Einzelnes Vorgestellte soll nun *im Wissen* oder *im Bewusstsein* selbst den Grund seiner sinnlichen Positivität, d.i. seines Seins, haben. Die sinnliche Gewissheit konstatiert nach Hegel ihre Schwäche und Unfähigkeit, das gemeinte Sinnliche tatsächlich aufzunehmen, indem sie es nicht auszudrücken ver-

---

541 Skept: 255; s. auch Engstler 1996: 105 ff.; Heidemann 2002c: 145.

542 Skept: 254.

543 Wie Heidemann hervorhebt, beachtet Hegel eigentlich gar nicht, dass Schulze den Begriff der Vorstellung selbst letztlich ablehnt (Heidemann 2002c: 144-5).

mag. Sie behauptet ein Wissen, das lediglich in der *Subjektivität* ihrer *Meinung* gefunden werden kann. Sie behauptet ein Sein oder ein Dasein, das verschwindet. Die Thematisierung dieses Seins verwandelt es in sein Gegenteil. Das ver*meint*liche sinnlich Einzelne läuft immer auf ein *abstrakt Allgemeines* hinaus. Jede Aussage des Bewusstseins ist außerstande, das *Gemeinte* zu äußern, ein Dieses ist jedes „Dieses", dieser Baum ist jeder Baum, *heute* ist *immer*, *jetzt* ist *die ganze Zeit*!

Mit einer ähnlichen Strategie weist Hegel ebenso jene Anmaßungen des Bewusstseins zurück, die die sinnliche Einzelheit durch eine idealistische Ontologie zu retten versuchen. Er zeigt dabei auch, dass weder ein *bestimmtes* Ich, noch irgendein *bestimmter* Akt der Erfassung der Sinnlichkeit anzugeben ist. Alles verschwindet in der Allgemeinheit des Seins. Jede Bestimmung ist an sich nur abstrakt und allgemein, ihr bleibt allein die Bestimmung des Seins, der (jetzt subjektiven, idealistischen) *Realität*. Hegels Formulierungen setzen ihn der subjektiv-idealistischen Tradition des Empirismus, wie sie vor allem von Berkeley (trotz dessen Inkonsistenz) ausgedrückt ist, entgegen.[544] Das subjektiv-idealistische Bewusstsein behauptet nunmehr, dass der Gegenstand *ist* bzw. eine Realität oder Existenz hat, weil ein Ich von ihm *weiß*: „er ist, weil ich von ihm weiß".[545] Die Existenz oder das Sein ist die Subjektivität, die sich sinnlich verhält: „*Das Jetzt ist Tag*, weil Ich ihn sehe; *das Hier ein Baum*, eben darum."[546] Hegel stellt ein solches sinnliches Bewusstsein dar, das sich verhält und ausdrückt, genauso wie Berkeley seine subjektiv-idealistische Ansicht formuliert hat: „Der Tisch, an dem ich schreibe, existiert, so heißt das: Ich sehe und fühle ihn […]. Es war da ein Duft, heißt: Er wurde gerochen. Da war ein Ton, heißt, wurde gehört. Eine Farbe oder Gestalt: Sie wurde durch den Gesichtssinn oder durch den Tastsinn wahrgenommen."[547] Wie bekannt: „esse est percipi"[548] nach Berkeley oder: die Gegenstände haben „keine Subsistenz außerhalb des Geistes"; „ihr Sein [ist] ihr Wahrgenommen-

544 Gegen die Bezugnahme des zweiten Moments der sinnlichen Gewissheit auf den subjektiven Idealismus, wie Berkeleys, s. u.a. auch Emundts 2012, die jedoch die vorsichtlichen Formulierungen Hegels, die sich explizit und fast wörtlich auf die Berkeleysche Philosophie beziehen, einfach ignoriert, um ihre These, ohne irgendeine konkrete Prüfung, zu verstärken.

545 Phän: 86.

546 Phän: 86.

547 Abhandlung: 36; s. auch Drei Dialoge: 92 ff.

548 Abhandlung: 37.

oder Erkanntwerden“[549], nämlich die Gegenstände oder ihr Sein ist nun allein: „in dem Wissen“ oder „im *Meinen*“[550].

Im ersten Moment der sinnlichen Gewissheit erschien das Sein innerhalb einer *wirklichen sinnlichen Gewissheit* in der Form eines „Dieses“, das weiter „in der gedoppelten Gestalt“[551] eines *Hier* und eines *Jetzt* auftrat. Mal ein Haus, mal ein Baum, mal Tag, mal Nacht, und was übrig blieb, war nur ein *allgemeines* bzw. ein *einfaches Dieses*, ein *einfaches Hier*, ein *einfaches Jetzt*. Der subjektive Idealismus kann die Gewissheit und Positivität des sinnlich Einzelnen ebensowenig gewährleisten. Analog zu dieser Unterscheidung des Diesen in ein Hier und ein Jetzt, prüft Hegel nun die sinnliche Gewissheit der Subjektivität nach zwei Richtungen. Einerseits zeigt sich das Ich, als ein *Dieser*, nie als jenes gemeinte Konkrete und an und für sich Bestimmte, sondern wieder als ein Allgemeines, als ein im Verschwinden des gemeinten Sinnlichen Sich-selbst-Gleiches und Bleibendes, eine durch die Negation jedes gemeinten Einzelnen *vermittelte Einfachheit*. Andererseits geht Hegel weiter darauf ein, auch jeden *Fassungsakt* des Subjekts zu bestreiten. „Die Kraft“ der sinnlichen Gewissheit „liegt also nun im *Ich*, in der Unmittelbarkeit meines *Sehens*, *Hörens* usf.“[552] Kein Ich kann sich von anderen Ichen unterscheiden, aber auch jeder einzelne Fassungsakt eines solipsistischen Ichs beweist sich letztlich als eine solche *Allgemeinheit*. Das *gemeinte einzelne* Sehen eines Baumes und das *gemeinte einzelne* Sehen eines Hauses verschwinden in der Allgemeinheit des *Sehens überhaupt*. Das Sehen ist „weder ein Sehen des Baumes noch dieses Hauses, sondern ein einfaches Sehen […], das durch die Negation dieses Hauses usf. vermittelt, darin ebenso einfach und gleichgültig gegen das, was noch beiherspielt, gegen das Haus, den Baum ist“.[553] Hegel umfasst so das ganze Spektrum der möglichen Lesarten der angeblichen *Einzelheit*. Auch wenn man in einer quasi Humeschen Weise die Einheit und Identität eines empirischen (subsistierenden) Ichs bestreiten und die Subjektivität als eine Reihe von *einzelnen Empfindungsakten* bzw. *Perzeptionen* anerkennen möchte,[554] zeigt die Kritik Hegels deutlich, dass

549 Abhandlung: 38; vgl. auch ebenda: 43-5.

550 Phän: 86.

551 Phän: 84.

552 Phän: 86.

553 Phän: 86-7.

554 Wie gesagt, ist das Ich für Hume nichts anderes als ein „Bündel“ oder „Zusammen“ von Perzeptionen (Traktat: 327). Allerdings sollte man nicht übersehen, dass Hume, trotz seines subjektiv-idealistischen Motivs, nirgendwo eine Unterscheidung zwischen Ich und Gegenstand macht. Die „Perzeption“ ist sowohl subjektiv als auch objektiv oder *weder* subjektiv *noch* objektiv. Die Perzeption ist

auch ein solcher Umweg ebenfalls in den Abgrund der Abstraktion und der Allgemeinheit führt. Die Negativität strahlt nach allen Richtungen aus und löst das gemeinte Einzelne in die abstrakte Allgemeinheit auf.

Das sinnliche Bewusstsein hat so durch seine eigene Bewegung und Erfahrung die Gewissheit sowohl des Objekts als auch des Subjekts aufgehoben. Die Positivität und Einzelheit des Sinnlichen konnte weder durch einen Objektivismus noch durch einen Subjektivismus, weder durch einen Realismus noch durch einen Idealismus gewährleistet werden. Die letzte Alternative, die dieser Gewissheit geblieben ist, ist sich in dem *Inhalt* dieser *Beziehung* zu erhalten, ohne Rücksicht auf ontologische Gewissheit über das Subjekt oder das Objekt zu nehmen. Auch wenn Subjekt und Objekt untergehen, bleibt doch noch *etwas Sinnliches* als *Inhalt*, dessen Positivität und Gewissheit das Bewusstsein nicht übersehen kann: „[D]as *Ganze* der sinnlichen Gewißheit" und „nicht mehr nur ein Moment derselben" soll jetzt „als ihr *Wesen*" gesetzt werden.[555] Subjekt und Objekt sind aufgehoben, keins von beiden ist der Vertreter der *Realität*, ihr Gegensatz ist ausgeschlossen und was sich noch dabei geltend machen kann, das ist allein das Sinnliche als solches: „Es ist also nur die *ganze* sinnliche Gewißheit selbst, welche an ihr als *Unmittelbarkeit* festhält und hierdurch alle Entgegensetzung, die im vorherigen stattfand, aus sich ausschließt."[556] Die Wahrheit dieser sinnlichen Gewissheit oder dieses Ganzen der sinnlichen Bezugnahme des Bewusstseins „erhält sich als sich gleichbleibende Beziehung, die zwischen dem Ich und dem Gegenstand keinen Unterschied der Wesentlichkeit und Unwesentlichkeit macht und in die daher überhaupt kein Unterschied eindringen kann."[557]

Wissen und *Gegenstand* fallen dabei nun zusammen. Zwischen dem Subjektiven und dem Objektiven kann man keine Grenze ziehen, ‚keinen Unterschied machen'. Alles was *ist*, *ist* der *Inhalt* selbst. Die ‚Entgegensetzung' ist ausgeschlossen, was gerade bedeutet, dass Subjekt und Objekt aufgehoben sind. Die Rede vom ‚Ganzen' ist zwar etwas verwirrend, insofern sie zu implizieren scheint, dass das *sinnliche* Subjekt und das *sinnliche* Objekt noch als irgendwelche Dinge-an-sich hinter der *Beziehung* und dem reinen *Inhalt* der Beziehung als ontologische Präsuppositionen erhalten werden. Das ist aber zunächst für die sinnliche Gewissheit nicht mög-

an und für sich das *Seiende* und *Reale*, das wegen verschiedener (doch insgesamt falscher) *Lesarten* mal zu der Annahme einer Objektivität, mal zu der Annahme einer Subjektivität führt.

555 Phän: 87.

556 Phän: 87.

557 Phän: 87-8.

lich, sofern ihr Gegenstand nicht verdoppelt werden kann, sondern seine jeweilige Gewissheit mit seiner sinnlichen Natur unmittelbar identisch ist. Wenn das sinnliche Subjekt und das sinnliche Objekt untergehen oder sich aufheben, dann bleibt nichts mehr als das Sinnliche an und für sich, nichts mehr als das Sinnliche als solches, ohne ontologische Konnotationen und Voraussetzungen.

Die dritte Phase der sinnlichen Gewissheit ist so ein Umsturz der dualistischen *Ontologie selbst*, eine unmittelbare (aber nur unmittelbare) Ablehnung der Ontologie, die doch selbst dialektisch ist und zu einer Wiederherstellung der Ontologie führen könnte, zu einer ewigen Wiederholung der Formen des Realismus, des Idealismus und der Aufhebung beider. Das sinnliche Bewusstsein „vergißt [...] immer wieder" die Erfahrung, die es gemacht hat, „und fängt die Bewegung von vorne an".[558] Die Hegelsche Prüfung der Dialektik der dritten Form der sinnlichen Gewissheit übersieht aber nicht den zurückgelegten Weg oder die schon gemachte *Erfahrung*, so dass sie nicht zum anfänglichen Realismus ihres Anfangs zurückkehrt, sondern in die reichere und konkretere Gestalt der Wahrnehmung hinaufläuft. Genauso wie die Erfahrung der Wahrnehmung, wie wir im vorigen Teil gesehen haben, sie vom ewigen „Kreislauf"[559] befreit und dem Bewusstsein voranzugehen erlaubt, ebenso ist es die Erfahrung der sinnlichen Gewissheit, die es ihr ermöglicht, nicht zum Anfang eines Realismus des Sinnlichen, einer einseitigen Objektivierung des sinnlichen Inhalts, zurückzukehren, sondern über ihre beschränkte Perspektivität insgesamt hinauszugehen.

Anton Friedrich Koch hat in einem sorgfältigen Aufsatz zu den beiden ersten Kapiteln der *Phänomenologie des Geistes* dieses dritte Moment der sinnlichen Gewissheit als „neutralen Monismus" beschrieben, während auch er die ersten beiden Phasen als Realismus und Idealismus identifiziert.[560] Wie Koch bemerkt: „Jetzt also wird die Differenz zwischen Subjekt und Objekt kassiert [...]. Das Reale soll nicht mehr in der Dualität von Subjekt und Objekt vorkommen, sondern soll im Sinn eines neutralen Monismus verstanden werden als weder subjektiv noch objektiv (oder als beides in einem)."[561] Des Weiteren fügt er hinzu: „Das Bewußtsein soll mit seinem Gegenstand, einem Sinneseindruck oder Quale, völlig identisch werden. Jetzt haben wir also nicht mehr ein Subjekt in Beziehung auf eine Mannigfaltigkeit von Objekten zu betrachten, sondern ein einzelnes,

558 Phän: 90.
559 Phän: 98.
560 Koch 2008: 141; s. auch Koch 2002: 75 ff.
561 Koch 2008: 143-4.

unmittelbares Erlebnis, das Objekt und Subjekt in einem ist."[562] Koch geht aber nicht darauf ein, wie dieser neutrale Monismus zu explizieren ist.[563] K. Düsing gibt auf der anderen Seite zu, dass „[d]ieses Bewusstsein [...] insoweit skeptisch [ist], als es keine Aussagen mehr über das Wahre als gegenständliches Dieses oder sein eigenes unmittelbares Meinen aufstellt".[564]

Kann man denn eigentlich die dritte Phase der sinnlichen Gewissheit mit einer skeptischen Position identifizieren oder ist es vielmehr legitim, dass man die skeptische Position mit einer (wie von Koch behauptet) neutral-monistischen Stellung gleichsetzt?

Die Konzeption einer neutral-monistischen Stellung des sinnlichen Bewusstseins stellt gewiss eine adäquate Beschreibung dar, die aber *historischer Referenz* ermangelt. Ist auch die Identifizierung der ersten zwei Phasen der Sinnlichkeit mit realistischen und idealistischen Positionen nachvollziehbar, ist dies nicht der Fall beim dritten Moment. Die Rede von *neutralem Monismus* stellt eine spätere Klassifizierung in der Philosophie dar, die keinen direkten Bezug zu der älteren ‚modernen' Philosophie, etwa des 17., 18. oder 19. Jahrhunderts, aufweist. Der Terminus geht, m.E., auf Bertrand Russell zurück, der ihn in seinem berühmten Werk *The analysis of matter* erstmals eingeführt hat.[565] Philosophen wie Ernst Mach, Richard Avenarius, William James usw. haben sich als *neutrale Monisten* verstanden. Die Idee des neutralen Monismus weist eine gewisse Positivität auf, insofern sie die *Realität* des Inhalts des Wissens und der Welt, die im Wissen eine Präsenz als *wahrgenommene* hat, gewährleisten und zugleich den Dualismus von psychischen und physischen Phänomenen, Inhalten, Gesetzen usw. überwinden will, sie hat aber von der anderen Seite auch einen gewissen *skeptischen* Zug, insofern sie das Subjekt-Objekt-Problem, den Subjekt-Objekt-Gegensatz nicht wirklich expliziert, sondern eher *eliminiert*. Der neutrale Monismus hat nicht nur die Tendenz, das Subjekt und das Objekt auf eine ursprüngliche Substanz zu reduzieren, wie dies etwa bei Spinozas Programm der Fall war, der auch als ein Stammvater dieser Auffassung genannt wird,[566] sondern auch die, durch skepti-

562 Koch 2008: 144.
563 Koch erwähnt nur beiläufig, dass das, was im dritten Moment der sinnlichen Gewissheit vorkommt, etwa mit dem „Humeschen Sinneseindruck" zu identifizieren wäre (Koch 2002: 77), er expliziert aber diese historische Referenz nicht weiter.
564 Düsing 1973: 128.
565 Russell 2007.
566 Stubenberg 2010.

sche Prüfung das Subjekt und das Objekt selbst völlig aufzuheben und zu *eliminieren*, so dass er das *sinnlich Wahrgenommene* als das einzige *Reale* zeigt. Er weist eine Nähe zum subjektiven Idealismus auf, insofern es sich hierbei um ein Produkt der Ausgangsannahmen dieses Idealismus handelt (z.B. Mach und Avenarius sind häufig für bloß subjektive Idealisten gehalten worden), stellt aber in der Tat eine besondere Denkart dar, die eher skeptischer Natur ist.

Unsere Absicht ist allerdings, nicht ausführlich auf die Frage des neutralen Monismus in der modernen und gegenwärtigen Philosophie einzugehen, sondern, im Rahmen des Versuchs, das dritte Moment der phänomenologischen sinnlichen Gewissheit philophiehistorisch und systematisch zu klassifizieren, das Verhältnis oder gar die Affinität dieser Position zum (neuzeitlichen) Skeptizismus darzulegen.

Insofern der neutral-monistische Ansatz sich für die Aufhebung des Subjekts und des Objekts ausspricht und in die Gewissheit des sinnlich Wahrgenommenen als solchen erhält, ist auch *Hume* zu Recht als ein Stammvater oder Urheber des neutral-monistischen philosophischen Denkens verstanden worden.[567] Wie Hume schreibt: „ich [werde] zunächst annehmen, daß es nur eine einzige Art des Existierenden gebe, die ich, ohne einen Unterschied zu machen, bald *Gegenstand*, bald *Wahrnehmung* nennen werde, je nachdem es meinem Zweck am besten zu entsprechen scheint."[568] Wie schon gesehen, ist für Hume sowohl der Gegenstand als auch das Subjekt, das Ich, nichts anderes als *dasselbe* Bündel von Perzeptionen. Die Gesamtheit der Welt ist die Gesamtheit der Perzeptionen, der Wahrnehmungen und der Geist (das Subjekt, das Ich) ist ebenfalls nichts anderes als dieselbe Reihe von Perzeptionen. Eine solche Ansicht versteht sich selbst als ein Monismus, der sowohl vom materialistischen als auch vom subjektiv-idealistischen Reduktionismus zu unterscheiden ist.

Karl Popper hat den Humeschen Skeptizismus als ‚neutralen Monismus' bezeichnet.[569] Obwohl Popper Hume selbst für einen „überzeugten Realisten" hält,[570] ist er der Meinung, dass der neutrale Monismus letztendlich nichts anderes als ein Umweg des subjektiven Idealismus ist. Wie er schreibt: „Der ‚neutrale' Monismus ist also eine Form des Idealismus; und nur einem Idealisten, einem in der Wolle gefärbtem Philosophen der subjektivistischen Erkenntnistheorie, kann diese Lehre ‚neutral' erscheinen. Mit dem Idealismus lehne ich also auch den ‚neutralen' Monismus als

567 Stubenberg 2010.

568 Traktat: 269.

569 Popper 2002: 101-5: „Humes Metaphysik und der ‚neutrale' Monismus".

570 Popper 2002: 101.

einen Teil der subjektivistischen Erkenntnistheorie ab.“[571] Hume ist allerdings für Popper nicht ein bloß subjektiver Idealist wie Berkeley. Wie er zugibt: „Er ging über Berkeleys Ideen hinaus, indem er lehrte, daß das, „... was wir *Geist* nennen, nichts ist als ein Haufen oder ein Bündel [‚Zusammen‘] von verschiedenen Perzeptionen, ...von dem man, obzwar fälschlich, annimmt, daß es sich vollkommener Einfachheit und Identität erfreue“.“[572] Popper sieht eine sehr enge Ähnlichkeit zwischen der Humeschen Philosophie und dem gegenwärtigen neutralen Monismus und hebt zwar darüber hervor: „Soweit ich feststellen kann, ist der einzige Unterschied zwischen Humes Idealismus und dem ‚neutralen‘ Monismus der folgende. Wenn man ihn gefragt hätte, was die verschiedenen Bündel verbindet, hätte Hume geantwortet: Die *Assoziation von Vorstellungen*. Die ‚neutralen Monisten‘ (Ernst Mach, William James oder Bertrand Russell) würden eine andere Antwort gegeben haben. Sie würden (wenn ich sie richtig interpretiere) gesagt haben: Die Bündel sind durch *zwei Arten von Naturgesetzen* verbunden: die horizontalen Bündel durch psychologische Gesetze (einschließlich des Gesetzes der Assoziation), und die vertikalen Bündel durch physikalische Gesetze.“[573]

Das Schwanken Poppers – wenn man sich so ausdrücken darf – zwischen dem neutralen Monismus Humes, d.i. zwischen dem Humeschen Skeptizismus, und einem eindeutig subjektiven Idealismus weist eine große Nähe zur Hegelschen Herangehensweise auf, die, wie wir behaupten möchten, einerseits Hume als eine ‚Form des subjektiven Idealismus‘ versteht und andererseits ihn mit einer besonderen Form des sinnlichen Bewusstseins verbindet, die schon über den subjektiven Idealismus hinaus ist. Insofern die Einstellung Hegels zutrifft, dass der moderne Skeptizismus dem Dualismus von Subjekt und Objekt nicht entgehen kann, auch wenn er diesen Dualismus dem skeptischen Zweifel unterwirft und sich hierbei in der Positivität und Gewissheit des Sinnlichen, des Realismus des Sinnlichen erhält, sieht man dann, dass der Begriff des Monismus dieselbe oder eine sehr ähnliche, von subjektiv-idealistischen Annahmen ausgehende Form dieses Skeptizismus darstellt, der im 20. Jahrhundert auftritt. Auf idealistische Annahmen (auf eine mehr oder weniger strenge Akzeptanz des Berkeleyschen *esse est percipi*) aufgebaut, ist der neutrale Monismus Humes oder seine skeptische Stellung, die das Subjektive und das Objektive gleich bestreitet und sich am *Realismus des Sinnlichen selbst* festhält,

571 Popper 2002: 105.
572 Popper 2002: 102-3.
573 Popper 2002: 104-5.

eine Form, die der merkwürdigen Ontologie der dritten Phasen der sinnlichen Gewissheit zuzuordnen ist.

Die dritte Phase der sinnlichen Gewissheit bildet aber nicht nur ein noch *formales* Moment der Kritik in dem Sinn, dass in ihr eine nur zusätzliche ontologische Perspektivität beanstandet und aufgehoben wird. Die dritte Phase vervollständigt zugleich die Argumentation gegen den Empirismus des Sinnlichen, macht eine exhaustive Analyse und Explikation des Sinnlichen aus, erschließt seine Natur in allen ihren Details, indem die sinnliche Gewissheit mit ihren Grenzen konfrontiert wird. Die dritte Phase beleuchtet den Sinn der Hegelschen Kritik der ersten zwei Phasen. Sie ist letztendlich ein Schritt Hegels über den antiken Skeptizismus selbst hinaus, der trotz seiner Kritik an der Gewissheit des Sinnlichen nicht so weit gegangen ist, die Positivität und Gewissheit des Atomaren, des Einzelnen selbst zu bestreiten. Hegel setzt sich dabei mit dem impliziten Empirismus der ganzen Geschichte der Philosophie und selbst der alten Skeptiker auseinander – mit einem Empirismus, der „etwas ganz altes" ist und auf dessen Bahnen sich auch die alten Skeptiker, die „sich Empiriker nannten"[574], bewegt haben. Während die ersten zwei Phasen den Verdacht nahelegen, dass ein sinnlich Einzelnes (ein Baum) von einem anderen sinnlich Einzelnen (einem Haus), also dem Anschein nach *äußerlich*, aufgehoben wurde, macht Hegel nun noch deutlicher klar, dass die Endlichkeit selbst des Sinnlichen der Grund seiner Dialektik ist, dass das Sinnliche *sich aufhebt* und als *Allgemeines* zeigt. Jetzt müssen wir noch entscheidender *in das Einzelne, in das Atomare selbst hineingehen*: „Wir müssen […] in denselben Punkt der Zeit oder des Raums eintreten."[575] Die dritte Phase der sinnlichen Gewissheit ist eine Radikalisierung des Skeptizismus selbst und damit ein Schritt über ihn hinaus.

Die Annahme solcher Entitäten, die *weder als wahre noch als falsche* gelten, wohl aber *an sich* das sind, was sie sind, geht auf Aristoteles zurück und ist eine der gemeinsten Wahrheiten, die sich in der Geschichte der Philosophie antreffen lassen. Das Sinnliche als solches ist *an sich* immer wahr. Die Falschheit, oder der Gegensatz von Falschheit und Wahrheit kommt nur dann vor, wenn man ein Urteil über diesen sinnlichen Inhalt fällt. Aristoteles hebt in seiner *Metaphysik* hervor: „[E]s kann ein und derselbe Wein – entweder ändert er sich selbst oder ändert sich unsere eigene körperliche Verfassung – das eine Mal süß, das andere Mal nicht süß erscheinen; nicht aber hat sich das Süße selbst verändert – wie es ist und wann es ist –, sondern man sagt darüber immer die Wahrheit aus, und es

574 Vorlesungen 10: 32.
575 Phän: 88.

ist notwendigerweise das, was süß sein soll, so beschaffen"[576]. Dieses Axiom erscheint in der neueren Zeit auch bei Descartes, der in der dritten seiner *Meditationes* bemerkt: „Was die Ideen betrifft, so können sie nicht im eigentlichen Sinne falsch sein, wenn sie allein für sich betrachtet werden, und ich sie nicht auf irgendetwas anderes beziehe; denn ob ich mir nun eine Ziege oder eine Chimäre vorstelle, so ist es nicht weniger wahr, dass ich mir das eine vorstelle als das andere. [...] Demnach bleiben nur die Urteile übrig, bei denen ich mich vorsehen muss, mich nicht zu täuschen"[577]. Dieser Gedanke, der auch das Denken der Nicht-Empiristen prägt, sobald sie von dem Gehalt der Sinnlichkeit an sich sprechen wollen, wird konsequenterweise ein grundlegendes Prinzip des Empirismus selbst.

Locke übernimmt diese Ansicht und thematisiert weiter ihre Rolle für die Erkenntnis. Er betont in deutlich empiristischem Ton, dass „[wir] von unseren Ideen, die nichts anderes als bloße *Erscheinungen* oder Wahrnehmungen in unserem Geist sind, [...] eigentlich nicht schlechthin sagen [können], sie seien an sich richtig oder falsch. Das ist ebensowenig möglich, wie man von einem einzelnen Namen sagen kann, er sei wahr oder falsch. [...] [J]ene Ideen sind nichts anderes als ebenso viele dort vorhandene Wahrnehmungen oder Erscheinungen. [...] [W]enn die Idee eines Zentauren in unserem Geist auftaucht, so kommt ihr ebensowenig Falschheit zu wie dem Namen Zentaur, wenn er von unserem Mund gesprochen oder auf Papier geschrieben wird. Denn Wahrheit oder Falschheit ist immer an eine gedachte oder ausgesprochene Bejahung oder Verneinung geknüpft. Folglich kann keine unserer Ideen falsch sein, solange der Geist nicht irgendein Urteil über sie fällt"[578]. Es geht dabei nicht um die Frage der äußerlichen bzw. objektiven Wirklichkeit, die jenen Ideen zukommt oder nicht, sondern um die grundlegendere Frage der *Realität* der Ideen als solcher. Die allgemeinste Basis der empiristischen Auffassung ist die Gewissheit, über die die unmittelbare Gegebenheit, über die das Sinnliche *an sich* verfügt. Wie Berkeley auch bemerkt, „irrt [der Mensch] nicht in den Ideen, die er aktual wahrnimmt, sondern in den Folgerungen, die er aus seinen gegenwärtigen Wahrnehmungen zieht".[579] Für Hume, der durch

---

576 Metaphysik: 1010b, 15-30.

577 Meditationes: 75; vgl. auch ebenda: 37.

578 Versuch I: 484-5; vgl. ebenda: 494; vgl. auch Versuch II: 233: „Wahrheit im eigentlichen Sinne des Wortes scheint mir nun nichts anderes zu bedeuten als *die Verbindung oder Trennung von Zeichen, je nachdem die durch sie bezeichneten Dinge miteinander übereinstimmen oder nicht.* Unter Verbindung oder Trennung von Zeichen verstehe ich hier das, was man mit einem anderen Namen *Satz* nennt. Demnach kommt die Wahrheit eigentlich nur Sätzen zu".

579 Drei Dialoge: 79.

seinen Skeptizismus die Unterscheidung von Subjekt und Objekt verwischt, bleibt letztlich allein diese Gewissheit des Sinnlichen, ‚die *Wahrheit* des Empirischen, des Gefühls, der Anschauung', des hier und jetzt sinnlich Einzelnen, die einzige Wahrheit alles Wissens, die er nicht imstande ist, zu bestreiten und abzuschaffen.

Hegel hat die Meinung vertreten,[580] dass allein der antike Skeptizismus – im Gegensatz z.B. zu dem Schulzes oder Humes – so weit gegangen ist, die Nichtigkeit alles Sinnlichen und Endlichen zu behaupten.[581] Im *Skeptizismus-Aufsatz* hält er gegen die Lesart Schulzes fest: „[D]ie Auslegung aber, als wenn der Skeptizismus nicht die sinnlichen Wahrnehmungen selbst, sondern nur die hinter und unter dieselben von den Dogmatikern gelegten Sachen angegriffen habe, ist durchaus ungegründet; wenn der Skeptiker sagte, der Honig sei ebensowohl bitter als süß und sowenig bitter als süß, so war da kein hinter den Honig gelegtes Ding gemeint"[582]. Es sieht so aus, dass Hegel in dieser Zeit übersieht, dass noch der antike Skeptizismus selbst nicht so intensiv auf die innigste Natur des Einzelnen eingegangen ist. Er hat die Wahrheit aller Wahrnehmung und alles sinnlichen Wissens bezweifelt und widerlegt, hat aber nur die verschiedenen, doch immer *bestimmten*, *gegebenen* Sinnesentitäten einander entgegengestellt. Das Phänomen erhält immer seine Gewissheit, egal ob es als Subjektives, Objektives oder keins von beiden anerkannt wird. Wie K. Vieweg bemerkt, bleibt der Skeptizismus in einer „Apotheose des Diesen" [583] gefangen. A. Graeser vermerkt auch, dass beim antiken Skeptizismus „die Fakten des Bewusstseins unbestritten bleiben" und findet die Auffassung Hegels fragwürdig, „dass sich der pyrrhonische Skeptizismus ‚gegen das Seiende der sinnlichen Gewissheit überhaupt' wende" – „die pyrrhonische Skepsis hat gerade dies eigentlich nicht bestritten".[584] Der Skeptizismus hat nicht nach der *Natur* und *inneren Beschaffenheit* des sinnlich Einzelnen selbst gefragt. Er zieht sich in der Tat aufgrund des Widerspruchs des Einzelnen in sich, in die Subjektivität zurück;[585] er erhält sich in der Negati-

580 S. auch oben, Kapitel II.6.

581 Vieweg 2003a.

582 Skept: 225. Vgl. auch Burnyeat 1984, der sich, als Skeptizismus-Experte des 20. Jahrhunderts, der Hegelschen Auslegung des antiken Skeptizismus anschließt; im Gegensatz dazu s. Heidemann 2002a: 79, der die Richtigkeit dieser These Hegels bezweifelt.

583 Vieweg 2005. Für eine weitere Diskussion des Verhältnisses von antikem Skeptizismus und neuerem Empirismus und subjektiven Idealismus s. auch Vieweg 2001; Vieweg 2003b; Vieweg 2007: 69-84.

584 Graeser 1985: 41.

585 Vgl. Skept: 244; GdPh II: 361; vgl. Düsing 1973: 129.

on und in einem gewissen Sinn in der *Äußerlichkeit*, d.h. er zeigt den Widerspruch des Endlichen bzw. Sinnlichen nicht *an ihm selbst* auf. Wie Hegel über den Skeptizismus bemerkt: „[Er] spricht das absolute *Verschwinden* aus, aber das Aussprechen *ist*, und dies Bewußtsein ist das ausgesprochene Verschwinden; es spricht die Nichtigkeit des Sehens, Hörens usf. aus, und es *sieht*, *hört* usf. *selbst*"[586].

Die antike Skepsis hat sich letztlich an der Positivität derselben Phänomenologie des Sinnlichen festgehalten. Über das *Sein* darf man nicht sprechen, sondern man muss sich an das *Phänomen* bzw. an die *Erscheinung* halten, nämlich an einen *Schein*, dem angeblich kein Sein zukommt, obwohl er noch etwas *ist*. Die antike Skepsis erhält sich wohl in diesem Gegensatz und kann, wegen ihres grundlegenden Empirismus, nicht über ihn hinausgehen. Die Skeptiker fragen zwar, nach Sextus Empiricus, „ob der zugrundeliegende Gegenstand so ist, wie es erscheint"; jedenfalls geben sie doch zu, „daß es erscheint".[587] Die *Realität* bzw. *Positivität* des *einzelnen Phänomens* wird vom Skeptizismus, der seinem Wesen nach *empiristischer Art* ist, nie bezweifelt;[588] hier findet er die Grenze seiner skeptischen Durchdringlichkeit und Virtuosität: „Wir fragen aber nicht nach dem Erscheinenden [τὸ φαινόμενον]", sagt Sextus, „sondern nach dem, was über das Erscheinende ausgesagt wird, und das unterscheidet sich von der Frage nach dem Erscheinenden selbst. Daß uns z.B. der Honig süß zu schmecken scheint, das räumen wir ein; denn wir erhalten ja eine süße Sinnesempfindung [γλυκαζόμεθα γὰϱ αἰσθητικῶς]. Ob er aber auch süß ist, im Sinne der Aussage, fragen wir, und das ist nicht das Erscheinende, sondern das über das Erscheinende ausgesagte."[589] Dieses Phänomen ist zwar das alleinige *Kriterium* des Skeptizismus, das einzige, dem er eine *Präsenz*, eine gewisse *Existenz* zuspricht: „Wir sagen nun, das Kriterium der skeptischen Schule sei das Erscheinende, wobei wir dem Sinne nach die Vorstellung so nennen; denn da sie in einem Erleiden und einem unwillkürlichen Erlebnis liegt, ist sie fraglos. Deshalb wird niemand vielleicht zweifeln, ob der zugrundeliegende Gegenstand so oder so erscheint. Ob er dagegen so ist, wie er erscheint, wird infrage gestellt."[590] Wie jedes Ding „seiner Natur nach ist, vermögen wir nicht zu sagen; wie es aber jedesmal erscheint, ist möglich zu sagen."[591] Über diesen zugrundeliegenden Em-

586 Phän: 162.
587 GrpSk: 98.
588 Darüber s. auch Forster: 1996.
589 GrpSk: 98.
590 GrpSk: 99.
591 GrpSk: 115; vgl. auch ebenda: 117, 171-3.

pirismus des Skeptizismus will Hegel hinausgehen. Seine „Kritik richtet sich auf Sextus Empiricus' *Empirismus*, der in dem *Phänomenalismus* und der Theoriefeindlichkeit desselben steckt".[592]

In der *Wissenschaft der Logik* betont Hegel ausdrücklicher diese Affinität der antiken Skepsis zu neueren empiristischen Formen wie der des subjektiven Idealismus: „[D]er *Schein* [ist] das Phänomen des *Skeptizismus* oder auch die Erscheinung des Idealismus eine solche *Unmittelbarkeit*, die kein Etwas oder kein Ding ist".[593] Des Weiteren: „„Es *ist*" erlaubte sich der Skeptizismus nicht zu sagen; der neuere Idealismus erlaubte sich nicht, die Erkenntnisse als ein Wissen vom Ding-an-sich anzusehen; jener Schein sollte überhaupt keine Grundlage eines Seins haben, in diese Erkenntnisse sollte nicht das Ding-an-sich eintreten. Zugleich aber ließ der Skeptizismus mannigfaltige Bestimmungen seines Scheins zu, oder vielmehr sein Schein hatte den ganzen mannigfaltigen Reichtum der Welt zum Inhalte. Ebenso begreift die Erscheinung des Idealismus den ganzen Umfang dieser mannigfaltigen Bestimmtheiten in sich. Jener Schein und diese Erscheinung sind *unmittelbar* so mannigfaltig bestimmt. Diesem Inhalte mag also wohl kein Sein, kein Ding oder Ding-an-sich zugrunde liegen; er für sich bleibt, wie er ist; er ist nur aus dem Sein in den Schein übersetzt worden, so daß der Schein innerhalb seiner selbst jene mannigfaltigen Bestimmtheiten hat, welche unmittelbare, seiende, andere gegeneinander sind. Der Schein ist also selbst ein *unmittelbar* Bestimmtes. Er kann diesen oder jenen Inhalt haben; aber welchen er hat, ist nicht durch ihn selbst gesetzt, sondern er hat ihn unmittelbar."[594] Aber diese Form des *Scheins* wirft ihn wieder in der *Bestimmung des Seins*, denn diese abstrakte *Unmittelbarkeit* ist notwendigerweise eine *seiende*. Der Skeptizismus ist ebenso wie der Idealismus nicht „über das Sein als Bestimmtheit, über diese Unmittelbarkeit hinausgekommen. Der Skeptizismus läßt sich den Inhalt seines Scheins *geben*; es ist *unmittelbar* für ihn, welchen Inhalt er haben soll."[595] Die *Logik* zeigt so die innere Dialektik jenes angeblich *neutralen* Phänomens, jenes angeblich *neutralen Sinnlichen*, das, obwohl es von objektivistischen und subjektivistischen ontologischen Prämissen frei gemacht worden ist, der bloß *seienden Realität* nicht entgehen kann. Die empiristische Voraussetzung einer *positiven, gewissen Gegebenheit* bleibt unangetastet und setzt denselben Kreislauf der dialektischen Formen des Realismus und des Idealismus wieder in Gang. Über diesen Skeptizismus insgesamt hinauszuge-

592 Csikós 2002: 93.

593 Logik II: 20.

594 Logik II: 20.

595 Logik II: 20-1.

hen und ihn zu radikalisieren, bedeutet nun eben, in das sinnlich Gegebene, in das sinnlich Atomare hineinzugehen, ‚in denselben Punkt der Zeit oder des Raums eintreten' und das Sinnliche als solches als *in sich* Widersprechendes und nicht nur in seiner *äußerlichen* Entgegensetzung zu *anderen* Sinnlichen zu zeigen. Wie gesagt, ist „die Hauptsache [...] die Natur dieses Inhalts selbst", des Sinnlichen, „den Inhalt selbst zu untersuchen", ob er „für sich selbst wahr" ist.[596] Die dritte Phase der sinnlichen Gewissheit ruiniert die letzten Überreste eines solchen Glaubens an das Einzelne, sei es auch nur eine neutrale Erscheinung einer an und für sich unbekannten Beziehung zwischen einem aufgehobenen Subjekt und einem aufgehobenen Objekt. Für Hegel ist das Einzelne in demselben Moment und in Bezug auf denselben Aspekt ein in sich selbst Widersprechendes, ein Sich-selbst-Aufhebendes, eine Einzelheit, die nicht bloß *verschwindet*, sondern in ihrem Verschwinden im Äther der Allgemeinheit erhalten ist.

Die dritte Phase ist eine Präzisierung der Argumentation der ersten zwei. Nun ist die Sache allein der Inhalt der unmittelbaren Beziehung eines Bewusstseins auf einen Gegenstand selbst, unabhängig von beiden Extremen. Was hier das *Wesentliche* ist, das ist weder das Bewusstsein noch der Gegenstand. Beide sind in der Tat untergegangen. Seien sie, was sie wollen, was zählt, ist allein der sinnliche Inhalt an und für sich, die punktuelle (im Hier und Jetzt) Unmittelbarkeit dieses Inhalts und insofern ist das eine Präzisierung des ganzen Arguments des Kapitels: „Würden wir *nachher*", sagt Hegel, „diese Wahrheit vornehmen oder *entfernt* davon stehen, so hätte sie gar keine Bedeutung; denn wir höben die Unmittelbarkeit auf, die ihr wesentlich ist."[597] Die scheinbare *Äußerlichkeit* der Einzelheiten, die in den beiden ersten Momenten der sinnlichen Gewissheit vorkamen, ist jetzt noch präziser korrigiert, so dass die Allgemeinheit nicht aus der Aufhebung der *verschiedenen* Einzelheiten, sondern aus jedem einzigen, einzelnen, sinnlichen ‚*Punkt* der Zeit oder des Raums' hervortritt. Die ganze Welt, die das sinnliche Bewusstsein vor sich hat, ist nichts anderes als die Summe der unzählig vielen Punktualitäten, die Hume selbst angenommen hat. Dieses Bewusstsein ist wohl ein „Augenblicksbewußtsein"[598], aber mit der wichtigen ontologischen Konnotation, dass der Gegensatz von Subjekt und Objekt bzw. von Realismus und Idealismus aufgehoben ist.

Hume versucht, das empiristische Prinzip zu vervollständigen und es von den dogmatischen Vorurteilen des Realismus und des Idealismus zu

596 GdPh III: 206.
597 Phän: 88.
598 Scheer 1969: 181.

befreien. Der Unterschied von Subjekt und Objekt verschwindet in der *einzigen* Gegenwart der *einzelnen* Idee. Für Hume ist das letzte Einzelne der Analyse dasjenige, was, wenn man es noch verkleinern möchte, verschwinden würde. Laut Hume kann jede endliche Qualität „durch geeignete Unterscheidungen und Trennungen auf Elemente" zurückgeführt werden, „die vollkommen einfach sind".[599] Das Kriterium, durch welches man sich vergewissern kann, dass das schlechthin *Kleine* erreicht ist, bildet die Sinnlichkeit selbst. Sowohl in der Einbildungskraft wie auch in der sinnlichen Wahrnehmung selbst kann man die Einfachheit und somit die elementaren Bausteine seines Wissens und Wahrnehmens durch ein wirkliches oder mentales Verkleinern der Ideen feststellen. „Es ist also gewiß", sagt Hume, „daß die Einbildungskraft ein Minimum erreicht, d.h. sich eine Vorstellung zu machen vermag, innerhalb welcher, für die Vorstellung, jede weitere Teilung ausgeschlossen ist, die also ohne vollständige Vernichtung nicht mehr verkleinert werden kann."[600] Und weiter: „Mit den Eindrücken der Sinne ist es genau wie mit den Vorstellungen der Einbildungskraft. Man mache einen Fleck Tinte auf Papier, fixiere diesen Fleck mit den Augen und begebe sich in eine solche Entfernung von ihm, daß man ihn zuletzt aus dem Gesicht verliert; es ist klar, daß im Augenblick, ehe er verschwand, das Bild oder der Eindruck vollkommen unteilbar war."[601]

All diese einfachen *Eindrücke*, all diese absolut individuellen und selbständigen Entitäten sind nun für Hume die eigentlichen *Substanzen* der Welt und des Wissens. Des Weiteren bemerkt er in seinem *Traktat*: „Ich habe bereits gezeigt, daß wir keine vollkommene Vorstellung einer Substanz haben, daß aber, wenn wir unter Substanz etwas verstehen, das für sich allein existieren kann, jede Perzeption offenbar eine Substanz [substance] und jeder gesonderte Teil einer Perzeption eine gesonderte Substanz [distinct substance] ist"[602]. Hegel bezieht sich in etwas ironischem Ton wahrscheinlich auf diese Formulierung Humes, wenn er in der *Jenaer Logik* von den „Substanzen Hume's, die aufeinanderfolgen oder nebeneinander, überhaupt für sich gleichgültig gegeneinander sind"[603], spricht.

599 Traktat: 42.

600 Traktat: 42.

601 Traktat: 42.

602 Traktat: 319-320. Hume geht aber noch weiter und zwar behauptet er, dass ebenso die Qualität auch Grade hat und es quasi bestimmte Qualitätsatome gibt, die keine weiteren Unterscheidungen und feineren Schattierungen erlauben würden. Bekannt ist auch das Beispiel Humes der Schattierungen des Blauen (Traktat: 15; Untersuchung: 36).

603 JSE II: 50.

Diese „Substanzen", setzt er weiter fort, „was Hume Dinge nennt, […] sind verschiedene, für sich seiende"[604]. Diese *Substanzen* als solche *Punktualitäten* sind der Inhalt der sinnlichen Gewissheit im dritten Moment ihrer Entwicklung. Insofern ist die Vermutung K. Viewegs,[605] dass Hegel sich dabei, wenn er von dieser raum-zeitliche Punktualität spricht, auf ähnliche Formulierungen Schulzes[606] oder Kirstens[607] bezieht, nicht falsch, aber vielmehr stellt sie eine noch frühere im Rahmen des Empirismus aufgetretene Auffassung dar, die bei Hume zu finden ist. Der Skeptizismus Schulzes oder Kirstens kehrt sich in einen direkten Realismus der sinnlichen Individualitäten, die letztlich als *Gegenstände* und *Objekte* der Welt anerkannt werden, um. Im Gegenteil hat für Hume die Realität des sinnlichen Inhalts nicht dieselben ontologischen Konnotationen, sie ist nicht als *Gegenständlichkeit* und *Objektivität* im strengen Sinn zu verstehen, der Inhalt ist nicht das Objekt eines Subjekts, sondern Subjekt und Objekt fallen entweder *in dem Inhalt selbst* als undifferenzierte zusammen oder – was dasselbe ist – sie werden als skeptisch Aufgehobene vorausgesetzt. Die skeptische Aufhebung von Subjekt und Objekt und das Festhalten am sinnlich einzelnen Inhalt, der zwar eine exhaustive Punktualität repräsentiert, macht eine Basisannahme des Humeschen skeptischen Empirismus aus.

Hegel widerlegt emphatisch diese empiristische Einstellung und bemerkt in der *Logik*: „Wo der Unterschied-an-sich, der Widerspruch und die Negation der Negation eintritt, überhaupt wo *begriffen* werden soll, läßt das Vorstellen sich in den äußerlichen, den *quantitativen* Unterschied herunterfallen; in Ansehung des Entstehens und Vergehens nimmt es seine Zuflucht zur Allmählichkeit und in Ansehung des Seins zur *Kleinheit*, worin das Verschwindende zum *Unbemerkbaren*, der Widerspruch zu einer

604 JSE II: 50. Diese Formulierung Humes kommt nur im *Traktat* und nicht in seiner *Untersuchung* vor. K. R. Westphal versucht in seinem Aufsatz *Hegel, Hume und die Identität wahrnehmbarere Dinge* zumindest eine Spur in den Jenaer Texten Hegels zu finden, die beweisen würde, dass Hegel in der Zeit den Humeschen *Traktat* mit genügender Gewissheit zur Lektüre genommen hätte. Er beachtet zwar dieses Zitat Hegels, es gelingt ihm hierbei aber nur, dem *Inhalt* (und zwar nur in Bezug auf das Traktat-Kapitel „Vom Skeptizismus in Bezug auf die Sinne") und nicht auch dem *Wortlaut* nach, die Hegelsche Bezugnahme auf den Humeschen Text festzustellen (Westphal 1998b: 14-5; vgl. auch Westphal 1998a: 102). Er behauptet so (sonst zu Recht), dass „Hegel […] Humesche Eindrücke als gleichsam unabhängige Atome erkannt [hat]". (Westphal 1998b: 14)

605 Vieweg 1999: 211, 237, 242

606 KthP.

607 GrSkept.

Verwirrung herabgesetzt und das wahre Verhältnis in ein unbestimmtes Vorstellen hinübergespielt wird, dessen Trübheit das sich Aufhebende rettet."[608] Das Bestreiten der *Einzelheit* bzw. *unmittelbaren Einfachheit* des Sinnlichen und das Beweisen seiner Dialektik, die es zum Übergang in die abstrakte Allgemeinheit führt, ist die Umkehrung der (angeblichen oder selbst angenommenen) *Positivität* in die *Negativität*. Der *Positivismus* des sinnlichen Bewusstseins besteht in nichts anderem als in dem analytischen Glauben, dass die Bestimmtheit des Ganzen durch die Bestimmtheit jedes einzelnen Teiles *additiv* zustande kommt, dass jedes Einzelne, das nicht mehr zu trennen ist, eine *unmittelbare positive Bestimmtheit*, eine einzige sinnliche Qualität darstellt, die als eine Punktualität – in Raum und Zeit (zumindest für die *Phänomenologie des Geistes*, die im Gegensatz zur *Enzyklopädie* die Formen des Raums und der Zeit noch dem Bewusstsein zuschreibt) – erscheint. Die Behandlung dieses Gegensatzes von Positivität und Negativität bildet den strategischen Kern der Hegelschen Kritik des Einzelnen, seiner Umkehrung in die Allgemeinheit, der Darstellung des Sinnes des Begriffs der Allgemeinheit wie auch einer Auseinandersetzung mit dem Verständnis des Begriffs der Allgemeinheit des Empirismus.

Die sinnliche Gewissheit bietet also eine exhaustive Begründung und Aufhebung des Sinnlichen in allen seinen logisch möglichen Formen, in denen es als philosophisches Prinzip hervortreten kann. Der Empirismus wird sowohl in Bezug auf den Inhalt seines Prinzips als auch in Bezug auf dessen verschiedene formale Schattierungen begründet und aufgehoben. Insofern darf die sinnliche Gewissheit als eine vollkommene *Aufklärung der Mythologie des Sinnlichen*, des Mythos des Empirismus gelten.

III.5.2.2. Positivität und Negativität, Einzelheit und Allgemeinheit

Was ist das *gemeinte* Diese? Was soll es bedeuten? – Diese Frage steht im Zentrum der gesamten Argumentation zur sinnlichen Gewissheit. Dem Empirismus zufolge ist das Sinnliche, das ich vor mir habe, eine an und für sich bestimmte Tatsache, ein *in sich* und *von sich selbst* bestimmtes Datum. Keine Bestimmtheit ist ihm *äußerlich*. Alle *Beziehungen* sind ihm äußerlich – die Allgemeinheit ist nur eine dazukommende Beziehung einer äußerlichen Reflexion, eines äußerlichen Vergleichens und Verallgemeinerns. Eine absolute *Positivität* kommt dem sinnlich Einzelnen, Individuellen zu – dem, was nicht mehr in Teile zerlegt werden kann.

608 Logik II: 145.

Hegel zeigt durch die Prüfung dieser Anmaßungen des sinnlichen Bewusstseins, dass das nur ein Schein in dem Sinn ist, dass die *Vereinzelung* erst die Betonung einer Einzelheit und damit eine *Abstraktion* ist, eine *denkende* Tätigkeit, die notwendigerweise das *Konkrete* in ein *Abstraktes* und somit in ein *Allgemeines* verwandelt: „Wer denkt, abstrahiert […], betont eine Einzelheit […], löst eine Qualität aus dem Zusammenhang mit allen anderen und ‚vertilgt', was dieser Qualität nicht entspricht."[609] Ein „fixiert Einzelnes" zu nehmen, bedeutet, es „als ein Abstraktes und Allgemeines, wenn auch nur formell Allgemeines", zu nehmen.[610] Die „Sammlung des Geistes auf *einen* Punkt" ist nicht die Entdeckung und Hervorhebung einer Einzelheit, wie sie von der sinnlichen Gewissheit gemeint ist, sondern eine „Abstraktion".[611] Der „Punkt" der sinnlichen Gewissheit ist ein bloßes „Gedankending".[612] Wie Adorno bemerkt, sind laut dieser „antipositivistischen Einsicht Hegels" alle vermeintlich Einzelnen nichts anderes als „Produkte einer Abstraktion", so dass die „sinnlichen Eindrücke, auf welche die ältere Erkenntnistheorie alles Wissen zurückführte, selber bloße Konstruktionen waren, rein als solche im lebendigen Bewusstsein gar nicht vorkommen".[613] Es wird „kein einzelnes Rotes wahrgenommen […], aus dem dann die sogenannten höheren Synthesen komponiert würden. Jene vermeintlich elementaren Qualitäten der Unmittelbarkeit treten immer schon als kategorial geformte auf, und dabei lassen sich sinnliche und kategoriale Momente nicht säuberlich als ‚Schichten' voneinander abheben."[614] Das soll aber nicht so verstanden werden, als ob das rein Gegebene bloß nicht als solches *fassbar* wäre. Die Subjektivität, die in das Objektive *eindringt*, wird von Hegel als dem Objektiven selbst zugehörende gezeigt. Die Unmittelbarkeit ist nicht eine Täuschung überhaupt,[615] sondern erst in ihrer Isolierung von der Vermittlung gelangt sie dazu, ein leeres Schema darzustellen. Die Objektivität

609 Gelhard 2007: 65.

610 Enz I: 83 Z.

611 Enz I: 76 Z.

612 NuH: 75.

613 Adorno 2003: 298-9.

614 Adorno 2003: 299.

615 Schönecker 2003. Schönecker hat eine sehr problematische Auffassung von der sinnlichen Gewissheit, insofern er die „Unmittelbarkeit des Wissens" von der „Unmittelbarkeit des Gegenstandes selbst" unterscheidet (Schönecker 2003: 248) und meint, dass Hegel dabei allein die falsche Annahme eines *Einzelnen* überhaupt beanstandet. Das führt jedoch zu einer sehr problematischen Auslegung der sinnlichen Gewissheit und vor allem zu einer für das Hegelsche Denken sehr absurden Abtrennung der Ontologie von der Epistemologie (des einzelnen,

ist möglich als eine Aufhebung der Subjektivität und die Unmittelbarkeit so nur als eine *Aufhebung der Vermittlung*, nämlich als Moment einer dialektischen Bewegung, die nicht aufzuhalten, nicht zu verneinen ist. Wie Hegel, in einer auch von Adorno angeführten These, hervorhebt, „schließt die Unmittelbarkeit des Wissens nicht nur die Vermittlung desselben nicht aus, sondern sie sind so verknüpft, daß das unmittelbare Wissen sogar Produkt und Resultat des vermittelten Wissens ist."[616] Oder wie Hegel in der *Logik* bemerkt: „Es *gibt* [...] kein so Einfaches und so Abstraktes, wie man es sich gewöhnlich vorstellt. Solches Einfache ist eine bloße *Meinung*, die allein in der Bewußtlosigkeit dessen, was in der Tat vorhanden ist, ihren Grund hat."[617] Die Vermittlung und Allgemeinheit ist somit nicht bloß ein vom Objektiven nicht zu trennendes Element, sondern soll zugleich aus der Bewegung des Objektiven *selbst* hervorgehen.

Anstelle des Unmittelbaren, Einzelnen oder Einfachen zeigt Hegel nun, dass dasjenige, was immer als unmittelbares Resultat dieser Separation und Isolierung (also dieser Abstraktion) angenommen wird, kein solches Positives, kein positives Dieses, kein Bestimmtes und unmittelbares Einzelnes oder Einfaches ist, sondern im Gegenteil, was man immer dabei findet, das ist ein absolut Negatives, ein „Negatives überhaupt",[618] ein „*negatives Dieses*",[619] „die Abstraktion oder das rein Allgemeine",[620] eine „*vermittelte Einfachheit* oder [...] *Allgemeinheit*".[621] Das an sich und als indifferent und gleichgültig vorhandene Einzelne zeigt sich letztlich als eine *absolute Negation*. Seine Bestimmtheit ist notwendigerweise die abstrakteste absolute Negation *alles Anderen*. Seine *determinatio* ist notwendigerweise eine absolute *negatio*, eine allseitige, absolute Vermittlung. Nur „das gedankenlose Meinen", wie Hegel in einem mündlichen Zusatz zur *Enzyklopädie* bemerkt, „betrachtet die bestimmten Dinge als nur positiv und hält dieselben unter der Form des Seins fest"; aber die „Grundlage aller Bestimmtheit ist die Negation (*omnis determinatio est negatio*, wie Spinoza sagt)".[622]

Hegels Prüfung führt zu einer Konsequenz von *logischem* und *semantischem* Belang. Zunächst führt sie also zu einer entscheidenden Aufdeckung der *logischen* Strukturiertheit oder Beschaffenheit des gemeinten sinnlich

unmittelbaren *Gegenstandes* von der Unmittelbarkeit des *Wissensbezugs* auf denselben durch ein Bewusstsein).

616 Enz I: 156.

617 Logik II: 555.

618 Phän: 84.

619 Phän: 90.

620 Phän: 85.

621 Phän: 85.

622 Enz I: 196 Z.

Einzelnen. Das Ideal jedes Empirismus, nämlich dass eine *positive* Bezugnahme auf einen Gegenstand nicht nur möglich, sondern das einzige sichere (gewisse) Fundament alles Wissens ist, wird ins Wanken gebracht und dabei völlig gestürzt. Jede Bestimmung, jede Bezugnahme auf den Gegenstand ist nur als eine allseitige *Negation* möglich.[623] Keine *positive* Bestimmung bzw. Wissensbezugnahme auf einen Gegenstand ist möglich, wenn man nicht auf Vermittlungen eingeht. Die *positive* Bestimmung einer Sache setzt ihre *Vermittlung* und somit ihre *Abgrenzung*, ein breites *Netz von Negationen* voraus. Das Einzelne als eine *einzige Bestimmtheit* einer Sache, als das Zusammenfallen eines Etwas mit seiner Bestimmtheit, ist nur die abstrakteste Negation, die *abstrakte Negation des Seins*, worin jede erwünschte *Positivität* zu Grunde geht. Einen qualitativen Punkt (im Hier und Jetzt) aufnehmen und sich nur bei ihm erhalten, bedeutet die *Negation der ganzen Wirklichkeit*, die Negation aller Welt und nichts mehr – die Bestimmtheit der Unbestimmtheit oder die Abstraktion des Seins. Einerseits ist die Negation absolute und somit abstrakte, so dass die abstrakte Allgemeinheit die einzige Wahrheit jenes vermeintlichen Einzelnen sein kann, andererseits beweist sich diese Einzelheit der Punktualität als nichts anderes als eine *negative Beziehung auf Alles* und somit eine *absolute Vermittlung*.

Das Strategema des Aufzeigens anstelle des Aussprechens, dass es dem sinnlichen Bewusstsein erleichtert, sich auf das absolut hier und jetzt einzelne Vorhandene, auf diese Humesche sinnliche Substanz zu konzentrieren und darauf zu bestehen, deckt die vernichtende Dialektik des endlichen Einzelnen noch deutlicher auf. Das Setzen des gemeinten Einzelnen ist zugleich das Erzeugen der *Vielheit* und der *Allgemeinheit*. Wie Hegel in einem mündlichen Zusatz zur *Enzyklopädie* hervorhebt: „[I]ndem der einzelne Inhalt Anderes von sich *ausschließt*, bezieht er sich auf Anderes, erweist er sich als *über sich hinausgehend*, als abhängig von Anderem, als

623 Es wäre dabei zu bemerken, dass Hegels Wortschatz in Bezug auf die sinnliche Gewissheit (Baum, Haus, Mensch, Tag, Nacht usw.) etwas irreführend ist, insofern alle Beispiele selbstverständlich *Dinge* betreffen und nicht einfache Einzelheiten bzw. exhaustiv analysierte und somit nicht in sich differenzierte punktuelle Entitäten. Für Hegel ist es aber gleichgültig, ob etwas als wirklich Einzelnes auftritt oder nicht. Die Analyse kann sowieso nie eine wahrhafte Analyse sein, weil sie nie exhaustiv sein kann. Egal ob man einen ‚roten Fleck' oder einen Baum oder noch den Erdball selbst als eine *Monade* nimmt, der Punkt für Hegel ist, dass allem, was als bloß *Einzelnes*, d.i. als lediglich mit einer einzigen Qualität Identisches genommen wird, allein der Charakter der absoluten, abstrakten Negativität, der bloßen Abstraktion zukommt – es ist als bloß mit sich Identisches und somit als Abstraktes konstruiert.

durch dasselbe vermittelt, als in sich selber Anderes habend. Die *nächste* Wahrheit des *unmittelbar Einzelnen* ist also sein *Bezogenwerden* auf Anderes."[624] Das Jetzt als ein Dieses bedeutet nicht nur *dieses Jetzt*, sondern zugleich ein Vor und ein Nach, eine absolute Negation alles vergangenen und alles nachkommenden Jetzt: „Das Jetzt und das Aufzeigen des Jetzt ist also so beschaffen, daß weder das Jetzt noch das Aufzeigen des Jetzt ein unmittelbares Einfaches ist, sondern eine Bewegung, welche verschiedene Momente an ihr hat; [...] Das *Aufzeigen* ist also selbst die Bewegung, welche es ausspricht, was das Jetzt in Wahrheit ist, nämlich ein Resultat oder eine Vielheit von Jetzt zusammengefasst; und das Aufzeigen ist das Erfahren, daß Jetzt *Allgemeines* ist."[625] Ebenso wie das Jetzt, erweist sich das „*aufgezeigte Hier*, das ich festhalte, [...] ebenso [als] ein *dieses* Hier, das in der Tat *nicht dieses Hier*, sondern ein Vorn und Hinten, ein Oben und Unten, ein Rechts und Links ist. Das Oben ist selbst ebenso dieses vielfache Anderssein in oben, unten usf. Das Hier, welches aufgezeigt werden sollte, verschwindet in anderen Hier, aber diese verschwinden ebenso; das Aufgezeigte, Festgehaltene und Bleibende ist ein *negatives Dieses*, das nur so *ist*, indem die *Hier*, wie sie sollen, genommen werden, aber darin sich aufheben; es ist eine einfache Komplexion vieler Hier"[626] oder ein *Allgemeines*. „Als Teil, der andere außer sich hat", bemerkte Hegel schon in der *Differenz-Schrifft*, „ist er ein Beschränktes und nur durch die andern"[627], sein Sein, seine eigenste Bestimmung, hat er nur durch die anderen. Alles, was überhaupt als ein *Dieses* genommen wird, weist auf eine abstrakte, unendliche Vielheit von *Anderen* hin, deren Inbegriff es ausmacht, wodurch es sich als Allgemeines beweist: „[E]s wird *Dieses* gesetzt, es wird aber vielmehr *ein Anderes* gesetzt, oder das Diese wird aufgehoben: und dieses *Anderssein* oder Aufheben des ersten wird selbst *wieder aufgehoben* und so zu dem ersten zurückgekehrt. Aber dieses in sich reflektierte erste ist nicht ganz genau dasselbe, was es zuerst, nämlich ein *Unmittelbares*, war; sondern es ist eben *ein in sich Reflektiertes* oder *Einfaches* [nämlich ein *Allgemeines* – JK], welches im Anderssein bleibt, was es ist".[628] Solche Einfachheit ist nichts anderes als die „Form der *Abstraktion* überhaupt", eine „sich abstrakt auf sich beziehende Bestimmtheit".[629]

---

624 Enz III: 208 Z.
625 Phän: 89.
626 Phän: 89-90.
627 Diff: 30.
628 Phän: 89.
629 Logik II: 492.

Die Hegelsche Anatomie des *Begriffs* und seiner logischen Momente zeigt eben sowohl die abstrakte Natur der Einzelheit als auch ihren wahrhaften Charakter als eines Moments der logischen Bewegung des Begriffs selbst – die Befreiung der Einzelheit von der Einseitigkeit und Abstraktheit des vorstellenden und bloß verständigen Denkens. Das „Einzelne" ist „ein qualitatives *Eins* oder *Dieses*",[630] es ist „als sich auf sich beziehende Negativität unmittelbare Identität des Negativen mit sich; [...] es ist die Abstraktion, welche den Begriff nach seinem ideellen Momente des *Seins* als ein *Unmittelbares* bestimmt."[631] Mit ihm zusammen werden auch „viele *andere* Eins vorausgesetzt".[632] Das *Dieses* ist das „Einzelne, welches [sich] in der Reflexionssphäre der Existenz" befindet, „das *in sich reflektierte* Eins".[633] Das Aufzeigen, oder der Sprachweise der *Logik* zufolge, das ‚Monstrieren' ist derjenige Akt, der das Dieses als Einzelnes und zugleich als ein in sich Reflektiertes setzt – die „*gezeigte* Unmittelbarkeit"[634] ist eine Rekapitulation der ganzen reflektierenden und sich mit sich vermittelnden Bewegung des *Setzens* des Einzelnen als eines Unmittelbaren, nämlich als eines durch die Aufhebung der Vermittlung des Unmittelbaren Gesetztes: „*Dieses ist*; es ist *unmittelbar*; es ist aber nur *Dieses*, insofern es *monstriert* wird. Das Monstrieren ist die reflektierende Bewegung, welche sich in sich zusammennimmt und die Unmittelbarkeit setzt, aber als ein sich Äußerliches. – Das Einzelne nun ist wohl auch Dieses als das aus der Vermittlung hergestellte Unmittelbare; es hat sie aber nicht außer ihm, – es ist selbst repellierende Abscheidung, *die gesetzte Abstraktion*, aber in seiner Abscheidung selbst positive Beziehung."[635] Die Einzelheit als eine *begriffliche* Bestimmung schließt ebenso wesentlich sowohl die Bestimmtheit der Einzelheit als auch der Allgemeinheit in sich ein. Die Separation eines Punktes oder das „Abstrahieren des Einzelnen ist als die Reflexion des Unterschiedes in sich erstlich ein Setzen der Unterschiedenen als *selbständiger*, in sich

630 Logik II: 299.
631 Logik II: 299-300.
632 Logik II: 300.
633 Logik II: 300. Hegel geht auf eine Diskussion über das *Dieses* auch im Rahmen seiner Jenaer Logik ein, wo er bemerkt: „Die Einfachheit des *Dieses* ist es, was als absolutes Sein und als absolute Gewißheit sich im gemeinen Erkennen als *absolute Wahrheit* geltend macht" (JSE II: 102-3; s. auch ebenda: 103 ff.), sowie in der Jenaer Metaphysik, wo das Dieses als „qualitatives Eins", als „Punkt", als „Reflexion in sich selbst" oder als ein „absolut bestimmtes negatives Eins" bezeichnet wird (JSE II: 152-3).
634 Logik II: 300.
635 Logik II: 300.

reflektierter. Sie *sind* unmittelbar."[636] Aber wie Hegel weiter bemerkt: „Sie sind ferner nicht bloß *seiende* Einzelne gegeneinander; solche Vielheit gehört dem Sein an; die sich als bestimmt setzende *Einzelheit* setzt sich nicht in einem äußerlichen, sondern im Begriffsunterschiede; sie schließt also das *Allgemeine* von sich aus; aber da dieses [ein] Moment ihrer selbst ist, so bezieht [es] sich ebenso wesentlich auf sie."[637]

Das Monstrieren des Einzelnen als ein *Setzen* desselben setzt zugleich die ganze dialektische Bewegung vom Einzelnen zum Allgemeinen und von diesem zum Einzelnen zurück voraus, wobei das Einzelne nicht mehr ‚ganz genau dasselbe ist, was es zuerst, nämlich ein *Unmittelbares*, war'. Der Gang der Aufhebung der gemeinten Einzelheit ist der Weg der Selbsthervorbringung der Allgemeinheit selbst, worin nun Einzelheit (als vieles Einzelnes) und Allgemeinheit in einer *konkreten Beziehung* gesetzt worden sind und somit das sinnliche ins wahrnehmende Bewusstsein übergehen kann. Das Auffassen des Gegenstandes als ein *Aggregat* von Einzelheiten ist ja keine Frage der sinnlichen Gewissheit selbst,[638] es stellt aber einen schon innerhalb der sinnlichen Gewissheit in die Richtung der Wahrnehmung vollzogenen Schritt dar, und soll vor allem in dem Sinn verstanden werden, dass auch jede Behandlung des Einzelnen nicht nur notwendigerweise auch andere Einzelne nicht bloß als *gleichgültige* ignorieren oder ausschließen kann, sondern vielmehr die Beschaffenheit des Einzelnen ist, dass es ein absolut *Negatives* und somit nur als anderen Einzelnen gegenüber stehend und sie ausschließend ist und zugleich sie alle unter sich zusammenfasst, nämlich *Allgemeinheit*, oder die *Beziehung* des *Einzelnen* auf ein *Allgemeines* und somit *Wahrnehmung* ist: „Das *Sinnliche* als Etwas wird ein *Anderes*, die Reflexion des *Etwas* in sich, das *Ding*, hat

636 Logik II: 300-1.

637 Logik II: 301.

638 *Aggregate* gibt es für die sinnliche Gewissheit eigentlich nicht. Ein Aggregat bedeutet ein *positives* Zusammenfassen der *Vielen*, was erst im Rahmen eines wahrnehmenden Bewusstseins vorkommen kann. Solches Zusammenfassen der *gleichgültigen Einzelheiten* ist eigentlich eins der Momente der Wahrnehmung, wie wir im vorigen Teil gesehen haben. Insofern sollte vielleicht der Hegelsche Text etwas vorsichtiger und nicht so ‚wörtlich' gelesen werden (vgl. auch Zander 2014, das Kapitel 1.1. „Die sinnliche Gewissheit"), im Gegensatz zu Heidemann 2002d: 51, 59 und Heidemann 2005: 16 oder zu Koch 2008: 144. Die letzte Grenze der sinnlichen Gewissheit ist die *Negation* und die *abstrakte Allgemeinheit*, aber nicht eine *konkrete* Beziehung des Eins zu den Vielen innerhalb eines einheitlichen allgemeinen Bandes. Das Eins *verliert sich* in das Andere oder in die Vielheit und in die Allgemeinheit. Eine *bestimmte* Beziehung zwischen den Eins und der Allgemeinheit ist bereits *Wahrnehmung*.

viele Eigenschaften und als Einzelnes in seiner Unmittelbarkeit *mannigfaltige Prädikate*. Das *viele Einzelne* der Sinnlichkeit wird daher ein *Breites*, – eine Mannigfaltigkeit von *Beziehungen*, *Reflexionsbestimmungen* und *Allgemeinheiten*."[639]

In der Behandlung der sinnlichen Gewissheit geht es Hegel um die Feststellung der abstrakten Negativität des sinnlich Einzelnen. Die Aufeinanderfolge der Einzelnen und ihr Verschwinden ist nicht ausreichend, um die unmittelbare Gegebenheit und Einfachheit des Sinnlichen *an sich* zu bestreiten. Es muss gezeigt werden, dass das Sinnliche den Widerspruch *an ihm selbst* hat, und nicht bloß in der äußerlichen Entgegensetzung mit dem Anderem. Das Sinnliche soll als das absolut Einzelne und Affirmative gezeigt werden und stattdessen zeigt es sich als ein absolut Negatives, eine absolute, abstrakte Negation. Seine *Vereinzelung* bedeutet das *Negieren* aller anderen Einzelnen; das Einzelne ist weder *dieses* noch *jenes*; es *ist* schlechthin und steht allein *allen* Einzelnen entgegen. Die Negation ist aber das nächste Merkmal der Allgemeinheit; das Allgemeine ist das mit jedem Einzelnen *Ungleiche* und *Nicht-identische*. Sofern aber das Einzelne nur *dieses* Einzelne ist (nämlich absolute, abstrakte Negation jeder Bestimmung und so jeder Beziehung auf Anderes), ist es ein bloß *Gemeinsames*, ein qualitativ allen *Gleiches*, ein Allgemeines, das in jedem Einzelnen beiherspielt und *identisch* mit ihm ist. Das Sinnliche wollte ein Affirmatives, Einzelnes, Konkretes, absolut Bestimmtes sein, hat sich aber in der Tat als ein bloß Negatives, Allgemeines und Unbestimmtes erwiesen; statt ein absolut Unmittelbares zu sein, zeigt es sich als ein *an ihm selbst* absolut Vermitteltes.

Das Vortrefflichste in der Herangehensweise Hegels ist eben die absolut immanente Widerlegung der anfänglichen Behauptung, der empiristischen *Meinung*, dass das Einzelne die sicherste und deutlichste Basis all unseres Wissens ausmacht – eine akribische *Anatomie* des absolut *Atomischen*. Das Sinnliche wurde mit aller *Gewissheit* als absolut unmittelbar Individuelles aufgenommen, ohne von ihm etwas weggelassen oder zugefügt zu haben. Die nach dem Empirismus konstruierte oder bloß subjektive Allgemeinheit hat sich als die innigste Natur und die Wahrheit des sinnlich Einzelnen erwiesen. Nichts kommt dabei von draußen. Selbst die *Allgemeinheit* tritt als ein *Gegebenes* auf ebenso wie die *Einzelheit*. Die Selbstnegation des Einzelnen, seine eigene Dialektik, bringt das Abstrakte und das Allgemeine *immanent* hervor. Es geht nicht um eine bloße *Inkongruenz* oder *Asymmetrie* zwischen dem Einzelnen und dem Allgemeinen, denn in diesem Fall würden beide vorausgesetzt und eine Art Kantischer Dualismus wäre nie zu überwinden. Das Allgemeine ist bestimmt durch

639 Enz III: 208.

die Dialektik des zunächst abstrakt genommenen Einzelnen so wie das Nichts durch die Dialektik des Seins, weshalb dieses (das Nichts) keinen *parallelen* Anfangspunkt der *Logik* darstellen kann. Insofern sind die Kantisch kontaminierten Lesarten der sinnlichen Gewissheit, wie vor allem die Lesart von K. Westphal, der überall *relative* (was soll das denn bedeuten? – eine Antwort darauf findet der Leser nicht) *Begriffe a priori* entdeckt, falsch und die ganze Konzeption der Hegelschen Dialektik selbst missverstehend.[640]

Auf die Frage, was der Gegenstand der sinnlichen Gewissheit ist, würde man leicht antworten, dass es die *Einzelheit* ist, in dem Sinn einer Prüfung jener basalen Form des Sinnlichen. Eine solche ‚schnelle' Antwort wäre aber ebenso einseitig wie das gemeinte sinnlich Einzelne selbst. Denn die *Wahrheit* der sinnlichen Gewissheit ist in der Tat nicht jenes Sinnliche, sondern die *Allgemeinheit*. In der Prüfung der Einzelheit und der ganzen Reihe der verschiedenen Anmaßungen des sinnlichen Bewusstseins geht es Hegel ebenso darum, den Begriff der Allgemeinheit darzustellen und quasi zu definieren.

Die Frage der Allgemeinheit ist ein zentrales Problem des Empirismus gewesen und hat innerhalb der empiristischen Tradition heftige Debatten ausgelöst. Im Zuge der Entwicklung des Empirismus haben Berkeley und Hume vor allem einen grundlegenden Gedanken der Lockeschen Philosophie, nämlich Lockes Lehre von den abstrakten allgemeinen Ideen, beanstandet und letztlich widerlegt.

Im Folgenden soll die sachliche – und bis zu einem gewissen Grade auch wörtliche – Einmischung Hegels in diese Diskussion des Empirismus gezeigt werden, die gleichzeitig mit der Darstellung seines eigenen Allgemeinheitsbegriffs in der *Phänomenologie des Geistes* stattfindet.

Lockes *Versuch* und seine darin niedergelegte Lehre von den allgemeinen Ideen hat eine breite Diskussion innerhalb des Empirismus eröffnet, die ihre Kulmination in der Kritik Berkeleys und Humes am Begriff der Allgemeinheit gefunden hat. Durch den Dualismus von Inhalt und Form, sowie seine Lehre von den einfachen Ideen der Sinne und von der Abstrak-

640 S. nur beispielsweise: Westphal 1996: 159; Westphal 1998a: 99, 105, 123; Westphal 1998b: 22-3, 34, 55-6, 71, 136; Westphal 2000: 2, 15, 33; Westphal 2003a: 129; Westphal 2003b: 159; Westphal 2005: 29. In einer ähnlichen, kantisch geprägten dualistischen Weise versteht auch Wildenauer (2003) den Gegensatz von Anschauung und Begriff oder von Anschauung und Formen der Anschauung bei Hegel. Zu einer Gegenposition, die auf der spekulativen Einheit des Gegensatzes von Anschauung und Begriff bei Hegel besteht und in unmittelbarer Debatte mit Wildenauer steht, s. Pippin 2004.

tion, gelangt Locke dazu, eine Antwort auf die große Streitfrage der ganzen scholastischen Philosophie, auf die Frage der Universalien, zu geben und eine Art Definition des Begriffs der Allgemeinheit zu präsentieren. Der Begriff der Allgemeinheit bereitet „gewisse Schwierigkeiten" und stellt „sich nicht so leicht" ein, „wie wir uns gern einbilden".[641] Die Verlegenheit Lockes der wahren Natur der Allgemeinheit gegenüber wird durch seine eigenen Wendungen offenbar, wenn er dazu gelangt, diesen für seine Philosophie so entscheidenden und zentralen Begriff der Allgemeinheit für „etwas Unvollkommenes" zu halten, das den „unvollkommen Zustand" des Geistes selbst ausdrückt, obwohl dieser Begriff für seine Philosophie unerlässlich bleibt.[642]

Das wesentliche Merkmal, das Locke in den allgemeinen Ideen auffindet, ist in der Tat eine gewisse *Widersprüchlichkeit* in Bezug auf ihren Inhalt und ihre Bedeutung. Worin besteht diese nun nach Locke? Er selbst will auf keinen Fall entweder die Möglichkeit oder die Notwendigkeit des Gebrauchs von allgemeinen Ideen bezweifeln und betont nur, dass man genug ausgebildet sein muss, dass man eine „gewisse Mühe und Geschicklichkeit aufwenden" muss, um z.B. „die allgemeine Idee eines Dreiecks [...] bilden" zu können.[643] Den Begriff oder die allgemeine Idee eines Dreiecks zu fassen, bedeutet einen Gegensatz, eine Menge von *Ungleichen* in *eins* zu denken, „denn das Dreieck darf weder schief- noch rechtwinklig, weder gleichseitig noch gleichschenklig, noch ungleichseitig sein; vielmehr muß es zugleich das alles und nichts von alledem sein".[644] *Gleiches* und *Ungleiches* sein, dieser absolute Widerspruch macht so nach Locke die Bestimmung der Allgemeinheit aus.

Lockes Begriff der Allgemeinheit wird zunächst von Berkeley geprüft. Berkeley beachtet die widersprüchliche Definition der Allgemeinheit von Locke und führt den oben genannten Auszug als eine paradigmatische Stelle an, in der Locke seine Einstellung zusammenfassend illustriert.[645] Er bezieht sich darauf, dass es unmöglich ist, irgendeine abstrakte allgemeine Idee in unserem Geist zu bilden, die keine bestimmte Qualität und Quantität hat, die keine bestimmte, konkrete Vorstellung ist. In ironischem Ton gibt er Locke die folgende Antwort: „Die natürliche Konsequenz aus alldem scheint doch zu sein, dass etwas so Schwieriges wie die Bildung abstrakter Ideen nicht notwendig sein kann für die *Verständigung*,

641 Versuch II: 263.
642 Versuch II: 263.
643 Versuch II: 263.
644 Versuch II: 263.
645 Abhandlung: 21-2.

die allen Menschen so leicht fällt und so vertraut ist."[646] Der von Locke selbst aufgefundene Gegensatz ist Berkeley zufolge nicht aufzulösen und es ist ein besser funktionierender Begriff der Allgemeinheit zu bilden. Für Berkeley ist jede Idee nur eine konkrete Idee, eine bestimmte Vorstellung und die Allgemeinheit resultiert nicht aus einem Prozess der *Abstraktion*, die das *Gemeinsame* in *einer* Idee darstellt, sondern allein aus der Vertretungsrolle, die eine bestimmte Idee gegenüber allen anderen und ihr *ähnlichen* Ideen einnimmt. Die allgemeinste Form dieser Allgemeinheit findet sich in der Zeichenbildung und somit in der Sprache. Wie Berkeley bemerkt: „Wenn wir mit unseren Worten nun eine Bedeutung verbinden und nur von dem reden wollen, was wir begreifen können, so müssen wir, glaube ich, anerkennen, dass eine Idee, die an sich betrachtet eine Einzelvorstellung ist, dadurch allgemein wird, dass sie dazu verwendet wird, alle anderen Einzelvorstellungen derselben Art zu vertreten oder für sie zu stehen."[647] Und weiter: „Doch mir scheint, dass diese Begriffe nicht in der zuvor genannten Weise durch *Abstraktion* gebildet werden. Soweit ich es verstehen kann, besteht *Allgemeinheit* nämlich nicht in dem absoluten, positiven Wesen oder Begriff von irgendetwas, sondern in der Beziehung, in der dieses zu dem Einzelnen steht, das dadurch bezeichnet oder vertreten wird."[648]

Diese interne Debatte des Empirismus führt Hume weiter fort, indem er noch deutlicher sowohl die *pragmatische* Unmöglichkeit des Geistes, eine abstrakte allgemeine Idee zu bilden, als auch die *logische* Widersprüchlichkeit des Begriffs der Allgemeinheit hervorhebt. Er bemerkt so, dass „auf den ersten Blick ersichtlich [ist], daß die bestimmte Länge einer Linie nicht verschieden oder unterscheidbar ist von der Linie selbst, noch der bestimmte Grad einer Eigenschaft von der Eigenschaft. Diese Vorstellungen lassen also auch keine Trennung zu. Sie werden verbunden aufgefaßt; die Allgemeinvorstellung einer Linie hat trotz aller Abstraktion und [vermeintlichen besonderen] Feinheit des [abstrahierenden] Vorstellens bei ihrem Auftreten im Geist einen bestimmten Grad der Quantität und Qualität, mag sie auch zugleich zum Stellvertreter anderer gemacht werden, welche einen anderen Grad der Quantität und Qualität besitzen."[649] Die auch von Berkeley verspottete ‚Schwierigkeit' Lockes, die Allgemeinheit zu fassen oder einzubilden, und das von letzterem gezogene Fazit, dass diese auf einer ‚Unvollkommenheit' des Geistes beruht, verwirft auch Hume,

646 Abhandlung: 22.
647 Abhandlung: 20.
648 Abhandlung: 23; vgl. auch Alciphron: 353 ff.
649 Traktat: 32.

wobei er betont, dass, „wenn Eindrücke bisweilen verworren erscheinen, so beruht dies nur auf ihrer Kraftlosigkeit und Unbeständigkeit, nicht auf einer Fähigkeit des Geistes einen Eindruck aufzunehmen, dem, so wie er an sich ist, kein bestimmter Grad oder kein bestimmtes Größenverhältnisses zukäme."[650] Nachdem er beide Alternativen des Allgemeinheitsbegriffs prüft, nämlich dass eine abstrakte allgemeine Vorstellung *entweder* „alle möglichen Größen und Eigenschaften zugleich" *oder* „überhaupt keinen bestimmten Grad, weder der Quantität, noch der Qualität, in sich schließt",[651] geht er einen Schritt weiter, um die Lockesche Ansicht zu betrachten, dass die Allgemeinheit *sowohl* alles *als auch* nichts repräsentieren soll. Dieser Begriff der Allgemeinheit ist aber für Hume ein äußerst widersprüchlicher und kann somit keinen operationellen Begriff des Wissens ausmachen. Ein logisch widersprüchlicher Begriff ist nicht *möglich* und kann daher auch keine wirkliche Rolle für das Erkennen spielen. Die Annahme der Lockeschen Allgemeinheitsvorstellung „wäre eine contradictio in adjecto; es läge darin der offenkundigste aller Wiedersprüche, daß nämlich ein Ding sowohl sein als nicht sein könne."[652] Die Abstraktion und Allgemeinheit bleibt für Hume, wie er in seiner Untersuchung wiederholt, durchaus „unverständlich" und „absurd".[653] Auch hier wird er sich ebenso heftig gegen die Lockesche Definition der Allgemeinheit wenden und betonen: „Eine Ausdehnung, die weder greif- noch sichtbar ist, kann unmöglich begriffen werden; und eine greif- oder sichtbare Ausdehnung, die weder hart noch weich, schwarz noch weiß ist, übersteigt ebenfalls menschliches Begreifen. Es versuche jemand, sich ein Dreieck im allgemeinen vorzustellen, das weder *gleichseitig* noch *ungleichseitig* ist, noch irgendeine bestimmte Länge oder Proportion der Seiten kann; er wird dann bald die Absurdität aller schulmäßigen Begriffe von Abstraktion und allgemeinen Vorstellungen einsehen."[654]

Wie man also an diesen Anführungen sieht, dreht sich der ganze britische Empirismus um eine bestimmte Definition der Allgemeinheit, wie sie von Locke gegeben ist. Wenn wir nichts übersehen haben, könnten wir dann konstatieren, dass sich bei früheren Repräsentanten des Empirismus,

---

650 Traktat: 32.
651 Traktat: 30.
652 Traktat: 32.
653 Untersuchung: 194.
654 Untersuchung: 194-5. Es ist allerdings zu bemerken, dass Hume hierbei nicht wie in seinem Traktat die die Widersprüchlichkeit zuspitzende Redeweise Lockes hervorhebt, dass nämlich ein Allgemeines sowohl *alles* und zugleich *nicht alles* ist, dass die Allgemeinheit sowohl Positivität wie auch Negativität darstellt und zwar beides zugleich und in eins gesetzt.

wie bei Bacon oder bei Hobbes, eine ähnliche Redeweise und Definition der Allgemeinheit nicht findet. Der Französische Materialismus hat dieses Zitat von Lockes *Versuch* auch nicht aufgegriffen und sich nicht mit dieser merkwürdigen Bestimmung der Allgemeinheit befasst. Er hat sich allein mit der allgemeinen Lehre der Abstraktion und der Bildung von allgemeinen Vorstellungen beschäftigt. Der common-sense-realistische Empirismus der Schotten hat sich auf der anderen Seite, indem er die ganze Ideen-Lehre des südlicheren Empirismus abzuwerfen versucht hat, mit der Lockeschen Definition des Allgemeinen ebensowenig befasst. Dasselbe gilt auch für die verschiedenen deutschen Vertreter des von dem Schottischen Common-sense-Realismus geprägten Skeptizismus. Es wäre nun nicht übertrieben zu sagen, dass das Lockesche Verständnis des Allgemeinheitsbegriffs wieder bei Hegel und zwar im Rahmen der „Sinnlichen Gewissheit" der *Phänomenologie des Geistes* auftaucht.

Hegel übernimmt die Lockesche Redeweise, begründet die Konsistenz der Definition der Allgemeinheit in der Dialektik des Bewusstseins selbst und wendet sie gegen ihre früheren Gegner des empiristischen Idealismus und Skeptizismus. Hegels Kritik in der „Sinnlichen Gewissheit" richtet sich letztendlich nicht bloß gegen das Einzelne selbst, sondern gegen das *abstrakte Denken* überhaupt, gegen die *Abstraktheit*, die zweiseitig ist: gegen das *abstrakte Einzelne* sowie gegen das *abstrakte Allgemeine*, gegen das Allgemeine als eine *leere Form*. Die Begriffs-Logik vervollständigt eben diese Kritik.

Die Allgemeinheit ist Positivität und Negativität in einem, in die Einfachheit gesetzt, ist das *Gemeinsame* und das von allem *Unterschiedene*, ‚zugleich alles und nichts von alledem'. Die Allgemeinheit entsteht als die absolute Negation aller Bestimmtheit, aller *Diesen* oder *Einzelnen* und zugleich als die Identität aller. Wie Hegel sagt: „Ein solches Einfaches, das durch Negation ist, weder Dieses noch Jenes, ein *Nichtdieses*, und ebenso gleichgültig, auch Dieses wie Jenes zu sein, nennen wir ein *Allgemeines*".[655] Man sollte nun dabei nochmal bemerken, dass die Lesart der erworbenen Allgemeinheit als Aggregat, wie auch oben gesagt, insofern nicht vollständig ist, als sie nur das *positive,* aber nicht das *negative* Moment der Allgemeinheit betrachtet. Heidemann bemerkt: „[E]s zeigt sich erneut, daß der intendierte Jetzt-Punkt als solcher kein sinnliches Einzelnes, sondern ‚Allgemeines' ist, da nämlich jedes ‚Jetzt' ‚viele Jetzt in sich hat', zum Beispiel der Tag Stunden, die Stunde Minuten, die Minuten Sekunden usw. Das Gleiche gilt für jeden durch das ‚Hier' designierten Raumpunkt, der topo-

655 Phän: 85.

logisch vielfältig bestimmt ist".[656] Das ist aber nur die eine Seite der Allgemeinheit, die positive, die gerade durch die negative zustande kommt. Das Allgemeine ist mit allem Gleichen und Ungleichen *zugleich*, verschieden von allen Einzelnen und zugleich dasselbe wie sie als sie beinhaltend. Das Allgemeine ist kein nur passiver Inbegriff, keine bloße Summe. Eine Summe oder ein Aggregat kann allein ein sinnliches Sein sein, das ins Wesen übergegangen ist. Es ist das Sein als *Besonderes* oder als *Ding*. Und hierdurch ist nur gezeigt, dass, damit man ein Einzelnes fassen kann, man die *Vielheit* und die sich auf sich beziehende Allgemeinheit zusammen aufzufassen hat. Abstrakte Einzelheit und abstrakte Allgemeinheit werden in der Mitte der *Besonderung* mit ins Spiel genommen.

Die Allgemeinheit der *Phänomenologie* ist eben die Allgemeinheit, wie sie von Locke bestimmt worden ist. Was Locke aber nicht gelingt, ist diesen Widerspruch zu begründen und zu verstehen. Seine Definition ist ein statisches Konstrukt, das durch die einfachste typisch-logische Prüfung notwendigerweise einstürzt – und das genau haben Berkeley und Hume gezeigt. Die Hegelsche Gestalt der Allgemeinheit gibt aber den Prozess ihrer Entstehung nicht preis, versteinert ihr positives und negatives Moment nicht. Die Allgemeinheit ist hierbei, auf der Stufe des Seins und der Unmittelbarkeit, die einfache Bewegung zwischen dem Einzelnen und dem Allgemeinen, es handelt sich um eine Allgemeinheit, die sich nicht einseitig gegen die Einzelheit setzt, sondern sich auf sich selbst durch die Einzelheit bezieht, die Einzelheit dabei sowohl ausschließt als auch das Andere ihrer selbst und ihr eigenes Moment der Negation, wodurch sie sich geltend macht „als die Negation der Negation oder als die unendliche Einheit der Negativität mit sich selbst".[657]

Die zunächst entstehende Allgemeinheit ist ebenso eine abstrakte Form, eine bloß „*einfache* Bestimmung" und die „Natur des Allgemeinen" ist es gerade, „ein solches Einfaches zu sein, welches durch die absolute Negativität den höchsten Unterschied und Bestimmtheit *in sich* enthält".[658] Denn „das *Weglassen*" der Bestimmtheiten – der *Diesen*, dürfte man mit den Worten der *Phänomenologie* sagen – ist nichts als „ein Negieren".[659] „Es kann von dem Inhalte", bemerkt Hegel, „wohl abstrahiert werden; so erhält man aber nicht das Allgemeine des Begriffs, sondern das *Abstrakte*, welches ein isoliertes, unvollkommenes Moment des Begriffs ist und keine

656 Heidemann 2005: 16.
657 Logik II: 274.
658 Logik II: 275.
659 Logik II: 275.

Wahrheit hat."[660] Dieser nur „subjektive Begriff" ist bloß *„formell"*, oder eine abstrakte Vorstellung, eine Abstraktion, die „vom Begriffe nur das Moment der Allgemeinheit" in seiner Absonderung und Einseitigkeit nimmt.[661] Aber das abstrakt Einzelne und das abstrakt Allgemeine bestimmen sich notwendig gegenseitig, formieren eine Bewegung, in der keins von beiden zu ignorieren ist. Das Auffassen der *konkreten* Wirklichkeit bedarf der ständigen Bewegung vom Einzelnen zum Allgemeinen und vom letzten zum ersten zurück, wobei die Philosophie dieses Ganze als *Begriff* erfassen soll.

Jede Vorstellung der Allgemeinheit ist notwendigerweise eine in sich widersprüchliche, weil sie eine Bewegung darstellt – die dialektische Bewegung zweier Abstraktionen. Die Allgemeinheit ist eine *„vermittelte Einfachheit"*,[662] deren Momente nicht zu trennen und nicht zu ignorieren sind. Gleiches und Ungleiches, Positives und Negatives, abstrakt Einzelnes und abstrakt Allgemeines befinden sich in derselben *„absolute[n] Identität mit sich"*[663]. Hegel geht dadurch unter Zuhilfenahme des Empirismus gegen den Empirismus vor und gibt uns ein weiteres sachliches und wörtliches Indiz dafür, dass seine Auseinandersetzung mit der Frage der Sinnlichkeit eine aus systematischer Sicht philosophiehistorische Verankerung in der empiristischen Tradition hat. Er wendet den Empirismus auf ihn selbst an, kehrt dabei aber nicht zu Locke zurück, sondern überwindet zugleich den Dualismus von Inhalt und Form in einem reicheren und konkreteren Begriff.

III.5.3. Die Sprache und das Wahre

„[D]as Allgemeine ist also in der Tat das Wahre der sinnlichen Gewissheit."[664] Und wie gesehen, ist dieses Allgemeine nicht *das* Wahre überhaupt, sondern nur das Wahre *der* sinnlichen Gewissheit, die Wahrheit *des* Einzelnen; ein unmittelbar wahres Allgemeines wäre nichts anderes als das Allgemeine an sich, als ein Abstraktes, das ebenso ein Unwahres und dessen Wahrheit das Einzelne wäre. Das wahrhaft Einzelne, sowie das wahrhaft Allgemeine können erst in der Sphäre des Begriffs bestimmt werden. Dieses Wahre, das aus der Dialektik der sinnlichen Gewissheit entstanden

660 Logik II: 277-8.
661 Enz I: 314-5.
662 Phän: 85.
663 Logik II: 274.
664 Phän: 85.

ist und die eine Seite des Begriffs ausmacht, wird von der Sprache ausgedrückt, von der Sprache *geäußert* „und da das Allgemeine das Wahre der sinnlichen Gewißheit ist und die Sprache nur dieses Wahre ausdrückt, so ist es gar nicht möglich, daß wir ein sinnliches Sein, das wir *meinen*, je sagen können."[665]

Ist aber die Anführung der Sprache tatsächlich entscheidend für die Artikulation des Arguments in der „Sinnlichen Gewissheit"? Wird die sinnliche Gewissheit tatsächlich von einer *lallenden* Gestalt zu einem *stummen* Bewusstsein, so dass eine andere Perspektivität eröffnet und die Frage nach der Natur und Beschaffenheit des Sinnlichen besser beantwortet wird? Ist der Fortgang des sinnlichen Bewusstseins ein solcher, der auch den *Inhalt* des Sinnlichen selbst betrifft oder nur ein solcher, der nur seine verschiedenen (ontologischen) *Formen* angeht und allein sie dekonstruiert? Ist jeder Schritt der sinnlichen Gewissheit ein neues, zusätzliches Argument oder bildet die Kritik an der sinnlichen Einzelheit ein einziges, einheitliches Argument, das die verschiedenen, in der Natur des Bewusstseins und der Reflexion notwendigen Differenzierungen oder Momente betrifft? Betrifft also diese Verschiebung von der *Sprache* zum *Zeigen* auch eine wirkliche Weiterbildung des Arguments, die mit dem *Inhalt* selbst zu tun hat, oder spielt die Anführung der Sprachfrage einerseits die Rolle einer weiteren Explikation des Arguments selbst und stellt andererseits eine parallele Kritik an philosophischen Stellen mit philosophiegeschichtlicher Referenz? Wäre das Argument der sinnlichen Gewissheit anders gebildet worden, wenn die Punktualitäts-Argumentation in den ersten zwei Phasen und die Argumentation zur Sprache in der dritten vorgekommen wäre?

Um sich der Frage anzunähern, sollte man seine Aufmerksamkeit zunächst auf die textuelle Seite richten. Wie die verschiedenen Phänomenologie-Texte, die Hegel ab 1808 bis zur letzten Enzyklopädie-Auflage von 1830 verfasst hat, beweisen, kommt die Frage der Sprache als ein Element des Arguments gegen die Gewissheit des Sinnlichen sowie eine Unterscheidung zwischen *Aussprechen* und *Zeigen* nicht mehr vor.[666] Dasselbe kann man in Bezug auf die aus den Hegelschen Vorlesungen zur Philosophie des Geistes überlieferten Nachschriften von 1822, 1825 und 1827/28 feststellen.[667] In der *Enzyklopädie* – und vor allem in der *Enzyklopädie* von 1830 – bildet Hegel seine Argumentation allein in Bezug auf die Kategorien der Logik (Sein, Seiendes, Etwas, Anderes, Ding usw.) und nicht auf

665 Phän: 85.
666 NuH: 70, 74-5, 113-4; s. auch Vorlesungen 15.
667 GW 25; Vorlesungen 13.

die Sprache, die als solche – und nicht mehr als ein bloß natürlicher Ton in der Sphäre der Anthropologie[668] – erst auf der darauf kommenden Stufe des subjektiven Geistes (auf der Stufe der Psychologie) auftritt. Damit möchten wir nicht behaupten, dass die Sprache keine Präsenz auf der Stufe des Bewusstseins hat.

Die dritte Phase der sinnlichen Gewissheit der *Phänomenologie* zeigt in noch vollständigerer Weise als der Text der *Enzyklopädie*, dass das Einzelne eine abstrakte Identität mit sich, ein Beziehen auf sich selbst darstellt, so dass es sich zugleich als ein Negatives überhaupt, als eine absolute Negation erweist oder als ein Etwas, das weiter die Negation des Anderen an ihm hat und zugleich als Allgemeines gefasst wird – eine *vermittelte Einfachheit*. Die logische Bewegung des Sinnlichen erzeugt die Allgemeinheit und zeigt es als ein erst durch Aufhebung der Vermittlung Unmittelbares. Dazu braucht man die Sprache allerdings nicht. Wie Brockmeier bemerkt, kann „kein Zweifel daran bestehen, daß das deiktische Bedeutungsverweisen Verallgemeinerungen zu repräsentieren und zu kommunizieren vermag, die auch ohne die „geistige Substanz" der sprachlichen Bedeutungen „Bestand" haben. Nicht die reine Wortsprachlichkeit ist Bedingung der Möglichkeit von Bewußtsein und bewußtem Verhalten des Subjekts zur Wirklichkeit, sondern ein in einem weiteren Sinne verstandener kognitiver Raum."[669] Kritisch gegen die Position Simons, dass die Sprache „die dialektische Bewegung der >Phänomenologie< in Gang bringt"[670] wendet sich auch Bodammer, der darauf besteht, dass es nicht die Sprache selbst ist, die die sinnliche Gewissheit in Bewegung setzt, sondern die eigene Dialektik des Bewusstseins, wofür man sich auch der Sprache, als ein der sinnlichen Gewissheit Vorgegebenes, bedienen kann.[671] Im Gegensatz zu Taylor, der behauptet, „daß menschliches, reflektierendes Bewußtsein notwendig linguistisches Bewußtsein ist" oder dass Hegel „das Vermögen, sich durch Sprechen auszudrücken, wie eine maßgebende Eigenschaft des Wissens [as one of the criterial properties of knowing]" behandelt,[672] kritisiert

668 Über die Hegelsche Auffassung von den Anfängen der Sprache in der Sphäre des anthropologischen Geistes s. auch Ziche 1994.

669 Brockmeier 1990: 164.

670 Simon 1957: 20; vgl. auch Simon 2002: 34-5; für eine noch extremere Version dieses angeblichen wesentlichen Verbundenseins von sinnlicher Gewissheit und Sprache s. auch die Auffassung Potts, dass nicht die Sprache überhaupt, sondern vielmehr die *schriftliche Sprache* es allein Hegel ermöglicht, sein Argument in der sinnlichen Gewissheit zu artikulieren, dass sich Hegels These nicht hätte aufstellen lassen, wenn er sich des Schreiben-Beispiels nicht bedient hätte (Pott 1997).

671 Bodammer 1969: 83.

672 Taylor 1983: 195.

Solomon diese Meinung und bemerkt Folgendes: „It is argued that Hegel's attack on sense-certainty is essentially based on the fact that sense-certainty cannot or will not *say* anything, and knowledge requires something to be *said*. But if this were Hegel's argument [...], it would be clearly ineffectual [...]. This is not the argument."[673] Warum soll es denn dabei um das Wort und die Sprache gehen?

Wie gesagt, ist die Position über die Unsagbarkeit des Sinnlichen eine aus der Antike bekannte Feststellung, die Hegel in seinen *Vorlesungen über die Geschichte der Philosophie* hervorgehoben hat.[674] Die Waffen der Antike werden aber nun gegen einen neueren Feind gerichtet. Im Rahmen der allgemeinen Problematik der sinnlichen Gewissheit und der wesentlichen Auseinandersetzung Hegels mit der empiristischen Ansicht scheint die Rede von der Sprache und ihre Zuhilfenahme für das Argument gegen das sinnlich Gegebene eine parallele Stellung in Bezug auf den Empirismus einzunehmen. Der Hegelsche Text selbst bietet dafür gewiss wenige wörtliche Indizien, man darf allerdings aus sachlichen Gründen diese Perspektivität eröffnen und untersuchen.

Die Behauptung Hegels, dass die Sprache *allgemein* ist und nur *Allgemeines* ausdrückt, ist sicherlich nichts Neues und sein Beitrag besteht auch nicht in dieser Behauptung. Von der Antike bis zum Empirismus von Berkeley und Hume ist die Sprache nichts anderes als dasjenige System, in dem ein Zeichen sich auf eine *Vielheit* von Sachen bezieht, indem es für diese als allgemeiner Repräsentant steht. Im Mittelpunkt der Hegelschen Kritik steht das ostensive oder deiktische Wörtchen *Dieses*. Insofern könnte man nun besser einsehen, dass auch der Übergang vom sprachlichen zum gestischen Verhalten der sinnlichen Gewissheit nicht so scharf ist, sondern immer dieselbe Idee zum Ausdruck bringt, nämlich dass auf das sinnlich Einzelne verwiesen werden kann. Im Gegensatz zu Ansätzen,[675] die der Ansicht sind, dass auch die *Gesten* die Funktion eines Symbols bzw. eines Zeichens haben oder dass das Zeigen eine Art Sprache darstellt, möchten wir auf der anderen Seite darauf bestehen, dass das, was durch die Sprache ausgedrückt wird, eigentlich das *Weisen*, das *Lokalisieren* eines Inhalts in der Form der Einzelheit ist. Aber im ersten Fall kommt dazu die

673 Solomon 1983: 330-1 und ff.; vgl dazu auch die Auffassung Stederoths, der der Hegelschen „Sprachproblematik" der sinnlichen Gewissheit keine „systematisch notwendige Stellung" beimisst (Stederoth 2001: 284-5).

674 S. z.B. GdPh I: 434 ff., 534 ff.

675 S. z.B. Pöggeler 1976: 174, 178; Heidemann 2005: 9; Kettner 1990: 179; Bowman 2003b: 83-4; Soll 1976: 285.

Sprache und noch konkreter die Sprache mithilfe ihrer ostensiven Wendungen zu behaupten, dass sie das Einzelne ausdrücken kann.

Dieser Baum ist *dieser* Baum und nicht *der* Baum bzw. *ein* Baum überhaupt, meint wohl die sinnliche Gewissheit. Eben dabei scheint es, als ob Hegel direkt mit Hobbes einen Dialog führt, der ausdrücklicher als jeder andere Empirist darauf beharrt hat, dass zwischen beiden Ausdrücken ein wesentlicher Unterschied besteht, so dass eine ostensive Wendung die sinnliche Einzelheit äußert, indem sie als Eigenname für dieses Sinnliche steht. Nach Hobbes sind Wörter wie „*man*" oder „*tree*" allgemeine Namen „common to many things", wohingegen Wörter (oder Ausdrücke) wie „*this man*" oder „*this tree*" als Eigennamen, „singular to one thing", dienen, genauso wie die Wörter „*Peter*" oder „*John*".[676] Wie er später in seinem Aufsatz *Der Körper* wiederholen wird, „sind die einen Namen mehreren Dingen *gemein*, wie „Mensch", „Baum", die anderen den einzelnen Dingen *eigen*, wie „der Verfasser der Ilias", „Homer", „dieser", „jener".[677]

Hegel richtet sich explizit und heftig gegen diese falsche Annahme und zeigt, dass „*Dieses*" allein „das *allgemeine Diese*" oder „das *Sein überhaupt*" und nichts mehr ist.[678] „Das *Dieses* zeigt sich […] als *vermittelte Einfachheit* oder als *Allgemeinheit*."[679] „Sie meinen", so der kritische Punkt Hegels, „*dieses* Stück Papier, worauf ich *dies* schreibe oder vielmehr geschrieben habe; aber was sie meinen, sagen sie nicht."[680] „[*D*]*ieses Stück Papier*" vermag auf keine Weise das gemeinte Einzelne auszudrücken, weil „*alles* und *jedes* Papier ein *dieses* Stück Papier" ist, und damit habe ich „nur immer das Allgemeine gesagt".[681] Hegel zeigt wohl, dass es nichts in der Sprache außer den Eigennamen gibt, das eine unmittelbare Bezugnahme auf ein Einzelnes ausdrücken kann – ein Eigenname ist jedoch nichts als ein *Sinnloses*, ein arbiträres, willkürliches Etikett, überhaupt nicht etwas, das ein Einzelnes *bedeuten* könnte, er hat keinen Inhalt und *sagt* über die Sache nichts, geht sie gar nicht an.[682] Der Glaube Hobbes, dass die Inkongruenz zwischen der Allgemeinheit der Sprache und dem vermeintlich

676 Leviathan: 21.

677 Elemente: 32.

678 Phän: 85.

679 Phän: 85.

680 Phän: 91.

681 Phän: 92.

682 „Man *meint*, durch „*Dieses*" etwas vollkommen Bestimmtes auszudrücken; es wird übersehen, daß die Sprache, als Werk des Verstandes, nur Allgemeines ausspricht, außer in dem *Namen* eines einzelnen Gegenstandes; der individuelle Name ist aber ein Sinnloses in dem Sinne, daß er nicht ein Allgemeines ausdrückt, und erscheint als ein bloß Gesetztes, Willkürliches aus demselben Grunde, wie

sinnlich Einzelnen mit Mitteln der Sprache selbst aufzulösen ist, lässt sich nicht beweisen. Die ostensiven Ausdrücke der Sprache sind ebenso Allgemeine, wie „jetzt", „hier", „ich" usw., und somit immer „situativ" und „kontextabhängig".[683]

Das Problem der Sprache war für alle Empirismen der Neuzeit zentral. Ihre Natur, ihr Inhalt, ihre Grenzen und ihre Rolle für das Wissen sind ausführlich durch die empiristische Philosophie erforscht. Alle unterschiedlichen Vertreter des Empirismus, von Locke, Berkeley, Hume und den französischen Materialisten bis zu Reid und den schottischen, direkten Realisten, haben sich mit der Frage der Sprache und der Funktion des Wortes befasst. Innerhalb dieser empiristischen Tradition könnte man zwei Richtungen unterscheiden: eine, die das Wort als Zeichen einer allgemeinen Idee oder Konzeption annimmt, und eine zweite, die das Wort für ein Zeichen hält, das aber nur als konventioneller Vertreter *ähnlicher* sinnlicher Inhalte fungiert, ohne eine geistige Verallgemeinerung (Konzeptualisation, Abstraktion) vorauszusetzen.

Die erste Auffassung findet sich vor allem bei Locke und dem französischen Materialismus, aber auch bei Reid, der, obwohl er den Lockeschen Repräsentationalismus der Ideenlehre verwirft, anstelle der Ideen den Begriff der mentalen *Konzeptionen* setzt, als eine geistige, subjektive Konstruktion, die von den *realen* Sachen verschieden ist. Die Wörter beziehen sich nicht direkt auf die Gegenstände, sondern auf subjektive, allgemeine Inhalte, die entweder *Ideen* bzw. *Vorstellungen* oder *Konzeptionen* genannt werden. Sie signifizieren bestimmte Inhalte und diese eigenartigen Objekte machen ihre Bedeutung aus. Für Locke[684] sind die Wörter, entweder als Laute oder als Schriftbilder, „Zeichen für innere Vorstellungen"[685] oder „Zeichen *allgemeiner Ideen*"[686], „äußere, sinnlich wahrnehmbare Zeichen" der Ideen[687]: „Die Wörter vertreten also ihrer ursprünglichen oder unmittelbaren Bedeutung nach nur *die Ideen im Geiste dessen, der sie benutzt*".[688] Auf den allgemeinen Bahnen Lockes bewegt sich auch die Auffassung Condillacs, der ebenfalls die Bildung der allgemeinen Wörter auf die Prozesse der Abstraktion und der Bildung allgemeiner Ideen zurückführt, so

denn auch Einzelnamen willkürlich angenommen, gegeben oder ebenso verändert werden können." (Logik I: 126)

683 Heidemann 2005: 9; vgl. auch Pöggeler 1976: 174, 178.

684 Für eine zusammenfassende Darstellung der Lockeschen Sprachauffassung und -philosophie s. Guyer 1994 und Losonsky 2007.

685 Versuch II: 1.

686 Versuch II: 2.

687 Versuch II: 5.

688 Versuch II: 5.

dass die Wörter nur insofern allgemein sind, als sie als Zeichen für jene Ideen stehen.[689] Dieselbe empiristische Sprachauffassung teilen auch fast alle Vertreter des Materialismus des 18. Jahrhunderts in Frankreich (Holbach, Helvétius, Diderot usw.).

Reid gibt auch einen ähnlich kurzen Bericht über die Frage, welche die Natur der Wörter und welches das Objekt ihrer Signifikation ist. Er bemerkt darüber: „As general words are so necessary in language, it is natural to conclude that there must be general conceptions, of which they are signs. Words are empty sounds when they do not signify the thoughts of the speaker; and it is only from their signification that they are denominated general. Every word that is spoken, considered merely as a sound, is an individual sound. And it can only be called a general word, because that which it signifies is general. Now, that which it signifies is conceived by the mind both of the speaker and hearer, if the words have a distinct meaning, and be distinctly understood. It is therefore impossible that words can have a general signification, unless there be conceptions in the mind of the speaker, and of the hearer, of things that are general. It is to such that I give the name of general conceptions: and it ought to be observed, that they take this denomination, not from the act of the mind in conceiving, which is an individual act, but from the object, or thing conceived, which is general."[690] Reid erklärt, er wäre bereit, die gesamte Lockesche Sprachauffassung zu übernehmen, wenn das Wort ‚Idee' nicht in dem repräsentationalistischen Sinn des Empirismus verstanden werden würde. Er bemerkt zwar: „It will be true, that most words, (indeed all general words,) are the signs of ideas; [...] it will be true not only that there are general and abstract ideas, but that all ideas are general and abstract."[691] Aber obwohl Reid anstelle der Ideen Lockes den Begriff der *Konzeptionen* setzt, gibt er zu, dass er auch keine klare und deutliche Vorstellung davon hat, was *Konzeption* bedeutet. Er ist sich nur sicher, dass so die Konzeption nicht mit einem *Bild* im Geist zu verbinden ist. Wie er sagt: „I can distincly conceive universals, but I cannot imagine them. As to the manner how we conceive universals, I confess my ignorance."[692]

Die erste Richtung bewegt sich nur auf den Bahnen eines milden Nominalismus oder, wie man sagt, eines Konzeptualismus, vertritt somit die Auffassung, dass, obwohl die Allgemeinheit keine unabhängige und absolute Realität der Art platonischer Ideen hat, sondern denkabhängige Enti-

689 Essai: 233 ff.
690 EIP: 359-360.
691 EIP: 387.
692 EIP: 394.

täten betrifft, sie das eigentliche und unmittelbare Referenzobjekt der Wörter ist.

Eine zweite Richtung in der allgemeinen empiristischen Sprachauffassung wird durch die Lehre von Berkeley und Hume repräsentiert, die von einer gründlichen Kritik an Lockes abstrakten, allgemeinen Ideen ausgeht. Beide erscheinen als Anhänger des radikalsten Nominalismus, der die Allgemeinheit allein im Wort selbst erkennt – ein *flatus vocis*, der allgemein wird, insofern er Einzelheiten *signifiziert*. Doch steht im neuzeitlichen Hintergrund der Einstellung Berkeleys und Humes sicherlich noch Hobbes, der eine ähnliche Position vertreten hat. Hobbes hat ausdrücklich jegliche Allgemeinheit als eine reale Sache widerlegt und die These geäußert, dass das einzige Allgemeine bzw. Universale in dieser Welt die Wörter sind: „[T]here being nothing in the world universal but names; for the things named [‚Peter', ‚John', ‚this tree' usw. – *JK*] are every one of them individual and singular".[693] Berkeley und Hume werden noch ausdrücklicher die Meinung vertreten, dass die Allgemeinheit sich allein in den Wörtern finden lässt, so dass jedes Wort als Zeichen für eine Summe von Einzelheiten steht und sie unter sich vereint. Das Wort ist der gemeinsame, sonst absolut arbiträr gewählte, Referenzpunkt, der auf eine Menge von *ähnlichen* Einzelheiten hinweist.

Die gemeinsame Grundlage beider Ansätze stellt nun die Annahme dar, dass ein Dualismus zwischen Sinnlichem und Sprache besteht. Der Dualismus von Einzelheit und Allgemeinheit, von Objekt und Subjekt oder von Inhalt und Form des Empirismus wiederholt sich in der Sphäre der Sprache, egal ob man die Wörter für Zeichen der allgemeinen *Formen* (Locke usw.) oder für die allgemeinen *Formen* selbst hält. Zwischen beiden herrscht die Zufälligkeit eines *äußerlichen* Verhältnisses. Das Allgemeine ist einerseits nur das absolut Subjektive, das absolut *Andere* der inhaltlichen Einzelheit und andererseit unfähig, das sinnlich Einzelne zu durchdringen und seine wahre Natur zu äußern. Die Allgemeinheit zeigt sich als eine bloße *Formalität* und die Sprache als das absolut andere des Wissens, als neutrales Werkzeug, das den Inhalt des Wissens nichts angeht.

Gegen diese Formalität, gegen eine Allgemeinheit und eine Sprache, die nichts ausspricht, sondern letztlich alles im solipsistischen *Privaten* entweder der menschlichen *Affektionen* oder der menschlichen *Erdichtungen* und *Sprachkonventionen* belässt, richtet sich Hegel entscheidend durch seine Kritik der sinnlichen Gewissheit, die auch als eine gründliche Kritik an der empiristischen Sprachauffassung gelesen werden kann.

693 Leviathan: 21.

In der Literatur ist häufig die Rede von der Unfähigkeit der Sprache, das sinnlich Einzelne zu äußern oder noch besser, von einer *Asymmetrie* zwischen Sinnlichem und Sprache – eine Redeweise, die sich als äußerst verwirrend erweist. Aber eine *Asymmetrie* weist auf einen *Dualismus* hin, den gerade die Hegelsche Kritik überwinden will. Eine Asymmetrie zwischen Sinnlichem und Sprache bedeutet einen nicht zu überwindenden Dualismus beider – zwei Sphären, die sich gegenseitig nicht zu durchdringen vermögen.

Für Hegel erscheint die Sprache auf der Stufe des phänomenologischen Bewusstseins als mit dem Begriff, mit der Kategorie oder mit der abstrakten allgemeinen Vorstellung identisch – die Begriffe werden ausgesprochen und was ausgesprochen wird, ist Begriff, bringt eine Allgemeinheit zum Ausdruck. Die Sprache *ist* der Verstand und insofern durchdringt auch die Sprache selbst die Gesamtheit der Bewusstseinsgehalte. Wie Hegel in der *Logik* betont: „In alles, was ihm [dem Menschen – *JK*] zu einem Innerlichen, zur Vorstellung überhaupt wird, was er zu dem Seinigen macht, hat sich die Sprache eingedrängt, und was er zur Sprache macht und in ihr äußert, enthält eingehüllter, vermischter oder herausgearbeitet eine Kategorie".[694] Es gibt somit keine Inhalte, die *nicht sprachlich konstruiert* sind und es gibt auch keinen Begriff, der nicht ausgesprochen werden kann, es gibt keinen *nicht sprachlichen Begriff*.

Die Behandlung der Sprache in der „Sinnlichen Gewissheit" widerlegt vorallem den radikalen Nominalismus Berkeleys und Humes. Die Entwicklung der Dialektik der sinnlichen Gewissheit zeigt, dass das Wesen der Sprache, die Allgemeinheit, schon der Beschaffenheit der Realität selbst immanent ist, dass das „sinnliche Sein" schon „Allgemeines an sich" ist.[695] Hegel setzt die Sprache in eins mit dem Wissen, er betrachtet sie nicht nur als ein *äußerliches Werkzeug*, das auf den Inhalt des Wissens nachträglich angewendet wird. Es wird die Einstellung entkräftet, dass die Sprache, das *Wort* ein *nur* äußerliches, arbiträres, dem Sinnlichen selbst fremdes Symbol ausmacht. Hegel erweist, dass der grundlegendste Charakter der Sprache, die *Form der Allgemeinheit*, die *Wahrheit* des Sinnlichen darstellt und

694 Logik I: 20.

695 GdPh III: 278. C. Ferrini bemerkt so zu Recht (obwohl sie auch Locke bloß als Nominalisten betrachtet): „Hegel reacts against Locke's nominalistic approach to genera by stressing […] that the genera, the universals, are „an sich", are the real essence of nature: hence he views Locke's understanding of the nature of knowledge backward and insufficient, since, according to Locke, the concept of genus is a subjective product of our spirit the validity of which rests on its being referred to objects, that is, on being-for-another, and in no way it is regarded as objective in itself." (Ferrini 2008)

an ihm selbst zu finden ist – sie wird von der dialektischen Bewegung desselben hervorgebracht.

Die Frage nun, ob die Sprache ein *Vorausgesetztes*, ein *Vorgegebenes* für das Bewusstsein ist, wie z.B. Bodammer behauptet,[696] stellt sich weder durch den Hegelschen Text selbst noch hat sie einen Sinn, insofern die These über die Identität von Kategorien und Sprache zutrifft. Ebensowenig ist sinnliche Gewissheit entweder eine „vorsprachliche"[697] bzw. „untersprachliche"[698] Stufe oder selbst „sprachlos"[699] überhaupt. Sie braucht nicht die Sprache, um die Dialektik des Sinnlichen zu zeigen, sie gehört ihr aber so wesentlich an, wie ihr auch der Begriff, das Denken oder die Allgemeinheit überhaupt angehört. Im Gegenteil, die Anatomie und Kritik der sinnlichen Gewissheit *begründen* die Möglichkeit und Wirklichkeit der Allgemeinheit der Begriffe und letztlich der Sprache selbst. Dass das Bewusstsein sprachliche Aussagen verwendet, das wird von Bodammer als eine vorgegebene Möglichkeit oder als eine vorgegebene Tatsache des Bewusstseins verkannt, die an die Tatsachen der Sinnlichkeit angepasst wird und damit ihre Insuffizienz erweist. Aber die Sprache wird sowenig wie auch die Allgemeinheit (als *a priori*) vorausgesetzt. Im Gegenteil, sowohl die *Sprache* wie auch die von ihr nicht zu trennende *Allgemeinheit* entstehen *immanent* durch die Kritik der Sinnlichkeit als eine Identität des Einzelnen und des Allgemeinen, des Einzelnen und der Sprache. Die Sprache ist nur die Äußerung der Allgemeinheit oder ihre artikulierte Präsenz in der Welt. Die Sprache mit ihren göttlichen Eigenschaften, mit ihrer „göttlichen Natur"[700] ist „das Werk des Gedankens"[701], „das Werk des Verstandes"[702], das äußerliche Zeichen des Denkens und insofern die dialektische Anatomie des Sinnlichen die Präsenz des Denkens und seiner abstrakten Allgemeinheiten auf dem Feld der Sinnlichkeit aufdeckt, darf man sich auch auf die Sprache beziehen. Die *Phänomenologie des Geistes* konzipiert die Sprache weder als anthropologischen Ton noch als psychische Funktion – die Sprache ist in der Sphäre des Bewusstseins allein als ein mit dem Denken identisches Element vorhanden und ihre Rolle ist hierdurch erschöpft, nämlich durch die Äußerung der Allgemeinheit des Denkens, der Begriffe.

---

696 Bodammer 1969: 81-2.
697 Graeser 1998: 37,47
698 Liebrucks 1970: 9, 14
699 Bensch 2005: 96-98
700 Phän: 92.
701 Enz I: 74.
702 Enz III: 272; Logik I: 126.

Die Kritik der Sinnlichkeit wird so zu einem Mittel der Sicherstellung der Möglichkeit der Sprache und somit der Möglichkeit der *Mitteilung* – nicht umgekehrt. Was wir, einer dem anderen, mitteilen, das sind nicht die einzelnen, sondern die allgemeinen Bestimmungen. Die Sprache ist ihrem Wesen nach nicht arbiträr, sondern arbiträr ist sie erst in der formalen Auswahl der Zeichen und der Vertretungsbeziehungen, die zwischen diesen Zeichen und den verschiedenen Inhalten etabliert werden. Der Begriff eines sinnlich Gegebenen, das von sich selbst den Horizont der Allgemeinheit erschließt, hebt das große Problem des Empirismus, das Problem der *Privatheit der Erfahrung* und letztlich der *Privatheit der Sprache* selbst auf.

Locke hat vor allem darauf bestanden, dass sowohl der sinnliche Inhalt des Wissens als auch die Sprache allein dem einzelnen Subjekt angehören und nur von ihm aus zugänglich sind. Wie er bemerkt: „Bewsußtsein ist die Wahrnehmung dessen, was im eigenen Geist vorgeht",[703] und was der eine in seinem Kopf hat, kann der andere nicht eigentlich wissen, denn keine *Wahrnehmung* ist hier unmittelbar möglich. Wie Locke weiter hinzufügt: „[D]er Geist des einen Menschen könnte unmöglich in den Körper des anderen übergehen, um wahrzunehmen, welche Erscheinungen durch dessen Organe erzeugt werden."[704] Wenn aber die Wahrnehmungen privat sind, dann müssen auch alle Ideen und selbst die *Sprache* privat sein – der Primat der Privatheit ist absolut.[705] Das solipsistische Gefängnis lässt sich nicht aufbrechen. Locke hebt so hervor: „Die Wörter vertreten also ihrer ursprünglichen oder unmittelbaren Bedeutung nach nur *die Ideen im Geiste dessen, der sie benutzt*".[706] Kein Ausweg ist aus dieser Sackgasse möglich und Locke selbst umgeht dieses Problem nur durch dogmatische Voraussetzungen und unbegründete Annahmen. Das *Mitteilen* und die *Kommunikation* wird zu einem bloßen Glauben herabgesetzt: „*Die Menschen setzen voraus, daß ihre Wörter auch Kennzeichen der Ideen im Geiste anderer sind, mit denen sie sich unterhalten*. Denn andernfalls würden sie vergeblich reden und könnten nicht verstanden werden, wenn die Laute, die sie für eine bestimmte Idee verwenden, von dem Hörer auf eine andere Idee bezogen würden. Das hieße zwei Sprachen reden."[707] Die

703 Locke I: 122.

704 Versuch I: 491; vgl. auch ebenda: 495 sowie Versuch II: 11.

705 Flew 1997: 18 ff.; Ayers 1991: 207 ff. Zur Frage der Privatheit des sinnlichen Inhalts und der Sprache selbst als eines gemeinsamen Problems sowohl des neuzeitlichen als auch des gegenwärtigen Empirismus (Neupositivismus), das Bezug auf die Problematik der sinnlichen Gewissheit hat, s. auch Solomon 1983: 333 ff.

706 Versuch II: 5.

707 Versuch II: 7.

Menschen setzen bloß voraus, „daß die Idee, zu deren Zeichen sie es [das Wort – *JK*] machen, genau dieselbe sei, welche verständige Leute ihres Landes mit diesem Namen verbinden.“[708]

Dieselbe Meinung trifft man auch bei anderen, besonders von Locke geprägten Empiristen, wie z.B. Holbach, der auch dasselbe Fazit zieht: „Jeder Mensch hat sozusagen eine Sprache für sich allein, und diese Sprache kann er anderen nicht mitteilen.“[709] Die Sackgasse des Empirismus, die Locke zunächst so explizit formuliert, findet ihre Kulmination im subjektiv-idealistischen Empirismus von Berkeley und Hume, die sich dem Solipsismus gern beugen. Die Hegelsche Kritik der sinnlichen Gewissheit kann so als eine entscheidende Antwort auf diese Frage dienen, indem Hegel die Allgemeinheit und die damit verbundene Sprachlichkeit mit dem Sinnlichen selbst wesentlich verbindet und identifiziert. Der Ansatz Hegels anvisiert die Aufhebung der angeblichen Privatheit sowohl des sinnlichen Inhalts des Wissens als auch dessen sprachliche Formulierung.

Um die Vorstellung des Roten haben zu können, muss ich die entsprechende Erfahrung haben. Aber dass ich und ein anderer den Begriff ‚rot‘ als ein Wort in einer Sprache gebrauchen und dadurch *kommunizieren* können, das wird nicht durch individuelle und subjektive, psychologische Akte der *Abstraktion* von den konkreten Tatsachen gewährleistet. Dahingegen ist selbst die Beschaffenheit des Realen im Wissen das, was die Möglichkeit der Mitteilung, der Kommunikation begründet. Die *konkrete* Wirklichkeit wird in einem *System* von allgemeinen und letzten Endes sprachlichen Bestimmungen artikuliert. Ich kann über ihren Inhalt streiten, aber *streiten können* bedeutet vornehmlich, dass ich aufgrund der Möglichkeit, die mir die Beschaffenheit des Realen und die immanente Präsenz der Allgemeinheit in der abstrakten Welt der Unmittelbarkeit der Einzelnen gewährt, kommunizieren kann. Die Sprache wird nicht durch einen Prozess einer *arbiträren* Bildung von Symbolen *privater Inhalte* erzeugt. Der psychologische Ausdruck der Bildung der abstrakten, allgemeinen Begriffe, deren Inhalt das Einzelne ist, stellt eine bloß einseitige Perspektive dar, da dieser die Bildung der Begriffe als einen nur subjektiven Prozess versteht. Hier wird übersehen, dass das Abstrakte und Allgemeine schon vorausgesetzt ist, insofern man das Reale als ein *Einzelnes* erkennt, insofern man einen *einzelnen Inhalt* auffasst. Das Einzelne fällt im Moment seines Begreifens mit der allgemeinsten und abstraktesten Bestimmung zusammen – mit dem *Sein*.

708 Versuch II: 7.
709 Natur: 151.

Wir können vom Einzelnen sprechen, weil wir von Anfang an über seinen Begriff verfügen. Wie gesehen, uns auf ein Einzelnes zu beziehen, bedeutet, dass wir es schon begrifflich gefasst haben, dass wir es von der Totalität des Realen unterschieden haben, dass wir es als eine negative Punktualität, als eine absolute Vermittlung, als eine absolute Negation alles anderen, als Einfachheit und somit als Allgemeinheit konstruiert oder rekonstruiert haben. Das Einzelne in der abstrakten Form des Verstandes gibt es letztlich nur als Gesetztes, als Moment oder als vermittelte Einfachheit, als Vermittlung der Vermittlung, als Teil der logischen Bewegung zwischen Einzelnem und Allgemeinem, Unmittelbarkeit und Vermittlung. Die allgemeinste aller Kategorien, das *Sein*, durchdringt die Totalität des Realen und macht die letzte Identität jedes jeweiligen Teiles desselben aus. Jede Trennung eines Einzelnen von der Totalität seiner wechselbestimmten Verhältnisse setzt es als eine nur absolute *Negation*, als deren einzige Bestimmtheit das Sein übrig bleibt. Das Einzelne bezieht sich auf die ganze Welt und der sprachliche Ausdruck soll diese allgemeine Bindung äußern.

Die Sprache ist die ausgedrückte *Wahrheit* des Sinnlichen, das Zeichen des Begriffs. Hinter dem Gesagten, jenseits des Ausgesprochenen bleibt kein Unausgesprochenes als irgendein *innerer* und *privater* sinnlicher Inhalt – wodurch ein eigenartiger Kantianismus und letztlich derselbe fundamentale Empirismus wiederholt würde.[710] Die Sprache *offenbart* die Antinomie, bildet sie aber nicht. Wie W. Welsch es formuliert, „hat der Blick auf die Sprache aufklärende Funktion: Die Sprache verrät uns, daß wir für die Bezugnahme auf Einzelnes des Allgemeinen bedürfen, daß das

710 Grau 2006: 69. Die Verkennung dieser *Identität* von Sprache und Sinnlichem führt direkt zur Wiederherstellung des Dualismus von Begrifflichem bzw. Sprachlichem und sinnlich Einzelnem und des Empirismus. B. Scheer (1969: 182) behauptet so Folgendes: „Die unqualifizierten Sinneseindrücke sind so wenig geordnet, so gänzlich unbestimmt, daß sie in der Artikulation der Sprache, die ‚dem an sich Allgemeinen angehört' […], gar nicht adäquat wiedergegeben werden können. […] Die sinnliche Gewißheit ist durch diese ihre Sprachlosigkeit noch gar nicht denkend bei ihrem Gegenstand [.]" In eine ähnliche Richtung, jedoch sich nicht auf die Sprache sondern überhaupt auf die Allgemeinheit oder das Begriffliche beziehend, bewegt sich auch Emundts, die durch ihre Lesart der sinnlichen Gewissheit Hegel durchaus verkennt – wenn nicht verzerrt – und läuft letztlich darauf hinaus, zu behaupten, dass letztendlich eine instantane Aufnahme eines einzigen unmittelbaren Eindrucks möglich ist. Mit ihren Worten: „Es besteht in meinen Augen allerdings kein Anlass dafür, anzunehmen, dass die Person für ihren Eindruck, dass etwas existiert, schon auf etwas Allgemeines zurückgreifen musste." (Emundts 2012: 178) Und weiter: „Wenn man unter Wahrnehmung einen unmittelbaren Eindruck versteht, so ist eine nichtbegriffliche Wahrnehmung möglich." (Emundts 2012: 192)

scheinbar Unmittelbare begrifflich vermittelt ist.“[711] Es ist nicht *das* Sinnliche als solches unsagbar. Der Begriff oder die allgemeine Bestimmung entsteht nicht durch die sprachliche Äußerung des Sinnlichen, nicht dadurch, dass es ausgesagt wird. Im Gegensatz dazu, „da das Allgemeine das Wahre der sinnlichen Gewißheit ist und die Sprache nur dieses Wahre ausdrückt, so ist es gar nicht möglich, daß wir ein sinnliches Sein, das wir *meinen*, je sagen können.“[712] Das Sinnliche in der Form, in der die sinnliche Gewissheit es *meint*, ist ein Unwahres, ein Unwesen. Das Wissen, das „zur *Meinung* zurückgefallen“ ist, ist zu einer „subjektiven Wahrheit“ geworden, nämlich zu etwas, „dem die Natur der Sache selbst nicht entspreche“.[713] Die Meinung ist nichts als die bloße Subjektivität, die bloß abstrakte Geschlossenheit, die absolute Privatheit des solipsistischen Subjekts, die keinen Anspruch auf Objektivität und Wahrheit erheben kann: „Was ich nur *meine*, ist *mein*, gehört mir als diesem besonderen Individuum an; wenn aber die Sprache nur Allgemeines ausdrückt, so kann ich nicht sagen, was ich nur *meine*. Und das *Unsagbare*, Gefühl, Empfindung, ist nicht das Vortrefflichste, Wahrste, sondern das Unbedeutendste, Unwahrste.“[714] Das *Meine* ist das bloß *Private*. Das Unausgesprochene betrifft nicht, was *ist*, sondern was wir *meinen*, was die sinnliche Gewissheit *glaubt*: „[W]as das Unaussprechliche genannt wird, [ist] nichts anderes als das Unwahre, Unvernünftige, bloß Gemeinte.“[715] Was wir meinen, *ist nicht*. Und es gibt keine Kategorie des *Gemeinten*, die fundamentale und elementare ist, als die Kategorie des Seins. Was vor oder hinter dem Sein liegt, das ist kein Wissen, keine Philosophie, kein Wahres – das ist *Nichts*. Folglich kann es auch kein *Gemeintes* hinter dem Ausgesprochenen und keine Wahrheit geben, die sich nicht äußern lässt und als *nicht kommunizierbar* verbleibt.

Die Sprache zeigt sich nicht als *ungenügend* bzw. *unzulänglich*, das Sinnliche auszudrücken, sondern im Gegenteil macht sie es bekannt, fördert es zu Tage und in dem Maße, wie die Erfahrung von Anfang an das Vernünftige, das Begriffliche in sich trägt, wird auch unsere ganze Erfahrung sprachlich konstituiert und ist somit wesentlich *kommunizierbar*. In den ersten zwei Phasen der sinnlichen Gewissheit wird ersichtlich, dass das *gemeinte* Einzelne nicht ausgedrückt werden kann; in der dritten Phase wird aber noch besser gezeigt, warum es nur *gemeint* ist und nicht *wahr*. Die ersten zwei Phasen können noch die Hoffnung wecken, dass das *Gemeinte*

711 Welsch 2003a: 26-7.
712 Phän: 85.
713 Logik I: 38
714 Enz I: 74
715 Phän: 92.

immer noch etwas sein kann, obwohl man es nicht auszudrücken vermag. Jegliches Vorurteil über einen privaten Inhalt wird anhand der Vervollkommnung der Kritik des Sinnlichen in der dritten Phase völlig beseitigt – alles wird von der Allgemeinheit durchdrungen, alles ist somit öffentlich, alles ist *mitteilbar* und *kommunizierbar* – es gibt keinen privaten Inhalt und ebenso keine „Privatsprache"[716]. Die sinnliche Gewissheit hebt sich auf, weil sie nicht nicht ausgesprochen werden kann, sie verbleibt also nicht in der Sphäre einer stummen Subjektivität. Die interne logische Prüfung des Sinnlichen zeigt seine Dialektik und führt zu dessen Aufhebung. Alles, was ein Wissen ist, kann auch sprachlich geäußert werden – wenn nicht, dann ist es kein Wissen überhaupt, kein Reales, kein Sein, sondern eine bloße Meinung: „If it is really knowledge", bemerkt Taylor, „then one must be able to say what it is."[717] Auch wenn die Sprache zunächst als ein *Korrektiv* der sinnlichen Gewissheit, wie Graeser es nennt,[718] erscheint, ist eigentlich die dialektische Aufhebung der Sinnlichkeit dasjenige, was die Sprache legitimiert, das Wissen *äußern* zu können und das *Wahre* der sinnlichen Gewissheit darzustellen.

Das äußerst einsame Einzelne der Sinnlichkeit erweist sich als identisch mit der breitesten Offenheit der Welt und aller Realität. Alles ist in der Welt, alles ist in der Sprache.

716 Graeser 1998: 46-7.
717 Taylor 1976: 162; vgl. auch Taylor 1983: 195.
718 Graeser 1998: 46.

Epilog

Hegel und die Dialektik: aktuell geworden oder aktuell werden? Eine moderate Ansicht zur Rolle Hegels in den heutigen philosophischen Debatten im Rahmen der analytischen Philosophie

‚*Hegel ist aktuell.*' Man könnte es am Anfang des 21. Jahrhunderts relativ leicht zugeben. Aber die Aktualität Hegels hat eine weitere Komponente, die auch dieser Arbeit, die sich mit der Kritik Hegels am neuzeitlichen Empirismus befasst, Relevanz verleiht: Hegel ist (und wird) nicht überhaupt, sondern als *Kritiker des Empirismus* aktuell. Während die analytische Philosophie und der Neupositivismus als eine direkte Reaktion gegen den (Neu-)Hegelianismus entstanden sind,[1] zeigt sich die Entwicklung der analytischen Philosophie in einer stetigen Annäherung an Hegel.[2] Die sogenannte ‚kontinentale Philosophie', die besonders mit den Traditionen Kants und Hegels verbunden ist, bildet heutzutage nicht nur einen Opponenten zum analytischen Denken, sondern vielmehr auch einen innerhalb der analytischen Philosophie zu verortenden Gesprächspartner. Die analytische Philosophie hat in der Tat nie Hegel zu einem Dialog eingeladen – sie hat sich vielmehr gezwungen gefunden, sich mit ihm zu unterhalten, indem die innere Kritik und Prüfung ihrer Axiome und Ergebnisse sie immer wieder dazu führte, sich im Rahmen einer Hegelschen Problemstellung und Problemlösung zu bewegen.

Wie W. Welsch in seiner außergewöhnlichen Arbeit zum Thema ‚Hegel und die analytische Philosophie' bemerkt, ist die Hegelsche Denkweise (die Kritik am Gegebenen und an der Unmittelbarkeit oder die Idee des ‚Holismus') schon in den ersten inneren Kritiken des Neupositivismus und der analytischen Philosophie zu finden, wie etwa bei Quine, Wittgen-

1 Welsch 2003a.

2 Redding 2007.

stein usw.[3] Die Selbstprüfung der analytischen Philosophie führte sie zur Entdeckung von begrifflichen Schemata, die stark Hegelianisch waren. Die Kritik am Elementarismus und dem Glauben an eine unmittelbare Gegebenheit des sinnlichen Stoffes, der Gedanke des Holismus usw. tauchten innerhalb der analytischen Philosophie seit Beginn des 20. Jahrhunderts bis heute immer wieder auf, entweder als dringende Fragen oder als unbequeme Antworten. Nicht England, sondern die USA war dabei die Hauptstätte der Wiederkehr Hegels.[4] Hegel wird aber ins Zentrum der heutigen Debatten, vor allem im Feld der angelsächsischen Philosophie des Geistes, durch das epochemachende Werk Sellars *Empiricism and the philosophy of mind* (1956) gerückt. Die in den 80er aber vor allem in den 90er, 00er und 10er Jahren vollzogene Wiederbelebung Hegels und das wachsende Interesse an seinen Gedanken überhaupt in der ganzen Welt ist dieser kleinen Aufsatz-Sammlung Sellars maßgeblich zu verdanken.

Daneben haben auch andere Richtungen, vor allem in der Philosophie der Wissenschaften in Europa und den USA, ein Hegelsch geprägtes Denken in den Vordergrund ihrer Argumentation gerückt. Ein prominenter (für lange Zeit nur in Frankreich bekannter) Pionier einer dialektischen Philosophie der Wissenschaften, die weit entfernt von den empiristischen Annahmen des Neupositivismus ist, war der Franzose Gaston Bachelard,[5] der mit seinem berühmten *Le nouvel esprit scientifique* (1934)[6] oder mit seinen weniger bekannten *La formation de l'esprit scientifique* (1938)[7] und *La philosophie du non: essai d'une philosophie du nouvel esprit scientifique* (1940)[8] der erste auf dem europäischen Kontinent gewesen ist, der im 20. Jahrhundert die Dialektik in das Feld der Philosophie der Wissenschaften eingeführt hat. Bachelard stirbt in demselben Jahr, in dem Kuhn sein *The structure of scientific revolutions* publiziert,[9] so dass keine

3 Welsch 2003a; vgl. auch Graeser (1985: 50), der besonders die Argumentation Hegels in der sinnlichen Gewissheit als eine Vorwegnahme der Argumente betrachtet, die über ein Jahrhundert später innerhalb der analytischen Philosophie entwickelt wurden, wie etwa von Hanson, Toulmin, Kuhn usw.

4 Welsch 2003a: 19.

5 Im Frankreich der 30er Jahre war der Hegelianismus gar keine verrufene Tradition und kein Spottname. Die 30er Jahre sind der Mitte der Periode der Wirkung von berühmten französischen Hegel-Lehrern an der Universität wie Alexandre Kojève, Jean Hyppolite, Alexandre Koyré u.a. zuzuordnen.

6 Bachelard 2006.

7 Bachelard 2004.

8 Bachelard 1980.

9 Kuhn 1976.

unmittelbarer Austausch zwischen beiden möglich gewesen ist. Kuhns Versuch wenige Jahre früher, Bachelard zu treffen und mit ihm ausführlich zu diskutieren, sollte wegen der französischen Eigensinnigkeit Bachelards nicht gelingen: So weigerte sich Bachelard, auf Englisch zu sprechen, Kuhn konnte Französisch nur sehr schlecht – die Diskussion war nur von kurzer Dauer.[10]

Die 60er Jahren stellen für die Philosophie der Wissenschaften einen Wendepunkt dar. Damals erfolgt einer der entscheidendsten Schläge gegen den Neupositivismus und das epistemologische Denken, der einen kühnen Schritt nicht nur über den Empirismus sondern zum Teil auch über den Kantianismus und Apriorismus ausmacht. Thomas Kuhn, Imre Lakatos[11] und Paul Feyerabend[12] sind einige der Hauptfiguren dieser Epoche. Ihr Denken bereitet wesentlich den Horizont des philosophischen Denkens in Bezug auf die Frage der Wissenschaften, und obwohl sich niemand ausdrücklich auf die Dialektik bezieht, konturieren sie begriffliche Schemata, die eine in die Richtung der Dialektik wachsende Problematik aufzeigen. Man weiß kaum, ob und inwiefern Kuhn sich mit Dialektik und der Philosophie Hegels beschäftigt hat. Lakatos und Feyerabend sollen sich jedoch einer gewissen Bekanntschaft mit der Dialektik erfreut haben. Von größerer Relevanz für sie war allerdings eher der Marxismus-Leninismus, von dem beide (und vor allem Lakatos) eine zureichende Kenntnis hatten.[13] Eine Art von Dialektik zwischen *Theorien* und zu beobachtenden *Tatsachen* war schon ein zentrales Thema der Philosophie der Wissenschaften, nachdem N.R. Hanson 1958 seine *Patterns of discovery*[14] in die Öffentlichkeit gegeben hat. Was aber Kuhn, Lakatos und Feyerabend zu der Philosophie der Wissenschaften beigetragen haben, ist das Bild einer mehr geschichtlichen und dynamischen Wissenschaft, die sich als menschliche Tätigkeit überhaupt geltend macht und nicht eine lineare und akkumulative Entwicklung aufweist.[15]

---

10 Kuhn 1997: 168-9.

11 Lakatos 1978.

12 Feyerabend 2010.

13 Lakatos war ein ungarischer Kommunist und Freund mit G. Lukács, bis er nach dem Prager Frühling in den Westen geflohen ist, während Feyerabend (auch ein guter Freund von Lakatos) die Schilderung seiner ‚anarchistischen' Wissenschaftsauffassung häufig mit Zitaten von Lenin und Mao belegt hat.

14 Hanson 1972.

15 Zu einer vergleichenden Diskussion der Kuhnschen Auffassung über die Geschichte der Wissenschaften und der philosophiegeschichtlichen Ansicht Hegels s. auch Lucas 1989.

Aber Hegel und die Dialektik stehen heute, wie schon gesagt, im Mittelpunkt der Debatten innerhalb der analytischen Philosophie, hauptsächlich aufgrund des Werks Sellars und der nachfolgenden Arbeiten von Robert Brandom[16] und John McDowell[17], die seinen Gedanken weiter fortgebildet haben. Sellars nimmt sich über ein Jahrhundert nach dem Tod Hegels vor, ein philosophisches Program zu realisieren, das trotz der Differenz zur philosophischen Sprache des 18. und 19. Jahrhunderts stark an die Hegelsche Kritik am Empirismus erinnert. Die ‚incipient Méditations hégéliennes' Sellars[18] stellen jetzt eine ausdrückliche und nicht nur eine implizite und unbewusste Komponente des philosophischen Denkens dar. Hegel wird bewusst eingeladen, zur Lösung der essentiellen Probleme der analytischen Philosophie beizutragen. Die Parteien der analytischen und kontinentalen Philosophie scheinen nicht mehr „wie Feuer und Wasser" zu sein, wie dies der Fall für fast ein ganzes Jahrhundert war,[19] sondern zumindest in Bezug auf eine Richtung der analytischen Philosophie soll der Dialog verheißungsvoll sein.

Man ist jedoch sehr optimistisch, Sellars oder vielmehr McDowell als ‚Hegelianer' sensu stricto zu bezeichnen. Beide radikalisieren gewiss den Gedanken Kants und versuchen über ihn und alle Überreste des Dualismus hinauszugehen. Ob es ihnen allerdings gelingt, ist eine andere Frage. Im Folgenden sollen sehr kurz einige kritische Punkte gegen Sellars und McDowell angeführt werden, die auch die Zusammenfassung der Grundlinien der vorliegenden Arbeit erleichtern werden.

Sellars beginnt mit einer Bemerkung, die auf Wittgensteins *Traktatus* zurückgeht und ferner entscheidend für das Verstehen des wirklichen, kognitiven Prozesses der Perzeption ist. Das, was man auf *nicht-inferentielle Weise* (wenn es so etwas überhaupt gibt!) erkennt, sind nicht „*particulars*", sondern „*facts*", nicht *Einzelnes*, sondern *Tatsachen* von mehreren Partikularen und ihren Beziehungen (Dinge mit Eigenschaften usw.).[20] Wie M. Westphal sagt: „Unser Wissen von der äußeren Welt fängt nicht in der verdünnten Atmosphäre reiner Sinnlichkeit an, sondern in der konkreten Lebenswelt des alltäglichen Bewußtseins von Dingen und ihren Eigenschaften."[21] Das Wissen – sei es wie man es meint – fängt so in derjenigen Welt an, die Hegel als *gewöhnliches Bewusstsein* bezeichnet, in der Welt

16 Brandom 2001.
17 McDowell 2000.
18 Sellars 1991: 148.
19 Welsch 2003a: 12.
20 Sellars 1991: 128.
21 Westphal 1973: 89; s. die Diskussion im Kapitel III.4.1.

der *Wahrnehmung*. Aber auch wenn Sellars die Tatsache erkennt, dass das Wissen nicht mit factis brutis, sondern mit komplexeren Einträgen beginnt, bestimmt er keinen besonderen kognitiven Prozess, der stillschweigend stattfindet, wenn man durch Analyse von den Komplexen der Wahrnehmung in die *Elemente* der bloßen Sinnlichkeit zurückgeht. Er prüft den Wert des Glaubens an solche Partikularen und vor allem, ob deren unmittelbarer Erwerb den Status des Wissens überhaupt haben könnte, bewegt sich jedoch in eine Richtung, die von der Hegels abweicht.

Sellars gebraucht eine nach der linguistischen Wende formierte Sprache und so eine Dichotomie, die dem Hegelschen Vokabular nicht so einfach gleichzusetzen ist. Der vordergründige Gegensatz für Sellars ist der zwischen *inferentiellem* und *nicht-inferentiellem* Wissen, worunter er den Gegensatz von *unmittelbarem* und *vermitteltem* Wissen versteht, wobei die Frage ist, ob ein nicht-inferentielles, unmittelbares Wissen eines sinnlich *Gegebenen* überhaupt möglich ist. Und gegen alle Versionen der empiristischen Mythen gewendet, will er sich gegen jede Unmittelbarkeit aussprechen. Das einzig mögliche empirische Wissen ist für Sellars ein Wissen von Tatsachen (facts), von gebundenen Einzelheiten, von Partikularen, eingeordnet in den allgemeinen Raum der Inferenzen, der Urteile und der Schlussfolgerungen, so dass kein empiristischer Fundamentalismus für das Wissen haltbar zu sein scheint oder für es überhaupt vonnöten wäre. So heißt es bei Sellars „Empirical knowledge, like its sophisticated extension, science, is rational not because it has a *foundation* but because it is a self-correcting enterprise which can put *any* claim in jeopardy, though not *all* at once."[22]

Die Frage ist allerdings, ob die quasi Kantische Strategie Sellars auch ausreichend ist, nicht nur den empiristischen Fundamentalismus zu beseitigen, sondern auch alle Überreste des Dualismus aufzuheben, der für Hegel, wie gesehen, auch ein Empirismus ist, insofern das Empirische in der Form eines *Inhalts* gegenüber der Form der Allgemeinheit besteht. Heidemann bemerkt, dass für Sellars „das Beobachtungswissen begrifflich strukturiertes Wissen zur Voraussetzung hat"[23] und R. Rorty stellt in seiner Einleitung zu *Empiricism and the philosophy of mind* heraus: „From Hegel's point of view, taking Kant's point that intuitions without concepts are blind is the first step toward abandoning a bad habit which the British empiricist took over from Descartes – the habit of asking whether mind

22 Sellars 1991: 170.

23 Heidemann 2002b: 366.

ever succeeds in making unmediated contact with world".[24] Dass das bewusste, empirische Wissen ein unzertrennbares, originäres *Syntheton* von Anschauungen und Begriffen ausmacht, ist sicherlich ein Schritt in die Richtung einer genuinen Lösung des Problems, aber sicherlich nicht die Lösung selbst.

Heidemann meint, dass „Hegel und Sellars in ihren Kritiken […] mit ähnlichen Argumenten operieren".[25] Aber auch wenn die ‚Argumente' beider Philosophen nicht so ähnlich sind, sind sicherlich ihr Zweck und ihre allgemeine kritische Richtung dieselben. Indem man nun einen Satz der Form ‚Dies ist grün' formulieren kann (ein sprachlich legitimer Ausdruck eines angeblich nicht-inferentiellen Wissens), hat er schon ein begriffliches Schema vorausgesetzt, etwas der Form *‚X ist ein glaubwürdiges Symptom von Y'*: „Thus, all that the view I am defending requires is that no tokening by S *now* of ‚This is green' is to count as ‚expressing observational knowledge' unless it is also correct to say of S that he *now* knows the appropriate fact of the form *X is a reliable symptom of Y*"[26]; das Einzelne ist von Anfang an Teil einer „begrifflichen Tiefenstruktur"[27] und insofern ist es begrifflich geordnet, oder wie Sellars sagt, es ist in den *logischen Raum der Gründe* eingebettet: „The essential point is that in characterizing an episode or a state as that of *knowing*, we are not giving an empirical description of that episode or state; we are placing it in the logical space of reasons, of justifying and being able to justify what one says."[28] Das *Gegebene*, oder was uns *als* Gegeben *im Bewusstsein* erscheint, setzt so ein ganzes, begriffliches Wissen voraus und vielmehr kann nur dasjenige sein, was selbst schon *begrifflich strukturiert*, nämlich in den logischen Raum der Begründung eingebettet ist.

Ist aber eine solche Kritik, die auch von McDowell übernommen wird, wirklich zureichend, um den mit der Form des Dualismus operierenden Empirismus zu beseitigen und wie nah ist diese Argumentation derjenigen Hegels? Sellars ist auf dem Weg zu Hegel, erreicht ihn aber nicht wirklich.

24 Rorty 1997: 9; de Vries (2008) versucht in einem Aufsatz das Verhältnis zwischen Hegels sinnlicher Gewissheit und Sellars Argumenten in *Science and Metaphysics* als parallel zu behandeln, wodurch zum Vorschein kommt, dass sich Sellars Versuch noch wesentlich auf Kantischem Boden befindet, so dass das Entscheidende mehr die unerlässliche Präsenz des Konzeptionellen in der Sphäre der sinnlichen Erfahrung als die innigste *Identität* beider ist, so dass sie als nur Seiten oder Momente des Begriffs anerkannt zu werden.

25 Heidemann 2002b: 363.

26 Sellars 1991: 169.

27 Heidemann 2002b: 367.

28 Sellars 1991: 169.

McDowell will vielleicht mehr als Sellars, kehrt er aber in Wirklichkeit noch einige Schritte zu Kant zurück.

Die Syllogismen McDowells kulminieren in der Feststellung einer unerlässlichen Zusammenarbeit der Erkenntnisfähigkeiten, einer „conceptual mediation all the way down“, wie McDowell es ausdrückt.[29] Hegel fordert allerdings vielmehr als eine notwendige Kollaboration der menschlichen Kapazitäten. McDowell fußt stets auf Kantischem Boden, setzt einen absoluten Unterschied von Subjekt und Objekt voraus und spricht vordergründig von *capacities* und *actualization of capacities*.[30] Die Sache erscheint für Hegel gewiss nicht so *dualistisch*. Und es ist sicherlich eine andere Sache, das Begriffliche als in der Natur des Sinnlichen selbst befindlich zu zeigen als die unerlässliche Präsenz des Begrifflichen in der sinnlichen Erfahrung zu beweisen, in dem bewussten, sinnlichen Wissen als bloßer *Komponente*. Sellars fürchtet sich vor der ‚Hegelschen Schlange‘[31], die er wahrscheinlich als eine Art Kohärentismus begreift, und geht den Weg der Dialektik des Sinnlichen nicht bis zum Ende. McDowell lässt sich in den Kantischen Gegensatz von *Rezeptivität* und *Spontaneität* verwickeln, ohne dass es ihm hierbei gelingt, das Sinnliche überzeugend als *gründlich* konzeptualisiert zu zeigen. ‚Experience as conceptualized‘ bedeutet bei McDowell allein die Zusammenarbeit zweier *Instanzen*, zweier *Kapazitäten*,[32] aber der Nexus von Sinnlichkeit und Verstand bleibt so bei ihm immer extern, das Eine kann nicht wahrhaft das Andere durchdringen, beide können nicht als ursprünglich *identisch* erwiesen werden. Was McDowell unter „an element within the free self-development of reason“ eigentlich versteht, ist sehr fraglich. Und den Kantischen Slogan von den blinden Anschauungen und den leeren Begriffen zu wiederholen,[33] trägt eigentlich nicht so viel zur Überwindung eben dieses Dualismus bei.

Wie ist es denn bei Hegel?

Zwei Programme laufen parallel und mehr oder weniger explizit in der *Phänomenologie des Geistes* und vor allem in der sinnlichen Gewissheit. Hegel versucht dabei: 1. die Dialektik des Einzelnen zu zeigen, und 2. die Subjektivität der Allgemeinheit zu bestreiten. Insofern seine Prüfung gelungen ist, ist auch bewiesen worden, 1. dass das Einzelne ‚Allgemeines an sich‘ ist, und 2. dass die Sinnlichkeit ‚Verstand an sich‘ ist. Die Strategie Hegels besteht allein darin, zu zeigen, dass und wie die Einzelheit in die

---

29 McDowell 2003: 77.
30 McDowell 2003: 77.
31 Sellars 1991: 170.
32 Szalek 2007: 88.
33 McDowell 2000: 3-4.

Allgemeinheit übergeht, so dass das Allgemeine, das Begriffliche überhaupt, ihr immanent ist. Insofern ist die Allgemeinheit der Einzelheit (nämlich der Sinnlichkeit) nicht *äußerlich* und noch weniger *subjektiv*. Der junge Hegel wollte das Absolute als identisches Subjekt-Objekt zeigen und um dies leisten zu können, hatte er sowohl das Subjekt als auch das Objekt als Subjekt-Objekt konstruiert, ein jedes sollte *an ihm selbst* die Identität mit seinem anderen haben – jede andere Strategie bliebe beim Dualismus und einer nur *externen* Synthese beider stehen. Um den Dualismus von Einzelheit und Allgemeinheit (worunter zwar das erste das Objektive, das zweite das Subjektive darstellt) zu überwinden, müsste man sowohl das Einzelne als auch das Allgemeine als identisches *Einzelnes-Allgemeines* erweisen. Für die Zwecke der phänomenologischen sinnlichen Gewissheit reicht es, wenn man zumindest zeigt, dass das ‚Einzelne Allgemeines an sich ist'. Allein diese Strategie kann alle Dualismen überwinden. Es ist wichtig, dabei zu beachten, dass Hegel gar nicht von *Kapazitäten* bzw. *Fähigkeiten* spricht. Auch als er sich in der *Enzyklopädie* kritisch gegen die empiristischen Psychologien des Subjekts und seiner ‚Fähigkeiten' wendet, nimmt er das Thema als irgendwie schon im Rahmen des phänomenologischen Bewusstseins erledigt an, obwohl er in der ‚Phänomenologie' überhaupt nicht von den Kapazitäten gesprochen hat.[34] Jedenfalls, der kritische Punkt Hegels ist folgender: Wenn ich die Sinnlichkeit vom Verstand abtrenne und sie als selbständige Quelle eines *Inhalts* setze, dann lässt sich die gesetzte *Heterogenität* von Sinnlichkeit und Verstand nicht mehr beseitigen, wodurch ferner keine *wahrhafte Synthese* beider möglich ist. Sei es so idealistisch, wie man will, gemeint, die Entgegensetzung der Kapazitäten, die Entgegensetzung von Sinnlichkeit und Verstand, von Rezeptivität und Spontaneität wiederholt nur denselben Dualismus und lässt den Empirismus des Objektiven, des Sinnlichen, des Inhaltlichen unangetastet. Für Hegel sind dagegen Sinnlichkeit und Verstand nichts mehr, als Teilaspekte der Subjektivität, Seiten des erkennenden Subjekts, abstrahiert von seiner Totalität, von der Totalität der Vernunft, und als selbständige gesetzt: eine abstrakte Sinnlichkeit und ein abstrakter Verstand, eine abstrakte Einzelheit und eine abstrakte Allgemeinheit. Beide sind so dazu verurteilt, in der Dialektik ihrer Abstraktion vernichtet zu werden.

34 Es wäre interessant die Anmerkung zu machen, das z.B. die in der gegenwärtigen Philosophie so beliebten Termini ‚Rezeptivität' und ‚Spontaneität' bei Hegel kaum vorkommen. Vom *Skeptizismus-Aufsatz* bis zur Berliner *Enzyklopädie* sind beide nicht mehr als insgesamt fünf Mal zu finden und entweder dort, wo es ausdrücklich um Kant geht, oder in irrelevantem Kontext (etwa beim ‚Organismus' im zweiten Buch der *Enzyklopädie* oder beim ‚Lebensprozess' in der *Logik*).

Für Hegel genügt es nicht, zu zeigen, dass jedes sinnliche Wissen allein die Form eines propositionellen Wissens hat oder durch Begriffe expliziert wird. Es mögen die Ausdrücke Sellars wie ‚Dies ist grün', ‚Dies ist rot' usw. an Hegels sinnliche Gewissheit erinnern, seine Argumentation unterscheidet sich jedoch wesentlich von derjenigen Hegels.[35] Hegel erweist vielmehr denjenigen Mechanismus, der das vermutlich Einzelne in die Allgemeinheit überführt.

Um alles zusammenzufassen:

1. Hegel versteht das Wissen als eine Totalität der Subjektivität und der Objektivität. Der Gegenstand wird nicht als *Inhalt* in die *Form* der Subjektivität transponiert. Das *Einzelne* wird nicht in die Form der *Allgemeinheit* überführt. Das Einzelne ist eine Abstraktion von der Totalität des Realen, ein abstrakt Einzelnes, eine negative Beziehung auf sich mit Ausschließung alles anderen, das absolute Sich-auf-sich-Beziehen und somit mit der abstrakten Allgemeinheit identisch. Diese Strategie Hegels erlaubt ihm mit einem Schlag beide Probleme zu beseitigen, nämlich sowohl die Allgemeinheit als dem Einzelnen *immanent* zu zeigen als auch die Subjektivität (insofern sie vornehmlich die Seite des Begriffs, des Verstandes, der Bildung der Allgemeinheit darstellt) als dem Objekt innewohnende zu setzen.

2. Hegel gibt sich nicht damit zufrieden, zu zeigen, dass Begriffe und Urteile (etwa noch der Form ‚Dieses ist ein Baum'), d.h. eine propositionale Struktur immer in Gang gesetzt wird, wenn man sich auf einen sinnlichen Inhalt beziehen will. Das begriffliche, sprachliche und propositionale Element würde als *gegeben* angenommen, wenn man es auf diese Weise einführen würde. Hegel behauptet nicht bloß, dass eine *Inkongruenz* zwischen Sinnlichem und Sprache (d.i. Allgemeinheit) besteht, sondern geht vielmehr auf diese Inkongruenz ein, um konkret zu erweisen, wie die Allgemeinheit, die den innigsten Charakter der Wörter und der Sprache ausmacht, aus dem dialektischen Gang des Sinnlichen selbst hervorgeht und somit *identisch* mit seiner *Einzelheit* ist – oder dass das Einzelne *Allgemeines an sich* ist. Sellars sagt, dass, um ein sinnlich Einzelnes als ein *Wissen* darstellen zu können, wir es ‚in den logischen Raum der Gründe' einordnen müssen – ohne diesen Bezug kann das Sinnliche keinen Bestand *im* Bewusstsein haben. Hegel zufolge inhäriert dem Sinnlichen, Einzelnen bereits seine Logik. Der ‚logische Raum der Gründe' wird durch seine eigene dialektische Bewegung erzeugt, er stellt also kein bereits gegebenes Strukturmoment des erkennenden Subjekts dar, das auf einen Inhalt angewendet werden soll. Das *Gegebene* als ein *Seiendes* hat an ihm selbst

35 Im Gegensatz zu Heidemann 2002b: 366.

die ganze Dialektik des Seins, es braucht keine ‚*Logik*', die es ihre Formen annehmen lässt, es bildet von sich selbst seine Begrifflichkeit und das erkennende Subjekt *erfasst* allein durch seine ‚Kapazitäten' das Einzelne im All des Realen, und zwar indem es *vernünftigerweise* den Gegensatz von Einzelheit und Allgemeinheit auf den *Standpunkt des Begriffs* erhebt. Die Bildung der begrifflichen Kapazitäten stellt die *formale* (aber nur die formale!) Voraussetzung für die Möglichkeit des sinnlichen Wissens als solchen dar. Die Allgemeinheit, das Wesen des Begriffs überhaupt, kommt weder vom Subjekt selbst noch steht es im Gegensatz zum Objekt, das dann allein den Charakter eines *Inhalts* hätte. Das Herzstück der *Phänomenologie* bildet die „Bewegung der reinen Wesenheiten"[36], die eine Selbstbewegung ist, denn die Vernunft, d.h. die ‚Logik', ist „die Seele der Welt"[37]. Das Sinnliche in der Form der Einzelheit hat schon an ihm selbst die Dialektik des Begriffs, nur dass allein die Vernunft dieses Sinnliche als eine umfassende Bewegung, als *Vernünftiges*, umfassen kann: „[W]enn für das Sinnliche die Bestimmungen *der Einzelheit und des Außereinander* angegeben worden, so kann noch hinzugefügt werden, daß auch diese selbst wieder Gedanken und Allgemeine sind; in der Logik wird es sich zeigen, daß der Gedanke und das Allgemeine eben dies ist, daß er er selbst und sein Anderes ist, über dies übergreift und daß nichts ihm entflieht."[38]

3. Hegel versteht den fundamentalistischen Reduktionsgang zu den einfachen, einzelnen Elementen des Wissens als eine Abstraktion und Auflösung des Konkreten (der ‚Zwiebel'). Die sinnliche Gewissheit stellt nun den umgekehrten Weg dar, der vom Einfachen zum Konkreten geht, aber durch die eigene Dialektik des Einfachen, das abstrakt, also endlich ist. Hegel kritisiert stark die Methode der *Analyse* und hebt durch seine Kritik den Mythos der *Neutralität* der Analyse, der Möglichkeit der Analyse als bloße *Separation* auf. Er zeigt sie als einen wirklichen, erkennenden Prozess, der seinen Gegenstand *transformiert*. Wenn die Analyse ein wirkliches *Werkzeug* des Wissens ist, dann soll sie bestimmte Konsequenzen für den zu wissenden Gegenstand selbst haben. Das Ideal des Empirismus, dass er durch Analyse die Dinge lässt, wie sie sind, hat sich als unhaltbar erwiesen. Die Analyse zerstört das Konkrete und löst es notwendigerweise in abstrakte Bestimmungen auf. Hegel hat schon in der Einleitung der *Phänomenologie* darauf insistiert, dass das Erkennen gar nicht als ein neutrales Werkzeug angenommen werden darf, denn, wie er hervorhebt, „ist das Erkennen das Werkzeug […], so fällt sogleich auf, daß die Anwendung

36 Phän: 37.
37 Enz I: 82 Z.
38 Enz I: 74.

eines Werkzeugs auf eine Sache sie vielmehr nicht läßt, wie sie für sich ist, sondern eine Formierung und Veränderung mit ihr vornimmt".[39] Aber umgekehrt, damit ein Werkzeug auf einen Gegenstand wirken kann, muss es mit dem Gegenstand über eine gemeinsame Grundlage, über eine gemeinsame *Logizität* verfügen. Und was das Werkzeug dem Gegenstand antut, muss bereits der Logik des Gegenstandes angehören, ihm *logisch immanent* sein. Die Vereinzelung und Abstraktion des Konkreten ist so gar keine nur künstliche, subjektive Veränderung des Gegenstandes, sondern die Einzelheit ist die Erscheinungsform des Sinnlichen selbst und die Art und Weise seines Zusammenfallens mit der zunächst abstrakten Allgemeinheit des Begriffs. Durch seine eigene dialektische Bewegung erreicht das Abstrakte wieder das Konkrete und schreitet in Richtung des Absoluten voran.

4. Was impliziert in der sinnlichen Gewissheit der *Phänomenologie* bleibt, das ist die Tatsache, dass das, was die abstrakte Einzelheit betrifft, ebenso die abstrakte Allgemeinheit angeht. Die Allgemeinheit, von ihrem Verhältnis zur Einzelheit abgesondert, erweist sich als ebenso dialektisch und das Allgemeine geht unmittelbar in das Einzelne über. Die Dialektik der Allgemeinheit betrachtet Hegel jedoch, wie gesehen, erst in der *Logik* und der *Enzyklopädie*, als Moment des Begriffs. Die vollständige Antwort umfasst also eigentlich, a. dass die Allgemeinheit in dem Objekt selbst, in dem Sinnlichen zu finden ist, indem die abstrakte Einzelheit in die abstrakte Allgemeinheit unmittelbar übergeht, und b. dass die Einzelheit ebenso für das Subjekt nicht von draußen kommt, sondern eine Kategorie desselben, ein Moment des Begriffs ausmacht, im Gegensatz zu welchem die (zunächst) abstrakte Allgemeinheit sich zur konkreten bildet.

5. Die Perzeption ist somit *aktiv*, formierend oder denkend, aber nicht so, dass sie dem Objekt etwas zuschreiben würde, dass seiner logischen Natur fremd wäre oder nicht in der Reflexion aufgehoben werden könnte. Wie Sellars sehr Hegelesch bemerkt, obwohl der Empirist „in the very act of *taking*" ist, „he speaks of the *given*".[40] Die *Aktivität* des Subjekts, gesetzt noch in der Form des passiven Aufnehmens, ist eine Bearbeitung des Gegenstandes nach seiner eigenen Natur. Aber der Unterschied der Konzeption Hegels von der heutigen Kritik am Empirismus (wie etwa der von Sellars, McDowell usw.) besteht allein darin, dass es für ihn nicht befriedigend sein kann, lediglich zu zeigen, dass jedes gegebene sinnliche Datum, das einzeln ist, zugleich *von dem* Bewusstsein, von der ‚Aktivität' eines Subjekts formiert ist. Auch wenn man leugnen würde (wie schon Kant),

39 Phän: 68.
40 Sellars 1991: 195.

dass das sinnlich Einzelne *als solches* vor dem Bewusstsein, ohne jeglichen Akt des kategorial gerüsteten, vorstellenden Subjekts, überhaupt möglich wäre, bliebe dabei noch die ontologische Präsupposition, dass das Einzelne als solches *an sich* Bestand haben kann (etwa eine ‚Mannigfaltigkeit der Anschauung'), unabhängig davon, dass wir es immer in Form von gebildeten Ganzheiten und vermittels von Begriffen im Bewusstsein haben. Ein solches *Ansich* ist aber für Hegel nichts als eine vom Subjekt vorgenommene Abstraktion und so mit dem *Für-uns* zusammenfallend – *an ihm* verfügt so das Einzelne sowohl über die Allgemeinheit (insofern sie abstrakt ist) wie auch über die Subjektivität (die Logik des Subjekts).

Durch seine mehr oder weniger explizite Auseinandersetzung mit dem Empirismus befasst sich Hegel kritisch mit mehreren essentiellen Problemen des empiristischen Denkens der Neuzeit. Der Mythos des Empirismus ist auf dem Grund einiger zentraler Begriffe aufgebaut, die stichwortartig folgendermaßen angegeben werden könnten: Unmittelbarkeit, Gegebenheit, Einzelheit bzw. Einfachheit, Positivität, Passivität, Analyse, Privatheit (privater Gegenstad – private Sprache). Gegen alle Grundannahmen des Empirismus richtet sich Hegels Kritik sowohl dort, wo er sich ausdrücklich auf ihn bezieht, als auch dort, wie vor allem in der *Phänomenologie*, wo er die geschichtliche Gestalt des Empirismus tief in die systematische Architektur und Terminologie eingegraben hat.

Hegel ist bis heute ein entscheidender Kritiker des Empirismus aller Schattierungen. Dabei haben diese Spielarten Hegel seit über einem ganzen Jahrhundert in den Schatten gestellt. Die begeisterten Versuche der letzten Jahrzehnte innerhalb oder mindestens an Grenzpfählen der analytischen Philosophie, einen Dialog zwischen zwei feindseligen Traditionen zu eröffnen, damit sie selbst bessere Antworten auf ihre existenziellen Fragen finden, haben Hegel wieder aus dem Schatten des Neupositivismus in das Zentrum des aktuellen philosophischen Lebens gerückt. Hegel ist aktuell – das wurde bereits gesagt. Aber Hegel aus zwei bestimmten Gründen für aktuell gehalten werden: 1. Sein Name (auch wenn es häufig allein um seinen bloßen Namen geht) ist in zahlreichen Texten der analytischen Tradition zu lesen und viele Analytiker würden heutzutage mit einer nicht so abwertenden Haltung mit einem Hegelianer diskutieren. 2. Hegel kann, egal, ob man (und zwar ein Analytiker) die Bekanntschaft mit ihm gemacht hat und seine Argumente je in Betracht gezogen hat, zu den heutigen Problemen und den entsprechenden Debatten *inhaltlich* beitragen. Das ist schon etwas, doch würde man zu Recht ziemlich bezweifeln, ob das ausreichend ist und ob Hegel *tatsächlich aktuell geworden* ist.

Im Mittelpunkt der ganzen Diskussion um die Hegelsche Philosophie steht natürlich das Anfangskapitel der *Phänomenologie des Geistes*, die sinnliche Gewissheit, in der Hegel eine explizite Auseinandersetzung mit den Grundlagen der empiristischen Axiomen leistet – nämlich nach der Beschaffenheit und der Fundierungsmöglichkeit des Sinnlichen fragt. Auch wenn Hegel viel weniger die familiären Probleme der analytischen Philosophie diskutiert als angenommen, wollen mehrere Hegel-Experten die innerhalb der Sellarsianischen Richtung sich entwickelnde Debatte als eine stark Hegelesch geprägte Debatte ansehen. Der Optimismus der Kommentare übersteigt häufig die Realität. Heidemann bemerkt, dass „Hegel und Sellars in ihren Kritiken […] mit ähnlichen Argumenten" gegen das Sinnliche operieren.[41] De Vries sieht die „opening arguments" der ‚Sinnlichen Gewissheit' als „an importand supplement to the analysis of perceptual knowledge provided by Wilfrid Sellars".[42]

Zu Recht wird in Bezug auf die sinnliche Gewissheit behauptet, dass sie eine „Vorwegwiderlegung der Position des logischen Empirismus" darstellt und Einwände wie diejenigen Poppers in den 30er Jahren antizipiert.[43] Wie Solomon bemerkt, die sinnliche Gewissheit steht im Hintergrund aller Kritik an dem Neupositivismus des 20. Jahrhunderts und scheint ernstlich als ihre Gesprächspartner Russel und andere Vertreter des logischen Atomismus zu haben.[44] Aber trotz der anscheinend Hegelianischen Wende der Philosophie im angelsächsischen Raum ist die Argumentation Hegels nie ernsthaft ins Spiel gekommen. Auch der Versuch Sellars besteht eher darin, zu einer Diskussion Kantischer Themen mit Kantischen Termini zu gelangen. Kant lässt sich bis heute immer wieder beleben. Moderne Themen der Philosophie werden mit der Kantischen Problemstellung kombiniert und dadurch versucht man, dringende Antworten zu erwerben. Dies ist aber nicht der Fall in Bezug auf Hegel. Hegel ist *aktuell geworden*, weil die analytische Philosophie angefangen hat, die Lösung ihrer uralten Probleme in ihrer philosophischen Vorgeschichte, und dabei nicht voreingenommen gegenüber dieser zu suchen. Und zu dieser Geschichte gehört notwendig auch Hegel. Die analytische Philosophie diskutiert aber eigentlich nicht mit Hegel. Sie diskutiert eher mit Kant und nur mit einem sehr Kantisch entstellten Hegel. Die Kantischen Kategorien und alle Kantischen Dualitäten sind durch die heutigen Hegel-begeisterten Analytiker nicht überwunden. Sie bleiben stets die bevorzugten begrifflichen Mittel zur Lösung der gegenwärtigen philosophischen Probleme. Über sie hinaus will es bisher nicht gehen.

41 Heidemann 2002b: 363.
42 de Vries 2008: 63.
43 Graeser 1985: 50.
44 Solomon 1983: 319 ff.

Hegel befindet sich eigentlich heute am Horizont der analytischen Philosophie, aber nicht im Mittelpunkt ihrer Debatten. Hegel kann wohl eine Antwort auf viele Fragen der Philosophie und Philosophie der Wissenschaften des 21. Jahrhunderts geben, dazu ist es aber notwendig, dass die Philosophen nach und nach eine inter-philosophische Sprache zwischen analytischer und Hegelscher Kultur entwickeln. Ein Schritt über Kant hinaus kann nicht mit Kant selbst (und allein mit ihm!) gemacht werden. Die Philosophie hat schon viel über ‚intuition' und ‚understanding' oder über ‚receptivity' und ‚spontaneity' diskutiert. Es ist Zeit, dass sie durch einen gründlichen Dialog zwischen analytischer Tradition und Hegelscher Philosophie einen neuen und raffinierteren Wortschatz entwickelt, der zu einer genuinen Synthese beider Bereiche führen wird. Wenn wir mit Hegel organisch diskutieren wollen, wenn wir nämlich Antworten auf die ‚analytischen' Probleme mit Hilfe der Dialektik konstruieren wollen, dann müssen wir versuchen, festzustellen, was wir mit den Worten Hegels äußern können. Und durch ein solches Unternehmen wird es nach und nach möglich, eine neue Komposition von Begriffen, eine gegenwärtige Dialektik zu entwickeln.

Die Keime einer Überwindung jeder Form des Empirismus, und zwar in die Richtung einer dialektischen Vorstellung der Welt, des Wissens und der Wissenschaften, sind schon bei vielen brillanten Denkern der gegenwärtigen Philosophie und Philosophie der Wissenschaften zu finden: in Gaston Bachelards *Le nouvel esprit scientifique* in Wittgensteins späteren Werken, in Kuhns *Structure* oder in Sellars *Empiricism*. Die Hegelsche Kritik an Empirismus und Reflexion bietet eine immer noch machtvolle Rüstkammer, die die Philosophie noch nicht nutzbar gemacht hat. Die analytische Philosophie wird nicht und soll nicht verworfen werden. Sie muss allein *philosophisch* aufgehoben werden. Die Antworten müssen aus ihren eigenen Problemen hervortreten und die Dialektik kann dazu allein als Geburtsmittel beitragen: sie kann denjenigen begrifflichen Rahmen anbieten, in dem die bisherige neupositivistische und analytische philosophische Forschung als Moment eines umfassenderen Verständnisses der epistemologischen Probleme herabgesetzt und zugleich als unerlässlich anerkannt würde.

Die Hegelsche Dialektik stellt de facto den heutigen Horizont der westlichen Philosophie dar und alle Mittel für deren vielversprechenden und anspruchsvollen Sprung sind schon vorhanden. Ein langer Weg ist jedoch noch zu beschreiten, bis die Philosophie es schafft, aufgrund einer aus dem Standpunkt der Dialektik hervorgehenden, kritischen Revision des empiristischen analytischen Denkens einen originären Austausch zwischen analytischer Tradition und Hegelscher Dialektik zu verwirklichen. Die Studie der Dialektik ist die einzige Chance der analytischen Philosophie, sich weiter bilden zu lassen, sich zu entwickeln und in einer neuen Form, nachdem sie allen fatalen Empirismus ihrer Vergangenheit aufgehoben hat, zu überleben. Dieser Prozess ist nicht einer, der zu erwarten wäre, sondern ein Prozess, der in zahlreichen Debatten auf der ganzen Welt schon stattfindet – sei es auch noch in einer sehr zurückhaltenden Form. Wenn also Hegel noch nicht wirklich aktuell geworden ist, ist es eben Aufgabe dieses Verfahrens, seinen Gedanken die gegenwärtige Philosophie erfüllen zu lassen und die Dialektik *aktuell zu machen*.

Literatur

Adorno, T., „Erfahrungsgehalt“, in: T. Adorno, *Zur Metakritik der Erkenntnistheorie. Drei Studien zu Hegel*, Frankfurt am Main: Suhrkamp, 2003: 295-325.

Aristoteles, *Metaphysik*, übers. und hrsg. von F. F. Schwarz, Stuttgart: Reclam, 2000.

Asmuth, C., „Der Empirismus und die kritische Philosophie Kants. Zur zweiten ‚Stellung des Gedankens zur Objektivität‘ im enzyklopädischen ‚Vorbegriff‘ der spekulativen Logik“, in: A. Denker, A. Sell & H. Zaborowski (Hrsg.), *G.W.F. Hegel. Der „Vorbegriff“ zur Wissenschaft der Logik in der Enzyklopädie von 1830*, Freiburg & München: Alber, 2010: 144-165.

Ayers, M., *Locke. Epistemology and ontology*, Vol. I: *Epistemology*, London & New York: Routledge, 1991.

Bachelard, G., *Die Philosophie des Nein*, Frankfurt am Main: Suhrkamp, 1980.

Bachelard, G., *La formation de l'esprit scientifique*, Paris: Vrin, 2004.

Bachelard, G., *Le nouvel esprit scientifique*, Paris: PUF, 2006.

Bacon, F., „Aphorismen über die Interpretation der Natur und das Reich des Menschen“, in: G. Gawlik, (Hrsg.), *Geschichte der Philosophie in Text und Darstellung*, Bd. 4: *Empirismus*, Stuttgart: Reclam, 2005: 23-49.

Bardili, C.G., *Über die Gesetze der Ideenassoziation*, Tübingen: Jacob Friedrich Heerbrand, 1796.

Behler, E., „Die Geschichte des Bewusstseins. Zur Vorgeschichte eines Hegelschen Themas“, in: *Hegel-Studien* 7, 1972: 167-216.

Bennett, J., „Empiricism about meanings“, in: P. Millican (Hrsg.), *Reading Hume on Human Understanding*, Oxford: Clarendon, 2002: 97-106.

Bensch, H.-G., *Perspektiven des Bewusstseins. Hegels Anfang der* Phänomenologie des Geistes, Würzburg: Königshausen & Neumann, 2005.

Berkeley, G., *Alciphron oder der kleine Philosoph*, Hamburg: Meiner, 1996.

Berkeley, G., *Drei Dialoge zwischen Hylas und Philonous*, Hamburg: Meiner, 2005.

Berkeley, G., *Eine Abhandlung über die Prinzipien der menschlichen Erkenntnis*, Stuttgart: Reclam, 2005.

Berry, C. J., *Hume, Hegel and human nature*, The Hague: Nijhof, 1982.

Beuthan, R., Das Problem der Geschichte in der Hegelschen Kritik, in: K. Vieweg (Hrsg.), *Gegen das ‚unphilosophische Unwesen‘ Das* Kritische Journal der Philosophie *von Schelling und Hegel*, (*Kritisches Jahrbuch der Philosophie* 7, 2002): 55-67.

Beuthan, R., „Formen der Geschichte – Geschichte der Formen: Zum Geschichtsdenken des Jenaer Hegel“, in: R. Beuthan (Hrsg.), *Geschichtlichkeit der Vernunft beim Jenaer Hegel*, Heidelberg: Universitätsverlag Winter, 2006: 93-120.

Bodammer, T., *Hegels Deutung der Sprache*, Hamburg: Meiner, 1969.

Bondeli, M., „Zur Kant-Kritik Hegels im *Kritischen Journal*“, in: K. Vieweg, (Hrsg.), *Gegen das ‚unphilosophische Unwesen‘. Das* Kritische Journal der Philosophie *von Schelling und Hegel*, (*Kritisches Jahrbuch der Philosophie* 7, 2002): 99-115.

Bonsiepen, W., „Der Begriff der Negativität in den Jenaer Schriften Hegels", in: *Hegel-Studien*, Beiheft 16, 1977: 142-153.

Bowman, B., „Die Schreibfeder-Kontroverse. Zu Hegels Auseinandersetzung mit W. T. Krug im *Kritischen Journal der Philosophie* und ihrem Hintergrund bei Schelling, in: K. Vieweg, (Hrsg.), *Gegen das ‚unphilosophische Unwesen'. Das* Kritische Journal der Philosophie *von Schelling und Hegel*, (*Kritisches Jahrbuch der Philosophie* 7, 2002): 131-146.

Bowman, B., „Glauben und Wissen. W. T. Krug im Übergang vom Representationalismus zum ‚direkten' Wahrnehmungsrealismus, in: K. Vieweg, & B. Bowman (Hrsg.), *Wissen und Begründung. Die Skeptizismus-Debatte um 1800 im Kontext neuzeitlicher Wissenskonzeptionen*, (*Kritisches Jahrbuch der Philosophie* 8, 2003 (a)): 141-153.

Bowman, B., *Sinnliche Gewissheit. Zur systematischen Vorgeschichte eines Problems des deutschen Idealismus*, Berlin: Akademie Verlag, 2003 (b).

Bowman, B., „Ist Hegels frühe Logik eine ‚Geschichte des Selbstbewusstseins'?", in: R. Beuthan (Hrsg.), *Geschichtlichkeit der Vernunft beim Jenaer Hegel*, Heidelberg: Universitätsverlag Winter, 2006: 81-92.

Brandom, R., *Begründen und Begreifen*, Frankfurt am Main: Suhrkamp, 2001.

R. Brandt & H. Klemme (Hrsg.), *David Hume in Deutschland*, Marburg: Universitätsbibliothek Marburg, 1989.

Brauer, D., „Die Historizität der Philosophie und die Logik ihrer Geschichte", in: *Hegel-Jahrbuch* 1997: 61-65.

Brockmeier, J., „Am philosophischen Rand der Sprache. Die Natur der sinnlichen Gewissheit in Hegels *Phänomenologie des Geistes*", in: *Hegel-Jahrbuch* 1990: 157-170.

Burnyeat, M. F., „The skeptic in his place and time", in: R. Rorty, J. B. Schneewind & Q. Skinner (Hrsg.), *Philosophy in History*, Cambridge: Cambridge University Press, 1984: 225-254.

Chappell, V., „Locke's theory of ideas", in: V. Chappell (Hrsg.), *The Cambridge companion to Locke*, Cambridge: Cambridge University Press, 1994: 26-55.

Claesges, U., *Darstellung des erscheinenden Wissens*, in: *Hegel-Studien*, Beiheft 21, 1981.

Claesges, U., „Zum Problem der enzyklopädischen Phänomenologie", in: L. Eley (Hrsg.), *Hegels Theorie des subjektiven Geistes in der „Enzyklopädie der philosophischen Wissenschaften im Grundriss"*, Stuttgart-Bad Cannstatt, Frommann-Holzboog, 1990: 185-202.

Claesges, U., „Das Doppelgesicht des Skeptizismus in Hegels *Phänomenologie des Geistes*", in: H. F. Fulda & R.-P. Horstmann (Hrsg.), *Skeptizismus und spekulatives Denken in der Philosophie Hegels*, Stuttgart: Klett-Cotta, 1996: 117-134.

Cleve, J.v., „Reid's Theory of Perception", in: T. Cuneo & R. v. Wondenberg (Hrsg.), *The Cambridge companion to Thomas Reid*, Cambridge: Cambridge University Press, 2004: 101-133.

Condillac, E. B. de, *Essai über den Ursprung der menschlichen Erkenntnisse*, Leipzig: Reclam, 1977.

Csikós, E., „Begründung und Skepsis – Zu Hegels Skeptizismus-Aufsatz", in: K. Vieweg (Hrsg.), *Gegen das ‚unphilosophische Unwesen' Das* Kritische Journal der Philosophie *von Schelling und Hegel*, (*Kritisches Jahrbuch der Philosophie* 7, 2002): 85-97.

Descartes, R., *Meditationes de prima philosophia*, Hamburg: Meiner, 2008.

de Vries, W. A., „Sense-certainty and the ‚this-such'", in: D. Moyar & M. Quante (Hrsg.), *Hegel's* Phenomenology of Spirit. *A critical guide*, Cambridge & New York: Cambridge University Press, 2008: 63-75.

Dick, G., *Hume's epistemology and metaphysics*, London & New York: Routledge, 1998.

Düsing, K., „Die Bedeutung des antiken Skeptizismus für Hegels Kritik der sinnlichen Gewissheit", in: *Hegel-Studien* 8, 1973: 119-130.

Düsing, K., „Dialektik und Geschichtsmetaphysik in Hegels Konzeption philosophiegeschichtlicher Entwicklung", in: H.-C. Lucas & G. Planty-Bonjour (Hrsg.), *Logik und Geschichte in Hegels System*, Stuttgart-Bad Cannstatt: Frommann-Holzboog, 1989: 127-145.

Düsing, K., „Hegels Theorie der Einbildungskraft", in: F. Hespe & B. Tuschling, B. (Hrsg.), *Psychologie und Anthropologie oder Philosophie des Geistes. Beiträge zu einer Hegel-Tagung in Marburg 1989*, Stuttgart-Bad Cannstatt: Frommann-Holzboog, 1991: 297-320.

Emundts, D., *Erfahren und Erkennen*, Frankfurt am Main: Klostermann, 2012.

Engelhard, K., „Hegel über Kant. Die Einwände gegen den transzendentalen Idealismus", in: D. H. Heidemann & C. Krijnen (Hrsg.), *Hegel und die Geschichte der Philosophie*, Darmstadt: Wissenschaftliche Buchgesellschaft, 2007: 150-170.

Engelhardt, D. v., *Hegel und die Chemie. Studie zur Philosophie und Wissenschaft der Natur um 1800*, Stuttgart: Guido Pressler, 1976.

Engelhardt, D. v., „Das chemische System der Stoffe, Kräfte und Prozesse in Hegels Naturphilosophie und der Wissenschaft seiner Zeit", in: *Hegel-Studien*, Beiheft 11, 1983: 125-139.

Engstler, A., „Hegels Kritik am Skeptizismus Gottlob Ernst Schulzes", in: H. F. Fulda & R.-P. Horstmann (Hrsg.), *Skeptizismus und spekulatives Denken in der Philosophie Hegels*, Stuttgart: Klett-Cotta, 1996: 98-114.

Falkenstein, L., „Nativism and the nature of thought in Reid's account of our knowledge of the external world", in: T. Cuneo & R. v. Wondenberg (Hrsg.), *The Cambridge companion to Thomas Reid*, Cambridge: Cambridge University Press, 2004: 156-179.

Φαράκλας, Γ., Γνωσιοθεωρία και μέθοδος στον Έγελο [*Erkenntnistheorie und Methode bei Hegel*], Athen: Βιβλιοπωλείον της Εστίας, 2000.

Ferrini, C., „Grounds for truth in Hegel's observing reason (1807)", Manuskript aus Kolloquiumsvortrag, gehalten von der Verfasserin in Jena am 6. Mai 2008.

Feyerabend, P., *Against method*, London & New York: Verso, 2010.

Fichte, J. G., *Sämtliche Werke*, Bd. 1, Berlin, 1845.

Findley, J. N., „Hegel und die Physik", in: *Hegel-Studien*, Beiheft 11, 1974: 111-116.

Flew, A., *Hume's philosophy of belief*, Bristol: Thommes, 1997.

Forster, M., „Hegel on the superiority of ancient over modern skepticism", in: H. F. Fulda & R.-P. Horstmann (Hrsg.), *Skeptizismus und spekulatives Denken in der Philosophie Hegels*, Stuttgart: Klett-Cotta, 1996: 64-82.

Foster, M. B., „The opposition between Hegel and the philosophy of empiricism", in: B. Wigersma (Hrsg.), *Verhandlungen des III. Hegelkongresses vom 19. bis 23. 4. 1933 in Rom*, Tübingen-Haarlem, 1934.

Fulda, H. F., „Zur Logik der Phänomenologie von 1807", in: *Hegel-Studien*, Beiheft 3, 1964: 75-101.

Fulda, H. F., „Hegels These, dass die Aufeinanderfolge von philosophischen Systemen dieselbe sei wie die von Stufen logischer Gedankenentwicklung", in: D. H. Heidemann & C. Krijnen (Hrsg.), *Hegel und die Geschichte der Philosophie*, Darmstadt: Wissenschaftliche Buchgesellschaft, 2007: 4-14.

Galle, R., „Entstehung der Psychologie", in: H. A. Glaser & G. M. Vajda (Hrsg.), *Die Wende von der Aufklärung zur Romantik 1760-1820*, Amsterdam & Philadelphia: Benjamins, 2011: 313-335.

Garniron, P., „Hegels Geschichte der Philosophie der Moderne", in: H.-C. Lucas & G. Planty-Bonjour (Hrsg.), *Logik und Geschichte in Hegels System*, Stuttgart-Bad Cannstatt: Frommann-Holzboog, 1989: 227-258.

Gawlick, G. & Kreimendahl, L., *Hume in der Deutschen Aufklärung: Umrisse einer Rezeptionsgeschichte,* Stuttgart-Bad Cannstatt: Frommann-Holzboog, 1987.

Gawoll, H.J., „Die Verwandlung der Unmittelbarkeit. Zu den Anfängen von Hegels Auseinandersetzung mit Jacobi", in: *Hegel-Jahrbuch* 1998: 75-80.

Gelhard, A., „Abstraktion, Attraktion – Maurice Blanchot liest Hegel", in: U. J. Schneider (Hrsg.), *Der französische Hegel*, (*Deutsche Zeitschrift für Philosophie*, Sonderband 12), Berlin: Akademie Verlag, 2007: 65-76.

Gerhard, M., „Wider die Gewohnheit des Skeptikers. Hegels Kritik des geistigen Mechanismus", in: *Internationaler Hegelkongreß 2005, Kultur- und Kongreßzentrum Liederhalle Stuttgart, 26.-28. Mai 2005* [Manuskript].

Giovanni, G., „Hume, Jacobi and Common Sense. An episode in the reception of Hume in Germany at the time of Kant", in: *Kant-Studien* 89, 1998: 44-58.

Graeser, A., „Hegels Kritik der sinnlichen Gewissheit und Platons Kritik der Sinneswahrnehmung im *Theaitet*", in: *Revue de philosophie ancienne* 2, 1985: 39-57.

Graeser, A., „Zu Hegels Portrait der sinnlichen Gewissheit", in: D. Köhler & O. Pöggeler (Hrsg.), *G.W.F. Hegel, Phänomenologie des Geistes*, Berlin: Akademie Verlag, 1998: 33-51.

Grau, A., „Die Röte der Rose", in: A. Arndt, C. Iber & G. Kruck (Hrsg.), *Hegels Lehre vom Begriff, Urteil und Schluss*, Berlin: Akademie Verlag, 2006.

Günther, G., *Grundzüge einer neuen Theorie des Denkens in Hegels Logik*, Hamburg: Meiner, 1978: 137-181.

Güßbacher, H., *Hegels Psychologie der Intelligenz*, Würzburg: Königshausen & Neumann, 1988.

Gutschmidt, H., „Geltungssinn und Geltungsgrenze der ‚Einleitung' in Hegels *Phänomenologie des Geistes*", in: J. Karásek, J. Kunes & I. Landa (Hrsg.), *Hegels Einleitung in die Phänomenologie des Geistes*, Würzburg: Königshausen & Neumann, 2006: 35-59.

Guyer, P., „Locke's philosophy of language", in: V. Chappell (Hrsg.), *The Cambridge companion to Locke*, Cambridge: Cambridge University Press, 1994: 115-145.

Hagner, J., „Die Wahrnehmung; oder das Ding und die Täuschung“, in: D. Köhler & O. Pöggeler (Hrsg.), *G.W.F. Hegel, Phänomenologie des Geistes*, Berlin: Akademie Verlag, 1988: 53-88.

Halbig, C., Das Erkennen als solches, in: C. Halbig, M. Quante & L. Siep (Hrsg.), *Hegels Erbe*, Frankfurt am Main: Suhrkamp, 2004: 138-163.

Hansen, F.-P., *G.W.F. Hegel: „Phänomenologie des Geistes“*, Padeborn, München u.a.: Schöning, 1994.

Hansen, F.-P., *G.W.F. Hegel: „Wissenschaft der Logik“*, Würzburg: Königshausen & Neumann, 1997.

Hanson, N.R., *Patterns of discovery*, Campbridge: Cambridge University Press, 1972.

Harris, H. S., *Hegel's ladder*, Indianapolis & Cambridge: Hackett, 1997.

Hartmann, K., *Hegels Logik*, Berlin & New York: De Gruyter, 1999.

Hegel, G. W. F., *Werke in zwanzig Bände. Theorie Werkausgabe, auf der Grundlage der Werke von 1832-1845 neu editierte Ausgabe*, Redaktion E. Moldenhauer & K. M. Michel, Frankfurt am Main: Suhrkamp, 1969 ff.

– „Differenz des Fichteschen und Schellingschen Systems der Philosophie, (TWA 2: 8-115).
– „Einleitung. Über das Wesen der philosophischen Kritik überhaupt und ihr Verhältnis zum gegenwärtigen Zustand der Philosophie insbesondere“, (TWA 2: 171-187).
– *Enzyklopädie der philosophischen Wissenschaften im Grundrisse (1817)*, (GW 13).
– *Enzyklopädie der philosophischen Wissenschaften im Grundrisse (1827)*, (GW 19).
– *Enzyklopädie der philosophischen Wissenschaften*, Bd. I, (TWA 8).
– *Enzyklopädie der philosophischen Wissenschaften*, Bd. II, (TWA 9).
– *Enzyklopädie der philosophischen Wissenschaften*, Bd. III, (TWA 10).
– „Fragmente über Volksreligion und Christentum“, (TWA 1: 9-103).
– „Glauben und Wissen oder die Reflexionsphilosophie der Subjektivität in der Vollständigkeit ihrer Formen als Kantische, Jacobische und Fichtesche Philosophie“, (TWA 2: 287-433).
– *Grundlinien der Philosophie des Rechts*, (TWA 7).
– *Jenaer Systementwürfe I*, hrsg. von R.-P. Horstmann, Hamburg: Meiner, 1986.
– *Jenaer Systementwürfe II*, hrsg. von R.-P. Horstmann, Hamburg: Meiner, 1982.
– *Jenaer Systementwürfe III*, hrsg. von R.-P. Horstmann, Hamburg: Meiner, 1987.
– *Nürnberger Gymnasialkurse und Gymnasialreden (1808-1816)*, (GW 10).
– *Nürnberger und Heidelberger Schriften*, (TWA 4).
– *Phänomenologie des Geistes*, (GW 9).
– *Phänomenologie des Geistes*, (TWA 3).
– „Verhältnis des Skeptizismus zur Philosophie. Darstellung seiner verschiedenen Modifikationen und Vergleichung des neuesten mit dem alten“, (TWA 2: 213-272).
– *Vorlesungen über die Geschichte der Philosophie*, Bd. I, (TWA 18).
– *Vorlesungen über die Geschichte der Philosophie*, Bd. II, (TWA 19).
– *Vorlesungen über die Geschichte der Philosophie*, Bd. III, (TWA 20).

– *Vorlesungen über die Geschichte der Philosophie*, Bd.3, hrsg. von K. L. Michelet, Stuttgart: Frommanns, 1928.
– *Vorlesungen über die Philosophie des subjektiven Geistes*, Teilband 1: *Nachschriften zu den Kollegien der Jahre 1822 und 1825*, (GW 25).
– *Vorlesungen*, Bd. 10: *Vorlesungen über die Logik. Berlin 1831. Nachgeschrieben von Karl Hegel*, hrsg. unter Mitarbeit von H.-C. Lucas, Hamburg: Meiner, 2001.
– *Vorlesungen*, Bd. 11: *Vorlesungen über Logik und Metaphysik. Heidelberg 1817. Mitgeschrieben von Franz Anton Good*, hrsg. von K. Gloy, Hamburg: Meiner 1992.
– *Vorlesungen*, Bd. 15: *Vorlesungen über philosophische Enzyklopädie. Nürnberg 1812/13. Nachschriften von Christian Samuel Meinel und Julius Friedrich Heinrich Abegg*, hrsg, von U. Rameil, Hamburg: Meiner 2002.
– *Vorlesungen*, Bd. 6: *Vorlesungen über die Geschichte der Philosophie*, Teil 1: *Einleitung in die Geschichte der Philosophie. Orientalische Philosophie*, hrsg. von P. Garniron & W. Jaeschke, Hamburg: Meiner 1994.
– *Vorlesungen*, Bd. 9: *Vorlesungen über die Geschichte der Philosophie*, Teil 4: *Philosophie der Mittelalters und der neueren Zeit*, hrsg. von P. Garniron & W. Jaeschke, Hamburg: Meiner 1986.
– *Wissenschaft der Logik*, Bd. I, (TWA 5).
– *Wissenschaft der Logik*, Bd. II, (TWA 6).

Heidemann, D. H., „Formen des Skeptizismus. Hegels kritische Toleranz gegenüber der Pyrrhonischen Skepsis“, in: K. Vieweg (Hrsg.), *Gegen das ‚unphilosophische Unwesen‘. Das* Kritische Journal der Philosophie *von Schelling und Hegel*, (*Kritisches Jahrbuch der Philosophie* 7, 2002 (a)): 69-83.

Heidemann, D. H., „Hegel, Sellars und der Mythos des Gegebenen“, in: *Hegel-Jahrbuch* 2002 (b): 362-8.

Heidemann, D. H., „Hegels Realismus-Kritik“, in: *Philosophisches Jahrbuch* 109, 2002 (c): 129-147.

Heidemann, D. H., „Kann man sagen, was man meint? Untersuchungen zu Hegels ‚Sinnlicher Gewissheit‘“, in: *Archiv für Geschichte der Philosophie* 84, 2002 (d): 46-63.

Heidemann, D. H., „Indexikalität und sprachliche Selbstreferenz bei Hegel“, in: *Hegel-Studien* 39/40, 2004/2005: 9-24.

Heidemann, D. H., „Hegel und der Empirismus. Locke – Berkley – Hume“, in: D. H. Heidemann & C. Krijnen (Hrsg.), *Hegel und die Geschichte der Philosophie*, Darmstadt: Wissenschaftliche Buchgesellschaft 2007 (a): 130-149.

Heidemann, D. H., *Der Begriff des Skeptizismus. Seine systematischen Formen, die pyrrhonische Skepsis und Hegels Herausforderung*, Berlin & New York: de Gruyter, 2007.

Hobbes, T., *Elemente der Philosophie. Erste Abteilung: Der Körper*, Hamburg: Meiner, 1997.

Hobbes, T., *Leviathan*, London: Routledge, 1994.

Höhne, H., „Hegel und England“, in: *Kant-Studien* 36, 1931: 301-326.

Holbach, P. T. d', *System der Natur oder von den Gesetzen der physischen und der moralischen Welt*, Frankfurt am Main: Suhrkamp, 1978.

Hondt, J. d', *Hegel und Frankreich*, Berlin: Akademie Verlag, 1988.

Horstmann, R.-P., „Einleitung", in: G. W. F. Hegel, *Jenaer Systementwürfe II*, hrsg. von R.-P. Horstmann, Hamburg: Meiner, 1982: VII-XXIX.

Horstmann, R.-P., „Den Verstand zur Vernunft bringen? Hegels Auseinandersetzung mit Kant in der *Differenz-Schrift*", in: W. Welsch & K. Vieweg (Hrsg.), *Das Interesse des Denkens – Hegel aus heutiger Sicht*, München: Fink 2003: 89-108.

Hume, D., *Ein Traktat über die menschliche Natur. I. Buch: Über den Verstand*, Hamburg: Meiner, 1989.

Hume, D., *Eine Untersuchung über den menschlichen Verstand*, Stuttgart: Reclam, 2006.

Iber, C., „Geschichtlichkeit der Philosophie bei Hegel und Heidegger", in: *Hegel-Jahrbuch* 1998: 247-252.

Ihmig, K.-N., *Hegels Deutung der Gravitation. Eine Studie zu Hegel und Newton*, Frankfurt am Main: Athenäum, 1989.

Illeterati, L., „Hegels Kritik der Metaphysik der Naturwissenschaften", in: *Hegel-Studien* 50, 2009. 178-205.

Jacobi, F.H., *David Hume über den Glauben oder Idealismus und Realismus*, in: *F. H. Jacobi, Werke. Gesamtausgabe*, hrsg. von W. Jaeschke, Hamburg: Meiner; Stuttgart-Bad Cannstatt: Frommann-Holzboog 2004, II. Bd., S. 6-100.

Jaeschke, W., *„Äußerliche Reflexion und immanente Reflexion*", in: *Hegel-Studien* 13, 1978: 85-117.

Kant, I., *Kritik der reinen Vernunft*, Stuttgart: Reclam, 2003.

Kant, I., *Metaphysische Anfangsgründe der Naturwissenschaft*, in: Kant, I., *Schriften zur Naturphilosophie*, Frankfurt am Main: Suhrkamp, 1996.

Keller, P., „Hegel on the nature of the perceptual object", in: *Jahrbuch für Hegelforschung* 3, 1997. 47-75.

Kemp Smith, N., *The philosophy of David Hume*, Hampshire & New York: Palgrave Macmillan, 2005.

Kettner, M., *Hegels „Sinnliche Gewissheit". Diskursanalytischer Kommentar*, Frankfurt am Main & New York: Campus, 1990.

Kirsten, J. F. E., *Grundzüge des neuesten Skeptizismus in der theoretischen Philosophie*, Jena: Göpferd, 1802.

Klotz, C., „Geschichtliche Bedingungen des philosophischen Wissens bei Fichte und Hegel", in: R. Beuthan (Hrsg.), *Geschichtlichkeit der Vernunft beim Jenaer Hegel*, Heidelberg: Universitätsverlag Winter, 2006: 11-22.

Koch, A. F., „Hegel über Indexikalität und sinnliche Gewißheit", in: A. Oefsti, P. Ulrich & T. Wyller (Hrsg.), *Indexicality and Idealism II*, Paderborn: mentis, 2002: 65-83.

Koch, A. F., „Sinnliche Gewissheit und Wahrnehmung. Die beiden ersten Kapitel der *Phänomenologie des Geistes*", in: K. Vieweg & W. Welsch (Hrsg.), *Hegels* Phänomenologie des Geistes, Frankfurt am Main: Suhrkamp, 2008: 135-152.

Kozatsas, J., „Das Zusammenfallen von Geschichte und Philosophie bei Hegel und eine ‚philosophische Geschichte der Philosophie'", in: M. Martschuk (Hrsg.), *Philosophie der Geisteswissenschaften nach Wilhelm Dilthey*, Materialien internationaler Konferenz, 16.-17. Oktober 2009, Czernowitz: Chernowitze Nationale Universität, 2009: 73-83.

Krug, W.T., *Entwurf eines neuen Organon's der Philosophie oder Versuch über die Prinzipien der philosophischen Erkenntniß*, Meissen & Lübben, 1801.

– *Über die verschiednen Methoden des Philosophierens und die verschiednen Systeme der Philosophie in Rücksicht ihrer allgemeinen Gültigkeit. Eine Beylage zum Organon*, Meissen, 1802.

Krüger, L., *Der Begriff des Empirismus. Erkenntnistheoretische Studien am Beispiel John Lockes*, Berlin: de Gruyter, 1973.

Kuhn, T. S., *Die Struktur wissenschaftlicher Revolutionen*, Frankfurt am Main: Suhrkamp, 1976.

Kuhn, T. S., „A discussion with Thomas S. Kuhn. A Physicist who became a Historian for philosophical purposes. A discussion between Thomas S. Kuhn and Aristides Baltas, Kostas Gavroglu, Vasso Kinti", in: Νεύσις 6, 1997: 145-200.

Lakatos, I., *The methodology of scientific research programmes: Philosophical papers Vol. I*, hrsg. von J. Worrall & G. Currie, New York: Cambridge University Press, 1978.

Lakebrink, B., *Kommentar zu Hegels „Logik" in seiner „Enzyklopädie" von 1830*, Bd. II: Begriff, Freiburg & München: Karl Alber, 1985.

La Mettrie, J. O. de, *L'homme machine – Die Maschine Mensch*, Hamburg: Meiner, 1990.

Landy, D., Hume's impression/idea distinction, in: *Hume Studies* 32, 2006: 119-139.

Lehrer, K., *Thomas Reid*, London & New York: Routledge, 1991.

Liebrucks, B., *Sprache und Bewusstsein*, 5. Bd.: *Die zweite Revolution der Denkungsart. Hegel: Phänomenologie des Geistes*, Frankfurt am Main: Akademische Verlagsgesellschaft, 1970.

Locke, J., *Versuch über den menschlichen Verstand*, Bd. I, Hamburg: Meiner, 1988.

– *Versuch über den menschlichen Verstand*, Bd. II, Hamburg: Meiner, 2006.

Losonsky, M., „Language, meaning, and mind in Locke's *Essay*", in: L. Newman (Hrsg.), *The Cambridge companion to Locke's „Essay concerning human understanding"*, Cambridge: Cambridge University Press, 2007: 286-312.

Lucas, H.-C., „Kontinuität, Einheit und das Neue. Überlegungen zu Hegel und Thomas S. Kuhn", in: H.-C. Lucas & G. Planty-Bonjour (Hrsg.), *Logik und Geschichte in Hegels System*, Stuttgart-Bad Cannstatt: Frommann-Holzboog, 1989: 259-292.

Lucas, H.-C., „Die dialektische Deduktion der Kategorien und die sogenannte vormalige Metaphysik. Zum Verhältnis von Hegels ‚Wissenschaft der Logik' (zur ‚Philosophie der Weltgeschichte' und) zu seiner ‚Geschichte der Philosophie'", in: *Hegel-Jahrbuch* 1997: 18-26.

Lucas, H.-C., „Zum Problem der Einleitung in Hegels enzyklopädisches System", in: H.-C. Lucas, B. Tuschling & U. Vogel (Hrsg.), *Hegels enzyklopädisches System der Philosophie. Von der ‚Wissenschaft der Logik' zur Philosophie des absoluten Geistes*, Stuttgart-Bad Cannstatt: Frommann-Holzboog, 2004: 41-70.

Mackie, J. L., *Problems from Locke*, Oxford: Clarendon Press, 1976.

Marx, W., *Das Selbstbewusstsein in Hegels* Phänomenologie des Geistes, Frankfurt am Main: Klostermann, 1986.

Matthias, J., „‚Empirische Psychologie' im System der Wissenschaften um 1800", in: *Psychologie und Geschichte* 3/4, 2002: 166-177.

McDowell, J., *Mind and World*, Cambridge & Massachusetts: Harvard University Press, 2000.

McDowell, J., „Hegel and the Myth of the given", in: W. Welsch & K. Vieweg (Hrsg.), *Das Interesse des Denkens – Hegel aus heutiger Sicht*, München: Fink, 2003: 75-88.

Merker, B., „Über Gewohnheit", in: L. Eley (Hrsg.), *Hegels Theorie des subjektiven Geistes in der „Enzyklopädie der philosophischen Wissenschaften im Grundriss"*, Stuttgart-Bad Cannstatt, Frommann-Holzboog, 1990: 227-243.

Meyer, R. W., „Dialektik der sinnlichen Gewissheit und der Anfang der Seinslogik", in: R.-P. Horstmann (Hrsg.), *Hegel und die antike Dialektik*, Frankfurt am Main: Suhrkamp, 1990: 244-267.

Michelet, C. L., „Die dialektische Methode und der Empirismus. Erster Brief an Trendelenburg", in: *Der Gedanke* 1, 1861 (a): 111-126.

Michelet, C.L., „Die dialektische Methode und der Empirismus. Zweiter Brief an Trendelenburg", in: *Der Gedanke* 1, 1861 (b): 185-201.

Michelet, C. L., *Hegel und der Empirismus. Zur Beurteilung einer Rede Eduard Zellers*, Berlin: Fr.-Nicolaische Verlagsbuchhandlung, 1873.

Mun, S.-H., *Berkeley und Hegel: eine Untersuchung zur logischen Dingkonstitution und zur dialektischen Bewusstseinsdeskription*, Diss., Düsseldorf, 1997.

Nádor, G., „Hegel über den Empirismus", in: *Ratio* 6, 1964: 134-9.

Naumann, M. (Hrsg.), *Artikel aus der von Diderot und D'Alembert herausgegebenen Enyzklopädie*, Leipzig: Reclam, 1984.

Nuzzo, A., „Sinnliche und übersinnliche Erkenntis. Das Problem des Empirismus in Hegels Glauben und Wissen", in: K. Vieweg & B. Bowman (Hrsg.), *Wissen und Begründung. Die Skeptizismus-Debatte um 1800 im Kontext neuzeitlicher Wissenskonzeptionen*, (*Kritisches Jahrbuch der Philosophie* 8, 2003): 75-92.

Onnasch, E.-O., „Der Eingang in das enzyklopädische System Hegels", in: *Hegel-Jahrbuch* 1995: 117-123.

Pierini, T., „Sinnliches Bewusstsein und Allgemeinheit der Zeit in Hegels *Phänomenologie des Geistes*", in: T. S. Hoffmann (Hrsg.), *Hegel als Schlüsseldenker der modernen Welt. Beiträge zur Deutung der „Phänomenologie des Geistes" aus Anlaß ihres 200-Jahr-Jubiläums*, Hamburg: Meiner, 2009: 71-88.

Pippin, R. B., „Concept and intuition. On distinguishability and seperability", in: *Hegel-Studien* 39/40, 2004/2005: 25-39

Pöggeler, O., „Zur Deutung der *Phänomenologie des Geistes*", in: *Hegel-Studien* 1, 1961: 255-294.

Pöggeler, O., „Hegels Jenaer Systemkonzeption", in: *Philosophisches Jahrbuch* 71, 1963/4: 286-318.

Pöggeler, O., „Hegels Kritik der sinnlichen Gewißheit", in: H. Wagner (Hrsg.), *Sinnlichkeit und Verstand in der deutschen und französischen Philosophie von Descartes bis Hegel*, Bonn: Bouvier, 1976: 167-185.

Pöggeler, O., „Geschichte, Philosophie und Logik bei Hegel", in: H.-C. Lucas & G. Planty-Bonjour (Hrsg.), *Logik und Geschichte in Hegels System*, Stuttgart-Bad Cannstatt: Frommann-Holzboog, 1989: 101-126.

Pöggeler, O., *Hegels Idee einer Phänomenologie des Geistes*, Freiburg & München: Karl Alber, 1993.

Popper, K., *Gesammelte Werke*, Bd. 7: *Realismus und das Ziel der Wissenschaft*, Tübingen: Mohr Siebeck, 2002.

Pott, H.-G., „Die sinnliche Gewissheit und die Schrift", in: *Jahrbuch für Hegelforschung* 3, 1997: 251-258.

Purpus, W., *Die Dialektik der sinnlichen Gewissheit bei Hegel*, Nürnberg: Sebald, 1905.

Purpus, W., *Zur Dialektik des Bewusstseins nach Hegel*, Berlin: Trowitzsch & Sohn, 1908.

Rameil, U., „Bewußtseinsstruktur und Vernunft. Hegels propädeutischer Kursus über Geisteslehre von 1811/12", in: F. Hespe & B. Tuschling, B. (Hrsg.), *Psychologie und Anthropologie oder Philosophie des Geistes. Beiträge zu einer Hegel-Tagung in Marburg 1989*, Stuttgart-Bad Cannstatt: Frommann-Holzboog, 1991: 155-187.

Redding, P., *Analytic philosophy and the return of the Hegelian thought*, Cambridge & New York: Cambridge University Press, 2007.

Reid, T., *An inquiry into the human mind. On the principles of common sense*, Edinburg: Edinburg University Press, 1997.

– *Essays on the intellectual powers of man*, Edinburg: Edinburg University Press, 2002.

Requate, A., „Das Verhältnis von Geschichte und Philosophie bei Hegel", in: *Hegel-Jahrbuch* 1997: 66-71.

Richter, L. G., *Hegels begreifende Naturbetrachtung als Versöhnung der Spekulation mir der Erfahrung*, Würzburg: Königshausen & Neumann; Amsterdam: Rodopi, 1985.

Ritter, J. (Hrsg.), *Historisches Wörterbuch der Philosophie*, Bd. 1, Basel & Stuttgart: Schwabe & Co., 1971.

Röd, W., *Dialektische Philosophie der Neuzeit*, München: C. H. Beck, 1986.

Rometsch, J., *Hegels Theorie des erkennenden Subjekts*, Würzburg: Königshausen & Neumann, 2007.

Rorty, R., „Introduction", in: Sellars, W., *Empiricism and the philosophy of mind. With an introduction by Richard Rorty and a study guide by Robert Brandom*, Cambridge & Massachusetts: Harvard University Press, 1997: 1-12.

Rosenkranz, K., *Hegel als Deutscher Nationalphilosoph*, Leipzig: Dunker & Humblot, 1870.

Rosenkranz, K., *G. W. F. Hegels Leben*, Darmstadt: Wissenschaftliche Buvhgesellschaft, 1972.

Russell, B., *The analysis of matter*, Nottigham: Spokesman, 2007.

Saporiti, K., *Die Wirklichkeit der Dinge*, Frankfurt am Main: Klostermann, 2006.

Scheer, B., *Untersuchungen zu einer Kritik des Selbst in der Erfahrung*, Inaugural-Dissertation, Essen, 1969.

Schmidt, G., „Die zweite ‚Phänomenologie des Geistes' als philosophiehistorische Kritik", in: L. Eley (Hrsg.), *Hegels Theorie des subjektiven Geistes in der „Enzyklopädie der philosophischen Wissenschaften im Grundriss"*, Stuttgart-Bad Cannstatt, Frommann-Holzboog, 1990: 155-172.

Schmidt, K. J., „Die Rezeption der Chemie in Hegels Wissenschaft der Logik", in: W. Neuser (Hrsg.), *Naturwissenschaft und Methode in Hegels Naturphilosophie*, Würzburg: Königshausen & Neumann, 2009: 89-108.

Schnädelbach, H., „System und Geschichte. Über eine Grenze des Hegelianismus", in: W. Welsch & K. Vieweg (Hrsg.), *Das Interesse des Denkens – Hegel aus heutiger Sicht*, München: Fink, 2003: 217-229.

Schneider, H., „Anfänge der Systementwicklung Hegels in Jena“, in: *Hegel-Studien* 10, 1975: 133-171.
Schneider, H., „System und Geschichte der Philosophie bei Hegel“, in: D. H. Heidemann & C. Krijnen (Hrsg.), *Hegel und die Geschichte der Philosophie*, Darmstadt: Wissenschaftliche Buchgesellschaft, 2007: 15-31.
Schönecker, D., „Kein Sein, keine Unmittelbarkeit. Hegel über die Vernunft der sinnlichen Gewißheit“, in: *Internationales Jahrbuch des Deutschen Idealismus* 1, 2003: 241-269.
Schulze, G. E., *Kritik der theoretischen Philosophie*, 2 Bde., Hamburg: Carl Ernst Bohn, 1801.
Sellars, W., Empiricism and the philosophy of mind, in: Sellars, W., *Science, perception and reality*, California: Ridgeview, 1991: 127-196.
Sextus Empiricus, *Grundriß der pyrrhonischen Skepsis*, übers. von M. Hossenfelder, Frankfurt am Main: Suhrkamp, 1985.
Siep, L., *Der Weg der Phänomenologie des Geistes*, Frankfurt am Main: Suhrkamp, 2000.
Simon, J., *Das Problem der Sprache bei Hegel*, Diss., Köln, 1957.
Simon, J., „Im Namen denken. Sprache und Begriff bei Hegel“, in: B. Lindorfer & D. Naguschewski (Hrsg.), *Hegel: Zur Sprache. Beiträge zur Geschichte des europaischen Sprachdenkens*, Tübingen: Gunter Narr, 2002: 33-46.
Soll, I., „Das Besondere und das Allgemeine in der sinnlichen Gewissheit bei Hegel“, in: *Hegel-Jahrbuch* 1976: 283-287.
Solomon, R. C., *In the spirit of Hegel. A study of G.W.F. Hegel's* Phenomenology of spirit, New York & Oxford: Oxford University Press, 1983.
Stäbler, E., *George Berkeley's Auffassung und Wirkung in der Deutschen Philosophie bis Hegel*, Diss., Zeulenroda: Bernard Sporn, 1935.
Stederoth, D., *Hegels Philosophie des subjektiven Geistes*, Berlin: Akademie Verlag, 2001.
Stewart, J., „Die Beziehung zwischen der *Jenaer Metaphysik* von 1804/05 und der *Phänomenologie des Geistes*“, in: *Jahrbuch für Hegelforschung* 2, 1996: 99-132.
Stubenberg, L., „Neutral monism“, in: *Stanford Encyclopedia of philosophy*: http://plato.stanford.edu/entries/neutral-monism/ (Heruntergeladen am 7.1.2913).
Suchting, W. A., „Hegel and the Humean problem of induction“, in: *Studies in history and philosophy of science* 21, 1990: 493-510.
Szalek, P. K., „The notion of conceptualized experience in John McDowell's *Mind and World*“, in: *Forum Philosophicum* 12, 2007: 87-103.
Taylor, C., „The opening arguments in the Phenomenology“, in: A. MacIntyre (Hrsg.), *Hegel. A collection of critical essays*, London: University of Notre Dame Press, 1976.
Taylor, C., *Hegel*, Frankfurt am Main: Suhrkamp, 1983.
Tomida, Y., *Inquires into Locke's Theory of Ideas*, Hildeshein, Zürich & New York: Olms, 2001.
Trede, J. F., „Hegels frühe Logik (1801-1803/04)“, in: *Hegel-Studien* 7, 1972: 123-168.
Trede, J. H., „Phänomenologie und Logik. Zu den Grundlagen einer Diskussion“, in: *Hegel-Studien* 10, 1975: 173-209.

Varnier, G., „Hegel und das Problem der ‚Vorstellung' und des ‚Glaubens'. Zur Auseinandersetzung mit Jacobi, dem Nihilismus und dem Repräsentationalismus im *Kritischen Journal der Philosophie*, in: K. Vieweg (Hrsg.), *Gegen das ‚unphilosophische Unwesen'. Das* Kritische Journal der Philosophie *von Schelling und Hegel*, (*Kritisches Jahrbuch der Philosophie* 7, 2002): 117-129.

Vermeren, P., „Victor Cousins Hegel", in: U. J. Schneider (Hrsg.), *Der französische Hegel*, (*Deutsche Zeitschrift für Philosophie*, Sonderband 12), Berlin: Akademie Verlag 2007: 33-48.

Vieweg, K., *Philosophie des Remis. Der junge Hegel und das ‚Gespenst des Skeptizismus'*, München: Fink, 1999.

Vieweg, K., „‚Die skeptische Methode ist aber nur der Transzendentalphilosophie allein wesentlich eigen' – Das Kantische Skepsis-Verständnis in der Sicht des früeren Hegel", in: V. Gerhardt, R.-P. Horstmann & Schumacher (Hrsg.), *Kant und die Berliner Aufklärung. Akten des IX. Internationalen Kant-Kongresses*, Bd. 5, Berlin: de Gruyter, 2001: 362-371.

Vieweg, K., „Der ‚ungemeine Journalismus' der verrufenen ‚Absoluten zu Jena' – Kritik, Skepsis und eine neue Theorie des Wissens", in: K. Vieweg (Hrsg), *Gegen das ‚unphilosophische Unwesen'. Das* Kritische Journal der Philosophie *von Schelling und Hegel*, (*Kritisches Jahrbuch der Philosophie* 7, 2002): 11-30.

Vieweg, K., „Der Anfang der Philosophie – Hegels Aufhebung des Pyrrhonismus", in: W. Welsch & K. Vieweg (Hrsg.), *Das Interesse des Denkens – Hegel aus heutiger Sicht*, München: Fink, 2003 (a): 131-146.

Vieweg, K., „Skepsis und Common Sense – Hegel und Friedrich Immanuel Niethammer", in: K. Vieweg & B. Bowman (Hrsg.), *Wissen und Begründung. Die Skeptizismus-Debatte um 1800 im Kontext neuzeitlicher Wissenskonzeptionen*, (*Kritisches Jahrbuch der Philosophie* 8, 2003 (b)): 125-178.

Vieweg, K., „Die ‚freie Seite einer jeden Philosophie' – Skepsis und Freiheit", in: B. Bowman & K. Vieweg (Hrsg.), *Die freie Seite der Philosophie. Skeptizismus in Hegelscher Perspektive* (*Kritisches Jahrbuch der Philosophie* 10, 2005): 9-26.

Vieweg, K., „Die ‚Umkehrung des Bewusstseins selbst'", in: J. Karásek, J. Kunes & I. Landa (Hrsg.), *Hegels Einleitung in die Phänomenologie des Geistes*, Würzburg: Königshausen & Neumann, 2006: 193-208.

Vieweg, K., *Skepsis und Freiheit. Hegel über den Skeptizismus zwischen Philosophie und Literatur*, München: Fink, 2007.

Vieweg, K., „The gentle force over pictures. Hegel's philosophical conception of the imagination", in: R. T. Gray, N. Halmi, G. J. Handwerk, M. A. Rosenthal & K. Vieweg (Hrsg.), *Inventions of the imagination*, Seattle: University of Washington Press, 2011: 87-101.

Waszek, N., „The origins of Hegel's knowledge of English", in: *Bulletin of the Hegel society of Great Britain* 7, 1983: 8-27.

Waszek, N., „Hume, Hegel, and History", in: *Clio* 14, 1985: 379-392.

Waszek, N., *The Scottish Enlightenment and Hegel's account of civil society*, Dordrecht u.a.: Nijhof-Kluwer, 1988.

Welsch, W., „Hegel und die analytische Philosophie. Über einige Kongruenzen in Grundfragen der Philosophie", in: K. Vieweg & B. Bowman (Hrsg), *Wissen und Begründung. Die Skeptizismus-Debatte um 1800 im Kontext neuzeitlicher Wissenskonzeptionen*, (*Kritisches Jahrbuch der Philosophie* 8, 2003 (a)): 11-73.

Welsch, W., „Zwei Probleme in Hegels Idealismus“, in: W. Welsch & K. Vieweg (Hrsg.), *Das Interesse des Denkens – Hegel aus heutiger Sicht*, München: Fink, 2003 (b): 247-282.

Westphal, K. R., „Hegel's attitude toward Jacobi in the ‚Third attitude of thought toward objectivity'“, in: *The southern journal of philosophy* 27, 1989 (a): 135-156.

Westphal, K. R., *Hegel's epistemological realism*, Dordrecht: Kluwer Academic Publishers, 1989 (b).

Westphal, K. R., „Vom Skeptizismus in Bezug auf die Sinne oder das Ding und die Täuschung“, in: H. F. Fulda & R.-P. Horstmann (Hrsg.), *Skeptizismus und spekulatives Denken in der Philosophie Hegels*, Stuttgart: Klett-Cotta, 1996: 153-176.

Westphal, K. R., „Hegel and Hume on perception and concept empiricism“, in: *Journal of the history of philosophy* 36, 1998: (a) 99-103.

Westphal, K. R., *Hegel, Hume und die Identität wahrnehmbarer Dinge*, Frankfurt am Main: Vittorio Klostermann, 1998 (b).

Westphal, K. R., „Hegel's internal critique of naive realism“, in: *Journal of philosophical research* 25, 2000: 173-229.

Westphal, K. R., „Analytischer Gehalt und zeitgenössische Bedeutung der Hegelschen Kritik des unmittelbaren Wissens“, in: *Jahrbuch für Hegelforschung* 8/9, 2002/2003 (a): 129-143.

Westphal, K. R., „Die Vielseitigkeit der Auseinandersetzung Hegels mit dem Skeptizismus in der *Phänomenologie des Geistes*“, in: *Jahrbuch für Hegelforschung* 8/9, 2002/2003 (b): 145-172.

Westphal, K. R., „Hume, Hegel, and abstract general ideas“, in: *Bulletin of the Hegel society of Great Britain* 51/52, 2005: 28-56.

Westphal, M., „Hegels Phänomenologie der Wahrnehmung“, in: H. F. Fulda & D. Henrich (Hrsg.), *Materialien zu Hegels „Phänomenologie des Geistes“*, Frankfurt am Main: Suhrkamp, 1973: 83-105.

Wetzel, M., „Das ‚Ontologische‘ und das ‚Epistemologische'“, in: C. Halbig, M. Quante & L. Siep (Hrsg.), *Hegels Erbe*, Frankfurt am Main: Suhrkamp, 2004: 401-430.

Wetzel, M., *Prinzip Subjektivität. Allgemeine Theorie. Zweiter Halbband: Natur, Gesellschaft, konkrete Subjektivität*, Würzburg: Königshausen & Neumann, 2005.

Wiehl, R., „*Über den Sinn der sinnlichen Gewissheit in Hegels Phänomenologie des Geistes*“, in: *Hegel-Studien*, Beiheft 3, 1964: 103-134.

Wieland, W., „Hegels Dialektik der sinnlichen Gewißheit“, in: H. F. Fulda & D. Henrich (Hrsg.), *Materialien zu Hegels „Phänomenologie des Geistes“*, Frankfurt am Main: Suhrkamp, 1973: 67-82.

Wildenauer, M., „The epistemic role of intuitions and their forms in Hegel's philosophy“, in: *Hegel-Studien* 38, 2003: 83-104.

Wille, K., „Die Unhintergehbarkkeit des Unterscheidens. Über den Beitrag der ‚Sinnlichen Gewissheit‘ zum Gesamtprogramm der *Phänomenologie des Geistes*“, in: *Synthesis Philosophica* 43, 2007: 107-126.

Winkler, K. P., *Berkeley. An Interpretation*, Oxford & New York: Oxford University Press, 2002.

Wolterstorff, N., „Reid on common sense", in: T. Cuneo & R. v. Wondenberg (Hrsg.), *The Cambridge companion to Thomas Reid*, Cambridge: Cambridge University Press, 2004: 77-100.

Yorikawa, J., *Hegels Weg zum System*, Frankfurt am Main: Peter Lang, 1996.

Zander, F., *Herrschaft und Knechtschaft. Die Genese des Selbstbewusstseins in Hegels* Phänomenologie des Geistes. *Ein Kommentar*, München: Fink, 2014.

Ziche, P., „Stammelnde Natursprache und lallendes Wörterbuch – Anfänge von Sprache in Hegels Anthropologie", *Hegel-Studien* 19, 1994: 117-145.